U0922592

LIAONING SCIENCE AND TECHNOLOGY YEARBOOK

2009 辽宁科技年鉴

辽宁省科学技术厅　编

图书在版编目（CIP）数据

辽宁科技年鉴．2009／辽宁省科学技术厅编．—沈阳：东北大学出版社，2011.7
ISBN 978-7-81102-976-5

Ⅰ.辽… Ⅱ.辽… Ⅲ.①科学研究事业—辽宁省—2009—年鉴 Ⅳ.G322.731-54

中国版本图书馆CIP数据核字（2011）第146058号

内容提要

本书从重大科技活动、特载文献、宏观科技管理、行业科技、区域科技、高新区科技、高校科技、科研院所科技、重要科技成果及科技奖励、技术创新示范企业、科技大事记等角度，详细记述了2008年辽宁省各行业、领域、地区科技创新工作的进展和依靠科技进步促进各项工作的情况。

出 版 者：东北大学出版社
地　　址：沈阳市和平区文化路3号巷11号
邮　　编：110004
电　　话：024—83687331(市场部)　83680267(社务室)
传　　真：024—83680180(市场部)　83680265(社务室)
E-mail：neuph @ neupress.com
http：//www.neupress.com
印 刷 者：沈阳新华印刷厂
发 行 者：东北大学出版社
幅面尺寸：210mm × 285mm
印　　张：26.25
插　　页：62
字　　数：818千字
出版时间：2011年7月第1版
印刷时间：2011年7月第1次印刷
责任编辑：王艺霏　牛连功
责任校对：闻　悦
封面设计：刘克江
责任出版：唐敏智

ISBN 978-7-81102-976-5　　　　定　　价：248.00元

《辽宁科技年鉴》编委会

编 纂 说 明

一、《辽宁科技年鉴》是由辽宁省科学技术厅主办、《辽宁科技年鉴》编委会编纂的地方科技综合性年鉴，以存史、资政、教化、服务社会为宗旨，客观记载年度全省重要科技活动与事项，是一部权威的科技编年史册和资料性工具书。

二、编辑科技年鉴，坚持以邓小平理论和“三个代表”重要思想为指导，用科学发展观统领全书，科学地分析研究辽宁科技进步的发展规律和特点，为开展自主创新提供参考依据。

三、《辽宁科技年鉴》2009卷，主要记录2008年度辽宁省科技工作的进展情况，涉及全省科技事业发展的各个方面，由省直各有关部门、高等院校、科研院所、各市科技局、各省级以上高新区及部分技术创新示范企业等单位供稿，并经有关单位领导和专家审定。本卷记载时限，除图文宣传和部分表彰奖励跨年度选编外，其余资料截止时间均为2008年12月31日。凡未注明确定时间的均指2008年。

四、本年鉴采取文字记述与图、表显示并用的方式，全书包括正文、附录、图片宣传三项内容。其中正文内设类目、栏目、条目三个层次，以条目为基本单元。主要设有特载文献、宏观科技管理、行业科技、区域科技、高新区科技、高校科技、科研院所、技术创新示范企业选介、重要科技成果选介及科技奖励、科技大事记和附录11大类目。

五、本年鉴正文采用语体文、记叙体，以第三人称书写；大事记采用纪事本末体，以时为序，记述全省科技活动的大事、要事、新事。全书的标点符号、数字用法、计量单位和各种专业术语等，均依照国家编辑出版规范和行业规定。但在某些数字的表述中，则按实际情况，如以“万”“亿”表述的数字，其后面的单位统一用中文字。

六、本年鉴正文中的数据由各单位提供，部分数据因公告单位统计要求不同，所以数值也不尽相同。卷中稿件均通过公告单位领导审批；对部分机构、会议、文件等名称，在本栏目首次出现时使用全称，再次出现用简称。

七、本年鉴卷首设目录，页眉上标注类目、栏目名称与页码，以方便查询。

八、本年鉴在征稿和编纂出版过程中，得到了有关单位、供稿人员和审稿专家的大力支持。在此，一并表示诚挚感谢，同时恳请广大读者对讹误与疏漏之处提出批评指正。

《辽宁科技年鉴》编辑部

2009年5月

全省科学技术奖励大会

2008年4月23日，辽宁省科学技术奖励大会在省人民会堂隆重召开。大会对2007年科技成果转化奖获奖项目、2007年度辽宁省科学技术奖获奖项目和辽宁省技术创新示范企业进行了表彰。辽宁省委书记、省人大常委会主任张文岳，省委副书记、省长陈政高出席会议并作重要讲话。省委副书记、省政协主席骆琳主持会议。

辽宁省委常委、常务副省长许卫国在会上宣读了《辽宁省人民政府关于奖励2007年科技成果转化项目的决定》和《辽宁省科技创新工作领导小组关于认定首批辽宁省技术创新示范企业的决定》，副省长滕卫平宣读了《辽宁省人民政府关于2007年度辽宁省科学技术奖励的决定》。辽宁省委常委、宣传部长焦利，省人大常委会副主任王专，省政协副主席胡晓华出席会议。

中共辽宁省委书记、省人大常委会主任张文岳作重要讲话

中共辽宁省委副书记、省长陈政高作重要讲话

中共辽宁省委副书记、省政协主席骆琳主持会议

中共辽宁省委常委、宣传部长焦利出席会议

中共辽宁省委常委、常务副省长许卫国宣读表彰决定

辽宁省副省长滕卫平宣读表彰决定

2007年度科技奖励获奖者代表上台领奖

获得2007年度科技成果转化奖的单位代表上台领奖

2008年辽宁省暨沈阳市科技活动周

2008年5月17日，2008年辽宁省暨沈阳市科技活动周在沈阳科学宫拉开了帷幕。本届科技活动周突出科技惠及民生和科技支撑发展两条主线，围绕科技创新、科技奥运、科技下乡、生态文明等主题，开展了依靠科技创新推动节能减排、气象科普知识互动展、科技创新奥秘探索展等一系列内容丰富、形式多样的科技活动。

中共辽宁省委常委、省总工会主席王俊莲宣布2008年辽宁省暨沈阳市科技活动周开幕

辽宁省科技厅厅长赵明鹏在开幕式上致辞

沈阳市人民政府副市长邹大挺致辞

省、市领导为新审批的辽宁省科普基地、沈阳科普基地授匾

省、市领导参观主题科普展和竞赛活动

科普展览及竞赛活动

2008中国海外学子辽宁（大连）创业周

2008年9月24日，以“吸引海外学子归国创业，助推辽宁沿海经济带快速发展”为主题的2008中国海外学子辽宁（大连）创业周在大连世界博览广场隆重开幕。本届“海创周”吸引了来自美国、俄罗斯、丹麦等国家的715名海外学子携带电子信息、生物医药、先进制造等领域的369个高科技项目，与辽宁省的3000余家企业、科研院所、大专院校等单位进行对接洽谈，共签订意向合同202项，合同金额14.5亿元。

全国政协副主席王志珍宣布“海创周”开幕

国家科技部副部长杜占元代表主办方致辞

辽宁省副省长滕卫平在开幕式上致辞

出席开幕式的领导参观展览

欧美同学会·中国留学人员联谊会留学报国大连基地揭牌仪式

2008第三届(大连)设计节开幕式

辽宁（本溪）首届生物与医药高新技术交易会暨海外学子本溪创业行开幕式

2008年9月26日，辽宁（本溪）首届生物与医药高新技术交易会暨海外学子本溪创业行在本溪市隆重开幕。本届交易会开展了海外学子投资创业座谈会、高峰论坛与成果发布会、市政府与企业家投资座谈会、项目签约等活动。交易会期间，共签订项目合同38个，投资额达36.3亿元，系列抗癌新药、中药材种植基地等项目落户本溪。

国家科技部副部长刘燕华宣布创业行活动开幕

辽宁省副省长滕卫平在开幕式上讲话

即将入驻本溪药业基地的15个项目在开幕式上签约

辽宁（本溪）首届生物与医药高新技术交易会海外学子投资创业座谈会

辽宁（本溪）生物与医药产业发展高峰论坛

项目洽谈签约仪式

东北地区暨部分省市科技行政管理系统纪检监察工作座谈会

2008年1月6日，东北地区暨部分省市科技行政管理系统纪检监察工作座谈会在沈阳召开。科技部党组成员、纪检组长吴忠泽同志出席会议并作重要讲话。辽宁省纪委副书记徐兴华出席会议并致辞。辽宁省科技厅党组书记、厅长赵明鹏在会上介绍了辽宁省科技工作以及辽宁省科技厅加强党风廉政建设、推进源头治理工作的情况。

①国家科技部党组成员、纪检组长吴忠泽出席会议并作重要讲话

②辽宁省纪委副书记徐兴华在会上致辞

③与会同志进行分组讨论

④会议现场

第十二届中国（锦州）北方农业新品种、新技术展销会

2008年3月26日，以〝创新、现代、绿色、精品〞为主题的第十二届中国（锦州）北方农业新品种、新技术展销会在锦州举行。展销会历时3天，共组织了种植养殖新品种、新肥料、新农（兽）药、农机具等8大类展销项目，参展单位320家，参展品种6300多个。

辽宁省副省长陈海波在开幕式上讲话

与会领导和嘉宾为〝农展会〞开幕剪彩

琳琅满目的展品吸引了周边地区成千上万的农民群众

东北老工业基地创新型企业建设研讨班

2008年10月31日至11月1日，东北老工业基地创新型企业建设研讨班在沈阳举行。来自三省一区创新型（试点）企业的负责人、企业研发机构一把手、科研院（所）的院（所）长等共计150多人参加了研讨和培训。

①国家科技部党组成员、纪检组长吴忠泽在研讨班上作《走中国特色自主创新道路，建设创新型国家》主题报告

②国家科技部政策法规与体制改革司副司长翟立新主持会议

③国家科技部政策法规与体制改革司副司长李新男总结点评

④与会代表到企业考察

全省科技特派行动总结表彰大会

2008年12月25日，全省科技特派行动总结表彰大会在沈阳隆重举行，会议对全省科技特派工作进行了阶段性总结，对科技特派工作中涌现出的26个先进集体和92位先进个人进行了表彰。国家科技部副部长刘燕华、辽宁省副省滕卫平出席会议并讲话。

全省科技特派行动由省委组织部、省科技厅、省人事厅、省农委、省财政厅等部门联合实施，两年来，全省科技特派行动已派出103个科技特派团、63个科技特派组、1194名科技特派员，总计有2041名科技人员活跃在农村生产第一线，培训农民技术员1927名，引进农业新品种1603个，推广新技术1039项，创办农业专业合作组织572个，培训农民51.2万人次。

国家科技部副部长刘燕华在会上讲话

辽宁省副省长滕卫平在会上讲话

辽宁省政府副秘书长马祥图主持会议

科技特派行动先进个人上台领奖

科技特派行动先进集体代表上台领奖

总结表彰大会现场

2008年1月16日，第三届辽宁省科学技术奖励委员会第二次全体会议在沈阳召开。辽宁省科学技术奖励委员会主任委员、副省长滕卫平出席会议，并对科技奖励委员会今后的工作提出了明确的要求。

2008年2月2日，辽宁省科技厅系统2007年度总结表彰大会在东北大学汉卿会堂召开。副省长滕卫平、省政府副秘书长马述君出席会议。

2008年2月27日，辽宁省人大常委会副主任王专率省人大常委会调研组到省科技厅调研。王专对省科技厅的工作给予了充分肯定，并对2008年全省科技工作提出了希望和要求。

2008年9月10日，东北三省一区科技厅（局）长联席会议在沈阳召开。会议围绕加强三省一区区域科技合作，充分发挥科技在东北老工业基地振兴中的支撑和引领作用进行了研讨和交流。

2008年10月29日，由辽宁省科学技术厅、盘锦市人民政府主办的2008辽宁（盘锦）科技成果对接洽谈会在盘锦隆重举行。会议开展了项目对接洽谈、重点项目推介、科技项目招商、科技成果展览、重点产业专题研讨等一系列活动。洽谈会期间，共签订正式合同50项，合同总额1.56亿元。

2008年11月19日，第三届辽宁省科技奖励委员会第三次全体委员会议在沈阳召开。辽宁省科技奖励委员会主任委员、副省长滕卫平出席会议并讲话。

目 录

特载文献

宏观科技管理

行业科技

区域科技

高新区科技

高校科技

科研院所

技术创新示范企业选介

重要科技成果选介及科技奖励

大 事 记

附 录

特载文献

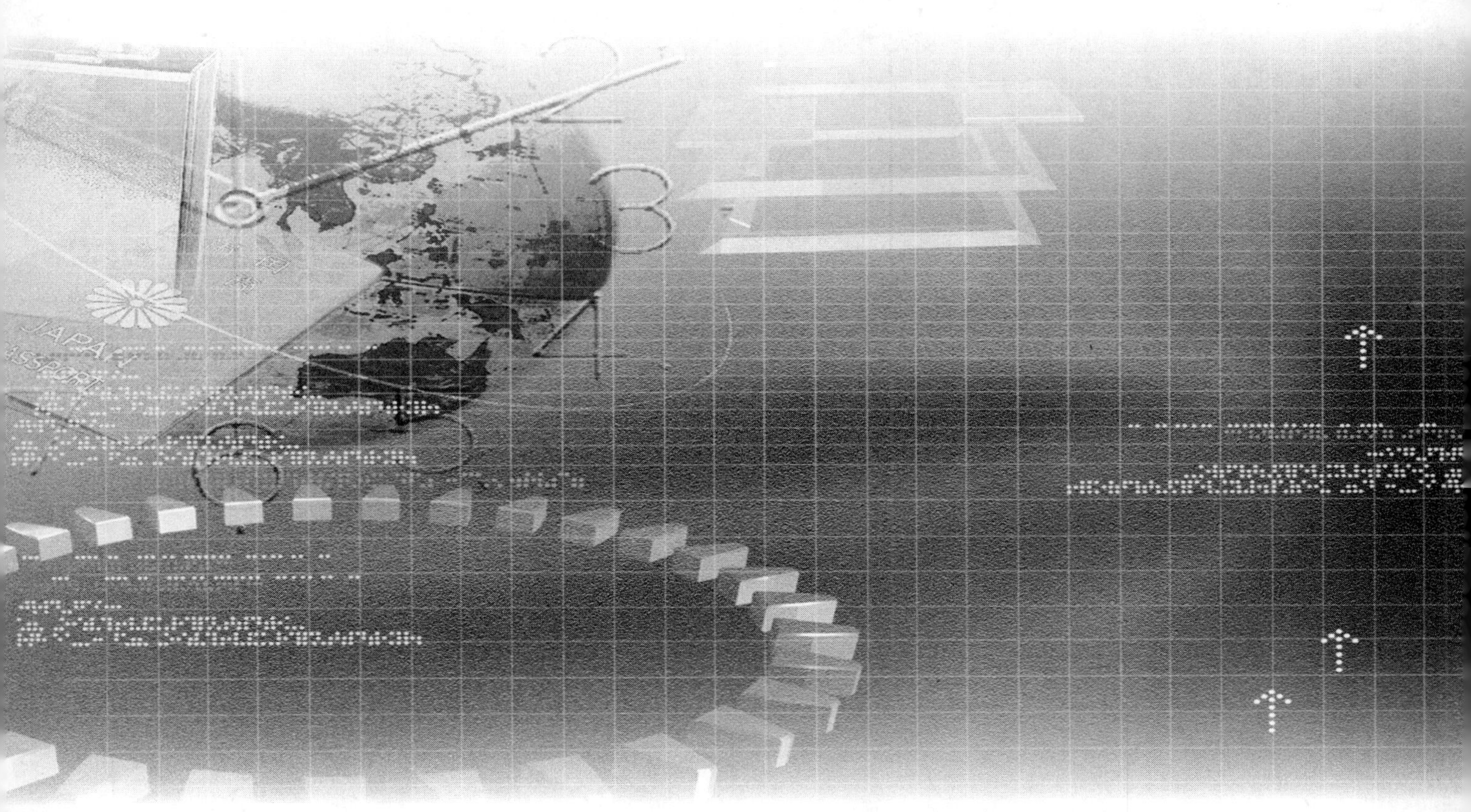

提高自主创新能力 促进全省经济社会实现科学发展

——在辽宁省科学技术奖励大会上的讲话

中共辽宁省委书记、省人大常委会主任　张文岳

(2008年4月23日)

同志们：

这次全省科学技术奖励大会是继全省科技大会之后，省委、省政府召开的一次十分重要的会议。刚才，省政府表彰了在科学技术进步方面取得显著成就的先进单位和个人。借此机会，我代表省委、省人大、省政府、省政协向受到表彰的单位和个人表示热烈的祝贺，并致以崇高的敬意和衷心的感谢！

刚才陈政高同志作了重要讲话，总结了一个时期以来全省的科技工作情况，并对今后一个时期的全省科技工作作了新的全面的部署，我完全赞成。

自辽宁老工业基地振兴战略实施以来，科技工作发挥了十分重要的作用。我们辽宁省是科技大省，全省有127000名科学家和工程师，有49名两院院士。丰富的人才资源，在全国各省、市、自治区当中名列前茅。辽宁的科学研究实力在全国历来都是受到瞩目的。我们有一大批科研院所，一大批拥有科技研发能力的院校和企业，辽宁的科技工作日新月异，成果是非常丰硕的。在推进经济发展过程中，辽宁这几年高新技术产业快速发展，一大批成果得到应用。2007年，我省高新技术产业增加值达到1457亿元，比上年增长41.1%；全省工业增加值为5067亿元，高新技术产业增加值占工业增加值比重达36%。2006年，我们召开全省科技大会时，高新技术产业增加值只占到工业增加值的24%左右，这两年期间就提高了5个百分点。另外，工业也得到了快速发展，2007年增长21.9%。

我们曾经分析辽宁科技工作突破口何在，切入点何在？当时确立了几个突破口：一个突破口就是要抓好企业的自主创新。省委、省政府这几年加大了对企业科技创新的扶持力度，这几年每年都以1亿元以上的资金扶持企业搞研发；另一个突破口就是仍然有许多科技成果长期束之高阁没有被应用，所以我们全面推进科技成果的转化。推进科技成果转化的资金每年也不少于1亿元，因此，这几年科技成果转化、科技成果的商品化大大向前推进了一步。

要充分肯定我们在科技领域里面所取得的成绩。这几年，我们认真贯彻党中央、国务院关于推进科技工作的方针、政策和措施。特别是全省上下认真学习贯彻党的“十七大”的精神，全面落实科学发展观，使科技工作蓬勃开展，一大批成果涌现出来，一大批在国内、甚至在国际上都引人注目的高科技工业产品问世。特别是在我们具有优势的装备制造业领域，一大批高科技含量、高质量的产品问世了，受到了全国上下特别是科技界的关注，也因此受到了国外同行业的关注。

这次会议就是要认真总结这几年我们全省上下齐心协力抓科技工作的经验。刚才政高同志已经作了全面的阐述。我在这里再补充讲几点意见。

一、经过这几年的努力，科技进步已经成为推动辽宁老工业基地全面振兴的主导力量

科技进步和创新本来就应该是经济社会发展的主导力量。但是较长一段时间，我们没有这么提，在某一个时期也没有完全自觉地去做。在党中央、国务院的正确领导下，特别是在贯彻落实全国科技大会精神的过程中，我们全省上下充分认识到科技进步与创新在辽宁老工业基地全面振兴当中应当起到的作用、能够起到的作用。所以经过全省努力，科技创新与进步已经成为推动辽宁老工业基地全面振兴的主导力量。主要体现在4个方面。

(一）自主创新能力已经成为辽宁经济竞争力的决定性因素

这几年，辽宁老工业基地全面振兴不单是体现在经济发展速度上，更重要的是体现在经济发展的质量和效益上。辽宁老工业基地经济社会发展现在充满新机遇，关键是现在辽宁经济的竞争力比过去任何时候都强。在竞争力的诸多要素当中，自主创新能力是决定性因素。刚才政高同志所列举的，就是我们竞争力的充分标志。这些产品能够在辽宁出现，充分说明辽宁已经具备了比较强的自主创新能力。自主创新能力因此也就成为推动辽宁经济持续、健康、快速、协调向前发展的决定性因素。

（二）科技领域的竞争决定了资本、信息、技术和人才的流动方向，科技进步已经成为了市场竞争的焦点

今天上午我们刚刚召开了全省对外开放工作会议。会议要求全省上下在新形势下，用新的姿态、新的理念继续推进辽宁对外开放。其中，很重要的就是要依靠科学技术吸引资金，吸引人才，吸引技术，吸引信息，这些都是生产要素。要使更多的资金、信息、技术和人才向辽宁流动。流动的越多，进来的越多，我们对外开放的成就也就越大。而这靠的就是科学技术，靠的就是科技竞争实力。科技进步能使我们在与其他地区的竞争当中立于不败之地。正因为如此，很多国外的高新技术企业甚至是世界上屈指可数的高端企业愿意到辽宁来，比如英特尔这样的企业。千好万好，就好在辽宁的科学技术实力已经达到能够吸纳、承接它的先进技术的水平。这个成果来之不易。为什么别的省给的政策、给的环境、给的条件都很好，这些企业没有看中呢？实际上他们是看中了我们辽宁的科技实力。在先进制造技术领域，辽宁的发展前景很广阔，科技基础很好，所以他们看中了。这样的例子很多，我不一一列举。

最近几年我们学会了在社会主义市场经济条件下竞争并能够立于不败之地，我们充分认识到：竞争的焦点是科技竞争。只有不断加快科技进步，我们才能在市场经济条件下立于不败之地。

（三）辽宁经济实力的增强，取决于科技创新能力特别是自主创新能力的提高

毫无疑问，我们现在的经济实力已经显著增强了。地区生产总值过万亿，达到11022亿元，增长速度很快；地方财政一般预算收入过千亿，达到1082亿元。我们要充分肯定，这些年辽宁经济得以高效率、高速度地向前发展，也就是又好又快地向前发展，关键是靠我们的科技创新能力，特别是靠我们科技创新能力当中的自主创新能力。这方面有很多经验值得推广。从全省来讲是如此，从各个市来讲是如此，从各个单位来讲也是如此。

（四）科技创新特别是自主创新是推动我省经济结构调整的基本动力和重要途径

党的“十七大”进一步明确了全面建设小康社会的奋斗目标，特别是进一步提出了科学发展观。辽宁一定要按照“十七大”的要求，全力推进科学发展。就辽宁而言，科学发展的核心是结构调整，就是要调整辽宁的经济结构。而结构调整的动力和途径就在于科技创新，特别是自主创新。要以自主创新作为基本动力、作为重要途径，来调整产业结构。辽宁在这方面也有成功的经验。这些年辽宁的经济结构调整力度很大，高新技术产业异军突起，这就是我们这些年依靠科技创新调整结构的结果。

这几年，石油价格大幅增长。昨天纽约市场1桶原油卖到了117美元。天价啊！辽宁又是个炼油大省，现有的炼油能力为5770万吨。长期以来，我们是靠炼油的利润来支撑产业链，支撑企业的效益。辽宁的石油加工企业连续三年效益急剧下滑，造成今年一季度一半以上企业亏损，亏损额达140亿元左右。但是总体来讲，尽管出现这么困难的问题，辽宁的财政收入并没有减少。甚至这些年，全省企业的经济效益每年都以比较快的速度增长，就是得益于我们充分调整结构，有效地弥补了因为原油快速涨价造成的困难。所以对于这几年我们坚持自主创新所走过的道路、所取得的成绩，应该充分肯定。

二、当前和今后，提高自主创新能力是实现辽宁老工业基地科学发展的中心环节

辽宁老工业基地的全面振兴、全面发展，应归结为4个字：科学发展。科学发展有很多工作要做，有很多环节，但是科学发展的中心环节就是要依靠自主创新。要不断地提高，而且要快速地提高辽宁的自主创新能力，只有走这条路才能使辽宁老工业基地全面振兴的目标早日实现，才能实现经济社会又好又快发展。所以全省上下要进一步提高对科技创新特殊重要性的认识。

（一）要充分认识到：加强自主创新是保持经济实现持续、健康、协调发展的源泉

2006年，我们提出要使经济总体水平尽快达到我国东部沿海地区平均水平。而要实现这一既定的

经济发展目标，每年我们的经济增长速度是不能低于11%的。这几年我们的平均增长速度为12.8%。尽管我们现在提出要实现“又好又快”发展，主要是强调“好”字，“好”字优先，但是，辽宁的经济发展速度不能慢。如果我们的速度老是徘徊在7%、8%这个水平上，辽宁老工业基地是难以振兴的。我们的经济增长速度不能低于11%，否则我们就赶不上人家，我们就达不到“在较短的时间内，使辽宁整体经济实力达到东部沿海地区平均水平”的预期目标。

我初步测算了一下，如果我们的经济增长速度保持在11%这样一个水平，要达到上述目标，需要5～10年的时间。在投资、消费、出口“三驾马车”当中，投资拉动经济增长是最强劲的，然而即使我们的固定资产投资维持在40%的水平，科技进步贡献率也必须在目前水平上再提高20个百分点，才能使辽宁今后几年经济增长保持11%的速度。科技进步贡献率必须达到比较高的水平。目前，我们的科技进步贡献率不到30%，再加上20%，也不到50%。靠什么？就要靠科技进步，靠加强科技创新来实现。

（二）要充分认识到：加强自主创新是实现经济活动调整、经济结构调整、经济发展方式根本转变的基本要求

辽宁要贯彻落实科学发展观，实现经济社会科学发展，最核心的就是要抓好经济结构的调整，最重要的就是要实现发展方式的根本转变。这些年，就经济增长方式转变有多种提法，辽宁的经济结构也一直在调整。比如，前些年我们提出：“实现经济增长方式由粗放型向集约型转变”；后来又提出：“以经济效益为中心，对经济结构进行战略性调整”。这些提法并没有错，只不过，现在我们把“经济增长”改为“经济发展”了。无论是“转变”也好，“调整”也好，从总体上看，确实取得了一些成效，但是平心而论，调整的结果并不理想，经济发展依然没有根本摆脱高投入、高消耗的传统模式，而其根本原因就在于自主创新能力还有待于进一步提高。说得直白一些，这几年，我们总体上还缺乏充足的自主创新能力。实践证明，依靠自主创新，提高产业、产品的附加值和科技含量，引导资本、技术、人才向新兴产业转移，培育新的经济增长点，这是我们辽宁老工业基地实现又好又快发展的根本出路。就是说，转变也好，调整也好，都得靠自主创新。

（三）要充分认识到：加强自主创新是突破资源、环境等重大瓶颈性制约的要求

辽宁现在的发展面临的重大难题就是资源、环境问题。因为辽宁是老工业基地，辽宁这几年或者说这几十年的发展都是建立在传统工业化道路基础上的，辽宁工业的增长，也是建立在传统工业化道路基础上的。为此，辽宁在资源与环境方面，是付出了代价的。这些年，资源过度消耗，环境污染严重，都是传统工业化带来的后果。虽然目前我省生态环境经过努力得到局部改善，比如沈阳，环境确实大大改善了，但就全省范围来看，生态环境恶化的趋势依然没有得到有效的遏制。这绝不是危言耸听，对这些问题我们要高度重视。

同时，资源短缺问题日益突出，已经成为辽宁经济实现全面、协调、可持续发展的重要制约因素。

首先，辽宁严重缺水。辽宁的人均水资源拥有量为830立方米左右，而全国人均拥有水资源2200立方米左右，全世界人均水资源占有量是8100立方米左右，是我国的3倍多，而全国又是辽宁的近3倍，也就是说，辽宁的人均水资源占有量是全世界平均水平的1/9。今后制约辽宁经济社会发展的诸多问题中，从资源的角度来讲，最重要的问题就是缺水。

其次，能源严重短缺。辽宁原来的煤产量是1亿吨/年，现在只剩下5000万～6000万吨/年了。而辽宁现有的可开采利用的煤炭资源能够维持5000万～6000万吨/年生产能力的时限大致也只有15～20年的时间。最典型的还有电，2007年辽宁装机容量为2300万千瓦，2009年可达到3000万千瓦，而发1万千瓦电要消耗3吨煤，那么发3000万千瓦电就要消耗9000万吨煤，还有辽宁冬季供暖要用煤，平时生活要用煤，工业生产要用煤，可以说到处都需要煤。再说石油资源，辽河油田1200万吨生产能力延续的时间我看不会超过10年，我们有好几家年生产能力达5000万吨、6000万吨的炼油企业，预计今后还要再增加3000万～4000万吨加工能力，所以石油的短缺非常严重。

另外，矿产资源特别是富铁矿的短缺尤其严重。辽宁是钢铁大省，我们要生产精品钢，而含铁量在30%以下的铁矿石是炼不出精品钢的。所以，我们只能从澳大利亚进口含铁量达到65%的铁矿石。辽宁还是有色金属大省，有色金属加工能力排

在全国前列，不管是铜、铅、锌，还是镁，加工能力都很强，但是相应的矿产资源短缺。资源短缺特别是矿产资源短缺的问题可以说是迫在眉睫。此外，我省的土地资源形势也依然严峻。

所以，面对环境的制约、资源的制约，我们必须要有非常强的危机意识。要通过科技创新，特别是要通过自主创新，大幅度地提高各类资源的利用率，实现从资源消耗型经济向资源节约型经济的转变。要通过自主创新，保护生态环境，治理环境污染。政高同志在年初召开的省十一届人大一次会议上做政府工作报告时明确提出：要在本届政府任期内，把辽河污染问题解决好，把辽河治理好。这是向全省人民所做出的庄严保证，这个承诺一定要实现。只有实现从以牺牲生态环境为代价的经济增长向人与自然和谐相处条件下促进经济增长的转变，辽宁才能真正实现经济社会全面协调可持续发展，就是说一定要靠科技创新来解决生态环境问题，解决资源短缺问题。

（四）要充分认识到：加强自主创新是提升辽宁综合经济实力和竞争力的必然要求

几年来，我们在这方面做了很多工作，我省综合实力、竞争力已经有了显著的提升，但还远远不够，还要进一步依靠加强自主创新提升辽宁的综合经济实力和竞争力。

目前，辽宁经济发展的对外依存度在50%以上，这还算好的，全国平均水平比这个数还要高，而发达国家都在30%以下，美国、日本去年的对外依存度在5%以下。所以说，我们在这方面的差距是很大的。我们的固定资产投资快速增长，去年达到7400多亿元，而设备占固定资产投资的40%左右，就是说7400多亿元中有40%用于买设备，而占固定资产投资40%的这些设备当中，有60%要靠进口。这说明我省现在自主创新能力还很弱，还不能满足自身经济发展需要，特别是科技含量高的关键装备，基本上依赖进口。目前，我省已经能够生产的可称之为高端产品的装备制造业产品当中，相当一部分零部件，特别是主要零部件，还要依靠进口，包括盾构机。直到2007年，我们才能生产出直径为12～16米的盾构机，但是轴承是进口的，刀具是进口的，关键是内部的发动机也是进口的。所以我们在看到成绩的同时，更要看到差距。我们不能满足于已经取得的成绩，必须要有紧迫感，要努力尽快地提高自主创新能力。

现在我们的企业，包括一些大企业、能够生产高端产品的企业，在技术上往往受制于人，不拥有核心关键技术。有零部件就能生产，没有零部件就不能生产。

当今世界是凭实力说话的世界。对于一个国家来讲，对于一个地区来讲，都是这个道理。实力就是强大的创新精神，实力就是强大的综合国力。没有强大的创新能力，很难在竞争中取胜。辽宁作为我们国家老工业基地，作为我们国家的科技大省、工业大省，今后还要为我们国家的发展作出应有的贡献。靠什么？就是要靠我们的实力，就是要靠我们的自主创新能力。所以我们要从这个角度来理解做好科技工作的现实意义和长远的历史意义。

三、要把加强自主创新贯穿到辽宁经济社会发展的全过程

辽宁今后还要继续按照科学发展观的要求全面推进经济社会又好又快发展，同时，更要加强科技创新工作。我认为要解决三个问题。

（一）要解决好自主创新当中的“自主”问题，就是要体现自主创新

面对十分紧迫的科技需求和日益激烈的竞争环境，我们不能把解决重大技术问题的希望寄托在别人身上，要靠我们自己。我们现在完全能够从原料开始，把辽宁的造船业做大，使辽宁真正成为中国乃至世界的重要造船基地，但是过去我们在这方面比较薄弱，5万匹马力以上的柴油发动机的船用曲轴我们做不出来，要从韩国、日本进口。人家给我们一根轴，我们就能造出船来，人家不给我们那根轴，我们就造不出船来，只能制造出壳子来。现在我们靠自主创新、自主研发，终于取得了突破，但是确实很困难，因为这是一种科技含量很高的工艺，但是我们下决心、下力气要解决船用曲轴问题，就是希望摆脱受制于人的不利局面。今年我们还陆续生产出从50～90规格的系列曲轴。

推进结构调整，促进经济发展方式转变，实现经济又好又快发展，实现科学发展，主要的经济基础都要靠我们自己建设，今天我要特别提出，主要的科学基础、技术基础也必须靠我们自己建设，不能靠别人，靠别人靠不住！因此自主创新当中的“自主”是最重要的。这也是省委、省政府对未来辽宁经济发展所做出的重大部署、所提出的根本要求。

（二）要解决好“结合”的问题，就是要解决

好科技与经济的结合问题

经过这么多年的努力，我们辽宁的科技体系和经济体系都已经发生了深刻的变革，但是科技与经济结合的问题依然没有完全解决。从经济层面上来分析，当前我们的产业技术进步，在相当程度上依然是以市场换技术，依靠从国外引进来解决我们的技术问题。从科技视角来看，科技还没有完全走出科技系统自身的小循环，没有完全进入经济社会发展的大循环当中来，科技和经济的结合还没有完全实现。

我认为至少有五个“脱节”依然存在：一是发展战略与具体行为有所脱节；二是科技政策与经济政策有所脱节；三是科技发展与产业发展有所脱节；四是研发活动与市场需求有所脱节；五是技术引进与技术消化吸收再创新有所脱节。

三年前，如果我们引进一项技术花5元钱，那么对这项技术进行消化吸收花多少钱呢？0.5元。就是说消化吸收所花的钱大概只有引进这项技术所花钱数的1/10。而韩国引进一项技术要花5倍的钱去吸收，日本技术引进与消化吸收投入的比例是1∶8。所以现在美国人看到日本人都害怕，它每拿到一项技术以后，就用8倍的钱去消化，他绝对不会消化不了。我们现在呢？吃的很多，但消化不好。就是说对引进技术的消化吸收再创新仍然不好。所以一定要把技术引进与消化吸收再创新结合起来。

（三）要解决好自主创新性质定位问题，就是要解决好科技创新的属性问题

科技创新的性质是什么？我觉得科技创新与进步在辽宁老工业基地振兴进程当中，是一项经济活动。科技创新实际上是加强自主创新能力的一项经济工作，所以只有把科技工作摆在经济工作这个角度来认识，才能够自觉、自愿地去加强科技工作，就不会对科技工作始终有一种置于体外的排他性。创新是经济活动的过程，加强自主创新是一项经济工作。

四、要加快建立以企业为主体、以市场为导向、产学研有机结合的技术创新体系

（一）加强自主创新关键在企业

科技创新的关键归根结底在企业，因此，要落实企业的自主创新工作。现在企业是市场竞争的主体，这大家都知道，但是还要进一步提高认识。企业还是技术创新的主体，体现在以下几个方面。

第一，企业是技术创新的决策主体。就是说你在哪个领域需要花钱来搞技术创新，这个决策靠谁来做？要靠企业，而不能靠政府。政府不能越俎代庖。所以企业是自主创新的决策主体，它需要什么就创新什么。

第二，企业是技术创新的投入主体。企业不能光在嘴上喊创新，要舍得在科技创新上下本钱。因为不管做什么事情，有投入才会有收益。

第三，企业是技术创新的赢利主体。科技创新如果说是一桩生意的话，很可能是一桩一本万利的生意，是花小钱办大事的生意，是能够赢利而且是赢大利的。

第四，企业是技术创新的风险承担主体。利益与风险总是相伴相随的。企业必须具备承担投资风险的能力。

我想如果解决好了企业的这几个主体定位问题，也就能够解决好企业创新主体地位的认识问题。

（二）企业研发能力是增强企业竞争力的核心

企业在市场经济中的竞争力太重要了，竞争力强的企业就能够茁壮成长，竞争力弱的企业就面临着很大的风险，充满了危机，没有竞争力的企业终究要被淘汰，所以每个企业都面临着增强竞争力的问题。

企业增强竞争力的核心和关键是：一是要提高重大关键技术的突破能力；二是要提高对关键技术的综合集成能力；三是要拥有自己的核心技术；四是要建立形成包括低端加工制造环节到高端研发甚至包括营销环节在内的完整的产业链。

现在辽宁很多企业处在低端的加工制造这一层次，缺乏高端的产品，甚至不搞研发和营销，大生意、大笔的赢利都让别人赚去了，所以对此一定要高度重视，一定要促进企业竞争力的提高。

（三）省委、省政府要制定政策，全面推进企业的自主创新

今后，政府支持企业技术创新的力度将会进一步加大。省政府要根据省委的要求进一步制定政策，主要是扶持企业在原有的4个科技创新主体的基础上，特别是在激励企业进一步成为技术创新投入主体的基础上，还要再成为另外两个主体：一是成为技术创新活动的主体；二是成为技术集成应用的主体。其中，技术的集成应用特别重要，在这方面省委、省政府一定会大力支持。

近两年来，我们持续增加支持企业科技创新的

投入。今后，省委、省政府还要进一步加大对企业科技创新的投入力度，目的就是要鼓励和引导更多的企业投入到科技创新中去，鼓励企业多开展技术创新，多实现技术的集成应用。

（四）要加强政策协调，形成有利于自主创新的政策体系

一是要加强政府投入和政策引导。财政、税收、金融、贸易这些环节都要支持企业技术创新。在全省的投资领域，在产品的消费环节，特别是政府采购环节，我们也要鼓励自主创新，就是说政府采购要多购买我们自己企业生产的产品，特别是对辽宁企业通过自主创新开发出的产品我们要优先采购。

二是要在继续发挥大型企业优势作用的同时，大力支持中小企业科技创新。这些年我们侧重于支持大企业搞科技创新，今后，对中小企业的科技创新也要高度重视。在辽宁，中小企业的成长条件和空间不如大企业，今后一定要实现公平竞争，要面向中小企业建立特殊的服务体系。

三是要高度重视引进技术的消化吸收再创新，特别要着力解决引进技术的消化问题。

四是要建立长效的技术成果转化机制，或者说技术转移机制。推进科技成果的转化，不能贪图毕其功于一役，一定要在建立长效机制上下工夫。

（五）要坚持以人为本，推动科技事业大发展

以人为本是我们党的执政理念，在科技工作中也要坚持以人为本。

首先，一定要把满足全省广大人民群众不断增强的物质需求和精神需求作为出发点，来发展科学技术。

其次，要把培养、凝聚、发展各类科技人才，特别是领军人才作为科技工作的基本要求。我们有12.7万名科技人员，有49名院士。我们一定要把这些人用好。还要继续培养人才、凝聚人才，要把创造良好的环境、条件，为科技人员科研开发搞好服务，充分调动广大科技人员的积极性、创造性，作为我们当前和今后特殊重要的一项工作。

第三，要把科技普及放在与科技创新同等重要的位置。这也是以人为本的要求。前些时候我们召开科协工作会议。在这次大会上我提出：科技普及对我们辽宁十分重要，要把科技普及工作放在与科技创新同等重要的位置，努力提高广大人民群众的科学素质，为建设创新型社会建立更加广泛、更加坚实的基础。

（六）要实施重点跨越

重点跨越是科技发展的有效途径。我们在科技领域不能搞一刀切、一般齐，要突出重点：突出重点跨越的领域，突出重大的战略产品，突出关键的核心技术。一定要致力于实现重大战略产品和关键核心技术的重大突破。

第一，从全省看，今后一个时期，在省委、省政府的领导下，省科技创新工作领导小组、省科技厅要确定一批重点领域，发展一批重点技术，提高我们的整体竞争力。其中特别重要的是装备制造业、信息产业的核心技术，一定要加强攻关，力争在装备制造和信息产业领域拥有更多的核心技术，拥有更多的自主知识产权。

第二，要抓紧实施重大战略产品和专项。对于重大战略产品和专项一定要舍得投入。这些重大战略产品和专项对全省经济发展具有全局性的重要影响，也是战略需求。有了这样的产品和这样的专项，辽宁省的整体经济实力、科技研发能力，就会取得全局性、战略性、标志性的飞跃。所以，要确定一批产品，确定一批专项，集中人力、物力、财力进行攻关，想方设法用较短的时间攻下来。

第三，要提高持续创新能力，就是要有储备。我们的创新不是管一两年的，而是要管相当长一段时间的。要大力提高我们产品、产业的后劲，这样我们才能应对未来发展的挑战。

第四，要加强全省技术创新体系建设，优化配置全社会科学技术资源，营造科技创新的良好氛围，为全面提高整体创新能力奠定坚实的基础。

（七）要充分利用国外资源提高科技创新能力

在今天上午的全省对外开放工作会议上，我讲了三个观点。第一个观点，自主创新不等于关起门来搞创新；第二个观点，技术可以引进，但是创新能力是买不来的，能力是内生的，可以引进技术，但是要培育创新能力还是要靠自己；第三个观点，一定要和国外的科学技术部门、单位和企业加强技术交流，互相学习，互相借鉴，尽可能多地把国外的先进技术吸纳进来，为我所用，促进我们自身的发展。

以科技创新为引领和支撑 加快推进辽宁老工业基地全面振兴

——在全省科学技术奖励大会上的讲话

辽宁省人民政府省长 陈政高

(2008年4月23日)

同志们：

今天，我们在这里隆重召开全省科学技术奖励大会，表彰为我省科技事业发展和科技创新工作作出突出贡献的科技创新工作者和在技术创新中取得显著成绩的技术创新示范企业。首先，我代表省委、省政府向获奖的单位、科技人员和企业表示热烈的祝贺！向全省广大科技工作者表示诚挚的问候和崇高的敬意！

党的“十七大”把自主创新和科技进步摆在党和国家全局工作中前所未有的战略高度，把提高自主创新能力、建设创新型国家作为国家发展战略的核心和提高综合国力的关键。这既是对科技创新工作的新定位，也是对这一工作的新要求。基于此，省委、省政府在认真考虑之后，决定召开这次规格较高、规模较大的全省科技奖励大会，树立典型，表彰先进，营造氛围，推动工作，使我省的科技创新在已经形成良好局面的工作基础上，实现新突破，为全面完成建设国家新型产业基地、建设社会主义新农村、构建和谐辽宁三项重点任务，实现全面建设小康社会的目标提供不竭动力和强大支撑。为此，我讲两点意见。

一、要充分认识科技创新对优化和提升经济结构、转变经济增长方式的重要作用，增强做好科技创新工作的使命感和责任感

把科技创新放在更加突出的位置和用科技创新引领辽宁老工业基地振兴，是省委、省政府作出的一项重大决策。在实施这一决策的进程中，科技作为第一生产力在我省经济和社会发展中正发挥着越来越重要的支撑和引领作用，取得了重大成效。今天我们表彰的科技成果转化奖和省科技奖项目，就是最典型的代表。这是我省广大科技工作者通过多年的艰苦努力，大胆创新，无私奉献，突破的一批重大关键技术，取得的一批重大科技成果。这些项目和成果有这样两个特点：一是水平高，项目的科技水平均属国内领先，有的达到了国际领先水平，充分体现了辽宁的科技实力；二是与经济社会需求的结合十分紧密，通过科研攻关，解决了一批重大关键技术问题，研发了一批重大产品，对促进我省经济社会发展起到了至关重要的作用。如辽河石油勘探局的获奖项目“水平井、侧钻水平井钻完井技术完善配套及规模化推广应用”，一个项目就申请了12项专利，提高了单井原油产量和原油采收率，2007年实现销售收入8.1亿元；中国科学院金属研究所的获奖项目“可视化加工技术”在鞍钢重型机械有限责任公司进行了应用，成功浇注了国内最大的65吨铸钢支承辊。该项技术还在大连重工·起重集团有限公司、沈阳鼓风机集团有限公司、沈阳黎明航空发动机（集团）有限责任公司等企业进行了应用示范，提高缸体件合格率30%、材料利用率5%和钢锭生产效率12%，成效十分显著；沈阳陆军总院的获奖项目“冠心病危重病人的介入治疗”，是目前国内样本最大、危重程度最高、难度最大的研究，拥有国际首创技术3项，介入治疗的即刻成功率达到国际领先水平，已治疗危重冠心病1万余例。

应该说，这些科技项目和成果，只是近年来我省科技创新工作取得的突出成绩的一部分。省委、省政府召开科技大会以来，我省始终坚持以科技创新支撑和引领经济社会发展，在全省科技创新工作领导小组的统筹协调下，通过深化科技体制改革，加强技术创新体系建设，加大投入，推动科技成果转化和重大关键技术攻关，促进了经济结构调整和经济增长方式转变，科技创新的爆发力正在逐步显现。

全省高新技术产业快速发展，促进了经济结构进一步优化。2007年，规模以上工业企业高新技术产品增加值实现1475.3亿元，增长41.1%，占全省地区生产总值的比重达到13.4%，比上年提高2.1个百分点；装备制造业实现工业增加值1432亿元，增长32.3%，占全省规模以上工业增加值的比重为28.4%，比上年提高2.8个百分点。

重大关键技术攻关取得新突破，重点领域和重点行业技术水平显著提升。2007年，有235项关键技术攻关取得突破性进展；获专利授权9614件，增长30.5%；共开发新产品9200项，增长12%；实现新产品产值1500亿元，增长23%。

企业技术创新的主体地位更加突出，竞争力显著增强。全省省级以上各类企业研发中心已增加到310个，产学研技术联盟已发展到410余家。我省工业企业开发的新产品中，60%以上来自省级以上企业技术中心。

高新园区和特色产业基地发展势头良好，成为区域经济发展的重要增长极。8个省级以上高新区实现营业总收入3336亿元，增长30.1%；实现高新技术产品产值1770亿元，增长33.6%。

科技成果转化与产业化速度加快，不断培育新的经济增长点。2007年，转化科技项目1.2万余项，创经济效益820多亿元；全省技术合同交易额实现94亿元；全省主要粮油作物良种率达到95%以上。

社会发展领域科技进步顺利推进，科技惠民取得新成效。生物医药产业快速发展，有6个新药投产上市，生物医药产业实现产值200亿元。开展了“农村卫生适宜技术推广”“农村地区高血压综合干预研究”“农村饮水安全科技示范工程”“生物质能及白色垃圾气化技术示范”等工程，使数十万农民受益。

这些成绩充分证明，要实现辽宁老工业基地振兴必须依靠科技创新，科技创新是实现我省经济又好又快发展的必然抉择和根本途径。当前，辽宁已经站在一个新的历史起点，辽宁需要振兴，振兴离不开科技。全省的广大科技工作者必须勇敢地承担起历史使命，坚韧不拔，持之以恒，艰苦奋斗，攻坚克难，实现科技创新工作的新跨越。今天，我们召开这样隆重的奖励大会，就是要重奖在科技创新工作中涌现出的典型，进一步增强全社会的创新意识，在辽宁大地形成千军万马抓创新的局面，推动辽宁切实转变增长方式、实现又好又快发展。

二、明确任务，突出重点，用科技创新引领辽宁老工业基地振兴实现新跨越

今后五年，是辽宁老工业基地立足新起点、谋求新发展、实现新跨越的关键时期。如何推动我省“好字优先、好中求快”协调发展、推动经济切实转入科学发展的轨道，科技创新是核心、是动力、是根本途径。我们必须清醒地认识到，科技创新工作与现代经济社会发展的需求还有差距，如何使科技尽快转化为现实生产力，如何充分发挥科技创新的示范、引领作用，需要我们进一步解放思想，创新理念，顺应新要求，采取新办法。

2008年，是全面贯彻党的“十七大”精神的第一年，也是继续推进辽宁老工业基地振兴的重要一年，要做到高标准起步、高起点开局，我想要突出以下几项工作。

第一， 要全力推进以企业为主体的技术创新体系建设，尽快做大做强一批企业。

企业是技术创新的主体，加强以企业为主体的创新体系建设是提升辽宁自主创新能力的根本途径，我们要积极引导创新要素向企业集聚，鼓励和支持企业提高自主创新能力。首先要重点培育百家科技创新示范企业，在省内择优选择百家拥有核心技术和自主知识产权、整体技术水平居同行业领先地位、其产品对辽宁经济发展具有重大影响的大中型企业和成长性好、发展速度快的科技型中小企业，经过3年左右的持续支持和培育，使大中型骨干企业的综合竞争力显著提高，使科技型中小企业的经济效益实现翻1～2番的目标，技术创新能力快速提升，成为提高区域竞争力、建设创新型辽宁、实现全省经济社会又好又快发展的主力军。

充分发挥我省科技资源的作用，引导高校、科研院所的科技资源向企业需求转变，成为技术创新体系的重要支撑力量。支持中科院科技创新园、大学科技园、高校中小企业服务中心的建设，推进科技成果及时转化为现实生产力；引导高校、科研院所与企业建立产学研技术联盟、研发中心，为企业创新提供有效技术支持和服务；推动大学、科研机构科技产业的发展，提高对经济的贡献率。

第二，迅速打造一批产业集群，形成新的经济增长区域。

充分发挥高新区对高新技术产业的重要载体作用，以“五点一线”沿海经济带和中部城市群的建设为重点，打造沈抚本高新技术产业带；加强高新区及特色产业基地创新创业平台建设，在全省高新区完善和新建IC装备技术研发、动漫技术研发、中药和生物医药研发等一批公共技术服务平台和孵化器。突出特色产业基地建设的区域特色，重点推进沈阳先进装备制造和动漫、大连软件和生物医药、抚顺精细化工、锦州硅材料及太阳能电池、营口镁质材料、本溪现代中药、阜新液压件产业等国家特色产业基地建设，拉长产业链条，打造产业集群。

第三，深入实施新农村建设科技支撑行动，为解决“三农”问题和县域经济发展提供技术支撑。

围绕粮食、菜篮子生产安全和现代农业发展需求，实施农业种子创新工程，重点抓好玉米、水稻、大豆新品种选育，组织我省有优势的育种专家，实施联合攻关。用5年时间，使我省玉米、水稻、大豆等主要农作物产量指标实现重大突破。深入实施农村科技特派行动，为农业特色产业基地建设提供技术支撑。组织科技特派组，提升农业产业化龙头企业技术创新和产品开发能力。实施农民技术员培养工程，培养一批懂技术、会经营、留得住、用得上的新型农民。

第四，实施民生科技行动，惠及广大人民群众。

围绕改善人民生产、生活条件，重点实施民生科技支撑行动，使广大人民群众享受到科技带来的成果和福祉。开展促进公众健康科技攻关与示范、改善人居环境科技攻关与示范和绿色建筑科技示范、公共安全科技攻关与示范、农村安全饮水、农村能源科技示范等工程，建立6个农村卫生适宜技术推广示范县，建立30个农村卫生适宜技术推广应用示范医院，建立再生水回用、生活垃圾减量等示范社区、农村秸秆气化和白色垃圾制气科技示范村等，让科技成果更直接地服务于人民群众。进一步加强省青少年科技创新基地建设，推进“科技进家”活动、“未成年人科学素质行动”和“科学教育与培训基础工程”，在全省打造一批精品科普基地。

省委、省政府隆重表彰和奖励为我省科技创新工作做出杰出贡献的单位、科研人员和企业，体现了省委、省政府对科技创新工作的高度重视和对广大科研人员的关心和爱护，希望各级党委、政府要遵照此次会议的精神，大力弘扬科学精神，努力提高全省人民的科学素质，在全社会营造学科学、用科学、尊重知识、尊重人才的浓厚氛围。广大科研人员要按照省委、省政府对科技创新工作的总体要求和部署，继续发扬求真务实、勇于创新、无私奉献的科学精神，努力创造更多的优秀成果。广大企业也要进一步加强研发能力建设、加大研发投入、不断提升企业技术创新的能力和市场竞争力。

同志们，辽宁老工业基地已经站在新的历史起点上，进入了全面振兴的新阶段，科技创新工作迎来了难得的历史机遇。让我们紧紧围绕辽宁老工业基地全面振兴这个主题，解放思想，开拓创新，不辱使命，勇攀高峰，为开创辽宁老工业基地全面振兴的新局面而努力工作！

深入开展农村科技特派行动
扎实推进中国特色农业现代化事业

——在全省农村科技特派行动总结表彰大会上的讲话

国家科技部副部长　刘燕华

(2008年12月25日)

在辽宁省农村科技特派行动总结表彰大会召开之际，我首先代表科技部对这次会议的召开表示热烈的祝贺！向深入农村一线全心全意为广大农民群众服务的集体和科技人员，特别是今天受到表彰的先进集体和先进个人表示亲切的慰问和崇高的敬意！

下面我谈几点意见。

一、充分认识新时期实施科技特派员基层创业活动的重要意义

2002年，科技部借鉴福建南平实施科技特派员制度的经验，率先在西北5省区开展了科技特派员试点工作，受到了试点地区广大农民、科技人员和各地地方政府的普遍欢迎，创造了很多、很好的经验和做法。科技特派员工作在实践中得到了不断的丰富和发展，随后在全国许多省、区开展了试点工作。在总结工作经验的基础上，2004年科技部、人事部联合下发了《关于开展科技特派员基层创业行动试点工作的若干意见》，为科技特派员的试点提供了政策保障，推动了全国科技特派员试点工作的开展。为全面推进科技特派员试点工作，2007年11月，科技部联合人事部、农业部在山东聊城召开了第三次全国科技特派员工作经验交流会，全国科技特派员工作由试点阶段转向了全面推进阶段，目前全国已有31个省、市、区，1039个县（市、区、旗）开展了科技特派员创业行动，有57000多名科技特派员活跃在农村第一线。经过几年的努力，科技特派员基层创业工作得到了蓬勃发展，取得了显著成效，初步形成了深入发展的良好格局。

党的十七届三中全会提出了新形势下推进农村改革发展的战略任务、基本方向和根本要求，为指导当前和今后一个时期的“三农”工作明确了方向。使农村发展战略目标必须在统筹城乡改革上取得重大突破，必须在农村体制改革关键环节上取得重大突破。实践证明，科技特派员基层创业工作是新时期破解“三农”问题的有效途径和成功经验之一。加快推进科技特派员基层创业行动对于发展现代农业、推进城乡经济发展社会一体化、建设社会主义新农村具有深远和积极的意义。

（一）开展科技特派员基层创业行动有利于促进城乡社会经济发展一体化

科技是第一生产力，是统筹城乡发展的重要环节，统筹城乡发展必然要求创新城乡统筹的体制机制，科技特派员在基层的创新和创业有利于集成现代科技要素，带动城市的资金、管理、信息等其他生产要素向农村一线聚集，向农业产业链的各个环节聚集，有利于加快农村科技成果转化和基层的科技进步，充分发挥科技在推动经济结构调整中的作用，也有利于建立以科技促进农业发展，以城市带动乡村发展的良好局面。

（二）开展科技特派行动有利于加快构建现代农业产业体系

通过特派员带领农民领办、创办农业企业和专业合作经营组织，在农业产业链各个环节创新、创业，有利于形成以市场为导向、以农业企业为主体、产学研相结合的创新体系，转变农业经营组织方式，延伸和拓展农业产业链，增加农业的科技含量，加快构建现代农业体系。

（三）开展农业科技特派行动有利于推进机制体制创新

科技特派员工作遵循市场经济规律，以新的理念和方式，突破了传统体制的束缚，建立了利益共享与风险共担，激励与约束相结合的多元化、开放式、充满活力的新机制，有利于实现科技人员与农民、科技与经济、生产与市场的有机结合，突破束缚农村生产力发展的障碍，促进农村经济与社会发展转到依靠科技进步的轨道上来，实现农民、科技人员、政府等多方共赢，推进了体制、机制的创新。

二、辽宁科技特派行动为创新全国科技特派员工作机制提供了有益的经验

辽宁省省委、省政府对科技特派工作高度重视，立足实际、大胆探索，不断创新和完善科技特派工作的运行机制和发展模式，形成了科技特派团、科技特派组、科技特派员加农民技术员培训一体化的发展模式。通过科技特派员创业行动，把政府意志、群众愿望、市场机制、产业发展很好地结合起来，实现了多方共赢，并为推进全国科技特派员工作的开展提供了有益的经验。

这些经验赵明鹏同志已经讲过了，我不再重复。刚才听了明鹏的报告，特别是听了5个典型发言，我想即兴谈一下我的体会，辽宁省的科技特派工作有这么几条经验。

经验之一就是组织体系建设非常到位。

一是为工作开展提供了组织保障。这个组织体系由省委组织部、省科技厅、省人事厅、省农委、省财政厅5个部门联合行动。我们都在政府部门工作，能有这么多部门达成一致，共同推动，是一件很不容易的事情。二是政策保障。辽宁省下发了《关于开展辽宁省农村科技特派员行动试点工作的若干意见》，这个《意见》不管在政策上、体制上、机制上还是在解决科技人员后顾之忧上都有明文规定。在我们国家，这种政策保障可以说是开展一项工作必备的基础。三是执行机构的保障。有了方向、有了目标、有了政策，谁来执行？执行的机构也很重要。我们常讲一句话：若想办好一件事，要有领导力，要有执行力。没有执行力，再好的想法、再好的政策也无法实施。辽宁省把这三个问题解决了，我觉得这个经验应该向全国推广。

经验之二就是体制机制创新。

辽宁没有照搬其他省的模式，没有照搬所谓的经验，而是把别人的经验与自己的实际情况相结合，创造了辽宁自己的模式。这个模式应该说最符合辽宁的省情，最符合我们经济发展的阶段，最符合老百姓的意愿，也和我们当地的文化传统有很大关系。这样做的结果是科技与经济紧密地结合在一起，生产与市场紧密地结合在一起。同时使生产与生产的整个链条连接起来了。你们这么多的形式、这么多的团体、这么多的人，开展的是什么？是一县一业、一乡一品，是根据地区的优势打造优势产业、龙头企业。正是有了这样的一种结合，才形成了这样一种优势。如果没有体制、机制的创新，没有制度的保障，是做不下去的。

经验之三就是全面的重心下移。

老百姓想什么，我们科技就给派什么；市场上需要什么，我们就去生产什么。这就是辽宁省的基本做法。这样重心下移了，就与市场结合了，我们的产业就能发展了。过去我们常说的一句话是科技与经济两张皮。老百姓就形容说，科技就像水上浮着的皮球，从上面看，皮球在地面上，可是老百姓从底下看，这个皮球还在水面上浮着。所以你们的重心下移，就是把科技真正扎在农村的土壤中，扎在农村的基地里，让它在农村的土壤里扎根、开花、结果。你们的这种做法，就像你们所讲的：市场导向，稳步前进，政府引导，统筹兼顾，因地制宜。特别要说的一句话是务求实效。你们不仅把城市的资源要素引到了农村，而且你们把农村的人才引向了城市。刚才有一个农民说，能进入大学学习，这在以前是想也想不到的。他在农村有很多困惑，他带着这些困惑到大学来学习，学到了知识，学会了经营，就练成了真功。把这些真功拿回家去创业。他的创业也带动了乡里乡亲生产发展，共同致富。

我觉得像这样的一些实例，真应该好好宣传宣传。这种重心下移应该是包括双重的，一个是城市的资源到农村，一个是农村的有潜力的资源到城市里去培养，然后再回到农村去，这样形成一种良性循环。我回去之后要好好地继续学习辽宁省的经验。我觉得你们在这方面的重要经验，应该在全国推广。

三、认真学习贯彻党的十七届三中全会精神，继续深入开展农村科技特派行动

当前，全国上下正在深入学习贯彻党的十七大和十七届三中全会精神，深入贯彻落实科学发展观，我们要顺应新形势，抓住新机遇，准确把握农村科技工作的新任务和新要求，深入推进农村科技特派工作，发挥科技特派员工作在破解“三农”难题、消除城乡二元结构、实现城乡统筹发展方面的作用。要做好以下几方面工作。

（一）要把科技特派工作作为推进城乡一体化的重要抓手，常抓不懈

统筹城乡产业发展，是促进城乡经济社会一体化的重要内容。新时期，要把推进科技特派员创业行动作为基层科技工作的切入点，将其与农业结构调整、农业产业化紧密结合起来，落到实处，使科技特派工作真正成为加快农村科技成果转化与推广、促进农民增收、提升农业综合生产能力的重要手段，实现农业生产方式由主要依靠土地、劳动力等传统生产要素向主要依靠科技等现代生产要素的转变；促进农民增收实现由主要依靠传统农业向主要依靠现代农业产业体系转变，统筹城乡产业发展。

（二）加强组织领导，优化资源配置，为科技特派工作提供有力支撑

要加强组织领导，在现有基础上，与金融等部门加强配合，力争形成部门联动推动科技特派工作的良好局面。要优化资源配置，在科技计划层面上要整合星火计划、成果转化资金、富民强县等科技资源以及其他社会资源，对科技特派员基层创业工作给予更多的倾斜。要充分发挥金融机构、民间资本的作用，探索设立科技特派员创业担保资金，解决科技特派员创业企业贷款担保问题。要加强科技与金融的结合，研究开展农业科技授信业务和小额信贷业务，发展各种微型金融服务，建立科技特派员工作多渠道的融资机制，要探索建立科技特派员信用体系，为科技特派员创业提供有力支撑。

（三）注重培训和交流，提升科技特派员的创业能力

结合农业科技龙头企业示范工程的实施，在抓

好现有科技特派员培训基地试点建设的基础上，扩大试点示范，合理布局，适时建立具有地方特色的各级培训基地，做大做强，形成品牌优势。通过开展培训，提高科技特派员的素质，加强科技特派员的能力建设，使科技特派员队伍逐步成为一支精业务、懂技术、会经营、善管理、扎根基层的农业、农村科技大军，提升科技特派员的创业能力。

（四）做好宣传工作，为科技特派行动营造良好氛围

要加强科技特派工作的宣传，通过举办科技讲座、召开科技特派员工作经验交流会，新闻专题采访、制作宣传册，开辟专栏、专刊等多种方式，宣传科技特派员创业成果，提高社会各界对科技特派员工作的认识。要加强对科技特派员先进事迹和典型的宣传，利用广播、电视、报纸、网络等各种传媒载体进行宣传，让方方面面都了解、关注科技特派工作，逐步形成全社会关心和支持科技特派工作的良好氛围。

同志们，走中国特色农业现代化道路，推进社会主义新农村建设，任务艰巨，前途光明。希望大家结合本次会议的精神，紧紧抓住农村制度改革创新带来的重大机遇，深入开展科技特派行动，促进城乡统筹发展，共同推进中国特色农业现代化的伟大事业，为全面建设小康社会作出新的更大贡献。

走中国特色自主创新道路　努力建设创新型国家

——在东北老工业基地创新型创业建设研讨班上的报告（摘要）

科技部党组成员、纪检组长　吴忠泽

（2008年10月30日）

党的“十七大”把“自主创新能力显著提高，科技进步对经济增长的贡献率大幅上升，进入创新型国家行列”作为实现全面建设小康社会奋斗目标的新要求的重要内容。在“促进国民经济又好又快发展”八项任务中，第一条就是“提高自主创新能力，建设创新型国家”，并提出“这是国家发展战略的核心，是提高综合国力的关键”。“要坚持走中国特色自主创新道路，把增强自主创新能力贯彻到现代化建设各个方面”。这是我党历次代表大会报告所没有过的。是党中央在新的历史条件下统揽全局、着眼未来作出的重大战略决策，也是对我国改革开放30多年的经验总结，标志着我国推动经济发展方式开始从要素驱动型向创新驱动型的根本转变，科技工作进入了经济社会建设的主战场，必将对我国未来经济社会发展产生十分重大而又深远的影响。

一、科学技术已经成为经济社会发展的主导力量

这是当代科技发展的第一个趋势。全面建设小康社会是我国现代化进程的重要历史时期。国际经验表明，在人均GDP 1000～3000美元的发展阶段，经济社会结构变化最为活跃，土地、资本等传统生产要素对经济增长的贡献将出现递减趋势，科技创新的重要性将明显上升，越来越成为国家发展的核心驱动力。研究表明，从现在起到2020年，我国如果没有科技进步贡献率的大幅度提高和经济增长方式的根本转变，将难以实现“翻两番”的目标。因此，我们必须准确把握科学技术发展趋势，充分借鉴各国工业化、现代化的历史经验，把全面建设小康社会的进程建立在科技创新的基础之上。

我们从以下四个方面做出这个判断。

一是科学技术发展不断突破人类传统认识极限，引发新的科学和技术革命。学科之间、科学和技术之间、自然科学和人文社会科学之间相互交叉渗透，导致众多跨学科领域的诞生。纳米、生命、信息、认知科学的融合，推动着人类整体认识能力的飞跃，使得人类社会的许多未来需求将成为可能。

先进仪器和设备的广泛应用，使科学技术在宏观和微观两个尺度上，向着最复杂、最基本的方向

发展。对基本粒子、基因、微机械、微加工和纳米材料等微观世界的研究，对网络系统、经济系统、生态系统、大脑和生命系统等复杂系统的研究，正在突破人类传统认识的极限，预示着科学技术进入一个前所未有的创新密集时代。

二是科学理论超前发展，引领新的技术和生产方向。科学技术早期发展往往是生产实践推动了技术发明、在技术发明基础上形成了科学理论。但是，现代科学与技术的关系出现了逆转现象，科学理论越来越走在技术和生产的前面，为技术和生产的发展开辟新的道路。当代重大技术革命的成果绝大多数源于基础研究领域的原始性创新，并在此基础上形成新兴产业。核能、集成电路、生物技术以及正在兴起的纳米技术，都源于基础科学理论的突破。

三是科技成果产业化周期缩短，造就新的追赶和超越机会。20世纪上半叶，电话走进50%的美国家庭用了长达60年的时间，而互联网进入50%的美国家庭只用了5年时间。人类基因组、超导、纳米等许多基础研究的成果，在中间阶段就已申请了专利，有的甚至迅速转化为产品走进生活。

由于科学技术日新月异，没有一个国家能够在所有领域取得垄断地位，特别是在纳米技术、生物技术等新兴领域，不少国家都处在相近的起点上。后发国家完全有可能在这些领域实现突破，带动整体科技竞争力的跃升。

四是全球化趋势深入发展，自主创新能力成为国家竞争力的决定性因素。不同于19世纪和20世纪初，科研作为科学家的个体行为已相当困难。当今科技发展的另一鲜明特征是日趋复杂，科研开发项目的规模越来越大，需要的资金和人力投入越来越多。在全球化环境下，资本、信息、技术和人才等要素在全球范围内跨国界的流动与配置日益普遍。

但是，这种跨国界的流动并没有改变国家间竞争的本质，只是改变了竞争形式。国家间竞争集中的反映为自主创新能力的竞争，并通过对技术和知识产权的占有表现出来。据统计，全世界科技移民的40%被吸引到了美国，其中70%来自发展中国家。在企业竞争层面的“胜者全得”现象，越来越显著地体现在国家竞争层面。“胜者全得”是美国经济学家在20世纪80年代提出的一个新理论，意思是说，对于一个高技术产品，只要在技术上领先一步，大多数市场将是你的，而哪怕处于第二位、第三位的，最多也只能分到一点“汤”。这里有一个案例，大家都知道英特尔公司，它的微处理器芯片，即计算机的心脏，占领世界市场的90%以上。我们在各种电脑中总能看到这样一个标志“Intel inside”即“里面装有英特尔芯片”。这是不是技术垄断？不是。这一领域的竞争十分激烈。20多年来，德克萨斯仪器公司、摩托罗拉等公司联合开发的强力芯片，一直想与其抗衡。为了赢得竞争优势，英特尔公司通常用三个研究开发组同时研发一个产品，科技人员常常加班加点，甚至放弃休假。这样他们才得以一直占据技术优势，从而占据市场竞争的绝对优势。否则，一旦在技术上落后，就会被挤出市场而倒闭。

目前，国家之间的经济科技竞争的重点已前移到了原始性创新方面。所谓原始性创新，主要是指重要的科学发现和技术发明。为了进一步说明问题，我想举一个实例。在1988年的汉城奥运会上，日本推出了高清晰度电视，并向世界转播。这是日本的独家技术，日本人很快就制定了自己的标准，并梦想这样可以一举占领世界新一代电视的市场。可是，好景不长，1991年，美国人突然宣布了数字式高清晰度电视的标准。这下日本人傻了眼，因为日本的产品是模拟式的高清晰度电视，是在现有普通电视技术基础上的渐进创新。而美国的数字式高清晰度电视是在原理上的重大创新，得益于其强大的原始创新能力。这等于说日本的多年投资、努力全部付之东流。原始性创新的重要性可见一斑。

总之，科学技术是第一生产力，是取之不尽的资源，具有永无止境的发展空间。在科学技术的引领和推动下，人类正经历着从工业社会向知识社会的演进。科学技术不断创造出新的经济增长点，在解决人类可持续发展的一系列重大问题上发挥着日益重要的作用，已经成为经济社会发展的基本驱动力和人类财富形成的主要源泉。

二、国际竞争的实质是技术及其应用能力之争

这是当代科技发展的第二个趋势。随着世界经济政治格局的转变，以及全球化和新科技革命带来的历史机遇，技术及其应用能力已经成为国际竞争的主要手段。发达国家充分利用自身的技术及其应用能力的优势和资本优势保持领先地位，并以知识产权、技术壁垒等新的贸易手段对其他国家实施压制。发展中国家由于自主创新能力匮乏，面临着日益严峻的经济安全、国防安全和文化安全问题。主要表现在以下三个方面。

第一，发达国家用技术控制市场。据统计，目前全世界86%的研发投入、90%以上的发明专利都掌握在发达国家手里。凭借科技优势和建立在科技优势基础上的国际规则，发达国家及其跨国公司形成了对世界市场特别是高技术市场的高度垄断，从中获取大量超额利润。在由发达国家主导的国际贸易规则下，后发国家企业的生存与发展空间将面临越来越多的挤压，知识产权成为影响发展中国家工业化进程的最大不确定因素。

第二，发达国家用技术控制资源。如果说过去老牌资本主义国家是用暴力掠夺殖民地资源，那么今天发达国家更多的是利用技术手段控制国际资源及其流向。目前，对空间资源、海洋资源和生物资源等战略资源的争夺已成为各国竞争的焦点。

在空间领域，美国正在加紧国家导弹防御系统和太空侦察情报系统的研制与部署，欧洲航天局在全球定位系统等领域频出重拳，俄罗斯、日本和印度等国家也都进行了重点部署。自1964年美国第一颗地球同步轨道卫星上天之后，地球同步轨道就成了宝贵和稀缺的地球资源。由于地球同步轨道最多只能容纳180颗卫星，在欧美等科技发达国家抢占殆尽后，后进国家将无以立足，很难摆脱受制于人的局面。

海洋是生命的摇篮，也是未来人类生存和发展的物质宝库。自1994年联合国海洋法公约生效以后，对专属经济区以外深海大洋的国际竞争日趋激烈。据有关信息反映，由发达国家主导酝酿的联合国新的海洋法公约将会提出，谁最先获得公海海底的科学数据，谁就可以优先享有开发权。继1994年以“专属经济区”为核心的海洋国土化运动圈定1/3的海洋面积之后，新一轮的“蓝色圈地运动”正在占海洋面积2/3的深海领域全面展开。科技上的领先将会直接导致发达国家对海洋资源的占有。

生物资源对各国都将具有高度的战略意义，发达国家利用技术优势对生物资源的抢夺已进入白热化状态，学术界把这种现象称为“生命专利圈地”。例如，几年前，一种原产于中国长江中下游地区的野生大豆品种，被美国一家研究机构将基因标记申请专利，这意味着我们今后可能不得不面临“种中国豆，却要向美国人付钱”的被动局面。目前，世界上许多国家都把发展生命科学和生物技术作为国家战略加以重视和部署。

第三，发达国家用技术控制媒体。随着通信网络技术的发展和普及，计算机、通讯和网络等技术已成为当今最主要的信息资源载体。欧美等发达国家凭借其掌握的先进信息技术，通过对各种传媒话语权的控制，在传播西方意识形态、文化和价值观等方面占据主导地位，甚至以此影响和干扰他国重大决策。

目前，美国控制着全球80%的计算机系统和软件市场以及计算机芯片、操作系统和网络关键产品的技术，还掌握着管理全球互联网域名服务系统、网络信息传送与控制及互联网协议的主导权。国际互联网上信息资源80%都是英文的，绝大部分来自发达国家。网上访问量最大的100个站点中，有94个在美国境内。这种不对称的信息控制能力，导致发达国家与发展中国家在经济、科技、文化等方面竞争的不对称局面。

三、促进科技创新已经成为世界主要国家的基本战略

这是当代科技发展的第三个趋势。面对当今科技经济发展的总体态势，世界许多发达国家和新兴工业化国家都作出了基本相同的战略选择。

把科技创新作为国家战略。美国政府把科学技术与国家利益相提并论，提出要把保持美国在科学知识最前沿领先地位作为国家战略目标；英国政府提出必须确保科学基础的优异和强大，并把创新作为提高生产效率和加快经济增长的核心；日本政府相继提出了科技创新立国和知识产权立国的国家战略；韩国政府提出必须在国家层次上制定和执行以科技为基础的政策，为国家发展探索新的道路。

把科技投资作为战略性投资。2005年美国联邦科技预算为3000亿美元，是历史上最大规模的联邦政府研究开发支出，约占全世界研发总投入的三分之一；英国政府从1999年起，在3年内追加14亿英镑投资，是“有史以来政府对科学基础投入金额最大的一次”；欧盟提出到2010年将研究开发经费占GDP的比重提高到3%；韩国提出到2025年研发经费占GDP比重提高到4%。

超前部署和发展战略技术及产业。如美国信息高速公路计划、国家纳米技术计划和氢能研发计划，欧洲科技框架计划、伽利略计划，韩国先导技术研发计划、替代能源计划，印度“绿色革命”、“白色革命”、“蓝色革命”和软件产业发展等。

总之，持续增强科技创新能力，竭力保持和扩大与发展中国家的知识鸿沟，已成为发达国家在国际竞争和国际分工中保持优势地位的战略之一。

我们从中可以看到，后发国家既可以借助科技革命的历史机遇，利用后发优势实现社会生产力的跃升，也可能在世界新一轮科技和产业革命中被再次拉开发展差距，最终被边缘化。

四、我国科学技术发展的现状

总体来讲，我国科学技术发展取得巨大成就，但尚未成为对世界有重要影响的科学技术大国。

改革开放以来，我国科技事业取得了举世瞩目的成就。如载人航天，超级稻，超级计算机等。但是，我国科学技术总体水平与主要发达国家和新兴工业化国家相比，还存在较大差距。综合国际上2003年有关科技创新能力评价的结果，我国科技创新能力在49个主要国家中位居第28位，处于中等偏下水平。

从综合能力评价的指标看，主要差距表现为：

一是关键技术自给率低。对外技术依存度高达50%，而美国、日本仅为5%以下；我国占新增固定资产投资40%的设备投资中，有60%以上依靠进口，高科技含量的关键装备基本上依赖进口。

由于缺乏核心技术，我国很难以单纯的劳动力比较优势换来应有的利益。我国虽已成为世界彩电、计算机、手机、DVD、摩托车等第一生产大国，但并不拥有核心技术，大部分关键零部件都来自海外，仅仅是世界产品的“生产车间”，无法分享到更多利润。“卖一台计算机只赚了一捆大葱钱”，是联想集团创始人柳传志创业中的切肤之痛，此言道出了我国高科技企业因缺乏核心技术所面临的窘境。

此外，尽管我国工业制成品的出口已经占到了整个货物贸易出口的90%以上，但所出口的产品大部分是低技术含量、低附加值的劳动密集型产品和消耗资源较多的产品，取得的利益十分有限。

另一方面，在一些产业领域，正在表现出一定程度的对外技术依赖。大到飞机、汽车、数控机床，小到服装、日用化学用品、碳酸类饮料，国外资本、品牌和技术主导的格局日益显现。许多企业过度依赖跨国公司的技术转移，难以摆脱降低成本、降低价格的恶性竞争的局面。尽管许多领域的产品结构已经发生了很大变化，但企业的自主创新能力并没有得到提高，企业尚未成为技术创新的主体。

二是发明专利数量少。2006年，我国发明专利总量虽然排名世界第4位，但只占世界总量的15%。在发明专利申请和授权中，外国企业申请量占49%，授权量占63%，这种现象在高新技术领域尤为明显。

三是科学研究质量不高。我国科学论文产出总量虽有大幅度提升，但科学水平仍有较大差距。从1995年到2004年，我国科学论文被引频次排在世界第14位，篇均被引频次仍低于世界平均水平。

四是尖子人才匮乏。目前，我国缺乏跻身世界一流行列的科学大师和世界级领军人物，难以在激烈的国际科技竞争中把握重大的发展方向，作出具有世界水平的重大贡献。

五是科技投入不足。我国R&D的投入占GDP的比重较低，2006年比重为1.4%，低于世界平均1.6%和发达国家一般2%以上水平。

从1991年到2000年，我国10年累计投入研发经费550亿美元，仅为美国同期的1/36，韩国的1/2。2004年我国研究开发人员年平均经费分别只有韩国的14%和日本的8%。这种投入强度很难支持高水平的研发活动。

另一方面，科技投入结构不合理。在全部研发投入中，基础研究投入比例偏低，影响了原始创新能力的提高；公益性研究投入长期不足。

同时投入又比较分散，部门分割、行业分割、条块分割造成科技资源浪费和低水平重复，整体运行效率不高。如美国发射的MODIS卫星的数据接收站，在美国只建设了16座，覆盖全国，满足军民两用。俄罗斯建设了8座，欧洲大部分国家只有1座，而我国在2004年就建成了30座。

六是学风浮躁、学术不端行为比较突出。当前科技领域违背科学道德规范，败坏学风的科学不端行为及学风浮躁现象时有发生，有的比较严重。例如，一些人急功近利，心浮气躁，科研成果粗制滥造；不顾科研工作的职业操守，弄虚作假，欺骗社会大众。前不久，上海交大“汉芯”造假事件，就是一个典型案例。尽管是极少数，但对科技事业的危害性不容低估。

总之，必须清醒地看到，我国自主创新能力总体上不强，有的领域与发达国家的差距还在扩大，推动创新的体制机制尚不完善。在综合国力竞争日趋激烈的形势下，我国创新能力不足将对经济社会发展和国家安全构成严重制约。

五、走创新型国家发展道路是我国面向2020年的战略选择

国家发展模式的战略抉择决定着一个国家的前途和命运。半个多世纪以来，世界上众多国家都在各自不同的起点上，以不同的发展路径，如资源型、依附型、创新型等，努力寻求实现工业化和现代化的道路。

一些国家主要依靠自身丰富的自然资源增加国民财富，如中东产油国家；一些国家主要依附于发达国家的资本、市场和技术，如一些拉美国家；还有一些国家把科技创新作为国家战略，科技实力和竞争力不断提高，国际学术界把这一类国家称之为“创新型国家”，这样的国家有20个左右，如美国、日本、德国、加拿大、澳大利亚、以色列、芬兰、韩国等。它们有3个基本特征。

一是创新投入高，研究开发投入经费占GDP比重大都在2%以上；二是创新产出高，创新能力综合指数明显高于其他国家，科技进步贡献率在70%以上，这些国家获得的三方专利，即美国、欧洲和日本授权的专利数占世界总量的97%；三是自主创新能力强，对外技术依存度都在30%以下。特别值得提出的是，芬兰、韩国等国家在10～15年的时间内，实现了经济增长方式的转变，这对我国有重要的借鉴意义。

特定的国情和需求，决定了我国不可能选择资源型和依附型的发展模式，必须走创新型国家的发展道路，推动经济增长方式从要素驱动型向创新驱动型的根本转变；使得科技创新成为经济社会发展的内在动力和全社会的普遍行为；最终依靠制度创新和科技创新实现经济社会持续协调发展。

我们之所以做出上述判断，主要基于以下四个方面的原因。

一是全面建设小康社会的目标，决定了我国必须走创新型国家的发展道路。满足全面建设小康社会的要求，意味着从改革开放直到2020年，我国必须保持连续40年7%以上的经济高速增长，这在世界经济史上，对于一个大国来说是前所未有的。

如果我国科技创新能力没有根本提高，科技进步的贡献率仍保持目前39%的水平，要实现翻两番的目标，就要求投资率达到52%的特高水平，这是不可能做到的；即使投资率可以保持近年40%左右的高水平，科技进步贡献率也必须达到60%，即在目前水平上提高20个百分点，才能实现建设小康社会所要求的经济增长目标。

二是人口众多和资源、环境的瓶颈制约，决定了我国必须走创新型国家的发展道路。据预测，到2020年，我国新增劳动力就业3亿人；城市人口增加3亿多；60岁以上人口达到16%；需要解决十几亿人口的基本医疗保障。面临一些重大传染病的严重威胁。艾滋病感染率急剧上升，据联合国驻华机构公布的数据，目前我国感染人数约84万人，如不采取积极有效的措施，到2010年，将超过1000万人。乙肝病毒携带者达1.3亿人，占总人口的10%，耐药性结核病在我国广大地区传播扩散，南方地区血吸虫病死灰复燃，防治形势异常严峻。

我国人均能源、水资源等重要资源占有量严重不足。人均石油可开采量占世界平均值的1/10；人均水资源占世界平均值的1/3；人均耕地面积占世界平均值的1/2；人均矿产资源占世界平均值的58%。据有关资料分析，我国每创造1美元CDP，能耗相当于德国的5倍，日本的4倍；我国的劳动生产率仅相当于美国的1/12，日本的1/11；我国以占世界4%的经济总量，消耗了全球石油的7%，原煤和钢材的30%，水泥的40%。

生态环境脆弱，面临着日益严峻和紧迫的重大瓶颈约束。水土流失面积占国土面积的37%；1/3的大中城市空气质量低于三级；酸雨区约占全国面积的40%；全国7大江河水系40.9%的断面完全丧失水环境功能；近岸海域超四类海水水质占26.5%。去年，重大环境污染和突发事件不断发生，达到161起，平均每两天一起。每年环境污染造成的损失高达国内生产总值的3%～8%。中国正以历史上最脆弱的生态系统，承受着最多的人口和最强的经济发展与城市化压力。所有这些是世界发展史上前所未有的。世界各国经验表明，依靠科学技术是解决这些瓶颈约束的根本途径。我们必须在发展路径方面做出抉择，必须在发展思路方面进行重大调整。

三是保障国防安全和经济安全，决定了我国必须走创新型国家的发展道路。这是因为：

第一，引进技术不等于引进技术创新能力。在一定条件下，技术可以引进，但技术创新能力不可能引进。因为后者受到资金的、社会的、政治的，甚至文化环境的影响。实践证明，技术创新能力是内生的，不但需要通过有组织的学习和产品开发实践才能获得，而且与所在国在实施技术应用时的发展驱动力和克服应用障碍所需要的制度、人力和能力也有着密切关系。因此，我国的产业体系要消化吸收国外先进技术并使之转化为自主的知识资产，一是要建立自主开发的平台，进行技术创新的实践；二是政府在制度、人力资源、投入和政策等方面要营造鼓励创新的良好环境，激发企业和全社会的创新激情和活力。

第二，真正的核心技术是买不来的。从冷战时期的“巴统组织”到今天的“瓦森纳协议”，美国等西方国家对技术出口的控制不断加强。实践表明，在涉及国防安全和经济安全的关键领域，真正的核心技术是买不来的。如果我们不掌握更多的核心技术，不具备强大的自主创新能力，就没有国家的安全，就没有民族尊严。

综上所述，走新型工业化道路，转变经济增长方式，缓解能源资源和环境压力，保障人民健康和公共安全，维护国家战略利益，都必须克服技术瓶颈的制约，都迫切要求加快推进科技进步和提高自主创新能力。近几年，这项工作已经引起党中央、国务院的高度重视并取得了积极进展。

四是我国已经具备建设创新型国家的一定基础和能力。30年前改革开放的战略决策使我国经济持续快速发展，综合国力大大提高。我国虽然处在人均GDP为2050美元的时期，但是科技创新综合指标已相当于人均GDP为5000～6000美元国家的水平，科技创新产出增长率位居世界前列。

2004年，我国科技活动人员达348万人，研发人员总数达115万人，分别居世界第1位和第2位。在校大专以上学生超过2300万，进入高等教育大众化阶段。这是任何国家无可比拟的、我国独具的走创新型国家发展道路的最大优势。

经过几代人的努力，我国已经建立了大多数国家不具备的比较完整的学科布局，一些研究机构已接近世界发达国家同类机构的水平。这是走创新型国家发展道路的重要基础。

我国具备了一定的自主创新能力，生物、纳米、航天等重要领域研发能力已跻身世界先进行列。

我国已经形成了大力推进自主创新的重要条件。一是我国坚持对外开放，为创新不断开拓新的空间。日趋活跃的国际交流与合作，使我们有可能在更大范围更高层次上学习借鉴他国的优秀成果和经验。同时，国外技术储备急于获得新市场，为我们进行必要的技术引进和主动选择创造了条件，使我国的自主创新有可能站在较高的起点上，并支付较低的成本。二是巨大的内需市场将为创新提供强大的牵引。我国工业化和城镇化加快后，对铁路、桥梁、建筑、重大成套装备、软件和网络环境等都产生了巨大市场需求，其规模之大、要求之新，有的已经超过了世界主要公司的设计和供应能力，如三峡大坝、青藏铁路等，这种独特的优势将为我国企业的自主创新提供强大动力源。三是我国公共财政实力大大增强。2006年，我国财政收入3.93万亿元，比2005年净增7700亿元，增加值比1996年全年财政收入还要高，可用于科研投入的实力产生了巨大变化。四是激励创新的体制和机制逐步建立。对产权和知识产权保护的力度加大，按要素参与分配已成为重要的分配原则，国家在税收、折旧、财政和投资等方面支持自主创新的政策体系正在形成。

特别是，我国具有独特的传统文化优势，中华民族重视教育、辩证思维、集体主义精神和丰厚的传统文化积累，为我国未来科学技术发展提供了多样化的路径选择。尤其是我们的科学家表现出来的高度的民族自信心、极大的勇气和魄力，完全有条件把前人、外国人没有做过的事情做得更好。

更为重要的是，我国还具有社会主义制度的政治优势，邓小平理论、“三个代表”重要思想为我国科技发展提供了坚实的理论基础，科学发展观反映了科学技术发展的内在规律和要求，科教兴国战略、可持续发展战略和人才强国战略日益深入人心。全社会的创新意识大幅度提升，尊重知识、尊重人才蔚然成风，科技工作得到全党和社会各界前所未有的高度重视。所有这些，都是我们增强自主创新能力、建设创新型国家长期起作用的带有根本性的有利条件。

六、我国中长期科学技术发展的指导方针和发展思路、发展目标

指导方针：

《国家中长期科技发展规划纲要》明确提出，今后十五年我国科技工作的指导方针是自主创新，重点跨越，支撑发展，引领未来。

“自主创新”是十六字方针的核心，是贯穿《规划纲要》的主线。“自主创新”有丰富的内涵：一要加强原始性创新，努力获得更多的科学发现和技术发明；原始性创新往往孕育着科学技术质的变化和发展，是科技创新能力的重要基础和科技竞争力的源泉，也是一个民族对人类文明进步作出贡献的重要体现；二要加强集成创新，使各种相关技术有机融合，形成具有市场竞争力的产品和产业；三要在引进国外先进技术的基础上积极地促进消化吸收和再创新。我们强调自主创新，不是关起门来搞创新，坚持自主创新，绝不排斥技术引进，而是把引进技术基础上的消化吸收再创新作为增强自主创新能力的重要路径。三个方面形成一个整体，不可偏废。

“重点跨越”就是坚持有所为、有所不为，选择具有一定基础和优势、关系国计民生和国家安全的关键领域，集中力量、重点突破，实现跨越式发展。

“支撑发展”就是从现实紧迫需求出发，着力突破重大关键、共性技术，支撑经济社会持续协调发展。

“引领未来”就是着眼长远，超前部署前沿技术和基础研究，创造新的市场需求，培育新兴产业，引领未来经济社会的发展。

科技工作的指导方针是半个多世纪以来我国科技发展实践经验的概括总结，是面向未来、实现中华民族伟大复兴的重要抉择。

发展思路：

根据科技发展的指导方针，针对我国科技发展存在的突出问题，努力实现发展思路的五个转变。

一是在发展路径上，从跟踪模仿为主向加强自主创新转变。

二是在创新方式上，从注重单项技术的研究开发向加强以重大产品和新兴产业为中心的集成创新转变。

三是在创新体制上，从以科研院所改革为突破口向整体推进国家创新体系建设转变。

“十七大”报告指出，“‘十六大’以来，我国创新型国家建设进展良好，自主创新能力较大提高，科技领域改革取得重大进展”。当前，我国需要在进一步深化科研院所改革的基础上，整体解决国家创新体系中存在的结构性和机制性问题，以促进全社会科技资源高效配置和综合集成为重点，以建立企业为主体、产学研结合的技术创新体系为突破口，加快进入到在国家层次上整体设计、系统推进国家创新体系建设的新阶段。按照“十七大”关于加快建设国家创新体系的要求，一是建设以企业为主体、产学研结合的技术创新体系；二是建设科学研究与高等教育有机结合的知识创新体系；三是建设军民结合、寓军于民的国防科技创新体系；四是建设各具特色和优势的区域创新体系；五是建设社会化、网络化的科技中介服务体系。

四是在发展部署上，从以研究开发为主向科技创新与科学普及并重转变。

五是在国际合作上，从一般性科技交流向全方位、主动利用全球科技资源转变。

发展目标：

到2020年，我国中长期科技发展的总体目标是：自主创新能力显著增强，科技促进经济社会发展和保障国家安全的能力显著增强，为全面建设小康社会提供强有力的支撑；基础科学和前沿技术研究综合实力显著增强，取得一批在世界具有重大影响的科学技术成果，进入创新型国家行列，为在21世纪中叶成为世界科技强国奠定基础。

经过15年的努力，在我国科学技术的若干重要方面实现以下8个具体目标。

一是掌握一批事关国家竞争力的装备制造业和信息产业核心技术，制造业和信息产业技术水平进入世界先进行列。

二是农业科技整体实力进入世界前列，促进农业综合生产能力的提高，有效保障国家食物安全。

三是能源开发、节能技术和清洁能源技术取得突破，促进能源结构优化，主要工业产品单位能耗指标达到或者接近世界先进水平。

四是在重点行业和重点城市建立循环经济的技术发展模式，为建设资源节约和环境友好型社会提供科技支持。

五是重大疾病防治水平显著提高，艾滋病、肝炎等重大疾病得到遏制；新药创制和关键医疗器械研制取得突破，具备产业发展的技术能力。

六是国防科技基本满足现代武器装备自主研制和信息化建设的需要，为维护国家安全提供保障。

七是涌现出一批具有世界水平的科学家和研究团队，在科学发展的主流方向上取得一批具有重大影响的创新成果，信息、生物、材料和航天等领域的前沿技术达到世界先进水平。

八是建成若干世界一流的科研院所和大学以及具有国际竞争力的企业研究开发机构，形成比较完善的中国特色国家创新体系。

到2020年，全社会研究开发投入占国内生产总值的比重提高到2.5%以上，力争科技进步贡献率达到60%以上，对外技术依存度降低到30%以下，本国人发明专利年度授权量和国际科学论文被引用数均进入世界前五位。

我们相信，只要下定决心，把思想和行动统一到中央的决策部署上来，把智慧和力量凝聚到实现《规划纲要》确定的目标和任务上来，经过二三十年的不懈努力，我国一定能够成为一个强大的、对人类进步作出巨大贡献的创新型国家。

搭建开放平台　汇聚四海英才
共创辽宁老工业基地全面振兴伟业

——在2008中国海外学子辽宁（大连）创业周开幕式暨欧美同学会·中国留学人员联谊会留学报国大连基地揭牌仪式上致开幕词

辽宁省人民政府副省长　滕卫平

（2008年9月24日）

尊敬的王志珍副主席，尊敬的各位领导，尊敬的各位嘉宾，女士们、先生们、朋友们：

大家上午好！

在金秋收获的季节里，我们十分高兴地迎来了参加2008中国海外学子辽宁（大连）创业周活动的世界各地的海外学子和企业家、科技精英。在此，我谨代表中共辽宁省委、辽宁省人民政府，对莅临的各位嘉宾、各位海外学子表示诚挚的欢迎！对欧美同学会·中国留学人员联谊会留学报国大连基地的建立表示热烈的祝贺！

中国海外学子辽宁创业周自2000年开始，已连续举办了8届，共吸引了50多个国家和地区的7000多人次的海外学子、500余位国外客商先后到辽宁考察，已有2200多名海外学子携带技术或资金归国创业或开展合作，他们在各自的领域，尤其是在软件和信息服务、先进装备制造、生物与医药技术和电子视听产业发展等方面作出了突出的贡献。“海创周”活动作为人才交流、科技和金融资本对接、高科技项目合资合作的盛会，在国内外产生了广泛而深远的影响，成为辽宁对外开放和吸引留学人员回国的平台，成为留学人员重要洽谈载体。正如权威人士评述的那样，吸引海外学子归国创业已经形成“南有‘留交会’、北有‘海创周’”的格局。

党和国家越来越重视海外留学人员归国创业，将其作为“人才强国战略”的重要组成部分，作为开发利用好国际国内两种人才资源的重要环节，作为坚持科学的人才观、尊重知识、尊重劳动、尊重人才、尊重创造的具体措施。按照党中央的部署，我省在全国率先实施了“辽宁海外学子创业工程”，积极发挥创业周“吸引海外学子归国创业，搭建人才项目合作平台，汇聚科技前沿创新成果，推动高新技术产业发展”的作用。多年来，我们不断创新办会形式，丰富办会内容，提升办会规模和层次，优化海外学子创业环境，不仅对于加快辽宁高新技术产业发展、提升区域核心竞争力等方面发挥了不可替代的作用，而且为我国广纳海外留学人才归国创业积累了宝贵的经验。

“十一五”以来，辽宁已经进入全面振兴阶段，经济和社会步入又好又快的发展轨道，特别是辽宁沿海经济带的开发建设已取得显著的阶段性成果，已经上升为国家战略，成为国内外瞩目的投资热点。放眼未来，在全国发展的大局中，辽宁面临新的发展机遇，肩负新的历史使命。我们将继续把辽宁沿海经济带建设作为进一步加强区域经济合作、扩大对外开放的重要举措，科学布局，优化产业结构，推进体制、机制创新，加快把辽宁沿海经济带建设成为中国的黄金经济带，建设成为东北地区新的重要增长极。这决定了我们需要大量高端人才和大量的科技产业项目，这也使我们能够为有志于来辽宁创业的海外学子和有识之士提供更多的合作领域和巨大的发展舞台。广大海外学子经过在国外多年的学习和历练，掌握了科技的前沿技术和管理理念，是我国改革开放和经济建设的一支重要力量。辽宁省委、省政府始终把人才战略作为老工业基地振兴和沿海经济带建设的一项根本性措施，把吸引海外学子作为人才战略的重要工作。因此，在加快老工业基地振兴和沿海经济带开发开放建设的重要时期，举办第九届海外学子创业周，具有十分重要、不同寻常的意义。

本届“海创周”以“吸引海外学子归国创业，助推辽宁沿海经济带快速发展”为主题，坚持“立足辽宁，辐射全国”的理念，紧紧围绕辽宁沿海经济带开发开放战略，致力打造“项目对接”“人才对接”“资本对接”“信息交流”4个功能平台，努力办成国内最具影响力的“海归”创业和科技与人才交流的盛会。其间，科技部火炬中心举办“中国火炬创业导师论坛”，教育部举办“春晖杯”中国留学人员创新创业大赛项目对接洽谈会，欧美同学会·中国留学人员联谊会作为主办单位之一首次加盟“海创周”，国际设计博览会·中国大连设计节首次在大连推出，省政府举办重点发展产业推介展，新浪网全程提供网络传媒支持，使本届“海创周”呈现了较高的层次和较大的规模。我们相信，本届创业周必将在更广泛的领域加深我们与国内外朋友的交流与合作，增进友谊，收获成果，实现共赢！

我们诚挚地邀请海外学子和国内外嘉宾趁此机会到辽宁各地多走一走，加深了解，深入洽谈，谋求合作。辽宁省委、省政府求贤若渴，将竭诚为广大海外学子归国创业提供优质、高效的服务，提供更好的生活和工作环境，让海外学子的聪明才智能够在辽宁大地上尽情发挥，为老工业基地振兴和辽宁沿海经济带开发开放建设，为祖国的繁荣昌盛作出自己的贡献。

学子们、朋友们，辽宁的各项事业正在蓬勃兴起，充满了无限生机。这里有大展才华的空间，是事业腾飞的基点，是创业的热土，为有识之士提供了难得的机会和巨大的舞台。我们希望各位参会的海外学子，抓住当前辽宁发展的历史机遇，把个人理想同振兴大业紧密结合，把个人进取融入到与辽宁人民共图振兴的事业之中，志存高远，创业报国，服务桑梓，让我们携手共同创造辽宁更加灿烂辉煌的明天！

最后，预祝本届创业周圆满成功，祝愿各位嘉宾身体健康，万事顺达！

总结经验　再接再厉
努力开拓农村科技特派工作新局面

——在全省农村科技特派行动总结表彰大会上的讲话

辽宁省人民政府副省长　滕卫平

(2008年12月25日)

尊敬的燕华副部长、科技部各位领导、同志们：

在全省上下深入学习实践科学发展观、认真贯彻和落实十七届三中全会精神之际，省委组织部、省科技厅、省人事厅、省农委和省财政厅联合举行了科技特派行动总结表彰大会，深入推进实施社会主义新农村建设科技支撑行动，充分反映了省、市有关部门和涉农院校科技人员心系广大农民、农村和农业，以实际行动贯彻落实科学发展观，加速推进农村改革和发展的坚定信心和决心，对于依靠科技创新开创社会主义新农村建设的崭新局面具有十分重要的意义。借此机会，我代表辽宁省人民政府向深入农村第一线，全心全意为广大农民群众服务的科技人员和科研院所、大专院校表示衷心的感谢和崇高的敬意！向在今天会议上获得表彰的先进单位和个人表示热烈的祝贺！

国家科技部燕华副部长专程来辽宁参加这次表

彰会，并发表了重要讲话。在此，我对科技部长期以来对辽宁科技工作的支持表示衷心的感谢！

刚才明鹏同志作了科技特派工作总结和部署，我都同意。燕华副部长的讲话阐述了一系列重要观点，对我们辽宁的科技特派工作给予了肯定。我们一定要认真学习、消化燕华副部长的讲话精神，并切实贯彻到相关工作中去。下面我谈三点意见。

一、要充分认识新时期农村科技工作肩负的历史责任和神圣使命

大家都知道，2008年正逢改革开放30周年，而2008年中共中央出台的最重要的文件就是《关于推进农村改革发展若干重大问题的决定》。《决定》中提出三个“最”：农业基础仍然薄弱，最需要加强；农村发展仍然滞后，最需要扶持；农民增收仍然困难，最需要加快。回顾改革开放30年所走过的道路，我们国家的经济确实取得了长足的快速发展。但是对比起来，我们现在的城乡差别与改革初期相比不是缩小了，而是加大了。就辽宁的情况来看，2007年的农民纯收入4773元，城镇居民收入12300元，是3倍左右的差距。而这个差距对于今后我们的社会的发展、我们的国家的发展，都是很大的制约。如果农民问题处理不好，农村问题处理不好，不但我们继续发展有问题，还会直接影响到社会乃至于国家政权的稳定。这个问题已经引起了中央的高度重视。

下一步，消灭城乡差别的首要任务还是要建设社会主义新农村。前一阶段各个系统在建设社会主义新农村方面，都做了很多工作。比如，卫生部门加大了对农村的卫生投入；广电部门在通讯、电视、广播方面实现了村村通；交通部门加强了交通设施建设。

那么科技部门应当为建设社会主义新农村做些什么呢？我们正在寻找一个载体。我们在2006年初召开的全国科技大会上也提出了科技工作、科技创新工作在农村如何开展的问题。这个突破点我们一直没有找到。今天，我参加这个农村科技特派行动总结表彰会，感到非常高兴，我们终于找到了解决制约我们国家发展的最大问题——城乡差别问题的正确途径。这就是以建设社会主义新农村为突破口，使得农民通过依靠科技富起来。我们的科技特派工作确实取得了很大的成绩。刚刚听了几个典型的经验介绍以后，有一种耳目一新、心服口服的感觉。

二、我省科技特派工作的基本经验及特点

我们的科技特派工作可以粗略地概括出这样几条经验特点。

（一）抓住了做好这项工作的关键——政府主导

全省各级政府的各有关部门，密切配合，协调联动，积极采取有效政策措施，为科技特派工作开展提供了人力、物力等各方面的便利条件。

（二）具备了两个支撑条件

一个是科学技术的支撑，一个是人才的支撑。科技特派行动有效地把人才引向了农村生产一线，把科学技术送到了广大农民的手中。

（三）调动了三方面的积极性

一个是农民的积极性，一个是科技人员的积极性，一个是当地政府的积极性。科技特派行动把这三方面的积极性和主观能动性都充分地调动并结合起来。

（四）取得了四个成果

农民富了，科技人员的腰包鼓了，农民的科技素质高了，科技在农村火了。比如，我们培养出来的农民技术员，没有哪一个满足于学到了知识和技术，然后回去自己一个人发家致富。他们回去后大都创办了各种各样的农民合作组织，辐射带动乡亲们共同致富。通过科技特派行动这种方式、方法，我省的农村科技推广已经逐渐形成了星火燎原之势。

应当说，通过开展农村科技特派行动，科技工作在建设社会主义新农村和在农村落实全国、全省科技大会精神方面，实现了突破。所以，我们要认真总结这项工作的经验。

三、对于下一步科技特派工作的几点要求

（一）要加强对科技特派工作的支持和指导

科技特派工作的开展与推广需要各个方面的支持。必须要切实发挥各级政府的统筹协调和组织指导职能，整合各方面资源，大力推动各级政府把科技特派工作放在重要的位置。尚未开展科技特派工作的地区要尽快启动。有关部门要各负其责，从组织、领导上提供有力保障。要实现省、市、县联动，形成合力。要实行目标责任制的考核，确保工作做到实处、各项任务顺利完成。

科技特派工作下一步主要在扩面上下工夫。扩面一定要有组织保证。我们的专家、技术人员下到农村去，要有人照管他们的工作与生活。各地政府首先要把这项工作落实下去。

（二）要不断完善激励机制和保障机制

有关部门要抓好相关激励政策与措施的落实，鼓励和支持科技特派团、特派组和特派员安心工作在科技服务第一线。要引导和支持科技特派团、特派组和特派员按照市场机制参与生产经营，实现风险共担，利益共享，建立起互利多赢的长效机制。对于作出突出贡献的派出单位和科技人员要给予表彰和奖励。

关于激励机制和保障机制的问题我这里要强调一点：在市场经济条件下，不能像过去计划经济时代靠搞运动的方式去做、靠“自愿”的办法去做，一定要充分地调动和发挥广大科技人员的自主的积极性。科技人员付出了劳动，就应该获得相应的收入。只有建立起相应的激励和保障机制，这项工作才能持久开展下去，否则必定是短命的。不是要把科技人员逼下去，而是要把他们吸引下去。建设新农村不是一朝一夕就能完成的，反过来说，我们农业科技人员的主要战场就在农村，就在广阔田地里面。通过科技特派行动这个载体，广大科技人员到农村去发挥聪明才智，并在劳动中获得合理合法的报酬，这是很光荣的事情。总之，一定要体现市场机制。当然，我们各级政府对贡献突出的科技人员进行奖励就另当别论了。

（三）要不断地加大经费支持力度

各级政府部门要从建设社会主义新农村的实际需要出发，加大对科技特派工作的投入力度，要设立相应的专项支持经费，要在农业科技项目和资金安排上向科技特派团、特派组和下派的县、乡、企业倾斜。要积极地鼓励和引导企业和社会增加投入，逐步形成以政府投入为引导，企业、农民、金融等社会资本多方投入的多元化的投融资机制。

在我们的科技特派行动中肯定要产生出许多新兴的农民企业。这些新兴的农民企业在起步期是需要资金的，那么一方面要有当地融资渠道和手段来支持这种新兴企业，同时，也要有政府引导资金的注入。我们在抓产业园建设时对此有很深的体会。比如，我们建设本溪药谷，政府的引导资金就起到了非常重要的作用。如果没有政府的引导资金和政府的信誉担保，本溪药谷就不会有今天的局面。科技特派工作也一样，政府的投入要有四两拨千斤的作用，一定有经费投入，来保障基础工作的开展，特别对于刚刚起步的企业，要给予支持。

省委、省政府高度重视发展县域经济。因为只有我们的县域经济发展起来了，我们的农民才能富裕起来；只有农民富裕起来了，我们省才能实现全面建设小康社会的目标。

北方农民和南方农民的思想观念截然不同。南方农民的观念是小河有水大河满。江浙一带的农民，没有人逼着，很多人背井离乡，到外地去创业，然后又跨出国门，到东南亚甚至欧美国家去创业。而我们北方农民恰恰缺乏这种精神。北方农民的观念是大河有水小河才满，缺乏致富的意识和愿望。有很多农民口袋里揣着两三百块钱，就可以坐在炕上打一冬天麻将，或者唱一冬天二人转，什么困难和问题都指望政府给解决。所以，我们要发展县域经济，首先要解决的一个非常重要的问题就是培育农民致富的意识和自觉性。我希望通过科技特派行动的开展来唤醒广大农民，转变其思想观念，提高其文化素质，促使其主动地、自觉地依靠科技致富。只有这样，我们的县域经济才能实现健康发展。

（四）加大宣传力度，及时推广经验，宣传典型

虽然科技特派这件事并不算新，但是我们开展科技特派行动的做法，我们能做得这么实、这么快、效果这么好，其中有些经验、有些方向性的东西，是值得宣传推广的。另外，科技特派行动较好地体现了政府的执行力。对此，也有必要做深层次的总结。这样我们一方面可以向科技部等上级有关部门报送更充实的经验材料，一方面可以指导和改进下一步工作。所以，我希望各新闻媒体能够站在一定的高度，对我们的科技特派行动进行全面、系统、深入的宣传报道。这项工作涉及面这样广，事迹这样生动，一定能够作出好文章。

同志们，科技特派工作对于推动社会主义新农村建设和全面建设小康社会具有十分重要的意义，发挥了不可替代的重大作用。希望各有关部门通力合作，积极推进这项工作的深入开展。希望广大科技特派员要抢抓机遇、勇挑重担，充分发挥模范先锋作用，把科技特派员工作作为实现自己人生价值的一个宝贵的机遇，以求真务实、开拓创新、奋发有为的精神状态投身到科技服务工作中去，把科技之光撒向农村，把党和政府的温暖送到千家万户，为社会主义新农村建设和全面小康社会建设作出应有的贡献。

深入贯彻落实“十七大”精神
推动科技创新工作迈上新台阶

——在2007年度省科技厅系统总结表彰大会上的讲话

辽宁省科学技术厅党组书记、厅长　赵明鹏

（2008年2月2日）

尊敬的各位老领导，同志们：

今天这次会议是我们辽宁省科技厅系统阖家团圆、辞旧迎新的大会。此时此刻，我非常高兴，心情也非常激动。今天我们能在这里收获成功的硕果，体会成功的喜悦，是科技战线的同志们长期奋斗、积累的结果。当我放眼向台下望去，看到为我们的科技事业奋斗到两鬓斑白的老同志，再往远望去，看到那么多朝气蓬勃的年轻同志，不禁感慨万千。首先，我代表厅党组向多年来热心关注和支持科技工作的离退休老同志致以崇高的敬意！向特别能战斗、特别能奉献的科技系统广大干部、职工表示衷心的感谢！

下面，我讲两方面意见。

一、2007年全省科技创新工作的简要回顾

刚刚过去的2007年，是深入贯彻落实省第十次党代会和全省科技大会精神，加速用科技创新引领辽宁老工业基地振兴取得显著成效的一年。年初，省委、省政府隆重召开了全省科技工作会议，对科技工作作出部署，并决定此后每年都要以省委、省政府名义召开一次高层次、大规模的全省科技工作会议，对全省科技工作进行战略部署。

过去一年来，全省科技工作紧密围绕全面振兴老工业基地这个主题，以促进经济结构调整和经济发展方式转变为主线，进一步加大投入，深化科技体制改革，加强创新体系建设，推动科技成果转化和重大关键技术攻关，科技创新在全省经济社会发展中的支撑和引领作用明显增强。突出表现在：

——全省高新技术产业发展迅猛，促进了经济结构优化升级。全省规模以上工业企业实现高新技术产品增加值1475.3亿元，增长41.1%，这个增长速度高于我省规模以上企业发展速度十几个百分点，占全省地区生产总值的比重达到13.4%，比2006年提高2.1个百分点。全省装备制造业实现工业增加值1432亿元，增长32.3%，占全省规模以上工业增加值比重达到28.4%，比2006年提高了2.8个百分点。

——重大关键技术攻关取得新突破，重点领域和重点行业技术水平显著提升。据初步统计，2008年以来已有235项关键核心技术攻关取得突破性进展。全省实现专利授权9614件，同比增长30.5%；共开发新产品9200项，同比增长12%；实现新产品产值1500亿元，同比增长23%。

——企业技术创新的主体地位更加突出，竞争力显著增强。全省省级以上各类企业研发中心已增加到310个。在最近两三年里，全省各类研发中心新增了200多个，产学研技术联盟已发展到410余家。2007年，工程中心所属企业开发新产品2186个，实现新产品销售收入666亿元，占企业销售收入的比例达到39.2%，同比增长5.8个百分点。而我省工业企业当中，新产品产值仅占总产值的4.5%。这个数字在全国仅排在第12位。因此，尽快研发新产品，提高新产品产值率，是我们促进经济结构调整的重要手段。

——高新园区和特色产业基地发展势头良好，已成为区域经济发展的重要增长极。新批准筹建本溪、朝阳、盘锦3个省级高新区，再加上2006年批准筹建的4个省级高新区，全省14个市都建有了省级以上高新区。高新区全年实现工业总产值2795亿元，增长31.0%；实现高新技术产品产值1791亿元，增长31.9%。

——科技成果转化与产业化速度加快，不断培育新的经济增长点。2007年，全省转化科技项目1万多项，创经济效益800多亿元。全省技术合同交易额达到94亿元。全省主要粮油作物良种率达到95%以上。

2007年以来，主要开展了以下几方面工作。

第一，突出企业的主体地位，技术创新体系建设得到加强。启动实施了《以企业为主体的技术创新体系建设工作实施方案》。经科技部批准，我省成为以企业为主体的技术创新体系建设工作试点省。在全省组织开展了创新型企业创建活动，评选了121家省技术创新示范企业。加强了科技创新平台建设，在重点企业新建省级以上企业研发中心65个。促进产学研合作，推进建立了大连光电子研发中心等160家产学研技术联盟，总数达到410余家。

第二，围绕提升产品和产业的技术水平，关键技术攻关和高新技术产业化取得新进展。在装备制造等重点行业攻克了五轴联动高档数控系统等一批重大关键技术，开发出龙门式五轴加工中心等一批具有自主知识产权的重大装备和新产品。鞍山重机成功锻造出大型船用柴油机98级曲轴曲拐毛坯，并已通过了专利公司和四个国家船级社认证。通过引进消化吸收再创新，全断面掘进机等46个项目进入产业化阶段；大型水轮机（70万千瓦）转轮铸件等38个项目已实现替代进口，并填补国内空白。制造业信息化工程取得新成效。我们生产的第一根50级的曲轴也在大连重工·起重集团有限公司研制成功。

第三，引导和支持创新要素向企业集聚，促进科技成果向现实生产力转化。一是重点奖励了33项重大科技成果转化项目。共解决了108项关键技术，开发了89种新产品、新品种，获得了102项专利（其中发明专利14项）。二是充分发挥政府资金的引导示范作用。重点支持高强度聚焦超声肿瘤治疗系统等科技成果转化项目，预计可实现年销售收入230亿元。三是实行了科技成果转化项目认定制度，省、市共认定了1446项科技成果转化项目。四是促进科技成果的交流交易。全省技术合同交易额首次突破90亿元。

第四，积极推进区域科技创新工作，科技创新在支撑引领地区发展上的作用更加明显。8个省级以上高新区的主要经济指标保持了30%以上的增长速度。新批准筹建的抚顺、丹东和铁岭等高新区引进项目140余个，投资总额近120亿元。沈阳先进装备制造、大连软件出口、本溪中药现代化、锦州光伏、营口镁质材料、抚顺精细化工、辽阳芳烃等特色产业基地发展快速，2008年，锦州和抚顺分别获得批准建立国家级特色产业基地，这是我们在建设特色产业基地方面的一项重大突破。2007年海外学子创业周共签订合同176项，合同金额13.8亿元。东北亚高新技术博览会签约项目611项，签约金额91.6亿元，吸引外资5340万美元。

第五，深入开展农村科技工作，为社会主义新农村建设注入了新活力。实施了《辽宁省社会主义新农村建设科技支撑行动方案》。一是深入开展现代农业科技行动。组织开展农作物新品种选育及高产、高效栽培等20项重大技术攻关。培育和引进农作物、畜禽、水产新品种82个。二是开展农村科技特派行动。组织省内近20所科研院所、大专院校200余人组成12个省级科技特派团，14个市级特派团，引进新品种123个，推广新技术102项，为农业特色产业基地建设提供技术支撑；向企业派驻科技特派组30个，帮助企业建立技术研发机构，为企业研发新产品、新工艺；向种养殖大户派驻科技特派员823名，我们特派团、特派组和特派员的科技特派行动方式得到了科技部的高度评价，成为在全国科技特派工作会议上唯一一个代表省份发言的典型单位。三是深入开展科技进步示范行动。14个科技进步示范试点县乡通过支持龙头企业和特色产业基地发展和建设，带动农户5000余户，实现销售收入13亿元，利税2亿元。四是深入开展农村科技服务行动。实施农民技术员培养工程，已选送467名农民科技示范户上大学，接受半年制、非学历的技术培训。科技经纪人示范工程已累计培训农民科技经纪人4536人。引进推广168项农业科技成果，销售额达到11.2亿元，服务带动34万农户。

第六，进一步推进社会发展领域科技进步，科技惠民取得新成效。一是生物医药产业发展有新突破。6个新药已投产上市，8个新药获临床批件。由于中央对国家药监局进行了整顿，2007年是新药批准和上市审批特别严格的一年，国家在宏观政策上做了调控，在这种情况下我们能取得这样的成果是令人感到欢欣鼓舞的。二是解决民生问题上有新突破。围绕“送医、送水、送能源”三项重点内容，开展了“农村卫生适宜技术推广”“农村饮水安全科技示范工程”和“生物质能及白色垃圾气化技术示范工程”等技术攻关和工程示范项目，使数十万农民享受到科技带来的福祉。三是节能减排科技创新有新突破。围绕冶金、石化等高能耗、重污染行业组织攻克“重大耗能炉窑设备智能化控制”等30余项节能关键技术，组织建立镁产业综合节能技术集成创新等5项节能减排科技示范工程。四是加强科普工作。筹建了“辽宁省青少年科技创新活动基地”；推进建设了辽宁中医药大学博物馆等20个省科普基地，全民科学素养进一步提高。

第七，加强科技发展环境和能力建设，科技事业扎实推进。一是推进政策落实。围绕《关于提高科技创新能力加速老工业基地振兴的若干规定》中的57条政策，已经出台了46个实施细则。二是加强科技创新人才培养。培育企业创新团队40个。三是加强公共研发平台建设。新组建19个省重点实验室，总数量达117个，先进机器人技术与系统等3个重点实验室被列为国家重点实验室，沈阳机床集团被科技部批准建设企业国家重点实验室。四是加强科技中介服务组织建设。制定了《关于促进辽宁省科技中介发展的若干意见》，组织实施了科技中介机构自主发展能力提升计划和科技中介人才培训工程。

第八，突出抓好党建工作和队伍建设，为开创科技创新工作新局面提供坚强的政治保障和组织保障。厅党组始终高度重视党建工作，将党建工作作为做好一切工作的龙头性工作。在党风廉政建设、政务公开、基层组织建设等方面都取得了长足进展。特别是党的“十七大”召开后，全省科技系统认真学习、贯彻“十七大”精神，把思想和行动统一到党的“十七大”精神上来。由于工作出色、成绩优异，我厅被省政府评为目标考核先进单位，被省政府授予2006—2007年度“全省民主评议政风行风先进集体”。被评为省政府目标考核先进单位，这在我们科技厅历史上是第一次。我们被省直机关工委命名为“青年工作标兵单位”。我们的人大建议、政协提案办理、信访、科技信息、保密和档案管理等工作也都被上级部门评为先进单位”。科技统计工作被科技部评为先进单位，得分名列全国第三。厅机关又有多名同志得到了晋升，其中，栾福森同志晋升为省供销合作社联合社副主任，焦明志同志晋升为科技厅副巡视员。

厅各直属单位围绕厅中心工作任务和面向经济、社会发展需求，锐意改革，开拓创新，取得了显著成绩。

省科技情报研究所在软科学研究、科技信息服务、网络建设、科技宣传与统计等方面做了大量卓有成效的工作。其科技信息资源共享服务平台初具规模并向社会开放，其中学位论文数据库、学术会议论文数据库为全国独家拥有。省分析科学研究院制定的《农产品质量安全·北方粳米生产技术标准》通过审定，作为地方标准颁布实施，处于国内领先地位。其水产品、肉产品等检测技术达到国内一流水平；省科学器材总公司保持队伍稳定，实现经济效益明显好转；省电影制片厂面向市场找出路，甩掉历史包袱，走出困境，实现了扭亏为盈的重大转变；省对外科技交流中心瞄准企业的技术需求，积极引进德国、乌克兰等国的先进适用技术和专家团队，开展多种形式活动，得到沈飞、黎明、机床等企业的认可，为我省引进消化吸收再创新工作作出了贡献；省微生物研究院“腾笼换鸟”，新建的办公大楼已竣工，步入了利用现代技术手段服务社会、服务科研的新里程；省能源研究所实现科研和开发收入1400余万元，人均30万元，达到历史最好水平。其研制的生物质气化设备出口到柬埔寨，这是建所以来首次大型设备的整机出口，是一个历史性的突破。省生产力促进中心积极推进全省生产力促进中心体系建设，搭建中俄科技成果转化平台，引进推广了新型节能电溶镁冶炼装备及生产工艺等世界先进技术，为打破制约我省相关产业发展的技术瓶颈作出了贡献；省科技创业服务中心和省科技创业投资公司面向市场，积极搭建科技与金融结合的桥梁，促进了科技型中小企业的发展；省科技档案馆被省档案局命名为省级档案管理的特级单位，目前是全国各省科技档案馆中第一家（也是唯一一家）被评为特级档案管理的单位；厅机关后勤服务中心积极推进内部机制转换，提高服务水平和质量，为厅机关工作的正常开展提供了有力保障。省科学技术基金服务中心大力加强应用基础研究，为高新技术产业发展提供了有力的源头保障；省科技开发协调中心面向“三农”，充分利用网络信息手段，开展科技咨询和科技培训等服务，取得显著成效，等等。

同志们，全省科技创新工作不断取得新的成绩，得到了省委、省政府领导的高度关注和充分肯定。2007年以来，原省委书记李克强、省长张文岳等省领导同志多次听取了科技工作汇报，作出重要指示。克强同志在省十届委员会第四次全体会议工作报告中，用较大篇幅对科技创新工作进行了总结和全面部署。在刚刚结束的省委十届五次全会暨经济工作会议的报告中，文岳书记、政高省长都把科技创新工作摆在重要和突出位置进行了重点部署。政高省长在省十一届人大一次会议上所做的政府工作报告中，对过去五年，特别是过去两年全省科技创新工作取得的成绩给予了充分肯定。科技部万钢部长、学勇书记上任伊始就专程到辽宁进行了长时间的调研、考察和指导工作，对我们辽宁科技工作取得的成绩给予了高度赞扬和充分肯定。

同志们，这些成绩的取得离不开省委、省政府的正确领导，离不开历届厅党组为我们奠定的坚实基础，离不开科技系统全体干部职工的辛勤工作和共同努力，离不开离退休同志的关心、关注和支持。借此机会，我代表厅党组再次向各位老领导和同志们表示衷心的感谢！

二、2008年的重点工作

2008年对我们国家和我省来说都是非常重要的一年。我国将迎来改革开放30周年，将举办北京奥运会；2008年是我省新一届政府的开局之年，是全面贯彻党的“十七大”精神的第一年，也是实现辽宁全面振兴和“十一五”规划目标的关键之年。因此，做好2008年的科技工作意义十分重大。全省科技工作要以党的“十七大”精神为指导，贯彻落实科学发展观，按照省委十届五次全会暨经济工作会议和省十一届人大一次会议的工作部署和要求，紧密围绕辽宁老工业基地振兴的需要，以提高我省自主创新能力为目标，高举创新型辽宁建设旗帜，改革科技管理体制，加快创新体系建设，开展关键技术攻关，推动成果转化，培养创新人才，为实现辽宁经济又好又快发展和全面建设小康社会提供不竭动力和强大的技术支撑。

——全省高新技术产业继续保持快速发展。全省规模以上工业企业实现高新技术产品增加值1800亿元，增长25%以上，占全省地区生产总值的比重达到15%。省级以上高新区主要经济指标增长速度不低于30%。

——重大关键技术攻关和科技成果转化取得新突破。开展重大关键核心技术攻关300项，新产品开发1.1万项。推动重大科技成果转化项目400个。

——企业创新能力显著增强。新增省级以上各类企业研发中心100个，总数不少于400个；新建产学研技术联盟100家，总数达到510家。

——创新成果和先进适用技术在农村和社会发展领域得到广泛应用。选育并通过审定农作物新品种80个，全省主要粮油作物良种率达到95%以上。围绕冶金、石化等重点行业开发15～20项节能减排关键技术和产品。

为实现上述目标，2008年将组织实施“七大科技行动”。

第一，以加强以企业为主体的创新体系建设为载体，实施企业自主创新能力提升行动。继续加强企业科技创新平台建设，新建一批各类企业研发中心和省级重点实验室。积极促进产学研合作，引导企业组建一批产学研技术联盟。加强企业自主创新团队建设和高层次人才培养。积极鼓励我省创新人才的创新创业活动。

第二，通过集成创新、引进消化吸收再创新，实施关键技术的突破行动。要集中力量，开展重大关键技术攻关，攻克高速、高效、高精复合机床结构设计等一批关键共性技术，提升辽宁产业技术水平。继续加强国际科技合作与引进消化吸收再创新，提高企业消化吸收再创新的能力。开展节能减排技术攻关与工程示范，发挥科技在节能减排中的支撑作用。

第三，以优化产业结构为目标，实施高新技术产业发展科技促进行动。大力发展高新技术企业和产品，重点培育100家高新技术企业，新增超亿元高新技术企业30家，培育开发高档数控机床等50项重大高新技术产品。开展重大新药创制与中药现代化研究。深入实施制造业信息化科技工程，以信息化带动工业化。

第四，以解决“三农”问题和推动县域经济发展为重点，实施社会主义新农村建设科技支撑行动。一是围绕粮食、菜篮子生产安全和现代农业发展需求，开展10项重大技术攻关。二是深入实施农村科技特派行动，组织100个科技特派团，2000名科技特派员深入农村一线，为农业特色产业基地建设提供技术支撑。三是开展农业科技龙头企业创建活动，培育和创建100家农业科技龙头企业。四是深入实施“农民技术员培训工程”，培育农民科技致富带头人。

第五，以惠及广大人民群众为出发点，实施民生科技行动。组织开展促进公众健康科技攻关与示范、改善人居环境科技攻关与示范和绿色建筑科技示范、公共安全科技攻关与示范、农村安全饮水、农村能源科技示范等科技工程，使人民群众在公众健康、公共安全、防灾减灾、人居环境等方面有新的提高。要进一步加强科普工作，提高全民科技素养。

第六，以加强科技与经济的紧密结合为目标，实施科技成果转化促进行动。引导、鼓励和支持科技成果转化。围绕重点产业和重点领域，建立一批科技成果转化示范基地，支持一批重大、重点成果转化项目，推广共性关键技术。培育区域性技术交易市场和技术转移中心，加快构建科技成果转化市场化机制。

第七，以完善自主创新体系为目标，实施环境能力建设行动。加强工程技术研究中心建设和新型研发机构与公共服务平台建设，围绕重点行业、产业发展领域，组建一批行业工程中心和技术研究院。推进高新区及特色产业基地建设，打造特色产业集群。促进科技中介发展，重点支持和培养100个骨干科技中介机构，培训科技中介人才1000人。

同志们，回首几年来的工作，我们欣喜地看到，在省委、省政府的正确领导下，在历届党组为我们奠定的坚实基础上，在全省科技系统广大干部职工的共同努力下，我省科技发展进入重要跃升期，科技工作实现“有位更有为”的重大转变，取得了显著成效：我们的精神面貌、我们的人员结构、我们的工作方式、我们的冲天干劲，包括各市科技局，包括各直属单位，包括全省科技体系，这支队伍得到了长足的进步和提高。

这几年我们开展科技创新工作，取得了一些经验，同时也有很多体会。我总结了八条：第一，深刻领会省委、省政府的战略意图，是做好科技工作的关键；第二，抢抓机遇，战略思维，是做好科技工作的核心；第三，解放思想，大胆创新，是我们能够取得成绩的主要动力；第四，把科技工作纳入经济发展主战场，是做好科技工作的正确途径；第五，千方百计创造好外部的工作环境和发展环境，是确保我们的战略能够贯彻实施的重要基础；第六，党建工作是我们抓好各项工作的龙头；第七，省科技厅整个体系的和谐统一，是成功的保证；第八，顽强拼搏、求真务实，是我们做好各项工作的根本。

同志们，成绩的取得为我们做好新时期的科技工作奠定了坚实基础，营造了良好环境和氛围，我们要特别珍惜这一来之不易的成果。2008年是戊子鼠年。一日时辰子居首，十二生肖鼠为头。我们要勇于承担历史重任，敢于争先。展望未来，下次再轮到鼠年正好是2020年，这正是“十七大”提出的到2020年全面建成小康社会目标实现之时。届时，我们这个历史悠久的文明古国和发展中社会主义大国，将成为工业化基本实现、综合国力显著增强、位居世界前列的国家，成为人民富裕程度普遍提高、生活质量明显改善、生态环境良好的国家，成为为人类文明作出更大贡献的国家；届时，我们辽宁将实现全面振兴，将提前进入全面小康社会，将成为创新型省份。作为科技工作者，我们有幸赶上了好时代，我们要珍惜时光，抢抓机遇，奋发有为，以更加饱满的热情，更加充足的干劲，为辽宁的发展和国家的振兴作出更大的贡献，在历史长河中留下属于我们的绚丽浪花。“借问君何往，重塑创新魂。”

加大科普宣传力度　营造科技创新良好氛围

——在2008年辽宁省暨沈阳市科技活动周开幕式上的讲话

辽宁省科技厅厅长　赵明鹏

(2008年5月17日)

各位来宾，同志们、朋友们：

在全省上下深入贯彻落实党的“十七大”精神，积极投身创新型辽宁建设，加速推进老工业基地振兴的重要时刻，一年一度的科技活动周今天又隆重开幕了。我受滕卫平副省长的委托，对本届科技活动周的举办表示热烈的祝贺！向全省广大科技工作者致以崇高的敬意！向前来参加今天开幕式的各位朋友和积极参加科普宣传的同志们表示衷心的感谢！

党的“十七大”把“提高自主创新能力，建设创新型国家”作为实现全面建设小康社会的奋斗目标，并指出：“这是国家发展战略的核心，提高综合国力的关键。”不久前召开的十一届全国人大一次会议再次强调：“要坚持把推进自主创新作为转变发展方式的中心环节。”这一系列重要论述，是在认真总结国内外发展经验和准确判断形势任务的基础上得出的科学结论，为我们推进经济社会发展和科技进步指明了前进方向。

提高自主创新能力，建设创新型国家，事关中华民族的伟大复兴，是全国人民的共同事业，需要全社会的广泛参与。国家每年举办的科技活动周，是集中宣传党和国家科技方针政策的重要阵地，是集中展示我国最新科技成果的重要平台，是政府部门与社会各界共同推动科普工作的重要载体。我们一定要从战略的高度深刻领会举办科技活动周的重大意义，以对民族未来高度负责的精神深刻理解党和国家对科普工作的新要求，充分利用这个平台广泛深入地开展好科普宣传活动。

近年来，特别是全省科技大会以来，全省上下紧紧围绕建设创新型辽宁目标，坚持科学发展观，深入贯彻“自主创新、重点跨越、支撑发展、引领未来”的科技指导方针和省委、省政府《关于提高科技创新能力加快老工业基地振兴的决定》，努力构建以企业为主体的技术创新体系，大力推进科技成果转化，使我省自主创新能力显著提高，科技进步对经济增长的贡献率大幅上升，有力地促进了全省经济结构调整和发展方式转变，为老工业基地振兴提供了强大动力，在实现全省经济社会又好又快发展中发挥了支撑和引领作用。

实践证明，实现老工业基地全面振兴，需要以科技创新为动力；建设创新型辽宁，更需要以公众科学素养的普遍提高为基础。我们要以科技活动周为契机，大力宣传我国新时期科技工作的战略方针，宣传我省的科技创新企业、创新成果和创新人才，促进公众对科技创新的关注和理解，在全省进一步树立尊重知识、尊重科学、尊重人才、崇尚创新的价值观念，营造支持创新、鼓励创新、服务创新的良好环境，在新的起点上推动我省科技事业的新发展，把辽宁打造成创新、创业、创优的热土。

根据国家科技部、中宣部、中国科协的统一部署，今年我省的科技活动周要坚持以党的“十七大”精神为指导，以“携手建设创新型国家”为主题，深入贯彻落实科学发展观，紧紧围绕提高科技创新能力、建设创新型辽宁的目标，突出科技惠及民生和科技支撑发展两大主线，重点围绕惠及民生和改善民生、节能减排和生态文明、科技奥运和绿色奥运、科普传播和科普创作四个方面开展活动。通过举办一系列丰富多彩、形式多样、时代感强的群众性科技活动，让公众在亲身参与中体验创新的作用，强化创新意识，汇集创新智慧，凝聚创新力量，激发创新活力，提高全省人民的科学文化素质，为老工业基地振兴和建设创新型辽宁营造更加浓厚的科技创新氛围。

省委、省政府要求全省各级党委和政府要高度重视并切实加强对科技活动周的组织领导，各有关方面要紧扣科技活动周主题，精心设计，通力合作，以贴近实际、贴近生活、贴近群众为原则，认真组织开展各项活动。各新闻媒体要加大对科技活动周的宣传报道力度，深入基层，关注民众，多侧面、多角度地反映全省人民的创新实践，进一步激发全民创新热情。各安全部门和活动主办、承办单位要提高安全意识，加强防范，确保各项活动安全。我们热切希望广大公众积极参与科普活动，亲身感受科技创新，自觉投身建设创新辽宁的大潮中来。

同志们，建设创新型辽宁的美好蓝图已经绘就，振兴老工业基地的号角已经吹响，让我们携起手来，奋发努力，勇攀高峰，共同创造更加美好的明天！

预祝本届科技活动周圆满成功！

宏观科技管理

2008年辽宁省科技工作综述

2008年，全省科技创新工作紧紧围绕省委、省政府确定的中心任务，认真贯彻落实省科技创新工作领导小组第三次工作会议和全省科学技术奖励大会精神，以提升自主创新能力为目标，以促进经济又好又快发展为主线，以实施“科技创新示范企业创建工程”、“本溪生物医药产业基地建设”和“农业种子创新工程”三大重点任务为突破口，深化管理体制改革，加快创新体系建设，开展关键技术攻关，推动成果转化，全面提升企业核心竞争力和产业技术水平，科技创新在确保全省经济社会实现持续快速发展中发挥了强有力的支撑和引领作用。突出表现在：

——全省高新技术产业保持快速发展。全省规模以上工业企业实现高新技术产品增加值2010.5亿元，增长36.3%；占同口径工业增加值的比重为30.5%，比上年提高1.3个百分点；占地区生产总值的比重为14.9%，比上年提高1.5个百分点。装备制造业实现增加值1894亿元，增长22.3%。

——全省高新区和特色产业基地发展势头良好。8个省级以上高新区实现工业增加值862.7亿元，增长21.7%；外资实现到位额15亿美元，增长27.3%；新增固定资产投资503.5亿元，增长26.6%。全省30个特色产业基地实现产值2752亿元，实现高新技术产品增加值550亿元，增长34.1%。

——重大关键技术攻关取得新突破。全年攻克重大关键技术300项，开发新产品1.2万项。高档数控机床、盾构机、大型船用曲轴、特高压输变电设备、重型燃气轮机、百万吨乙烯装置、混合动力汽车、高压共轨等一批重大装备和新产品研制取得重要进展。

——以企业为主体的技术创新体系建设取得新进展。全省省级以上企业研发中心增加到467个，产学研技术联盟发展到513家。百家科技创新示范企业开发新产品1820个，实现销售收入1796.9亿元，增长36.2%；实现利税182.1亿元，增长39.8%。鞍钢等3家企业成为首批国家创新型企业。

——科技成果向现实生产力转化成效显著。实施了400个重大科技成果推广和转化项目，全年新增效益314亿元，实现利税55亿元，节约额37.3亿元；农业项目推广面积4132万亩，增产32亿公斤，增收60亿元。全省技术市场交易额实现100亿元，增长7.3%。

2008年主要开展了以下几方面工作。

一、积极推进以企业为主体的技术创新体系试点省建设，企业的自主创新能力得到明显增强

一是启动实施了“科技创新示范企业创建工程”。通过科技计划支持和引导创新要素向企业集聚，沈阳远大企业集团、北方重工沈阳重型机械集团有限责任公司等百家科技创新示范企业创新能力显著增强。其中，17家大型科技创新示范企业实现新产品产值741.4亿元，增长38.5%，新产品产值率达51.2%；实现销售收入1446.9亿元，增长31.2%；利税117.1亿元，增长41.3%。81家中小型科技创新示范企业实现销售收入350亿元，增长55.94%；利税65亿元，增长37.1%，其中有35家企业销售收入增幅在50%以上，10家企业销售收入增幅超过100%。二是进一步加强科技创新平台建设。支持沈阳北方交通重工集团有限公司等重点企业新组建省级企业研发中心140个。三是深入推进产学研合作。推进企业与高校和科研院所建立产学研技术联盟103家。四是支持企业创新人才培养。与科技部共同举办了“东北老工业基地创新型企业建设研讨班”活动。

二、大力加强关键技术攻关和高新技术产业化，产业的技术水平实现大幅提升

通过不断加强原始创新、集成创新和引进消化吸收再创新，攻克了低成本多晶硅制备技术等一批重大关键技术，开发出一批具有自主知识产权的重大装备和新产品。特变电工沈阳变压器集团有限公司自主研制出世界首台特高压交流1000兆伏安/1000千伏变压器。大连重工·起重集团成功研制出70型完全国产化大型船用曲轴。鞍钢重机公司已成功研制出一套90型曲轴曲拐毛坯（8支）。沈阳鼓风机集团有限公司成功研制出百万吨大型乙烯装置配套设备裂解气压缩机组。沈阳黎明航空发动机（集团）有限责任公司研发出R0110重型燃气轮机。沈阳华晨金杯汽车有限公司开发出强混合动力轿车。辽宁曙光汽车集团开发出混联式混合动力电动客车。沈阳机床（集团）有限责任公司成功研制开发适合航空工业的五轴立式加工中心和五轴高速龙门加工中心。辽宁新风企业集团有限公司的新型高压共轨产品已为朝柴等主机厂配套成功。

三、加快高新区和特色产业基地建设，形成新的经济增长区域

一是积极推进全省高新区快速发展。全省高新区孵化总面积达到96.6万平方米，在孵企业2408家。全年新开工建设项目340项。6个筹建省级高新区新签约项目137个，投资总额174.8亿元。8个省级以上高新区实现营业总收入4028.3亿元，增长23.8%。二是大力加强本溪生物医药、阜新液压等特色产业基地建设。辽宁（本溪）生物医药产业基地已签约入驻项目70项，投资总额84.6亿元，达产后可实现年销售收入264.9亿元。阜新市液压产业基地全年实现产值18亿元，占全市工业总产值的7.5%，各项经济指标实现成倍增长。三是积极开展国际科技合作和科技招商引资。全省高新区新引进美国GE矿用卡车电动轮等世界500强投资项目12个。中国海外学子辽宁（大连）创业周签订意向合同202项，合同金额14.5亿元。

四、不断完善以政府为引导、市场化的转化机制，促进科技成果加速向现实生产力转化

一是连续三年对科技成果所有者和转化实施者给予重奖，形成了促进科技成果转化新的有效机制。三年共投入科技成果转化奖励资金6850万元，奖励重大科技成果转化项目210项。二是充分发挥政府资金的引导作用。连续三年共投入科技成果转化专项资金6560万元，重点支持了141项科技成果转化项目。三是实行科技成果转化项目认定制度。三年来，共认定科技成果转化项目2003项，其中1803项已转化和正在转化。四是大力推进和完善技术市场等科技中介服务体系建设。已连续培养和扶持科技中介骨干机构34家，创建了沈阳技术交易所、中国科学院沈阳国家技术转移中心等4家国家技术转移示范机构，全省技术合同交易额连续三年位居全国前4名。

五、深入实施新农村建设科技支撑行动，为解决“三农”问题和县域经济发展提供了有力的技术支撑

一是组织实施农业种子创新工程。玉米新品种超高产田亩产达1080.86公斤，示范区万亩连片平均亩产740公斤以上。水稻新品种超高产田平均亩产达827.1公斤；高产万亩片，平均亩产达742公斤。大豆新品种核心区平均亩产222.6公斤。二是组织科研单位、大专院校组成17个省级特派团、86个市级科技特派团，派驻全省17个县86个乡镇开展“一县一业”“一乡一品”的农业特色产业基地建设。三是组织63个科技特派组到农业产业化龙头企业，开展科技龙头企业创建活动。四是派出1194名科技特派员深入37县（市、区）的农村生产一线开展技术服务等活动。五是选派村级示范户到沈阳农业大学等院校进行半年制非学历的农业专业技术培训，已培训1927名农民技术员。两年来，科技特派行动共引进农业新品种1603个，推广新技术1039项，建立示范基地1188个，面积达到198.2万亩，创办农业专业合作组织572个，创办公司17个，研发新产品236个，培训51.2万人次，新增经济效益35.47亿元。

六、不断推进社会发展领域科技进步，科技惠民取得新成效

在庄河、本溪、建平、西丰、阜新、大洼6县开展农村卫生适宜技术推广应用研究，1000余名卫生科技人员深入农村推广20项卫生适宜技术，使广大农民受益。其中，“阜新农村地区高血压综合干预技术”已推广到8个乡镇、84个自然村，将高血压年人均治疗费用从1000元/人降到36元/人。葫芦岛饮用水除钼技术已经应用于乌金塘水库饮用水治理工程，水中钼含量降低一倍，初步解决了葫芦岛市民的饮用水安全问题。制定出台了《辽宁省节能减排科技支撑行动方案》。组织开展了“科技活动周”等科普活动，新认定“本溪地质博物馆”等10家省级科普基地，全省省级科普基地总数达到51家。

七、不断加强环境能力建设，为科技创新提供良好的条件保障

一是完善政策推进机制。跟踪落实国家出台的科技创新政策，先后制定了46个落实细则。二是深化科技计划改革，引导全社会加大科技投入。2008年集中经费4.2亿元组织实施重大重点项目400余项，拉动企业和社会投资200多亿元，预计实现产值近2000亿元，创利税280亿元。三是加强公共技术研发平台和服务平台建设。新组建工程技术研究中心79个，推动建立阜新液压研究院，辽阳芳烃技术研究院的投入运行，抚顺精细化工应用技术研究院的行业支撑作用日益显现。四是加强应用基础研究和创新人才培养。省自然科学基金和省博士科研启动基金资助项目314项，重点支持开展源头创新和培育优秀拔尖人才和创新团队。

（省科技厅办公室　王连新）

全省科技活动情况统计

【科技活动人员情况】 2008年，全省地方国有企事业单位专业技术人员共84.0万人，比2007年略有下降，人员总量居全国第12位。其中，教学人员、卫生技术人员及工程技术人员分占总量的49.6%、18.9%和13.2%。

全省共有“两院”院士49名，其中中国科学院院士22名、中国工程院院士为27名，主要分布在科研院所（22名）和高等学校（18名），分别占44.9%和36.7%，另有9名院士分布在企业，占18.4%。

2008年，全省从事科技活动人员19.5万人，比2007年增长3.6%，人员总量居全国第9位。其中，科学家工程师14.2万人，占72.6%，所占比重比2007年提高1个百分点；每万人口拥有科技活动人员46.0人，比2007年增加2.1人。

从隶属关系分布看，中央、地方部门属科技活动人员分占全省总量的34.4%和65.6%；从执行部门分布看，科研院所、高等学校、企业科技活动人员分别占9.6%、16.7%和69.6%。从地区分布看，科技活动人员数量超过万人的有沈阳（7.2万人）、大连（3.6万人）和鞍山（1.5万人），其人员数量总和占全省的63.0%。

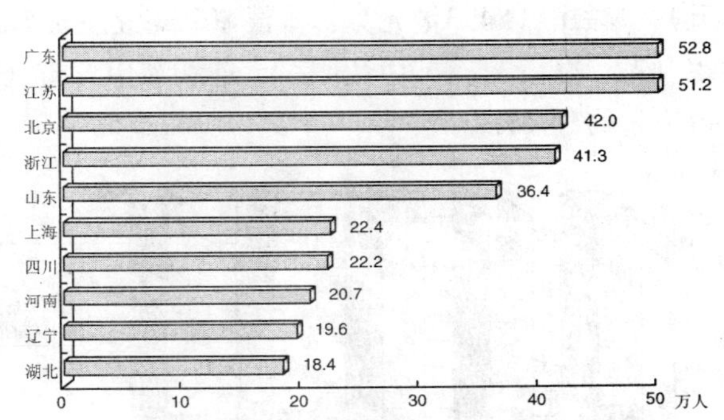

图1　2008年科技活动人员数量前十位省市排序情况

【科技活动经费筹集情况】 2008年，全省科技活动经费筹集总额为353.0亿元，比2007年增长22.9%，总额居全国第8位。其中，政府资金75.8亿元、企业资金256.2亿元、金融机构贷款8.8亿元，分别占21.5%、72.6%、2.5%。

从隶属关系分布看，中央部门属资金占

表1　　2008年全省两院院士地区和单位分布情况

	地区分布				单位分布		
	沈阳	大连	鞍山	抚顺	研究院所	大专院校	企业
合　计（人）	25	22	1	1	22	18	9
科学院院士	8	14	—	—	13	8	1
工程院院士	17	8	1	1	9	10	8

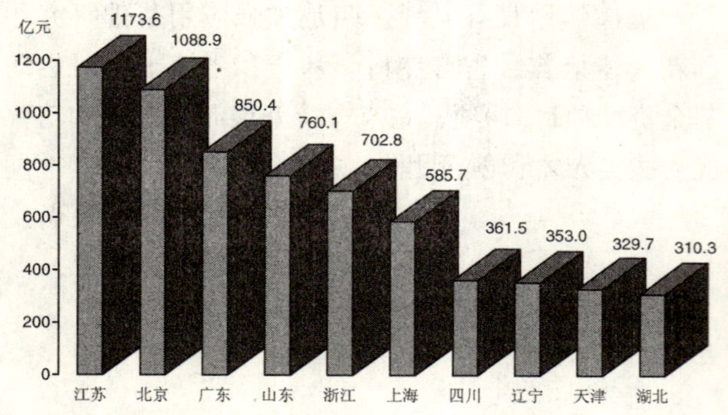

图2 2008年科技活动经费筹集额前十位省市排序情况

52.8%，地方部门属资金占47.2%；从执行部门分布情况看，科研机构为48.8亿元、高等院校为31.6亿元、企业为270.2亿元，分别占13.8%、8.9%和76.6%。从地区分布来看，超过20亿元的地区有5个，分别为沈阳（121.7亿元）、大连（727亿元）、鞍山（54.3亿元）、本溪（27.9亿元）和盘锦（22.1亿元），其中沈阳、大连和鞍山三市之和占全省的70.5%。

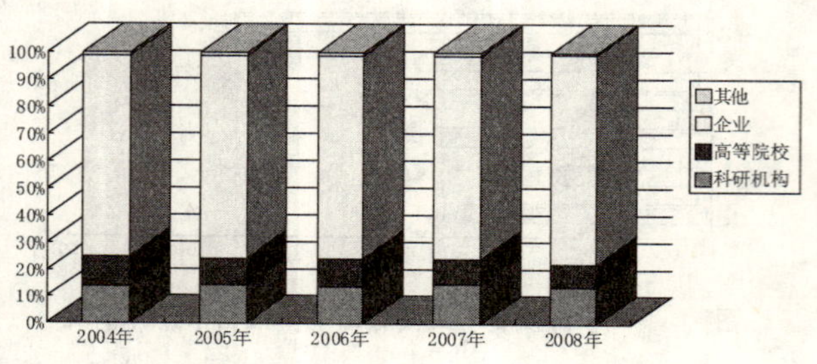

图3 2004—2008年辽宁省科技经费筹集额部门分布情况

【科技活动经费支出情况】 2008年，全省科技活动经费内部支出总额为334.7亿元，居全国第7位。支出总额比2007年增长15.9%，科技经费占GDP的比重为2.5%，比2007年降低0.1个百分点。

从隶属关系分布看，中央与地方部门科技经

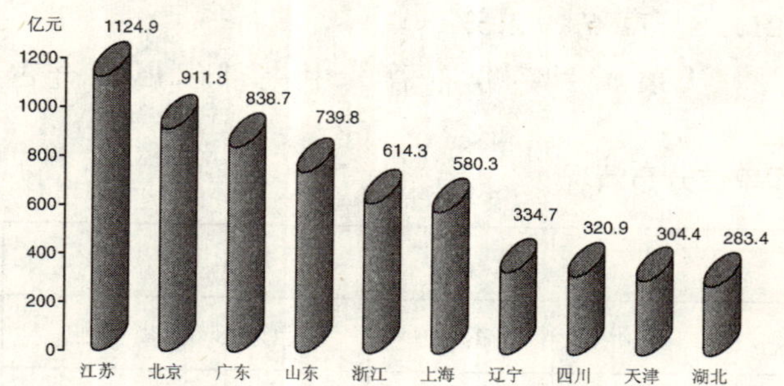

图4 2008年科技活动经费内部支出前十位省市排序情况

费支出分别占总量的49.3%和50.7%；从执行部门分布看，科研机构43.7亿元、高等院校28.0亿元、企业260.7亿元，所占比重分别为12.8%，8.0%和78.5%，企业在科技活动投入中明显占据主体地位。从地区分布看，沈阳（114.1亿元）、大连（69.0亿元）、鞍山（48.1亿元）、本溪（27.1亿元）和盘锦（20.5亿元）排在前5位，经费支出额均超过20亿元。沈阳、大连和鞍山三市之和占全省总量的69.1%。

2008年，全省地方财政科技拨款总额达49.0亿元，比2007年增加10.3亿元，增幅为26.7%，拨款额居全国第7位。占地方财政支出的比重为2.28%，同样居全国第7位，比2007年位次提高1位。

由于全省各地区的经济发展程度参差不齐，因此各个地方财政支出的差别较大。沈阳、大连地区经济优势明显，对科技拨款的投入也远高于其他地区。2008年沈阳、大连两地财政科技拨款分别为13.8亿元和12.6亿元，占全部市级财政科技拨款总额的74.4%。

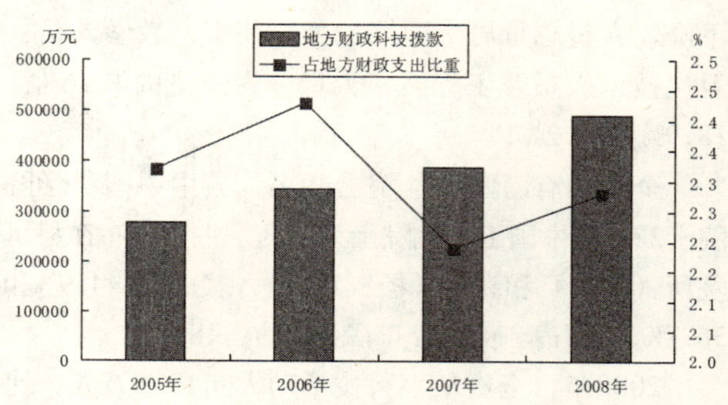

图5 2005—2008年辽宁省地方财政科技拨款情况

【研究与试验发展（R&D）情况】 研究与试验发展（R&D）活动是科技创新的核心，R&D经费的投入规模和投入强度是衡量一个地区自主创新能力的重要手段。2008年，全省R&D经费内部支出为190.1亿元，居全国第7位。支出总额比2007年增长14.9%，R&D经费占GDP比重为1.41%，同样居全国第7位，位次比2007年下滑1位。

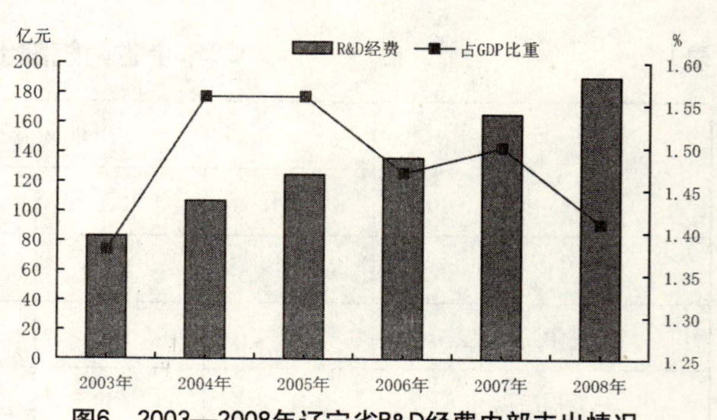

图6 2003—2008年辽宁省R&D经费内部支出情况

表2　　2003—2008年全省R&D经费内部支出活动类型分类情况

	2003年	2004年	2005年	2006年	2007年	2008年
基础研究/万元	17424	27275	31140	63793	54576	51383
所占比重/%	2.1	2.6	2.5	4.7	3.3	2.7
应用研究/万元	104542	173210	242015	214788	259299	302958
所占比重/%	12.6	16.2	19.4	15.8	15.7	15.9
试验发展/万元	707733	868656	973982	1079276	1340114	1546320
所占比重/%	85.3	81.2	78.1	79.5	81.0	81.4

2008年科研机构、高等院校、企业R&D经费支出分别为28.6亿元、21.0亿元和139.8亿元，分别占全省总量的15.1%，11.1%和73.5%。企业占据全省创新主体地位。

在基础研究、应用研究和试验发展三类活动中，基础研究经费支出为5.1亿元，应用研究经费为30.3亿元，科学研究部分（基础研究与应用研究）占18.6%，比2007年下降了0.4个百分点，试验发展所占比重高达81.4%。这表明虽然我省的R&D投入规模不断扩大，但活动类型仍主要集中在创新链的下游，原始创新投入明显不足。

R&D人员是建设创新型辽宁的核心力量。2008年全省R&D活动人员折合全时工作量7.7万人年，数量与2007年持平，人员数量居全国第8位。其中科学家工程师6.6万人年，占86.5%，比2007年提高3.1个百分点。从执行部门分布看，研究机构和高等学校R&D人员分别占13.3%和21.0%，企业人员占63.5%。从R&D活动类型看，从事基础研究、应用研究和试验发展人员分别为6777人年、13673人年和56223人年，分别占总量的8.8%、17.8%和73.3%。

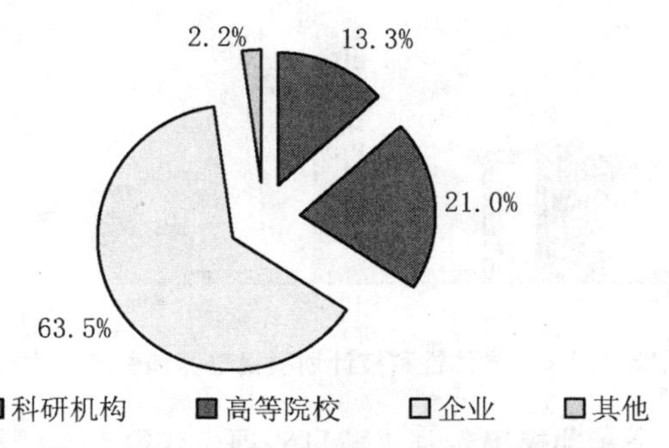

图7　2008年辽宁省R&D活动全时人员当量部门分类情况

【科技项目（课题）情况】　2008年，全省共开展各类科技项目（课题）34177项，投入人员9.9万人年，其中科学家工程师8.4万人年，占84.9%。实际经费投入235.6亿元，比2007年增长16.9%。项目（课题）投入强度进一步增强，平均项目投入经费68.9万元，比2007年增加2.2万元。其中，全年共开展R&D项目(课题)27351个，占科技项目（课题）总量的80.0%，投入经费175.0亿元，所占比重为74.3%。

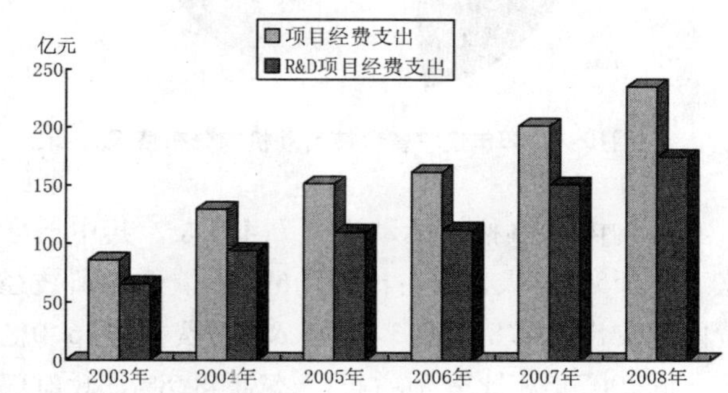

图8　2003—2008年全省科技项目（课题）经费投入情况

科技项目中投入到石化、冶金、先进装备制造三大支柱产业研究的共计13530项，投入人员57691人年，实际经费支出182.4亿元，占投入经费总额的77.4%。其中石化产业投入经费23.4亿元，冶金行业66.9亿元，先进装备制造业92.1亿元，分别占总经费的9.9%、28.4%和39.1%。科技项目研究以独立完成为主，全部项目经费中独立完成项目投入经费166.2亿元，占70.5%。与国内独立研究机构合作的项目经费为32.2亿元，与国内高校合作的项目经

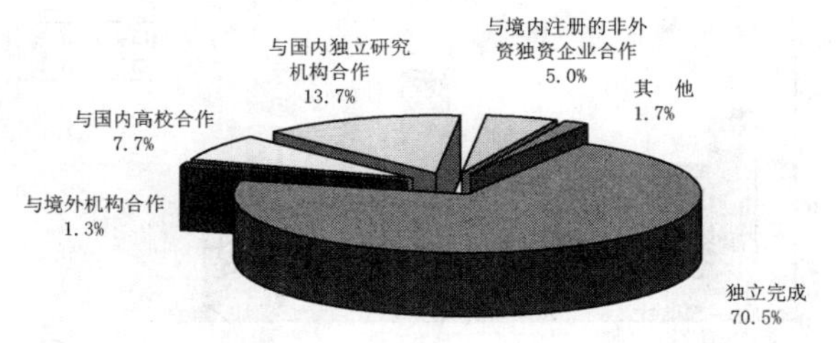

图9　2008年全省科技项目（课题）经费按合作形式分布

费为18.1亿元，分别占13.7%和7.7%。

【科技活动机构情况】 2008年，全省共有各类科技活动机构1363个，比2007年增加15个，机构数量居全国第11位。企业属科技机构数量最多为711个，占52.2%，其中工业企业属科技机构598个；高等学校属科技机构396个，占29.1%，其中理工农医类351个，人文社科类45个；政府部门属研究与开发机构171个，占全省科技活动机构总量的12.5%。

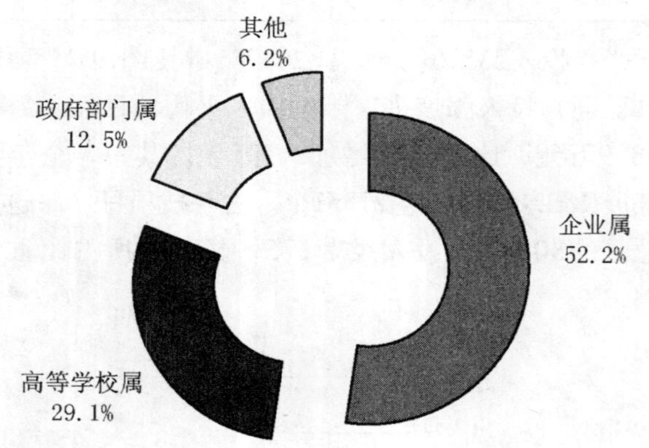

图10 2008年辽宁省科技活动机构分布情况

机构内从事科技活动人员7.4万人，其中科学家工程师5.2万人，所占比重为69.8%。全年科技经费内部支出124.8亿元，其中R&D经费支出36.0亿元，同2007年相比分别增长17.5%和8.8%。政府部门属科研机构科技经费平均支出规模最大，为2556万元。其次为企业办科技机构（1005万元）和高等院校属科技机构（210万元）。

中央部门属科技机构科技投入实力明显强于地方部门属机构，2008年全省中央部门属科技机构数量为258个，仅占全部科技机构的18.9%。但其科技经费支出为72.2亿元，占总量的57.9%，R&D经费支出高达35.2亿元，占总量的97.8%。可见我省科技机构的R&D活动主要集中在中央部门属科技机构中。

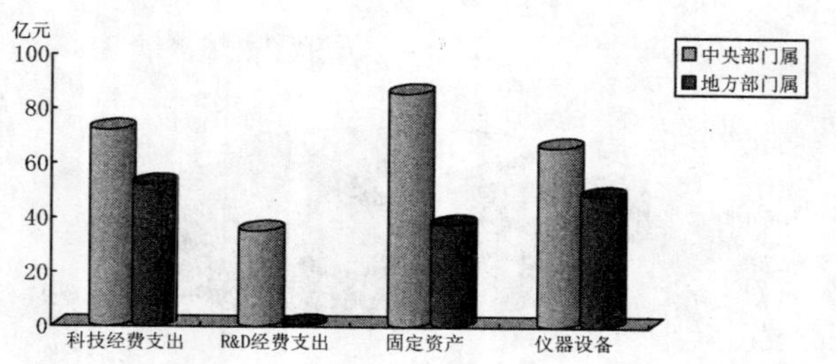

图11 2008年辽宁省科技活动机构隶属关系分布情况

【国家级科技计划项目执行情况】 2008年，全省共有576项科技项目（含历年滚动实施项目）列入国家科技计划资助和扶持的范围，进展良好的项目占91.7%，其中1.7%的项目进度超前。当年在研项目到位资金共计58.9亿元，其中来自政府的资金（包括中央政府和地方政府的拨款和资助）4.5亿元，企业资金33.8亿元，金融机构贷款10.5亿元。来自企业的资金投入比2007年增长4.5%，占到位资金的比重也由2007年的49.8%提高到57.4%，表明国家科技计划项目引导企业资金投向的能力不断增强。

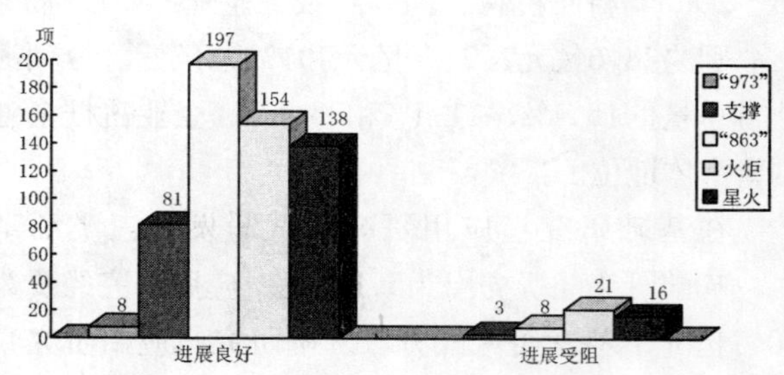

图12 2008年国家级科技计划项目进展情况

2008年全省参加国家级科技计划项目的人员为1.2万人次，其中高中级职称人员8708人次，占70.8%。投入三类主体性计划（指“973”、“863”和科技支撑三类计划）的项目人员4257人次。主体性计划创造的科研环境，为培养、引进和凝聚人才提供了舞台。在项目研究实践中507人取得博士学位，883人取得硕士学位，提高了科研队伍的素质和水平；吸引了227名在国外取得博士或硕士学位的留学人员回国参与项目研究；聘请40名在所从事研究的领域有较深造诣的外籍专家共同开展合作研究。

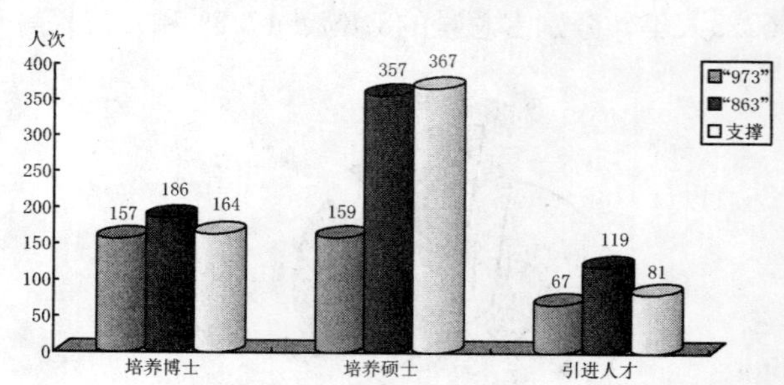

图13 2008年主体性科技计划项目培养和引进人才情况

全年共提出专利申请1159项，获得专利授权394项，分别比2007年增长71.2%和34.0%。技术含量最高、最能体现技术的新颖性和创造性的发明专利占主流，分别占专利申请和授权量的65.7%和53.0%，国家科技计划的实施有力促进了发明专利的增长，推动了全省在提高自主知识产权方面的进步。

结合项目研究撰写科技著作2018万字，比2007年增加1304万字。发表科技论文3020篇，比2007年多出1482篇，其中向国外发表的论文1157篇，占38.3%。“863”计划和国家科技支撑计划项目成果获省部级以上奖励45项，并针对高技术、产业关键共性技术和引进技术的创新等问题，研制出具有创新性和产业应用价值的技术成果327项，转让技术成果53项次，获得成果转让收入7073万元。这些新技术成果将为推动企业技术创新和推进产业技术进步发挥重要作用。

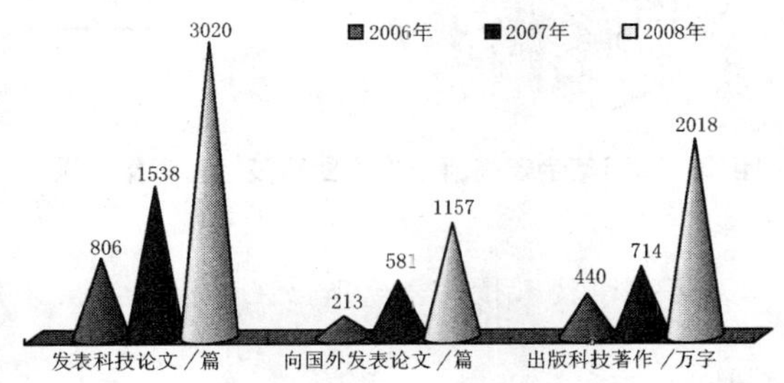

图14　2006—2008年主体性科技计划项目论文和著作情况

火炬、星火两类产业化计划的实施，在促进高技术产业形成、改造和提升传统产业技术水平方面取得较好效果，通过支持一批市场前景好、产业化潜力大的企业科技项目，实现了较好的经济效益。共创造新增产值243.1亿元，实现净利润额27.9亿元，出口创汇3.0亿美元。

【高新技术企业发展情况】　根据《高新技术企业认定管理办法》（国科发〔2008〕172号文件），2008年辽宁省认定了292家高新技术企业。现在这些企业2008年统计数据的基础上，对其发展现状进行简要分析，供政府有关部门和领导决策时参考。

整体经济运行情况良好：2008年，292家高新技术企业共实现总收入891.0亿元，创造工业增加值229.7亿元，占规模以上工业企业的3.5%，出口创汇20.1亿美元，实现净利润72.7亿元，销售利税率高达14.8%。其中，总收入超亿元的企业121家，超10亿元企业16家，分别占全部企业数的41.4%与5.5%。中国华录集团有限公司、沈阳远大铝业工程有限公司分别以83.2亿元和57.3亿元分居前两位。

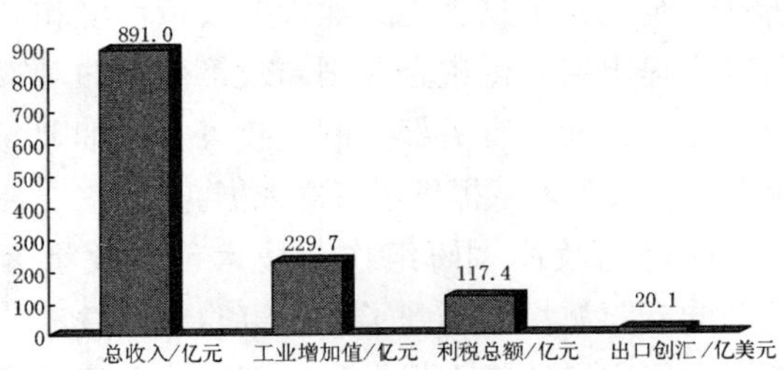

图15　2008年全省高新技术企业主要经济指标

主要分布在沈阳和大连地区：沈阳、大连各有100家高新技术企业，占全省的68.5%，实现总收入685.6亿元，占全省的76.9%；其次为鞍山37家，占全省的12.7%，实现总收入112.2亿元，占全省的12.6%；最少的是葫芦岛，仅有1家高新技术企业。沈阳经济区（包括沈阳、抚顺、鞍山、本溪、营口、辽阳、铁岭、阜新等8市）拥有高新技术企业166家，占全省56.8%，实现总收入580.6亿元，占全省的65.2%。辽宁沿海经济带（包括大连、丹东、锦州、营口、盘锦和葫芦岛等6市）拥有高新技术企业134家，占全省45.9%，实现总收入312.3亿元，占全省的35.1%。

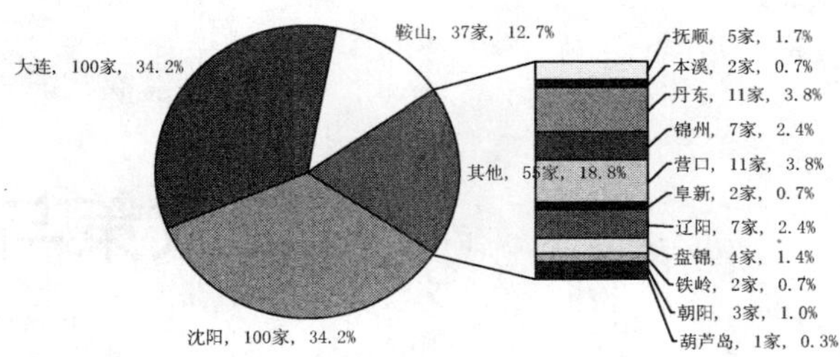

图16　2008年全省高新技术企业地区分布

科研开发力量较强：创新型人才的数量是衡量高新技术企业整体竞争力的重要标志之一，2008年，我省高新技术企业具有大学专科以上学历的科技人员7.0万人，占年末从业人员数的56.5%；研发人员1.5万人，占年末从业人员数的12.1%；拥有高中级技术职称的科技人员1.5万人，占全部科技活动人员的37.5%。

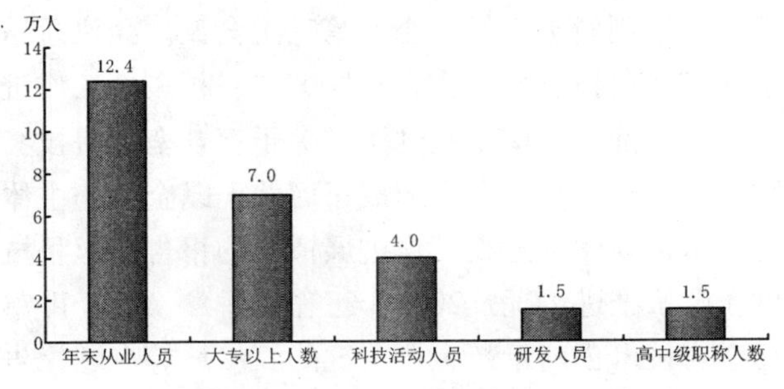

图17　2008年全省高新技术企业人员结构

另外，企业研究开发活动持续的经费投入，是提高企业竞争力和保障经济持续发展的关键。292家高新技术企业科技活动经费支出共为52.1亿元，研发经费支出28.4亿元，分别占产品销售收入的6.5%与3.6%，明显高于规模以上工业企业的比例水平。其中，销售收入2亿元以上的企业研发经费支出22.6亿元，占产品销售收入的3.4%；销售收入5000万元以上至2亿元以下的企业研发经费支出4.1亿元，占产品销售收入的3.9%；销售收入5000万元以下的企业研发经费支出1.7亿元，占产品销售收入的7.3%。从中可以看出，企业销售规模越大，研发经费投入的比例越高，显现出技术创新与经济发展良性互动的良好局面。

自主研发意识不断增强：自主研发能力是企业可持续发展的重要标志。从科技活动经费筹集总额来看，2008年，全省高新技术企业科技活动经费筹集52.9亿元，其中企业自筹资金41.7亿元，政府资金6.5亿元，金融机构贷款3.3亿元，分别占78.8%、12.3%和6.2%。从中可以看出，企业自身越来越重视研发活动的开展。从专利上看，2008年共申请专利1414项，其中发明专利576项，获得专利授权755项，平均每个企业的专利授权2.6项。从研发经费上看，2008年研发经费支出28.4亿元，占全省科技活动经费支出的54.5%，研发经费支出占有很大的比重。

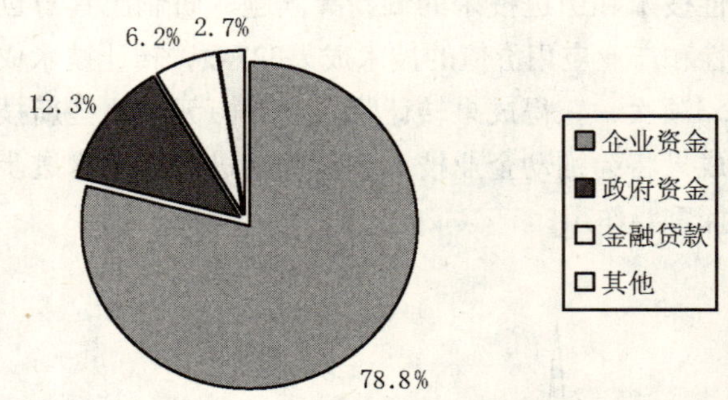

图18　2008年全省高新技术企业科技经费筹集情况

（省科学技术情报研究所　王锦生　高洪才）

科技政策与科技体制改革

【概述】 2008年，我省科技政策与科技体制改革工作主要围绕协调科技创新领导小组各成员单位、科技创新政策落实、创新型企业创建、推动产学研合作、促进科技中介发展、加强软科学研究和科普等方面工作开展。

【科技创新工作领导小组办公室工作】 筹备召开了省科技创新工作领导小组第三次会议。会议总结了2007年科技创新工作，对2008年科技创新工作进行了研究部署，审议通过了《关于召开全省科技奖励大会的建议》。会上形成了《关于以企业为主体的技术创新体系建设工作进展情况的报告》《科技创新政策推进情况及2008年工作安排》《关于评审辽宁省技术创新示范企业情况的汇报》等专题报告和会议交流材料。筹备召开了全省科学技术奖励大会。

【科技创新政策的落实】 制定政策推进整体实施方案。根据省科技创新工作领导小组第三次会议精神，明确了工作目标、思路、任务、重点和要求。

跟踪国家出台的科技创新政策，及时了解掌握政策落实情况和省直相关部门制定实施细则的情况，协调督促相关部门加大政策落实的力度。

开展政策调研工作。通过实地座谈与个案走访、问卷调查与统计分析、政策调研和宣传推进相结合的方式，形成《关于我省企业创新政策贯彻落实情况的调研报告》。组织开展科技创新政策实施与效果分析，以企业、高校和科研单位为主体，分析辽宁企业自主创新能力建设的政策环境和制度障碍等，提出完善促进企业创新政策落实的对策，为全面提升企业、有关部门制定政策实施细则，完善企业创新政策体系提供了可靠依据。

向全国政协调研组作“技术创新政策落实情况”的专题汇报，得到了调研组的充分肯定。2008年底向国家科技部上报了科技创新政策落实情况的报告。

加强科技创新政策的宣传工作。利用辽宁科技信息网等平台和召开会议、举办培训班、下基层调研等方式，积极进行创新政策宣传。

【以企业为主体的技术创新体系建设】 按照《辽宁省以企业为主体的技术创新体系建设实施方案》的要求，组织开展了省技术创新示范企业评选活动，制定了较为科学合理的评价标准。在此基础上，发布了《关于开展创建技术创新型企业活动及评选省技术创新示范企业工作的通知》。在各市人民政府、省直有关部门初审、推荐的基础上，召开评审会议，评选出沈阳机床集团有限责任公司等121家企业为辽宁省技术创新示范企业并颁发了牌匾。

推荐沈阳化工研究院、沈阳机床集团有限责任公司、沈阳北方交通重工集团有限公司、丹东恒星泵业有限公司、锦州奥鸿药业有限责任公司等10家企业为第二批国家创新型试点企业。并按照国家要求，组织专家对第一批国家创新型试点企业进行了综合评价，报送国家科技部。据此，国家科技部、国务院国资委、中华全国总工会联合命名了我省鞍山钢铁集团公司、沈阳新松机器人自动化股份有限公司、辽宁奥克化学股份有限公司三家企业为首批“创新型企业”。

参加科技部在哈尔滨举行的三省一市创新型企业座谈会，交流我省在推动创新示范企业科技创新方面的一些成功经验，得到科技部领导和兄弟省同行的关注。

按照科技部的统一部署，组织我省的国家创新型试点企业，制定创新规划以及自主创新产品目录等，为创新试点企业享受有关优惠政策创造了条件。

【产学研合作工作】 积极促进产学研技术联盟建设。通过产学研合作技术联盟专项，推动企业与高校、科研院所建立以利益为纽带、优势互补的产学研合作技术联盟，引导高校、科研院所进入经济主战场，提高企业的持续技术创新能力。目前，全省产学研技术联盟已达470家，其中沈阳124家，大连112家，其他市234家。

全国“两会”期间，组织、筹备张文岳书记与中国科学院路甬祥院长的会谈活动，形成《文岳书记访问中科院讲话提纲》及背景材料。3月12日，文岳书记赴中科院访问，就辽宁省进一步加强与中科院合作进行了会谈。与中科院沈阳分院对2007年度合作项目的绩效进行统计分析，客观地总结和评价了省内各市在院地合作方面的工作成效。

调研、了解科技创新示范企业产学研合作基本情况，以期通过推进企业与大学、科研机构建立产学研合作技术联盟，加强产学研项目合作，提升企业的技术创新能力，实现企业经济效益的倍增。

【软科学管理】 组织2008年度计划项目的立项编制工作。组织专家对申报的215个项目进行了前期论证和评审工作，凝练了18个重点项目，组织申报国家软科学项目3项，部省会商项目1个。

围绕老工业基地振兴和创新型辽宁建设的难点、热点和重点课题，从结构调整与重点产业发展、沿海经济带与区域经济协调发展、以企业为主体的创新体系建设、辽宁新农村建设科技支撑体系研究、辽宁能源资源环境承载能力、和谐辽宁建设中的重大社会问题等6个方面凝练了一批重点项目。

加强软科学项目管理，组织签订重点项目任务合同书，组织专家验收和评审软科学研究成果，跟踪检查未完成项目情况。针对热点问题，形成了《关于我省企业创新政策的贯彻落实情况》《关于进一步推进国有企业改革的建议》《关于我省实施债转股情况》等调研报告。

组织开展软科学课题研究并取得丰硕成果。先后完成了关于东北沿海经济带“五点一线”开发开放战略、东北沿海经济带产业布局、大连长兴岛、营口沿海产业基地、辽西锦州湾等系列研究。组织开展了《辽宁老工业基地振兴五年绩效评价与战略升级路径研究》，提出了进一步振兴辽宁老工业基地的战略升级路径和实施对策。

【科技中介服务体系建设】 继续致力于培养和扶持骨干中介机构，建设网络服务平台，完善科技中介服务体系，促进科技成果转化为现实生产力。

连续培养和扶持科技中介骨干机构34家，形成以重点中介机构为龙头，带动全省科技中介服务业发展的局面。加强各城市科技中介服务机构之间的联系，形成辽宁省科技中介服务强有力的发展群体，为技术创新和技术扩散的顺利开展创造条件。其中，中国科学院沈阳国家技术转移中心新增联盟企业6家，总数已达到35家；大连亿城技术交易市场有限公司通过为技术供需方提供快捷的交易新模式，营业收入提高到380多万元。

建设网络服务平台，以建设科技中介联盟为重点，整合与科技相关的各类信息资源，使科技成果供求双方实现有效便捷的对接，充分发挥科技中介机构的集群效应，降低交易成本，增强服务功能。

实施科技中介经纪人培训工程，促进科技中介从业人员素质和能力的提高以及机构服务品质的提升，带动科技服务业快速发展。

【科普工作】 按照国家统一部署，5月17至23日，以“携手建设创新型辽宁”为主题，组织举办了2008年辽宁省暨沈阳市科技活动周，围绕提高科技创新能力、建设创新型辽宁的目标，突出科技惠及民生和科技支撑发展两大主线，开展了一系列丰富多彩、形式多样的群众性科技普及与宣传活动。

加强省级科普基地建设。新认定了本溪地质博物馆等10家省级科普基地，在科技活动周开幕式上予以授牌，使全省省级科普基地总数达到51家。为系统介绍全省科普基地建设成果，在“2008年辽宁省暨沈阳市科技活动周”主会场设立专门展区，以图片和实物相结合的形式，进行了科普基地建设情况展览展示。

协调沈阳科学宫，按照规划设计要求，深入推进并完成了“辽宁省青少年科技创新活动基地”二期工程建设任务。

【依法行政】 先后参加了省政府办公厅组织召开的“全省依法行政暨行政复议工作会议”“全省市县政府依法行政工作电视电话会议”“省政府行政法规规章清理工作会议”，并结合实际宣传贯彻会议精神，进一步强化了全厅依法行政的意识，规范了执法行为。

对本省现行的科技行政法规规章进行了全面清理，及时填写登记报表，提出了保留、废止、失效和修改的意见和建议，并向省政府法制办提交了报告。

组织参加省政府法制办开展的行政执法案卷评查活动。协调社发处按标准对2006年以来的行政执法案卷进行了整理和自查，6月份在接受省政府法制办检查中受到好评。

组织对涉及省科技厅的行政许可和行政审批项目作了进一步确认。按照省政府法制办统一安排，依据《行政许可法》和省政府《关于进一步清理行政审批项目的通知》(辽政办发〔2007〕45号)要求，对涉及省科技厅的行政许可和行政审批项目进行了全面清理，填报了《确认行政许可项目登记表》《拟取消或调整行政审批项目意见表》《拟保留行政审批项目意见表》《新设立行政审批项目登记表》等，组织相关处室参加了省行政审批工作领导小组办公室组织的听证会，就有关清理事项作了说明。

积极配合立法调研工作，对省人大和省政府法制办《关于征求对实施“突破辽西北”战略的意见的函》《辽宁省促进中小企业发展条例（草案）》等21份立法草案征求意见稿进行了审查和回复。根据辽宁省依法治省办公室《关于组织省直机关单位“五五”普法中期检查工作的通知》（辽治办〔2008〕8号）要求，向省政府法制办上报了《省科技厅“五五”普法中期自查情况报告》。

（省科技厅政策法规与体制改革处　邢兰兰）

科技计划管理

【概述】 2008年，全省科技计划管理工作紧紧围绕省委、省政府确定的中心任务，贯彻省科技创新工作领导小组第三次工作会议和全省科学技术奖励大会精神，按照《辽宁省中长期科技发展规划纲要》的部署和要求，以提升全省区域创新能力为主线，以解决全省经济社会发展的重大技术需求为出发点，协调组织落实“科技创新示范企业创建工程”“农业种子创新工程”“本溪生物医药产业基地建设”科技创新工作三大重点任务，进一步凝聚重大项目，深化科技计划管理改革，优化配置经费资源，积极争取国家资源，重视应用基础研究，科技计划管理工作取得显著成效。

【科技计划综合管理】 2008年，落实科技厅归口省本级科技专项资金经费预算5.46亿元，比上年预算新增6000万元，同比增长10.9%。其中：科技成果转化资金1亿元；科技创新平台建设资金5500万元；重大关键技术攻关及产业化资金1.1亿；科技型中小企业技术创新资金2000万元；区域创新体系建设专项资金8000万元；社会主义新农村建设专项资金8000万元；新增设民生科技专项资金2000万元；科学技术奖、院士津贴、中国辽宁海外学子创业周等重大科技工作专项2100万元；教育专项6000万元等。

2008年，归口科技厅安排资金4.86亿元，具体配置情况为：一是集中资金3.5亿元，组织编制实施重大项目科技计划，主要用于支持科技创新示范企业创建工程（配置经费2亿元，包括科技型中小企业技术创新资金2000万元）、农业种子创新工程（配置经费8000元）、本溪生物医药产业基地建设（配置经费7000万元）等相关重大项目；二是集中资金1.16亿元，组织编制实施重点项目科技计划。主要用于支持高新技术产业发展、科技成果转化及奖励、科技富民强县工程、省级重点实验室、高校院所创新平台建设、科技公共服务平台建设、国际科技合作交流、社会发展攻关、自然科学基金、博士启动基金、软科学研究、科技中介机构建设、科普、实验动物等相关重点项目；三是集中资金2000万元，组织编制实施重大科技工作（活动）专项，主要用于支持科技奖励、院士津贴发放、海外学子创业周、科技活动周等相关工作与活动的开展。

2008年，省本级计划安排具有以下突出特点。一是各大专项计划项目凝聚更加精练，经费配置更趋优化，重大项目计划占计划总量的比重进一步增大。科技成果转化专项、科技创新平台建设专项、关键技术攻关及重大科技项目产业化专项、区域技术创新体系建设专项共安排项目534项，安排经费42848万元，项目平均支持强度80余万元。重大、重点项目计划共安排415项，配置经费41012万元，占全厅计划经费总量的84%。其中，重大项目148项，安排经费25457亿元，占计划经费总量的52%；重点项目267项，安排经费15343亿元，占计划经费总量的31%。2008年，单项最大支持强度2100万元项目1项，500万元以上重大项目4项，300万元以上重大项目22项，100万元以上重大项目147项，项目平均支持强度达到100万元。预计拉动企业和社会投资200多亿元，实现产值近2000亿元，创利税280亿元。二是计划项目层次更为清晰，地域经费安排更趋均衡。科技攻关297项，安排经费27743万元，占计划经费总量的57%；科技产业化88项，安排经费4995万元，占计划经费总量的10%；科技环境与能力建设149项，安排经费10112万元，占计划经费总量的20%。在省内14个市中除沈阳、大连、鞍山外，对其他各市的支持力度均有所增强。三是在先进装备制造、新材料、电子信息等重点领域，突出了转化科技成果和引进技术再创新。安排项目190余项，经费达15000余万元，占计划经费总量的30%。四是围绕促进现代农业发展和加强农业科技环境能力建设安排计划。安排水稻、玉米等新品种引进、选育及粮果丰产集成技术开发等项目80余项，经费达8000余万元。五是以发展生物医药产业和改善人民健康水平为着力点，安排经费10000余万元。重点支持生物与医药技术创新体系建设，新药研发关键技术平台、节能减排以及公共安全等专项，仅本溪生物医药产业基地建设就安排经费7000万元。

2008年，一、二批计划编制完成并下达执行。其中，一批计划共安排经费37223万元（其中科技型中小企业技术创新资金2000万元；自然科学基金和博士科研启动基金1400万元）；二批计划以及重大科技工作（活动）专项10777万元。

2008年，我省争取国家经费支持合计4.3805亿元。其中，国家科技支撑计划经费达2.1622亿元；国家自然科学基金638项，经费达2.2183亿元，分别比上年增长16.3%和25%。

【科技计划管理改革】 继续深化科技计划管理改革，采取自上而下、自下而上、自上而下与自下而上相结合等3种方式，进行项目的遴选和推荐。一是网上发布年度项目申报指南和申报通知，所有申报项目实行网上申报；二是市级以上科技管理部门与省直有关部门等初审授权单位进行初审推荐；三是组成重大、重点项目调研组深入各市实地考察，充分听取市政府意见，再由省科技厅计划归口处复审推荐；四是委托中介评估机构统一组织专家评审（或中期评估），确定拟支持项目清单；五是省科技厅综合平衡后，与省财政厅进行会签审定并下达计划。

【重点实验室组建专项计划】 省级重点实验室组

建专项计划围绕电子信息、先进制造、新材料、新能源、农业、资源环境、医疗卫生、生物医药及其他等重点领域和优势产业，安排专项资金500万元，用于支持省级重点实验室建设。2008年，共受理申报组建重点实验室107个，申报依托单位共计86家，主要分布于省内10个市，研究涉及全部9个领域，其中，进入复审答辩阶段59个，占申报总数的55%，经现场考察后列入支持计划。在计划编制过程中，重点支持以下方向的重点实验室：一是与我省经济紧密结合，依托具有我省优势特色学科组建的重点实验室；二是科研机构、高等院校与企业联合共建的重点实验室；三是有国家相关部委支持，实行部省共建的重点实验室；四是具有国际合作背景，通过国际合作引进人才、智力、资本等联合组建的重点实验室。

【自然科学基金资助项目计划】 省级自然科学基金资助计划紧密围绕项目指南主题及专题，集中安排重点项目，进一步加大项目集成和支持力度，全年共资助项目209项，资助经费1000万元。在计划编制过程中，一是注重科研项目、基地、人才培养一体化。年度计划安排上突出自主创新，对依托国家、省重点实验室的项目优先给予支持，加大对中青年人才的培养力度，在本年度支持的209个项目中，40岁以下青年科研人员作为主持人的项目有95项，占全部项目的45%。二是加强联动，争取多渠道投入。加强与国家“973”计划、国家自然科学基金重大项目的对接，实行联动支持。三是加强对项目立项和项目实施过程的管理。通过完善规章制度，保证科技项目申请评审立项的公开、公平、公正、合理。加大对在研项目的管理力度，完善了基于互联网的辽宁省科技基金管理平台的建设。

【科技统计工作】 在统计调查基础工作方面，完成了国家和地方各项统计调查工作、科技部和地方主要科技指标的数据更新工作、2007年省政府对各市政府科技考核工作；开展了全省科技征信体系项目建设工作。

在统计分析研究工作方面，继续编辑出版《辽宁科技统计》《辽宁省高新技术产业发展年度报告》《辽宁科技统计数据》《辽宁省高新技术产业数据》等；积极参与软科学课题研究工作。此外，还加强了科技统计支撑机构建设，形成了比较健全的科技统计支撑体系，同时加强了科技统计培训工作。

（省科技厅发展计划处　刘佳）

科技条件与财务管理

【概述】 2008年，我省科技条件与财务管理工作认真贯彻落实科学发展观，紧紧围绕全省科技工作的中心任务，坚持服务宗旨，树立责任意识，强化管理职责，积极推进科技公共服务平台建设，进一步加强归口省属科研单位预算管理，加强机关会计核算和财务指导监督。

【科学事业经费】 按财政要求，及时批复下达了所属单位2008年部门预算。财政批复科技厅部门预算财政拨款30169.5万元，比2007年增长40.3%。其中：省属科研单位29055.5万元，比2007年增长39.9%；厅机关1114万元，比2007年增长51.3%。批复28家省属科研单位非税收入8520.3万元，有部分单位超收3042万元、短收558万元，已协调省财政部门相应调增、调减相关单位非税收入预算指标，同时保证非税收入及时返还。为20家省属科研单位办理政府采购审批手续99笔，合计1817.31万元。按照资产管理规定，批复处置资产3715.3万元，上报省财政厅资产处备案。

2008年，协调财政落实省属科研单位事业发展专项资金2134万元，其中维修改造类项目23个，专项资金1399万元；设备购置类项目22个，专项资金735万元。使省属科研单位科研基础条件得到了改善，科技创新和公共科技服务能力进一步提高。

【会计核算与财务管理制度建设】 在严格执行有关规章制度的前提下，有针对性地完善、改进和加强机关会计核算工作，积极适应财政改革和机关业务工作要求，保证了机关正常运转。2008年，完成了机关行政在职人员公积金基数和比例调整；完成了机关行政在职和离退休人员工资卡更换工作；完成了财务系统软件更新工作；配合成果推广应用处拨付2007年科技奖、成果转化奖和国家科技奖经费；进一步完善了科技厅内政府采购管理、差旅费报销制度以及会计档案日常管理方面的制度办法；制定了公务卡结算财务管理办法及报销管理细则。

【科技公共服务平台体系建设】 在充分调研的基础上，明确了我省平台建设工作总体思路：以《“十一五”国家科技基础条件平台建设实施意见》为指导，紧紧围绕辽宁发展目标和科技工作中心任务，突出服务公共科技创新和区域主导产业发展两条主线，坚持“制度创新、多种模式；项目拉动、整合资源；加强集成、突出共享；强化服务、滚动支持”原则，加快建设一批基础性、共性和区域性平台，提高科技公共服务条件能力，增强科技公共服务功能，拓展科技公共服务领域，为辽宁科技创新提供有效支撑和良好服务。

重点开展指导各市建设服务区域产业发展的公共技术服务平台工作。协调辽宁省分析科学研究院、辽宁省医药工业研究院入驻本溪生物与医药产业基地开展服务，提出了《关于辽宁（本溪）生物医药产业基地公共科技服务平台建设工作建议》，就本溪平台目标定位、建设方式、运行模式、建设的主要内容及下步工作进度安排提出了工作建议；协调、指导阜新市建立了服务阜新液压产业发展的公共技术服务平台——辽宁兴阜液压研究院有限公司，已完成注册并挂牌运行；指导盘锦市建立石油装备公共技术平台工作。

根据科技计划总体要求和平台建设特点，按照“有限目标、突出重点，有所为、有所不为”的立项原则，重点依托省属科研单位，围绕科技文献和科学数据、大型科学仪器设备、自然科技资源、平台应用服务支撑系统等平台建设，通过专家评审、中期评估，下达了11个平台建设项目，拨付经费500万元，推动了平台建设。

科技文献和科学数据资源共享平台通过引进和对现有资源进行整合，已形成较为丰富的科技文献信息资源。其中，中文科技期刊12000种，2113万篇，外文期刊15000种，147万篇，中文会议论文94万篇，学位论文全文122万篇，中外专利文献318万件，国内外标准文献25万件。截至2008年10月底，已提供科技文献下载服务75万篇，同比增长15%；外文期刊下载8200篇，同比增长12%。平台服务用户数和全文下载量均同比增长10%以上。

大型科学仪器设备资源共享平台初步建成大型科学仪器设备网络服务和服务保障体系，可提供大型科学仪器设备相关信息与检索服务、仪器维修与改造技术中心、专业分析测试服务中心等服务。目前，已收集仪器设备信息涉及156个单位，1380台（套）。其中30万元以上仪器设备824台。入网仪器设备使用率由入网前的56%提高到76%；省内科研机构、企业等单位通过仪器设备共享累计检测项目4800多项。此外，与沈阳高新区联合建立了浑南医药检测平台实验室。

（省科技厅条件财务处　杜秉海）

国际合作与交流

【概述】 2008年，全省国际科技合作与交流工作紧紧围绕省委、省政府确定的中心任务，着力抓住科技创新示范企业建设、辽宁（本溪）生物医药产业基地建设和种子工程等三大重点科技创新工作，在积极开展国际科技合作与交流的同时，重点促进先进制造、生物医药、新材料等领域项目的引进消化吸收再创新，大力提高企业的科技创新能力。

【引进消化吸收再创新专题调研】 由辽宁省科技厅牵头，组织省科学技术情报研究所、生产力促进中心等单位，成立专题调研课题组，开展全省引进消化吸收再创新专题调研工作。课题组以重点部门、重点单位的典型调查为基础，以综合分析省内技术引进与消化吸收再创新现状为切入点，采取数据统计分析、调查分析、案例分析等多种研究方法，对辽宁省技术引进与消化吸收再创新的总体情况进行系统剖析和综合评价。课题组历时12个月完成《辽宁省技术引进与消化吸收再创新现状及对策研究报告》，为社会各界提供了辽宁省技术引进与消化吸收再创新的现状信息，为企业和科研部门的引进技术与消化吸收再创新工作指明了方向，为有关政府部门制定技术引进和鼓励消化吸收再创新政策和发展战略提供了科学的参考依据。

【引进消化吸收再创新示范企业】 以辽宁省科技创新示范企业为重点，加强资源整合，扶持做大一批引进消化吸收再创新的示范企业。目前，沈阳重型机械集团有限责任公司与德国维尔特公司、法国NFM技术公司合作研制开发的全断面隧道掘进机，替代了进口，每年可为国家节约外汇10余亿美元。2008年，盾构机的国产化率已达到54%，比2007年的29%提高了25个百分点。沈阳重型机械集团通过收购的方式在法国建立了研发中心，利用国外高水平的研发平台研制世界领先的盾构机；辽宁新风集团牧业有限公司在引进瑞士CRT公司和德国BSG公司的产品设计、工艺、匹配实验等关键技术基础上，经过消化吸收和再创新，开发出具有自主知识产权、达到国际先进水平的新型高压共轨产品。该产品已为东风朝阳柴油机有限责任公司、玉柴集团、杨动股份有限公司等单位配套成功，经德国TUV检测中心检测，达到欧Ⅲ排放标准，填补了国内空白，其中，朝柴的CY4100-C3A、CY4100-C3C和杨动的YD4M60-C3等众多机型已通过国家环保局公告；特变电工沈阳变压器集团有限公司与乌克兰变压器研究所进行合作，解决了特高压输变电设备中绝缘、抗短路、抗机械力等技术问题，开发出世界首台百万伏交流变压器、±800kV干式平波电抗器，产品达到国际领先水平，将应用于国家百万伏试验示范工程——晋东南—南阳—荆门交流输电线路、云广直流输电线路中，合同额达3亿元。

【海外学子创业周】 第八届中国海外学子辽宁（大连）创业周秉承“吸引海外学子归国创业、汇聚科技前沿创新成果、搭建高新技术合作平台、推动高新技术产业发展”的宗旨，坚持“立足辽宁，辐射全国”的理念，以“吸引海外学子归国创业，助推辽宁沿海经济带快速发展”为主题，紧紧围绕辽宁“五点一线”沿海经济带开发开放战略，举办了“两会、三展、四论坛”九大主体活动。“海创周”规模和层次进一步提升，辐射力和影响力进一步加大，品牌效应进一步凸显。本届“海创周”共有来自19个国家和地区、30个海外留学人员及华人学术团体的600多名海外学子参加活动。其中，316名海外学子携带电子信息、生物医药、先进制造等领域的369个高科技项目，与全省3000余家企业、科研院所、大专院校等单位进行项目对接洽谈，共签订意向合同202项，合同金额14.5亿元。“海创周”期间，全国55家海外学子创业园的150余名代表参加了全国留学人员创业环境展；280余家跨国公司、国内大中型企业、大专院校参与了国际人才交流会，涉及高端岗位2000多个，达成用人意向620个；全省14个市均参加了重点产业发展推介展，其中，辽宁沿海经济带开发开放战略、旅顺南路软件产业带和本溪生物医药基地以及沈阳、鞍山、营口等市的重点发展产业推出特装展，收到了良好的效果；首次举办了大连设计节活动，聚集了30多名世界著名的设计师、150多家设计公司；欧美同学会·中国留学人员联谊会首次加盟，成为主办单位之一。

【对外科技招商】 为贯彻落实省政府关于做强做大辽宁（本溪）医药产业的发展战略，加快医药企业的国际化进程，省科技厅围绕本溪生物医药产业基地建设大力开展对外科技招商工作。一是收集和整理了国际知名医药企业信息，提出了国外百强医药企业“路线图”；二是充分发挥驻外使（领）馆科技外交官和教育外交官的渠道优势，邀请国际知名企业和高端人才及团队来本溪考察与洽谈。截至2008年年底，已与日本第一三共制药株式会社、韩国大熊制药、美国礼来公司等100余家世界知名医药企业和世界中医药学会联合会、美中医药开发协会、加中企业家协会、日本医药工业协会等行业协会以及全英中国学者联谊会、全法中国学联、日本留学生联谊会等海外留学生团体建立了良好的合作关系，并与500余名生物与医药领域的海外学子建立了长期的联系，宣传了辽宁（本溪）生物医药产业基地发展规划、优惠政策等信息，吸引海外学子以投资建厂、技术入股、转让专利等不同的方式回国创业。目前，已有120余位海外学子、40余家外商来本溪进行了实地考察和洽谈。

以滕卫平副省长为团长的科技招商团赴日本、韩国、美国、加拿大等国家和地区进行招商。美国药业集团、美国科硕营养科技有限公司、美国开泰克斯生物医用有限公司、加拿大博发生物医药研究有限公司、日本三益制药株式会社等公司已签约入驻本溪医药产业基地；美国加州普康医疗器械公司、加拿大恩世制药有限公司等一批国外医药企业在本溪投资项目。

成功举办了“辽宁（本溪）首届生物与医药高新技术交易会暨海外学子本溪创业行活动”。共有来自12个国家和地区，12个海外协会团体的117名海外学子代表以及来自美国、加拿大、日本、韩国的20余名外商参加了活动。经过与本溪医药企业的对接、洽谈和对基地的实地考察，徐艺峰、李昕阳等14名海外学子与本溪签订了意向合作协议项目23项，美国联合商会、美中医药开发协会等4家海外学子团体以及加拿大VIVA公司、美国开泰克斯公司、日本三益株式会社等企业与本溪签署了合作协议。

【国际科技合作成果转化基地（中心）建设】 推进中俄沈阳科技园、中俄科技成果转化基地（大连）、新加坡沈阳工业园、沈阳国际科技产业园等国际园的建设和发展，充分发挥基地的积聚和辐射作用。沈阳中俄科技合作基地与俄罗斯高校、俄罗斯科学院西伯利亚分院等建立了良好的合作关系，与俄方组建了“高能束流试验室”“激光技术试验室”等4个中俄科技合作实验室，并承担了国家“863”计划、国家科技部国际合作重点计划，获国家资助金额近2000万元；大连高新园区与俄罗斯科学院西伯利亚分院共同组建了“大连中俄高新技术转化基地”。该基地有机整合了政府资源、科技资源、市场资源、人力资源和民间资本等多种优势资源，拥有23家企业、3个风险投资机构，承担了31个高科技项目，并与国内外20所高校和科研院所进行科技合作，目前，部分项目已进入产业化阶段，实现年产值5000多万元。

【国际科技合作战略研究】 结合国务院东北振兴办关于开展制定《国家东北地区老工业基地对俄合作规划》的要求，组织省科学技术情报研究所、省社会科学院等单位开展了《与俄罗斯远东及外贝尔加地区科技合作规划》的国际科技合作战略规划研究，进一步了解了俄罗斯的科技优势领域、对华科技和产业合作政策以及存在的主要问题等，提出了新时期辽宁省对俄科技合作的工作重点、合作领域、合作方式以及应采取的政策建议等，为辽宁省开展对俄国际科技合作提供了重要的参考依据。

【科技考察与学术交流】 2008年，辽宁省共邀请、接待来自俄罗斯、德国、法国、白俄罗斯、乌克兰、日本、韩国、美国等国家和地区的近40个团组，200余人次。重点推进了与省内的生物医药、装备制造、新材料、新能源与节能、环境保护、民用航空航天、现代农业等领域的技术交流与合作。共发出授权单位签证通知34份，邀请来自印度、巴西、泰国、喀麦隆、伊朗等16个国家的36人来华进行技术交流、参加国际会议和各类国际专业人才培训等活动。

（省科技厅国际合作处　许爱东）

科技成果转化与推广

【概述】 2008年，全省科技成果推广工作紧紧围绕省委、省政府确定的重点工作任务，充分发挥政府的引导作用和市场的基础性作用，着力开展成果转化与推广示范工作，不断改进和完善科技成果鉴定、科技成果奖励等工作。全年重点应用和推广科技成果转化项目400项，其中产学研合作项目238个；新产品（系列产品）开发1612个；新增效益315亿元，实现利税55亿元，节约额37.3亿元；农业推广面积4132万亩，增产32亿公斤，农业增收60亿元；共取得发明专利383项，动植物、医药新品种119项，其他专利411项，其他知识产权146项。2008年，全省在科技成果上共投资6500万元，可拉动社会总投资118亿元。

【科技成果转化计划】 2008年，省本级支持重点转化项目39项，资助经费2200万元，平均资助强度约56万元。其中，有9家示范企业支持总经费达1400万元。据统计，此批项目可拉动投资额12亿元。待项目全部完成后，可产出6.5亿元，达产后产出110亿元。

【科技成果转化奖励】 2008年，各市、省直有关部门共推荐省科技成果转化奖励项目131项。经过项目推荐、资格审核、专家评审、综合平衡、项目认定、征求意见和公示等7个遴选程序，共评审出62个项目获得辽宁省科技成果转化奖，其中：一等奖5项，二等奖12项；三等奖45项。据统计，这些项目在转化过程中，共解决了200项生产中的关键技术难题，开发了308种新产品、新品种，获得248项专利（其中发明专利65项），有36项获国家、省名牌产品称号。工业新产品实现销售收入218亿元，利税33亿元，节约额6.2亿元；农业新品种推广面积1805万亩，农业增产23亿公斤，农业增收60亿元。奖励金额达2000万元，拉动社会投资额42亿元，拉动系数210倍。

获奖的62个项目中，有47个项目是通过产学研合作获得的奖励，占项目总数的75.8%，另有15个项目属于企业自主创新（或是推广类）类项目；有52项是以企业为主体完成的成果转化，有10项由科研单位或高等院校作为技术推广单位完成的成果转化或推广；有58项具有授权专利等自主知识产权，占项目总数的93.5%。

【科技创新示范企业】 辽宁省共有科技创新示范企业98家，其中，52家有新成果转化项目，共计82项：42家中小型科技创新示范企业新上项目58项，10家大型科技创新示范企业新上项目24项。项目总投资达到24.5亿元，其中省级投入5896万元，市级投入7719万元，拉动企业投资21亿元。项目转化后形成专利213项，预计实现销售收入142亿元，实现利税18亿元。

【科技成果转化与推广】 依托中国北京国际科技产业博览会、东北和环渤海区域技术转移联盟活动和洽谈会、东北东部民间资本和科技产品交易会、上海和“长三角”间的科技联盟、辽宁（盘锦）科技成果对接洽谈会等省内外有影响的各类交易会，推介了1000多项已成熟的转化项目和市场前景好的正在转化、待转化项目，组织120多家院校来我省进行产学研合作对接，参加企业2000多家，达成合作意向150多项，协议额30多亿元。其中，在辽宁（盘锦）科技成果对接洽谈会上，共有40余家高等院校和科研院所的150多名专家前来参会，500多家企业的1000余名代表与专家进行了洽谈与对接，签订正式合同50项，合同总额1.56亿元。

【科技成果转化项目认定】 2008年，辽宁省企业申报科技成果转化认定项目1026项，省、市共认定502项。在认定项目中，企业自主开发项目占62.7%，产学研合作项目占37.3%，与省内院校合作占70%，已转化和正在转化的项目456项，占90%。全年投入经费31亿元用于成果转化，实现销售收入188亿元，利税22亿元。

【科技成果鉴定及登记】 2008年，全省鉴定科技成果354项。其中，科研机构完成51项，大专院校完成65项，企业完成166项，医疗机构完成47项，其他单位完成25项。从鉴定情况看，按完成项目多少排列，企业排在首位，在科技创新中的主体地位初步凸显。

2008年，全省登记科技成果886项。其中，基础理论成果26项，应用技术成果786项，软科学成果74项。由科研机构完成133项，大专院校完成239项，企业完成349项，医疗机构完成83项，其他单位完成82项。

（省科技厅成果推广应用处　马占军　盛利）

科技奖励

【概述】 根据《辽宁省科学技术奖励办法》的有关规定，2008年度辽宁省科技奖励受理范围是省自然科学奖、技术发明奖、科技进步奖和国际科技合作奖。各市、中省直有关部门、有关单位共推荐省科技奖励项目464项，其中，自然科学奖28项，技术发明奖20项，科技进步奖416项，国际科技合作奖人选空缺。省科技奖励委员会办公室对推荐项目的申报材料进行了逐项审查，有454项通过，其中基础理论28项，软科学23项，应用技术403项。

【评审情况】 根据《辽宁省科技奖励评审办法》，结合奖励项目申报情况，通过计算机随机从省科技奖励评审专家库中遴选251名省内外专家，组建25个学科（专业）组，通过网络对454项成果进行了初审评分。按当年各行业对经济建设与社会发展和科技进步的贡献大小设定行业获奖项目比例，遴选出300项候选获奖项目。通过计算机随机遴选聘请71名专家，组建11个行业评审组，通过网络对300项候选获奖项目进行复审。根据行业组复审结果和项目分布的领域，聘请49位来自省内各相关行业的知名专家，组建了2008年度省科技奖励评审委员会，采取电话答辩形式，一等奖全体评委集中评审，全部项目答辩结束后，获得到会评委2/3（含2/3）以上赞成票数的，确定为候选一等奖项目，不足2/3赞成票数的项目自动落为候选二等奖项目；二等奖采取分组答辩形式，共分5个组，全部项目答辩结束后投票推荐，每组根据得票数从高到低、按给定指标向大会推荐候选二等奖项目。根据各组推荐情况，全体到会评委进行实名制投票，获到会评委1/2（含1/2）以上赞成票数的，确定为候选二等奖项目，不够1/2赞成票数的项目自动落为三等奖。整个评审过程，邀请省纪委驻省科技厅纪检、监察部门全程监督。评审结果在辽宁日报、辽宁科技信息网和辽宁科技成果网上公示1个月。

【获奖情况】 根据项目评审和公示结果，经辽宁省科学技术奖励委员会审定，2008年度辽宁省科技奖获奖项目270项，其中，一等奖31项，二等奖89项，三等奖150项；自然科学奖13项；技术发明奖13项；科技进步奖244项。

2008年度省自然科学奖和技术发明奖的获奖项目总数量从2007年的23项增加到2008年的26项，占奖励项目总数的比例由8.6%提高到9.6%。获奖项目中，由企业参与完成的项目128项，占47%，比2007年提高5个百分点，其中由企业为主完成的86项，占32%，比去年提高3个百分点，企业逐渐成为技术创新的主体。获奖人员中，45岁以下的中青年占69%，具有高级专业技术职称的占62%，研究生学历的占52%。2008年，在省科技进步奖中新增设了工人、农民科技创新类项目奖，共申报6项，其中由工人完成的2项、由农民完成的4项，各有1项获得省科技进步三等奖。

（省科技厅成果推广应用处　马占军）

技术市场管理及发展

【概述】 2008年，我省全面贯彻落实国家和辽宁省鼓励自主创新、加速科技成果转化的相关政策，有力地促进了技术创新活动的开展和技术的转移与扩散。全省技术交易活动活跃，技术市场保持了良好的发展势头，技术市场交易量和交易额均呈持续增长态势。

【合同登记及统计】 从技术合同登记情况来看，2008年全省技术交易输入大于输出，技术贸易逆差43.70亿元。此外，辽宁与环渤海技术转移联盟内其他成员共签订技术交易合同3585项，同比增长11.37%；成交额53.22亿元，同比增长88.69%。辽宁与东北技术转移联盟内其他两省共签订技术交易合同666项，成交额10.29亿元，同比增长11.38%。

技术输出 2008年,辽宁省全年签订技术输出合同17738项，同比增长17.43%；成交额99.73亿元，同比增长7.3%，在全国排名仍保持第4位。其中，先进制造领域和电子信息领域技术输出合同共6016项，占技术输出合同总数的33.3%，合同成交额为54.56亿元，占技术输出合同总成交额的54.71%。签订的技术输出合同中，有9665项合同的输出主体是企业法人，占输出合同总量的54.49%，同比增长9.14%；合同成交额66.36亿元，占总成交额的66.54%。

技术输入 2008年，辽宁省全年签订技术输入合同14242项，同比增长14.28%；成交额143.43亿元，同比增长110.34%，全国排名由2007年的第7位升至第4位。其中，先进制造领域和电子信息领域技术输入合同共有4063项，占技术输入总数的28.53%，合同成交额为59.57亿元，占技术输入合同总成交额的41.53%。签订的技术输入合同中，企业成为输入的主体，合同成交量达12096项，占输入合同总量的84.93%；合同成交额131.07亿元，占总成交额的91.38%。

【技术转移示范机构建设】 通过选择、扶持、引导不同类型、不同发展模式的技术转移机构进行试点，创建了“中国科学院沈阳国家技术转移中心”“中国科学院金属研究所可视化热加工技术转移示范中心”“沈阳技术交易所”“大连理工大学技术转移中心有限公司”等4家首批国家技术转移示范机构。

中国科学院沈阳国家技术转移中心是由原国家经贸委、教育部、中国科学院共同批准设立的国家级技术转移中心。该中心以促进科技与经济结合、推动高新技术产业发展和提升区域创新能力为重点，依托中科院的综合科技优势，整合社会部分技术资源，探索国家创新体系与区域创新体系的有效结合模式，推进中科院的先进技术与地方科技、经济结合，实现技术的集成转移和人才队伍的和谐凝聚，为区域的高新技术产业发展、传统产业的技术提升、技术创新平台的建设和人才的交流提供有力支撑。该中心以可产业化的项目成果或专利技术向企业转移作为自身的业务定位及发展目标，同时注重与企业的沟通和交流，和企业共建研发中心及产业开发基地，实现企业的技术创新和发展，有效利用研究所、专家的国际科技交流资源，为国家技术创新战略服务；重点组织国外技术与国内企业界结合，推进实现产业化；提高合作层次，推动国内的优势技术与产品进入国际市场。

中国科学院金属研究所可视化热加工技术转移示范中心是中国科学院金属研究所下设的法人内设机构。该中心重点进行核电、水电、船舶、高铁等重大工程关键铸锻件制备等的可视化共性技术和专有技术开发，并以中国第一重型机械集团公司、中国第二重型机械集团公司、鞍钢重型机械有限责任公司、莱芜钢铁集团有限公司、内蒙古北方重工业集团有限公司、长春轨道客车股份有限公司、上海重型机器厂有限公司等大型企业为主，同时辐射中小企业，使可视化技术在国内重型企业中得到广泛应用，在应用中得到完善。

沈阳技术交易所是国家科技部1994年批准成立的继上海、天津后的第3个国家级技术交易所，是目前我国东北地区一流的科技信息集散地和技术交易中心，也是东北地区唯一一家国家级技术交易所。交易所以加速高新技术商品化、产业化、国际化，推动跨地域、跨行业、跨组织间的技术贸易和高新技术产品交易为宗旨，以加速科技成果转化为手段，为创业机构、投资机构、专业服务机构提供转让、融资及相应的交易平台、信息平台和服务平台，为各类企业引进战略性投资伙伴，实现技术转移提供优质服务。

大连理工大学技术转移中心有限公司是由大连理工大学产业投资公司直接投资控股的，专门从事技术转移、技术服务、技术咨询及高科技项目孵化的有限责任公司。自2007年1月正式成立以来，依托大连理工大学的科研教学优势，以大连理工科技城为主干，以大连理工营口研究院和大连理工常州研究院为前沿，将科技成果转移、技术服务和科技人才的培养工作直接与环渤海经济区、“长三角”经济区的经济发展相结合。充分发挥地方政府资金的作用，搞好二级平台基地的硬件建设，同时积极开展与社会各层面的合作，促进科技成果实现产业化。

（省科技厅成果推广应用处　盛利）

高新技术发展与产业化

【概述】 2008年，全省高新技术发展与产业化工作紧紧围绕省委、省政府确定的重点任务，以提高企业自主创新能力为核心，推动优势产业的关键领域实现技术突破和跨越，努力营造高新区的良好创新创业环境，大力推进区域特色产业集群和创新集群建设。

2008年，全省规模以上工业企业实现高新技术产品增加值2010.5亿元，同比增长36.3%；占同口径工业增加值的30.5%，比上年同期提高1.3个百分点；占GDP的14.9%，比上年同期提高1.5个百分点。

2008年，全省8个省级以上高新区实现营业总收入4028.3亿元，同比增长23.8%；工业总产值3415.7亿元，同比增长25.5%；高新技术产品产值1944.5亿元，同比增长24.1%；高新技术产品增加值504.5亿元，同比增长22.7%；地区生产总值1128.9亿元，同比增长19.0%；工业增加值862.7亿元，同比增长21.7%；外资实际到位额15.0亿美元，同比增长27.3%；出口创汇67.6亿美元，同比增长7.4%；新增固定资产投资503.5亿元，同比增长26.6%。

【高新区建设与发展】 2008年，全省高新区创新环境进一步改善。

一是全省高新区产业结构不断优化，产业集群发展态势日趋显现。沈阳高新区着力打造电子信息、先进制造、生物医药、节能环保和新材料等五大主导产业和软件、动漫、IC装备、数字医疗和科技服务等5个特色产业；大连高新区软件和信息服务业高速发展，目前软件和信息服务业企业已达551家，从业人员约5万人，世界五百强投资的软件企业项目达到41个，有超千人软件企业11家，超2000人软件企业7家，超3000人软件企业3家，超5000人软件企业1家。动漫走廊已引进包括金山、乾豪、东方龙等行业领军企业在内的动漫企业87家，实现收入超过30亿元，成为动画、网络游戏、影视和广告等8大类企业高度聚集，自主创新和服务外包互动发展的特色产业基地；鞍山高新区于2008年5月被科技部正式批准建立了“国家火炬计划鞍山柔性输配电及冶金自动化装备产业基地”。

二是全省高新区积极搭建科技创新公共技术研发服务平台和创业平台。全省高新区在动漫技术、IC装备加工及检测、生物医药研发等领域搭建起一批公共技术平台，全年新增孵化面积4万平方米，孵化总面积达到96.6万平方米，新增在孵企业542家，现有在孵企业1906家，累计毕业企业671家。

三是招商引资取得成效，一批重大项目落户高新区。全省高新区实际利用外资15.0亿美元，新引进美国GE矿用卡车电动轮、美国应用材料、Cisco等世界500强投资项目12个，全省高新区世界五百强投资企业已达89个。

四是自主创新实现突破，重大科技项目取得新进展。沈阳高新区IC装备等一批重大科技项目取得新的突破，正式成为国家IC装备重点地区之一，12英寸PECVD等10个项目已纳入国家重大专项。国家“863”重大专项“整体煤气化联合循环发电（IGCC）项目”通过专家论证和评审，已获国家科技部批准立项。

五是企业上市工作取得新进展，投融资体系建设进一步完善。东软集团整体上市新融资18亿元，奥维通信股份有限公司在深圳证券交易所上市融资2.28亿元，辽宁高科能源集团有限公司在纳斯达克上市首批融资近1亿美元。沈阳高新区与沈阳市科技局联合开展国家代办股份转让（“新三板”）试点工作，制定了《沈阳高新区非上市股份有限公司进入代办股份转让系统进行股份转让试点办法》《沈阳高新区非上市股份有限公司申请代办股份转让试点资格认定办法》等政策，并落实了专项经费。目前，辽宁电能发展股份有限公司、沈阳宝石卡信息技术股份有限公司、沈阳全密封变压器股份有限公司、沈阳中科博微自动化技术有限公司等8家高新技术企业进行了股改和挂牌准备工作。大连高新区成功为32个项目进行了融资担保，创业投资基金首期1亿元已经到位。

六是积极筹建省级高新区。6个正在筹建的省级高新区2008年新签约项目137个，投资总额174.8亿元。铁岭高新区全年共签约项目33个，协议总投资额72亿元，其中落地开工28个。抚顺高新区引进国际级规划设计理念，委托拜耳技术工程（上海）有限公司编制高新区总体设计方案。本溪高新区围绕省委、省政府提出的“举全省之力支持本溪生物医药产业发展”的要求，积极推进辽宁（本溪）生物医药产业基地建设，努力实现“区域集聚、高起点开局、全国第一、世界一流、产值千亿”的发展目标。

【制造业信息化工程】 组织实施制造业信息化工程，提高全省制造业的信息化水平。目前，已基本构建起以重点城市、重点行业、重点企业为构架的示范体系布局。结合全省“五点一线”战略，确定沈阳、大连、丹东、锦州、葫芦岛等信息化重点示范城市9个。面向装备、石化、钢铁等支柱行业和优势产业，选择“两甩”示范企业100家，并以“百家示范企业”为样板，带动400多家中小企业实施“甩图纸”“甩账表”应用示范。引导企业加强信息化建设，推动企业从单元、单项技术应用向集成应用发展，加快实现产品设计制造数字化、一体化和企业经营管理过程信息化。大力开展三维产品造型、优化分析、模拟仿真、产品数据管理、企业资源规划管理即4CP（CAD，CAM，CAE，CAPP，PDM）、MES及ERP/MES等集成系统的研发应用。

2008年，通过科学组织、上下联动、典型示范，拉动了区域经济快速发展，示范企业的技术创新能力和信息化水平有了大幅度提升，示范效果和辐射带动效应日益显现。重大装备产品的研发、设计、制造周期明显缩短，产品制造成本不断降低，产品质量、附加值和数字化水平明显提高。沈阳机床（集团）有限责任公司、沈阳鼓风机集团有限公司、大连重工·起重集团有限公司等示范企业，不断加大信息化投入，注重系统集成，使数控机床和高档数控系统、百万吨乙烯“三机”、五轴联动加工中心、HA57400×800龙门五面加工中心、BW60HS系列高速卧式加工中心、船用发动机曲轴等一批重大、战略性装备产品迅速实现国产化、配套化，具有自主知识产权的技术和产品比重明显提高。

【工业领域重大关键技术攻关】 2008年，省科技厅着力凝练重大重点项目，通过认真分析全省重点行业的重大技术需求，根据全省的技术优势和产业优势，确定了高档数控机床及关键功能部件、交通装备关键技术及配套部件、石化冶金关键装备、精细化学品等10个重大专项、70个重大科技攻关项目，涉及257项关键技术。这批重大项目以70家科技创新示范企业为承担主体，推动了产学研合作和技术联盟的进一步发展，在解决关键共性技术和开发新产品方面取得了明显进展。沈阳机床（集团）有限责任公司开展了高速高精并联机构的设计及制造等8项关键技术攻关，完成了面向飞机大型结构件制造加工的高效五轴联动加工机床重要部件——新型并联式主轴头的整体结构设计，打破了原有串联结构模式，提高了机床的加工精度和效率；北方重工沈阳重型机械集团有限责任公司完成了全断面掘进机液压、电控、密封、注浆模拟设计等关键技术攻关，成功开发出了针对硬岩工况用φ5750mm全断面岩石掘进机及其刀盘和φ3180mm复合式盾构机产品。截至2008年年底，已中标各类盾构机37台，合同总额26亿元；鞍山重机公司与中科院金属研究所深入开展了真空冶炼、真空浇注、可视化成型等关键技术攻关，完成了5S50MC-C、6S50MC-C、6S60MC-C、8K90MC-C共4套曲轴曲拐毛坯的制作，此外，还有1套70型曲轴曲拐毛坯和3套50型曲轴曲拐毛坯正在等待船级社最后认证通过；沈阳鼓风机(集团)有限公司联合西安交通大学、大连理工大学等单位，攻克了百万吨级乙烯装置用丙烯压缩机和裂解气压缩机的技术方案优化等全部技术，完成了丙烯压缩机和裂解气压缩机“两机”的研制，目前正在进行调试；辽宁忠旺集团承担的“7xxx工业铝型材”项目解决了铝合金成分优化设计等关键技术，7003，7004与7005牌号高强度铝合金型材已小批量生产。7005牌号型材已经提供给美国客户试用；特变电工沈阳变压器集团解决了特高压输变电设备中绝缘等技术问题，开发出百万伏（1000kV）交流变压器、±800kV干式平波电抗器，产品达到国际领先水平，将用于国家百万伏试验示范工程——晋东南—南阳—荆门交流输电线路、云广直流输电线路；沈阳黎明公司开发的R0110重型燃气轮机已完成制造和装配，并在厂内试车台进行了试车调试，燃机主要技术指标达到了设计要求（转子转速达到每分钟3000转）；沈阳华晨金杯汽车有限公司承担的中华312V强混合动力轿车项目，攻克了整车控制等关键技术，已开发出2台示范样车，正在进行调试，项目全部完成后，达到与原车型相比实现节省油耗30%，排放符合欧Ⅳ标准的指标；中国华录集团有限公司承担的“家庭网络媒体中心”项目，已解决了多格式高清媒体解码播放器设计、多点并发高速点对点（P2P）下载技术、网络节目EPG开发及应用等关键技术，实现了网络下载、高清输出和简单检索等功能，2008年1月在中国网通公司试运行，反映良好。

【高新技术企业认定】 辽宁省高新技术企业认定工作起步于20世纪90年代初。根据《国家高新技术产业开发区高新技术企业认定条件和办法》（国发〔1991〕12号）的要求，截至2007年年底，全省共认定高新技术企业1696家。2008年，国家出台新的《高新技术企业认定管理办法》（国科发火〔2008〕172号）（以下简称《认定办法》）和《高新技术企业认定管理工作指引》（国科发火〔2008〕362号）（以下简称《工作指引》），辽宁省认真落实，积极推进，组织开展高新技术企业认定工作。

2008年7月，省科技厅、省财政厅、省国税局、省地税局联合成立了“辽宁省高新技术企业认定管理工作领导小组”。领导小组下设办公室（设在省科技厅），负责处理日常工作。

为了及时发布全省高新技术企业认定的有关信息，方便企业学习有关政策法规和进行网上申报，建立了“辽宁省高新技术企业认定管理工作网”。

按照《认定办法》和《工作指引》的要求，经省高新技术企业认定管理工作领导小组会议讨论，确定了首批358名高新技术企业认定评审专家，建立了高新技术企业认定评审专家库。专家库实行动态管理，目前共有专家366名，共涉及国家重点支持的8个高新技术领域，专家信息已录入了“高新技术企业认定评审专家库”。

通过中介机构提交申报材料，省财政厅和省注册会计师协会进行有无不良记录审查，按照《工作指引》要求，在省高新技术企业认定办公室对申报的中介机构进行审核的基础上，由领导小组4家成员单位联席会议确定了92家中介机构作为参与辽宁省高新技术企业认定的中介机构。

省高新技术企业认定办公室组织对各市科技局和高新区管委会的有关负责同志、有关专家和中介机构进行了培训，同时，对全省重点地区如沈阳、鞍山等市的部分企业进行了多次辅导。

通过《辽宁日报》《辽宁科技参考》等平面媒体和辽宁科技信息网、辽宁省高新技术企业认定管理工作网等网站适时进行高新技术企业认定工作有关优惠政策、认定标准、申报要求等信息的宣传，并且发布公示的拟认定高新技术企业名单，在公示期内广泛接受社会的监督。

2008年，全省（不含大连市，其为计划单列市）共有304家企业提出认定高新技术企业申请，经中介机构审计、专家评审、公示及报全国高新技术企业认定管理工作领导小组办公室备案等规定程序，最后有192家企业通过高新技术企业认定。据省主管税务机关统计，2008年《认定办法》认定的高新技术企业共减免税金4.40亿元。

（省科技厅高新技术发展与产业化处　宋兴奎）

农业科技

【概述】 2008年，我省农业科技工作认真贯彻党的十七届三中全会和《中共中央国务院关于切实加强农业基础建设 进一步促进农业发展农民增收的若干意见》精神，认真落实《辽宁省社会主义新农村建设科技支撑行动方案》，将县域经济和新农村建设工作纳入工作重要日程，结合实际，制定切实可行的工作措施，深入实施了农业种子创新工程、农业重大关键技术攻关和农村科技特派行动，通过整合资源、创新机制、统筹协调，推进农村改革与发展，推动全省社会主义新农村建设。

【农村科技特派行动】 2007年4月，省科技厅、省委组织部、人事厅、农委、财政厅等5部门联合组成了省科技特派行动协调小组，下发了《关于开展辽宁省农村科技特派行动试点工作的若干意见》，在全省共同开展科技特派行动。把全面开展科技特派行动作为载体，以政府引导和市场化运作为手段，以农业特色产业基地建设为切入点，把人才、技术、信息、资金和现代经营理念引入农业生产一线，充分调动和发挥科技人员的积极性和创造性，鼓励广大科技人员在农村创新、创业，促进现代农业发展，增加农民收入。

截至2008年年底，全省共派出省级特派团17个，市级科技特派团86个，在全省17个县86个乡镇开展“一县一业”“一乡一品”的农业特色产业基地建设；派出63个科技特派组到63家农业产业化龙头企业开展科技龙头企业创建活动；派出1194名科技特派员到农业种养殖大户开展技术服务。全省共有2041名农业科技人员活跃在农业生产和农村经济建设一线。

2008年，我省科技特派工作主要从以下4方面开展工作。一是开展社会主义新农村建设的“百团大战”。组织省内科研院所、大专院校组成省、市两级科技特派团，分别派驻到具有一定优势特色产业基础的县（市）和乡镇，开展“一县一业”和“一乡一品”的农业特色产业基地建设。先后派出了17个省级科技特派团，86个市级科技特派团，总计792名科技人员。科技特派团成员常年深入农村生产一线，派出单位与派驻单位签订共建合同，确定三年创建目标，同时使派驻县、乡成为派出单位的科研基地、教学基地和产业化创收基地。二是开展科技龙头企业创建活动。我省目前有3200家农业产业化龙头企业，普遍存在缺乏人才和技术、产品档次不高、企业规模不大等问题。为此，在全省选择63家农业产业化龙头企业，采取政府引导、市场化运作，通过双向选择，从科研院所、大专院校向企业派驻了63个科技特派组，为企业研发新产品，改造新工艺，提高企业的市场竞争力，促进特色产业发展，同时为全省农业产业化龙头企业发展提供示范。三是深入开展科技特派员基层创业活动。制定科技人员到农村创新、创业收入合法化的政策，并以市、县为单位，开展科技特派员下派工作，共派出1194名科技特派员到种养殖大户、特色产业村、专业技术协会、中小型农业产业化龙头企业，采取技术入股、技术承包、技术服务和创办企业等形式，到农村创新、创业。四是培养一批有文化、懂技术、会经营的新型农民。在努力把科技人员引入农村一线的同时，还选送农村种植、养殖科技示范户，按我省特色产业类别分11个专业到沈阳农业大学、大连水产学院、辽宁农业职业技术学院、辽东学院，接受以需求为导向、半年制、非学历的系统培训，培养一批留得住、用得上的实用技术人才。培训以实用技术和现代经营理念为主，同时加强学员间、学员和老师间的交流与互动。学员毕业后颁发大学的结业证书，农业部、劳动和社会保障部的职业技能证书，农民技术员证书和农民科技经纪人证书。2008年，开办了两期培训班，培养农民技术员1461人，累计培养2048人。

【星火计划】 2008年，辽宁省星火计划实施工作紧紧围绕全省县域经济全面、协调和可持续发展，大力开展科技特派行动，发展特色优势产业，推进农业结构调整，构建新农村科技服务平台，促进我省社会主义新农村建设。

全年实施国家级星火计划项目24项，获得国家科技经费390万元；积极加强星火项目的立项管理，在技术可行性论证的基础上，选准项目进行经济、技术、市场需求等各项分析和评估工作，引导项目强化技术示范，加速农村科技成果转化和应用，促进县域经济增长和农民增收。

为更好地服务“三农”，组织开发建设了“农业科技成果”“农业科技专家”“农业新品种”“实用技术”“农民科技经纪人”“农民技术员”数据库，实现了在线填报、在线维护、查询、统计、分析，充分发挥了科技信息对农业发展的支撑和引领作用，进一步提升了农业科技成果转化和管理水平。2008年，我省已入库77家科研单位、2009位农业科技专家和2145项科技成果的基本信息。建设辽宁星火计划网，搭建农民科技经纪人信息服务平台，开展信息技术应用培训，帮助农民科技经纪人在信息服务平台上建立个性化的信息网站158个，使农民科技经纪人拥有了与企业、农业大户以及其他各类经纪人沟通信息的畅通渠道，信息服务平台已成为农民信得过、用得上、最贴近的致富好帮手。

【农业科技成果转化资金项目】 按照国家科技部“关于发布《2008年度农业科技成果转化资金项目指南》的通知”要求，2008年5月4日，省科技厅和省财政厅联合下发了《关于组织申报国家2008年度农业科技成果转化资金项目的通知》（辽科发〔2008〕16号），对项目申报工作做了详细安排，并将国家分配到我省的16个推荐项目指标限额分配到各市、省直有关部门及有关大专院校、科研院所。根据国家2008年度农业科技成果转化资金项目全面实行数字化管理要求，对本次33个项目评审采取网上评审方式。根据专家评审意见，由省科技厅和省财政厅联合确定16个项目上报国家。上报的项目涉及种植业、畜牧业、水产业、林业、植物保护、农业资源高效利用、农产品加工和农业装备等八大领域。2008年，我省共有14个项目获得国家农业科技成果转化资金立项资助，资助总金额770万元。

【第十二届中国（锦州）北方农业新品种新技术展销会】 2008年3月举办了第十二届中国（锦州）北方农业新品种新技术展销会。此次农展会参展单位355家，参展品种、技术、产品共计7930种，累计参观、洽谈、参与活动人数达6万人次。为了突出展会的实用性，大会组委会实行了“农机直补进会场”的优惠政策，大会不仅组织了30多种、60多台农机新机具参展，而且还给予购机农民销售价格30%的直补优惠。展会期间举办的《培植支柱产业发展现代农业》等农业专家讲座，使参会人员受益匪浅。本届农展会有136个项目正式签约，协议金额15.9亿元。其中：国内项目120项，协议金额11.9亿元；外商项目16项，协议金额5704万美元，现货成交额550万元。

【种子创新工程及农业重大关键技术攻关】 组织省内各大科研院所和高等院校，采取首席专家负责制的方式，重点开展了粮食作物、蔬菜、畜牧、水产等主要农业新品种选育、引进及配套栽培技术研究工作，选育出了一批适应市场的高产、优质新品种，并在全省范围及国内部分地区进行示范推广，获得了很大的经济效益及社会效益，为我省主要农作物、畜禽及水产的快速稳定发展提供了坚实的技术支撑。

【项目选介】 玉米新品种选育及高产高效栽培技术集成与示范项目：重点解决我省玉米品种专用性、良种良法等问题，通过组织省内科研院所和高等院校联合攻关，利用传统技术与现代技术相结合的方法，开展玉米新品种选育、高产栽培技术研究与高产技术示范等研究。2008年共选育玉米新品种16个，育成配合力较高、表现优良的自交系56个，全省参加区域试验以上组合114个，其中，国家级试验组合18个，省级生产试验组合28个，省级区域试验组合68个，申报植物新品种权18个。2008年，全省玉米良种覆盖率达到95%以上，重点示范和推广了“辽单565”“丹玉39”“东单80”等玉米新品种。

玉米丰产高效技术集成与示范项目：与国家“粮丰工程”联动实施，重点研究玉米超高产配套技术、玉米缩距增密高产栽培技术、双株定向栽培与机械化配套技术、增密防早衰高产技术、玉米抗旱节水技术、保护性耕作及机械化耕作技术、玉米病虫害防控技术等，并取得了重要进展。根据我省玉米区域生态特点，对3个模式区的玉米高产栽培技术进行集成，将品种筛选、高密度大小行耕作、保护性耕作等配套技术与播种保全苗、病虫害综防、后期强秆等常规技术有机结合，建立了各模式区高产栽培技术模式，初步形成了提高生产效率、节省投入、获得稳产高产的技术集成模式。

2008年落实核心区、示范区、辐射区27个，共计1336.6万亩。实现增产7.7亿公斤，增加效益11亿元。落实超高产建设田块113亩，35亩达到吨产，最高亩产量达到1092.39公斤。通过该项目的实施，加速了我省玉米种子产业化，提高单位面积产量，促进粮食增产和农民增收，对于保证国家粮食安全等都具有十分重要的意义。

水稻新品种选育及高产高效栽培技术集成与示范项目：重点研究确定不同生态区域水稻高产节本高效栽培模式，同时开展粳稻超高产栽培群体生理生化评价指标研究、水稻减氮增效丰产技术研究、化控技术在水稻上的应用研究、水稻旱种湿管栽培技术研究、水稻主要病虫害安全高效综合防治技术研究与示范等，各项研究均取得了重大进展，并通过各单项技术研究集成与示范，分别建立辽宁东南沿海、辽河平原三角洲、辽宁中部和辽北等4大稻区水稻高产优质栽培技术集成模式。

该项目通过分子育种技术创造新资源材料3份，31个品系参加辽宁省水稻区域试验，15个品系进入生产试验，育成水稻新品种8个。2008年，在全省重点推广应用“辽星1号”“盐丰47”“辽优5218”等水稻新品种，推广面积800万亩，新品种普及率达90%以上，每亩增产稻谷30公斤，总计增产2.4亿公斤。

2008年，建立试验区、示范区、辐射区34个，共计40万余亩。实现平均亩增产149公斤。“辽星1号”及配套栽培技术在辽宁省推广应用了400万亩以上，平均亩产较原来的主栽品种“辽粳9号”增产75～100公斤，最高亩产量达到840公斤。

大豆新品种选育及高产高效栽培技术集成与示范项目：完成选育程序并报请新品种审定2个，育成后备品种3个，配制新组合158个，75个新品系参加产比试验。在辽中县、抚顺县建立大豆高产田，平均亩产达到265.2公斤。建立核心试验区、技术示范区和辐射区212万亩，重点展示和推广“辽豆14”“辽豆18”“铁丰37”“铁丰36”等新品种，核心区平均亩产224.6公斤，其中，庄河县核心区示范田亩产达到243公斤。通过项目实施，累计推广“辽豆18（高产品种）”“辽豆23（高油品种）”及“辽豆22（高油品种）”等大豆新品种面积60万亩，共增产大豆1800万公斤，增加效益0.6亿元，实现加工效益1400万元。累计实现经济效益0.74亿元。大豆高产高效栽培技术确立了辽宁南部高产高效技术集成与示范模式、中北部地区高产技术集成与示范模式和辽西半干旱区保苗高产技术集成与示范模式，在品种选择与布局、良种良法配套、病虫草害防治、科学施肥、机械化保护耕作等方面，将各项技术因地制宜地集成并应用于示范区的大豆生产实践中，取得了较好的增产效果。

花生新品种选育及配套栽培技术研究与示范项目：运用杂交育种、系统育种、引种、辐射育种、远缘杂交育种、外源DNA导入育种等技术培育出高产优质多抗新品种，并通过设定原始材料圃、杂交圃、杂种圃、株系圃、选种圃、品种比较试验、全国区试和生产试验，对配制的杂交组合和引进材料进行丰产性、适应性、稳产性、抗逆性、品质等进行筛选和鉴定，选择适宜品种，为生产提供良种，促进花生产业的发展。

2008年引进了国内外高油、高蛋白、高油亚比材料和特种花生新品种（系）59个，引入野生花生资源16个。通过系统选育筛选出株系材料50份，单株材料12份，并配制杂交组合74个；通过外源DNA导入技术获杂交组合12个；省风沙地改良利用研究所选育的“9658-2”“2008系选”“404”等3个品系已完成全部试验程序，申请参加2008年辽宁省非主要农作物品种备案试验。“206”“208”“9820”等3个品系已完成品种比较试验。

在抗氧化出口专用型花生的选育及配套栽培技术研究中取得了一定的进展，2008年配制杂交组合120个，育成新品种2个；初步建立了抗氧化花生在辽宁省的栽培技术体系；在锦州地区建立了2万亩花生标准化生产示范基地，项目区花生平均亩产达215.5公斤，比非项目区增产27.8公斤，累计新增花生55万公斤，增收222万元。

“花生新品种铁引花1号、铁引花2号引进与应用”项目在2008年完成了科技成果鉴定，达到国内领先水平。“铁花3号”“铁花4号”示范推广1

万亩，平均亩产283公斤，增加社会经济效益114万元。

蔬菜新品种选育及配套栽培技术研究与示范项目：从解决蔬菜生产实际问题和服务于农业产业结构调整出发，在开展育种材料创新研究的基础上，利用单倍体育种、大白菜核不育新型转育模式、蔬菜作物分子标记辅助选择等技术成果，着重进行保护地番茄、辣椒、茄子、黄瓜和大白菜等新品种选育，实现保护地品种的更新换代以及春结球大白菜育种的突破，并针对育成的优良新品种特征特性，研究配套的优质、高产、高效栽培技术，实现良种配良法，充分发挥优良品种的增产潜力。

2008年，在对过去引进的资源继续进行提纯、观察并对有价值的资源继续分离、留种的基础上，配制番茄、茄子、辣椒、黄瓜、大葱、甜瓜、大白菜等蔬菜新组合300个；开展了人工整形对番茄植株形态与生理的影响研究、减光和密植对番茄株型特性的影响、番茄株型性状的遗传特性研究，明确了耐弱光株型的特点。建立了大葱雄性不育育种、辣椒单倍体育种技术体系并利用该技术对现有品种资源进行改良；以"复等位基因假说"为依据，新育成大白菜核基因雄性不育系1个；开发出大白菜核不育基因分子标记8个，包括2个SCAR标记和6个SSR标记；应用优化的游离小孢子培养体系，获得了56个黄心春结球大白菜DH系；利用新选育的雄性不育系和创制的DH系，筛选得到5个优良杂交组合，其中，1个组合命名为"沈农超级10号"，已参加2008年辽宁省大白菜新品种区域试验；推广沈农系列大白菜优良新品种10万亩，创造了可观的经济效益和社会效益。

果树新品种选育及配套栽培技术研究与示范项目：针对苹果、梨、葡萄等果树品种选育过程中的杂交亲本选择针对性差、后代优选机率低的问题，引进和创制了大量的优良特异品种资源，扩大了育种亲本选择、选配范围；针对生产中缺少适合本地区生态特点的自育品种的问题，通过引种试栽鉴定和利用常规杂交育种技术，选育并通过省级品种备案鉴定果树新品种5个，其中有自主产权的新品种3个，为果树生产提供了优质、丰产、抗性强的鲜食与加工品种；针对杂交育种技术落后、育种周期长、效率低的问题开展果树重要性状基因标记与克隆、胚抢救技术等生物技术辅助育种的研究工作；针对新品种特点，开展栽培方式、整形修剪方法等配套栽培技术研究，实现良种配良法，促进新品种的推广应用。

2008年，共引进苹果、梨、葡萄等果树优良特异品种资源28份，对已引进的果树优异品种进行鉴定评价、区域试验，完成了苹果红安卡、酿酒葡萄法国兰等品种的省级品种备案鉴定；选配苹果、梨、葡萄等果树杂交组合33个，筛选复选系28个，决选系9个，对苹果决选优系"398-1"、"383-69"和梨决选优系"94-7-76"等进行鉴定与评价，并总结提出了相应的配套栽培技术；建立适于苹果品种稳定的不同分子标记的反应体系及扩增程序，利用SSR、RAPD技术鉴定苹果芽变品种，开展辐射诱变苹果育种、胚抢救等育种技术研究，对3个组合的无核葡萄杂交种胚进行胚珠离体培养，并获得部分植株；开展了梨果实红色形成机理研究，从红茄梨获得与苹果相似度达91%的UFGT基因片段；完成了苹果岳阳红（398-1）、岳丰（383-69）和早金酥梨（94-7-76）的省级品种备案鉴定；扩大了新品种（系）区试范围，建立新品种（系）试验示范园500余亩，推广面积达5000余亩；建立新品种繁育基地，繁育成品苗木4500株，接穗5000条，繁育中间砧苗3万株，半成苗2万株，创造了良好的经济效益和社会效益。

蓝莓、树莓新品种引进与筛选项目主要进行蓝莓、树莓的品种引进与筛选、杂交育种、配套栽培技术、工厂化育苗技术及病虫害防治等技术研究。项目预期引进、保存蓝莓种质资源50份以上、树莓种质资源35份以上；审（认）定优良品种2～3个，并完成品种备案；建立蓝莓品种示范园4处，树莓示范园4处，提出土壤改良、平衡施肥、整形修剪等综合配套栽培技术；提出蓝莓、树莓工厂化育苗技术并示范应用；提出主要病虫害危害及发生规律并提出防治技术措施。

2008年，该项目引进蓝莓品种12个、树莓品种12个，累计保存蓝莓品种65个、树莓品种37个；完成30个蓝莓品种、24个树莓品种形态特征、生物学特性、品质特性的试验调查研究，筛选出北陆、斯巴坦、托拉米、米克、费尔杜德、维拉米等综合性状表现良好，适宜保护地及露地栽培的蓝莓、树莓新品种；以大果实、品质优、早熟、适应性强为目标，配制组合44个；建立了蓝莓、树莓工厂化育苗技术体系及无公害栽培技术规程；建立新品种示范区8个面积，近300亩；初步进行了蓝莓、树莓的主要病虫害发病规律及防治措施研究；审定蓝莓品种2个，树莓品种1个，备案1个。

辽宁绒山羊新品种选育项目：主要采用分子遗传标记、羔羊早期利用、胚胎移植等先进的现代生物技术进行群体继代法选育，使辽宁绒山羊的平均产绒量有所提高，并向社会提供大量优质种羊，不仅自身生产性能好，而且产生较好的改良效果，使养殖户养殖效益大幅度提高。

2008年，选育出的核心群体产绒量平均提高30克，群体产绒量生产指标远远高于其他绒山羊品种，综合生产性能水平居国际领先。同时对辽宁绒山羊的繁殖生物学性能进行了细致深入的研究，阐明了辽宁绒山羊的繁殖特性，有利于指导新品种选育顺利进行。推广优质种公羊1800余只，年可改良后代9万只，改良后代平均产绒量提高150克，则年产绒量提高13500千克，以每千克羊绒300元计算，养殖户可增收400余万元。以单只计算，每只辽宁绒山羊年可提高收益45元，饲养50只，年可提高收益2000余元。推广冻精8万剂，可改良后代2.8万只，提高收益126万元，节省饲养种公羊600余只，节省引种、饲养费600余万元；推广母羊2000余只，后代提高产绒量50克，增收3万元。全年总计增收1100余万元。

同时，羊粪和羊尿都是很好的生物有机肥料，经过发酵就可以直接用作农田、果树的肥料，为农作物提供了大量无毒、无害的有机肥，增强了土壤肥力，减少人造肥料的使用，实现了“过腹还田”，改善了农业生态环境；绒山羊是节粮型家畜的代表，可有效利用农作物的秸秆，减少了因焚烧秸秆而造成的空气污染；改良后代生产性能突出，配合精养舍饲，缓解林牧矛盾，减轻草场载畜负荷，对于天然草场植被恢复，生态环境的改善等均具有深远的历史意义。

肉牛资源保护及品种选育项目：在我国著名的黄牛品种复州牛的主产地，利用复州牛与利木赞杂种牛群，采用杂交育种的方法，以培育肉牛新品系为攻关目标。项目计划在普兰店等地的复州牛杂种后代牛群中，开展高代次优秀个体选种，组建核心群，通过横交和有计划的选育，固定牛群耐粗饲、易肥育、肉质好、屠宰率高、繁殖力强等优良性状，将整理与保护的种群资源定向培育成肉牛配套（母）系。预计项目完成后，核心群每年可以生产10～20头新品系优秀种公牛，用于本地区母牛群繁育，为我省肉牛生产提供优质的、具有特色的牛源，从而实现保护我省优质肉牛品种资源，并长期利用的目的。

2008年，通过进一步对普兰店等地存栏的高代利复牛的血源、繁殖和饲养以及体尺、外貌等信息的现场调查测试，确定了新品系牛的选育目标和技术路线；完成了1500头基础母牛的选种和登记建档，记录了系谱、生长发育、体型外貌评定和饲养繁殖等信息；按照核心群牛的选种标准，从基础群中选择了500头母牛和10头后备公牛，组建了育种核心群；为基础牛群制订了选配计划，开展了配种、产犊等繁殖管理。截至2008年度末，共有912头基础母牛完成了计划配种，很好地完成了本年度计划任务。

新品系培育成功并推广应用后，一方面可以使种母牛的价格大幅度提高，为当地的母牛养殖户创造可观的经济效益；另一方面，通过选择合适的配套父系，应用杂交肉牛标准化生产，可以为市场提供生长速度快、肉质好的商品肉牛，带动整个肉牛业高效发展，从而创造巨大的社会效益。

食用菌优良菌种筛选及配套生产技术研究与示范项目： 通过对食用菌生产中相关技术的研究、示范与推广，2008年应用杂交技术进行了平菇菌种选育,以平菇“89”和“026”作为杂交亲本,进行了双亲本的栽培、单孢分离鉴定、保藏、菌丝体的拮抗试验、酯酶同工酶检测，配对试验，到目前共收集双亲单孢子500个，确定了交配型；应用原生质体融合技术，进行滑菇的菌种选育，完成了原生质体的制备工艺研究；进行了发酵料的配方、贮藏方法、贮藏时间、发酵时间、不同灭菌方式及灭菌时间对液体菌种萌发影响的试验；进行液体菌种在发酵料上的接种方法试验，制定了发酵料的生产标准，确定了液体菌种在发酵料上应用的生产工艺；进行了食用菌泡菜、酱菜、保鲜产品、食品伴侣、盐渍产品的加工工艺研究，形成了系列产品，制定了相关生产标准；进行了食用菌抗污染材料及平菇专用增效料的制备和使用方法的研究，并已在生产中应用，申报了国家专利。

渔业新品种引进及开发项目：主要对辽宁省主要海、淡水养殖生物进行种质改良，研究和开发新的水产养殖种类，并通过示范，提升现有品种的养殖水平、规模和效益，培育水产新产业。2008年建立了刺参、海胆育种技术研究平台，通过杂交育种、家系选育等技术培育出刺参、海胆各类优良苗种3000多万头，并进行了新品系的示范养殖，示范面积达到1200亩；培育了虾夷扇贝“象牙白”新品系，并对其氨基酸、脂肪酸、一般营养成分等进行了分析，繁育苗种7600万粒，示范养殖520亩；对野生和养殖黄颡鱼进行了良种选育和提纯复壮，开展了人工诱导三倍体技术的研究，初步建立了稳定有效的黄颡鱼多倍体繁育体系；开展了鼠尾藻、海黍子和乌苏里拟鲿的人工育苗及栽培技术研究，成功繁殖乌苏里拟鲿仔鱼5000余尾，稚鱼（4厘米）1000余尾。

优质瘦肉型猪标准化繁育与饲养技术体系研究与示范项目：以猪品种选育研究、标准化繁育体系建设、规模化健康养殖饲料添加剂研制、标准化饲养技术体系研究、规模化猪场疫病控制技术研究、规模化猪场粪污无害化处理与资源化利用技术研究与示范为主要内容，解决制约国内养猪生产关键性技术问题。2008年，已经建立2200头核心种猪群，建成新瘦肉型猪原种猪场1个、一级种猪扩繁场8个（存栏种猪0.8万头），二级种猪扩繁场18个（存栏种猪1万头）。肥育期日增重850克以上，料肉比2.6：1，胴体瘦肉率达65%以上，窝产仔数达12.2头。同时制定了两套北方地区规模化猪场猪疫病综合防治规程，为我省种猪选育及配套繁育饲养技术研究提供了强有力的技术支撑。

主要农作物生物育种技术研究项目：通过花粉管通道导入外源DNA、分子标记等现代生物技术应用于玉米、水稻、大豆等的育种工作中，改变传统育种方式周期长、效率低等问题，从而提升对种质资源的改造创新能力、缩短育种周期、改善品种的品质以及增强品种的综合抗性。

2008年，通过花粉管通道转导外源DNA技术，已成功将玉米大斑病菌总DNA、玉米矮秆自交系5003总DNA、玉米丝黑穗病病原真菌总DNA、芦苇总DNA等导入玉米自交系及水稻品种“辽星1号”“盐丰45”中，并在转导后代中分别筛选玉米矮秆品系、耐盐碱品系、抗大斑病及抗黑丝穗病的品系。目前，已经确定了最适玉米授粉后将外源DNA导入的时间，转导后筛选出的耐盐碱水稻品系已经在海南基地进行加代；进行玉米幼胚和成熟胚及大豆成熟胚的再生转化体系研究，建立了整套的玉米及大豆高效再生体系；通过将C4植物玉米光合途径的PEP羧化酶（PEPC）和丙酮酸双激酶（PPDK）基因转入北方粳型超级稻（C3植物）的研究，已经获得了转基因水稻再生苗。生物技术在农作物育种中的应用，大大提高了我省育种工作的进程，创造出更多高产、优质、抗性强的农业新品种，为保障粮食安全，促进我省农业快速可持续发展提供技术支撑。

辽宁省中小型水库防洪减灾预报预警系统研究项目：通过现场调研、基础理论研究与应用示范水库建设的方式，全面开展建立中小型水库防洪减灾预报预警系统的理论基础与应用技术研究。项目实施后将建立具有通用框架的中小型水库防洪减灾预报预警系统，形成实用可行的水库优化运行规程，构建预报预警与防洪减灾保障体系，使管理体制由粗放式向科学化、系统性转变。系统的推广应用将显著的提高水库的现代化管理水平，在防洪工程体系的基础上，提高水库的防洪与兴利调度能力。优化中小型水库水雨情、工情监测技术，研发水库预报和安全分析专业模型，有利于充分发挥我省921座中小型水库的防洪、兴利作用。

林木遗传资源保护及良种选育项目：在对我省主要造林树种进行林木遗传资源清查的基础上，综合运用就地保存、迁地保存、基因库种子保存和构建基因组文库等方式，开展落叶松、杨树、红松、樟子松、核桃、榛子、油松、东部白松和班克松等及濒危、绿化树种林木遗传资源保护研究。通过对所选树种的清查与收集、优树选择、种子收集等方法，建成林木种质资源保存中心1处、保存圃100亩、落叶松和红松二代种子园100亩、改造班克松和东部白松种子基地50亩。将选择育种、杂交育种、无性系选择等传统育种方式和分子标记辅助育种、遗传转化辅助育种等现代高新生物技术育种方式相结合，开展培育高产、优质、高抗林木新种质的品质和经济性状，耐旱、抗寒、适应贫瘠土地等的遗传改良研究。通过本项目的实施，不仅使全省林木良种选育、综合栽培技术提升一个新台阶，全面提高林业建设发展水平，推动辽宁生态建设和谐发展，还可为正在全省实施的三北防护林、退耕还林、速生丰产林、水源涵养林等重大林业工程项目提供高产、高效、优质的优良树种和品种，及配套的优化栽培技术体系，为工程项目上水平、上规模和增加科技含量奠定基础。

人工增雨实用催化系统集成关键技术研究项目：综合利用卫星遥感、地基遥感、雷达和探空观测等现代信息技术，针对我省云水资源，采用最新大气动力学方法和新型催化技术，重点开展我省及东北区域积极云降水规律及降水模式的系统研究，建立降水云系的人工增雨作业指标体系，揭示催化剂扩散规律，提高对催化增雨机理的认识，提出播撒的最佳模式。建立一套人工增雨的数值模拟预测系统，以一定时间间隔输出降水云系的云体范围、云顶和云底高度、云顶温度、云内温度和湿度分布、液态水和汽态水含量、稳定度、流场等信息，进而制定科学的、精细的人工增雨作业方案。建立辽宁省人工增雨业务技术系统。研制相应的应用软件，建立具有人工增雨天气过程监测、增雨潜力评估、作业模式设计、作业单元实时监控、实时作业指挥和作业效果评估功能的人工增雨业务技术系统，用来科学、精细地指挥作业，最大限度地开发云水资源。使我省人工增雨从早期定性预测模式提高到现代定量降水和可控降水模式，技术水平达到国内领先。实现可控式防旱增雨和预防气象灾害的目标，年增水能力提高30%。

（省科技厅农村科技处　单葆成）

社会发展科技

【概述】 2008年，全省社会发展科技工作紧紧围绕全面振兴老工业基地，促进经济社会可持续发展的主题，以建设辽宁（本溪）生物与医药产业基地为工作重点，以科技创新为引领，积极推进园区研发以及孵化体系建设；解决了部分社会发展领域热点、难点问题，开展了重大关键技术攻关和科技示范，取得了良好效果。

【生物与医药创新体系建设】 2008年初，成立了辽宁（本溪）生物与医药产业基地建设领导小组，大力支持基地企业加强自主创新体系建设，成立研发中心和孵化中心；把科技招商作为推进基地建设的首要工作，成功举办了首届海外学子本溪创业行活动；积极引导扶持企业发展，积极申报国家重点实验室。

截至2008年年底，本溪市有医药生产企业37家，规模以上企业18家，其中，5家科技型中小企业被纳入示范企业；研发中心和孵化中心总投资2.8亿元，建筑面积9.4万平方米，已有沈阳药科大学、辽宁中医药大学、辽宁省医药工业研究院、沈阳化工研究院、辽宁省中医药研究院等17家研发机构入驻，完成投资7450万元；科技招商工作日益扩大，已有58家企业入驻开工，辽宁省支持基地发展建设科技经费7350万元，拉动产业基地投资11.6亿元，对基地研发中心的支持强度达到了2100万元；在辽宁（本溪）首届生物与医药高新技术交易会暨海外学子本溪创业行活动中，签约项目38个，投资额达36.3亿元，系列抗癌新药、中药材种植基地等项目落户本溪。

【重大新药创制】 2008年，申报国家“重大新药创制”科技重大专项课题127项，约有20项课题通过评审，可获经费资助约2亿元。其中，沈阳药科大学牵头申报的“辽宁省重大新药研发综合大平台”项目，获得经费资助8000万元，该平台为东北地区唯一的新药研发综合平台，也使辽宁省现有的新药创新能力步入国内第一方阵，同时为辽宁（本溪）生物医药产业基地的发展奠定了良好的基础；东北制药集团股份有限公司申报的“东北制药集团新药中试技术平台建设”项目获得经费资助1200万元。

【节能减排科技创新】 制定出台了《辽宁省节能减排科技支撑行动方案》；按照国务院批转的《节能减排统计监测及考核实施方案和办法》的有关要求，节能技术研发列入年度科技计划，实施节能技术示范项目，组织推广的节能产品、技术和节能服务机制等4个方面全部通过国家节能目标管理考核；组织开展节能减排关键技术调查，汇总整理节能减排技术199项。

【社会发展领域科技进步】 在庄河、本溪、建平、西丰、阜新、大洼等6县开展农村卫生适宜技术推广应用研究。该项目已完成了6县约2万人次的基线调查，根据当地的需求遴选了20项卫生适宜技术，举办了60余个培训班，1000余名卫生科技人员深入农村，使200万农民受益。其中，“农村地区高血压低成本干预技术”已推广到8个乡镇、84个自然村，参加医生265人次，共动用人力20107人次，累计行程超过20万千米，将高血压年人均治疗费用从1000元/人降到36元/人，受到了当地政府的高度评价和老百姓的热烈欢迎；“饮用水除钼技术”成功应用于葫芦岛乌金塘水库5万立方米/日除钼净化改造工程，解决了上百万葫芦岛市民饮用水安全和工业用水匮乏问题，年节省经费近亿元。

【实验动物管理与科技执法】 组织召开了第七届辽宁省实验动物管理工作会议，出台了《辽宁省实验动物质量合格证管理暂行办法》、《辽宁省实验动物从业人员培训考核管理办法》和《辽宁省实验动物许可证年检实施细则》，进一步健全了实验动物管理的法律法规；研究制定了《辽宁省实验动物行政处罚自由裁量基准制度执行标准（试行）》，使全省的实验动物行政执法更加规范；对2007年6月30日前取得实验动物许可证的单位开展了年检工作，共有41个实验动物许可证通过了本次年检，对23个已到有效期或不再开展动物实验的许可证予以注销，对全省实验动物生产、使用单位进行了全面普查。

【重点实验室建设】 沈阳自动化研究所的机器人学重点实验室被列为国家重点实验室，沈阳化工研究院的新农药创制与开发重点实验室、沈阳机床（集团）有限责任公司的高档数控机床重点实验室被国家科技部列为首批企业国家重点实验室。

（省科技厅社会发展处　于丹梅）

创新平台管理

【概述】 2008年，全省科技创新平台管理工作认真贯彻落实党的“十七大”和我省十次党代会精神，以科学发展观为指导，按照省委、省政府对科技工作的新要求，新思路，紧紧围绕科技中心工作，服务大局，不断加快推进我省工程技术研究中心建设，不断加大科技型中小企业科技创新的投入，特别是组织实施了“辽宁科技创新示范企业（中小企业）选育计划”，取得了良好效果。

【工程技术研究中心建设】 围绕全省优先发展的先进装备制造、生物技术等重点领域，结合区域特色产业的发展和特色产业基地的建设，加快推进全省工程技术研究中心（以下简称“工程中心”）的建设，重点支持科技型中小企业建立企业工程中心，在创新意识强、牵动作用大、产值利税高，科技先导作用突出、发展前景好的企业和科研机构、高等院校中组建一批工程中心，加强为中小企业提供技术支撑的行业工程中心建设，全面提升企业的科技创新能力。

2008年，全省共批建各类工程研发中心152个，其中工程中心79个，企业技术中心73个。重点支持沈阳北方交通重工集团有限公司、中冶焦耐工程技术有限公司及本溪钢铁（集团）起重机制造有限公司等企业组建省级企业工程中心67个。此外，有53家省级工程中心通过验收，正式挂牌运行。截至2008年10月底，全省已建成省级以上各类研发中心（工程实验室）559个，同比增长37%，其中省发展和改革委员会批建工程研究中心（工程实验室）29个，省经济贸易委员会批建企业技术中心283个，省科学技术厅批建工程技术研究中心247个。全省省级以上企业研发中心（工程实验室）467个，占总数的84%。有47.1%的大中型企业拥有科研机构，同比增长19.2%。沈阳、大连、丹东、锦州等市新组建市级工程技术研发机构100余个，全省各市市级工程中心总量近250个。其中，归口省科技厅平台处管理的12家中小型科技创新示范企业均建有省级工程技术（研究）中心，部分企业还同时建有省级企业技术中心，并与大专院校、科研院所广泛开展产学研合作。其中，大连世纪长城光电科技有限公司与大连交通大学合作成立了辽宁省光伏光电工程技术研究中心、与大连理工大学合作成立了大连长城理工光电技术研发中心有限公司。

工程中心的组建成为企业快速发展的助推器，企业自主研发和引进消化吸收再创新能力明显提升，新产品开发能力显著增强。2008年，全省工程中心所属企业销售收入达2300多亿元，同比增长53%；开发新产品3288个，为2007年的1.5倍；新产品销售收入达767.1亿元，同比增长28.6%，新产品产值占销售收入的比例超过40%。三一重型装备有限公司2007年组建省级工程中心，当年企业实现销售收入6.5亿元，2008年实现销售收入13.5亿，增幅超过100%，新产品销售收入也从2007年的3亿元增加到2008年的11.6亿元，新产品销售收入占销售比例达到89%。

2008年，全省工程中心所属企业新产品研发经费支出额达77.41亿元，同比增长50%；企业科技活动经费支出占企业年销售收入的5.2%，同比增长0.4%。大连环宇移动科技有限公司的企业科技活动经费支出9400多万元，占销售收入比例达23%，仅新产品开发经费支出就超过7000万元；锦州新世纪石英玻璃有限公司、盘锦光合水产有限公司等一批中小企业的科技活动支出均超过了10%。

行业工程中心致力于研究开发行业或领域中共性的技术难题。迄今为止，已形成诸多国际和国内领先的技术成果，获得国家、省级以上自然科学、技术发明和科技进步奖538项，形成间接经济效益380多亿元。丹东恒星化工有限公司的印染化学工程中心组建至今，累计推出新型纺织助剂品种300余种，其中50%以上为首创和替代进口产品，为行业解决众多技术难题，无水印染技术每年可节水和减排所形成的间接经济效益高达数十亿元。

截至2008年年底，工程中心已承担国家、省部级科技项目1209项，同比增长46.5%；申请专利1922项，授权专利1072项；主持和参加制定国际、国家和行业标准411项。其中，沈阳药科大学的药物制剂工程中心，自主研发新产品取得新成果40项，申请发明专利49项；北方重工沈阳重型机械集团公司的全断面掘进机工程中心，承担“863”等国家项目7项，申请发明专利15项；三一重装申请发明专利23项，参与制定国家行业技术标准7项。

2008年，工程中心通过技术入股或转让、工程承包、技术服务等方式转化成果2508项，推广新技术及新工艺1343项、新产品3633个、新设备2228台（套），完成交钥匙工程507项，实现科技成果向企业转移，辐射到全省乃至全国的千余家企业，所有指标较2007年都有大幅增长。中科院生态研究所肥料工程中心有2项技术成果完成了工程化和产业化，其中，长效缓释复合肥添加剂技术已在国内48家企业投产应用，每年生产的长效缓释肥达56万吨，并已累计推广1.1亿亩，为企业带来了6760万元的直接效益，为农民带来52亿的收入；国家自动化工程中心共承担完成“973”“863”国家科技项目16项，完成技术转让、技术承包9项，完成交钥匙工程32项。

在人才培养方面，工程中心凝聚和培养了一批适应高新技术产业发展需要的研发人员和具有丰富实践经验的专业技术人员，形成了一支具有研发、设计、中试和开发生产能力的专业技术人员队伍。目前，工程中心共有职工35998人，其中，院士70人、博士后197人、博士1479人、硕士3856人，本科以上学历人员占职工总数的57.2%，有中级以上职称人员占职工总数的34%以上。培养和培训各类管理、技术和工程人员1.76万人次。

【工业技术研究院建设】 2008年，有重点地围绕特色产业基地建设与发展需要，致力于做大做强辽阳芳烃技术研究院、抚顺精细化工应用技术研究院，同时稳步推进和完善沈阳先进制造装备研究院的建设，筹划建立营口镁质材料、本溪中医药、铁岭橡胶、锦州光伏产业等研究院，为旨在促进产业发展的共性关键性技术攻关及成果转化搭建科技创新平台。

2008年，对国内外研究院的建设开展了深入的调研工作，全面了解和掌握研究院的组建方式、运行机制等，指导全省各市研究院的建设工作，在此基础上形成了《关于辽宁装备制造工业技术研究院建设的调研报告》，并获得辽宁省优秀调研成果一等奖。

辽阳芳烃技术研究院：2007年11月完成工商注册、税务登记，2008年4月步入试运行阶段，注册资本500万元。该院先后深入20余家相关企业进行调研，了解掌握企业技术、项目需求和技术难题，解决了辽阳奥克化学集团有限公司等3家企业生产过程中所遇到的技术难题；依托辽化的资源优势，到国内部分相关院校、院所进行调研，确定了部分研发方向及8个科研开发项目；初步建立了由25名工程院院士、教授、博导等优秀专业人才组成的专家人才网络；建立了研究院网站，并与辽阳芳烃基地网站形成互动；初步与国内部分相关专业的知名院校、院所建立合作关系；聘请了辽阳芳烃技术研究院高级顾问和项目专家；组织推进2007年重点项目的研发进度；制定了研究院部分管理规章制度。

抚顺精细化工应用技术研究院：成立于2007年10月，注册资本1450万元，是具有独立法人地位、有限责任公司性质、政府扶持、企业化运作的精细化工研发机构。该院在完善机构和队伍建设的基础上，重点开展“双百工程”，并取得阶段性成果。

建立百项科技成果项目库，建立百名石油化工和精细化工方面专家人才库；先后聘请30余位在石油化工和精细化工方面具有较高造诣的博士、教授为特聘专家，并于8月28日在抚顺举行了第一次专家联席会，收集了部分院校及部分专家的科技成果逾百项、在研课题几十项。

科技成果转化工作取得了实质性进展。一是抚顺石油化工研究院的“页岩油加氢生产清洁油品”项目在抚顺矿业集团转化，抚矿集团已经初步决定投资年产20万吨清洁油品项目，该项目投资将达7亿多元，可实现税后年利润8000万元。二是引进了四川成都乐天塑料公司的聚苯硫醚新材料技术，在抚顺高新区注册成立了辽宁汇能化工材料有限公司，对该技术进行转化。该公司计划分三期投资5亿～6亿元，并计划在3～5年内实现“创业板”上市。目前，该公司一期投资1450万元已经到位，项目正在选址建设当中。三是引进了华东理工大学的聚乙烯、聚丙烯蜡生产技术，并在抚顺高新区注册成立了抚顺九雨化工新材料有限公司，对该技术进行转化。目前，小试正在华东理工大学进行，中试及产业化将在抚顺高新区进行。

【科技创新示范企业培育与管理】 为了加快全省科技型企业，特别是科技型中小企业快速健康发展，2008年，全省启动实施了“科技创新示范企业选育工程”，共优选出81家中小型科技创新示范企业。一年来，示范企业注重依靠科技创新，转变经济增长方式，加大科技研发投入，加强与科研院所和大专院校的合作，加快新产品的开发速度，销售收入大幅度增长，经济效益显著提升，形成了良好的发展态势。

81家示范企业中，销售收入增幅在50%以上的企业有35家，有10家企业销售收入增幅超过100%。全年实现总产值360亿元，同比增长42.6%；实现销售收入350亿元，同比增长55.94%；实现利税65亿元，同比增长37.1%；投入研发经费25亿元，同比增长20.9%；开发新产品750个，新产品产值80亿元，新产品产值率22.22%。

归口省科技厅平台处管理的科技创新示范企业共14家，包括中小型示范企业12家，大型企业2家。其中12家中小型示范企业实现销售收入41.11亿元，同比增长71.43%；实现利税10.89亿元，同比增长92.74%；研发投入3.13亿元，同比增长53.43%；12家中小型示范企业销售收入增幅保持在50%以上，平均增幅70%左右，其中三一重装国际控股有限公司的销售收入增幅高达220%。2家大型示范企业销售收入增幅均保持在12%以上，其中沈阳东软软件股份有限公司投入研发经费2亿元，占销售收入的5%。在新产品开发上，2家大型企业中，沈阳东软软件股份有限公司新产品销售收入占总销售收入的63%；辽宁省华锦化工集团有限责任公司研发投入突破了1亿元。12家中小型示范企业共开发新产品632个，新产品销售收入21.18亿元，占总销售收入的55.74%。其中，三一重装自主研发的煤炭综采设备、沈阳铸造研究所研发的优质合金铸件等产品的技术水平已达到或接近国际先进水平。

【科技型中小企业创新基金运营】 2008年，充分发挥创新基金作为政府支持中小企业技术创新的主渠道作用，对内以提高项目质量和资金支持效率为目标，加强管理，加强基础建设，突出支持重点，对外强化服务，提高创新资源整合能力，进一步提升创新基金的显示度和社会影响力，起到了良好的示范带动作用。

科技型中小企业创新基金自1999年创建以来，国家创新基金累计支持我省科技型中小企业及服务机构666家，项目666项，经费3.8亿元。近3年，辽宁省创新资金（含省院校合作和海外学子创业专项）共支持科技型中小企业654家，项目658项，经费1.6亿元。

2008年，全省共获得国家创新基金立项68项，计划资助金额3913万元，其中，无偿资助项目55项，立项金额3015万元；贷款贴息项目4项，立项金额250万元；服务机构补助项目8项，立项金额630万元；风险补助项目1项，立项金额18万元。2008年度省本级创新基金立项共计105项，创新资金项目支持总额度达2000万元。目前，沈阳、大连、鞍山、抚顺、丹东等市也建立了市本级创新基金，全省创新基金的总额度已近1.5亿元。

为推进符合创业板条件的优质企业加快上市，建立了全省科技型企业创新资金项目库。2008年8月，组织开展了全省范围内的创业板上市后备企业资源摸底调查工作。截至8月30日，汇总了省内120家拟上市企业的信息。其中，先进装备制造业63家、新材料27家、电子信息7家、生物与制药14家、资源与环境2家、现代农业7家。有10家企业已经确定了创业板上市的保荐机构。

按照《辽宁省科技型中小企业技术创新资金管理暂行办法》（辽财企〔2003〕216号）的要求，精心组织，周密部署，形成了创新基金计划的工作体系，确保创新基金计划顺利实施。全省有9家单位获准成为国家创新基金的项目组织单位，建有国家创新基金计划地方评审专家库，拥有专家近2000人，形成了较为完备的国家创新基金计划的工作体系；省创新资金计划在实施过程中，建立了由各市科技、财政管理部门及省直有关部门的推荐体系和较为严密的专家评审体系；多次举办创新基金计划专题讲座，宣讲创新基金计划的实施情况；围绕2008年度国家科技型中小企业技术创新基金计划项目申报工作组织培训。截至2008年年底，已累计培训170多家企业、300多人；在项目申报中力争做到项目数量和质量并重，科技管理部门和科技中介机构积极为企业申报提供咨询服务，使创新基金计划项目的受理审查合格率由最初的80%上升到90%，立项率由最初的22%提高到32%。

（省科技厅创新平台管理处　张开）

科技创新人才管理

【概述】 2008年，辽宁科技人才工作全面贯彻党的“十七大”精神，从建设创新型辽宁、振兴辽宁老工业基地的实际需要出发，采取一系列新举措，继续加强科技创新人才培养工作，使得一大批优秀科技人才脱颖而出，在全省逐步形成了一支具有较强创新能力的科技人才队伍，成为振兴辽宁老工业基地的重要支撑和有力保障。

【两院院士工作】 截至2008年年底，全省共有两院院士49位，其中，中国科学院院士22位，中国工程院院士27位，总数位居全国第四。院士所在单位主要集中在沈阳、大连。其中，大专院校18位，科研院所22位，企业9位。

2008年，共发放院士津贴294万元。在工作环境、助手配备、经费保障上积极创造条件，使院士能够顺利开展科研活动，同时培养造就一大批优秀人才。目前在我省工作的每名院士都负责指导一定数量的研究生，有的甚至领导着几十人规模的科研创新团队。

【企业创新团队和创新人才培育】 2008年，推进全省企业与省内外高校和科研院所建立产学研技术联盟103家，新组建工程技术研究中心79个，支持沈阳北方交通重工集团等重点企业新组建省级企业研发中心140个。

实施企业创新团队和创新人才培育工程，为企业培养高层次创新团队和创新人才。与科技部、吉林省科技厅、黑龙江省科技厅、内蒙古自治区科技厅联合举办“东北老工业基地创新型企业建设研讨班”。本期研讨班为期三天，有来自三省一区126家（其中辽宁85家）企业的总裁、董事长、总经理，企业研发机构负责人以及骨干科研院所的院所长共

168人参加研讨。研讨班设高层次专题报告、典型案例介绍、专家点评、学员交流、实地考察调研等课程。讲座内容涉及新时期科技发展战略、自主创新相关政策、创新型企业研发能力提升若干重大问题、产业聚集与创新集群、发明创造性人才培养、知识产权战略与管理、企业竞争情报体系建设等，通过沈阳鼓风机集团有限公司和哈药集团有限公司两个创新型企业的典型案例介绍，组织学员交流、专家点评，共同探讨创新组织模式和管理方法。此次研讨班的举办为今后三省一区创新型企业建设提供了合作的平台，为加强区域合作，推进三省一区的区域科技创新体系建设，提高科技管理人员在新形势下创新能力的现代科技管理水平，促进企业创新发展发挥了极其重要的指导作用。

【博士科研启动基金计划】 该计划以加强全省科技人才队伍建设，促进中青年科技人才成长为主要目的，在培养中青年科技人员掌握试验方法和手段的同时，提高其科学研究能力，为建设、培养全省应用基础研究的人才梯队奠定基础。

2008年度“博士科研启动基金”共受理省内65个单位的437个项目。经评审，博士科研启动基金共资助项目105项。其中，信息科学领域申报项目62项，资助13项；先进制造领域申报项目33项，资助6项；材料及化工科学领域申报项目79项，资助18项；医学、医药领域申报项目134项，资助34项；现代农业领域申报项目39项，资助14项；环境、资源、工程领域申报项目90项，资助20项。资助经费达400万元。

为提高申报项目的质量，2008年度“博士科研启动资金”计划实施了限项申报，收到了良好效果。限项办法规定，各单位须按照不超过本单位近3年中获得省博士科研启动基金资助项目数最多年度的资助项目数的3倍进行申报；近3年未获得省博士科研启动基金资助或初次申报的单位，本年限报2项。同时规定，项目申请人年龄不得超过40周岁、获得博士学位不满3年；已获省部级以上(含省部级)项目资助的个人原则上不再资助；博士科研启动基金和自然科学基金不可同时申报。

博士科研启动基金计划的实施培养了大量各领域的高层次科技创新人才，这些高层次科技创新人才形成了若干支各具专业特色和学科优势的科研团队，已成为全省科技创新的中坚力量，有的人已成为科技创新的领军式人物。

【职称评审】 根据新修订的《辽宁省自然科学研究系列高、中级专业技术资格评审标准》，采取量化赋分与评审相结合，定量与定性相结合的原则，经辽宁省自然科学研究系列高级职务任职条件评审委员会例会评审，2008年共有9名同志获研究员职称资格，有8名同志获副研究员职称资格，有20名同志获助理研究员职称资格。

【高层次人才引进】 充分发挥“中国海外学子辽宁（大连）创业周”的平台作用，引进海外高层次科技人才。创业周期间，省政府组织280多家国内大中型企业、大专院校和科研院所参加主体活动，提供2000多个高端岗位供海外高层次科技人才选择，共达成用人意向620余个。

【农村实用技术人才培养】 继续在沈阳农业大学、辽宁农业职业技术学院等院校开展农民技术员培养工作，选派村级示范户到大学进行半年制非学历的农业专业技术培训，培训内容包括蔬菜、花卉、果树、食用菌、药用植物、家禽、养猪等，全年共培训农村实用人才1400名。

（省科技厅人事处　郎国鹰）

科技协会工作

【概述】 辽宁省科学技术协会前身是中华全国自然科学专门学会联合会沈阳、旅大分会和辽宁省科学技术普及协会。1959年3月合并组建辽宁省科学技术协会。截至2008年年底，辽宁省科协拥有省级学会116个，市级学会693个，县(市、区)级学会822个，市（地）科协14个，县（市、区）科协104个（含开发区科协4个），乡镇、街道科协1430个，企业科协509个，高校科协52个，科研院所科协39个，农村专业技术协会1942个。

【城区科普活动】 学会科普工作纳入《辽宁省全民科学素质计划纲要》实施的总体规划中。从2008年开始，面向省级学会建立重点科普活动立项制度，全年立项30个。

开展“社区科普大学（学校）市总校”创建活动。2008年，全省新办社区科普大学340所，同比增长56.7%，总数达940所，覆盖全省社区的1/4以上。

开展科普示范区创建工作。通过自主申报、市科协推荐等方式，确定了14个城区为科普示范区创建单位，这些创建单位已全部通过验收，成为“辽宁省科普工作示范区”。

开展“全国科普日”活动。9月20日，由辽宁省科协、沈阳市人民政府主办，中国高科技产业研究会等协办，沈阳市科协、沈阳航空航天大学承办的“辽宁省暨沈阳市‘全国科普日’活动启动仪式”在沈阳航空航天大学举行。据统计，参加活动的工作人员及志愿者达43799人，所属学会、企业科协、高校（科研院所）科协、农技协和其他组织2024个。“全国科普日”活动期间，开放科普教育基地216个，参观人数468240人次；编印科普宣传资料353种，发放科普宣传资料689025份；张贴科普挂图24923张；报道活动新闻的省、市、县（区）级电视台、电台、报刊193个，制作播出科普节目（专栏）231期；制作科普专题网页27期；组织科普文艺演出，开展科技咨询，放映科普影视作品，举办科技讲座（报告）、科技培训、科普知识竞赛、科普展览2613次，参与总人数超过1610728人次；组织科技下乡220次，受益人数184423人。

开展“棚改新区科普行”活动。朝阳市双塔区、葫芦岛市南票区等区科协有侧重的安排棚改社区的科普工作内容，增添科普大学活动，把社区作为示范或重点工作社区。

开展科普大篷车巡展活动。活动共105天，行程近10000千米，受众人数约12万人次。禁毒科普教育基地长期设展，全年接待观众3.8万余人。

【农村科普活动】 开展“聘任到村任职优秀大学生为科普志愿者”活动。选聘376名高校毕业生到村任职，经省科协与省委组织部研究决定，聘任到村任职的优秀高校毕业生为科普志愿者。为每一名志愿者建立档案，与科技工作者、科协工作人员帮扶结对，在全省44个县（市、区）开展志愿者任职科普学校的试点工作。

实施“科普惠农兴村”计划。确定30个涉农县（市）为“科普惠农”重点单位，完善科普网络、阵地、队伍建设的各项运行机制和管理制度。2008年，850个村完成了科普活动站、科普宣传栏建设，发展科普志愿者1230名；成立农村科技服务团24个，加入农业科技专家610名；开展农民实用技术培训1840期，培训农民9.5万人次。全省有14个集体、8名个人被中国科学技术协会、国家财政部命名为“科普先进集体”和“农村科普带头人”，共获得国家财政资金320万。

完成第一、二批全国科普示范县（市、区）的复查工作。1999年以来，全省有14个县（市、区）被中国科协命名为全国科普示范县（市、区）创建单位，有10个县通过中国科协审查，4个限期改正的单位也通过复查。

开展第二十届“科普之冬”活动。据不完全统计,全省共开展大型活动474场次，活动涉及800余个乡镇（社区），直接参与群众160余万人；开展“科普大集”800余次；举办科普展830余场，参加人次达380余万人；举办培训班17000期，讲座300场，培训农民350万人次；推广新品种2000项，新技术1500项，实用技术2000项。

建设城乡科普画廊。2008年，建设城乡科普画廊320个。据不完全统计，现已有城乡标准科普画廊1000处，展览版面达到1万多延长米，各种宣传栏、科普橱窗2400多处。

启动“少数民族科普惠农行动”。与省民族事务委员会联合，分别在阜新市阜蒙县、朝阳市喀左县、丹东市宽甸县组织了“少数民族科普惠农行动”的启动仪式，集中开展了少数民族地区的科普惠农行动。送科技图书3000册，举办农民实用技术培训班15期，培训少数民族农民830名。阜新市阜蒙县还被国家民族事务委员会、中国科协确定为开展“双语科普”的试点单位。

举办“2008年辽宁农业自然灾害预测及减灾对策科技论坛暨论坛举办十周年表彰大会”。组织7位专家围绕农业自然灾害及由于人为因素导致的危害环境、危害生态的各种灾害等问题进行论证，提出了对策建议。并为十年来关心论坛发展并作出贡献的省气象学会、省水利学会等10家单位颁发了优秀组织奖。

【青少年科普活动】 举办第23届辽宁省青少年科技创新大赛，14个市14支代表队的472名优秀青少年选手、优秀科技教师参加了大赛。共评选出青少年科技创新成果296项，教师创新成果112项，参加展示的优秀科技实践活动77项，少年儿童优秀科学幻想绘画2000余幅；举办第5届辽宁省青少年机器人竞赛，共115个代表队的384名青少年机器人爱好者参加了竞赛；组织辽宁省机器人竞赛代表团参加第8届全国青少年机器人大赛，夺得11块金牌、6块银牌、16块铜牌；开展中学生五学科奥林匹克竞赛活动，有10余万中学生参加竞赛，有192名高中生荣获各学科一等奖；开展第5届辽宁省青少年纸飞机模型、国际数棋联赛等竞赛；实施“大手拉小手青少年科技传播行动”；举办省级科普报告100场，市级科普报告200场，全省共有20万青少年和科技辅导员从中受益。

【企业科普活动】 举行辽宁省院士专家企业行活动，启动在企业创建“职工科普学校”的试点工作；不断深化企业科协的“讲理想、比贡献”活动，下发了活动意见、活动表彰奖励办法，成立了辽宁省“讲理想、比贡献”活动领导小组。

【科技项目与成果】 围绕全省行业或产业发展战略、科技创新等方面开展软科学课题研究，确立由辽宁省档案学会申报的《整合“五点一线”沿海经济带档案信息资源，全面服务振兴老工业基地的研究》等17个课题为2008年辽宁省科协软科学课题研究资助项目。继续实施重点学术活动立项制度，共有50个重点学术活动获得立项并得到经费支持。组织完成中国科协的《科协组织在基层科技活动中的作用》和《基层科技活动的组织研究概述》等软科学研究课题整理和验收工作。向中国科协上报“海外智力为国服务行动计划”项目5项，入选5项，累计达到34项。组织专家调研并撰写《2008年辽宁省科协行业科技发展报告》，确定了测绘、可再生能源、分析仪器等十个重点行业和领域。

发挥参政议政职能，主办完成省政协十届一次会议第101409、101423与101448号等3项提案。

2008年，辽宁省自然科学学术成果奖共评出获奖成果1764项，其中，论文1642项，著作101项，建议21项。

【科技合作与交流】 省级学会全年共开展学术交流活动500次。在沈阳举行了由省科协和省林业厅联合主办、省林学会和省林科院承办的“辽西北生态建设科技行动启动仪式暨以色列专家造林与水土保持技术培训班开班仪式”。该培训邀请以色列犹太民族基金会（KKL）北方区办公室林业部主任保罗·迈克尔·金斯伯格（Paul M.Ginsberg）和农业部水土保持与排水系统司土壤监测、土地评估与遥感处处长拉姆·泽登伯格（Ram Zaidenberg），分别在沈阳、朝阳讲授了以色列防治水土流失的具体技术措施和沙化土地植物恢复与治理技术。

【科技人才与队伍建设】 完成辽宁省《地方科协所

属学会及会员数量汇总表》和《科协基层组织及会员数量汇总表》，形成《辽宁省科协“建家”工作调研报告》，起草《关于进一步加强新时期科协建家工作的意见》（草稿）；组织完成科技工作者需求状况调查问卷、全国科技工作者调查问卷的填报任务和中国科协辽宁科技工作者调查站点的重新审核、登记工作；按照中国科协的要求来开展“纪念中国科协成立50周年系列宣传活动”，全省162名科技专家入选“中国科协高层次人才库”。

省科协与省人事厅联合开展了第6届辽宁省优秀科技工作者评选工作，139人荣获第六届辽宁省优秀科技工作者称号，并编辑出版《辽宁科技精英》一书。

【全民科学素质工作】 制定并印发了《2008年辽宁省全民科学素质工作要点》。召开了辽宁省全民科学素质领导小组第二次全体会议，领导小组30家成员单位参加了会议。会议要求，各级政府要加强工作力度，加大投入力度，鼓励捐赠，抓好典型，强化宣传。全民科学素质的工作机制参照国家的工作机制实施，由滕卫平副省长代表省政府指导《科学素质纲要》工作的实施。7月9日至13日，中国科协副主席、书记处书记齐让率全国政协科协界委员考察组来我省视察全民科学素质工作。考察组成员普遍认为，辽宁省实施的《科学素质纲要》在带动全社会公民科学素质的整体提高方面发挥了重要作用。

【科普资源共建共享】 全年共印制科普挂图9000套，6万张，向各市发放科普展板106套，1060块。“5·12”汶川地震灾害发生后，制作了《突发地震灾害自救知识》科普挂图15000张，《地震灾后如何应对》科普展板500块，发放全省各地。新研制了以PK板衬底、油墨喷涂的宽压边条高级展板，每市2套，20块。此外，全省已有6个市、4个县（区）在电视台开办了科普栏目，有2个市在本市日报上开辟了科普专栏，部分市、县科协开通了专家咨询热线，拍摄各种风格的科普电视短片20余部，组织编撰《科普系列丛书》2本，《建设社会主义新农村科技丛书》20本，为四川安县灾区编写《辽蜀同心科技进家平安幸福》科普书10本。编印并上报《科学家建议》4期。召开开发科普资源原创作品研讨会，省级学会、各市科协的负责人参加研讨。

【学习实践科学发展观活动】 成立领导小组办公室，联系实际开展学习动员、调研分析等工作。按照省委部署，开展了“党员干部走进千家万户”活动，省科协机关、直属单位的62名党员干部对分布在沈阳、抚顺、本溪、朝阳、葫芦岛等8个县区的62名困难群众进行一对一帮扶。

（省科学技术协会 刘传彬）

知识产权工作

【概述】 2008年，全省知识产权工作在省委、省政府的领导下，以宣传知识产权、应用知识产权，提高民众自我保护意识为重点，认真组织开展了一系列相关工作与活动。组织实施知识产权“兴业强企工程”；举办“2008年中国国际专利技术与产品交易会”；设立国家专利技术（沈阳）展示交易中心；组织实施辽宁省专利保护“双百工程”；组织实施“雷雨”“天网”知识产权执法专项行动；开展“4·26”知识产权宣传周系列活动，编辑出版了《2007年辽宁省知识产权保护状况》白皮书。加强了知识产权培训，为我省培养知识产权管理专门人才1000余人。

【知识产权战略】 历时两年四个月，制定了《辽宁省知识产权战略纲要》，省政府于2008年10月28日正式颁布实施。《辽宁省知识产权战略纲要》共设序言、指导思想、战略目标、战略重点、专项任务、战略措施、加强领导与贯彻落实7部分76条，既全面贯彻了《国家知识产权战略纲要》，又具有辽宁特色，集中体现了科学发展观的要求，是全省今后一个时期知识产权工作的纲领性文件。省政府召开了全省知识产权工作会议，部署《辽宁省知识产权战略纲要》实施工作。

【专利申请与授权】 2008年，全省专利年申请量为20895件，比上年增长5.8%，其中发明专利6499件，比上年增长17.8%，实用新型专利10345件，外观设计专利4052件；职务申请专利9163件，非职务申请专利11732件。专利申请结构得到改善，发明专利申请占全省专利申请总量的31.1%，比2007年提高了3.2个百分点，超过了国内27.1%的平均比例；同时，职务专利申请达到9163件，同比增长13.7%，占全部专利申请的43.9%，比2007年提高3.1个百分点。2008年，全省专利年授权量为10662件，比上年增长10.9%，其中发明专利1515件，实用新型专利8254件，外观设计专利893件。

截至2008年年底，全省专利申请累计总量为181747件，专利授权累计总量为91241件，均位居全国第七位。专利申请累计总量中，发明专利申请39203件，实用新型专利申请107508件，外观设计专利申请35036件；职务专利申请48540件，非职务专利申请133207件。

【专利受理】 2008年，国家知识产权局专利局沈阳代办处受理专利申请19391件，其中发明专利6114件，实用新型专利9673件，外观设计专利3604件。在所受理的专利申请中，省内18441件，占95%，其他省市950件，占5%。

【专利代理】 组织完成2008年全国专利代理人资格考试沈阳考点的各项工作，共有来自辽宁、黑龙江、吉林、内蒙古、河北等省的305人报名，169人参加考试。举办了专利代理人资格考试考前强化培训班，按照国家知识产权局的要求组织了考试。沈阳考点共有14名考生考取了全国专利代理人资格证书。对我省41家专利代理机构进行了年检，经审查，通过年检的专利代理机构39家，未通过年检的2家；年检专利代理人200余人。

【专利技术实施与产业化】 专利技术实施与产业化取得新突破。全省共筛选信息、生物工程等高新技术领域的84个优秀专利项目，给予2500万元专利技术转化扶持资金。据统计，84个项目实施企业研发经费总投入达到了4.88亿元，新增专利申请369项、实施本企业专利271项、合法使用他人专利28项、生产涉及专利产品321项；拉动金融和社会资金投入6.97亿元，实现新增产值31.17亿元、新增利税5.26亿元，新增就业人数1557人。知识产权“兴业强企工程”向纵深发展。召开了全省知识产权“兴业强企工程”工作会议，表彰了知识产权“兴业强企工程”先进集体和优秀个人。中国科学院沈阳生态应用研究所等19个单位被确定为“兴业强企工程”示范单位，大连船舶重工集团有限公司等110个单位被确定为“兴业强企工程”试点单位。确定了沈阳市铁西区等18个县（市、区）为辽宁省知识产权工作试点县（市、区）。成功举办了2008年中国国际专利技术与产品交易会。本届专交会展览面积2万平方米，设国际标准展位1000个。有11个国家和地区、国内35个省市的4400余项专利参展，参观洽谈人员达20000多人次。经国家知识产权局批准，在沈阳设立国家专利技术（沈阳）展示交易中心。11月18日至22日举办了2008中国辽宁省暨沈阳市专利周，网上展示专利供需项目3000多项，现场展示优秀专利项目262项，重点推介优秀专利项目65项，成交项目36项、成交额7352万元，达成成交意向项目85项、意向成交额3.89亿元，参观参展专利项目和咨询人员达10000余人。

【专利行政执法】 2008年，全省专利行政执法部门共受理调处专利纠纷案件20件，结案18件，结案率90%。大连市、鞍山市、本溪市、锦州市、铁岭市、阜新市、朝阳市在知识产权局内建立了专门的执法监督机构，加强了市级知识产权系统的执法力量；与省法制办联合举办行政执法人员资格培训班，全省各市、县（区）的94名知识产权执法人员参加培训并通过行政执法资格考试。着力加强知识产权保护政策法规体系建设，转发国家知识产权局《关于加强知识产权保护和行政执法工作的指导意见》，制定了《辽宁省知识产权局专利纠纷处理调解管理规定》《辽宁省查处假冒他人专利和冒充专利行为实施办法》《辽宁省专利纠纷调处办法》等政策法规。建立健全跨部门、跨地区的知识产权执法协作机制，签署东北及内蒙古东部地区知识产权保护合作协议。全年开展多项执法保护工作，“4·26”知识产权宣传周期间，组织各市开展了专项知识产权执法行动50余次，出动执法人员近两千人次。组织实施辽宁省专利保护“双百工程”，已确定56家企业、54家商场为“双百工程”实施单位。组织沈阳、大连、本溪、丹东4个城市进行了知识产权维权咨询活动。在2008年第七届中国国际装备制造业博览会、振兴东北老工业基地专利新技术对接洽谈会等展会上开展专利执法咨询和现场执法工作。把沈阳、大连作为我省的两个主要会展城市，加大知识产权保护力度，加强对展会的监督、检查，树立我省展会在知识产权保护方面的良好形象。

（省知识产权局　李凯）

行业科技

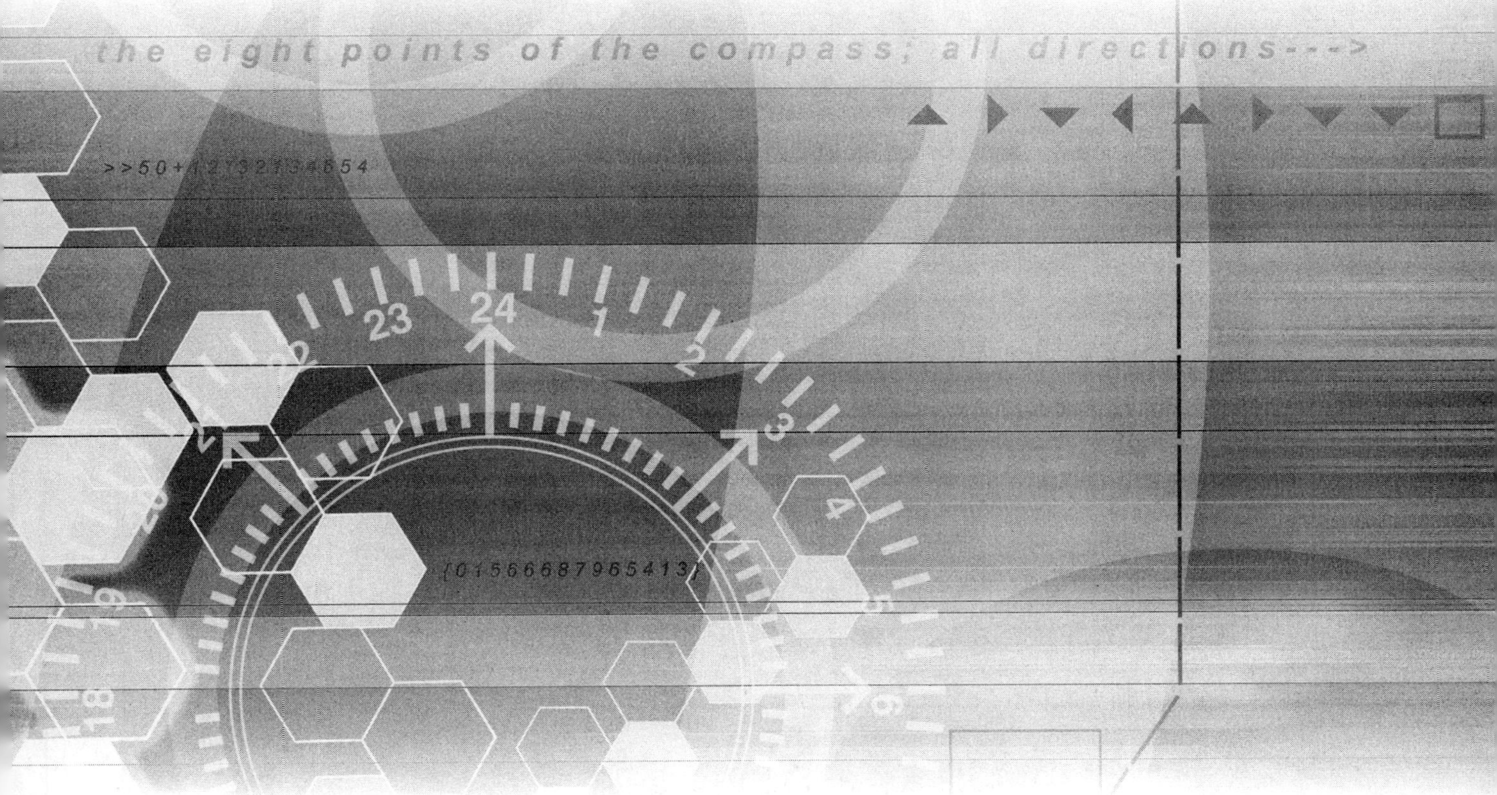

高新技术产业发展

【概述】 2008年，全省高技术产业实现总产值1199.6亿元（当年价），增长20.8%，增速比全国平均速度高6.7个百分点（如下表所示）。按总量排序，位居全国第10位。

辽宁省高技术产业2008年总产值行业分布情况表

	总体		电子及通信设备制造业		电子计算机及办公设备制造业		医疗设备及仪器仪表制造业		医药制造业		航空航天器制造	
	总产值	增速	总产值	增速	总产值	增速	总产值	增速	总产值	增速	总产值	增速
辽宁省	1199.6	20.8	516.2	22.7	124.2	3.2	143.9	27.5	263.5	27.5	138.1	17.8
全国	58322.0	14.1	28794.0	13.7	15718.0	7.5	3978.0	19.9	7912.7	25.2	1166.6	15.0
比重/增速差	2.1 %	6.7	1.8%	9.0	0.8%	−4.3	3.6 %	7.6	3.3 %	2.3	11.8 %	2.8

从各领域发展情况看，民用航空产业发展势头最为强劲，医药制造业成为新亮点。到2008年年底，全省航空航天器制造业总产值实现138.1亿元，位居全国第3位，同比增长17.8%，占全省高技术产业总量的11.5%，占全国航空航天制造业总量的11.8%，比全国平均增速高出2.8个百分点。医药制造业是2008年各产业增长波动幅度最小、增长步伐最稳健的行业。全年全省医药制造业完成总产值263.5亿元，同比增长27.5%，占全国医药制造业总量的3.3%。生物医药、生化制品完成总产值40.8亿元，占全国5.3%，同比增长41.7%，高于全国11个百分点。

全省规模以上高技术产业增加值实现325.2亿元（当年价），同比增长15.5%，占GDP的2.4%；其中：信息化学品制造业总产值3.6亿元，同比下降12.5%；医药制造业总产值83.6亿元，同比增长20.9%；航空航天器制造业总产值23.2亿元，同比增长14.4%；电子及通信设备制造业总产值142.3亿元，同比增长14.7%；电子计算机及办公设备制造业总产值27.0亿元，同比增长3.7%；医疗设备及仪器仪表制造业总产值45.5亿元，同比增长21.3%。

从1—12月份高技术产业同期增长速度看（如图所示），1—6月份之前稳步增长，7、8月有所降低。从9月开始，增速急剧下滑，到12月有所回升。从增加值的绝对值看，6月以32.97亿元创造了2008年高技术产业增加值新高，同时增速也以33.3%创造了全年增加值增长速度的新高。而12月增加值达到30.95亿元，是全年仅次于6月的第2个高点。

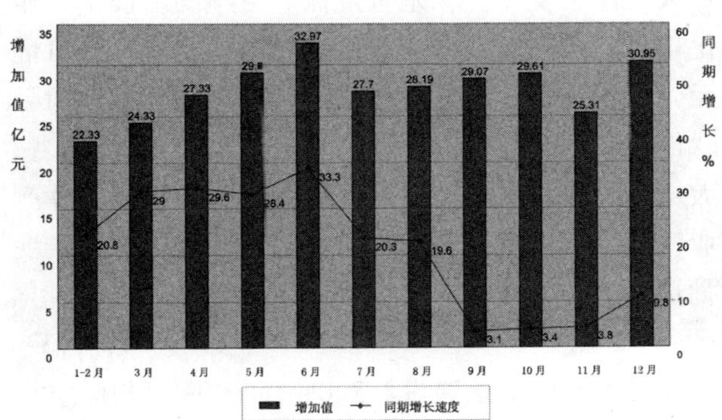

图 2008年1—12月高技术产业增加值情况

【信息化建设】 截至2008年年底，全省信息产业实现销售收入1463亿元，同比增长26.3%，高出全国平均增速11个百分点；全省信息产业增加值443亿元，同比增长28.4%，占GDP的3.3%。

2008年，集成电路设计及产品、通信电子、机床数控系统、新型电子元器件、嵌入式软件等一批新兴产业快速成长；中国华录、东软集团等一批骨干企业持续做强做大；IBM、惠普、戴尔、微软、英特尔等36家世界500强企业在辽宁省设立了服务中心或技术中心；英特尔、新邮通、富士康等新增企业进一步优化了全省信息产业结构。

2008年，全省电信业务收入340.8亿元，同比增长11.8%；电话用户4306万户，净增481万户；互联网宽带接入用户418万户，同比增长27.7%。百户企业信息化示范工程进入全面推广阶段，企业信息化宽带商务平台用户已达2.3万户；百万农民上网工程使176万农民享受到互联网信息服务；百万家庭上网工程使宽带用户数达到260万户；全省电子政务外网综合网络平台建设为进一步推动全省电子政务公开提供了有力支撑。

【重大项目建设】 2008年，全省坚持以重大项目为牵动，引领高技术产业继续保持快速发展。一是积极争取国家支持。在生物育种、电力电子、信息安全、工程实验室等高新技术产业化专项中，一批项目获得国家支持。二是重点抓好百项高新技术产业化项目。百项高技术产业化工程全年完成投资61亿元。大连英特尔芯片项目建设进展顺利；东软国际软件园33万平方米的一期工程已竣工并正式开园；大连路明科技集团二极管芯片及特殊功率型芯片产业化项目生产及测试设备已全部安装到位，并实现批量化试生产。

【高技术产业基地建设】 2008年，沈阳民用航空、大连新材料、大连信息产业等高技术产业基地成为国家高技术产业基地。至此，全省已有5个基地得到国家发展改革委批复，成为国家级高技术产业基地。

沈阳民用航空产业基地通过自主研制、引进技术消化吸收、国际合作、转包生产等多种方式，在关键及核心技术领域取得突破，正在成为民用飞机发动机、公务和通用飞机的研发和制造基地，正在成为国内外民用飞机大部件和零部件的研发、制造和转包生产基地，以及航空运输维修和物流基地。

大连信息产业高技术产业基地重点发展软件和信息服务产业，以成为“中国第一、世界第一”作为总体发展目标，扩大服务外包的产业规模，培育和发展具有自主知识产权的软件产品。

大连新材料高技术产业基地通过建立孵化器、研发中心、风险投资体系等形式，探索机制创新和技术创新的模式，以新的管理和运营模式促进技术创新基地和产业基地的可持续发展。

此外，沈阳通信电子产业已在新邮通信、德信科技等3G龙头企业带领下，迈上了一个新的台阶，成为北方重要的电子通信产品研发、制造基地。同时，锦州光伏等3个省级高技术产业基地获批复。锦州光伏产业在阳光能源、新世纪石英玻璃等龙头企业带领下，逐渐成为东北地区最大的光伏产业基地；辽宁生物医药（本溪）产业基地建设步伐不断加快，目前已有35个企业项目入驻，项目投资总额达到57.4亿元。

【创新平台建设】 一是经过组织协调和积极争取，沈阳变压器研究所股份有限公司和特变电工沈阳变压器集团有限公司的特高压变电技术国家工程实验室、中科院沈阳科学仪器研制中心有限公司的真空技术装备国家工程实验室获得国家批准，支持资金达2800万元。

二是组织沈阳化工研究院农药国家工程研究中心、中科院沈阳计算所国家高档数控工程中心等单位申报国家工程研究中心持续创新能力建设项目，已获得国家批准，支持资金达2300万元。

三是组织实施省级创新能力建设专项。通过组织专家评审等程序，确定新建辽宁省微波光电子工程研究中心等4个省级工程中心和辽宁省中药质量控制技术工程实验室等5个省级工程实验室。截至2008年年底，全省已建工程研究中心20家，其中国家级研究中心12家，省级8家；工程实验室12家，其中国家级实验室2家，省级10家。

【高技术产业投资】 2008年，全省规模以上高技术企业完成投资319.6亿元，同比增长60%；新增固定资产129亿元，同比增长43.7%。从投资领域看，投资重点集中在电子及通信设备制造业，投资比重达到了50%左右。从资金来源看，国家预算内资金1.9亿元，银行贷款41.9亿元，利用外资51.3亿元，自筹资金223亿元，其他渠道1.2亿元。利用外资的比重大幅度增加，由2007年的9.9%提高到16%。从投资主体看，内地企业完成230亿元，占72%；港澳台商企业完成20亿元，占6.25%；外商投资企业完成

69亿元，占21.6%。从区域看，沈阳市在沈北、浑南等高新技术企业聚集地投资拉动下，完成了162亿元，占全省投资总量的50%以上；大连市完成投资92亿元，占全省投资30%。“沿海经济带”“沈阳经济区”“突破辽西北”的发展战略使丹东、铁岭、朝阳等城市成为辽宁省高技术产业的新的投资热土。

（省发展和改革委员会　何睿 王晗）

工业经济科技

【概述】 2008年，全省工业战线认真贯彻落实科学发展观，以全面振兴辽宁老工业基地为主题，以发展现代装备制造业、高加工度原材料工业，建设新型产业基础为重点，围绕结构调整、提高企业自主创新能力、发展循环经济、“五点一线”沿海经济带开发开放和县域工业发展，克服国内外经济形势聚变带来的不利影响，工业经济保持平稳较快增长。

2008年，全省规模以上企业完成工业增加值达到6603.1亿元，同比增长17.5%，居全国第6位，连续6年保持快速增长。多数行业生产保持两位数增长，装备制造业工业增加值1894亿元，同比增长22.3%；石化行业工业增加值1332.3亿元，同比增长7.3%；冶金行业工业增加值1398.7亿元，同比增长11.8%；农产品加工业增长强劲，工业增加值1158亿元，同比增长20.1%。工业增加值超过1000亿元的行业比上年增加1个。

截至2008年，全省拥有省级企业技术中心277户，其中国家级技术中心28户，省级以上企业技术中心每年开发完成的新产品占全省新产品产出的60%以上，成为我省工业自主创新的主导力量。2008年，全省开发新产品1.2万项，同比增长22%，新产品产值达到1800亿元，同比增长20%。

2008年，继续在重点行业、重点领域、重点用能企业推进节能降耗工作，推广应用干法熄焦、余热余压利用、区域热电联产、变频调速、能量系统优化等节能技术，资源综合利用和装备水平不断提高，全年万元GDP能耗下降4%以上。

【科技创新成果】 通过自主研发和消化吸收再创新，一批具有国际先进技术水平的新产品、新技术成功应用于国家重点工程，取代进口产品，打破了国外公司的市场技术垄断。如特变电工成功研制出世界首台特高压交流1000兆伏安、1000千伏变压器和±800千伏特高压干式平波电抗器，平均不到两个月就推出一种世界级产品，企业已经全面占据世界变压器行业技术前沿。大连重工 · 起重集团首支完全国产化70型与90型船用曲轴成功下线，并通过英国劳氏船级社和大连船用柴油机厂的检验，标志着我省大型船用曲轴国产化取得重大突破。鞍钢股份成功开发厚度8～100mm共128个品种、可覆盖船体结构用钢板80%以上的钢级和规格，船体结构和海洋工程机构用钢板开发居国内领先水平并达到世界先进水平。沈阳机床集团成功研制开发出适合航空工业的主轴AB轴摆动五轴立式加工中心和五轴高速龙门加工中心。沈阳新松机器人公司成功研制的轨道交通售检票(AFC)系统标志着地铁终端设备国产化的实现。渤船重工自主研发设计的首艘29.7万吨级超大型原油船建造15个月即告下水，创造了我国造船新记录。

【科技计划与投入】 省经委联合省地税局编制下达了《2008年辽宁省企业技术创新重点项目计划》，下达重点新产品开发、重大技术装备研制、产学研合作、重大关键共性技术研发等四类计划项目445项，通过税收政策的落实促使企业加大产品开发的投入,推动企业的技术创新。

省经委会同省财政厅组织实施了《2008年省企业技术中心专项资金项目计划》。下达专项资金3000万元，集中资金全力支持66个重点产品和技术研发项目建设，加快一批困扰我省装备制造业、原材料行业发展的产业核心技术的研发和突破。

省经委会同省外经贸厅、省财政厅组织实施了《2008年全省高新技术及装备制造业产品出口贷款贴息项目计划》，重点支持拥有自主知识产权或自主品牌，技术水平高、产品附加值高、国际竞争力强的出口产品，共安排贴息资金4959万元，支持了62个项目，有力地推动了我省装备制造业和高新技术产品出口的增长。

【科技研发平台建设】 积极组织申报国家产业技术专项计划，加快推进一批产业关键、共性技术和重大产品开发项目的研发。2008年，东软集团数字化医疗设备自主研发平台、沈变公司特高压输变电设备研究与实验平台等4个项目列入国家技术中心能力建设计划，丹东优耐特公司无水印染新技术研究项目列入国家产业研发专项，争取国家专项资金2100万元。全力推动沈鼓集团二三级核泵热冲击试验台、沈矿集团输送机和堆取料机数字化设计研发平台、大连华录集团数字多媒体设计平台和鞍钢集团海水淡化装置研究等4个研发平台项目建设。

【研发机构建设】 2008年，我省大力推进以企业为主体的技术创新体系建设，加快企业技术中心建设步伐，组织了第十一批省级企业技术中心认定工作，又有73户企业建立的企业研发机构被认定为省级技术中心。积极培育和申报国家级企业技术中心，我省华晨集团被认定为国家级技术中心。截至2008年底，我省省级以上技术中心总数达到277家，其中国家级技术中心达到28家，继续保持全国前列。

【产学研合作】 一是开展行业特色产学研合作项目对接活动，为企业和相关高等院校、科研院所的产学研全面合作搭建平台，推动行业的快速发展。二是联合国家发改委国际合作中心、东北财经大学共同举办“本土企业如何走向国际化”主题论坛，扩展了我省高科技、高成长型企业的国际化视野，在企业中引起较大反响。三是发挥协会组织的中介服务功能，整合社会科技资源，开展面向企业的节能新工艺推广服务。组织振动时效新技术示范推广会，在全省装备制造业企业中推广节能振动时效新技术。四是围绕行业的技术发展，设立了辽宁省纺织行业和石化行业技术开发中心。依托大连理工大学、大连工业大学的科技开发实力，面向全省纺织、石化行业开展技术创新相关服务，为企业技术研发和人才培养提供支撑。五是校企合作委员会取得新进展，大连理工大学“沈鼓—大工研究院”通过多年合作所提炼的重大共性技术问题——核主泵关键基础研究，列入“国家重点基础研究发展计划项目”（“973”计划）。

（省经信委科技处　张强）

冶金科技

【概述】 截至2008年年底，辽宁省拥有炼铁产能5452万吨，炼钢产能6103万吨，钢材生产能力7300万吨；有色金属冶炼能力达到了90余万吨，其中，锌冶炼能力为43.5万吨，电解铜生产能力为20万吨，电解铝18.5万吨，电解铅8万吨。有色金属压延加工能力超过100万吨。

2008年，全省冶金工业完成增加值1398.68亿元，比上年增长11.8%。全省冶金行业累计生产生铁4101.46万吨，钢材4285.27万吨，分别比上年增长了1.4%和2.7%，累计生产粗钢4068.59万吨，比上年下降了1.7%。10种有色金属产量累计完成58.94万吨，比上年下降1.7%。全省冶金工业完成主营业务收入4667.52亿元，比上年增长32.3%；实现利税424.9亿元，比上年下降5.7%；实现利润216.48亿元，比上年下降19.8%。

2008年，全省冶金工业实现出口交货值487.23

亿元，比上年增长18%。全年出口钢材744.4万吨，比上年增长6.21%；钢材出口金额70.47亿美元，比上年增长59.6%。钢产量在50万吨以上的重点钢铁企业累计出口钢(坯)材561.35万吨，比上年下降10.34%；出口额51.96亿美元，增长41.18%。其中：钢材累计出口558.64万吨，比上年下降10.37%；钢坯出口6.31万吨，比上年下降92.89%。

【研发机构与人才队伍建设】 鞍钢基本形成了以企业为创新主体，以技术中心为核心，以基层厂矿工程技术人员为基础，以国内重点高校、研究院所教授、专家为借助力量的企业研发体系。

2008年，鞍钢被认定为国家首批创新型企业。鞍钢技术中心当年从全国重点大学引进硕士、博士60余名，充实了科技队伍。该中心在各生产单位的配合下，围绕产品定位，关注同行业工艺技术发展方向，确定钢铁生产流程的关键技术开发内容。

本钢技术中心是本钢科技开发与管理单位，属国家级技术中心，下设3处（科研管理处、品种开发处、综合管理处），5所（汽车板研发所、高强钢研发所、特殊钢研发所、工艺技术研究所、理化检测所）。拥有5600LV扫描电镜、热模拟试验机、ICP光谱仪、辉光光谱仪、X射线衍射仪、透射电镜等具有国际先进水平的大型仪器设备20多台，相继建成了板材成型实验室、热模拟实验室、物理性能实验室等，研发能力得到显著增强。

2008年，本钢拥有专业技术人员11085名。其中：高级专业技术人才1649名，中级5084名，初级4352名；博士6名，硕士733名，本科学历4797名。有国家级有突出贡献中青年专家1名；享受国务院特殊津贴专家8名；新世纪国家“百千万人才工程”入选人才4名；省“百千万人才工程”百层次人才8名，千层次人才11名；本溪市科技拔尖人才39名。

2008年，本钢共举办各类科技人才培训班530个，培训3531人，其中出国培训56人，高校代培326人；全年征集科技论文474篇，选拔、推荐了290篇优秀论文参加“第四届发展中国家连铸国际会议”“中国科协学术年会”“中国金属学会青年学术年会”“上海宝钢学术年会”等一系列国内外学术会议。

北钢科研机构主要包括北钢集团公司技术中心以及下属各厂矿技术部门。北钢集团公司技术中心为钢铁领域专业性技术中心，是由北钢集团公司出资，在省、市政府科技部门的大力支持下组建的。技术中心下设钢铁研究所、科技质量管理室、循环经济办公室、学术交流科普室、实验室和综合部。技术中心拥有高级专业技术人员25人，占技术人员总数的19%；有博士2人，研究生7人，具有本科以上学历者92人，具有专科以上学历者108人。

2008年，北钢共培养和引进炼、轧钢高级技术管理人才12人，专业技术人才50人。

凌钢成立了凌源钢铁集团有限责任公司技术中心和凌源钢铁股份有限公司工程技术研究中心。两个中心均为省级研发机构，固定资产投资达到877.5万元，总人数55人，其中具有中级以上职称者42人，硕士研究生3人。

2008年，凌钢共投入研发经费16870万元，占销售额比例达1.7%，其中R&D经费107万元。凌钢具有高级职称的专业技术人员129人，具有中级职称的专业技术人员613人。录用大学本科毕业生456人。

凌钢还与东北大学、东北财经大学合作培养冶金工程硕士和工商管理硕士，以培养高层次、复合型人才，改善公司的人才结构，满足企业对冶金工程技术人才的需求，为企业的发展进行人才和后备力量的储备。公司在确保完成产学研项目的同时，积极创造机会和条件促使技术人员接触国内外最先进的科研仪器设备，同时，同时通过开展技术交流提高技术人员的专业素质。

【科技成果及转化】 2008年，鞍钢申报的“鞍钢连铸连轧工艺氧化铁皮控制技术”获冶金科学技术奖一等奖，“鞍钢TMCP船体及海洋平台用钢系列产品及其生产技术”获冶金科学技术奖二等奖，“燃用高炉煤气CCPP工程300MW机组余热锅炉模块安装”获冶金科学技术奖三等奖。

鞍钢重机公司是一家具备高附加值、高技术含量的大型矿山冶金成套设备、大型水电成套设备制造能力的国内一流装备制造企业。2008年，该公司解决了不锈钢板带炉卷轧机机架缺陷修复、立辊机架横梁错位、支承辊精加工、压下螺丝裂纹处理和卷取机卷筒制造装配等百余项技术难题，完成了国产首套年产60万吨的1800mm不锈钢板带炉卷轧机机组的组装，主体设备包括粗轧机、精轧机、转鼓式飞剪、卷取机、矫直机等，发往浙江东方特钢集团。这套机组不仅打破了该公司只能制造单体轧机的历史，还填补了国内制造成套不锈钢轧机机组的空白。

本钢获得全国冶金科技进步三等奖1项，省科技成果转化一等奖1项，省科技进步二等奖1项、三等奖2项，市科技进步一等奖4项、二等奖5项、三等奖5项。其中："出口无内胎车轮用SW400热轧钢带（板）的研制"获得全国冶金科技进步三等奖和辽宁省科技进步三等奖；"高铌管线钢X70热轧板卷的研制"获得辽宁省科技进步二等奖及本溪市科技进步一等奖；"汽车车轮用BG420CL热轧钢带（板）的研制"获得2008年省科技成果转化一等奖；"耐大气腐蚀钢板及钢带""热镀锌钢带"荣获"辽宁省用户满意产品"称号。申报专利26件，其中发明专利13件。有17件专利获国家知识产权局授权。

北钢在科技成果转化与应用方面重点完成了高炉渣热能利用与蒸汽循环法渣处理技术，该技术已获得了国家发明专利。该工艺利用高炉水淬产生蒸汽，再通过风机循环蒸汽办法冷却渣，高炉渣是一半靠水淬，一半靠循环蒸汽进行冷却的一种新的渣处理工艺。该工艺比现有的水冷渣工艺节水，比现有的空气冷却渣工艺节电、效益高，可实现高炉渣热直接转化为低压过热蒸汽，再通过换热锅炉产生高压过热蒸汽，满足发电要求，装置设备简单，可减少环境污染，实现高炉渣的热能利用，渣处理部分热效率达80%以上。

在北钢的"460MPa级准Ⅳ级螺纹钢筋开发"、"5万立制氧"、"线材控轧控冷"及"高炉煤气双蓄热全分散控制步进梁式加热炉的开发及应用"等4项科技成果中，"460MPa级准Ⅳ级螺纹钢筋开发"先后获得省、市科技进步一等奖，"高炉煤气双蓄热全分散控制步进梁式加热炉的开发及应用"获得市科技进步三等奖。

凌钢应用了岳阳科美达的方坯结晶器电磁搅拌和气雾冷却技术；应用了乌克兰铁水罐单喷颗粒镁铁水脱硫新工艺；引进并消化了麦尔兹欧芬堡公司日产600吨石灰窑技术；应用了TRT炉底差压发电技术；上述项目年创效3000万元。

中冶葫芦岛有色金属集团有限公司实施了两项重要的科技成果转化应用技术，一是"以城市污水处理厂出水为水源生产锅炉补充水"技术。该技术以城市污水处理厂的二级出水为原水，并采用微滤作为主要预处理单元，首次成功研发出城市污水处理厂二级出水经过深度处理用于中高压锅炉补充水的集成技术，出水水质符合中高压锅炉用水标准。该技术已应用于中冶葫芦岛有色金属集团有限公司硫酸厂、精锌冶炼厂和铜冶炼分厂，运行结果表明：该技术指标稳定，安全可靠，节约水资源，经济、社会和环境效益显著。该技术首次应用于有色行业，达到了国内领先水平。二是有色重、贵金属冶金高效节能炉窑关键技术。该技术针对有色重、贵金属流态化焙烧炉存在的问题，在保证焙烧的各项工艺操作参数不变的情况下，成功设计了流态化焙烧炉整体炉衬结构，开发了新型不定型耐火材料及相应的筑炉、烘烤、维护工艺，使有色重、贵金属流态化焙烧炉的使用寿命提高到20年以上，"整体炉衬技术"根治了高温二氧化硫的泄漏问题，该项目具有显著的创新性，整体技术达到国际先进水平，2008年荣获中国有色金属工业科学技术一等奖。

【技术改造】 2008年9月10日，鞍钢营口鲅鱼圈钢铁项目竣工投产。该项目涵盖原料、烧结、化工、炼铁、炼钢、轧钢以及公辅配套设施的冶金建设全领域和钢铁生产的全流程，具备年产493万吨铁、500万吨钢、200万吨宽厚板和296万吨热轧卷板等系列钢铁产品的生产能力。主要生产未来市场需求有较大增长空间的高档次、高附加值的高强度板、造船板、舰艇板、桥梁板、容器板、工程机械板、管线板等专用中厚板及高端热轧薄板等精品板材。该项目是我国首个自主设计、技术总负责、工艺技术最先进、装备水平和产品档次最高的现代化全流程钢铁项目。其主体生产工艺设施和公辅配套设施的各个子项目，均大量应用世界一流的技术装备和工艺，使整体工艺水平达到国内领先和国际一流。

12月4日，鞍钢与德国蒂森克虏伯钢铁合资的鞍钢—蒂森克虏伯镀锌钢板有限公司（TAGAL）二期工程热负荷试车成功，标志着鞍钢又一条高水平的热镀锌板生产线开始投入使用。第二条生产线投产后，鞍钢—蒂森克虏伯镀锌钢板有限公司（TAGAL）将具备年生产80万吨高档汽车及家电用热镀锌钢板的生产能力。

本钢依据调整产品结构、提升产品档次，解决重大资源问题和节能环保的原则，继续加速改造步伐。全年共安排建设投资107亿元，确定重点技术改造项目80项，主要有三热轧、新1号高炉、三连铸、8号9号焦炉、炼铁原料场环境整治、特钢节能环保改造、发电燃煤锅炉改造、连轧3号加热炉改造、4期活性灰、马耳岭球团等。在整个改造过程中，始终瞄准装备水平世界一流、品种质量世界一流、节能环保指标世界一流的标准，坚持精密设计、精心组织，精确管理、精细施工，使工程质量100%合格优质。特别是进入7月份后，针对钢铁市场受到严重冲击的情况，本钢加快建设项目推进速度，10月9日，新1号高炉投产，11月8日，8号焦炉投产，10月31日，9号锅炉改造投产，12月1日2300mm热轧机热负荷试车成功，12月4日，三连铸热负荷试车。浦项冷轧工程获得我国工程建设优质工程奖。

北钢重点围绕企业节能减排降耗实施了多项技术改造项目，包括：线材燃油加热炉节能改造，棒材燃油加热炉节能改造，一铁、二铁冲渣水余热利用，电机变频节能改造，照明灯具节能改造，提高转炉煤气回收量，石灰竖窑节能环保改造等；围绕提高企业技术装备水平而实施的技改项目有大板坯连铸和二焦改捣鼓式焦炉等。这些技改项目的实施降低了企业的生产能耗，提高了企业的资源利用效率，促进了钢铁实业的可持续发展，使北钢钢铁实业的综合竞争力上升到一个较高的水平。

凌钢实施技术改造项目12项，自筹资金27949万元，其中主要项目有：热轧带钢卷取机的改造，热电厂4#锅炉及发电机组改造，麦尔兹石灰窑工程，1#高炉热风炉改造，75m^{2}烧结机∮3.5*13m制粒机筒体及生石灰配消器改造，75m^{2}烧结机机头多管除尘器改造，60m^{2}电除尘器改造，3#竖炉烘干机、带冷机系统改造，排水系统改造，动力D340煤气控制系统改造，步进双蓄热式加热炉改造，火灾自动报警系统等。1080m^{3}高炉工程、120吨转炉工程、90万吨高架棒材工程先后竣工投产。

中冶葫芦岛有色金属集团有限公司两个重点项目：一是采用富氧顶吹熔池熔炼技术代替密闭鼓风炉炼铜工艺项目。该项目的核心技术之一——“竖罐炼锌残渣的综合回收技术”是公司的发明专利项目，该技术首次将火法炼锌与火法炼铜技术有机地结合起来，达到国际领先水平。本项专利技术对锌、铜冶炼企业均将产生深远的影响，目前正在转化过程中。二是新建109m^{2}沸腾炉及制酸系统项目，焙烧制酸系统消化国际先进的奥托昆普技术，建成了国内最先进的109m^{2}沸腾炉及制酸系统，一次投产成功，提高了酸化矿的焙烧能力和总硫利用率，提升了沸腾焙烧和烟气制酸的总体水平。

【新产品开发和结构优化升级】 鞍钢鲅鱼圈钢铁分公司船用钢钢坯和船板通过了九国船级社的首次认证，具备生产船板的资格，进一步扩大了鞍钢船板生产的品种，提高了市场占有率。此次通过认证的船用钢板包括全部规格的一般强度级别A、B和高强度级别AH32，AH36船板坯，以及5500mm厚板产品厚度为40mm以下的相应强度级别船板，覆盖目前船厂订货品种量85%以上。

本钢研制开发33个牌号新钢种。主要包括：热镀锌汽车表面○5板、冷轧烘烤硬化汽车表面○5板BH340、加P高强钢APFC390、石油套管用钢N80、汽车大梁用钢BG550L、高强汽车梁用钢500L、耐磨钢NM200K、轴承钢GCr15等品种。石油套管用钢N80通过了西安管材所的性能评定，各项指标均符合API标准要求，标志着本钢已具备批量生产N80的能力，成为国内唯一一家具备生产高级别石油套管用钢N80的钢铁企业；为满足减重、降耗和用户个性化要求，在很短时间内，为用户“量身”开发了高强度汽车大梁用钢BG550L，各项指标满足要求；为满足市场节能、环保要求，自主研发了高强度耐磨钢NM200K，各项性能满足用户标准要求，实物质量处于国内领先水平。

2008年11月，本钢2300mm生产线试生产以来，品种钢生产又上了一个新台阶。在三热轧调试阶段就批量生产高级别管线钢，在国内处于领先水平；转炉矩形坯工艺已实现批量生产高纯度轴承钢GCr15，在冶炼水平上可以达到瑞典SKF企业标准要求。

本钢生产的汽车板在软钢系列品种牌号上已实现全覆盖，镀锌和高强产品也已逐步形成系列，大部分品种已具备批量供货的条件。在三热轧投产后，本钢将全面具备部分车型的整车认证及供货能力。

北钢不断加大新产品开发力度，与东北大学、北京科技大学合作，通过自身的工艺改造和外聘专家等手段，新产品开发生产成功率达到100%。新产品开发成功并可批量生产的有：SPHC、S275JR、S275JO、S235JR、Q295GNH、Q345B、S170GD、S355JR、S355JO 、X42、X52、X60、CCSA、CCSB、SAE1006(B)、HP295，510L、GL1和J55热卷等19个钢种，产品深得用户好评。

2008年，北钢共完成新产品产量190.63万吨，其中，1780热卷完成58.58万吨，棒材22.92万吨，线材完成109.13万吨，实现新产品品种增利2.2亿元。

凌钢开发新产品3个，通过辽宁省新产品鉴定并投产；195LD，AFD冷轧中宽钢带商品量17424吨，实现利税273万元。焊接钢管无缝化新产品商品量16000吨，实现利税380万元，按《企业技术开发费税前扣除管理办法》办理抵扣所得税2108.75万元。成功研发出HRB500E热轧带肋抗震钢筋。凌钢生产的石油管线钢管通过了美国石油协会认证，获得API生产许可。

中冶葫芦岛有色金属集团有限公司成功研制出Al-Zn-Si-Ce热浸镀合金，2008年5月在中冶恒通冷轧技术有限公司5#、6#生产线投入使用；2008年6月在鞍钢股份有限公司生产线投入使用。使用结果证明该合金产品比普通热镀锌产品流动性好、产生的渣量少，可有效控制镀层的重量，降低镀液的消耗，并且镀层平整光亮，锌花匀净规整，各项指标均优于普通镀锌板。项目年创效益450万元，年节约费用（间接经济效益）1.5亿元。该项目（一种热浸镀用四元合金及其生产方法）已获得国家发明专利授权（专利号：2008100121091）。

【科技攻关】 中国钢铁工业协会评选出2007年度“对标挖潜”十项主要产品制造成本前3名先进企业，鞍钢七项指标进入全国钢铁行业前3名。在烧结矿、炼钢生铁、转炉连铸非合金钢方坯等10项单位制造成本先进企业评比中，鞍钢非合金钢线材、冷轧薄宽钢带单位制造成本两项指标列全国钢铁行业第1名；炼钢生铁、转炉连铸非合金钢方坯、转炉连铸非合金钢板坯、非合金钢中板、热轧薄宽钢带单位制造成本五项指标列全国钢铁行业第2名。近年来，“对标挖潜”工作已成为鞍钢推进指标持续改善，实现“降本增效”的重要途径。

2008年，本钢瞄准同行业先进水平，紧紧围绕工艺技术进步、节能、降耗、减排等目标，共开展22项攻关，各项指标均比上年取得大幅度提高，有效地推动了工艺技术进步，创造了巨大的经济效益。其中，多项指标处于国内领先水平，“高炉休风率”比上年降低1.73%；“吨钢耗新水”比上年降低1.45%；“生铁一级品率”比上年提高12.87%。“二冷轧○3、○5板产成率”“一冷轧普碳钢B级品率”“供特钢连铸坯低倍质量”“焦比”等指标达到本钢历史最好水平。

北钢坚持以技术为先导，开展了以“调整产品结构、指标攻关、降低消耗、优化资源配置和科学化精细化管理”为主题的科技攻关活动，取得了显著效果。一是提高技术经济指标攻关项目。主要指标比上年均有不同幅度提升，其中部分指标已达到国内同类型企业先进水平。二是提高烧结矿质量技术攻关项目。通过实施完善烧结试验，有效地提高烧结矿质量，降低燃料消耗。三是焦化改捣鼓焦技术攻关项目。与鞍山科技大学、鞍山焦耐院合作的捣固炼焦项目取得重要成果，通过在焦化工序使用捣固炼焦工艺，增加弱黏结煤用量，主焦煤用量比例从45%降到25%左右，降成本效果明显。四是轧钢控轧控冷技术和蓄热式加热炉改造技术攻关项目。采用以上技术后，提高了钢材产品质量、加热效率，降低了生产成本。五是在能源综合利用方面，主要开展了煤气综合利用技术攻关项目。焦炉、高炉、转炉煤气管网系统自动化改造进展顺利，实现了煤气系统的自动化，减少了煤气放散，提高了煤气综合利用效率。北钢还围绕结构调整、能源资源优化、工艺技术优化和改造、新产品开发等方面展开了广泛的课题调研及论证，共完成课题及调研项目112项，项目全部实施后可为企业创造经济效益约2.6亿元。

凌钢技术攻关完成16项，创效1971.31万元。其中降低钢铁料消耗技术攻关创效499.36万元；2#混铁炉特护技术攻关创效262.39万元；提高中型材机时产量技术攻关创效186.38万元；降低铁水硅含量技术攻关创效115.68万元；降低补炉耐材消耗技术攻关创效113.52万元；转炉炉龄2万次技术攻关创效109.91万元；提高中宽冷带成材率技术攻关创效109.91万元。新技术推广应用完成8项，创效232.91万元。其中应用新型脱氧剂提高45型棒材实物质量，创效101.26万元。中冶葫芦岛有色金属集团有限公司开展了低温碱-氧化法处理含铟粗铅项目攻关活动，该工艺是集团公司技术中心发明的一种全新的工艺流程，该新工艺与粗铅提铟原有工艺（高温鼓风氧化造渣—常规湿法流程）比较，主要有如下优势：铟的冶炼总回收率由原有的78.66%提高到89.47%，提高了10.81%；铟的产品质量得到大幅度的提高，一次电解产出99.995%精铟产品的合格率由原工艺的40%～50%提高到100%，提高了50%～60%；铅的直产率由75%提高到90%，提高了15%以上；可以有效回收金属锌；操作条件大幅改善，机械化程度大幅提高，简化了工序，劳动强度大幅降低；可处理任何含铟的粗铅。该项目火法部分已在铅锌冶炼厂实现工业化生产，湿法部分正在综合利用厂试生产中。

（省经信委冶金处　李庆伟）

轻工科技

【概述】 2008年，全省轻工行业有省级以上企业技术中心12个。实施技术创新项目22项，其中新产品开发项目11项，技术研发项目4项，产学研合作项目7项。全行业科技创新能力明显增强，企业越来越重视科技创新工作，科研成果不断涌现，科研经费投入不断增加，科研开发项目水平不断提高，科技人才队伍建设得到加强，产品质量与标准化建设取得新的成果。企业技术中心通过实施技术创新战略，建立技术创新体系，开展技术创新活动，对行业发展起到了引领和牵动作用。

【重大科技创新成果】 2008年，海信容声（营口）冰箱有限公司上线生产3大系列19项新产品。其中，520系列、550系列、560系列等容声冰箱产品获国家级节能产品证书。阜新振龙土特产有限公司自主研发新产品：乳酸菌发酵南瓜酱；培育新品种：蜜枣1号、雪白、金苹果、杏仁饼干；自主研发新技术：杏仁油脱色精制技术、南瓜肉生产南瓜挂面、南瓜干规模化生产工艺技术。

【产品质量管理】 阜新振龙土特产有限公司在全国食品检验检测中心帮助下，建立了高标准的实验室和检测中心，提高了质量的把控能力，突破了欧美的技术壁垒。“南瓜挂面”被评为辽宁名牌产品；“杏仁”被评为辽宁省优质农产品。

【技术引进】 辽宁五女山米兰酒业有限公司是我国第一家研究开发生产冰葡萄酒的专业公司。该公司在引进、消化、吸收加拿大冰酒生产技术的基础上，研究出中国自己的冰酒生产工艺和标准，技术水平和产品质量水平属国内一流。公司生产的五女山冰葡萄酒不仅是辽宁名牌产品，而且是2008年奥运会特供食品。

【产学研合作】 阜新振龙土特产有限公司建立了国外专家的技术交流机制，与韩国专家团队合作开展了杏仁油专项技术研究，其技术水平达到世界领先；借助农村科技特派行动的平台，与辽宁省农科院合作开展了南瓜专有品种筛选、贮藏、综合加工等方面研究；与辽宁工业大学食品系、省农科院合作开展了系列产品研发；与中国科协合作开展了创新方法培训。

【科技创新投入】 2008年，辽宁五女山米兰酒业有限公司科技投入115.7万元，占主营业务收入的2.3%；阜新振龙土特产有限公司科技投入815万元，占主营业收入的2.96%；辽宁手表有限公司科技投入248万元，占主营业务收入的5%；本溪龙山泉啤酒公司科技投入占主营业务收入的2.8%。

【重大科技创新项目选介】 辽宁手表有限公司的科技新项目为“陀飞轮系列手表机芯新品种开发”。该项目起止时间为2008年4月至2009年8月。其中，镂空陀飞轮、雕刻陀飞轮已进入小批量生产阶段，蓝宝石陀飞轮也已进入正式生产阶段。

辽宁五女山米兰酒业有限公司正在研究开发窖藏年份冰葡萄酒，致力于提高冰葡萄酒的档次，填补中国冰酒业高端产品的空白。

（省经信委轻工处　徐黛丽）

纺织科技

【概述】 2008年，全省纺织行业克服人民币兑美元汇率不断升值、原材料价格波动较大及劳动力价格上涨等诸多不利因素，积极转变发展方式，加快结构调整步伐，大力推进行业技术进步和企业自主创新，使全省纺织工业经济效益和增长速度均创历史新高。全行业完成工业增加值193.04亿元，同比增长19%；实现主营业务收入607亿元，同比增长20.4%；完成出口212亿元，同比增长17.8%。

【重点技术创新项目】 2008年，全省纺织行业实施了一批重大项目和重点技术创新项目，研究开发出一批高水平的装备和一批具有国际、国内先进水平的新技术和适用技术，攻关解决了一批生产关键性技术，促进了结构调整和产业升级。大杨集团高档品牌西服建设项目，使企业年产服装达到1000万件/套，成为全国西服出口量排名第一的企业；丹东新龙泰服装实业有限公司600万件阿迪达斯服装生产线扩产改造项目已完成60条生产线中的38条生产线的安装，部分生产线已投入使用；阜新福棉集团整体搬迁项目已经开始建设。辽宁中泽集团朝阳纺织有限责任公司引进的日本喷气织机为高支精梳纱生产配套的技术改造项目、锦州宏丰染厂有限公司年产6000万米印染布升级改造项目等一批重点结构调整产业升级项目相继建成投产。通过改造调整，棉纺织行业中，90年代水平细纱机、精梳纱、无结头纱和无梭布比重提高，印染装备水平和技术开发能力得到提升，服装技术创新能力和产品开发水平大大提高。

一批国家级重点技术创新项目，如辽宁银珠化纺集团有限公司的“多功能锦纶纤维”、辽宁柞蚕丝绸科学研究院有限责任公司的“柞蚕丝高档系列产品”、辽阳艺蒙织毯实业有限公司的“麻类生态环保汽车内饰材料研发及产业化”、丹东优耐特纺织品有限公司的“无废水印染集成新技术”和盖州市暖泉绢纺厂的“柞蚕丝绸面料染整技术研发及产业化”等，相继完成建设任务，正式投入生产。全行业的原料结构、产品结构、技术结构升级效果明显，无接头纱、无梭布、差别化纤维比重都有了显著提高。

2008年，纺织行业有14个项目列入全省企业技术创新重点项目计划，其中重点新产品7项，重点产学研合作项目2项，重点技术研发项目7项。营口中基纺织有限公司的“冷轧堆经轴染纱”、辽宁天泽产业集团纺织有限公司的“新型耐高温烟气和粉尘颗粒过滤介质”、营口耐斯特环保科技有限公司的“抗氧聚苯硫醚短纤维”、辽宁中泽集团针织有限公司的“PTT纤维与丽赛纤维交织高档提花针织产品”等一批省重点技术开发项目成效显著。

【企业技术中心建设】 以企业为主体的行业研发机制正在形成，一批企业研发机构正在逐步建立，形成了一支纺织科技研发队伍，一批具有自主知识产权的原创性技术得到了推广应用，提高了产品的技术含量和附加值。2008年，沈阳宏大纺织机械有限责任公司、营口新艺纺织有限公司、辽宁腾达集团股份有限公司、辽宁超懿工贸集团有限公司、辽宁中泽集团朝阳纺织有限责任公司等5户企业的研发机构进入省级企业技术中心行列，使全省纺织企业省级以上技术开发中心达到13个。这些技术中心加强自身建设，提升了企业自主创新能力，在企业发展中发挥了重要作用，主要标志有以下几点。一是确立研发项目，加大科技投入。企业技术中心明确本企业产品发展方向，积极开发新产品新技术项目，也促使企业加大了科技投入。辽宁银珠化纺集团有限公司坚持新产品新技术项目开发，科技创新投入总额逐年加大。每年科技创新投入均占主营业务收入的5.6%以上，2008年投入2150万元。二是培养研发队伍，调动了科技人员积极性。丹东优耐特纺织品有限公司企业技术中心现有专业技术人员62人。

其中具有硕士研究生学历的2人，具有大学本科学历的40人；有教授级高级工程师3人，副高级专业技术人员7人，中级专业技术人员32人；技术人员的专业学科包括纺织、印染、化学、自动控制、纺织机械、实用美术等。在研发团队建设和人才培养方面，一方面，建立科学的运行机制，激励合作，打造“共享共荣”的创新团队；另一方面，在现有基础上，继续增加专业技术人员数量及比例。通过科技项目的实施，培养出一批在环保印染、功能整理领域的专门化人才团队，从而提高持续创新的能力和成果市场转化率。三是加强中心硬件建设，提高研发水平。阜新福棉纺织有限责任公司加强技术中心建设，不断更新检测仪器设备，提高研发水平。现拥有UST条干检测仪、原棉分析仪、纱布检测仪器等120台（套），拥有清棉、梳棉、并粗、细纱、自动络筒、气流纺、浆纱、织布等十余种工序的检测设备。其中，精梳设备、萨维奥自动络筒设备、喷气织机设备技术性能处于国内先进的水平，企业技术开发仪器设备原值已超过5000万元。

【产学研合作】 2008年4月，省经委和省纺织工程学会联合组织召开了全省纺织行业产学研合作项目对接会，极大地推动了产学研合作工作。一批产学研合作项目在行业发展中发挥了重要作用。

本溪泰和纺织有限公司与大连工业大学纺织轻工学院合作，采用阻燃黏胶纤维和阻燃涤纶纤维混纺，在传统纺织生产工艺的基础上进行工艺创新，通过改变原料配比、调整工艺参数、精心设计等，研制成功高细旦R/T阻燃纱。

辽宁超懿工贸集团有限公司与大连工业大学合作，研究的羊毛纤维低温等离子体改性技术，提高了纤维可纺性，开发了丝光防缩毛条产品及轻薄型毛纺面料，获得了国家发改委纺织专项资金的资助，其研究成果已获辽宁省科技成果转化奖。

辽宁宏丰印染有限公司坚持产学研联合开发新的功能性产品。与中国纺织科学研究院纺织助剂开发中心合作，研制国产助剂替代美国3M公司高性能的全氟碳树脂溶液PM-930，对长丝200D×10^S(T/C 50/50) 114×50 交织布和T/C 65/35 14×14 80×52 纱卡、T/C 65/35 20×20 108×58纱卡等品种进行三防整理，降低加工成本；与石家庄市联邦科技化工有限公司合作，用国产阻燃剂ZR-2代替瑞士亨斯迈的CP，对C10×10 80×46纱卡，C7×7 68×38 纱卡等纯棉纱卡类织物进行耐久阻燃整理，生产耐久阻燃布。

营口暖泉绢纺厂采取“请进来”战略，聘请国外专家培训自有科技人员，向高科技、高品质上发展，使产品再上新台阶。在率先攻克了柞蚕丝染整技术的基础上，按照市场需求生产一批，储备一批，研制一批的发展战略，已开发研制出三大类新型多功能面料产品。

【新产品新技术研发】 2008年，全省纺织企业自主研发新产品新技术，提高产品档次和水平，促进产品结构调整，取得了显著成效。

大连合成纤维研究设计院股份有限公司是国家合成纤维技术重点研究机构，专业从事化纤及化纤原料技术研发、装备制造、工程设计和工程建设总承包及相应管理服务。2008年完成了国家纺织行业加快结构调整、转变增长方式专项资金项目“超细旦复合纺丝生产线装备研发及产品开发”，同时完成了绍兴海富化纤有限公司“55吨/天两条聚酯SSP生产线”、长兴山鹰化纤有限公司“72部位24头纺涤纶FDY生产线”、浙江世创石化有限公司“PET熔体直纺长丝”等重点新技术、新产品项目。该公司荣获首届“辽宁省技术创新示范企业”称号。

辽宁银珠化纺集团发挥本公司的技术优势，采用国内先进的装置，开发生产市场急需的产业用功能型锦纶66纤维，年产1000吨。其产品为细旦（300d以下）高强度、低缩锦纶66FDY纤维，是产业用功能型高技术纤维，产品填补国内空白，拥有自己的知识产权。同时还研制开发出耐高温、抗静电、抗氧化、高强、耐腐蚀等系列短纤维及丝束，主要应用于各种造纸毛毡、耐高温过滤材料、功能型耐高温服装、军工装备及静电植绒等多个领域。多功能型锦纶短纤维项目的成功，加快了多功能型锦纶短纤维的研发与产品的产业化。

辽宁天泽产业集团纺织有限公司完成了“防静电工业用过滤布”产品研发。该产品具有强度高、耐腐蚀、永久防静电的特点，广泛应用于石化、选矿、污水处理、制糖、制药等行业中需要液固分离、脱水、提纯加工流程中的各式过滤机上。该项技术已获得实用新型专利授权，被国家科技部列为2008—2009年度国家级重点新产品。该公司还为我国“神七”航天工程研制开发了“FT功能面料”，成功地应用于我国“神七”飞船的发射与升空运行，在“神七”航天飞行庆功大会上获得表彰。

辽宁华福印染股份有限公司自主研发的“宽幅纯棉床单布防皱整理”和“仿油画印花产品”项目，在“2008年全国棉纺织、色织、印染产品开发年会”上荣获优秀创新奖。

丹东优耐特纺织品有限公司自主研发出“高水压高透湿防雨面料”“超柔软微孔透气运动面料”“仿真皮透气皮膜面料”“防紫外涂层面料”“异色绒感色涂面料”等十余种产品。其中“环保型仿色织染整技术及系列产品”“FSTR-1型智能化无水多色涂染机”“FSPH-1型智能化无水印染喷绘机”等3项产品通过省级科技成果鉴定。该公司分别荣获中国纺织工业协会“2008年度纺织科技创新示范企业”称号和“辽宁省纺织行业发展贡献奖”；“纯棉织物仿真丝整理技术”项目获中国纺织工业协会科技进步三等奖。

辽阳艺蒙织毯实业公司成功研发了激光刻花毯，糊状PVC，PE覆合及环保汽车垫等产品的生产新技术，并开发出为宝马、奥迪等车型配套的簇绒毯产品。“麻类环保汽车内饰材料”及“汽车成型件”项目被国家列为扩大内需项目，该公司2008年申报2项发明专利。

葫芦岛益丰制衣公司开发出装有浮体的游泳衣，可以满足儿童和游泳初学者的游泳速成和安全需要，属于国内首创，已获得国家知识产权局授予的专利权，并获得“国家科技贡献奖”和“国家科技创新奖一等奖”等荣誉。

辽宁中泽集团针织有限公司自主研发了“PTT纤维与丽赛纤维交织高档提花针织产品”“棉/尼龙罗纹布”“涤/锦纶/棉交织双面布”“竹纤维/莫代尔单面”等产品。

辽宁宏丰印染有限公司自主研发的“涤棉织物采用高效精炼酶一步一浴法的前处理技术”荣获“2008年全国纺织印染行业节能减排优秀技术创新成果”三等奖；荣获“节能环保型柔软涂料印花拉绒布创新技术的生产实践”优秀奖。2008年，该公司全棉阻燃、涤棉染色布通过了英国BTTG机构的检测，表明该厂采用国产助剂生产的全棉阻燃布性能已达到PROBAN标准，已成功拿到EN531，EN470-1，EN1149，OKOTEX-100的国际认证证书，为进一步开拓欧洲市场提供了技术保障。

【纺织服装品牌建设】 2008年，全省纺织行业30个省名牌产品和4个国家名牌产品企业，采取积极措施，塑造品牌形象。葫芦岛德容（集团）制衣有限公司积极引进欧美、日本的先进生产技术和设备，包括从美国、日本、德国进口CAD辅助设计、全自动缝纫设备等，采用先进的CAD服装设计技术、CN程控裁剪技术和分片制作的流水生产方式，运用特种胶浆、烫金、扎染、抽象印花及丝网印花等工艺进行设计、打板、放板。工艺技术和装备水平达到世界一流水平。该公司建立高水平的研发团队。公司研发中心设立了内部研发室和外部研发室，外部研发室包括东北泳装研发室、北京泳装研发室、面料开发部、法国伊丽莎白都市设计室和俄罗斯伊格力东欧泳装设计工作室。其国内外技术研发人员达106人，国内研发人员90%以上为中高级技术人员，国外研发人员全部为国际或地区知名技术研发人员。每年研发新产品2000余款，开发新技术、新工艺数十项，其研发能力在国内泳装企业中处于一流水平。“蝶姿”品牌泳装畅销国内外。

2008年，全行业品牌企业加强销售渠道建设，培育自主品牌，提高内销市场竞争能力。大杨“创世”积极加快内销品牌旗舰店建设，在全国各大城市建设自己的品牌旗舰店；大连“桑扶兰”“思凡”等一大批省级名牌产品进一步加大市场销售力度，扩大品牌知名度；一批市级名牌产品企业进一步加强技术创新和新产品开发能力，积极争创省级名牌，加快销售渠道建设，品牌的影响力不断扩大。

【产业结构调整及园区建设】 近几年来，全省纺织工业在振兴东北老工业基地的进程中，县域纺织企业加快发展。特别是在服装行业快速发展的拉动下，地区产业布局得到了优化调整，区域特色经济及纺织园区建设取得显著成效。

全省纺织产业集聚在大连、营口、沈阳、辽阳、鞍山5市，2008年5市实现主营业务收入462.21亿元，占全省纺织行业的76.15%，形成了沈大高速路纺织产业带。以服装为龙头，牵动纺、织、染、化纤行业发展的格局已经显现。2008年，服装行业完成工业总产值占全省纺织行业的53.18%；棉纺织印染行业完成工业总产值占全省纺织行业的15.12%；化纤行业完成工业总产值占全省纺织行业的12.02%，纺织其他小行业完成工业总产值占全行业的19.68%。

2008年，各级地方政府重视并积极推进纺织产业发展，一批高起点、高技术水平的纺织产业园区和具有特色的产业集聚地逐步壮大。沈阳纺织工业园、丹东前阳纺织服装工业园、海城市纺织集聚地、抚顺工业滤布产业、兴城泳装产业等发展势头强劲，其中抚顺市针刺工业滤料发展尤为迅速：一是生产企业集中度高，以博格、天成、晶花、天宇、恒益、新东方为骨干的工业滤布生产企业集聚在抚顺，2008年生产各类高、中、低档针刺工业滤料约2000万平方米，实现主营业务收入近4亿元；二是产品质量和技术水平较高，在国内具有较高的知名度和影响力；三是产品市场覆盖面较大，销售遍布东北、华北、西北和西南地区的冶金、矿山、电力、水泥、机械、环保等行业。与此同时，沈阳沙岭镇裤子生产、辽阳灯塔童装生产和大连普兰店钩编装饰品生产等具有特色的产业集聚地逐步壮大。

（省经信委纺织处　陈庆杰）

化工科技

【概述】 2008年，全省石化行业规模以上工业企业2240个，占全省规模以上工业企业总户数的13%；资产总额3780亿元，占全省规模以上工业企业总资产的18.4%；从业人员48.55万人，占全省规模以上工业企业总人数的14.6%。

2008年，全省石化行业完成工业增加值1332.2亿元，占全省工业的20.2%，同比增长7.3%；实现销售收入5154.2亿元，占全省工业的22.3%，同比增长22.8%；实现利润215.6亿元，同比减利增亏253.1亿元；实现利税50.4亿元，同比减少247.7亿元。进出口贸易额252.43万美元，同比增长39.9%。

【产业结构调整】 2008年，全省石化行业一批重大项目开始实施，结构调整取得实质性进展。一是强化炼化企业的规模。大连石化已形成2000万吨炼油能力，在国内单个炼化厂中排在第1位；二是加快炼油化工一体化发展步伐。如抚顺石化百万吨乙烯、华锦集团46万吨乙烯工程均已开工建设，辽阳芳烃基地中的80万吨PTA项目已经投产，大连70万吨PX，120万吨PTA项目已经建成。上述一批大项目都是以调整结构为主的精深加工项目，将会明显地提高企业竞争能力和经济效益水平。省财政技改贴息资金把扶持全省精细化工技改项目作为重点，全省化学工业精细化率每年提高2个百分点以上，2008年全省化学工业精细化率达到38%。

【科技项目与投入】 2008年，沈阳化工研究院共下达各类科研计划113项，到年底完成109项（其余为跨年度项目）。全年签订技术合同675项，成交额7481万元。同比2007年合同数增加24.5%，成交额增加46.6%。全面完成研究院农药专业承担的国家“十一五”科技支撑计划农药创制工程项目的1项课题和8项“专题”的验收。年内制定国家标准74项，其中农药标准21项、染料标准52项，环保标准1项，并有部分标准通过审核实施。

2008年，沈阳化工研究院科技投入达到9576万元，占全院总收入的21.67%。其中，院本部8311万元、科创公司1190万元、博美达公司75万元。为了进一步提升科技能力，加大了科研设备的投入，签订了236万美元的大型设备购置合同，其中包括RC-1、液质联用及安评中心相关设备。

【科技成果】 2008年，是沈阳化工研究院历年来专利申请和授权、科研成果获奖最多的一年。共申请专利29项，其中PCT申请5项；授权专利18项。10项成果获省及中国石油和化学工业协会科技奖励。其中，“烯肟菌胺”获得中国石化协会技术发明一等奖，“环酯草醚”获得辽宁省科技进步一等奖，“苯并噁唑类荧光增白剂绿色合成技术”等4个项目获得中国石化协会科技进步二等奖，“溶剂法催化合成3，6-二氯水杨酸”等3个项目获得中国石化协会科技进步三等奖。

【人才队伍建设】 截至2008年年底，企业科技人员总数为451人。拥有国家级“百千万人才工程”“百人”层次3人，省级“百千万人才工程”“百人”层次5人，“千人”层次1人；13人享受政府特殊津贴；有教授级高工46人，高级工程师130人，其中有3名博士生导师和28名硕士生导师；有博士19人，硕士96人。

【园区建设】 园区工业在全省全面兴起，成为公认的发展模式。不仅“五点一线”沿海经济带规划了一批大型工业园区，而且内陆城市也规划了不同规模和特色的工业园区或专业园区。如沈阳化学工业区、辽阳芳烃基地、大连松木岛化工园区、营口仙人岛能源化工区、阜新精细氟化工产品生产基地，目前发展势头看好，并取得阶段性开发建设成果。

【企业技术研发】 农药研究所为科创公司提供了3项工艺技术、11项加工配方技术，开展了19项产品登记所需的室内及田间药效试验。同时，全年共合成新化合物2334个，其中数十个化合物具有很好的生物活性。甲氧基丙烯酸酯类化合物（SYP-8370、SYP-10913、SYP-11277）具有杀螨活性，含氰基化合物（SYP-10898等）具有杀虫活性，另外，部分合成的鱼尼丁受体化合物具有很好的杀虫活性。在这些合成的化合物中，SPY-10913、SPY-11277活性优异。

染料研究所承担的研究院项目扩链剂MCDEA已完善了生产技术研究，并已实现产业化。为解决大宗染料中间体的清洁生产工艺问题，开发了H酸全新生产工艺，已完成了工艺路线的探索试验，该项目已作为中化集团重点支持项目全面推进。

设计工程公司开发的环流反应器技术，已经完成了5000吨/年的三氯氧磷二期项目；具有自主知识产权的焚烧技术及产品已初步形成了标准化和系列化，并向国内4家农药企业推广应用；适时推进三相流化床废水处理技术、氨氮废水处理技术等多项环保新技术的研究；完成了催化氧化制备磺草酮中间体甲基化酸的工艺评价与选择、催化剂筛选、工艺条件优化等实验室研究以及自动化控制方案设计，求取了相关腐蚀性数据，已完成实验室小试工作。

安评中心在积极推进国际GLP建设的同时，完成了国内外农药及化工企业委托的各类毒性试验1560项；完成了农药的慢性毒性试验7个、亚慢性毒性试验26个；同时开发了海洋压载水试验，培育了新经济增长点。

【企业科技创新成果及其转化应用】 2008年，辽宁华锦化工（集团）有限责任公司在肥料研发方面进行了锅炉烟道气氨法脱硫技术的研究工作，为企业2×410吨/年锅炉烟气脱硫技术方案的选择提供了依据。现在正运用清华核研究院的烟气脱硫技术进行建设；开发了含硫尿素新产品，用烟气脱硫副产的硫铵和尿素装置的尿液生产硫含量为6%～8%的含硫尿素，该技术已完成中试，作为储备技术，待时机成熟再进行工业化建设。在合成树脂方面完成了无卤阻燃PP、聚丁二烯胶乳缩短反应时间的开发工作，超高分子量聚乙烯纤维项目按计划进行。正在建设准备投产的锅炉烟气脱硫项目采用清华核研究院的脱硫技术。该技术是国内最先进的氨法脱硫技术之一，脱硫率可达到96%以上，同时可以将副产硫酸铵作为肥料外售。该公司当年科技投入7300万元，占主营收入的1.01%。

辽宁一一三（集团）化工有限责任公司完成了“WI模压门板底漆”“MA7502水性木器底漆”“户外木器漆丙烯酸乳液研制”“高弹抗污外墙面漆”等4项技术创新成果。该公司先后和大连工业大学、辽宁大学、大连理工大学建立了技术合作关系，取得了良好的效果。该公司当年科技投入额为231万元，占主营业务收入的3.6%。

辽宁科隆精细化工股份有限公司技术中心研制成功 7项新产品，有3项新产品已经实施产业化生产，如聚羧酸减水剂、F-54、高分子量甲基聚乙二醇等。其中聚羧酸减水剂已通过省级新产品鉴定。

辽宁恒星精细化工（集团）有限公司自主研发了“高含量水性聚氨酯乳液”“水性仿金属光泽涂层胶”等2项新产品，并通过了省科技厅的科技成果鉴定，均达到国际先进水平；与中国人民解放军总装备部军需装备研究所合作开展“新型防水透湿系列材料及其应用研究”，填补了国内空白。“环保型多功能织物高弹整理技术”获省科技进步三等奖，“纳米复合型涂料印花粘合技术”获省科技成果转化三等奖，“高牢度无醛成膜固色技术”获中国纺织工业协会科学技术三等奖，“环保型免退浆料”获国家重点新产品，“环保型多功能聚氨酯交联剂”“环保型多功能高弹整理剂”“无机-有机纳米复合型涂料印花黏合剂”通过省科技成果转化项目认定。该公司当年科技投入总额为817.5万元，占主营业务收入的5%。

辽宁精化科技有限公司“1,5-萘二酚合成工艺”和“高品质媒介黑P2B染料合成”两项成果通过省级科技成果鉴定。该公司当年研发投入额为324.44万元，占销售收入的5.3%。

辽宁北方煤化工（集团）股份有限公司2008年度共实施科技项目12项。其中“高炉气制取二氧化碳生产尿素”获本溪市科技进步三等奖。当年科研投入3154万元，占企业主营业收入的6.3%。

营口市向阳化工总厂完成了“CS-3型丙烯聚合高效催化剂”“XYS全密度聚乙烯催化剂”“XYA-5丙烯腈催化剂”等项目的研发。全年科研投入3200万元，占主营业务收入的12.6%。

营口市风光化工有限公司2008年在主抗氧剂1010，168的质量上取得了重大突破，已研发出无毒高效的无锡1010，并在年底稳定工业化生产；在高效辅助抗氧剂300的生产工艺上有了较大的改进和提高，得到了质量稳定的成品；特别是在新产品的创新上，已经取得了抗氧剂3114、 HP-136小试和中试的成功，现已投入工业化生产；高效复合型抗氧剂系列YFK-9301/YFK-9300，已在国内数家聚烯烃石化装置上生产BOPP薄膜产品进行了试用，取得了很好的效果。

营口三征有机化工股份有限公司自主研发新技术3项，新产品5个，其中投产1个。包括“运用乳液液膜萃取工艺回收废水中氰化钠”“三聚氯氰聚合热回收用于液氯气化技术”“合成氨工艺技术改造创新”等。当年科技投入3500万元；占主营业务收入的6.7%。

阜新环宇橡胶（集团）有限公司的MT669阻燃钢缆带，已完成批量试生产。管状输送带，实验带已发往用户，等待试用。Ⅲ型（150℃）耐热钢丝绳带已完成中试及试验带生产。耐油、耐酸碱输送带，已完成混炼胶中试及试验带试生产，性能达标，从技术上具备批量试生产的能力。九～十二级高强力整芯阻燃输送带，通过调整配方和工艺，目前已通过上海检验合格。耐灼烧螺旋钢丝网耐热带，对带体结构进行了优化设计，调整了胶料配方的粘合性能，设计了低成本高性能EM101盖胶及试EM102贴胶配方，并进行了成本测算，从技术上已具备了批量试生产的能力。MT830分层阻燃输送带，正在调试盖胶配方，着重进行辊筒摩擦试验，贴胶配方已完成。节能型输送带，用华南提供的节能配方进行了多次粘合试验，并与公司胶料进行粘合胶小试试验对比，并已提交了发明专利申请。环保型阻燃输送带，已将烟密度及毒性试验样品寄到国家权威测试部门测试，并正进一步调整配方的物性。该公司与北京化工大学、华南理工大学、辽宁省工程技术大学、沈阳化工学院建立了长期的校企合作关系。当年科技投入435万元，占销售收入的3.3%。

锦西石化分公司与清大华亿公司共同合作开发了连续重整、延迟焦化、重油催化、二套催化先进控制与实时优化系统及燃料油加工系统综合优化项目，其中重油催化先控组态完成试投用，二套催化实时优化试投用，焦化阶跃测试完成DCS组态。该公司当年科技投入4327万元，占主营业务收入的0.16%。

2008年，中国石油辽阳石化公司计划实施科技项目34项，计划科技经费总额2941万元，其中，地区公司级项目15项，计划经费730万元；股份公司级项目19项，计划经费2211万元（其中列入地区公司经费378万元）。当年完成的主要科技工作：完成公司中试基地规划方案及审查，初步完成聚乙烯JK-1、JM-1两种催化剂工业化应用试验，完成了淤浆法聚乙烯连续工艺中试装置、JKP聚丙烯催化剂制备试验装置初步设计及审查工作；完成中试基地公用工程配套初步设计及审查工作；在新产品开发方面，基本完成交联聚乙烯、新型氯化聚乙烯两种新产品中试试验，并分别进行PEX管材和电缆材料应用实验，取得很好效果，聚酯厂试生产聚酯油瓶片649吨优级品，经油瓶加工应用试验，各项指标均满足用户要求。签订完成科技及信息外协合同23项，合同总额944万元，其中按计划执行494.8万元，完成验收科技开发项目12项，申报专利22项，获得专利授权4项，形成集团公司级专有技术6项。

辽宁奥克化学股份有限公司开发的“太阳级硅切割液OXSI-205”通过了国家级行业和省级科技成果及新产品投产鉴定。“单晶硅等半导体材料线切割用切削液OXSI-303”通过了省级科技成果及新产品投产鉴定。“年产5000吨乙氧基化特种丙烯酸酯项目”被国家科技部列入国家级火炬计划。“单晶硅等半导体材料线切割用切削液OXSI-303”被国家科技部列入国家重点新产品计划项目，并获得辽阳市科技进步一等奖。该公司当年科技投入4700万元，占主营业务收入的5%。公司设有国家级博士后科研工作站、省级企业技术中心、省级博士后科研基地和省级环氧乙烷开发利用工程技术研发中心等科研机构，拥有一支由国家级专家、教授、博士、硕士等高素质人才和大批具有环氧乙烷专业操作技能的职工队伍组成的创新团队。

辽宁联港染料化工有限公司的国家创新基金项目产品“高档颜料花艳紫红S-0610”顺利通过验收；其“花红颜料179”产品获中国国际专利技术与产品交易会金奖。2008年，该公司成功研制开发出“花艳大红S-0499”产品，填补了国内空白，并已批量投产。公司当年科技投入280万元，占销售收入的11.05%。

（省经信委化工处　高鹤）

医药科技

【概述】 2008年，全省医药行业进一步加强科技创新工作。广大医药企业在研发机构与人才队伍建设，产品质量管理与标准化、信息化建设，新产品开发，科技成果转化应用、产学研合作等方面加大投入力度，采取得力措施，相关各项工作取得了显著成效，企业科技创新能力进一步增强，科技创新成果大量涌现。

【研发机构建设】 2008年，沈阳红旗制药有限公司、珍奥集团股份有限公司、抚顺青松药业有限公司和阜新蒙药有限责任公司等4个企业的技术中心被评为省级企业技术中心。有5个技术中心项目共获得210万元专项经费支持，有13个新产品开发、技术研发和产学研合作项目列入省企业技术创新计划重点项目。截至2008年，全省医药行业拥有国家级企业技术中心1户，省级企业技术中心20户。

辽宁好护士药业集团拥有省级工程技术研究中心集技术管理、研发、开发、应用为一体，以现代化的技术装备为手段，以国家技术中心为标准，以开发研究中药、天然药、保健食品、天然药物提取物为方向，取得了一系列的研究成果。截至2008年年底，中心拥有员工41人，管理人员4人，技术人员8人，研究人员29人，其中具有高级职称者1人，具有中级职称者8人，具有初级职称者30人；具有研究生以上学历者2人，具有大学本科学历者14人。中心设有研发实验室（包括中药研究室、制剂研究室、保健品研究室、药理研究室、分析研究室）和中试车间，可独立完成中药新药药理、药效、毒理实验；独立完成中药新药各剂型工艺以及中药新药质量研究；与高等院校、科研院所联合开发中药一类新药；研究开发保健食品；解决生产技术难题，对引进技术进行消化吸收；接受委托为兄弟企业开发新药、解决技术难题。

辽宁益康生物企业技术中心拥有先进的科研仪器和开展动物微生物、传染病、免疫学研究的常规仪器，具有已通过国家GMP验收的P3生产车间、大规模标准化SPF动物房、负压隔离实验动物饲养中心、装备良好的基因工程实验室和其他辅助设施。中心研究人员总数达到54人，包括博士2人、硕士23人、具有本科学历者18人。其中高级研究人员与管理人员15人。生物工程研究室已经成为博士、硕士研究生开展课题研究的开放性实验室，先后有沈阳农业大学、解放军军需大学、河北师范大学等高等院校的8名博士、硕士研究生在该实验室完成了学位课题的研究。

【新产品开发与投入】 2008年，东药集团科技创新投入1.55亿元，占企业销售收入4.23%，主要用于在创新药物方面进行探索和现有产品的升级改造，完成了左卡尼汀手性合成工艺生产应用研究、Salen催化剂工业化、左乙拉西坦试生产、磷霉素钠国际质量标准控制技术研究等。东药集团积极申报国家及省市科技项目，其中“第四代头孢菌素硫酸头孢噻利的研制”“氢溴酸西酞普兰列技术创新”等10个项目共获得各级科技专项经费2100万元。

2008年，本溪三药科技创新投入656万元，占主营业务收入的6.2%，主要用于新产品研发及老产品二次开发项目。其中多烯紫杉醇长循环脂质体研究开发项目研究始于2005年，已投入资金180万元，其中财政拨款30万元，企业自筹150万元。现已完成多烯紫杉醇脂质体制备工艺研究、质量评价体系研究、体外溶血性研究及大鼠体内药代动力学研究，确定了制剂工艺和质量标准。“多烯紫杉脂质体及其制备方法”已申请国家专利。在国内外核心期刊发表论文3篇。

【创新成果及其转化应用】 2008年，全行业强化企业技术创新能力建设，健全和完善技术创新体系，一批重大科技创新成果不断涌现，高新技术成果产业化步伐加快。大连美罗药业股份有限公司加强研发工作，加速新产品产业化步伐。其开发研制的国家一类新药来氟米特及其片剂于2008年获得新药证书和生产批文，组织投产并成功投放市场。

大连大学医学院生物医学研究所研制开发的“药物涂层冠状动脉金属支架系统”，是SFDA批准在我国上市的第1个无高分子聚合物涂层的载药心脏支架，也是我国自主研发的第1个紫杉醇涂层心脏支架，我国由此成为国际上第1个自主研发“微盲孔载药”技术制造冠状动脉药物支架的国家。该药物支架的开发上市，填补了我国该领域的技术空白，其技术达到国际领先水平。

辽宁奥达制药研发的中药3类新药木丹颗粒，是国内外第1个获得批准治疗糖尿病性周围神经病变的创新中药，具有独立自主知识产权。木丹颗粒2008年成功上市，填补了国内国际空白。

【产品质量管理与标准化】 2008年，全省医药企业不断加强药品生产全过程质量管理体系建设。沈阳三生公司把产品质量视为企业生命。公司的生产车间全部通过国家GMP认证。所有上市产品均按照国家食品药品监督管理局批准的等于或高于《中华人民共和国药典》（第三部）的标准进行检验，合格后投放市场，保证患者的用药安全。自2004年起生产基地就参考欧洲药典第四版标准建立了更高水准的质量控制体系，并以欧盟标准设计建造新的生产基地。同时，企业组织各部门撰写了标准操作规程（SOP），在实际工作中严格遵照执行，形成了标准化运作体系。2008年，在《Journal of Pharmaceutical Science》上发表的一篇比较中国、韩国和印度市场上的重组人促红素产品质量的文章中，三生公司的“益比奥”被作者评价为质量最稳定、与美国市场产品几乎一致的重组人促红素产品。

【企业信息化建设】 好护士药业内设信息管理部，建立了办公自动化系统，实现移动办公、资源共享、高效协同的事务处理机制。同时利用计算机、自动化、先进控制等技术对中药提取生产过程进行智能全自动控制，实现了中药煎煮，沉淀过滤，多效浓缩等生产过程的工艺参数自动检测、分析、控制、管理，并与企业管理系统接口。采用智能专家控制系统，对控制回路进行自控，降低人工干预，减少操作人员，使设备协调、稳定地运行在最佳状态，提高了产品产量、质量、稳定性，节约了生产成本。通过抓好信息化系统建设，企业管理水平全面提高，生产技术水平全面升级。

【产学研合作】 2008年，我省医药企业积极与省内外高校和科研院所合作，有效利用资源和研究成果，联合开发生物医药项目。

东药集团依托东药企业技术中心，与科研单位、大专院校等进行产学研合作，借助外脑，引进新品种、新技术。通过开展项目合作，加快企业产品升级进程。其主要合作项目包括：硫酸头孢噻利原料药及粉针剂，多效价病原体诊断与筛检试剂，α-型那可丁原料药合成工艺，胸腺五肽及注射用胸腺五肽，法罗培南原料药及片剂、胶囊、颗粒剂等。

好护士药业与省内外多所院校合作，进行新产品研发和现有产品的二次开发，包括：与沈阳药科大学合作进行强肾片二次开发；与中国医科大学合作进行蜂蛇胶囊研制；与南方医科大学合作进行痹症系列药深入研究；与上海第二军医大学合作开发乳癖消软胶囊。

【重大科技创新项目选介】 沈阳三生制药：人乳头瘤病毒(Human papilloma Virus ,HPV)基因工程疫苗，采用生物反应器培养技术，产品结构完整，用于预防和治疗宫颈癌。目前，美国已经有同类产品上市，中国尚没有国产同类产品进入临床研究。为弥补国内空白，三生公司根据我国妇科疾病发病率图谱和国外同类产品应用现状，积极开展此项研究，2008年进行了该产品的培养优化。Ferumoxytol（超顺磁氧化铁剂)产品，是由专门开发用于药物制剂的超顺磁氧化铁纳米粒的美国AMG公司所研制的第一个治疗用产品。该产品为一种静脉注射补铁剂，相对口服补铁剂能更高效地补充体内铁的贮存需要，且无常见副作用。2008年在美国已经完成了III期临床研究，作用效果明显。三生公司于2008年5月与美国AMAG制药公司签署协议，共同开发和推广Ferumoxytol（超顺磁氧化铁剂)产品。

东药集团：VC二步发酵卫星搭载菌及其适宜工艺，2008年，东北制药总厂和中国科学院沈阳应用生态研究所合作开展卫星二次搭载诱变育种项目，菌种由“神舟”飞船搭载。当年即开展了诱变菌的筛选试验工作，已选育出多株具有很好应用前景的诱变工程菌。该技术保留了原工艺的主要过程，全面应用后将大幅提高东北制药总厂VC产业的竞争力。

（省经信委医药处　周海霞）

电子信息产业科技

【概述】 2008年，全省电子信息产品制造业面临着复杂形势和诸多不确定的因素，特别是在世界金融危机影响越来越大、国内信息产业总体发展速度减缓的情况下，全行业以科学发展观为指导，抢抓机遇，开拓创新，克服困难，逆势而上，保持了全省电子信息产品制造业又好又快发展的态势。

2008年，全省电子信息产品制造业统计企业户数为375户。按企业登记类型分：内资企业228户，占企业总数的60.8%；三资企业147户，占企业总数的39.2%。从业人数为18万人，其中，工程技术人员2.2万人，占从业人数的12.2%；管理人员2.1万人，占从业人数的11.7%。资产总计为821.8亿元，负债总计为409.3亿元，资产负债率为49.8%。全员劳动生产率为12.8万元/人，比上年提高0.2个百分点，产销率为100.2%，比上年提高2.5个百分点。

2008年，辽宁省电子信息产品制造业经济运行状况良好，全省规模以上企业实现主营业务收入981亿元，同比增长22.3%；实现工业增加值226亿元，同比增长25.6%；实现利润46.5亿元，同比增长8.6%；实现税金17.9亿元，同比增长39.8%；完成出口创汇68亿美元，同比增长9.7%。

【主导产品生产与出口】 打印机产量为106.8万台；汽车音响产量为396万部，电视机产量为520.5万台，激光视盘机产量为162.1万台。部分主导产品产量在全国处于前列，其中，打印机产量排在第3位，电视机、激光视盘机产量均列在全国第6位。

彩色电视机出口473.9万台，占总销量的91.1%；激光视盘机累计出口162.5万台，占总销量的99.7%；汽车音响的出口量为212万部，占总销量的53.1%；打印机出口107.4万台，占总销量的100%。

【经济运行状况及特点】 一是产业保持了较快的发展速度。2008年全省电子信息产品制造业主营业务收入增速为22.3%，比全国平均增速（12.8%）高出9.5个百分点。我省在全国的排名继续保持在第9位，排名在前8位的分别是广东、江苏、上海、山东、浙江、北京、天津、福建，其中除山东（增速为24%）之外，均低于我省发展速度。二是内资企业占产业的比重有所上升。2008年，电子信息产品制造业共有外商投资企业147家，实现主营业务收入561.5亿元，占全省电子信息产品制造业的比重为57.2%。内资企业由于自主创新能力不断增强，产品的市场竞争力明显提高，占产业的比重从上年的31.4%提高到42.8%，提高了11.4个百分点；外商投资实现利润26.5亿元，占全省电子信息产品制造业的比重为57%。三是电子信息产业园区建设取得新进展。2008年，已经初步形成规模的电子信息产品制造业的产业园区由上年的9个增加到11个，分别是沈阳浑南高新技术开发区、沈阳光电信息产业园（沈北新区）、大连视听产品产业园、大连电子元件产业园、丹东信息产业园、锦州汽车电子产业园、锦州光伏产业园、阜新电子工业园、辽阳电子原材料工业园、朝阳电子工业园、中建通讯产业园（朝阳）。截至2008年底，入园企业229家，实现主营业务收入732.6亿元，同比增长21.5%，占全省电子信息产品制造业的74.7%；实现利润34.5亿元，占81.6%；出口创汇58.1亿美元，占90.5%。其中，大连视听产品产业园和大连电子元件产业园两个国家级园区实现主营业务收入533.3亿元，占全省电子信息产品制造业的54.4%，占大连市的88.9%。四是电子信息产品出口稳步增长。2008年，全省电子信息产品出口创汇额达到68亿美元，同比增长9.7%，出口额占主营业务收入的45.2%。产品出口主要集中在沈阳和大连两市，其中，大连市出口创汇55.9亿美元，沈阳市出口创汇9.3亿美元，两市出口创汇之和为65.2亿美元，约占全省电子信息产品制造业的95.9%。

【行业管理与创新】 一是积极推进重大项目建设。2008年，全省电子信息产品制造业21个重点项目累计完成投资30亿元。英特尔半导体（大连）晶圆项目已经完成了厂房、仓库、办公室等所有土建工程，开始转入设备安装阶段。沈阳新邮通信设备有限公司、沈阳德信科技设备有限公司、沈阳同方多媒体科技有限公司、朝阳中建科技有限公司等项目已投产运营。二是坚持不懈开展自主创新。重点发展了数字视听、光电子、第三代移动通信等一批自主知识产权产品。华录集团成功研制出第一台国产蓝光DVD产品样机并批量生产；大连路明科技集团的高亮度发光二极管芯片已形成年产30亿支的生产能力；大连环宇公司研制的车载应急通信系统受到北京奥委会的好评；沈阳高精数控公司研发的数控系统首次成功完成了30套国产数控机床的配套工作。三是坚定不移促进对外开放。2008年，引进国内资本和利用外资的能力、水平和成效有了较大提高。与IBM、ORACLE、CISCO等国际顶级IT公司驻京机构建立了密切联系，通过沟通信息，积极寻求合作机会；组团出访欧洲、美国、加拿大、日本等国家和地区进行招商引资；成功接待了应邀来访的韩国SK公司、英特尔公司等国际知名IT企业高层。四是转变职能，营造产业发展良好环境。为营造良好的市场环境，组织省内IT企业赴杭州、东莞等市开展招商引资和配套对接，为广播电视、通信企业搭建供需交流合作平台；为营造良好的人才环境，举办了由省内147家IT企业和2000余名IT专业毕业生参加的第三届高校毕业生IT专场对接会和就业论坛，取得了增加就业的预期效果。

（省经信委电子信息处　张友）

软件科技

【概述】 2008年，我省软件服务业保持持续、稳定、快速发展的态势。软件服务业实现销售收入482亿元，同比增长35%;实现软件出口9.7亿美元，同比增长43%。累计通过认证的软件企业631家，累计登记的软件产品2943个，软件服务业从业人员10万余人。已有46家世界著名跨国企业在我省设立了服务中心或技术中心。据国际数据集团（IDC）发布的全球交付指数（GDI），大连在全球离岸交付城市排名中居于第5位，在中国城市中居于第1位。

【嵌入式软件发展】 我省作为制造业大省，为嵌入式软件发展提供了巨大的需求市场，也为嵌入式软件开辟了广阔的发展空间。利用嵌入式软件提升了制造业产品质量与档次，增强了产品的智能化功能，增加了产品的附加值。我省数控机床、数字医疗、工业机器人、冶金自动化、X射线检测、移动通信和宽带通信等一大批嵌入式软件产品继续在国内市场占有主导地位。

中科院沈阳自动化研究所研制的“水下警戒系统”，在2008年北京奥运会时执行水下反恐监控任务；该所研制的首台极地机器人将远赴南极，这将是中国在南极科考中首次运用智能机器人。沈阳新松机器人股份有限公司利用嵌入式软件成功转化了自动化控制技术成果，形成了工业机器人等3大主导产业。沈阳高精数控公司研发的3种型号的数控系统，已完成了具有自主知识产权的30套国产数控机床的配套调试、机床检测和样件试切加工等工作。

【动漫产业】 截至2008年年底，沈阳、大连两个国家级动漫产业基地入驻动漫企业200余家；投入动漫产业用房20万平方米；搭建了两个具有国内领先水平的动漫公共技术服务平台，涵盖了动作捕捉、渲染集群、高清制作、幻影成像、音效合成及游戏测评系统等功能。

完成动画片制作1.8万分钟，实现动漫产品产值35亿元（含大连华录游戏机销售收入28亿元）。业务范围向动画创作、动画加工、网络游戏、手机游戏、剧院影视、动漫广告、衍生品开发、CG应用等8大领域拓展，逐步形成了较为完整的动漫产业链。

【自主创新能力建设】 企业自主创新能力进一步增强，形成了一批具有自主知识产权的产品。2008年，我省软件企业先后研发了一批具有自主知识产权的软件产品。譬如，东软集团在CT扫描装置方面，新型的16层CT NeuViz16 Plus通过了SFDA（国家食品药品监督管理局）认证，开始投放市场；在超声产品方面，推出了最新型的Flying全数字彩色多普勒超声诊断系统；在核医学产品方面，自主研发、生产的正电子发射断层扫描装置——PET Attrius™系统已经完成样机研制，进入临床检验阶段；在医疗软件系统方面，自主研发的乳腺计算机辅助检测系统、心脏计算机辅助检测系统先后通过SFDA认证，标志着我国已有能力研发、生产、销售更适合亚洲人特质、具有国际先进水平的计算机辅助检测产品，打破了跨国公司对国际市场的垄断。大连环宇公司为北京奥运会提供了8套新研制的车载应急通信系统，受到了组委会的好评，国家有关部门决定再增购16套。鞍山聚龙公司自行研制的自动清分机已通过欧盟的ECB（欧洲中央银行）认证，取得了拓展欧洲市场的通行证。

【重要科技活动】 2007年11月至2008年6月，省信息产业厅会同省教育厅联合举办了第十七届“六一”国际儿童节计算机表演赛，共有143683名18岁以下学生参加比赛，6393名学生分别获得赛区一、二、三等奖和优秀奖。

2008年4月18日，省信息产业厅会同省教育厅在沈阳联合举办了第三届高校毕业生IT专场对接会。会上，省内147家IT企业提供了2200个岗位，吸引了来自省内高校IT相关专业的2000余名应届毕业生参会，有200多名毕业生当场与用人单位签约。

为提高我省IC设计人才的科研水平，2008年6月12日，省信息产业厅会同省教育厅与美国Mentor Graphics公司在沈阳签署战略合作协议。由美国Mentor Graphics公司、东北大学、辽宁大学、沈阳工业大学和沈阳理工大学等4所高校共建辽宁省集成电路与电子系统设计联合实验室。美国Mentor Graphics公司向这4所高校捐赠价值6000万美元的EDA系统软件及技术资料，以支持在集成电路与电子系统设计方面的教学和科研工作。

为规范市场行为，加强行业自律，省信息产业厅积极协调省质量技术监督局、大连市信息产业局和软件行业协会，于2008年6月16日出台了辽宁省地方标准《辽宁省个人信息保护规范》（DB21/T 1628-2008）。该标准的正式实施使我省成为全国第一个具有个人信息保护规范（标准）的省份。该标准已与日本相关部门制定的标准实现了互认。

2008年6月19日至23日，第六届中国国际软件和信息服务交易会在大连成功举办。本届软交会有30个省市组团参展，参展企业数量多达640家，是历届交易会中参展企业最多的一届。辽宁展团以“工业化与信息化融合，建设国家级动漫产业基地”为主题精彩亮相。在省信息产业厅会同相关部门举办的2008中国（辽宁）国际动漫产业发展高峰论坛上，来自美国、日本、韩国等国家和我国台湾、北京地区的动漫行业知名专家作了专题演讲。

在省信息产业厅和省金融办等单位的大力推动下，奥维通信股份有限公司在深交所成功上市。2008年8月26日，省信息产业厅会同省政府金融办和辽宁证监局在丹东市联合组织召开了“辽宁IT企业上市推进会”。全省IT行业24家拟上市重点企业负责人、深圳证券交易所、申万证券、德邦证券、中天证券等中介机构代表共60人参加会议。

（省经信委软件服务业处　杨帅）

国防科技

【概述】 2008年，全省国防科技工业工作围绕国家国防科技工业工作会议及全省科技工作会议精神，按照国防科技工业“四个坚持”根本方针的要求，以确保武器装备型号研制任务和促进国防科技工业产业结构升级为主线，以加强军民结合产业基地建设为重点，深化科技体制改革，加强科技创新体系建设，强化科研项目管理与监督，取得显著成效。

【科研经费与项目实施】 2008年，全行业各类科技活动经费投入总额达60亿元。在上级主管部门的支持、指导和协调下，经过参研单位不懈努力，各重点武器装备型号研制工作进展顺利。

【科研机构及人才队伍建设】 2008年，军工企业共建有10个独立的企业技术中心，重点民口军品配套企业有6户建立了独立的企业技术中心；全行业从事科技活动人员为35864人，其中，高级专业技术人员超过5000人，具有大专以上学历的人员超过20000人，从事R&D活动人员20519人。

【科研成果及其转化应用】 2008年，全行业攻克关键技术70多项，申报专利193件，取得各类科技成果1400多项，获得省级以上科技奖励147项，发表论文7100多篇，其中被SCI，EI，ISTP及其他一类专刊收录1700多篇。

【军工技术服务地方经济】 “十一五”以来，随着国家对国防科技工业的重视和辽宁国防科技工业的不断发展，国家对我省国防投资的强度进一步加大。同时，国家启动的振兴东北一、二批国债项目中，对辽宁军工的投资也达到了建国以来较高水平。

辽宁军工骨干企业的成长带动了多个产业链的形成，促进了区域经济的大发展。以大船重工和渤船重工为龙头，在“五点一线”沿海经济带形成了强势发展的船舶产业集群；以沈飞、沈飞民机公司、黎明公司为龙头，开发民机产业链，形成了新的航空产业基地；以辽宁华锦集团和辽宁庆阳特种化工有限公司为龙头，建设乙烯及石油化工等项目，推动了辽宁新型化工产业的发展；以红岩河、徐大堡核电站建设项目为重点，开发民用核电、铀资源等，形成新的核电产业格局。一批重大军民结合项目的实施和军民结合产业基地的规划建设，有效推动了辽宁产业结构的调整升级。

（省经信委军工投资和科技管理处　林强）

公 安 科 技

【概述】 2008年,辽宁省公安系统紧紧围绕国家科技发展总体规划和辽宁省科技发展规划以及公安部科技强警战略的总体部署,以公安信息化工程建设和应用为龙头,以科技创新为动力,以促进科学技术与公安工作和队伍建设的紧密融合为核心,加快推进科技强警各项工作,公安科技信息化建设、科研开发和成果转化等工作取得了长足进步。全年在科技建设方面投入了大量资金，开展了公安信息化项目建设和应用。

【科技强警工作】 2008年，沈阳市委、市政府对科技强警示范城市建设工作高度重视，领导有力，组织有序，认真按照《科技强警示范城市建设实施方案》精心安排，加大投入，较好地完成了《实施方案》和《考核指标》所确定的各项任务。5月23日至25日，公安部、科技部联合组成现场验收考核组，对沈阳市科技强警示范城市建设工作进行现场验收考核，对其创建工作给予了充分肯定。沈阳市科技强警示范城市建设工作顺利通过公安部、科技部验收。

【信息化建设】 辽宁公安信息化建设的具体目标是“六个一流”，即建设一流的“三大平台”；完善一流的软件系统；练就一流的应用能力；建立一流的警务机制；追求一流的执法质量；实现一流的社会效果。

2008年，按照部党委的统一部署，辽宁公安机关紧紧依靠公安部和省委、省政府的坚强领导，以“三项建设”特别是公安信息化建设为重大载体，采取得力举措，在全省范围内展开了一场以信息化建设为载体，加速推进公安工作实现新一轮跨越发展的“辽沈战役”，取得了比较明显的阶段性成果。信息化建设工作取得了全国第一的优异成绩。

【奥运安保工作】 2008年，奥运安保工作开展以来，辽宁省公安厅党委明确提出：要加大奥运安保的科技含量，确保在奥运会期间，辽宁省不发生爆炸、投毒和核化危机等事件，又要确保相关的物品不从辽宁省流入北京，以免给北京奥运会造成威胁。辽宁省公安厅由科技处牵头负责制定在全省海、陆、空省际出入口安装防爆炸物品、剧毒物品和生化物品检测设备的方案设计。

辽宁省公安厅科技处组织治安、交警、边防、反恐总队、沈铁和机场公安局，先后两次召开会议进行工作协调和部署，并通过与出入境检验检疫、海关、边检等相关部门的沟通，深入到港口实地进行考察、调研，搜集和掌握了大量有利用价值的数据和资料。同时，还邀请了北京奥运会安保顾问张恩伟及相关技术人员做指导，结合基础数据资料，进行了初步规划。经过反复的论证和修改，完成了《辽宁省省际出入口安装安检设备方案》的设计工作。

【公安技术革新】 为贯彻落实公安部《关于深入实施科技强警战略的决定》和《关于开展公安机关基层技术革新活动的通知》（公科传发〔2007〕42号）精神，全面推动公安科技实战应用，鼓励基层民警立足本岗位开展技术革新，不断提高工作效率和执法水平，更好地服务于“三基工程”建设，按照“突出基层，突出实战”的总体精神，辽宁省公安厅启动了公安基层技术革新奖评选工作。

2008年5月8日，辽宁省公安厅科技处组织召开了首届“辽宁省公安基层技术革新奖”评审会议，对29项基层民警申报的项目进行了评审。这29项科技成果分别涉及刑侦、指挥中心、监管、教育训练、交通安全、技术防范、计算机通信、公安装备管理等专业技术领域。会议评审出一等奖2项，二等奖3项，三等奖5项，优秀奖17项。为鼓励组织开展基层民警技术革新工作的科技管理部门，会议还增设组织奖4项。

【科技普及与培训】 2008年5月6日，辽宁省公安厅科技处举办了2008年全省公安科普活动月启动暨科普图书和光盘发放仪式，公布了《2008年全省公安科普活动月实施方案》（以下简称《方案》），向各市公安机关发放了公安部统一配发的科普图书和DVD光盘2500余套。

按照《方案》，2008年的公安科普工作，紧密围绕全省公安机关的两项中心工作来谋划和开展。一是奥运安全保卫工作，一是“三基建设”决胜年工作。在奥运安保工作中，我省既是奥运足球分赛场，又有火炬传递任务，同时承担环京“护城河”的任务，任务十分艰巨。奥运安保工作离不开科技的支撑。而“三基建设”工作更需要激发和调动广大干警爱科学的热情、学科学的渴望、用科学的行动。

2008年，辽宁省公安厅结合奥运安保与反恐工作的形势和需要，邀请中国安防协会有关专家，为全省公安系统的300余名反恐和科技管理民警举办了反恐“防爆安检”技术讲座。15家企事业单位的技术人员介绍了各自单位的专利产品及技术优势，并进行了实物演示，使广大干警初步了解了反恐工作中所涉及的防爆安检产品种类、应用范围和实战功能，强化了干警应用技术器材进行安检、排爆和防护等方面的基础知识。中国安防协会专家委员会顾问、国家反恐防爆专家刘辛作了“反恐怖爆炸对策”专题讲座，列举了国内外相关的实战案例，提出了实用性和针对性很强的业务指导意见。

（省公安厅科技处　喻晓光）

国土资源科技

【概述】 2008年，辽宁省国土资源科技创新能力有了显著提高。在全省大力推进沈阳经济区、沿海经济带、“突破辽西北”3大战略，坚持把保增长、促振兴作为头等大事，积极应对困难和挑战，全力以资源保障全省经济发展与社会和谐需求。通过科技创新提高国土资源科学管理水平，坚持节约、集约、科学开发利用土地资源和矿产资源，加大地质勘查投入，积极推进地质找矿。国土资源领域科研开发工作取得了重要进展。

【科技项目与经费】 2008年，辽宁省国土资源部门实施省级科研项目9个，科研经费数百万元。项目涉及破解土地资源管理难题和科学开发利用土地资源的先进技术方法、基础地质、矿产资源潜力评价等领域。安排国家危机矿山找矿专项十余项，资金投入比上年提高数倍。首次将我省硼资源列入国家找矿新矿种。加大省级地勘投入力度，全年共安排地质勘查项目百余项，资金数亿元。研究编制《辽西北矿产资源勘查开发实施方案》，实施地质勘查一大批专项，有力地支持了“突破辽西北”的战略实施。

【科研机构及人才队伍建设】 截至2008年年底，全省国土资源系统共有单位机构552个7559人，其中专业技术人员3782人（具有高级专业技术职称者456人，具有中级专业技术职称者1288人，具有初级以下专业技术职称者2038人）；具有研究生学历者218人，具有本科学历者2515人，具有大专学历者3602人，具有中专学历者616人，具有高中以下学历者566人。

2008年，在国土资源系统内大力开展专业技术人员和管理人员培训。开展了省、市、县系统的第二次土地调查、土地开发整理、全省矿业核查、地质勘查、国土资源法律法规、高级专业技术科技骨干等培训，共培训24959人次。坚持开展继续教育和学历教育，致力于培养高层次复合型人才，与中国农业大学联合举办了土地资源管理专业研究生课程班。通过地质勘查和科研专项培养科技骨干，取得较好效果。

【科技成果及其转化应用】 开展矿业权核查，对煤、铁等重要矿种全面进行详查；开展矿产资源潜力评价；建立省、市、县三级连网的全省矿业权电子档案系统，进行动态监管，同时完善了全省矿业权网上审批；解决矿产资源重大遗留问题，对数十个矿业权进行处置，为鞍钢、本钢等国有企业的发展配置方案提供支持；稳步推进全省第二次土地调查；深化矿产资源储量动态监测；推进地质灾害防御能力建设；出台《辽宁省国土规划纲要》和《辽宁省国土规划管理办法》；对土地利用总体规划进行了修编；实施“土地整理兴农富民示范村工程”；在为全省地质勘查找矿提供资金保障上实现重大突破，加大了重点成矿区域和危机矿山勘查，集中安排了公益性、基础性地质调查及科技创新等项目；坚持土地节约集约，在转变土地粗放利用方式研究上取得重要进展；信息化建设水平稳步提高，“金土工程”一期建设扎实推进，省市县三级主干网建设如期完成，建设用地远程申报与审查系统、规划预审及调整系统、矿业权审批管理系统等逐步完善。

【重大科技项目选介】 “辽宁省土地开发整理项目工程建设监理技术规范综合研究”项目：制定出一套全面、详细的土地整理监理技术规范，实现了土地开发整理项目工程统一标准，使我省的土地开发整理项目工程监理工作迈上了新台阶，逐步实现系统化、规范化和制度化。

“红螺山—五指山多金属矿资源评价与研究”项目：通过野外调研考察结合室内岩石化学和同位素地球化学等方法研究成矿规律，并应用板块理论建立成矿模式，确定找矿标志，建立找矿控制模型；应用GIS实现资源定位及定量预测，实现计算机的全方位工作模式，减少以前人为预测的工作量。为未来3～5年的找矿工作提供了突破口，已发现或探明大中型矿产地1处、一级成矿远景区2～3处、二级成矿远景区4处。

“辽宁北票羊草沟晚三叠世生物群及其地质背景研究”项目：通过辽宁省北票羊草沟晚三叠世生物群，包括植物群、双壳类、叶肢介及介形类等各门类化石及其“三古”、相关层位的稀土元素与微量元素分析研究，建立了野外采掘所得到的化石标本分类学研究样本。完善、建立了辽西晚三叠世生物群；解决了地层的划分与精细研究对比问题；解读了其对物源与沉积环境的指示；追索被子植物起源，对三叠系和侏罗系的界线划分作出了地质学应有的贡献。同时填补了辽西中生代生物群研究的空白，其研究达到国际领先水平。

“辽宁东鞍山—本溪地区铀矿资源预测研究”项目：对辽宁省重点铀矿区及外围基础重新认识，提出对重点工作的地区开展研究。通过进行野外地质调查，选择有利地段开展地质、物化探查及放射性调查，利用非放射性技术手段结合放射性方法，将研究区的各类信息，包括航磁、航放、航空重力、地质构造、地层建造、地球物理、地球化学、放射性物理场等方面的综合信息与国内外已知矿床进行对比，分析铀成矿地质条件，寻找铀成矿模式，选出有利的铀成矿远景找矿靶区，并对其资源量作出预测。

“辽宁省‘五点一线’区域土地利用最大化保证程度调查研究”项目：主要针对辽宁省“五点一线”沿海经济带涉及的6个省辖市耕地保证程度进行调查和评价，了解现阶段“五点一线”沿海经济带耕地数量和质量状况，分析“五点一线”沿海经济带建设对该区域耕地的影响，探讨该区域的耕地保证程度，研究该区域耕地合理利用和保护的对策措施。研究成果为辽宁省“五点一线”沿海经济带建设战略的顺利实施提供可靠翔实的基础数据，提出有利于科学地保护和合理利用耕地资源和提高“五点一线”沿海经济带区域耕地质量的土地利用管理方式。同时破解了相关土地管理难题，促进了经济社会和环境可持续发展。

“辽宁省土地开发整理项目规划设计实用技术与应用图集研究”项目。该项目从两个技术方面的研究来解决辽宁省土地开发整理项目规划设计阶段出现的实际问题，从而加强和提高了项目规划设计成果质量，具备项目实施的实用性和可操作性。研究并提出了适合我省不同农业区划、地貌类型等特点的土地开发整理项目规划方案和工程设计的方法和技术措施。

“辽宁省用地扩张的动力与政策研究”项目：建立了全省土地类别、用地审批、土地利用现状、土地开发整理、城市建设用地、工业和国有设施用地、城镇商品房建设用地等多年份的数据平台。通过数据平台，分析研究了辽宁省土地开发利用和历年变化情况的综合趋势。集中研究了土地扩张的动因和问题，提出了系列破解土地管理难题的法律和政策意见，为"十二五"科学合理开发利用土地提供了科学依据。

"辽宁省重点产粮区域耕地保证程度调查评价与研究"项目：以辽宁省粮食主要生产区为研究区域，以耕地为研究对象。首先运用RS和GIS技术研究典型粮食主产区耕地资源数量变化与空间变化特征。通过实地调查，结合相关的统计与分析数据，运用农用地分等定级成果，分析辽宁省粮食主产区耕地保护数量与质量现状，以及存在的问题。根据辽宁省粮食主产区耕地保护现状，结合国家和省级耕地保护政策，提出破解辽宁省粮食主产区耕地保护问题和科学合理利用的对策与措施。

"辽宁省航磁、重力、遥感等资料二次开发综合研究"项目：我省重要的矿产资源潜力评价的科技攻关项目，通过整合、集成已完成的区域地质、航磁、重力、化探等调查评价成果，重点研究区域构造，划分断裂，圈定岩浆岩和控矿蚀变带。通过深入综合分析研究，进行岩浆岩、构造填图，结合地、物、化、遥等资料，研究地质成矿规律，圈定辽宁省成矿区划带和重点矿种远景区。

（省国土资源厅　薛卫疆）

农业科技

【概述】 "十一五"以来，辽宁省全面实施科技兴农战略，紧紧围绕现代农业发展对科技的需求，以提高农业效益、增加农民收入为目标，采取了一系列政策措施，在主要农作物新品种选育、农业种养殖技术、农业信息、农业工程、农产品深加工、农业节水、动植物病虫害综合防治和农业科技环境能力建设等方面取得了重大进步。农业科技投入持续增加，农业科技体系逐渐完善，科研转化推广能力不断加强，研究与开发领域进一步拓宽，为推进辽宁省农业持续、稳定、健康、协调发展发挥了巨大的支撑和引领作用。

【技术引进与推广】 辽宁省一批重大科技成果如杂交玉米、超级稻、北方温室、北方农村能源模式等，在全国具有重大影响，起到了重要的牵动作用。截至2008年底，全省6个县实施农业科技入户工程，培育2.4万个科技示范户，辐射带动48万农户，重点推广应用30个主导品种和20项主推技术，实现农民增收10亿元，取得了政府满意、农民欢迎、专家拥护的良好效果。从2005年起，实施超级稻示范推广计划，重点推广了6个超级稻品种及5项主推技术，建立了"百亩方""千亩片""万亩带"，辐射带动优质高产水稻500万亩以上，增产增收效果显著，为我省实施水稻"百亿工程"作出了巨大贡献。从2007年起实施的"农村科技特派行动"，共派出科技特派团212个、科技特派组63个、科技特派员2784名，培养农民技术员4502名，为"一县一业"和"一乡一品"的发展提供了技术支撑。全省科技特派行动已累计引进新品种1823个，推广新技术1293项，建立示范基地2277个，创办农业专业技术合作组织1226个，新增经济效益210亿元。科技特派团、特派组、特派员、农民技术员培养四位一体的科技支持新农村建设的支撑体系已经形成。

为准确把握我省农业科技的发展方向、发展重点、发展目标，组织省内外知名专家对现代农业科技发展的趋势、技术需求、研发攻关和推广重点等作了比较详尽的研究，确定了今后一个时期引进、攻关和推广的重点：引进优质玉米、水稻、蔬菜新品种种质资源；开展植物保护、农业清洁生产与面源污染防控新技术攻关；推广水稻无纺布旱育稀植轻简栽培、北方"四位一体"农村能源生态模式等多项技术。

【农民科技培训】 培养新型农民，发展现代农业，是中央1号文件提出的明确要求。为此，辽宁省制定了《辽宁省农民教育培训规划》。以农村劳动力转移培训阳光工程、农民科技培训工程和设施农业科技培训工程为牵动，推动农民培训工作全面展开。坚持政府引导，培训基地采取市场化运作，部门监管，农民受益的基本原则，建立基地招标、信息公示、实名管理、实名补贴、工作月报、年末考核验收等管理制度，截至2008年年底，认定培训基地416个，采取订单培训、定向培养的方式，以就地就近转移培训为重点，开展转移培训193.7万人，其中，职业技能培训70万人，引导性培训123.7万人，带动转移就业150万人，使农村劳动力外出务工人员从2003年的150多万人增加到300多万人，翻了一番。通过增加工资性收入，促进了农民增收。

2006—2008年实施的农民科技培训工程，按照“围绕主导产业，培训专业农民，进村办班指导，发展一村一品”的基本要求，招标确定了160个培训机构，组织了2024人的教师队伍，进村培训，入户指导，22万农民接受培训并取得了结业证书。

【农业推广体系改革与建设】 1998年，在以税费改革为推动的县、乡财政体制改革、乡镇机构改革中，由于当时我省大部分乡镇财政比较困难，个别地方出现了平调、出租乃至变卖乡镇技术推广站设施、资产，或以包干统筹为名，截留、挪用人员经费等问题，基层农技推广站面临着“网破、线断、人散”的尴尬境地。2003年，农业部、中编办等5部办联合开展了基层农技推广体系改革试点，我省积极开展改革试点。辽阳县成为全国11个试点县（市）之一，通过大胆实践，勇于创新，探索出了“区域建站、县级管理、经费保障、多元发展”的基层农技推广体系建设的新模式，得到了温家宝总理等国务院领导的充分肯定。2006年8月，《国务院关于深化改革　加强基层农业技术推广体系建设的意见》（国发〔2006〕30号），提出了改革基层农技推广体系的指导思想、基本原则和总体目标。2008年4月，我省出台了《辽宁省人民政府关于深化改革　加强基层农业技术推广体系建设的实施意见》（辽政发〔2008〕13号），并选定12个县（市）扩大试点。同时，省政府设立1000万元专项资金，对试点县（市）给予补助。

2001—2008年，中央投资525万元、省配套315万元，建设了29个县级公益性农业科技示范场；争取中央投资建设了有害生物预警区域站34个。2004年以来，中央和省逐年加大了对县级的转移支付力度，使县级财政状况得到了很大的改善，各地对基层农技推广机构重视程度不断提高，保障能力进一步增强。

（辽宁省农村经济委员会科教处　马宏达）

水利科技

【概述】 全省水利系统有省属水利科研单位1个，即辽宁省水利水电科学研究院；有市一级水利水产科研所14个，其中，水利科研所10个（挂靠在同级水利设计院的3个），水产科研所4个；县一级多数设室（队），一套人马多块牌子。

【科技项目与经费】 2008年，确立水利科技指导性计划项目34项；有4个项目列入省财政重点农业技术推广计划，经费65万元；有5个项目被省科技厅列为辽宁省科技计划项目；辽宁省水利水电科学研究院承担的省科技计划农业攻关计划项目“辽宁省中小型水库防洪减灾预报警系统”拨付经费100万元；省级工程技术研究中心建设项目“城市防洪风险分析技术示范研究”拨付经费40万元；省内科技成果转化项目“辽北沙漠化土地生态修复与综合利用技术转化与应用”拨付经费50万元；列入水利部“948”计划1项，经费50万元；列入水利部推广计划1项，经费50万元，列入水利部行业科研专项1项，经费

213万元。

【科技成果与推广】 有13项科技成果被鉴定为省级成果，其中2项达到国际领先水平，2项达到国际先进水平，9项达到国内领先水平。有10项科技成果荣获辽宁水利科学技术奖，其中一等奖5项，二等奖5项。有5项水利科技成果荣获省级奖励，其中，由辽宁省供水局、辽宁省水文水资源勘测局合作完成的“辽浑太河灌溉期水平衡测试方法及应用研究”、由辽宁省石佛寺水库工程建设管理局、中国水利水电科学研究院、沈阳建筑大学合作完成的“辽河干流控制性枢纽工程供水系统调控模式与供水风险分析”荣获2008年度辽宁省科技进步二等奖，另有3项科技成果荣获辽宁省科技进步三等奖。

有4个项目被省财政厅列入重点农业科技推广计划；有4项成果被省科技厅列入2008年辽宁省科技成果转化认定项目；有6项成果被水利部列入《2008年度水利先进实用技术重点推广指导目录》。

【科技人才与队伍建设】 2008年，经省水利厅推荐，2名同志享受“2007年国务院政府特殊津贴”。在省水利厅直属企事业单位中，有49人被评为教授级高级工程师，127人被评为高级工程师，126人被评为工程师；在其他系列技术职称评审中，5人获得高级职称。

【信息化建设】 初步构建了辽宁省水利工程数据库服务器和数据存储及备份系统，数据库综合服务系统已实现基本功能。基本完成了27座大型水库、72座中型水库的数据录入工作。

【重要科技工程】 大伙房水库输水一、二期工程。截至2008年年底，一期工程累计完成隧洞开挖83.67千米，占隧洞总长的98.1%；完成边顶拱衬砌65.8千米，占衬砌总长的87.2%。二期工程累计完成隧洞开挖25.35千米，占隧洞总长的99.4%；完成隧洞衬砌4.47千米，占衬砌总长的17.5%。累计完成各类管道安装273.7千米，占管道总长的77%。

河道生态工程建设。以省政府名义下发了《关于全省重点河流河道生态工程建设的实施意见》。全年共完成河道生态治理面积30万亩。

病险水库除险加固工程。2008年，我省列入“全国病险水库除险加固专项规划”的43座大中型病险水库已全部完成安全鉴定、安全核查及初步设计批复工作。启动了榛子岭、龙屯、土门子等9座大中型病险水库除险加固工程。全省60座大中型、174座重点小（I）型病险水库除险加固工程的省级配套资金已全部落实，并陆续开工建设。

引白济阜一期工程。已完成了净水厂主体工程及80.43千米输水管线铺设任务。

【重大科技项目选介】

1.辽浑太河灌溉期水平衡测试方法及应用研究

该课题组在国内首次采用以流域尺度大规模连续进行水量水质相结合的站网布设，对农业灌溉期供水量、水质及变化全过程进行全面跟踪监测，掌握了水库农业供水沿河水量分配、河道水量组合及取、排水动态变化规律，查清了农灌期河流水体污染成因；突破了以年为计算时段的传统流域水量平衡方法，克服了河道的复杂影响因素，实现了以日为计算时段的流域水量平衡，提高了成果的时效性和实用性；进行了大辽河感潮河段灌溉期潮汐压咸水量分析，总结出潮水位与压咸流量之间的变化规律，建立了压咸取水模型，为进行压咸调度和确保农田灌溉用水安全提供了科学依据；以流域尺度系统地对辽河、浑河、太子河流域进行了连续4年农业灌溉期水量平衡的测试及分析研究，建立了水量水质综合评价模型和农业供水模型。

该项目研究成果可应用于促进农业节水增灌、流域水库联合优化调度及河道冲污和压咸节水领域，并可对流域、城市的景观生态建设起到重要的推动作用。

2.辽河干流控制性枢纽工程供水系统调控模式与供水风险分析

该项目基于辽河干流控制性枢纽工程供水体系建设现状及存在的问题，以沈北地区供水安全保障为主线，开展了辽河干流控制性枢纽工程供水系统优化调控模式研究与供水风险分析。该项目首次提出了地表水与地下水联合调控、水源置换、常规布井方式与现代布井方式相结合、面向高新技术的现代模型方法与常规的水均衡法、解析法和比拟法的合思路与方法，构建了科学、合理的辽河干流控制性枢纽工程供水系统优化调控模式，为实现不同情况不同组合方案的水资源优化调控长系列调节计算提供了平台；提出面向地表水与地下水联合调控的集中供水水源复合式布井开采新模式，为辽河干流控制性枢纽工程水源的高效开发和科学供水提供了理论依据与技术支撑。

该项成果将对沈北地区未来25年时间尺度上安全供水保障工程体系建设产生重大而深远的影响，同时丰富了我国在供水系统优化调控和供水风险分析等领域的研究内涵，对全省水资源优化配置和高效利用、科学管理具有重要的借鉴和参考、推广价值。

【重要科技活动】 将2008年辽宁省水利获奖科技成果汇编成册；组织召开了“辽宁水利新技术推广经验交流会”。会上传达了水利部科技大会精神，省水科院、沈阳市水利科技推广中心、黑山县水利局、建平县水利局等单位交流了推广工作经验。各市水利（务）局科技部门负责人、科技推广中心主任、部分县（市、区）水利局科技部门负责人以及厅直有关单位和厅机关有关处室的代表参加了会议。

（省水利厅科教外事处　薛雪娟 洪素艳）

海洋与渔业科技

【概述】 辽宁省海洋渔业厅下辖省属海洋与渔业科研单位4个，即省海洋水产科学研究院、省淡水水产科学研究院、省海洋技术开发中心、省水产技术推广总站；市一级海洋与渔业水产科研机构14个，其中海洋与渔业科研所10个（其中挂靠在同级海洋与渔业设计院的3个），水产科研所4个。

【科技项目与经费】 2008年，辽宁省海洋与渔业厅下达海洋与渔业科研项目15项；列入辽宁省科技计划3项。

辽宁省淡水水产科学研究院承担的“斑鳜规模化人工繁殖及养殖技术开发与示范”“吸血类水蛭的工厂化高密度养殖技术”“东北七鳃鳗保护生物学研究”等3个项目，获得省海洋与渔业厅立项，经费共计24万元，“稻蟹鱼生态种养殖技术集成与示范”“池塘主要鱼类新技术开发、集成及产业化示范”“渔业新品种引进与开发”获得省科技厅立项，经费共计105万元；辽宁水产养殖污染普查获财政支持30万元等。

辽宁省海洋水产科学研究院承担国家、省及有关部局下达的科研项目45项，包括：“863”计划项目、海洋公益性行业科研专项、国家农业科技成果转化项目等国家级项目10项，如“刺参、海胆高产抗逆品种的培育”“刺参病害预警及防治技术研究”“虾夷扇贝资源利用技术研究”“虾夷扇贝海区半人工采苗示范”等；省部级重点科研项目22项，如“辽宁‘908’专项调查”“大型水母灾害的预警预报理论和技术研究”“海参高产养殖模式示范”等；其他部门下达或委托的项目13项。获得年度科研经费1736万元，比上年度增加143.6%。

大连水产学院承担的“海参微波真空干燥与热泵联合干燥关键技术与设备研发”“太平洋鳕人工养殖技术研究”“海产品毒素残留的代谢组学安全评价方法的建设”等3个项目，获省海洋与渔业厅立项，经费共计17万元。

其他单位承担的“长蛸的繁殖生物学和人工繁育技术研究”“鲟海水养殖技术研究”“创新中心建设及大连皱盘鲍良种选育及育苗新工艺研究”“养殖池塘老水循环再利用技术研究”“欧洲丁鲹鱼和白斑狗鱼引进及繁殖技术研究与开发”“松江鲈的人工繁育与驯化”“防附着处理对扇贝生物安全性评价”等7个项目，获省海洋与渔业厅立项，经费共计49万元。

【科技成果】 “皱纹盘鲍井盐水工厂化养殖技术研究与开发”获省科技进步二等奖，“辽宁‘908’专项调查档案管理模式研究”获辽宁省档案局科技成果一等奖。

【人才队伍建设】 2008年，发表各类论文38篇，其中被SCI收录的第一作者文章3篇、第二作者文章2篇、SCI收录的IBS会议文摘3篇。1人获国务院特殊津贴，1人被国家环境保护部环境工程评估中心聘为环境保护部环境工程评估中心常聘专家，1人被农业部农产品质量安全中心聘为无公害农产品认证评审委员会委员，2人被国家海洋局聘为国家级海域使用论证专家，1人被聘为中国水产学会水产生物技术专业委员会委员；1人赴日本三重大学进行学术交流，1人赴韩国参加了“第19届中日韩水产研究者协议会”，1人赴日本中央水产所进行研修。培养硕士研究生11名。

【水产技术推广体系建设】 根据2008年末全省水产技术推广体系统计数据，全省有省级水产技术推广站1个——辽宁省水产技术推广总站，为省海洋与渔业厅直属的财政全额拨款公益性事业单位；地（市）级推广站14个，是市财政全额拨款的公益性事业单位；县（市）级推广机构61个，其中，水产站54个，综合站7个；乡（镇）级推广机构254个，其中水产站46个，综合站208个。

2008年，全省水产技术推广机构实施技术推广项目519391.6公顷，产量431022.95吨；网箱养殖2000028.5立方米，产量296104吨。产值共计2238148.5万元。新增产量165693.8吨；新增产值235154.2万元。受益农户47997户。全省共举办技术培训班276期；培训人数29010人次。

【渔业科技示范园建设】 确定长海县、大连市金州区、大连市旅顺口区、宽甸县、东港市、凌海市、营口市老边区、辽阳县、盘山县、兴城市等10个县（市、区）为省首批渔业标准化示范县。渔业标准化示范县实施“一县一品”（即每个示范县都有自己的主导品种），实现产地环境无害化、生产过程规范化、质量控制制度化、生产经营产业化、产品流通品牌化。

【渔业质量标准体系建设】 由省海洋环境预报总站提出并起草了《海洋灾害等级标准》《海水浴场环境状况标准》；由省海洋与渔业厅提出，大连鹤圣丰海产品养殖场、大连市产品质量监督检查所起草了《星斑川鲽工厂化养殖技术规范》；由省海洋与渔业厅提出，省海洋水产科学研究院、大连獐子岛渔业集团股份有限公司起草了《虾夷扇贝海区采苗技术规范》；由省海洋与渔业厅提出，省淡水水产科学研究院起草了《无公害食品中华绒螯蟹稻田养殖技术规范》。上述技术标准和规范于2008年9月11日通过专家评审。

【科研条件与基地建设】 在灯塔市建设了池塘主要鱼类养殖关键技术开发集成与产业化示范基地。基地设立了项目示范区1个（灯塔市柳条寨镇），示范基地4处（由4家企业承担，分别为忠信渔业公司、东荒农场、良波渔场、振金饲料厂），覆盖池塘养殖面积2万余亩。

2008年开展了如下工作。①黄颡鱼人工繁殖、苗种培育的技术改进试验。改砖块围砌鱼巢法为水桶接卵和孵化桶孵化，降低了劳动强度，提高了孵化效率，并节水、节电。改以前生产中鱼苗培育靠“发塘”后的自然生长为积极补充水丝蚓、鱼糜及鱼粉等饵料，夏花苗种成活率大幅提高，效果明显。②测定了鲇鱼幼鱼的耗氧率和氨氮排泄率，完成了鲇鱼幼鱼对氨氮、亚硝酸和硫酸铜耐受性试验。③进行了草鱼幼鱼对饲料中蛋白和能量的最适需要量研究，通过试验得出了草鱼配合饲料的可消化能最适需要量和理想的蛋白/脂肪比。④研究了黄颡鱼鼓胀病，调查11个发病池塘，测定水样指标16个。自20余条发病鱼体分离细菌25株，进行了感染、攻毒试验，其中有疑似病原菌。制作了病鱼鳃、肝、脾、肾等器官组织的石蜡切片，观察了显微病理变化。

（省海洋与渔业厅　蒋海山）

畜牧科技

【概述】 2008年,全省畜牧科技工作以“高致病性禽流感综合防控新技术研究与示范推广”和“反刍家畜粗饲料高效利用及标准化技术”的研究工作为重点，组织科技人员开展技术攻关，对已成熟的技术实施推广应用，促进了行业的快速发展。

【科技项目及经费】 2008年，省动物卫生监管局共组织实施各类计划17项，投入科技经费771万元。其中，科技部项目331万元，农业部项目100万元，省财政推广项目90万元，省科技厅项目250万元。

“中国夏洛来牛新品种选育”是科技部下达的“十一五”国家科技支撑计划项目“优质肉牛新品种选育”的子课题，执行期为5年（2006—2010年）。项目的总体目标是培育出我国具有自主知识产权的专门化肉牛新品种，拥有制种及供种能力，从而提高我国牛肉生产水平。2008年，共培育了9头横交用种公牛，并生产冻精，开展横交选育。新品种牛经过4个世代连续选育，牛群外貌整齐一致，遗传性能稳定。

“东北地区中国利木赞牛平原型品系选育”是农业部“948”项目“肉牛产业链关键技术引进和中国安全优质牛肉生产体系建设”的子课题，执行期为2006—2009年。项目的总体目标是建立利木赞杂种牛地方类型群体，为培育中国利木赞品种牛打基础。2008年，项目组选择了12头后备公牛集中到项目单位进行培育，生产冻精用于基础牛群的自群繁育。

“高致病性禽流感综合防控新技术研究与示范推广”是国家重点科技攻关项目，由省畜牧科学研究院承担，执行期为2006年1月至2008年12月。课题组开展了高致病性禽流感疫情监测和流调工作；进行了辽宁省高致病性禽流感免疫效果评估；建立起辽宁省高致病性禽流感综合防控标准化养殖技术示范基地；进行了免疫监测技术研究等7大项研究工作。截至2008年底，家禽规模饲养场和监测区域有效抗体保护合格率分别从项目实施前的90.09%与65.69%提高到98.7%和94.5%。在周边国家和省份疫情威胁时刻存在、家禽养殖量有所减少的情况下，我省没有发生高致病性禽流感，家禽养殖保持了较好的发展势头。该项目于2008年12月7日通过省科技厅组织的科研成果鉴定，该项成果目前已处于国际领先水平。

“辽宁省高致病性猪蓝耳病疫病防控技术集成示范”是省科技厅下达的省级重点农业攻关项目，由省动物疫病预防控制中心承担。重点围绕高致病性猪蓝耳病病原动态跟踪监测体系（跟踪监测该病原变异动态与趋势）的构建、高致病性猪蓝耳病的流行趋向与模式和高致病性猪蓝耳病发生与其他主要弊病的关系开展攻关。

“辽宁绒山羊新品种选育”是省科技厅下达的省级重点农业攻关项目，由辽宁绒山羊育种中心承担。该课题将具有无角特性而且繁殖力高的山羊作为母本，将辽宁绒山羊作为父本，选育出无角辽宁绒山羊。预计到2013年，培育出符合品种要求的无角母羊产绒量600克以上，细度15.5微米以下，体重45千克以上；公羊产绒量1300克以上，细度16.5微米以下，体重80千克以上；舍饲死亡率降低2个百分点。

“禽产品安全养殖及综合配套技术研究”是省科技厅下达的省级重点农业攻关项目，由省畜牧科学研究院承担。重点围绕不同地理条件畜禽标准化饲养小区规划、节能环保型畜禽舍设计及建筑材料选择、适应我省禽类饲养小区机械化设施配置的研制、舍内环境智能控制配套技术、有害气体排放无害化处理技术、粪污处理技术等内容，研制出适合我省现状的生产规模化、机械化和管理智能化的生产配套标准化体系，提高产品质量、降低产品成本和养殖风险。

“中华蜜蜂品种资源保护及新品系选育研究利用”是省科技厅下达的省级重点农业攻关项目，由省蜜蜂原种场承担。重点围绕发掘抗逆、营养高效、品质优异的新材料、新基因，创新、开发、利用优良种质资源；开展东北型中华蜜蜂品种资源保护及强群高产新品系选育；为育种者和生产者提供丰富的基因材料和优良品种。据测定，过箱后的蜂蜜产量较土法饲养提高了3倍多。同时，测定“四强”高产新品系种群的生产指标为：平均维持群势为10.5框蜂；平均产蜜量达23.4千克；蜂王日平均产卵量约1200粒；同等群势，每群年繁殖平均为2.5群。

“肉牛资源保护及品种选育”是省科技厅下达的农业攻关计划重点项目，由省畜牧经济管理站承担，执行期为三年。该项目对我省优良品种复州牛的杂种后代牛群，开展高代次优秀个体选种，组建核心群，通过横交和有计划选育，固定牛群优良的耐粗饲、繁殖力、产肉和肉质性能性状，以达到整理和保护现有牛群遗传资源并可长期利用的目的；同时，对核心群母牛与和牛、夏洛莱牛、弗莱维赫牛开展配合力测定，将整理与保护的种群资源定向培育成肉牛配套（母）系。2008年，登记了1500头利复牛基础群母牛，并挑选13头后备公牛集中培育。

【科技成果与转化】 有11项优秀科研成果获辽宁省畜牧科技贡献奖。

省畜牧科学研究完成的“辽宁绒山羊常年长绒型新品系开发”获辽宁省科技成果转化奖三等奖。该项目以辽宁绒山羊常年长绒型新品系开发为主要内容，同时推广新品系配套技术。该项目已构建成“新品系选育提高＋优秀种羊推广改良＋人工授精综合技术扩繁＋配套技术推广”的发展模式，公母羊主要经济指标均居世界同类品种领先水平。

利用省财政农业技术推广资金重点转化推广了“家禽主要疫病科学免疫综合配套集成技术”“微生态发酵床养猪技术”“猪人工授精技术”“蜜蜂爬蜂病综合防治技术”“中蜂活框饲养综合配套技术”等5个项目。

其中，“家禽主要疫病科学免疫综合配套集成技术的研究与推广”由省畜牧科学研究院承担，执行期为1年。截至2008年年底，已合成了鸡法氏囊病、传支和3个肿瘤病的引物，并在中心实验室初步建立了PCR检测技术。重点对家禽主要疫病科学免疫综防技术进行了集成创新研究和推广工作，编辑印刷发放“禽类主要疫病科学免疫综合配套集成技术推广”科普手册1000册。

“微生态发酵床养猪技术推广”由辽宁省畜牧技术推广站承担，在沈阳、抚顺、锦州、辽阳等4个市实施。该项目的实施从源头上解决了养猪粪污污染问题。据统计，沈阳、抚顺、锦州、辽阳等4个市共建微生态发酵床11.7万平方米，利用微生态发酵床养猪技术养猪6.5万头，节水70%以上，节省饲料10%～20%，优质商品瘦肉型猪出生后165天出栏，体重达到100千克以上，胴体瘦肉率62%以上，生长肥育期料重比达到2.8：1，新增效益526.5万元。

“猪人工授精技术推广”由辽宁省畜牧技术推广站主持，在凌源市实施。据统计，凌源市采用人工授精技术输配母猪3.08万头，并辐射带动了昌图、开原、绥中、阜新等县（区、市）应用人工授精技术输配母猪31.7万头。应用该项技术后，母猪情期受胎率达90%，人工授精普及率达85%，共出栏商品猪634万头，实现新增效益3.42亿元。

“蜜蜂爬蜂病综合防治技术推广”由辽宁省蜜蜂原种场承担，重点在朝阳市进行技术推广。该项目可使爬蜂病发生率降至5%以下，单群提高蜂产品产量50%以上。截至2008年年底，累计防治蜂群8.5万群，实现产值12413.485万元，新增纯收益12172.485万元，社会效益18亿元。

“中蜂活框饲养综合管理配套技术推广”由辽宁省蜜蜂原种场承担。2008年，在推广区清原县和宽甸县，共推广中蜂2.63万群，新增纯收益3580.4万元，可增加社会效益5亿多元。

【科技平台建设】 全省有科研职能的畜牧兽医事业单位3个，分别是省畜牧科学研究院、省动物医学研究院和省畜牧业经济管理站（育种研究室）。设研究室10个，实验室1个，其中，省畜牧科学研究院设有遗传繁育研究室、资源保存利用研究室、环境工程研究室、饲草饲料研究室、地方猪种选育研究室，省动物医学研究院设有4个传染病研究室和1个P3实验室，省畜牧经济管理站设肉牛育种研究室。2008年，各科研单位共购买设备20余套，进一步完善了科研实验条件。

【畜禽良种工程】 2008年，我省共争取国家畜禽良种工程项目11个，经费1360万元。截至2008年年底，各项目单位已累计完成建筑面积19000平方米，购置仪器设备50台（套），完成项目建设任务的50%。省财政投入专项资金160万元，继续支持东部山区实施绒山羊改良项目，向东部山区8县（市）调拨种公羊87只，种母羊90只，发放冻精624000剂，改良绒山羊12万只。

国家和省两级共投入2090万元资金扶持种猪发展，其中，国家下达种猪良种工程资金700万元，扶持7个种猪场开展基建和引种；国家下达生猪良种补贴资金1020万元，在阜蒙、昌图、开原、凌源和绥中等5个生猪存栏较多县（市）实施生猪良种补贴项目，共输配母猪25.5万头；省财政投入270万元，扶持沈阳正成原种猪场从加拿大引进种猪524头；省财政投入100万元，为10个种猪场购入种猪458头。“原种场—扩繁场—二元猪场”层次清晰的三级种猪繁育体系初步形成。

全省存栏种猪8.6万头，同比增长26%，创历史最高增幅。全年调出种猪1.8万头，同比增长50%。在全省30个规模较大种猪场开展了种猪测定工作，全年共测定种猪1500头，同比增长30%。存栏母牛155万头,同比增长7%。存栏祖代蛋鸡4.8万套，同比增长7.5%，为历年最高水平；调出父母代蛋鸡90万套。肉鸡商品代雏自给率达80%，同比增长5%。

【重点科技项目】 2008年，组织实施了“高致病性禽流感综合防控新技术研究与示范推广”等7个重点科技项目。

“常年长绒型辽宁绒山羊新品系选育”由省畜牧科学研究院承担。主要开展了4个方面的研究：一是组建了精准化育种核心群；二是组建了开放式联合育种扩繁群；三是形成常规育种技术集成与应用体系；四是初步形成生物育种技术辅助体系架构。

“常年长绒型辽宁绒山羊新品系快速繁殖技术集成与应用”由省畜牧科学研究院承担。主要开展4项研究内容。一是高效人工授精技术研究与体系建设。建成省级冻精供应中心站，完成了冻精车间改造，增添设备5台（套）；在盖州等9个县（市）指导建设冻、鲜精改良站点75个；输配母羊平均受胎率达到65%以上，48小时鲜精配种受胎率达到92.35%；120小时保存鲜精人工授精配种，受胎率达到70.25%；10～20倍稀释后人工授精的情期受胎率与以前正常稀释倍数持平；母羊发情排卵快速检测技术研究与示范项目中，母羊排卵检测率达到70%，填补了国内外绒山羊排卵检测仪器方面的空白。二是种公羊繁殖性能遗传评定与应用。开展了辽宁绒山羊精子耐冻性能研究及精液冷冻保护剂筛选、辽宁绒山羊种公羊营养研究、辽宁绒山羊种公羊疾病监测与防治等相关工作。三是母羊快繁调控技术研究与示范。对小母羊早期利用技术的研究进行了4批次1～2月龄绒山羊母羔的超数排卵处理。四是性别控制技术研究与应用。

“禽产品安全养殖及综合配套技术研究”由省畜牧科学研究院承担，开展了10项试验，均取得了良好的试验预期。研制完成的促生长饲料添加剂已完全可以替代现行的抗生素。

“人工草地优质牧草生产技术研究与示范”是黑龙江省草业所主持的公益性行业（农业）科研专项，省畜牧科学研究院主要承担“牧草高效利用与转化吸收研究”“牧草加工调制技术研究”两项内容及“不同比例苜蓿草粉对产蛋豁鹅消化代谢及生产性能的影响”试验。

“高产绒量转基因绒山羊新品种培育”是由内蒙古大学主持的项目，省畜牧科学研究院承担高产绒量转基因绒山羊评价体系和转基因绒山羊安全评价体系的建设工作。在研究工作中，完成了两个评价体系的建设工作，其中，转基因绒山羊评价体系包括转基因绒山羊羊绒质量评价体系、转基因绒山羊生产性能评价体系。两个评价体系的建立为转基因绒山羊培育新品种、实现产业化提供了评价依据。

【标准制定与修订】 2008年，制定或修订国家标准2项：《配合饲料中脱氧雪腐镰刀菌烯醇的允许量》《猪尿/饲料中士的宁的测定气相色谱质谱法》。制定或修订地方标准11项：《生鲜肉、生鲜蛋中三聚氰胺限量及检测标准》《种禽场引种检疫技术规范》《种禽调离种禽场检疫技术规范》《蜜蜂原种场建设标准》《蜜蜂检疫技术规范》《种公牛采精技术规程》《辽宁省奶牛生产小区疫病防治技术规范》《辽宁省肉羊生产小区应病防治技术规范》《辽宁省肉鸡生产小区疫病防治技术规范》《肉鸡小区综合生产技术规范》《蛋鸡小区综合生产技术规范》。

《配合饲料中脱氧雪腐镰刀菌烯醇的允许量》为国家强制性标准，国家质量监督检验检疫总局发布

（标准号GB 13078.3-2007），由省兽药饲料监察所承担制定。根据不同动物对该毒素的敏感程度，结合我国污染的实际状况，对照美国、加拿大等国家饲料中脱氧雪腐镰刀菌烯醇的允许量，提出了我国配合饲料中脱氧雪腐镰刀菌烯醇的允许量限度。

《猪尿/饲料中士的宁的测定 气相色谱质谱法》是国家标准化管理委员会的标准制定项目。负责制定国家标准《猪尿中士的宁的测定 气相色谱质谱法》（农业部1068号公告-1-2008）和《饲料中士的宁的测定 气相色谱质谱法》（农业部1068号公告-7-2008），为确保畜产品质量安全提供技术依托。

《生鲜肉、生鲜蛋中三聚氰胺限量及检测标准》是省质量技术监督局下达的“生鲜肉、生鲜蛋中三聚氰胺限量及检测标准的研究”项目。负责制定地方标准《生鲜肉中三聚氰胺的测定》（标准号：DB21/T1687-2008）、《生鲜蛋中三聚氰胺的测定》（标准号：DB21/T1688-2008）和《生鲜肉、生鲜蛋中三聚氰胺的限量》（标准号：DB21/T1689-2008），此项目为生鲜肉、生鲜蛋中三聚氰胺的检测和判定提供了技术依据。

【重要科技活动】 辽宁省畜牧科学研究院与盖州市政府合作承办“中国第五届羊业发展大会”。大会由辽宁绒山羊的文化展、羊业论坛、种羊竞卖大会、畜牧科学研究院院区参观等4个主要部分组成。共接待来自全国20多个省区、直辖市的专家、学者300余人。

辽宁省畜牧科学研究院在辽阳县与中国移动公司联合开展为农民免费提供畜禽养殖科技短信，设立科技咨询专家热线，每年为农民提供并发送科技短信500条。

辽宁省畜牧科学研究院为盘锦、辽阳、鞍山、阜新、朝阳、本溪、营口等市的13家畜牧业龙头企业提供技术依托、咨询和技术指导，帮助畜牧业龙头企业建立肉牛、肉羊、种猪、肉种鸡等养殖基地和繁育基地。

（省动物卫生监管局 高遥）

外经贸科技

【概述】 2008年，辽宁省对外经济贸易系统认真贯彻执行国家及我省科技兴贸、促进服务贸易发展的方针和政策，采取扎实有效的措施，积极促进高新技术产品出口，加强对敏感物项和技术进出口的审核管理，深入开展服务贸易工作，取得了较好的成效。

【高新技术产品进出口】 2008年，我省高新技术产品进出口总额为77.2亿美元。其中，高新技术产品出口42.1亿美元，同比增长9.4%，占全省出口总额的10%；软件出口3.53亿美元，同比增长30%。高新技术产品进口35.1亿美元，同比下降0.6%，占全省进口总额的11.6%。

大多数市出口增长势头良好。除锦州市和盘锦市负增长外，其他市高新技术产品出口都有较大幅度增长，其中朝阳市比上年增长了17倍，沈阳市也实现了16.3%的较大幅度增长，但是由于占我省高新技术产品出口四分之三的大连市仅增长了8.5%，因此我省高新技术产品出口平均增长率低于全省外贸出口总额的增长幅度。

地区出口主要以香港为主。2008年，我省对香港地区出口下了19%。

日本、美国、韩国、荷兰、德国和新加坡等国家是我省出口的主要目的地，出口额超过1亿美元。2008年，我省对包括日本、韩国等亚洲国家出口稳步增长，对美国出口下降了7.6%，对新加坡出口下降了6.2%，这反映了因美国市场的萎缩和人民币对美元升值使对美出口下降的必然结果；对欧洲大陆的出口，以德国和荷兰为主要代表国家，实现了较大增长，但对英国出口下降了21%。在市场多元化战略的指导下，我省对其他市场的开拓较为成功，对澳大利亚、俄罗斯、尼日利亚、墨西哥等新兴市场的出口都在快速增长，只有对巴西的出口下降明显。在出口产品中，计算机集成制造技术、航空航天技术、生命科学技术类产品出口增长迅猛，计算机与通信技术、光电技术、电子技术等也稳步增长。计算机与通信技术类产品、电子技术类产品仍是我省高新技术产品出口的主要产品。

【科技项目与经费】 2008年，我省积极争取国家资金和政策支持。进一步加强对高新技术产品出口的促进工作。一是利用省高新技术产品出口贷款财政贴息政策，汇同省经贸委、省财政厅，对我省30个高新技术产品出口项目给予了总额2506万元的贴息支持。二是利用国家高新技术产品和机电产品出口结构调整资金，为我省东软数字医疗公司和辽阳钢管有限公司争取研究开发资金300万元。进一步促进了企业技术引进工作。积极帮助企业申请国家对技术和设备进口的贴息资金。我省华锦集团等6家企业获得国家技术引进贴息资金796.5万元。

【科技合作与交流】 组织举办了第十届高新技术成果交易会。在本次高交会上，我省沈阳、大连等十个市组团参加。参展企业达到68家，参展项目93项，参观企业40多家。东软集团、沈阳机床等国家科技兴贸重点企业参加了本届展会。展会期间共接待国内外专业客户500余人次，签订合作协议及意向18个，项目金额达到3000多万元。我省在本次展会上获得了优秀组织奖、优秀展示奖。

【敏感物项和技术进出口审核】 办理技术进口合同494件，合同金额11.8亿美元。受理敏感物项和技术进出口许可申请1080项，发放敏感物项和技术进出口许可证1560个，包括受理易制毒化学品进出口许可申请85个，发放易制毒化学品进出口许可证140个。配合商务部对涉及我省敏感物项出口企业专项调查6次，涉及沈阳、大连和丹东等城市的多家企业。

【服务贸易工作】 一是在2007年工作的基础上，会同省政府发展研究中心再次对全省服务贸易情况进行了专题调研，共同完成了《关于加快发展我省服务贸易的研究报告》。同时，对全省服务外包产业发展状况进行了再次专题调研，提交了《关于积极推进我省服务外包产业发展》的调研报告。二是抓紧对服务外包人才的培训工作。根据我省对服务外包人才的迫切需要和商务部关于服务外包“千百十”工程的要求，积极与商务部沟通，争取商务部对我省服务外包人才培训项目给予政策资金支持。三是申报沈阳市为“国家服务外包基地城市”的工作取得了较大进展。继续配合沈阳市做了大量前期基础性工作。同时，与商务部保持密切的工作联系，多次到商务部汇报申报工作，争取其支持和指导。四是根据商务部《关于做好文化出口支持资金申报工作的通知》，将辽宁出版集团上报商务部，并已通过商务部和财政部的审定，这是我省在文化产品出口方面第一次得到国家的政策资金支持。

（省外经贸厅科技和服务贸易处　刘辉）

卫生科技

【概述】 2008年，我省卫生系统认真贯彻落实党的十七届四中全会精神，以科学发展观为指导，坚持卫生科技教育工作为全省卫生事业改革发展大局服务的宗旨，紧密围绕医药卫生体制改革这一中心工作，认真实施“科技兴卫”和“人才强卫”战略，着力加强卫生科技创新体系、卫生技术推广体系和人才队伍培养体系建设，努力提升卫生科技实力和卫生队伍整体素质，充分发挥了卫生科技和教育在卫生事业发展中的基础和支撑作用。重点围绕3个体系和4个工程建设即科技创新体系、人才队伍培养体系和卫生技术推广体系，医学高峰建设工程、基层卫生人员培训工程、专科医师培训工程和基层适宜卫生技术推广工程开展工作，全面促进我省卫生事业加快发展。

【科技项目】 按照国家自然科学基金委《项目与经费管理办法》的要求，中国医大盛京医院组织项目负责人撰写了《国家自然科学基金资助项目结题报告》，实事求是地编制经费决算。2008年，该院共有5项国家自然科学基金项目结题，分别为：中心实验室朱喜科副研究员的《人染色体11p15.5印记基因聚集区新基因Cllorf21生物学功能研究》、发育儿科麻宏伟教授的《8q13区域内2个新基因的鉴定及其在抽动秽语综合征发病中的作用》、感染科冯国和教授的《乙脑病毒基因组多区段构建DNA疫苗增强效应主要环节研究》、妇产科王丹波教授的《在位子宫内膜中子宫内膜异位症候选靶基因分析及功能鉴定》、小儿外科白玉作教授的《先天性肛门直肠畸形胚胎发育及基因调控的研究》。上述5项课题均已取得预期研究成果，发表论文已标注“国家自然科学基金课题资助”字样。其中，冯国和教授承担完成的国家自然科学基金课题发表论文9篇，被SCI收录1篇，培养博士2名，硕士4名。

【重要科技项目及活动】 2008年4月26日，“辽宁省农村卫生适宜技术推广示范研究”项目正式启动，得到了庄河、本溪、阜蒙、建平、西丰和大洼等6个示范县的大力支持和配合，在省、县专家组和项目办的共同努力下按照预定计划完成了各项任务指标，取得了良好的社会效益。项目组建立了分工明确、责权利清晰、行为规范、运行高效的组织管理体系：在省、县两级分别建立领导组、专家组、项目办等管理组织，各县由主管（副）县长亲自担当领导组组长，省项目办和项目负责人定期督导；二级项目办和专家组建立每月例会制度，系统运行高效有序。2008年6月完成教材的编写和印刷，共编写西医、中医和计划生育教材3套，印刷5000余册。6—7月在6个示范县开展了大规模培训工作，培训技术西医10项、中医5项、计生4项。共计培训县医生169名、乡医生534名、村医2566名，累计培训13914人次，一次培训率分别为101.67%，102.2%和97.37%，西医培训前考试合格率为33.41%，培训后考试合格率达72.2%，培训效果明显。对任课教师培训满意度达95%。8—9月开展二级培训，共培训2826人、10625人次。省项目办编印并向课题相关人员及广大农民群众发放了5期共计25000册“辽宁省农村卫生适宜技术推广示范研究项目工作通讯”。

2008年9月19日—21日，由中国医师协会心血管内科医师分会及中国医科大学继续教育学院主办的第二届中国心血管相关疑难病例讨论峰会，在沈阳中国医科大学附属第四医院召开。会议以病例讨论为主要形式，共邀请70余位国内著名心血管病专家和400余位相关专业人士出席，精选来自全国各地的疑难病例30余例进行讨论。通过真实疑难病例的展示，由浅入深逐步揭示每个疑难病例的诊断及治疗过程，参会人员根据相关病例进行深入的讨论与分析，许玉韵等国内著名心血管病专家们现场对病例进行精彩的点评，将循证医学与临床实践有机地结合起来。

2008年8月6日，教育部《继续教育改革和发展战略与政策研究》重大课题的《乡村医生继续教育现状改革和发展研究》子课题和辽宁省卫生厅乡村医生继续教育试点县项目，在中国医科大学主办下正式启动。该项目致力于通过网上学习、辅导答疑和实习等方式和手段，尽快提高乡村医生诊治疾病的水平，提高符合条件的乡村医生参加助理执业医师考试的通过率。乡村医生队伍的建设关系到“人人享有卫生保健”战略目标的实现和农村卫生保健服务水平及质量的提高。该项目是一个造福乡村医生，惠及广大农民群众的系统工程，本次探索性研究及抚顺市新宾县的试点工作符合中国国情，是一种能够切实提高乡村医生和社区初级卫生技术人员能力水平的新模式，应向全国推广。

（省卫生厅　孙立文）

出入境检验检疫科技

【概述】 辽宁出入境检验检疫局（以下简称辽宁局）主要负责辽宁地区的出入境卫生检疫、动植物检疫和进出口商品检验、鉴定、认证、认可和监督管理，是国家设在辽宁的口岸行政执法机构。局机关设有22个行政及业务处室；设有检验检疫技术中心、国际旅行卫生保健中心、检验检疫协会、大连检测技术交流中心、中国检验认证集团辽宁有限公司以及辽宁检验处理技术有限公司等9个直属企事业单位；下辖18个分支机构：沈阳出入境检验检疫局、锦州出入境检验检疫局、丹东出入境检验检疫局、营口出入境检验检疫局、鲅鱼圈出入境检验检疫局、鞍山出入境检验检疫局、抚顺出入境检验检疫局、辽阳出入境检验检疫局、朝阳出入境检验检疫局、阜新出入境检验检疫局、盘锦出入境检验检疫局、葫芦岛出入境检验检疫局、东港出入境检验检疫局、大窑湾出入境检验检疫局、大连开发区出入境检验检疫局、铁岭出入境检验检疫局、庄河检验检疫局、大连机场检验检疫局。

辽宁局共有45个实验室，其中国家级重点实验室13个，区域性中心实验室20个，常规实验室12个。主要从事出入境法检商品实验室检测、动物检疫、植物隔离检疫、研究咨询与检疫风险分析；出入境人员法定传染病监测体检、预防接种、旅行卫生保健咨询、医疗救助、国际合作、社会体检和推荐性预防接种等工作；承担科研与技术开发、服务及提供技术指导；开展有关检验检疫方法标准的制修订；承担国内、国际实验室间能力验证的组织和协调等工作。

【科技项目实施与经费】 2008年，辽宁局共完成科研、制标项目118项。其中科研项目33项，包括：国家局“十一五”科技支撑计划项目1项，国家质检总局项目13项，辽宁局项目19项。标准项目74项，包括：国家标准24项；行业标准50项。国家标准样品项目11项。组织完成39项行业标准的复审工作。组织召开国家质检总局科研、辽宁局科研、标准项目预审会、鉴定会6次，对食品、矿产、石油、植检、动检、管理、信息化专业共34个科研、标准项目进行鉴(审)定，及时通过科技成果登记系统对已鉴定的33项科技成果报送国家局进行科技成果登记。根据国家质检总局科技司要求，完成了2003—2008年在研科研项目的统计工作，共计144项，已经上报国家质检总局。

在实验室建设方面，对一类实验室的仪器设备投入8000余万元，对二类实验室投入2000余万元，对三类实验室投入近四百余万元。新增加仪器设备476台（套）。整个辽宁检验检疫系统共有仪器设备3200多台（套），原值超过2.03亿元。能够开展的检测项目1000余项。

2008年，辽宁局各类科研计划项目经费288.5万元；国家标准、检验检疫行业标准计划项目经费53万元。

【科研与标准立项】 2008年，辽宁局申报科研计划项目88项，14项立项为2009年度国家质检总局科研计划项目；25项立项为2008年度辽宁局科研计划项目；1项立项为2008年度辽宁省科技计划项目；1项立项为大连市2008年度科技计划项目。

2008年，辽宁局申报标准计划项目90项，有5项立项为2007年度国家标准第六批计划项目；18项立项为2008年行业标准制修订计划项目。申报2008年国家标准样品复制项目55项，立项39项。

【科技成果】 由辽宁局主持承担的国家“十一五”科技支撑计划课题《食品中微生物高通量检测试剂盒的研制》是辽宁局首次承担并完成的国家级科研

课题，实现了辽宁局科研历史上承担国家级课题零的突破。该课题解决了食品微生物从多目标菌一次复合增菌、一次提取核酸、多目标菌一次同时检测的高通量快速检测技术难题，在食品微生物检测的节能、节时、节力3个方面取得了突破性进展。基于PCR-DHPLC和ATP生物发光测定技术所建立的食品微生物高通量检测技术体系、标准体系和试剂产品填补了国内空白。该项科研成果申请了13项国家发明专利，制定了6项行业标准和2项国家标准，科研成果首先在辽宁局实验室应用，为实验室节约试剂成本约60万元，并将研究成果检测试剂盒产品推入市场实现产业化，创收约40万元。同时，不合格产品检出率提高了105.2%。下一步该模式将在辽宁检验检疫系统内全面推广应用。

《农畜食品中生物安全致病因子关键检测技术研究与应用》项目获2008年辽宁省科技进步二等奖。

2008年，辽宁局开展了“优秀科技论文奖”评选，评出一等奖10篇，二等奖20篇，三等奖20篇。

【科技管理】 2008年，在总结近几年科技管理工作经验的基础上，不断创新管理模式，提高科技管理工作科学化水平，实现了5个根本性转变。一是由重项目管理向重综合管理转变，加强科技工作的宏观指导和综合协调；二是由重审批向重培育转变，培育营造科技创新环境，充分调动科技人员科技创新的积极性；三是由被动受理向主动计划转变，集中力量突破重大课题；四是由重前期立项向重全过程管理转变，提高科技管理公正性、科学性和有效性；五是由重经费分配向重使用绩效转变，努力提高科技经费使用绩效。

【科技信息资源共享平台建设】 国内外标准、科技情报、科技文献等信息资源是检验检疫事业发展的技术支持和保障。2008年，辽宁局共开通了“辽宁省科技信息网”“标准与技术法规信息快车”等7个网站，提供在线查询国内外中外文科技期刊原文，国标（GB）、行标（SN）、文献及相关限量标准等服务，为检验检疫工作提供了及时、准确的科技信息，极大地方便了检验检疫人员对各种科技信息的掌握和了解，切实提高了工作质量和工作效率。

【重要科技活动】 组织召开了7次辽宁局11个专业委的扩大会议，研讨2009年国家局科研项目的申报方向、内容，2008年行业标准的申报方向、内容及2008年国家公益性科研项目的申报方向、内容。

组织召开专业委、科技委会议，评选了2008年度辽宁局“优秀科技论文奖”，并推荐优秀论文作品参加2008年度国家局“优秀科技论文奖”评选工作。

完成了辽宁局第四届科技委、专业委换届工作。经研究并报局党组批准，确定了辽宁局第四届科技委委员27人，专业委委员人选146人。

辽宁局的外聘专家先后有5人次来辽宁局举办科技讲座，参加辽宁局的科研项目鉴定会，为辽宁局科技工作的更好开展发挥了重要作用。

（省出入境检验检疫局　文萍萍）

环保科技

【概述】 2008年，辽宁省环境保护系统深入学习和实践科学发展观，认真贯彻落实国家环保总局《关于增强环境科技创新能力的若干意见》，环境科技创新工作力度继续加大，充分发挥环保科技的引领和支撑作用，扎实推进水专项工作，强化技术储备，实现了科技管理的信息化，引导环保产业发展，为辽宁省以环境优化经济增长模式下的污染减排、流域治理、产业发展提供了良好的支撑和服务。

【体制改革与创新管理】 2008年，组织修订完成了《辽宁省污水综合排放标准》，并召开了新闻发布会。同时，省环保局组织召开了宣传贯彻新标准的培训班，环境管理部门、重点污染源企业、环评单位等各方代表参加了培训和研讨，进一步统一了思想认识。新标准大幅提高了污染物的排放浓度限值，如城市污水处理厂和企业直排废水COD排放浓度提高到每升50毫克，且在印染、造纸、糠醛行业立即开始执行，其他行业发布1年后执行。此外，我省还积极承担了97项国家环境保护标准的制（修）订工作。

2008年，为提高科研项目针对性，促进研发实用技术，重新制定了《辽宁省环保局科技成果鉴定管理办法》，对科研项目全过程实施科学管理。

【科技项目与经费】 2008年，设立了水专项辽宁省项目管理办公室，并与中国环境科学研究院共同组织辽宁省环境科学研究院、辽宁省环境监测中心站、大连理工大学、辽宁大学、中国海洋大学、沈阳大学、沈阳建筑大学、中科院沈阳应用生态研究所等省内、国内的20多家高等院校和科研机构，编写了《辽河流域水污染综合治理技术集成与工程示范实施方案》，申报国家水体污染控制与治理科技重大专项。并先后对水专项辽宁省项目实施方案相继进行了6次大规模的修改，聘请包括院士在内的有关专家，对示范点逐一进行现场考察，保证了科研与辽河治理需求、企业需求紧密结合，落实了33个示范工程的研究内容和省市财政、企业配套资金。12项课题通过了国家最终论证，已于2008年底垫付资金，开始实施。

组织国家环境科学研究院、辽宁省环境科学研究院、辽宁省环境监测中心站等单位编写《辽河流域水污染防治监控预警技术综合示范项目实施方案》，申报国家水体污染控制与治理科技重大专项，并通过专家论证，项目在辽宁实施，国家投入科研资金近亿元。

组织专家对“辽河浑太源头水源涵养生态功能保护区规划研究”项目进行了验收。

就省环科院科研计划项目与省科技厅签订了“三方合同”，得到省科技厅专款支持。

【科技成果】 2008年，省环科院“焦化行业环境风险物质因素识别方法研究与应用”课题通过专家验收；“抚顺市以环境优化城市布局和产业发展研究”课题通过专家鉴定；组织对中国三冶水处理公司鞍钢中试技术开展了论证，并将结果报告给省政府。

2008年，全省环保系统获省科技进步奖二等奖二项、三等奖三项，获国家环保科技进步奖三等奖一项。

【科技合作与交流】 2008年3月，中国工程院院士张懿到我省调研环保工作，并与省环保局就钢铁企业水污染防治工作达成技术合作意向。

2008年6月，浙江省环保局来我省调研环境科研工作。

2008年10月，广西壮族自治区环保局来我省调研环境科研工作。

2008年10月，世界卫生组织和卫生部、省卫生厅来省环保局考察我省环保系统环境学实验室脊髓灰质炎野病毒封存登记清册工作情况。

2008年10月，参加2008首届中国国际循环经济成果交易博览会。

2008年12月，中国工程院院士张杰到我省调研环保工作，考察了沈阳仙女河污水处理厂。

2008年，为更好地推动污染减排技术研发，省环保局到大连理工大学、哈尔滨工业大学、中科院应用生态研究所等单位进行了调研，了解掌握其技术储备，为进一步开展科研协作奠定了基础。

【科技平台建设】 2008年，省环科院“辽宁省流域污染控制重点实验室”和省监测站“辽宁省环境监测技术重点实验室”建设完成；沈阳市环境监测中心站申报国家环境保护重点实验室工作成功通过专家会论证；推荐沈阳市监测中心站有机分析重点实验室申报省重点实验室，省环科院与辽宁大学联合申报环境遥感技术应用省重点实验室，省环境监测中心站和中科院沈阳计算技术研究所联合申建国家环境保护污染事故应急工程技术中心。

【信息化建设】 2008年起，在积累现有环境科技信息的基础之上，编制完成了“辽宁省环境科技管理信息系统”，包括“科技项目需求库”、“科技成果数据库”和“新技术库”等3个数据库，并在网上对公众开放。系统收录清洁生产、污染防治和节能减排等环境保护最佳实用技术300多项，实现了全省环境技术管理的信息化与资源共享，为污染防治、项目审批、生态保护、产业发展提供技术信息，并为省内外从事环境保护工作的管理部门、企业、科研单位及高校搭起了安全、高效的信息沟通平台。

【研发机构与队伍建设】 2008年5月，省环保局科技标准处被命名为省直机关文明处室。

2008年9月至10月，组织开展了全省环保系统环境学实验室调查。

（辽宁省环境保护局　王嘉璐）

气象科技

【概述】 2008年，全省气象部门围绕省委、省政府的工作部署和经济社会发展需求，始终抓住气象防灾减灾和应对气候变化这两条工作主线，坚持“科研与业务结合、科研对业务支撑”这一基本原则，不断提升气象科技创新能力，促进我省现代气象业务体系建设，全力为振兴老工业基地提供优质的气象服务。

【体制管理与改革】 根据中国气象局关于“一院八所”深化改革的指导意见，省气象局制定了《中国气象局沈阳大气环境研究所深化改革实施方案》，确立了明确学科定位、加强人才队伍建设、加强科研业务合作、完善科研基础条件等重点工作任务。

省气象局印发了《关于做好全省气象科研工作的意见》，其中提出，省气象局设立专项经费用于业务应用推广项目，根据每年气象业务发展需求，凝练一个主题，各单位围绕该主题申报推广项目，以促进气象科技成果的转化应用，尤其鼓励市、县级优秀科技人员参与推广项目的研究工作，发挥基层一线科技工作者的优势，使科研成果的推广应用工作更具针对性，提高科研成果转化的成功率。

【科技项目与成果】 2008年，全省气象部门投入科研经费1297万元，科研立项74项，获得省部级奖励3项。组织下达辽宁省气象局科研课题计划项目25项，省气象局业务应用推广项目14项，正研专项科研基金项目2项。组织申报和推荐公益性行业（气象）科研专项、科研院所技术开发研究专项、自然科学基金等国家级、省部级科技项目20余项，其中“冬季温带气旋高空暖锋区结构及其与暴风雪的关系研究”获得国家自然科学基金支持；“城市环境气象监测评价预警业务系统研发”获得公益性行业（气象）专项支持；“气候变化对东北粮食种植格局的影响及适应对策研究”获得中国气象局气候变化专项支持；“基于MODIS数据的作物面积（水稻、玉米）提取技术推广”等5项课题获得中国气象局新技术推广项目支持。

组织验收省气象局科研课题19项，多轨道业务建设项目“东北地区生态与粮食安全监测评价预警系统”通过中国气象局组织的验收；科技部农业成果转化资金项目“农田土壤含水量监测预报技术推广应用项目”、中国气象局气候变化专项“东北地区极端降水事件变化特征、成因及影响”、中国气象局预报员专项“东北暴雨综合诊断分析预报”等项目通过验收；“辽西北荒漠化土地综合治理技术研究”通过了省科技厅组织的技术鉴定。

组织完成了2008年度辽宁省气象科研成果奖励工作，12项科技成果获辽宁省气象科研成果奖。组织完成了辽宁省气象局科技论文奖励工作，46篇在核心期刊发表的科技论文的第一作者获得了奖励。

【科技成果转化】 “多普勒雷达短时强降水定量预报指标研究”“辽宁省主要病虫害发生发展气象预报系统”“辽宁省自动站资料管理及预报应用系

统”“市、县级气象服务工作平台”“多普勒雷达产品共享系统”等一批科研成果在全省气象部门得到广泛应用，其中“JJS1型翻斗雨量传感器校准仪”由中国气象局安排专项资金在全国气象台站推广。该课题由辽宁省气象局投入经费研发成功，经中国气象局监测网络司验收通过，2008年在全国推广应用800套，二期计划推广2000套。“辽宁省风能资源详查与评价工作”项目顺利通过辽宁省发展和改革委员会和省财政厅的可行性论证，开始在全省建设26座测风塔。

【科技人才与队伍建设】 按照《辽宁省气象部门实施“323”人才工程的意见》，继续组织做好全省气象部门3个层次人才培养和引进工作。2008年，推荐申报正研级专业技术职务任职资格人员5人，1人通过评审。经中国气象局人事教育司委托评审，朝阳市喀左县气象局1人取得农业科研系列研究员专业技术职务资格。

组建辽宁省气象部门乡镇天气预报创新团队和辽宁省气象部门风能资源专业观测网创新团队；设立100万元人才战略专项经费，用于引进、培养和使用科研业务骨干人才，支持科技创新团队提高队伍整体素质等工作，为人才工作的深入开展提供经费保障。

【奥运气象服务】 先后组织制定了《北京2008年奥运会及残奥会沈阳赛区气象服务方案》和《北京2008年奥运会及残奥会火炬接力传递气象服务实施方案（辽宁境内）》，从服务任务、运行机制、服务产品制作与发布、数据组织与传输和考核办法等方面对奥运会及残奥会的气象服务任务进行了科学、周密的安排和部署。

省气象局投入大量研发资金，建成了由奥运气象服务产品深加工、奥运气象服务产品自动化传输和奥运现场气象服务等内容组成的奥运气象保障服务系统；沈阳中心气象台和沈阳市气象台建立了奥运精细化天气预报业务平台，制作奥运常规中短期天气预报及0～6小时短时临近预报预警产品。

【气候资源开发利用】 2008年，省政府投资1343万元为全省各地区配备了79套人工增雨火箭发射装置。全省已拥有175套各类火箭发射系统，人工增雨作业能力得到增强。全年共组织实施全省大范围人工增雨（雪）作业25次，出动火箭发射系统802套次，发射火箭弹7410枚；飞机飞行45架次，累计飞行了106小时32分，累计增雨34.19亿立方米，有效缓解了旱情，增加了生态和生活用水。

【重大科技项目选介】

1.辽宁省重大农业气候灾害预测技术推广应用研究

该项目是由国家科学技术部于2004年11月批准立项的农业科技成果转化资金项目。该项目针对辽宁省发生重大农业气候灾害存在地域差别的问题，通过研究推广重大农业气候灾害预测技术、预测产品和防御技术，全面提高了全省重大农业气候灾害预测的准确率，对全省农业生产和防灾减灾具有重要意义。该项目荣获2008年度省政府科技进步二等奖。

2.辽宁省农村防灾减灾乡镇天气预报技术方法研究

该项目由中国气象局于2006年正式下达研究任务，课题在国内首次研究提出了乡镇天气预报技术路线：以中尺度数值预报模式和释用技术为基础，综合应用有关气象信息，充分发挥预报员的作用，制作乡镇天气预报。该项目于2006年9月通过了中国气象局组织的鉴定，并荣获2008年度省政府科技进步三等奖。

3.大连及黄、渤海域中尺度数值预报系统

该项目由大连市科技局于2004年正式下达了研究任务，项目引进美国MM5数值预报模式，经本地化研究和开发，建立了技术先进、适合大连及黄、渤海地域并能在高性能计算机上完成的高分辨率（水平分辨率达5公里）中尺度区域数值预报模式系统。研究工作的重点是根据本地和黄、渤海地域地形特点、天气气候特征等因素，对移植的数值模式做本地化研究，经过大量的数值试验、预报效果检验、模式调试，最终形成适合该区的最佳方案组合，并完成系统的业务化建设。该项目荣获2008年度省政府科技进步三等奖。

【重要科技活动】 4月，省气象局向省政府提供的《关于改善辽西北地区生态环境的建议》决策材料得到了陈政高省长的重要批示。

5月，完成了中国气象局气候变化专项“东北地区极端降水事件变化特征、成因及影响”的验收工作，并编发《东北地区的气候变化》决策材料1期；5月，省气象局与省林业厅签署了《林业有害生物监测预报合作协议》，双方将对气候变化与林业有害生物的相关关系和影响开展研究，并发布预测产品；5月，省气象局、中国农业科学院、沈阳农业大学等单位联合举行了“东北地区气候变化影响与适应学术研讨会”，秦大河院士在会上做了题为《全球气候变化的最新认知》的报告，省气象局3位专家做了专题报告。

5月29日—30日，省气象局在丹东市组织召开全省气象科技成果推广应用研讨会，会议总结了我省气象科研成果的推广应用情况，就我省气象科技成果推广应用过程中存在的问题及解决措施进行了讨论。

（省气象局　陈洪伟 盛永）

防震减灾科技

【概述】 辽宁省地震局隶属于中国地震局，属于在沈中直事业单位，除局机关和局属台站外，下设5个中心：地震预报研究中心、地震监测中心、地震灾害防御中心、地震应急救援中心、地震仪器设备维修中心。2008年，全省防震减灾“三大体系”建设进展顺利，“十一五”重点项目实施取得重要突破。

【科技项目与成果】 2008年，省地震局地震科研立项15项，在科技开发方面，共完成各类地震安全性评价70余项。其中，《大连地震台地震观测成果及研究应用（2002—2006年）》项目获中国地震局防震减灾优秀成果二等奖，《辽宁核电前期项目初可研阶段江石底、庄河楼上厂址地震调查与评价》项目获中国地震局防震减灾优秀成果三等奖。在《震害防御技术》《世界地震工程》《辽宁工程结构》等刊物上发表论文30篇。

【体制管理与改革】 1月23日，经中国地震局批准，辽宁省地震信息中心更名为辽宁地震应急救援中心，继续加挂档案室的牌子；辽宁省地震研究所加挂辽宁省地震灾害防御中心的牌子。

按照中国地震局深入事业单位改革总体部署，经过深入调研和反复论证，顺利完成事业单位岗位设置第二阶段工作，为事业单位全面推行聘用制和岗位管理制度打下了扎实基础。严格履行规定和程序，完成科技人员招聘工作。继续实施台站工作人员全员培训计划，不断提高管理、使用、维护、新技术系统的业务能力，举办培训班1期，培训37人。全年共100人参加各类培训，其中50人参加了创新能力培训。完成了年度高级工程师、工程师的资格审查、聘任工作。

【地震监测与预报】 2008年，辽宁省共发生2.0级以上地震157次，其中3.0级以上地震22次，4.0级以上地震4次；11月，海城老震区发生4级震群活动，沈阳新民发生4.1级地震，打破了辽宁省持续67个月的4级地震平静期。

为了较好地掌握震情发展趋势，省防震减灾工作领导小组各成员单位与全省各地密切配合，进一步完善地震监测台网技术系统，加密监测地震活动和前兆场变化，提高观测质量和信息报送的时效性；强化震情监视与跟踪管理机制，落实责任，开展震情动态跟踪与会商，及时研判震情形势，较成功地掌握了全省震情发展趋势，有效组织实施了奥运会地震安全保障等工作。并获得全国地震监测预报和奥运地震安保先进单位。

加强地震预报科技人员及台站监测一线技术人员自身能力的提高，通过各种培训和岗位练兵，学习运用新知识和新技术提升大震速报和震情会商质量。对全省121个测项的观测资料进行评比，优秀率为95.04%；78个测项参加全国评比，优秀率为100%。完成沈阳、清原地震台的优化改造任务。

【震灾预防】 一是按照省政府165号令，要求各有关部门加大建设工程抗震设防管理力度，加强地震安全性评价项目审查，保障建设工程地震安全。全年受理省级建设工程地震安全性评价结果审定和抗震设防要求管理行政许可69项。二是实施地震安全性评价工程师制度，经与省人事厅共同考核认定，授予13人国家二级地震安评师资格。三是努力健全全省市、县地震机构，明确职能，增加编制，将抗震设防要求管理纳入政府审批环节。四是完成由省财政立项批准，预算资金500万元的辽宁省地震安全公共服务系统，主要开展全省农村民居抗震性能普查，并建立信息数据库。五是完成沈阳、大连、营口、盘锦、朝阳、辽阳等6座城市震害预测项目的评审和验收工作。

【地震应急救援】 重新修订了《辽宁省地震局地震应急预案》（以下简称《预案》），坚持应急演练常态化、实战化，增强了《预案》的实用性和可操作性，并在汶川地震和省内地震应急工作中得到了检验，发挥了作用。

稳步推进地震应急基础数据库建设。完成了基础信息库信息更新，建成9大类42个分项的应急数据库，完成了近40个专业底图和31个属性数据库建设，灾情获取技术方法和途径也更加快捷方便。

【抗震救灾】 汶川地震发生后，辽宁省地震监测台网在震后10分钟左右就向省政府报告了8.0级地震参数初定结果，随后报告了成都市没有重大灾害的灾情信息。

地震救援期间，省地震灾害紧急救援队专家分队70多人配备了先进的专业装备和生活保障设施，保持待命状态，并按要求派出了部分专家协助灾区进行余震监测和灾情评估，同时与辽宁消防和前线救援队保持联系，掌握救援动态，及时上报相关信息，编印《辽宁地震救援专刊》八期，为抗震救援工作提供了可靠的信息支持。

【基础设施建设】 中国地震局下达2008年度基本建设投资计划80万元，用于沈阳地震台观测楼改造实施工程建设。该项目建设总投资96万元，其余16万元由辽宁省地震局自筹解决。

省发改委批准辽宁省大连地震台地磁观测台迁建项目。迁建新址位于瓦房店市九龙村，占地面积为32550平方米，建筑面积1600平方米，工程计划总投资1160万元，建设年限为2年。

省发改委调整辽宁省地震海啸预警中心业务楼工程概算。核定建筑面积为3367平方米，中部为四层，两侧分别为两层和三层，建筑高度15.75米。核定调整后投资预算为893万元，资金来源为省财政拨款629万元，申请中国地震局投资补助90万元，其余174万元由辽宁省地震局自筹解决。

【重点科技项目】 建立了完善的6大地震技术系统，地震监测能力、社会防御能力、应急指挥能力、震情信息报送与发布能力等得到明显增强，为健全“三大体系”提供了技术支撑；建成了由67个强震子台、近100个实时摄录系统组成的地震灾情速报台网；建成了地震应急流动观测技术系统；设立了地震灾备中心；完成了重点监视防御区大中城市震害预测和县以上城镇、农村民居抗震性能普查数据库建设；辽宁省地震安全公共服务技术系统进入集成环节；辽宁省地震重点实验室建设已经立项。

完成了由省发改委立项批准预算资金为200万元的辽宁省应急观测技术系统建设，有效提升了辽宁地震监测技术系统和流动观测技术系统的运行保障能力；完成了由省财政立项批准预算资金为550万元的辽宁省地震安全公共服务技术系统建设，极大地提升了政府防灾和全社会综合防御能力；完成了辽宁省重点监视防御区大中城市震害预测项目的评审和验收工作。

（省地震局　高艳）

地质矿产勘查科技

【概述】 2008年，辽宁省地质矿产勘查局共有在册职工4879人，各类专业技术干部1975人，占在职职工总数40.5%，全局实现货币工作总量123116.8万元，同比增长12%；其中：财政拨款31208.8万元，同比增长5%；市场经营收入91908万元，同比增长15%。实现经济效益6383万元，同比增长5%。实现生产增加值39618万元，同比增长18%。累计实现净资产5.9亿元，同比增长13%。

【科研机构及人才队伍建设】 全局22个县团级单位中有18个单位具有综合研究能力，都设有总工办或地质科。全局具有高级职称的专业技术人员569人(教授级高级工程师68人)，具有中级职称者867人，具有初级职称者756人；全局有博士研究生12人，硕士研究生52人，大学本科毕业生615人，专科毕业生616人，中专毕业生575人，具有高中以下学历者248人。局地质科技管理部门每年都在出队前和收队后举行两期技术人员培训班，有针对性地进行业务培训，以提高广大科技人员的业务水平。

【基础设施建设】 截至2008年年底，辽宁省地质矿产勘查局现有设备4515台（套）。设备价值1.58亿元，净值1.2亿元。其中：地质勘查设备1540台（套），价值0.44亿元，净值0.35亿元；工程勘查及钻探设备1500台（套）价值0.88亿元，净值0.57亿元 。

【科技成果】 辽宁省辽河流域1／25万多目标地球化学调查：在多目标调查阶段，系统采集辽河流域5.6万平方千米土壤、水和浅海底积物等样品7万余件，获得了54项土壤元素和28项水质指标的100多万个地球化学数据。查明了辽河流域土地、区域水体和浅海环境质量，为科学管理和利用本地区土地、地表水和浅海资源提供了科学依据。该项目首次实现了对土壤肥力和环境质量的综合评价，划分了土壤环境质量，查清了绿色土地分布区域和土地适合种植方向，为发展绿色现代农业和保护区域生态环境提供了基础资料。2008年，获国土资源部颁发的科学技术二等奖。

环渤海地区地下水资源与环境地质调查评价：该项目对辽宁近海地区的第四系进行了统一划分，理顺了本地区的第四纪地层系统。利用1999—2000年的ETM遥感数据进行了地质构造、地表水体、耕地、海岸线的遥感解译，为深化研究浅表地质环境奠定了基础，提高了环境地质调查工作的区域控制程度。对大连市龙河、三涧堡、三官庙、青云河、龙王塘河等已建和拟建“地下水库”进行了深入的调查研究，初步评价了辽宁滨海河谷区水资源的开发利用潜力，确定了适于建设地下水库的河谷20余处，初步估算了可增加的开采资源量，提出了水资源开发利用模式，为辽宁滨海地区地下水资源开发和防止海水入侵提供了依据，并已提交有关政府部门利用。基本查明了区域地下水流场和水化学场的现状及近十几年来的变化情况，查明了地下水降落漏斗的分布范围及变化趋势。基本查明了区内主要环境地质问题和地质灾害的现状及近十几年来的变化情况。查明了海水入侵范围、咸淡水界线、主要地质灾害类型等。建成了环渤海辽宁地区地下水资源与环境地质数据库，为综合研究和资料二次开发奠定了基础。2008年获国土资源部颁发的科学技术奖二等奖。

【主要技术手段】 辽宁省地质灾害预警预报系统。地质灾害气象预报预警工作是一项创新性、探索性很强的新工作。抚顺西露天矿北帮地质灾害监测预警工作是辽宁地质勘查局承担的一项地质灾害监测预报工作。

大断面隧道全断面开挖技术。其成套技术的经济合理性、技术先进性达到了国内先进水平，具有良好的经济效益和社会效益，可广泛推广使用。

整体式全液压大模板衬砌台车技术。其综合性能达到了国内先进水平，具有良好的经济效益和社会效益，可广泛推广使用。

【重点项目选介】

1.本溪桥头大台沟铁矿详查

由本溪市亿众鑫矿业有限公司投资，辽宁省地质矿产调查院承担的本溪桥头大台沟铁矿详查，2008年度投入钻探17844m，施工钻孔11个，其中已竣工8个。竣工钻孔全部见到铁矿体，穿矿最大伪厚845m，控制深度内未能穿透铁矿体。已圈定工业铁矿石量（332+333）33.95亿吨，矿床平均品位(TFe)33.07%。现已确定该矿床规模为特大型。

2.沈北新城子盆地地热勘查

2008年上半年竣工的沈新1号探采井井深2509m，水温70℃，涌水量大于1200T/d。初步检测认定，该热水为偏硼酸、偏硅酸、具有医疗价值的氟型医疗热矿水。该探采井的成功实施，确定了沈北地热田的存在，为在该地区进一步安排地热资源的勘查及开发提供了依据。这是近年来在地热勘查方面取得的一项重大突破。

3.铁岭市调兵山硅灰石矿普查

该项目属2008年度省本级矿产资源补偿费项目。在普查区内的泉眼沟矿段新圈出6条隐伏矿体，初步估算硅灰石矿石资源量(333) 1022万吨，硅灰石矿物（332+333）资源量可达500万吨，矿床规模达特大型。通过进一步工作，该区硅灰石资源量有望达到特大型矿床规模。

4.朝阳县西五家子付家沟硅石矿普查

经普查，最终获得333＋334硅石资源量20741万吨，其中333类资源量3967万吨，矿床SiO_2平均品位97.12%。该矿床系辽西地区所查明的第1个大型硅石矿床，为进一步勘查开发提供了依据。

5.瓦房店市云台山石灰岩矿详查

在勘查区圈出水泥用石灰岩矿体2个， 获得332类石灰岩矿石资源量2149万吨，333类石灰岩矿石资源量4864万吨，合计7013万吨。提交了一处中型石灰岩矿产地，为合作开发提供了依据。

6.营口市赵平房矿区铁矿普查

完成了两个区的补充勘查工作，共获得332类铁矿石资源量3189万吨，333类铁矿石资源量2280万吨，合计5469万吨。提交了一处中型铁矿产地，为进一步的勘查和开发工作提供了依据。

7.瓦房店市草道沟金铅锌多金属矿普查

在勘查区内已发现了两条铅锌矿带（脉），初步控制长160～450m，延深80～180m，矿石品位Pb最高11.62%，Zn最高5.44%，矿体最大伪厚12m。此成果是华铜矿外围找矿的重要突破，为进一步开展勘查评价提供了依据。

8.辽宁省海岸带地质调查

已按设计完成了全部野外工作，累计完成1/5万综合地质调查7340km^2，钻探12320m，采集各类测试样品1528件。提交阶段成果报告共计22份，为海岸带开发建设提供了地质依据。

9.辽河流域农业地质调查

完成了局部生态地球化学野外评价，以及总体综合评价、数据库信息系统建设工作。先后向辽宁省委、省政府和省政协提出了多项推进我省农业科学发展的政策建议，得到了有关部门的重视。

10.大连－营口地区多目标区域地球化学调查

超额完成了野外调查任务，累计完成调查面积18656 km^2。共采集19799件表层土壤样品和4801件深层土壤样品，在东港－盖州地区发现了近1600km^{2}的富硒土壤。

（省地质矿产勘查局　王洪民）

农垦科技

【概述】 省农垦局现有直属事业单位5家，直属企业单位18家，奶业、鹿业等行业协会2家。

全系统共有科研机构31个，其中省属1个，场属30个；有在岗职工489人，其中科技人员320人，农工人员169人；实验地面积231公顷，每年度科技经费536万元。

截至2008年年底，全系统国有农场共有112个，垦区总人口88.4万人，其中从业人员28.3万人；土地总面积50.2万公顷，其中耕地面积14.5万公顷，林地面积6.5万公顷，草地面积2.7万公顷，果园面积1.3万公顷，水面面积7.2万公顷。

2008年，全系统实现生产总值120.7亿元，全社会劳动生产率2.9亿元，人均生产总值13692元，人均纯收入6402元，人均住房26平方米；垦区固定资产投资总额89.5亿元，商品出口总额12.2亿元，社会总产值411.1亿元，实现利润13.2亿元，实现税金14.9亿元；垦区粮豆总产量117.5万吨，肉类总产量15.6万吨，禽蛋总产量4.6万吨，牛奶总产量10.9万吨，水果总产量9.2万吨，水产品总产量23.8万吨，植树造林3721公顷，木材采伐22698立方米，农业商品率平均达到86%。

2008年，全系统所属农场（企业）用电总量35209万千瓦小时，农药施用总量3038吨，农用化肥施用总量110236吨，农用塑料薄膜使用总量3559吨，农田水利灌溉面积100252公顷，沼气池935个。

2008年，全系统农业机械总动力84.5万千瓦，拖拉机保有量为1.3万台，机耕、机播和机收水平分别是83%，27%和26%，农业机械化率达到55%。

【科技成果及转化推广】 2008年，全系统培育新品种5个，其中水稻、玉米新品种3个，水果、蔬菜新品种2个；科技成果通过鉴定6个，其中省、部级科技成果3个，市级科技成果3个，有2项科技成果获奖；引进推广动植物新品种8个，广泛推广测土施肥、节水灌溉、耕地保护、精量播种、种子包衣、生物农药、生物肥料、稻田养蟹、苹果套袋、鹿人工输精、鱼虾贝类混养等重大新技术12项。

全系统农作物推广面积95万公顷，推广优良种畜禽900万头(只)，累计创经济效益13亿元，科技成果转化率达到80%。

获得各级机构无公害、绿色、有机农产品认证71个，其中种植业63个、畜牧业1个、水产业6个、加工业1个；“三品”产地认定36个，注册品牌商标16个，示范带动农户47057户，科技进步对农垦农业增长的贡献率达到60%以上。

【重点科技工作】 2008年，全系统开展技术培训62班次，培育科技示范户435户，发放科普资料8万册（份），科技入户率达到90%。

扶持了10个社会主义新农村建设示范农场，完善了10个科技示范基地农场，聘请了10名科技顾问和专家，同20所大专院校和科研院所建立了协作网络，储备了30个重点科技项目。

辽宁农垦局所属农场（企业）列入农业部无公害示范基地农场2个，无公害农产品质量追溯试点企业3个，追溯产品3类14种；列入国家级农业标准化示范农场2个，国家级农业科技示范农场2个，国家级农业科技示范园区2个；列入国家级农业产业化龙头企业5个，省级龙头企业11个，市级龙头企业20个。

【科技期刊】 2008年，辽宁省农垦局继续编辑出版内部刊物《辽宁农垦》（月刊），并公开编辑出版发行《垦殖与稻作》、《辽宁奶业》及《辽宁鹿业》（均为双月刊）等专业杂志。

（省农垦局　杨丹）

区域科技

沈阳市

【概述】 2008年，沈阳市实现规模以上高新技术产品增加值640亿元，同比增长25.3%，高于工业增加值增速3个百分点；申请专利首次突破5000件大关，达到6254件，同比增长27.5%，其中，发明专利2680件，同比增长17.6%，增幅创近年来最高水平；引进海外团队65个，同比增长30%；科技投融资机构达到56家，投融资额达到139亿元，同比分别增长9.8%和32.3%。在2008年度全省科技奖励评审中，沈阳市160个项目获奖，占全省获奖项目总数的48%，同比提高3个百分点，其中，获得一等奖23项，占获得一等奖项目总数的64%，同比提高9个百分点，并包揽了代表原始创新最高水平的自然科学奖、技术发明奖的全部5项一等奖。沈阳市进入全国创新能力优秀城市行列，成为最具创新动力、创新环境、创新绩效城市。沈阳市科技局荣获省科技创新贡献奖。

【科技管理与改革】 全面修订了《沈阳市科学技术进步条例》（以下简称《条例（修订）》）。《条例（修订）》由沈阳市第十四届人大常委会第七次会议于2008年12月4日通过，经辽宁省第十一届人大常委会第六次会议于2009年1月9日批准，于2009年3月1日起施行。《条例（修订）》成为沈阳市科技工作的纲领性法规，将为科技创新提供有力的法制保障。制定下发了工程技术研究中心、重点实验室管理办法，加强了对研发机构的规范管理，提高区、县（市）财政科技投入比例，确定区、县（市）科技工作考核机制。在适用范围、科技资金监督管理及法律责任等方面的新规定和修订也体现了本次地方科技立法的进步。

将区、县（市）科技创新考核列为全市政府绩效评估体系的基础考评项目。由市科技局牵头，并与市统计局、市信息产业局共同负责。考核指标为规模以上高新技术产品产值占规模以上工业产品产值比重和专利申请量同比增长率，使科技创新工作重点进一步突出，充分调动了区、县（市）科技创新工作的积极性和主动性。

【科技项目与经费】 市科技局共安排科技计划项目384个，科研经费21650万元。其中，高新技术产业带发展计划安排项目145项，重点支持了科技领航型企业创建、新产品开发、先进适用技术推广应用、产学研合作、科技成果转化、专利技术的转化应用，以及工程中心和重点实验室建设、科技企业孵化器和高新技术产业带园区创新平台建设等；科技支撑计划安排项目120项，重点支持了工业领域共性关键性技术攻关、农业领域种植业、养殖业、设施园艺、农产品深加工和农村生态方面的科技攻关；现代服务科技计划安排项目119项，重点支持了节能减排、创新药物研制、人口与健康等社会事业的科技创新，国家科技进步城区创建、技术产权交易等。

在国家科技部下达的科技计划中，沈阳市“863”计划立项56项，获得经费支持11591万元；“973”计划立项37项，获得经费支持6934万元；科技支撑计划立项12项，获得经费支持4981万元；其他各类政策引导性计划立项70项，获得经费支持4738万元。全年承担国家级科技项目共175项，获得国家科技部经费支持共计2.82亿元。特别是在国家科技部“863”计划中，沈阳黎明航空发动机(集团)有限责任公司的“中低热值燃料R0110燃气轮机研制及其在IGCC电站中的工程应用示范”项目获得了8163万元的经费支持（总经费1.8亿元，分2008年、2009年、2010年3年实施），是沈阳市历年来在单一年度里获得国家经费支持额度最大的项目。该项目研制成功后，我国重型燃机将转入到工程实际应用阶段。

共受理科技型中小企业技术创新基金项目186项，完成申报企业注册153家，申报国家创新基金项目共计63项，其中电子信息13项，高技术服务业3项，光机电一体化21项，生物医药3项，新材料10项，新能源与高效节能6项，资源与环境7项。申请国家资金额度5105万元，最终立项15项，支持金额900万元。47个项目产品进入市场，累计实现工业增加值27816万元，销售收入49405万元，出口创汇267.6万美元；利润9043万元，上缴税金5253.5万元；实现就业人数5011人，新增就业人数869人。29个项目获专利权51项，其中发明专利26项；转化国家“863”计划或科技攻关计划成果4项；产学研结合项目14项；列入省、部级计划项目15项。2008年度完成了19家承担创新基金项目的验收材料审核工作。

【科技成果】 “第十届中国专利金奖”共评出专利金奖项目15个、优秀奖项目145个。沈阳华晨金杯汽车有限公司的“轿车”专利项目被评为中国专利奖金奖，是15个获得金奖的项目中唯一的外观设计专利，也是汽车行业中唯一获此殊荣的外观设计项目。沈阳铸造研究所的“高屈强比高强韧性铸造马氏体不锈钢及其生产方法”、沈阳化工研究院的“不饱和肟醚类杀虫、杀真菌剂”两个专利项目获中国专利奖优秀奖。同时，沈阳市知识产权局被授予“第十届中国专利奖”最佳组织奖。

沈阳技术交易所荣获中国技术市场协会金桥奖，先后被批准为首批国家技术转移示范机构、国家专利技术展示交易中心建设单位、首批科技咨询师职业资格培训和鉴定试点单位。成功举办了“贯彻落实《建立和完善知识产权交易市场的指导意见》研讨会”“沈阳市推动高新技术企业进入资本市场辅导会”“2008中国国际工业博览会区域合作技术转移项目视频推介会沈阳分会场”。组织在沈阳17家单位60项专利技术与产品及高新技术成果参加在大连举办的“2008中国国际专利技术与产品交易会”。全市共签订技术交易合同8136份，实现技术合同成交额达到58.18亿元，同比增长15.90%。

【高新技术与产业化】 全市继续推进了14个重大科技专项，全力推进沈阳市具有基础优势的产业带动新兴产业发展。沈阳黎明航空发动机（集团）有限责任公司研制出R0110天然气重型燃气轮机点火试车，该公司申报“中低热值燃料R0110重型燃气轮机研制及其在IGCC电站中的工程应用示范”项目已获得科技部支持。中国科学院沈阳科学仪器研制中心有限公司研制的6英寸PECVD设备及零部件实现首次销售（订单503万元），设备零部件国产化率高达70%，12英寸PECVD已完成第一轮整体设计工作。“90−65NM等离子体增强化学气相沉积设备研发与产业化”项目基本通过科技部的立项审查。在百万吨乙烯成套设备、特高压交直流输变电设备等尖端装备制造方面取得了重大突破。

高新技术产业带建设取得了阶段性成果。一是围绕全市高新技术产业的总体布局和发展空间，明确了沈阳市高新技术产业带41平方千米的起步区规划和279平方千米政策区规划。二是落实了产业带税收优惠政策，完成2006年、2007年政策性补贴共计307.27万元，涉及9个区县，33家企业。三是召开了全市高新技术产业带工作会议。四是开展了产业带公共服务平台、示范园区和产业集群创建活动，重点支持了中科院沈阳科技创新园、东大国家大学科技园、动漫产业基地等一批科技园区和产业集群。产业带内高新技术企业及其产值分别占全市的89.6%和90.5%。

新兴产业加快发展。围绕新能源、民用航空、先进装备等领域，攻克了3兆瓦风力发电机组控制系统、燃气轮机透平叶片、支线飞机机身复合材料等10余项关键技术。软件、动漫产业主营业务收入同比增长50%；特种专用数控机床产业的整合力度进一步加大，市场开拓能力不断提升。

创新型企业培育成效显现。投入3080万元资金，支持38家科技领航型企业创建单位的创新活动，这些企业开发新产品700个，实现新产品产值400亿元，占总产值的33%；实现工业增加值280亿元，增长40%。全市新增沈阳机床（集团）有限责任公司、沈阳北方交通重工集团有限公司、沈阳化工研究院3家国家级创新型试点企业；沈阳鼓风机集团有限公司、沈阳华晨金杯汽车有限公司、特变电工沈变集团等23家单位被确定为省科技创新示范企业；100家企业成为国家级高新技术企业。

加强产学研合作，深入推进了可视化热加工、数字化装备等技术的推广应用；重点培育了沈阳鼓风机集团有限公司、沈阳黎明航空发动机（集团）有限责任公司、北方重工集团有限公司等10个产学研联盟示范企业。百万吨乙烯大型离心压缩机、百万千瓦级核电机组二级泵等产学研合作项目取得突破进展。出台了鼓励产学研合作的政策措施，对全市产学研需求进行调研，组织了专题对接活动，104个项目达成合作协议，项目总投资19.58亿元，合同金额8.93亿元。

以提升孵化增值服务功能为工作重点，重点推进浑南、沈北两大区域的专业孵化器示范群建设，使“中小企业创业园”“国际科技合作园”“光电产业创业园”等一批孵化场地按期投入使用；支持浑南新区的孵化器公共技术服务平台建设，搭建了生物医药、动漫产业、IC装备、企业信息化等多个公共技术服务平台，为企业提供增值服务，致力于提升中小企业核心竞争力。全市孵化器达到65家，在孵企业3112家，累计毕业企业超过400家；新增孵化面积59.8万平方米（含标准厂房58.1万平方米），总面积271.3万平方米。沈阳IC装备产业孵化园被认定为国家级科技企业孵化器，全市国家级科技企业孵化器增至5家，孵化面积12.8万平方米；国家级大学科技园2家，面积5.8万平方米。

通过举办培训会等方式，宣传高新技术企业优惠政策，帮助企业了解申报流程、条件等信息，积极开展高新技术企业认定工作。经过全面调研，了解全市企业的基本状况，沈阳市科技局和浑南高新区向省科技厅推荐了8大领域的157家企业（市科技局80家，浑南高新区77家），经过专家评审及省财政、地税、国税等部门的联合审查，100家企业（区外53家，区内47家）获得了国家级高新技术企业称号，通过率达63.6%。这100家企业已陆续享受了所得税的优惠政策，减免所得税约1.4亿元。

高新技术产品出口9.4亿美元，在出口形势日渐严峻的情况下，仍实现了26.6%的增速，且同比增长15.7%，占全市外贸出口总量的23.2%。其中，中外合资企业出口额同比增长18.8%；外商独资企业出口同比下降21.2%；国有企业出口额同比增长33.2%；私营企业出口同比增长38.9%。高新技术产品出口以进料加工为最主要的贸易方式，出口额为6.53亿美元，同比增长9.13%；来料加工贸易出口2769万美元，同比下降37.6%。一般贸易出口2.57亿美元，同比增长52.9%。新认定的沈阳新松机器人自动化股份有限公司等8家出口创新基地，强化了对出口企业的服务，积极探讨应对金融危机的对策措施。高新技术产品以计算机及通信技术类出口居主导地位，同比略有增长，出口企业以外企为主。作为装备制造业基地，沈阳机床集团全年高新技术产品出口额为5429万美元，同比增长52.4%。航空航天技术出口已初具规模，沈阳飞机工业(集团)有限公司和沈阳黎明航空发动机（集团）有限责任公司两家骨干企业全年出口额达7374万美元。

在制造业信息化工程方面，围绕沈阳机床、沈阳鼓风机等5个重大装备产品开展数字化设计应用关键技术攻关；开发了中小企业公共服务平台；继续开展“甩图纸”和“甩账表”的应用示范；推广应用信息化技术软件37套，其中，国产软件29套；扶持了3家开发公司形成拥有自主知识产权的软件2个；在原有8家服务中心基础上，建立了产品创新技术服务中心和ASP技术服务中心；完成产品的创新设计服务12项；培训企业116家；成立了“法国SPRING（沈阳）数控技术服务中心”。培训了32名数控加工仿真与优化技术人才，为沈阳机床集团等4家企业开展了技术服务。建立了信息化人才培训与实训基地，开展了CAD、CAM与ERP等培训班达36次，培训人员860人次。

工业科技围绕装备制造、电子信息、冶金材料、汽车及零部件、石油化工、民用航空等领域开展科技攻关，取得了显著的成效。市本级科技创新资金用于工业领域科技攻关达到6180万元，引导全社会研究与开发经费投入185449万元，组织开展117项科技攻关，攻克了高档机床数控和伺服系统、盾构机刀盘刀具选型计布置、混合动力汽车设计制造、百万千瓦核主泵设计与制造、重型燃气轮机设计与制造等40余项关键技术。

【农业科技】 2008年，举办了第四期“青年农民上大学”培训班，共有274名学员取得了结业证书，并获得了由国家劳动和社会保障部颁发的国家职业技能鉴定资格证书。261名学员参加了辽宁省农民科技经纪人培训班，并获得了由辽宁省科技厅和工商局联合颁发的农民科技经纪人资格证书。17名优秀学员被认定为沈阳市农村科技示范户并给予创业项目资助。为进一步做好“青年农民上大学”工作，发挥典型示范作用，对东陵区科技局等12家单位、刘丽萍等34名个人予以了表彰，授予牛富全等11名优秀毕业学员创业成就奖。通过电视、报纸、网络等媒体对“青年农民上大学”有关政策及先进典型等进行了广泛宣传，在社会上引起强烈反响。经认真组织、筛选，第五期“青年农民上大学”培训班共招收学员313人，培训工作正按计划进行。

深入实施科技特派员示范工程。全市共选派科技特派员160人次，组织科技特派团14个，科技特派组4个，实施科技特派员示范项目135项，覆盖全市8个农村区、县(市)83个乡镇265个村。引进动植物新品种225个，先进适用农业新技术169项，创建和扶持农民科技协会和农村中介服务组织26个，举办培训班1200多场，培训4.4万人次，发放科技资料9.7万份，辐射带动农民7.4万人。沈阳农业大学驻新民科技特派团等3个科技特派团和沈阳农业大学食品学院驻新大地集团树莓产业开发科技特派组被辽宁省科技厅等部门评为辽宁省科技特派行动先进集体。辽宁省农业科学院王平等14名科技特派员被评为辽宁省科技特派行动先进个人。

【社会发展科技】 沈阳市科技局通过开展创新药物新品种开发、加强医药产业基地建设、搭建药物研发孵化平台等工作，着力提升全市医药产业的创新能力。同时，联合沈阳市统计局、沈阳市食药监局等部门开展了全市医药产业现状调查，完成了《沈阳市医药产业2008—2012年科技规划》，为医药产业的健康发展提供了科技保障。

医药产业继续保持了生产、销售、投资较快增长的势头。2008年，完成工业总产值160亿元，同比增长25%，占全省的65.3%；完成工业增加值45亿元，同比增长25.3%，占全省的54.2%；实现利税18亿元，同比增长31.2%，占全省的72%；实现利润12亿元，同比增长31.2%，占全省的70.5%。19家医药企业通过国家高新技术企业认定。

沈阳市科技局以制约全市节能减排工作的相关行业和领域为重点，围绕热电企业低成本高效脱硫技术，医药食品企业污染减排技术，地源热泵综合利用技术，高效机电节能、锅炉清洁燃烧技术和农村节能减排技术的研发推广为着眼点，加大科技经费的支持力度，累计安排节能减排项目40多项，资金达1400万元。重点支持了“沈阳市污染源动态管理‘环保智能卡’示范工程研究”“沈阳市环境空气质量监控与预报、评估预警系统开发研究”等一批科技管理项目，并在市节能宣传周上举办了“节能减排和生态文明科普展示系列活动”。

加快推进了热电企业脱硫技术研究以及医药食品企业节能减排技术推广工作，实施了环境空气质量监控与预报预警、湖泊与人工湿地水质改善等生态市创建科技项目，全面完成了沈阳市科技局与沈阳市政府签订的节能减排和生态市建设两个目标责任状；启动了农贸市场农产品安全检测服务平台等民生专项。

沈阳市被科技部、公安部授予“科技强警示范城市”称号。

【科技合作与交流】 广泛开展多层次的国际科技合作。组织实施了一批重点国际合作项目，涉及引进海外研发团队、消化吸收国外技术、中外联合研发机构建设、重点合作研究、联合开发新产品等。通过引进优秀的高层次海外技术专家、在高新技术领域开展合资合作等方式，提高了沈阳市的科研水平，培养了学科带头人，获得了具有自主知识产权的产品，大大提高了沈阳市科技创新的起点，加快了创新步伐。日本大宇宙、岛津、韩国东洋信息系统等8家研发类高技术企业或联合研发机构入驻沈阳，使沈阳市联合研发机构达到76家。

搭建政府间、机构间高层合作平台。2008年，沈阳市与中国旅美科技协会签订了长期战略合作关系协议，打开了对美科技合作及科技人才引进的窗口。启动了“海归桥”网站，为寻求回国创业和开展合作的海外华人专家了解沈阳市技术需求搭建了项目对接平台，拓展了海外技术专家团队引进的渠道。启动实施了沈阳与日本札幌市的政府间合作计划——“SS计划”，两市已有40多家企业参与，带动了全市软件外包产业发展。签订了在沈建立“中国—加拿大生态农业和环境科学技术创新中心”合作协议，推进了与加拿大在作物育种、高产优质园艺栽培技术、乳业及农业环境保护等方面的科技合作。成立了由24家对俄合作企业、科研院所和高等院校组成的中俄技术转化联盟，形成了跨行业、跨部门、开放型对俄及其他独联体国家科技合作的平台，加速了科技合作及成果转化。

举办形式多样、效果显著的国际科技交流活动。2008年，全市举办了“2008中国（沈阳）国际建设科技博览会”“欧盟环境变化展”“首届中加玉米合作育种研讨会”“海外学子创业周”“第四届材料科学与工程研讨会”“数字化医学影像设备国际培训班”“普通及数控机床技术国际培训班”等一系列国际科技交流活动。东软集团利用举办国际培训班的平台，实现了技术输出和产品出口双赢，全年实现出口额约1000万美元，其中培训班学员贡献率为40%。

组织高新技术企业赴日本成功举办了“中日经

济科技合作交流会”，参加了“第三届亚洲生物技术商务对接会”，同日、韩两国相关部门签订了9项软件外包、生物技术等高新技术领域的合作协议。

与加拿大密西加沙市、中国旅美科技协会、韩国春川生物产业振兴院、日本留久米生物技术产业园等政府和组织建立了科技合作关系。加拿大农业及农业食品部在我国设立的第6个农业科技合作中心——中国—加拿大生态农业与环境科学技术创新中心落户沈阳市。成立了中俄技术转化联盟，促成了泥炭制品应用等一批对俄合作项目。在辽宁省首批24个引进海外研发团队重点项目中，沈阳市入选项目8项，沈阳市科技局推荐项目占7项。组织实施的团队引进项目的5名专家荣获辽宁友谊奖，6名专家荣获沈阳玫瑰奖。

大力推进软件外包业发展。实施了沈阳与日本札幌、韩国大田的政府间合作计划。启动了百名服务外包桥梁工程师培养计划，引进了世界知名软件企业——日本大宇宙公司、韩国SK集团、韩国东洋信息系统公司。东北亚软件开发基地荣获“中国外包第一届优秀产业园区”称号。

为持续推进辽宁中部城市群的科技创新合作，沈阳市详细了解各城市基本情况，通过重点对科技创新模式、资源、优势与成功经验的讨论，搭建了城市之间科技创新合作与交流平台。充分发挥沈阳作为中心城市的辐射作用，发展各个城市的区位优势，加强产学研合作，以科技进步推动城市产业结构调整和城市经济转型，以推动辽宁中部城市群一体化建设。同时根据各城市的产业特色，制定城市发展规划，联合企业、科研院所、大学等相关机构，形成高效的区域合作运行机制，加强沟通协调，促进区域间的科技合作和交流，实现资源合理配置与共享，努力创造科技创新推动区域经济和社会发展互惠互利、协调发展的多赢格局。

12月18日，沈阳市推进产学研合作对接洽谈会在21世纪大厦召开。省市相关领导及各界代表350人参加会议。会上出台了《关于加强产学研合作，促进科技成果就地转化的若干政策》，发布科技成果300多项，企业需求100多项，104个项目签订了产学研合作协议，合同金额8.93亿元，项目总投资19.58亿元，其中20个项目在会上举行了签约仪式。同时，确定沈阳鼓风机（集团）有限公司等10家产学研联盟建设示范企业并授牌。组织国内20余所重点高校，30余家国家及省属科研院所与沈阳市100多家企业在产学研合作10个重点方面进行了两个专场对接，并组织专家对企业进行了考察。

【科技环境与条件建设】“中科院沈阳科技创新园”建设工作扎实推进。通过充分发挥中国科学院系统的综合科技优势，推动工业机器人等“五大产业化基地”建设，形成了一批拥有自主知识产权和具有国内外市场竞争力的高技术成果及产品，实现产值18亿元，为沈阳市相关产业的发展起到了巨大的推动作用。工业机器人与自动化成套装备产业化示范基地完成了二期工程并投产，完成了重装、重压等恶劣条件下的工业机器人的技术研究；IC装备及零部件产业化基地内中国科学院沈阳科学仪器研制中心有限公司等8家单位申报了11个国家重大科技专项。IC装备产业园被授予沈阳高新技术产业带科技示范园区创建单位；组织中科院沈阳计算技术公司等5家单位成立了“中国科学院数控技术创新联盟”，申报了国家高档数控机床重大科技专项；建成了比较完整的高性能结构材料和功能材料工艺研发与产品生产基地，为燃气轮机、透平压缩机等重大装备解决材料方面的关键问题；中科院沈阳应用生态研究所已经整体入驻，并获得承担国家重大专项“水体污染控制与治理”任务，为区域可持续发展提供技术支撑。

2008年新增省级工程中心和重点实验室41家。通过年度科技计划，共支持工程中心和重点实验室建设项目12项，安排科技经费1790万元。其中，支持法库矿产资源中心的陶瓷工程中心、沈阳汇博热能公司的沈阳弹性元件工程中心等工程技术研究中心建设，提升了沈阳市重点企业的自主创新能力和核心竞争力，引领了相关产业的发展；支持沈阳计量测试院的流量试验室、沈阳工业大学的轻质合金材料与工程试验室、沈阳药科大学的药学生物技术实验室等重点实验室建设，提高了沈阳市重点学科领域的原始创新能力，为相关产业发展提供了创新技术和成果储备。通过进一步加强工程中心和重点实验室的建设，推动建立以企业为主体、市场为导向、产学研相结合的技术创新体系，为经济社会又好又快发展提供科技支撑。

【科技领航型企业创建】 全市38家企业参与科技领航型企业的创建，共实现高新技术产值1240亿元，同比增长35%，完成科技投入65.93亿元，同比增长

35%，占销售收入比重的5.46%，它标志着企业科技投入的力度在逐步加大。38家企业共建有省级以上研发机构66个，拥有工程技术人员3万人，占职工总数的比例达到26%；38家企业开发新产品700个，实现新产品产值400亿元，全部工业总产值的比重达到了32.52%，新开发产品实现工业增加值110亿元，占新产品产值比重27.5%。38家企业累计专利申请数量超过1500件，主持和参与研制国家及行业技术标准140项，其中沈阳鼓风机（集团）有限公司达到25项，真正成为国内同行业中的领军型企业。

【知识产权工作】 制定扶持企事业单位专利大户的措施，推进东北大学等32家重点单位的专利发展示范工作；实施17个重点专利项目，推进发明专利技术就地转化和产业化。结合《国家知识产权战略纲要》的贯彻落实，完成了20家单位对《沈阳市知识产权战略纲要》的会签；开展了《沈阳市专利条例》立法调研，并成为2008年市人大正式立法项目。积极构建国家级专利信息、交易、政务平台，加强知识产权培训，评选沈阳市专利奖，开展知识产权宣传周和专项专利执法活动，知识产权发展环境日益改善。区县知识产权工作成绩显著，沈阳市浑南新区成为国家知识产权试点园区，沈阳市铁西区成为辽宁省知识产权试点区。2008年，沈阳市科技局先后荣获“全国专利执法先进集体”、“辽宁省知识产权系统先进集体”和“辽宁省专利运用及产业化工作先进集体”称号，有4人分获国家、省级荣誉，15家企事业单位成为辽宁省“兴业强企”工程试点示范单位。

沈阳市知识产权讲师团重点面向承担国家、省、市重大科技专项的企事业单位开展服务35场次，技术、中介、法律等方面专家直接走进企业宣讲知识产权，开展现场专利咨询服务。举办2008年沈阳市专利工作者培训班，来自重点企事业单位的80名学员参加培训。召开全市区、县（市）知识产权工作会议，专题学习贯彻《国家知识产权战略纲要》，发布专利工作情况及相关政策措施，总结交流区、县（市）知识产权工作经验，探讨共同推进国家知识产权示范城市创建工作。组织来自各区、县（市）、开发区知识产权局的16名学员参加由省知识产权局、省法制办举办的知识产权行政执法培训班，全市具有行政执法资格的人数已增至41人。

据国家知识产权局公布数据，2008年沈阳市专利申请首次突破5000件大关，历史性地跃升至6254件，同比增长27.50%。其中，发明专利申请2680件，同比增长17.60%，占全部申请量的比重达到42.85%；实用新型2605件，同比增长25.42%；外观设计969件，同比增长76.50%。全市装备制造业领域专利申请达到927件，同比增长28%；首批32家专利大户共申请专利1521件，占全市专利申请量的24.32%。

为贯彻落实国家知识产权局《关于印发“雷雨”“天网”知识产权执法专项行动方案的通知》精神，严厉打击流通领域知识产权侵权、假冒及冒充专利行为，沈阳市知识产权局联合省、区知识产权局及沈阳市商业局开展了专项执法行动，先后到沈阳商业城、沈阳兴隆大家庭、中兴－沈阳商业大厦等大型知名商场，听取企业负责人对“雷雨”“天网”知识产权执法专项行动方案落实情况的汇报，检查了商业企业专利准入制度公示情况及卖场专利产品经营情况。

经沈阳市编委批准，各区、县（市）、开发区成立了知识产权局，健全了知识产权工作体系。同时，将“中国发明专利申请同比增长率”“中国专利申请同比增长率”作为7大创新指标纳入到对各区、县（市）、开发区工作指标的考核体系。沈阳浑南新区成为国家知识产权试点园区，铁西区成为辽宁省知识产权试点区。

【服务县域经济科技行动】 出台了服务县域经济科技行动方案，引导科技资源向农村集聚。积极开展农村科技人才培养，第四期“青年农民上大学”培训班的274名学员取得了结业证书，并获得了国家职业技能鉴定资格证书，第五期培训班345名农民走进大学课堂；围绕各区、县（市）农业主导产业和特色农业发展需要，组织农村科技讲师团开展科技培训152场，培训农民1.7万人。选派科技特派员160人次，实施科技示范项目135项，为沈阳市农村引进新品种225个、新技术169项。重点支持了辽宁禾丰牧业股份有限公司、辽宁东亚种业股份有限公司、沈阳乳业有限责任公司、沈阳华美畜禽有限公司等7家农业科技领航企业开展科技创新，这些企业在研发机构建设、新产品开发等方面取得了长足进展，蒲兴禽业的“蒲兴”商标被认定为中国驰名商标。

【科技统计】 对全市116家市以上（含市）独立科学研究与技术开发机构、174项仍在执行的国家级科技计划项目以及188项已经结题的国家级科技计划项目的科技活动情况进行了统计调查；对全市科技成果、专利申请与授权、省部级以上工程中心和重点实验室、地方财政科技拨款等情况开展了专项统计调查，并汇编成《沈阳科技统计资料》。先后在高新技术产业发展、科技领航型企业建设、市属科研院所现状等方面开展了深度分析。围绕全市科技发展规划，建立了一套以各级领导关注与需要为切入点的科技指标体系，为宏观管理和科学决策提供翔实的数据依据。在沈阳科技网上搭建起“副省级城市科技创新数据共享平台”，通过与其他副省级城市科技局密切合作，基本完成2004—2007年数据录入和整理工作，实现了城市间的数据共享。

【科技普及】 全市科普工作以提高市民科学素养为目标，推动科普事业持续、稳步、健康发展。新审批观音阁中华饮食科普基地、沈阳市农业科学院、沈阳儿童活动中心等3家单位为市级科普基地，全市科普基地达到41家。成功推荐沈阳市环保科普基地和沈阳棋盘山神农科技观光园为辽宁省科普基地，使沈阳市省级科普基地达到11家。联合开展了以“节约能源资源、保护生态环境、保障安全健康”为主题的“科普日”活动、“嫦娥探月工程展”；协助市科协组织开展了辽宁中部八城市科技科普成果展、企业自主创新展、节能环保科普展、青少年科技创新作品展及系列科普讲座、报告等丰富多彩的科普活动。

5月17日，以“携手建设创新型城市”为主题的2008年辽宁省暨沈阳市科技活动周在沈阳科学宫拉开帷幕。省市领导、社会各界群众1500人参加了开幕式和主体科普活动。

本届科技活动周共举办科普展览、知识竞赛、赠送图书等科普活动100余项，50余万市民积极参与。安排了“防震减灾”科普知识展，发放抗震减灾知识手册万余份；开展了“专家进村，播种科技”活动，大力推进社会主义新农村建设，提高农民科学素质；举办了节能减排、天文、生态环保、气象等8项生态文明系列科普展览，突出了科技支撑发展作用；开展了妇女编织奥运福娃竞赛等活动，编印了“科技奥运知识百题”，全市近万人参与竞答，增强了市民参与奥运意识；开展科技创新竞赛和作品展示活动，集中展示近年来青少年发明创造作品200余件，激发了青少年科技创新热情。

沈阳科学宫充分发挥科普教育基地作用，先后组织承办了“沈阳市首届青少年机器人大赛”“沈阳市第五届青少年智力七巧板大赛”“沈阳市青少年科技实践项目竞赛及表演”“科普冬夏令营”等活动，为青少年开展科普教育活动提供了良好的实践平台，提高了青少年热爱自然、珍爱生命、保护环境的意识，受到了全市中小学师生及家长的欢迎和好评。不断加强科普展示能力建设，努力充实展示内容，完成了“数字世界展厅”、“青少年科技创新活动基地（二期）”工程、“太阳能光伏电站”、“计算机发展史”和4D影院等项目正在建设中。全年接待观众20万人次，由于科普活动组织工作出色，成为全国科技馆12家常委单位之一，被中国自然博物馆协会评为“科技馆先进集体”，被市委宣传部评为“沈阳市未成年人思想道德建设工作创新案例一等奖”。

【科技风险投资】 成功举办了“2008中国风险投资论坛——振兴东北投资高峰会”，沈阳创业投资行业协会成立大会，中国风险投资研究院沈阳分院揭匾仪式，风险投资与金融界“投贷联盟”签约仪式。及配套的东北地区优秀企业项目融资路演，东北年轻风险投资家及创业企业家培训等系列活动。

完善了投融资体系，成立了3家投融资机构，使全市科技投融资机构达到38家。支持科技型中小企业发展，为科技产业化项目提供资金5099万元，其中，风险基金委托贷款2209万元，新增股权投资360万元，种子基金无偿资助360万元；投资公司委托贷款2170万元，回收资金1060万元，共支持科技企业76家。沈阳市科技风险投资中心获得2008年国家创投引导资金18万元，是省内唯一一家获此补助的创业风险投资机构。

为推进沈阳市科技投融资体系建设，促进高新技术企业创新发展，2008年，沈阳市开展了科技保险创新试点工作，出台了《沈阳市推进科技保险工作方案》，被科技部和中国保监会批准为国家科技保险创新试点城市。在沈阳科技保险创新试点工作会议上，公布了首批科技保险创新试点企业名单，沈阳市科技局与中国人保财险、华泰财产保险、平安养老保险、中国出口信用保险等4家保险公司驻沈机构就共同推进沈阳市科技保险试点签署了合作备忘录。根据沈阳市的政策，对承担科技保险试点的高新技术企业的高新科技开发保险费用给予补贴。沈阳市科技保险创新试点工作全面进入实质性实施阶段。

推荐企业进入国家代办股份转让系统（新三板）工作扎实推进。辽宁电能发展股份有限公司、沈阳全密封变压器股份有限公司等4家企业已完成股份制改造，为沈阳市争取进入新三板试点城市奠定了良好基础；与北美集团合作的目前沈阳市注册资金最大的投资担保公司的组建工作基本完成，启动了运营准备工作，搭建了科技型中小企业融资的又一重要平台。出台了推进科技保险工作方案，设立了补贴资金，认定了20家试点企业，被科技部确定为国家科技保险创新试点城市。成立了沈阳创业投资协会、中国风险投资研究院沈阳分院，组织投融资机构与盛京银行、招商银行、兴业银行签订了投贷联盟，进一步完善了沈阳市创业投资体系。

【重大科技活动】 作为“优化结构年”的主体活动之一，沈阳市知识产权局联合18个知识产权相关部门举办了以“保护知识产权、共享科技奥运”为主题的2008年沈阳市知识产权宣传周，组织活动宣传、展示宣传、培训宣传、网络宣传、新闻宣传等六大系列活动，包括大学生“知识产权”主题辩论赛、“从知识产权的视角关注创新型城市建设”大型主题网络访谈等22项专题活动。据统计，各类媒体发布相关新闻600余条次，全市有近百万市民近距离接触和感受了知识产权世界的独特魅力。

成功举办了2008中国风险投资论坛——振兴东北投资高峰会。由科技部、辽宁省政府、沈阳市政府联合主办的“2008中国风险投资论坛——振兴东北投资高峰会”（以下简称“峰会”）于9月19日至20日在沈阳举行。“峰会”以“优化投资环境，推动东北振兴”为主题，突出了科技与金融结合的特色，旨在推进东北及沈阳地区风险投资与自主创新体系建设，激发企业家创新热情，推动东北老工业基地振兴。“峰会”安排了风险投资与振兴东北战略、东北企业做大做强之路等7个论坛活动。来自海内外资本市场的专家、国内外证券市场的主管、著名投行负责人以及国内外著名金融中介机构负责人，与东北企业家共同探讨如何利用资本市场，实现企业境内外上市，加快企业发展。“峰会”还同步举办了“2008中国（东北）风险资本——项目对接会”，9家企业与风险投资机构签订了合作协议，共吸引风险投资2.6亿元。

（沈阳市科技局　刘斌）

大连市

【概述】 2008年，大连市共有专业技术人员42万人。其中，高级专业技术人才5.4万人，两院院士21人，博士生导师和“长江学者”奖励基金特聘教授607人，国家重点学科带头人130人，国家和省“百千万人才工程”人选627人，省、市级优秀专家363人，享受国务院特殊津贴专家1300人，市政府特殊津贴专家601人。

大连市政府部门属科研机构40个，科技人员1764人；非政府部门属科研机构2个，科技人员1013人；转制科研机构16个，科技人员1013人。政府部门属科研机构中，自然科学领域科研机构15个，科技人员1464人；社会人文科学领域研究机构4个，科技人员99人；科技信息文献机构1个，科技人员42人。

全年安排市本级科技计划项目385项，重点实施高档数控机床、光电子等8个自主创新专项。各类计划项目投资总额超过17亿元，各类科技计划共获各级财政拨款超过2亿元。

【科技管理与改革】 制定出台了《大连市人民政府关于提高自主创新能力的若干规定》配套实施细则9项。起草了《大连市科技研发资金管理暂行办法》和《大连市科技型中小企业创新资金项目管理暂行办法》。起草制定了《科技计划项目申报指南》，对大连市科技计划网上申报管理系统进行了升级，增加了申报书和合同书、预算审批表网上实时填写和打印的功能，修订了科技计划项目评价指标体系，专家评审系统增加了专家随机抽选功能，优化了网上操作流程，使系统运行起来更加方便、实用。在原有科技专家库的基础上，继续面向社会征求科技专家，目前入库科技专家数达到1271人。

【科技项目与经费】 重点实施高档数控机床及关键功能部件的研究开发、光电子技术及产品的研究开发、集成电路设计与制造关键技术的研究开发、高附加值绿色材料的研究开发等8个自主创新科技研发项目。全年计划研究项目420项，总研发经费15340万元。

积极争取外部科技经费支持，推进融资体系建设。向科技部推荐申报科技项目72项，其中，重点新产品19项，星火计划17项，农转资金4项，火炬计划10项，软科学计划7项，富民强县项目1项，科技支撑计划2项，创新基金项目10项，“973”计划前期研究专项项目2项。向省科技厅推荐申报科技项目237项，其中重大、重点项目110项，创新基金项目116项，科技成果转化奖励项目11项。国家科技部、财政部下达大连市2008年国家科技计划项目经费3178万元。省科技厅、省财政厅下达计划项目48项，经费4111万元。

【科技成果与转化】 科技项目研究坚持走原始创新、集成创新、引进消化吸收再创新的道路，通过一批重大科技创新项目的实施，形成一大批自主知识产权的科研成果和产品。大连机床集团五轴立式加工中心和五轴立式车铣复合中心90%以上部件达到国产化；大森数控的高档数控系统具有纳米级、全闭环、绝对位置控制、复合、多通道等关键技术，产品均达到国际先进水平，填补了国内空白。

在半导体照明领域，逐步实现基础研究与应用开发相适应、上中下游产业链条互相衔接的良好产业发展态势。大连路明集团的白光LED用宽禁带硅酸盐基质发光材料、100LM/W高效白光LED制造技术，长城光电公司的室内数字智能化LED照明系统开发等一批列入国家“863”计划项目，进展顺利。

在新材料领域，双金属复合导线、水性聚氨酯涂料、复合纳米金属氧化物功能材料等一批新材料领域创新成果正逐步实现产业化。大连三环复合材料公司开发的自润滑复合材料系列产品处于国内领先地位，并在国家重点工程上应用；大连通发新材料公司成功研制出直径大于6.0毫米的铜包铝线，填补了国内空白，已应用于有线电视、移动通讯等领域；大连裕祥科技公司开发的无毒防污染船舶涂料各项技术指标已经达到国际先进水平，填补了国内空白；在2008年北京奥运会上，大连路明集团为国家游泳中心“水立方”首创的幔态LED显示屏在比赛中亮相，成为世界首创的隐形大屏幕。

获得国家级科技奖励9项。其中，大连理工大学“硬脆材料复杂曲面零件精密制造技术与装备”项目荣获国家技术发明一等奖，实现辽宁省该项国家级奖励零的突破；大连化物所承担完成的“化学反应过渡态的结构和动力学研究”获国家自然科学二等奖；大连海事大学承担完成的“多本船功能完备的航海模拟系统及其开发平台”和大连水产学院完成的“凡纳滨对虾引种、育苗、养殖技术研究与应用”等6个项目获国家科技进步二等奖。

获得省级科技奖励57项。其中，大连理工大学和大连化物所承担完成的“纳微米炭素材料的选控制备、结构与性能及其应用基础研究”等3个项目获辽宁省自然科学奖二等奖；辽宁师范大学承担完成的“小Higgs理论在高能直线对撞机(ILC)实验中的可能物理迹象”等4个项目获辽宁省自然科学奖三等奖。大连化学物理研究所承担完成的“微型固态吸附萃取器技术”等2个项目获辽宁省技术发明奖一等奖；大连路明科技股份有限公司承担完成的“新型功能材料：蓄光—自发光玻璃”等4个项目获辽宁省技术发明奖三等奖。大连船舶重工集团有限公司承担完成的“400英尺水深自升式钻井平台桩腿建造技术开发”等7个项目获辽宁省科技进步奖一等奖；辽宁出入境检验检疫局承担完成的“农畜食品中生物安全致病因子关键检疫”等9个项目获辽宁省科技进步奖二等奖；大连市农业科学研究院承担完成的“中晚熟罐藏黄桃新品种‘金露’”等28个项目获辽宁省科技进步奖三等奖。

获得市级奖励有：瓦房店轴承集团有限责任公司董事长王路顺、大连工业大学教授朱蓓薇获得大连市科学技术功勋奖；大连理工大学承担“硬脆材料复杂曲面零件精密制造技术与设备”项目的郭东明团队获得大连市科学技术特别奖；大连重工·起重集团有限公司等10个单位获得大连市企业自主创新奖。大连化学物理研究所承担完成的“激光诱导荧光检测器”等6个项目获大连市技术发明奖一等奖。大连新源动力股份有限公司担完成的“常压操作的高性能的燃料电池堆”等8个项目获大连市技术发明奖二等奖；大连大学完成的“光促进温和条件下羧酸甲酯的合成”等7个项目获大连市技术发明三等奖；大连重工·起重、大连华锐重工完成的“700MW水轮机转轮上冠、下环、叶片不锈钢铸件研制”等18个项目获大连市科技进步一等奖。

积极开展科技成果转化工作，全年获得省级转化资金370万元。其中，大连光洋科技工程有限公司承担的“基于外转子力矩电机直接驱动的双摆铣头”等4个项目获得专利技术转化资金105万元。获科技成果转化奖励项目11项，其中，一等奖1项，二等奖3项，三等奖3项。技术市场管理体系不断完善，全年完成技术合同登记4500项，实现技术交易额38亿元，同比增长15%。大连理工大学技术转移中心有限公司被科技部列为国家首批技术转移示范机构。在“第三届金桥奖”评选中，大连市有2个单位获先进集体，3人获先进个人，2个项目获优秀项目奖。

大连工业大学朱蓓薇教授荣获2008年度“何梁何利基金科学与技术创新奖”。

【高新技术产业化】 2008年，大连市完成高新技术产业产值3130亿元，高新技术产品增加值802亿元，分别增长30.3%和33.2%。根据国家新出台的《高新技术企业认定管理办法》，认定高新技术企业100家。

数控机床及功能部件关键技术研发占据国家制高点。在第五届中国数控机床博览会上，大连光洋科技工程有限公司、大连机床集团的6件展品获中国机床工具工业协会春燕奖。国家科技支撑计划项目“多轴联动高速龙门式加工中心系列产品”进展顺利，光洋科技“PAC智能控制系统”在大连美罗药业股份有限公司的药品包装生产线领域成功应用，大连机床集团研制的数控机床关键功能部件实现批量化生产。

光电子产业链条不断完善。大连路明科技集团有限公司“幔态LED显示屏”、大连长城光电科技发展有限公司“LED照明驱动芯片”等自主创新产品成功应用于北京奥运场馆建设；大连光电研发中心产学研合作模式示范效应显著，已辐射到锦州等地。

装备制造与新材料产业关键技术研发取得新进展。大力推进制造业信息化科技示范工程建设。以重大关键技术联合攻关为纽带，启动风力发电传动系统、重大装备轴承和LED照明等3个产业技术创新联盟试点，重点围绕3兆瓦、5兆瓦风力发电机关键技术、装备制造业急需的装备轴承和精密制造技术等进行产学研联合攻关。大连瓦房店轴承集团有限公司自主研发的高精密风电增速机轴承已实现批量生产。

在软件开发领域，华信、百易等软件企业继续拓展对日及欧美外包市场，积极面向装备制造等支柱产业和金融、航运等高端应用领域开发自主知识产权软件产品。

在新能源领域，大连市被科技部批准为首批国家节能与新能源汽车示范城市。大连易威电动汽车有限责任公司、大连森谷新能源电力技术有限公司、新源动力股份有限公司等公司电动汽车整车及相关技术研发取得重要进展。大连化物所洁净能源国家实验室筹建工作正在进行中，设立了燃料电池及储能等10个研究部，能源化工楼已封顶建成。投入经费1000万元支持半导体技术学院建设，推动大连市集成电路产业发展。永磁悬浮列车科技先导工程项目研制完成两节双层永磁悬浮列车样车，在室内100米、300米线路上调试运行成功。

【农业科技】 出台了《大连市农村科技特派行动实施方案》，选派大连工业大学王际辉教授团队等5个农村科技特派团进驻农村，培训乡土人才近400人，为5个涉农区、县（市）的优势产业提供直接的科技服务。将科技特派与人才培训相结合，组织开展“双千农民星火科技培训”，组织4次共300余名农村科技带头人参加技术培训。确定旅顺口区铁山街道对庄沟村等4个村为首批市级新农村建设科技示范（试点）村，獐子岛集团、雪龙集团成为首批省科技创新型龙头示范企业。成立农业科技风险示范联合体，按照种植环境差异及示范辐射作用，确定组建了果蔬类等4个新品种和新技术农业科技风险示范园，示范新品种和新技术达1000余种，为当地特色经济发展提供了重要的科技支撑和保障。大连市农科院完成一座占地3840平方米的高标准农业科研连体大棚建设，试验、选育及引进蔬菜新品种30余个，果树和大田作物新品种20余个。金科、佛伦德、菊兰园等一批科技企业加快发展，形成了8大自主品牌；东华农业、金牛奶业、立邦大樱桃等新培育的科技企业迅速成长，成为园区重点出口科技企业。

【科技合作与交流】 大连雪龙集团与澳大利亚院校、企业开展生物工程技术合作，被科技部授予“大连国家级现代农业国际科技合作基地”称号；齐二机集团大连瓦机数控机床有限公司积极引进德国先进设备，打造高端立式车铣中心技术高地，被科技部授予“大连国家级装备制造国际科技合作基地”称号。富生制药公司研发的中医药现代化技术等一批国际合作项目取得重要突破。

积极开拓国际科技合作渠道，加强对外交往，国际创新资源集聚效应日趋明显。通过美国公共广播电台（NPR）等国际知名媒体宣传大连市创新型城市建设成果，进一步提升了大连科技的国际知名度和影响力。推荐托马斯·弗里德曼、石川和彦两位外国专家参加“2008星海友谊奖”评选。丹尼斯·西蒙成为大连市荣誉市民。成功举办第13届国际生物技术大会暨展览会，2名诺贝尔奖获得者以及80多个国家和地区的近3000名专家学者参加会议。

【科技平台建设】 新增国家级科技企业孵化器3家、省级科技企业孵化器5家，全市市级以上孵化器达33家，孵化面积超过160万平方米。新组建北车集团大连电力牵引研发中心等14家省级工程技术研究中心。培育和发展各类科技中介服务机构100家。以搭建科技合作平台为着力点，研究起草《大连市科技创新能力比较及评价白皮书》，组建中外合资“大连科技创新发展研究中心”，目前大连（旅顺）科技创新大厦已竣工并投入使用。完成中科院大连科技创新园基础设施建设1.24平方千米。

【知识产权工作】 加强国家知识产权示范城市建设，积极实施知识产权战略，全面提升企事业单位的知识产权创造、管理、保护和运用能力。制定并下发《大连市知识产权试点示范工作管理办法》，为加强知识产权的创造、管理、保护和运用提供完善配套的政策体系。

2008年，大连市专利申请总量8095件，位居东北三省各城市首位。发明及实用新型专利申请数量均比上年有所增加，其中，发明专利增加173件，实用新型专利增加1810件，创历史新高。专利授权总量3507件，同比增长19%。按类型进行划分，其中，发明专利申请1777件，授权454件，分别占总量的21.95%和12.94%；实用新型专利申请4249件，授权2794件，分别占总量的52.49%和79.67%；外观设计专利申请2069件，授权259件，分别占总量的25.56%和7.39%。按职务发明进行划分，其中非职务专利申请4498件，授权2414件，分别占总量的55.57%和68.83%；职务专利申请3597件，授权1093件，分别占总量的44.43%和31.17%。职务专利中包括：大专院校申请800件，授权254件，分别占总量的9.88%和7.24%；科研单位申请320件，授权114件，分别占总量的3.95%和3.25%；工矿企业申请2468件，授权721件，分别占总量的30.49%和20.56%；机关团体申请9件，授权4件，分别占总量的0.11%。

举办由中国知识产权培训中心主办、大连市知识产权局承办的“全国科研机构知识产权培训班”。培训班开设了国家知识产权战略、知识产权评估、企业专利管理、数字环境下的著作权保护、知识产权司法保护等课程。来自全国科研机构的200多人参加了培训，提高了专利工作能力和知识产权素养；举办2008年中国国际专利技术与产品交易会。在本届专交会中，举行了知识产权司法保护论坛和知识产权案件观摩庭审等活动。组织召开由高校、科研机构和各相关部门的负责同志以及“双百工程”企业专利工作主管参加的“4.26”知识产权宣传周活动部署会，协调新闻媒体，加大知识产权宣传力度。策划了“知识产权宣传进学校、进工厂、进社区”活动。

【科技融资】 在与国家开发银行大连市分行、浦东发展银行大连市分行进行合作的基础上，和大连银行签订了协议，合作开展扶持大连市科技型中小企业贷款业务，共同建立科技贷款平台。为使企业全面了解政府在科技融资方面提供的扶持政策、金融服务和操作流程等，举办了中小型科技企业融资推介会。向市金融办推荐重点科技企业50家，帮助符合条件的企业做好创业板块上市准备。

【科学普及】 根据《大连市人民政府关于提高自主创新能力的若干规定》实施细则的制定，完成制定《大连市关于科普基地发展实施办法》，通过设立科普基地发展专项资金等各项优惠政策，将进一步优化全市科普基地发展的政策环境，有力促进科普基地健康发展。在全市范围内开展科普基地认定工作，以使大连市更多符合条件的科普场馆享受相关优惠政策。

举办大连市2008年科技活动周。本届活动周以“携手建设创新型城市”为主题，突出了“惠及民生和改善民生”“节能减排和生态文明”“科技奥运和绿色奥运”“科普传播和科普创作”等4方面内容，共有22项市级主体活动和59项区（市、县）活动。活动周内容和形式较往届有了大幅度创新，既有隆重的活动周开幕式、创建科普基地经验交流会、专家院士论坛等常规活动，又有“全市百万职工节约环保宣传活动”“科普电影放映周”“市民迎奥运光产足球赛”等广大市民普遍参与的活动，也有“污水处理与节能减排宣传”“奥运来了市民摄影大赛”“科学知识保健讲座”等突出时代特征的活动。

在全市范围内开展优秀科普基地评选工作，大连市青少年宫等15家单位被评为大连市2008年度优秀科普基地。

（大连市科技局　黄志强）

鞍山市

【概述】 2008年，鞍山市全年实现高新技术产品增加值135.1亿元，占全市规模以上工业增加值的20.16%。全年专利申请量完成1940件，比上年增长30%，其中发明专利687件，同比增长33%，授权专利1022件，同比增长20%。科技工作在推动经济社会实现又好又快发展中发挥了强大的支撑作用，鞍山市再次跻身国家科技进步先进市行列，成为全省唯一两次荣获此称号的地级市。市科技局获得全国专利执法先进单位，被省委、省政府授予机关文明单位，获省高新技术产业发展促进奖，获市委、市政府“十佳机关三连冠”称号。

【科研项目与经费】 全年向国家、省争取项目58项，其中，争取国家科技计划项目28项，包括国家支撑计划项目2项、中小企业创新基金项目12项、火炬计划项目4项、星火计划项目5项、国际科技合作项目2项等，获国家科技资金支持7471万元；争取省科技计划项目30项，获省科技资金支持1573万元。全年向国家、省争取科技资金达到9044万元。

【科技成果与转化】 2008年，鞍山市有14个项目获得辽宁省科技进步奖，其中鞍钢重型机械有限责任公司的“三峡右岸机组转轮下环的研制”等4个项目获省科技进步二等奖，鞍山市重型矿山机器厂的“34m^{2}超大型振动筛”等10个项目获省科技进步三等奖。

鞍山市科学技术奖励评选确定科技进步特等奖项目3项，一等奖项目20项，二等奖项目23项，三等奖项目24项。获奖项目当中有6项农业科技成果。其中，海城市西四镇人民政府的“北方粳型超级稻生产技术组装集成与示范推广”成果获特等奖，鞍山千山王绿色果品有限公司的“优质南果梨标准化生产技术研究”等3项成果获一等奖，另有两项成果分别获二等奖和三等奖。获奖质量和数量均创历史之最。鞍山千山王绿色果品有限公司的“优质南果梨标准化生产技术研究”项目，还获得2008年度辽宁省科技进步三等奖。

鞍山市科技成果工作在认真做好科技成果鉴定、成果奖励、成果推广与转化的基础上，努力探索扩大科技成果与市场紧密结合的新路子，积极搭建科技产品推介平台，扩大科技产品市场化进程。引导企业以高校、科研院所为技术依托，开展科技攻关和新产品开发，加快创新成果向企业的技术转移。在全市的企业中，选择技术水平高，产品质量好，市场竞争力强，易于广泛推广的18项新技术，作为2008年科技成果转化重点支持项目。在这18个项目中涉及工业项目12个，医药产业集群4个，与北京大学合作项目2个。

全市有77个项目通过了科技成果鉴定。其中通过省级科技成果鉴定33项，通过市级科技成果鉴定44项，达到国际领先水平9项，国际先进水平20项，国内领先水平38项，国内先进水平10项。

全年成功转化科技成果达70余项，其5个项目获得2008年省科技成果转化奖。有2个项目获得省科技成果转化项目资金支持，支持额度130万元。鞍山钢铁集团公司的“鞍钢1780mm大型宽带钢冷轧生产线工艺装备技术国内自主集成与创新”项目获省科技成果转化奖励一等奖，获得奖金100万元；鞍山市发蓝钢带有限责任公司的“高强度包装钢带”、后英集团海城市尾矿加工有限公司的“采用磁选柱工艺回收废弃铁尾矿”、辽宁立德电力电子有限公司的“混合型无功功率发生器”、海城市精华微粉厂“滑石粉无载体树脂母粒”等4个项目获省科技成果转化三等奖，分别获得奖金20万元。其中，“鞍钢1780mm大型宽带钢冷轧生产线工艺装备技术国内自主集成与创新”项目是国内首次以自主集成方式建成的具有国际先进水平的大型宽带钢冷轧生产线，在集成的过程中，成功地探索出一系列冷轧工艺技术、设备制造技术和控制技术等工艺技术和设备，在建设冷轧项目的设计、施工、调试方法上取得良好的效果。该项目成果已成功用于鞍钢1500冷轧硅钢和2130以及1450冷轧生产线和江阴、唐山等很多冷轧项目建设，累计取得经济效益14.87亿元。

有8家企业被辽宁省科技厅认定为科技创新示范企业，并得到970万元科技资金的支持。

2008年，鞍山市技术市场建设与发展成效显著。2008年全市认定登记技术合同151项，技术登记额12681万元，比上年增长了44%。其中技术开发合同为397万元，占3%，技术转让合同732万元，占6%；技术咨询合同412万元，占3%；技术服务合同11140万元，占88%，平均单项技术合同额为84万元，比上年增加了3倍。涉及的技术领域有：电子信息、航空航天、新材料、新能源、环保、医药、现代农业、城市建设与交通等，其中新能源、环保分别占32%与55%。技术流向17个省、自治区、直辖市。科研院所、大专院校在促进技术成果转化方面起着重大作用，2008年技术交易额10434万元，占总数的82%。

【高新技术与产业化】 2008年，鞍山市围绕创建全国精品钢材基地，做大做强精特钢和钢材深加工产业，努力壮大冶金装备制造及自动化产业集群，加速提升菱镁、滑石等矿产品深加工产业集群，打造煤焦油、石油化工新材料集群，加快推进光电产业集群建设，不断利用高新技术改造提升传统产业，使之成为鞍山未来发展的重要支柱。

创建全国精品钢材基地。围绕建筑用钢、工程焊管、涂镀薄板、精密带钢、应力线材、煤系化工、废渣利用等，搞好产品精深加工。做大做强精特钢和钢材深加工产业集群，新上项目146个，总投资535亿元，钢材本地加工率由上年12%提高到20%。鞍钢30万吨有取向硅钢、60万吨煤焦油深加工、70万吨合金线材、15万吨苯加氢等一批重大项目开工建设。鞍山市地方钢铁工业得到长足发展，钢材就地加工能力达到300万吨以上，比上年增加100万吨。重点培育壮大鞍山市宝得钢铁有限公司、鞍山市奥通钢管有限公司和鞍山市发蓝钢带有限责任公司等地方钢铁企业，与鞍钢初步形成了梯次布局、相互配套、产品系列完整的钢铁产业格局。

在装备制造业领域重点推进了鞍钢重型机械有限公司“大型船用曲轴锻件研发”、辽宁海诺建设机械集团有限公司“48m臂架式混凝土泵车”等科技项目；在输变电产业重点推进了辽宁华冶集团发展有限公司“风力发电箱式变电站开发与产业化”、荣信电力电子股份有限公司“采用LTT技术的66KV直挂SVC研制”等科技项目；在生物医药领域重点推进了辽宁良心（集团）德峰药业有限公司“国家新药葶苈降血脂颗粒产业化”、辽宁康博士制药有限公司“国家二类新药无水醋酸钠中试及产业化”等科技项目；在化工新材料领域重点支持了鞍山市惠丰化工有限责任公司“煤焦油蒽馏分深加工医药中间体”、中钢集团鞍山热能院“煤系针状焦”等科技项目，大力推进化工新材料系列化。

在冶金装备制造业方面，通过实施项目升级年，产业结构不断优化升级，装备制造业技术装备水平和继承能力大幅提升。鞍山市正从钢铁生产大市向冶金装备制造大市转变。2008年，装备制造业增加值增长31%；装备制造业占全市规模以上工业增加值比重达到12%，比上年提高3个百分点；已形成一批具有自主知识产权的高科技、高附加值装备制造业产品，市场占有率迅速提升。其中，辽宁鞍山海诺集团的混凝土泵车、辽宁省鞍山华冶集团的系列变压器、辽宁圣维机电科技有限公司的自动旋转门、凯信集团公司的煤矿救援探测机器人等项目和产品，已成为鞍山装备制造业的“拳头”产品。

在矿产品深加工业方面，鞍山拥有贮量丰富的菱镁、滑石、玉石等矿产资源。鞍山市科技局多次到海城、岫岩等县区对矿产品深加工企业进行调研，引导和帮助其向深加工、多领域、专业化方向发展，取得了初步成效，20余种菱镁及滑石制品获得部级以上科技进步奖、新产品奖。辽宁中兴矿业集团有限公司的“电炉炉底捣打料”项目获国家级新产品称号；鞍山市和丰耐火材料有限公司依托辽宁科技大学研制的“无碳镁质中空颗粒钢水保温覆盖剂”项目，达到世界先进水平。

打造化工新材料产业集群。确定了一批龙头项目。煤焦油化工领域：惠丰化工集团有限公司投资建设以煤焦油加工洗油为原料的“苯并咪唑酮高性能有机颜料”项目和以石油化工产品为原料的“苝系高性能有机颜料”项目。石油化工领域：辽宁华油石化有限公司的“30万吨/年重交道路沥青”项目等。

着力推进光电产业集群。发展光电产业是鞍山产业结构转型升级的重要内容。按照市委市政府的部署，2008年，鞍山市围绕抓住当前南方光电产业转移的有利时机，重点发展光电产业集群。大力推进光电业规模化，支持现有的光电企业做大做强，推动承接南方光电产业转移，发展印刷电路、节能发光材料、太阳能、电子电器和电池产业集群，致力于打造东北光电产业基地。目前，鞍山市规模以上生产加工光电产品的核心企业近30家，年销售收入为13亿元，占地面积33万平方米，建筑面积22万平方米，从业人员5000人。相关企业总计100家，年销售收入为20亿元。鞍山亚世光电显示有限公司、辽宁九夷三普电池有限公司、鞍山市鑫普新材料有限公司、鞍山华辉光电子材料科技有限公司、鞍山市正发电路有限公司等10余家企业被列为重点企业。

利用高新技术改造提升传统产业。重点推广应用信息技术、先进制造技术、工业智能技术、系统集成技术、高效节能技术等高新技术和先进适用技术，优化产业结构，改进生产工艺，发展精深加工，延伸产业链，增加产品附加值，着重培育一批优势企业和名牌产品。如鞍山森远路桥股份有限公司的“沥青路面就地热再生重铺机组产业化”项目，清华同方（鞍山）环保设备股份有限公司的“高效互融袋式电除尘器攻关”项目，鞍山新兴轴承制造有限公司的“开发大功率风力发电机轴承”项目等。

【农业科技】 坚持一个中心，即以科技引领和支撑社会主义新农村建设为中心；突出两项重点，即以推进鞍羊路、张庄路、鞍营路“三线”设施农业建设和发展现代农业为重点；做好三项工作，即做好农民科技培训工作、做好农业科技型龙头企业扶持壮大工作、做好先进农业科技成果转化与推广工作。

2008年，依靠科技支撑，以发展现代农业、培养现代农民、提供技术服务为内容，以实施全方位农民科技培训、加大科技项目扶持力度、引进先进适用农业生产技术为主要手段，以鞍羊路、鞍营路、张庄路“三线”设施农业产业开发带为代表的设施农业产业快速发展，优势特色产业形成一定规模，沿线农民收入不断增加为主要目标，鞍山市设施农业取得了快速、健康、持续、协调发展。

鞍山市千山区深入落实市政府关于鞍羊路设施农业示范带、产业带建设工作的战略部署，大力发展高、新、精的新世纪、新形象农业，在市、区各级政府的帮助、指导下，投资1100余万元，建设完成高标准日光温室120栋，占地300亩，同时，打小井140眼，铺设黑色路面13.63万平方米，2400延长米，新修排水渠2800延长米，建成鞍羊路张忠堡设施农业示范园区，带动周边地区农户发展无公害设施蔬菜生产。

台安县以鞍羊线、沈山线、沈盘线“三带”开发为重点，建立了乔坨村、小红旗村等设施农业生产专业村59个，建成标准化种植业园区20个，年产各类淡季蔬菜38万吨，创产值6.2亿元。全县投资近5亿元，建成了标准化牧业小区110个，5个小区达到省级标准，发展设施渔业200亩，年实现产值5000万元。设施农业加工龙头企业发展到5家，成立了蔬菜开发总公司驻黑河办事处，启动了南菜北运工程，拓宽了流通渠道，增加了农民收入。

市科技局根据鞍山设施农业发展需要和各县（市）、区农民生产需求，研究制定了“2008年鞍山市现代农民远程视频科技培训网络培训计划”。根据计划，适时开展了“保护地果蔬生产技术”“果树修剪及栽培技术”“冬季温室蔬菜生产技术”“春耕备耕生产需注意的几个问题”“黑木耳地栽新技术”等内容丰富的视频培训。

2008年，共举办了2期农民技术员培训，培训学员115人。同时制订了详细的农民技术员培训计划。该培训计划实施周期为4年（2007—2010年），共投入经费85万元。培训目标：全市培训850人，确保每村都有一名经过大学培训的农民技术员。

【农业产业化龙头企业选介】 海城市三星生态农业有限公司座落在海城市中小镇中心地带，占地面积约67万平方米，拥有职工62人，从事种植技术研究专家11人，从事加工技术研究专家7人，公司聘请辽宁省农业科学院一名研究员为技术总监，常年指导企业的生产和加工技术，三星生态农业有限公司重知识，重管理，是一家典型的科技型农业产业化龙头企业。企业总投资1200万元，已经建成集种植、试种、产品加工、旅游观光于一体的高科技绿色农业生态发展示范园区。2008年，新增投资500万元，完成500亩的开发建设，形成一座占地1300亩集高效生产、新技术开发、良种培育推广、污染残留检测、工厂化育苗为一身的现代化装备棚菜生产典范绿园。

鞍山千山王绿色果品有限公司是辽宁省鞍山市专业从事南果梨栽培、生产、贮运、营销及技术研发的科技型农业产业化龙头企业。作为鞍山市优秀科技示范企业，被辽宁省科技厅、辽宁省财政厅、辽宁省中小企业厅和辽宁省人事厅四家联合认定为民营企业博士后科研基地，也是省级科普基地，是鞍山市政府命名的唯一的专业从事南果梨生产及技术研发的农业科技示范基地。千山王绿色果品有限公司自成立以来，先后承担了多项国家、省、市级科研项目。公司研发的“优质南果梨贮藏保鲜防褐变技术”“聪明鲜处理南果梨常温保鲜技术”均获得鞍山市科技进步一等奖。2008年，公司研发的“优质南果梨标准化生产技术研究”项目获鞍山市科技进步一等奖，并获得辽宁省科技进步三等奖。“南果梨商品质量提升关键技术中试”项目，成功列入2008年国家农业科技成果转化资金项目计划，填补了自2000年以来国家农转资金项目的空白，是鞍山市企业第二次获得该项计划项目，取得了重大突破。

鞍山千山庄园葡萄酒业有限公司位于鞍山市千山区大孤山镇，现有基地12000平方米，生产车间1500平方米，库房1000平方米，酒、饮生产线2条，年生产能力10000吨，检验、实验室标准达到国家一类生产企业。公司多年来一直致力于南果梨汁、酒、醋饮料等产品的研制开发与产业化生产，现有销售网络已遍布全国，省外各地代理商81家，公司直属营销部2个，专业营销人员30多人，直销省内各市。

【重大科技活动】 9月24日，市委常委、副市长叶冬柏率领有100多家企业参加的鞍山代表团，参加2008中国海外学子辽宁（大连）创业周，并举办了2008鞍山海外学子创业活动。本届“海创周”鞍山市共签订经济技术合作合同37项，合同总金额2.1亿元，其中外资3000多万美元。

5月19日，鞍山市科学技术奖励大会暨2008年科技活动周隆重开幕。本次活动周围绕“携手建设创新型鞍山”这一主题，举办了依靠科技创新建设社会主义新农村、知识产权保护和自主创新等专题讲座，科技示范（试点）农业技术、数字化技术等培训活动，以及《鞍山科技进步报告》发行等一系列内容丰富、形式多样的活动。本次活动周共设展板160块，发放各种科技宣传单10000余份，现场接受科技知识咨询5000多人次。

鞍山市科技局组织100多家企业和20多名专利技术持有人参加了由国家知识产权局、辽宁省人民政府、中国贸促会共同主办，大连市政府承办的2008年中国国际专利技术与产品交易会，加上鞍钢、中冶焦耐公司、中钢集团鞍山热能院等中直企业和辽宁科技大学、鞍山师范学院等高校的代表，来自鞍山的参会人员达到150多人。“专交会”上，鞍山市展示了近年来发展取得的成就和宏伟规划，展示了鞍山区位、地域、政策和环境等优势，展示了重点专利技术、产品和项目。特装了15个展位，制作了80块展板，展示鞍山专利技术、产品项目82个，汇编了208个鞍山专利技术与产品信息，编辑成册，共对外发放500册。通过预对接和展会期间的洽谈，共签约合同27个，合同总额达到2.2亿多元。鞍山市筛选申报金奖的35个专利技术项目，获得金奖29项，创新奖1项。

【科技合作与交流】 继续深化与清华大学、北京大学、中科院、上海交通大学、东南大学、北京航空航天大学、大连理工大学、东北大学、沈阳农业大学和沈阳化工学院等110家高等院校和科研院所的联系与合作，着力推动鞍山市企业与高校建立产学研合作关系，其中，比较重要的模式就是企业与高等院校、科研院所、重点实验室联建研发中心。2008年，鞍山企业与高等院校、科研院所、重点实验室联建研发中心新增6个。截至2008年年末，鞍山市企业与国家重点院校、科研院所联合建立的企业研发中心、中试和产业化基地累计已达到49个。

【科技平台建设】 加快工程技术研究中心和企业研发体系建设，巩固和完善数字化创新服务平台、技术市场建设服务平台、民营科技开发服务平台、科技情报信息服务平台，在全市科技创新中较好地发展了中介和支撑作用。

在原有国家、省级工程技术研究技术中心的基础上，又有3家企业获得省级工程技术研究中心称号，分别是中冶焦耐工程技术有限公司的辽宁省焦化工程技术研究中心、鞍山宏源自动化工程有限公司的鞍山电力系统能源管理工程技术研究中心、鞍山重型矿山机器股份有限公司的现代振动技术研究与实验工程技术研究中心。

截至2008年年末，鞍山市共拥有国家级工程技术中心2个，省级工程技术中心9个，省级重点实验室5个。

鞍山市信息技术研究中心积极扩充数字化创新服务平台功能，从数字化设计、数字化加工、数字化管理、大型仪器资源共享等方面入手，积极帮助鞍山市装备制造企业开展产品创新和“两甩”应用示范，先后培育扶持了鞍山钢铁集团公司、鞍山科大聚龙集团、鞍山森远路桥股份有限公司等8家省级制造业信息化科技工程重点示范企业，60家市级示范企业。通过开展关键技术攻关、推广数字化技术，使企业的创新能力、管理水平得到明显提升，新产品设计速度提高了30%，产品成本降低了15%，鞍山森远路桥股份有限公司等一大批企业的行业排名显著前移，企业的综合实力进一步增强，从而全面提升了全市企业的核心竞争力。

鞍山市科技开发服务中心通过整合生产力促进中心等机构，努力构建大科技服务平台，为创新型城市建设服务。

【知识产权工作】 全年完成专利申请1800件，同比增长20%。其中申请发明专利650件，同比增长26%。全年专利授权1000件，同比增长15%。鞍钢等企业通过PCT途径申请欧盟、美国、日本等20多个国家专利5件。

开展了为期一周的知识产权保护宣传暨科技成果对接活动。分别邀请了国家知识产权局副司长陆毅、省知识产权局副局长胡嘉禄，面向全市知识产权管理系统以及市委党校、鞍钢等企事业单位的干部职工，开展知识产权培训。组织鞍山市企业与北京科技大学、东北大学、大连理工大学、沈阳农业大学、辽宁科技大学及专利权人进行科技成果对接交易洽谈。鞍钢举办了“矿业杯”知识产权知识竞赛。

根据专家评审结果对2008年的市本级专利产业化项目提出了计划安排意见，立项14项，经费210万元。列入省专利转化项目7项，经费180万元，居全省14个市之首，通过省、市联动支持切实加快了专利项目的转化和产业化。对列入市2005—2006年度专利产业化计划的项目进行验收，对其他专利产业化企业进行调研，对项目实施情况进行跟踪并指导。及时了解专利产业化计划项目招商引资工作进展情况，引进内资1000多万元。为辽宁鑫能机械公司组织了“生物质能燃料产业化生产设备”专利产品推介会，取得了较好效果，切实提高了企业的知名度和产品销售量。按照国家、省知识产权局要求，对鞍山市196个专利实施情况开展调查。进一步加强知识产权的试点示范工作，对列入国家、省、市知识产权试点示范单位的实施情况开展调查，重新推荐了8家省知识产权试点示范单位，有2家单位列入示范单位，6家单位列入试点单位。

制定了《鞍山市2008年“雷雨”“天网”知识产权执法专项行动方案》，并于4月末组织各县、市、区统一在大型商品流通领域对上市专利产品的管理、销售、标注、广告等内容开展执法检查活动，同时在执法中注重向管理者、经营者和消费者宣传有关知识产权法律、规定。

（鞍山市科技局　于广业）

抚顺市

【概述】 2008年，抚顺市认真贯彻市委十届十二次全会精神，全面落实科学发展观，深入推进科技创新，围绕抚顺资源性城市向资源深加工城市转型的工作主题，着力增强自主创新能力，大力推进科技体制机制创新，加快科技服务体系建设。为经济社会又好又快发展发挥了强有力的引领和支撑作用。

2008年，召开了抚顺市科技工作会议，对抚顺市科技奖励获奖项目、科技创新示范企业、知识产权示范企业、产学研合作典型、科技优秀人才进行表彰；通过认真做好科研院所转制退休人员稳定等基础性工作，为科技创新营造了良好的环境和氛围。

【科技计划管理】 科技计划工作遵循突出重点、兼顾一般、上下衔接、滚动支持、扶持创新创业、鼓励竞先争优的原则，注意与国家、辽宁省科技发展计划目标和抚顺市重点发展目标衔接，加强集成联动，合理配置资源。一是重点加强对抚顺国家精细化工产业化基地、抚顺国家新材料产业基地建设的科技支持；围绕抚顺市精细化工、冶金新材料、装备制造和特色农业及农产品深加工等重点领域，开展科技创新示范企业选育工作。二是按照专家评审、行政决策和招投标两种方式组织项目。其中，重大项目要在专家评审的基础上，由市科技创新工作领导小组最终确定。软科学计划项目采取招投标方式进行。三是对获得省科技厅批准组建的省级工程技术研究中心、重点实验室，将以资助项目的方式予以支持。

【科技项目与经费】 全口径科技计划项目总计800项。其中国家级计划180项，省级计划50项，市级计划75项，县、区、局级计划25项，单位自行安排470项。共投入资金50000万元左右，其中拨款16373万元，贷款970万元，单位自筹32645万元；实现产值273195万元，利税26868万元，节约600万元，节创汇1500万美元，农业增收13000万元。

市本级财政科技拨款1350万元，支持计划项目75项，全年实现产值72172万元，利税13801万元，节约420万元，节创汇950万美元，农业增收4740万元。

完成科技计划项目335项，鉴定50项，按计划进行315项，延期20项。

【科技成果与转化】 2008年度抚顺市科学技术进步奖经过形式审查、学科（专业）组评审、奖励评审委员会终审，共有52个项目获奖，其中一等奖9项，二等奖23项，三等奖20项。

审核推荐12个项目申报省级科学技术奖励，经过评审，抚顺市最终有6个项目获得省级科学技术奖励，其中省科技进步二等奖1项，三等奖2项，省科技成果转化奖3项。

抚顺市共有35个项目获得省级科技成果转化项目认定，30个项目获得市级科技成果转化项目认定。“高阻燃纤维”“新型煤用重介质磁选机”“红树莓精深加工系列产品”3个项目列入省级科技成果转化计划。

筛选6个项目申报省级科技成果转化奖励，抚顺石油化工研究院的“EPRES加氢催化剂器外预硫化技术开发”和抚顺华瓷电力设备有限公司的“硅橡胶高压隔离开关”两个项目获得三等奖，共获得奖励资金40万元。

器外预硫化是炼油催化的一种新技术，该技术打破了国外的技术垄断，填补了国内技术的空白。EPRES催化剂具有持硫性能好、硫化度高、开工时间短、减轻环境污染等特点，而且该催化剂的加氢性能优于器内预硫化催化剂。EPRES技术通过了中国石油化工股份有限公司科技开发部组织的技术鉴定。专家一致认为：该技术整体性能达到国际同类技术的先进水平。EPRES技术在国内6套加氢装置进行工业应用(工业应用总套数已达到11套)。工业生产EPRES催化剂490吨，实现销售收入6000万元，税收1000万元，取得了良好的经济效益。进行了加氢裂化器外预硫化催化剂EP-FC-12等6个品种催化剂的工业生产（共计260吨），其物性和活性均达到指标要求。2008年初在浙江和邦炼油公司进行了工业应用。此次加氢裂化器外预硫化催化剂的工业生产又扩展了EPRES技术的一个新的应用领域，标志着EPRES技术的工业转化逐步走向成熟。

抚顺华瓷电力设备有限公司研制开发的HGW5-72.5KV/1250A硅橡胶高压隔离开关，采用硅橡胶复合绝缘材料，具有良好的憎水性、抗老化性、耐漏电起痕性、耐蚀性，同时具有很高的抗张强度和抗弯强度，其机械性能和防震性能高、防脆断性能好、重量轻、安装方便等特点。仅此硅橡胶高压隔离开关一项，增加产值2146万元，年利润增加34万元，产品利润比改制前增长了40%。

【高新技术与产业化】 建设国家新材料产业基地取得突出实效。市委、市政府提出了建设国家新材料产业基地的战略发展构想。市科技局会同相关部门共同开展了抚顺建设国家新材料产业基地的一系列工作，组织对抚顺市新材料产业进行了调研。会同国家新材料行业生产力促进中心等相关部门组织召开了“抚顺建设国家新材料产业基地专家座谈会”，并形成了《抚顺建设国家新材料产业基地汇报材料》，抚顺市政府与国家新材料行业生产力促进中心、北京麦肯桥资讯有限公司签订了全面合作协议，委托其负责完成《抚顺新材料产业基地战略发展规划》研究报告。按照省、市领导关于在抚顺市建立碳纤维产业基地的决策和部署，市科技局开展了国内碳纤维产业情况调研，并全力开展项目招商，广泛寻找技术持有人，接洽投资商，通过积极推进，抚顺市碳纤维项目取得了实质性进展，碳纤维技术持有人和投资人已经签订协议，项目承接机构已经通过工商注册，目前正在进行选址。

国家精细化工产业化基地建设稳步推进。为推进抚顺国家级精细化工产业化基地的发展，市政府成立了辽宁抚顺精细化工产业化基地建设发展领导小组，负责指导抚顺国家精细化工产业化基地的规划、建设工作，协调解决制约精细化工产业发展的重大问题。科技局专门就全市精细化工产业情况进行了调查统计。精细化工产业化基地新建工业项目共计127项，投资总额23.83亿元；为精细化工基地项目向上争取资金761万元；精细化工基地引进外资新建企业8家，引进外资额2393.76万美元；为精细化工基地的基础设施建设开工项目9项，投入资金6.56亿元。与省内的大连理工大学、东北大学、辽宁石油化工大学、沈阳化工研究院建立产学研联盟，为抚顺国家精细化工产业化基地建设服务。

完成了辽宁省制造业信息化示范城市申报，推进了抚顺市制造业信息化工作，联合市信息产业局成立了抚顺市制造业信息化领导小组，市科技局下发了《关于加强制造业信息化工作的决定》。举办了制造业信息化统计工作培训，选择了十余家企业进行制造业信息化工作试点，有力地推进了抚顺市制造业信息化工作。

抓住沈抚同城化机遇，认真谋划沈抚高新技术产业带建设及规划，推动抚顺市高新技术产业快速发展。与中国科学技术发展战略研究院签订了《“沈抚同城化”背景下抚顺产业调整发展战略研究》项目任务协议。市科技局会同市发改委、市规划局、市委政研室、市法制办、市政府发展研究中心编制了《抚顺高新技术产业带发展和建设总体规划》，并制定了配套政策。经过省科技厅向国家科技部积极协调和争取，创建沈抚本高新技术产业带工作被列入省部会商合作范畴。

【农业科技】 重点实施了“抚顺市科技富民增效工程”，完成农民科技经纪人培训200人，组织青年农民上大学20人，组织农民技术员培养80人，市级“科三费”对农业投入300万元，占“科三费”总额的30%，重点解决了绿色食品、畜禽优良品种、食用菌、中草药和山野菜培育、种植、加工中的关键技术、取得了一系列科技成果，创立了一批名优产品品牌。

继续开展以建设农民科技经纪人队伍为核心的新型农民培训活动。截至2008年年末，抚顺市已有近千名农民科技经纪人。

支持社会主义新农村建设，深入开展科技特派行动。继续完善相关政策和服务机构，省、市、县三级联动，促进优势特色产业发展。新宾、清原两县根据县域经济发展实际和科技工作需求，分别选派由省科技特派团员和县农业技术专家、农民技术员联合组成科技特派员队伍，结合生产实际，创造性地开展工作。新宾县围绕食用菌、中药材、山野菜搞集成开发示范，先后在北四平、木奇、榆树等乡镇建设林冠下栽培林下参、辽细辛、刺五加等林—药开发基地，红升乡食用菌基地、红庙乡冷棚香菇基地。科技特派员随时深入基地进行技术指导。清原县大力发展“双色”（绿色、特色）农业，并着力促进其产业化，针对生态林建设、药用植物、药用动物、畜禽养殖、绿色食品5个优势产业，开展技术示范和服务。同时，按照“实用、实际、实效”的原则，坚持走农科教结合的路子，采取多种形式，组织开展科技培训，培训农民5000余人，不断提高农民素质，为社会主义新农村建设奠定了良好的基础。

围绕抚顺市农业和农村经济发展的热点和难点，不断拓展科技工作发展空间，按照“优质、高产、高效、生态、安全”的现代农业发展要求，坚持以市场为导向，以产业化为基础，以大专院校为依托，以科技项目为纽带，发挥现有支柱产业的基础和潜力，重点解决农业发展中的技术支持和技术储备问题，取得了一系列科技成果。冻干鹿茸蛋白组分研究及产品开发、胡萝卜素提取工业化技术、人参平地优质高产无公害栽培技术、畜禽骨综合利用技术、森林病虫害综合防治技术、北方粳米技术标准研究、食用菌新品种开发及深加工等技术取得了新的突破。科技对农业的贡献率由“九五”期间的40%提高到52%以上。

重点农业科技项目。清原马鹿种源繁育基地建设及茸产品精深加工、清原马鹿区域性试验与示范两项国家科技计划项目，解决了马鹿种源繁育及产品深加工等关键技术，在取得自主知识产权的基础上，建成了符合GMP标准的鹿产品深加工企业。通过集成、创新，在提高种群质量和产茸量的同时，逐渐形成育种、扩繁、养殖、产品深加工一条龙产业链，使清原马鹿产业成为县域经济发展和农民致富的主导产业之一；抚顺县优质高效有机稻米生产基地建设项目今年列入国家富民强县计划，获得国家、辽宁省经费支持242万元。全县精心部署，统一规划，先后与沈阳农业大学和辽宁省稻作科学院进行对接，以建设生态农业和打造绿色品牌为目标，发展“环保+生态、公司+农户”的循环农业产业链，并在峡河、上马、兰山、汤图等乡镇优选出2000亩有机稻米示范田，规范了有机稻米生产操作规程，并开展了商标注册、产品认证等工作。

在全市范围内继续组织实施科技富民增效工程。以壮大县域经济，发展富民产业为突破口，构筑农业科技成果转化的快速通道。重点培育一批科技龙头企业、示范基地和科技示范村。通过聚集、示范、辐射、带动，从源头上提高农村的科技水平和农业品质，增加农业效益，推进农业产业化、农村工业化和乡村城镇化进程。通过科学规划，确定发展方向，逐步形成了以畜禽养殖、实用菌、中草药、苗木、花卉、反季山野菜等为主导产业的新型村级发展模式。新宾县榆树乡彭家村与沈海牧业有限公司合作成立格格蛋业有限公司，发展蛋鸡生产，实现年产值265万元，利润72万元，人均增收600元。新宾山野菜科技示范基地，发展刺嫩芽近7000亩，带动农户500余户，农民增收400万元。抚顺县种鹅繁育基地，拥有先进的繁育、孵化技术，现存栏种鹅规模达15000套，饲料加工及鹅雏等经营收入达2300万元，带动农户1300户。

以科技富民、惠民为出发点和落脚点，加强科普宣教工作。发挥与市科协、工商、财政、妇联、县区科技管理及涉农部门的联动作用，开展多种形式的农村实用技术、现代农业知识、非农产业就业技能、市场经营等方面的培训及形式多样的科普宣教活动，提高农民依靠科技致富的能力。在全市“文化、卫生、科技”三下乡活动中，针对农民需求，为农民提供致富信息、捐赠物资、发放科普资料，组织专家提供技术咨询，推介种养殖新技术。常年坚持开展科技扶贫工作，组织农科院等5支科技服务队，下到田间地头，以科技项目为载体，普及实用种养新技术，为帮扶对象送技术、送项目、办实事、解难题，引导和帮助农民脱贫致富。

为充分发挥青年农民在农业科技推广和农民增收致富中的示范带头作用，探索培养“留得住、用得上、情况熟、干得好”的农业产业化人才的新途径，从2008年开始，市科技局组织实施“农村青年科技人才培养工程”，首批从各县区选送的60名青年农民，分别到沈阳农业大学和辽宁农业职业技术学院参加第四期“沈阳市青年农民上大学”和“辽宁省首期农民技术员”培训班，当年共开设畜禽、果树、花卉、蔬菜、食用菌、药用植物、经营与管理等7个专业。对学员实行“三免一补”制度（免学费、宿费、教材费，对家庭经济困难的学员给予适当助学金补贴），学员学习期满经考试合格，颁发沈阳农业大学结业证书、劳动部职业技能资格证书和农民技术员证书。

【科技合作与交流】 在海外学子创业周上，签订合同项目5项。合同总额7540万元；项目总投10500万元；引进外资额327万美元；项目投产后可实现年销售收入25057万元，年利税3946万元。在“创业周”的辽宁省海外学子创业明星颁奖仪式上，抚顺市2个项目获“海外学子优秀创业项目奖”。其中，辽宁金昌新材料有限公司的“高性能铜铬（25）合金触头产业化”项目在全省18个受奖项目中排名第一。

充分利用中国国际科学技术合作协会的渠道，发挥该会项目组专家们的作用，将“特高压电瓷避雷器”“超大型履带式起重机”“油母页岩炼油装置”等具有国际合作背景的顶尖项目包装成国际合作类项目，在申报国家级项目的同时，通过科技部中介成为政府间合作项目。为企业实施“引进来”和“走出去”战略提供服务，帮助企业把产品和技术推向国际，向跨国公司发展。

【知识产权工作】 2008年，抚顺市大力加强企业知识产权工作，注重提高企业创造、管理、保护和运用知识产权的能力，以推进企业专利申请和专利技术产业化为重点，积极开展企业知识产权试点、示范工作。一是在资金、知识产权信息服务及知识产权制度建设等方面加强对省级知识产权示范、试点企业的管理、指导与扶持。同时积极培育新的省级知识产权示范、试点企业，进一步推动抚顺市企业专利技术的实施。二是启动了市“知识产权强企工程”，重点支持知识产权优势企业科技创新。出台了《抚顺市知识产权试点、示范企业认定与管理办法（试行）》，认定了抚顺市首批6家知识产权试点企业和6家知识产权示范企业，并优先申报省市专利转化项目，支持企业开展知识产权工作，促进企业科技创新。

充分利用“全国保护知识产权宣传周”和纪念“世界知识产权日”的契机，组织开展了一系列知识产权宣传活动。一是指导各个县区结合实际，悬挂宣传条幅、摆放展板80余块（条），发放知识产权宣传资料5000余份，接受群众咨询700余次。二是利用新闻媒体进行宣传，在《抚顺晚报》《抚顺科技》上刊发知识产权工作信息及专利知识。三是全市有关部门联合组织培训。市科技局与市中小企业局联合举办了首期知识产权公需科目培训班，培训专业技术人员50余人，大大提高了企业技术人员知识产权意识和素质。

逐步加强县、区知识产权工作。一是建立健全县、区知识产权管理机构。全市7个县、区中已有3个县、区设立了知识产权管理机构，县、区知识产权工作的地位和作用得到提升和发挥，为进一步推进县、区科技进步与创新工作奠定了基础。二是抓好县、区企业专利管理制度和队伍建设。在部分企业设立了专利联络员，帮助企业实施知识产权战略。

（抚顺市科技局　董汉涛）

本溪市

【概述】 2008年，本溪市深入落实全省科技奖励大会精神，紧紧围绕“工业强市和三大结构调整”战略，坚持自主创新，不断完善以企业为主体，市场为导向，产学研相结合的技术创新体系建设，科技工作取得了显著成效。

【科技成果】 获得省、市科技奖励84项，其中省科技进步奖7项，市科技进步奖77项，并获省科技成果转化奖励项目3项；高新技术产业增加值完成56.8亿元，同比增长28.51%；好护士药业有限公司和本溪三药有限公司被评为国家级高新技术企业；申请专利330件，其中申请发明专利量161件。在全省科技综合指标排名中列第5位，被授予辽宁省特色产业基地建设突出贡献奖。

【科技项目与经费】 2008年，主要致力于为生物医药科技产业基地提供科技支撑和引领。在2007年成功申报国家火炬计划本溪中药科技产业基地和辽宁（本溪）现代中药科技产业基地的基础上，向辽宁省科技厅推荐了38项现有生物医药类企业科技项目，2008年获得省科技资金7350万元，用于支持生物医药产业发展，共支持了45个项目，其中向药业基地研发创新平台建设投入了2100万元，向入驻基地开工建设的项目投入科技经费5000多万元。对引进医药企业入驻开发区起到了重要作用。

2008年下达市本级科技资金1980万元，共支持79项科技项目，其中重要专项有：中药现代科技研发孵化平台300万元，生物医药类自主创新示范企业150万元，生物医药项目280万元，辽五味GAP标准化种植及刺五加等道地药材种植410万元。

【重大科技活动】 9月26日，由辽宁省政府主办，辽宁省科技厅、本溪市委、市政府共同承办，并得到国家科技部大力支持的辽宁（本溪）首届生物与医药高新技术交易会暨海外学子本溪创业行活动成功举行。海外医药协会、海外学子，国内医药企业、大专院校和科研机构、媒体记者、省直相关部门、市直部门和县（区）医药企业代表共500余人参加了此次活动。科技部副部长刘燕华、辽宁省副省长滕卫平等出席会议及有关活动。来自10个国家和地区的127名海外学子（其中博士92人，硕士35人），以及步长集团董事长赵步长、上海新生源医药集团总裁任军等122位企业家参会。这次活动规模大、层次高，体现了领域专一，主题鲜明；省市联动，合作默契；精心谋划，高层推动的3大特点，向国内外传递了“打造中国北方药谷，建设本溪生态新城”的重要信息。本次活动取得了丰硕的成果，签约项目38个，意向投资额36.255亿元。

5月17—23日，举办了以“提高科技创新能力，实施知识产权保护，加快建设创新型城市”为主题的2008年本溪市科技活动周。科技活动周期间，有来自全市的60多家单位在望溪公园广场举行了大型科普展示活动。全市科技场馆、博物馆、科普基地、图书馆、软件园、科技学院、重点实验室等场所有计划地向公众免费开放，适当延长活动时间并举行相关宣传活动。共接待参观者5万余人次，其中青少年3万余人。

【高新技术与产业化】 本溪钢铁（集团）有限责任公司的“铁水法转炉冶炼高纯均质特殊钢工艺”项目取得较大进展，已经具备了生产GCr15轴承钢的能力；汽车表面板攻关，烘烤硬化钢、IF钢、高强汽车板等实现了批量生产，为千万吨级精品板材基地建设奠定了产品基础。

推进沈阳、抚顺、本溪高新技术产业带建设，调整了市高新区建设领导小组，明确高新区以开发区生物医药产业基地为主，积极为筹建省级高新区、申报国家级高新区创造条件。

启动了“本溪软件园”，目前已经有15家企业进驻软件园，共同发展本溪软件产业和动漫产业。以艺格动漫为龙头的本溪动漫企业先后承接了奥运题材大型动画片《追风少年》和描写中国女排成长过程的动画片《金牌之路》的制作权，合同金额过千万元。本溪市软件企业开发的一批拥有自主知识产权的优秀软件在钢铁、冶金、建材、机械加工等行业得到了广泛的应用。利用信息技术改造传统产业初见成效，制定了《本溪市电子政务调研报告》和《本溪市电子政务推进方案》。

【农业科技】 开展了以“推进新农村建设——科技在行动”为主题的“科普之冬”等科技下乡和科技扶贫活动，组织参加科技下乡100余次，印发《农业实用技术系列丛书》等各类资料6万份。培训农民科技经纪人200多名，基本达到了为全市每个行政村培养一名农民科技经纪人的目标。

共支持了15个药材种植基地建设项目，对人参、细辛、五味子等20多个道地药材品种进行GAP规范化生产研究，建立符合GAP标准的绿色药材规范化、产业化开发的示范基地和良种繁育基地。与吉林农业大学签订了辽五味GMP标准化种植技术研究协议，目前正在积极组织材料实现辽五味GMP标准化种植基地认证。

【科技平台建设】 与省科技厅共建了辽宁（本溪）生物医药产业基地研发中心。投入科技专项资金900万元建设基地研发中心。研发中心建成后将有效整合科技研发优势，形成科技研发支撑体系，优化医药基地发展环境，提升基地自主创新能力，加速生物医药产业集聚。

积极协调、争取省内科研院所和高等院校参与辽宁（本溪）生物医药产业基地建设。截至2008年年底，已有沈阳药科大学、辽宁中医药大学等17家高校和科研单位注册入驻研发中心。

【知识产权工作】 在省内率先成立了知识产权执法监察大队，制定了执法监察大队工作职能，对相关执法人员进行了知识产权行政执法资格培训。组织了“4.26知识产权宣传周”系列活动。全市社会各界特别是广大企业的知识产权保护意识和参与能力显著增强。

（本溪市科技局　吴建）

丹东市

【概述】 截至2008年，丹东市拥有面积为8000平方米的国有科技企业孵化器和面积为9000平方米的民营科技企业孵化器各一个；有通过ISO9001认证的国家级生产力促进中心，以及电子化、专业化的技术交易所；有省属农业类科研院所2个，省级工程技术中心9个，以及省级科技产业园1个；正在筹备建设1个省级高新技术产业园区；现有市属科研院所15个，其中包括农业类科研院所4个，公益类科研院所3个，已转制的技术开发型科研院所8个。

2008年，丹东市的丹东恒精细化工有限公司、辽宁曙光汽车集团、丹东金丸集团有限公司、丹东克隆集团有限公司、丹东东方测控技术有限公司、辽宁欣泰股份有限公司等6家企业被认定为省级技术创新示范企业。

【科技项目与经费】 2008年，市本级共安排计划项目142项，其中农业科技攻关计划项目21项，星火计划项目5项，农业推广计划项目9项，工业攻关计划项目25项，火炬计划项目10项，新产品试制（鉴定）计划项目20项，科技成果转化与专利产业化计划项目12项，产学研合作计划3项，社会发展计划项目9项，软科学及科技事业计划项目12项，创新资金计划项目16项。安排经费1050万元，其中创新资金计划安排400万元，科技三项费650万元。获国家重点新产品项目4项，国家火炬计划项目3项，国家星火计划项目2项。获省创新资金计划项目5项，资金90万元，省专利产业化计划项目7项，资金175万元，省其他计划项目39项，资金1572万元。

【科技成果与转化】 全市通过省科技成果转化认定项目66项，其中省备案通过项目45项，认定项目21项。全年共组织实施科技成果转化推进计划24项，列入省计划1项，争取经费30万元。组织科技成果推介会4次。

根据《丹东市科学技术奖励办法》的规定，经基层推荐、行业专家初评、丹东市科学技术奖励评审委员会评审、丹东市科学技术奖励委员会审核、丹东市人民政府批准，授予“多功能生物质制气发生器”等6项成果为丹东市科学技术进步一等奖；“纯棉式温度补偿燃气表”等29项成果为丹东市科学技术进步二等奖。共表奖35个项目，一等奖6项，二等奖29项。其中，工业19项，农业10项，软科学研究及社会发展6项。

共有9个项目获得“2008年度辽宁省科学技术奖”和“2008年度辽宁省科技成果转化奖”，其中获科技进步奖5项，占科技进步奖获奖项目总数的2%；获科技成果转化奖4项，占成果转化奖获奖项目总数的8%。丹东农业科学院选育研究的“早熟耐密优质多抗玉米自交系丹988”获省科技进步一等奖，标志着丹东在玉米新品种选育领域的自主创新能力已经位于全省前列。丹东金丸集团有限公司开发的“10万粒/小时全自动药用胶囊生产线”等3个项目获省科技进步三等奖。辽宁曙光汽车集团股份有限公司与吉林大学合作开发生产的“DD6129S系列城市客车”累计实现销售收入8亿元，获得科技成果转化二等奖；辽宁恒星精细化工（集团）有限公司与辽宁大学合作开发的“纳米复合型涂料印花粘合技术”等三个项目获科技成果转化三等奖。

【高新技术与产业化】 全市高新技术产品产值达到154.86亿元，实现规模以上企业高新技术产品增加值41.2亿元，比上年增长63%。当年有7户企业通过省级高新技术企业认定，新认定市级高新技术企业17户，全市高新技术企业总数达到139户。其中，省级高新技术企业66户，市级高新技术企业73户。新认定高新技术产品56个，全市认定的高新技术产品已达到550个。2008年下半年，国家出台了新的《高新技术企业认定管理办法》，经辽宁省高新技术企业认定工作管理办公室组织专家评定，丹东市有11户企业得到认定并报国家科技部备案。

【知识产权工作】 2008年，全市申请专利457件，比上年增长15.11%。其中，申请发明专利166件，比上年增长39.5%，发明专利申请占3种专利申请的36.3%；实用新型253件，比上年增长14.4%。全市取得专利授权284件，比上年增长16.8%。其中发明专利授权22件，比上年增长15.7%；实用新型授权228件，比上年增长23.2%；外观设计授权34件，与去年同期基本持平。全市专利申请数量又有新的突破，特别是发明专利申请量比上年有大幅提高，丹东市发明专利申请量和增幅均名列全省第5位。

2008年，全市共发放发明专利补助资金5.5万余元。新培育市级知识产权试点示范单位12户。省、市政府对实施“兴业强企工程”的企业和专利技术转化项目的实施单位给予了政策和资金的扶持。丹东市获得省扶持的企业有7家，项目扶持资金共175万元，比上年增长了59%。全市用于专利技术产业化的项目扶持资金37万元。丹东市知识产权局还被省人事厅、省知识产权局授予“辽宁省知识产权系统先进集体”荣誉称号。

知识产权专利行政执法及培训工作取得新突破。丹东市共有8家单位列入辽宁省保护专利“双百工程”实施单位中。丹东新一百商业集团有限公司被省知识产权局授予辽宁省专利保护“双百工程”示范商场。9月，与省知识产权局联合，在丹东市召开了辽宁（丹东地区）企业知识产权维权援助咨询活动现场办公会，全市15户企业的27位管理者参与了此次活动。充分利用丹东电视台、《丹东日报》、《鸭绿江晚报》及丹东电台等媒体，集中宣传报道知识产权保护及企业知识产权工作。主动送知识产权讲座进县（市）区，同时积极开展“进企业，讲专利”活动。先后邀请省、市专家到振兴区、宽甸县、合作区做知识产权讲座3场，还举办了1期有100余家国家、省、市高新技术企业、市科技倍增计划企业参加的大型知识产权培训班。“进企业，讲专利”活动已到20余户企业讲课。

9月3日—5日，丹东市知识产权局组织了17户企业，50余人参加了由国家知识产权局、辽宁省人民政府、中国国际贸易促进委员会在大连联合举办的“2008年中国国际专利技术与产品交易会”。展会期间，辽宁华隆电力科技有限公司、丹东奥龙射线仪器有限责任公司、丹东供电设备厂、东港市东方高新金属材料有限公司、辽宁金伟汽车电机电器有限公司、凤城太平洋神龙增压气有限公司、辽宁省凤城市航宇锅炉制造有限公司、丹东承天新能源开发有限公司、辽宁仪表研究所有限责任公司的13项专利技术及产品被评选为金奖。市知识产权局被授予“最佳组团奖”。

【农业科技】 集中科技优势，重点建设了设施蓝莓丰产、有机草莓栽培、有机水稻栽培、林蛙半人工养殖、食用菌栽培、丹东板栗高产、有机蔬菜生产、辽宁绒山羊优质高产、海参健康养殖及海蜇池塘立体生态养殖等18个特色产业科技引领试验示范基地。通过示范基地引进农业新品种48个，应用新技术36项，开展现场技术观摩会30场，举办技术培训班14期，培训农民技术骨干1200名，发放农业实用技术丛书3000册，农业科技信息资料5000份。组织丹东农科院、丹东林科所等科研单位的技术人员加大玉米、水稻、旱稻、蔬菜、板栗、食用菌等新品种选育，审定和选育出有苗头的新组合15个。协调企业与高校合作研发蓝莓、草莓、树莓、五味子、板栗、食用菌等精深加工产品20多个。

3月31日，隆重召开了丹东市农村科技特派工作启动大会，共选派了19个农村科技特派团，262名科技特派员（其中市级科技特派员91名），重点面向蓝莓、林蛙、短梗五加、绒山羊等10个惠农产业，深入18个乡镇、375个村、16个涉农企业，提供全方位、多层次科技服务。当年共推广科技成果110项，引进、推广新品种33个，组织实施农业科技攻关项目19个，建立科技示范基地12个，帮助企业对接项目30个，现场技术指导658次，举办技术培训班27场，培训农民2640人次，培养科技示范户100户，带动农户11万户，创造经济效益近1亿元，取得了明显的阶段性成效。在辽宁省科技特派行动总结表彰大会上，丹东市的辽东学院、丹东农科院等4个集体和李体智等13名个人受到表彰，受表彰数量居全省第1位。丹东市副市长张东军还在会上作了经验介绍。

积极培育农业科技型龙头企业。重点培育了丹东海沃水产有限公司、丹东科健食品有限公司、宽甸北方山奇菌业有限公司及丹东君澳食品有限公司4户省级农业科技型龙头企业。支持企业开发农业深加工产品28个，促成产学研合作项目5个，带动发展农业特色产业1万余亩，牵动农户2000户，每户年均增收3000元。

深入实施农民技术员培养工程。开展了第二期和第三期农民技术员培训，共选送了312名具有一定农业生产基础的种养殖科技示范户，分别到沈阳农业大学、辽宁农业职业技术学院、大连水产学院和辽东学院参加蔬菜、果树、食用菌、家禽、海（淡）水养殖等11个专业的技术培训。截至2008年年末，全市已累计培训384人，占全市行政村（671个）总数的57%。培训数量在全省位于前列。其中辽东学院农学院培训的农民技术员达172名。

【科技合作与交流】 6月20日，由丹东市政府主办，丹东市科技局、人才办、经委、财政局、人事局、工商联和科协承办的“2008高校、院所丹东科技合作洽谈会”在辽东学院南校区体育馆开幕。50所知名高校、科研单位的近200名专家应邀来丹东，推出5000多项最新科技成果。本次科技合作洽谈会达成意向协议67项，签订合同54项。

9月7日，市科技局邀请美国密西根州大学园艺系马克教授、美国缅因州大学园艺学代卫教授、加拿大农业部农业食品研究中心查理研究员、美国俄勒冈州大学杨维强博士来丹东进行技术指导。这4位外国专家多年来一直从事蓝莓的育种、生产、栽培及产品深加工方面的研究，发表著作及论文等数十部，在蓝莓产业发展研究上具有很高的造诣，多次应邀到南美、欧洲和中国指导蓝莓生产及相关产业发展。在振安区板石蓝莓示范基地，针对丹东市蓝莓生产过程中遇到的技术问题，丹东市4支蓝莓技术服务队的技术人员与这些外国专家进行了深入交流。邀请外国专家来丹东指导蓝莓生产，对促进丹东市蓝莓产业的健康发展具有十分重要的意义。

（丹东市科技局　李志峰）

锦 州 市

【概述】 2008年，锦州市全面贯彻落实党的“十七大”精神，坚持以科学发展观为指导，紧密围绕锦州市委、市政府“一纲五线”发展战略，积极深化科技体制改革，大力发展高新技术产业，着力加强科技创新体系建设，加快提升全市自主创新能力，科技创新工作取得了新成效，各项指标均保持持续快速增长，为全面建设辽西沿海经济区中心城市提供了有力的科技支撑。

【科技项目与经费】 2008年，共争取国家和辽宁省科技立项计划项目58项，其中包括国家火炬计划3项、国家重点新产品计划3项、国家科技支撑计划1项、国家星火计划1项、国家农业科技成果转化计划1项、国家科技富民强县专项行动计划1项，省基本计划34项，省中小企业创新资金专向计划6项，省科技平台建设专向计划3项，省专利技术转化资金项目计划5项。科技经费投入稳步增长，科技经费2734万元，是上年的132.5%。编制并下达2008年锦州市本级科技项目37项，安排科技三项费用资金720万元。政府资金的投入，带动了企业研发经费的投入，全年全市企业研发经费投入达5.6亿元，占GDP比重0.92%，这些资金有力地促进了光伏、汽车零部件、精细化工等高新技术特色产业重大、重点项目的建设进程。

【科技成果与转化】 根据《锦州市科学技术奖励办法》及其实施细则和锦州市政府关于科学技术奖励工作的有关精神，经过形式审查、组织初审、终审、公布、奖励委员会审议等程序，共评审出锦州市科学技术进步特殊贡献奖5项；锦州市科学技术进步奖38项，其中一等奖10项，二等奖21项，三等奖7项；锦州市科学技术攻关奖18项，其中一等奖6项、二等奖12项。

锦州市科技局进一步规范和加强全市的科技成果转化项目的管理，通过贯彻落实《辽宁省科技成果转化项目认定管理暂行办法》，为科技成果转化体系建设奠定了良好的基础。严格按照辽宁省科技成果认定领导小组的有关要求，积极宣传和组织全市企业开展科技成果认定申报工作。共申报和推荐科技成果转化项目36项，其中有13项通过辽宁省科技成果转化项目认定，认定数量位于全省前列。

【高新技术与产业化】 以科技创新为支撑，以关键技术攻关和产业化为重点，大力发展高新技术产业，全市新兴支柱产业实现快速发展。着力培育壮大特色产业集群，推进汽车零部件产业持续快速发展。2008年，重点支持了“智能式安全气囊”“燃油泵系列总成研究开发”等项目的技术攻关，同时推进汽车零部件产业园区建设，初步形成了由发动机、启动机、减振器、汽车安全气囊到汽车起重机、叉车、举高消防车、集装箱运输车等产业链较完整、产品种类众多的产业集群，全年汽车零部件产业实现产值35亿元，利税3.5亿元。

积极推进精细化工产业新产品开发。加大对骨干企业辽宁天合精细化工股份有限公司工程技术研究中心建设的扶持力度，提升企业研发创新能力，重点支持了氟碳醇及高品质树脂等新产品的开发并取得成功，打破了国外对这些产品生产技术的垄断，创造了新的市场需求，有效地拉动了内需。

充分发挥示范作用，不断提高制造业信息化水平。全市目前有40家企业成为制造业信息化工程示范企业，其中20家应用示范企业的主导产品CAD技术应用达到100%，实现经营管理信息化企业达到90%以上。全年培训制造业信息化专业技术应用人才300人，推动了重点行业及企业的信息化建设。

2008年，全市规模以上工业企业实现高新技术产品产值213亿元，同比增长30.1%；规模以上工业企业实现高新技术产品增加值58.48亿元，同比增长38.8%。全口径申请专利完成534件，同比增长24%。其中发明专利完成157件，同比增长70%。

【社会发展科技】 不断提高重点制药企业技术创新能力，引导全市科技医药产业向“高、精、深”方向发展。围绕生物制药产业发展中的重大关键技术问题组织开展技术攻关，国家一类创新药物“喘停”已经开始Ⅱ期B阶段临床研究工作；凝血X因子激活酶项目已经完成临床前研究，并申报了国家发明专利；乳清酸左卡尼汀项目已经完成除药理毒理和稳定性研究以外的所有临床前研究内容。

节能减排与资源循环利用技术快速发展，环境监测与污染防治水平不断完善，一批自主创新产品在节能减排领域得到推广应用。应用于蓄热燃烧技术的核心部件陶瓷蓄热体开发成功；石化企业生产尾气用于城市燃气项目成功实施，既缓解了城市燃气供应紧张状况，又避免了尾气直接排空燃烧而造成的环境污染。

科技对生态保护的支撑能力得到加强，城市水环境质量改善和饮用水安全保障等方面的技术开发取得进展。制定了饮用水水源地环境保护规划方案，开展了饮用水水源保护区划分技术规范、污染环境风险评价标准体系、管理制度、法律法规体系等方面的研究，为规划实施提供技术支撑。

【农业科技】 创建农业科技产业化龙头企业，发展现代农业。市科技局组织辽宁金实集团等6家企业参与省农业科技龙头企业创建活动，组织企业与中国农科院、天津科技大学、辽宁省农科院等科研院所开展产学研合作，提升了企业的科技创新能力和产品竞争力，共引进研发绿色添加剂预混料等新产品40个；改造了L−阿拉伯糖晶体提纯技术等新工艺；引进推广蔬菜、食用菌等新品种13个；建设花生、绿色蔬菜标准化种植等示范基地12个，总面积5.28万亩，实现产值82907万元，利税5455万元，壮大了县域经济。

成功实施一批现代农业项目，为农业产业化提供技术支撑。国家富民强县专项行动项目取得新进展，“海珍品产业化养殖与深加工”项目获得科技部及辽宁省科技厅资金支持，建设完成刺参养殖园3万亩，完成真空速冻加工厂建设，形成了5万吨年加工能力。继续加大对农业科技成果转化资金项目和省科技攻关项目的实施力度，国家农业科技成果转化资金项目“毛蚶人工育苗及中间暂养技术试验示范”完成阶段性任务；省科技攻关项目“花生新品种选育”进展顺利，育成的锦引花1号、2号、7号三个花生新品种已开始在锦州地区种植。

扎实推进农村科技特派工作，农民技术员培养工程取得新成效。在北镇市辽宁省科技特派工作的示范带动下，市科技局启动了锦州市农村科技特派员试点工作。组织1个省科技特派团，6个省农业科技产业化龙头企业创建科技特派组，7个市科技特派团，1个县科技特派团，共计104名科技特派员，深入农村开展技术服务。共引进农业新品种73个，农业新技术60项，开发新产品40个，组建合作社72家，建立花生种子繁育等示范基地50个，带动农民14万人，创造经济效益10亿元。选送98名农民到沈阳农业大学和辽宁省农业职业技术学院参加两期农民培训班，为发展现代农业、建设社会主义新农村提供人才保障。

【科技合作与交流】 成功举办了第十二届中国（锦州）北方农业新品种、新技术展销会。本届农展会参观人数达6万人次，有来自美国、日本等8个国家以及包括港台地区在内的20个省市区的355家农业科研机构、高校以及推广、经营单位参会参展，共展出农业新品种、新技术、新产品7930种，签订协议136项，协议金额15.9亿元。本届农展会突出“创新、现代、绿色与精品”主题，为广大农民应用农业科技成果提供了方便条件，影响广泛，辐射辽西、内蒙古东部乃至整个中国北方地区。农展会已经发展成为辽宁省重大科技活动之一。

以大型科技合作与交流平台为载体，大力引进先进科技成果和人才。市科技局组织企事业单位、科研院所先后参加了“中国海外学子辽宁（大连）创业周”、“中国国际专利技术与产品交易会”和“第五届东盟博览会”。海外学子创业周上，重点对锦州市国家火炬计划项目锦州硅材料及太阳能电池特色产业基地进行了推介，义县、凌海、北镇、太河区、古塔区等县（市）区，根据自身特色与海外学子们进行了广泛接触并针对项目进行了深入洽谈，分别就LED照明技术、水果矮化密集种植技术、长效有机复混肥等项目达成了合作意向，共签订合作协议6项，协议金额达500万美元。

【特色产业基地建设】 特色产业基地内单晶硅、硅片、工业硅等重点产业项目集聚规模加速扩展。低成本多晶硅、N型高转换率太阳能电池用硅片等重点技术攻关项目取得重大进展。产业基地公共研发平台建设稳步推进，市政府与渤海大学共建的基地公共检测中心正式挂牌成立。基地全年实现产值30亿元，利税3.5亿元，为打造百亿元产值的光伏产业基地奠定了坚实基础。

【技术创新体系建设】 加大扶持力度，积极引导和推动企业建立技术研发机构，增强企业创新能力。2008年，锦州市省级工程技术研究中心发展到9家，市级工程技术研究中心发展到7家。

加快构筑科技创新平台，提高科技创新支撑能力。对区域内8个生产力促进中心、科技信息网等科技创新公共服务平台建设和运行给予连续支持，引导科技创新服务平台提高社会化服务能力。

培育、引导企业成为技术创新的主体，广泛开展创新型企业创建活动。市科技局积极组织、推荐企业参加国家级和省级技术创新示范企业评选，锦州奥鸿药业有限公司被确定为“国家创新型试点企业”；锦州阳光能源有限公司等5家企业被列为省百家技术创新示范企业创建单位；锦州拓新电力电子有限公司等5家企业被认定为“省技术创新型示范企业”；启动实施了锦州市技术创新型示范企业创建活动，锦州航星集团等18家企业被列为“锦州市技术创新型示范企业”创建单位。

【知识产权工作】 提高知识产权行政执法能力，大力开展知识产权宣传和培训，提高全市企事业单位知识产权保护意识。组织落实全市专利工作规划，促进专利申请量保持增长。通过争取辽宁省专利产业资金，同时安排市本级“科三费”给予支持，加速专利项目产业化发展。全年共有5个专利产业化项目列入省专利产业化计划，获经费支持160万元。

【县域科技】 凌海市以推进农业科技产业龙头企业建设为重点，促进产业化经营；北镇市以实施科技特派员工程为抓手，加速农业科技成果转化，增加农民收入；义县突出抓好科技大项目建设，有力地促进了全县经济社会发展；黑山县以发展农业特色产业为着眼点，推动花生产业发展；凌河区狠抓技术创新，保持工业经济平稳运行；古塔区加大对高新科技项目管理实施力度，大力发展优势产业，提高了科技对经济的贡献率；太和区以全国科技进步先进县（区）考核为契机，加强对科技工作领导，建立健全科技工作长效机制；松山新区将高科技项目的管理和服务相结合，高新技术产业发展突飞猛进。

【科学普及】 成功举办了2008年科技活动周活动，本届科技活动周以“提高科技创新能力，加速老工业基地振兴”为主线，结合全市广大群众的实际需求和关注的热点问题，先后举办了锦州市第二届发明创新大赛，科技大集，以及“科技、文化、卫生”三下乡等活动，组织专家和技术人员现场解答疑难问题，深入田间地头传授科技知识和实用技术。

（锦州市科技局 刘佳伟）

营口市

【概述】 2008年，营口市科技工作以服务于全市经济发展大局为出发点，结合“环境建设年”活动，确定了以“创建一个园区、搭建一个平台、筹建一个市场、拓建一个基地、实施一批项目”为切入点的“五个一”工程，充分发挥科技进步对全市经济发展的促进和支撑作用。全年实现生产总值703.57亿元，增幅居全省第一，总量居全省第四，规模以上企业工业增加值实现418.8亿元，增长27%，工业生产成为拉动经济的主动力，以冶金、石化、装备制造等六大产业为主导的新型工业体系框架正在形成。营口作为现代新型沿海工业城市的特征日趋鲜明。

【科技项目与经费】 全市共有94个项目列入国家、省、市科技计划，项目经费2971万元。其中，列入国家级科技计划3项，争取资金465万元；列入省级科技计划38项，争取资金1440万元；下达市级科技计划53项，安排资金1066万元。其中，下达补充科技计划13项，安排资金150万元。这些项目紧密结合营口市的资源优势和产业特色，涵盖了冶金、石化、装备制造、纺织服装、新型建材、镁质材料等六大产业。

辽宁大族冠华印刷科技股份有限公司、营口三征有机化工股份有限公司、大石桥市荣源镁矿有限公司、营口经济技术开发区金达合金铸造有限公司等4家企业被认定为“辽宁省科技创新示范企业”，其承担的项目获得辽宁省科技厅重点支持。国家、省、市三级科技计划联动，有力地增强了营口市支柱产业的综合竞争力，对于推动营口市经济社会持续快速健康发展起到了积极的推动作用。

以重大产业化项目为引领，着力解决行业共性技术、制约行业发展的关键技术的攻关，加快已有科技成果，特别是高新技术和产品的转化以及规模化应用，为六大产业集群的提升提供科技支撑。组织实施了一批重大产业化项目。镁产业节能示范工程、非金属镁质材料的研发及产业化、全消光聚酰胺纤维三个项目被列入“十一五”国家科技支撑计划，目前资金到位良好，项目进展顺利，将有利地拉动营口市高新技术产业的快速发展；中冶京诚工程技术有限公司的100吨超高功率电弧炉炼钢系统开发、汽车保修检测设备、营口市向阳催化剂有限责任公司的CS-3型丙烯聚合高效催化剂、锂电池隔膜、GH524重型彩色商务印刷机、高档柞蚕丝绸色织面料等一批重大项目的技术在国内都处于领先地位，产品在市场有较强竞争力。完成了抗氧聚苯硫醚短纤维、重型数控五轴龙门镗铣床、开式水冷模注机等4个项目列入国家级火炬计划的申报。

推进实施国家科技支撑计划和重大科技计划项

目“镁产业综合节能工程”。根据镁产业综合节能工程实施方案进度要求，在总结公关示范阶段单项技术试验成果基础上，初步形成了系统配套技术。对部分比较成熟的电熔镁综合节能减排系统技术，组织开展适当规模应用示范，并逐步加以完善，为全面推广应用奠定了基础。同时，组织开展微机控制、余热回收、新型炉体改造、无功补偿技术研究和新型电熔镁炉引进、消化、吸收、再创新研究。

实施“十一五”国家科技支撑计划项目“非金属镁质材料的研发及产业化”，以大石桥市荣源镁矿有限公司、金鼎集团的镁化工技术，大石桥金龙耐火材料集团、中建院大石桥镁砖厂耐材精深加工技术以及群益集团低品味矿石综合利用技术为代表的重大关键技术攻关项目取得新进展，带动了镁质材料产业的整体技术升级。

【科技成果与转化】 2008年度科技成果的总体水平好于往年，达到国内先进水平以上的项目占90%，高新技术产业化项目所占比重较大，有70%以上的项目已经产生了直接经济效益。尤其是工业项目的科技水平和所创造的经济效益与社会效益更为突出，共实现产值5.7亿元、利税8000万元。

营口经济技术开发区金达合金铸造有限公司的“大型薄壁耐压铝合金壳体”项目、辽宁银珠化纺集团有限公司的“银离子抗菌聚酰胺纤维”项目获得辽宁省科学技术进步二等奖；营口三征有机化工股份有限公司的“处理氰化钠、氯碱尾气环保综合利用工程”项目、盖州市暖泉绢纺厂的“柞蚕丝染色及后整工艺技术”项目获得辽宁省科技成果转化奖励项目三等奖；获营口市科学技术奖35项，其中一等奖5项，二等奖21项，三等奖9项。

【高新技术与产业化】 全年高新技术产品产值达194.91亿元，同比增长20.6%；全市规模以上企业高新技术产品增加值实现60.82亿元，同比增长51.11%，高于全市规模以上企业工业增加值增速24个百分点，占全市规模以上工业增加值的14.5%，高新技术产业继续保持快速发展的良好势头，对全市经济增长的支撑作用进一步增强。在全省194家新办法认定的首批高新技术企业中，营口市有11家企业名列其中，总数居全省第三。

加快镁质材料高新技术产业园建设。以建设国家镁质耐火材料监督检测中心为契机，积极筹措资金，建设省级镁质材料研究中心，目前已完成建筑设计，入住园区镁质材料精深加工企业总数达到57家，实现产值45亿元，利税10.5亿元。

【农业科技】 全市引进农业新品种45个，引进推广农业实用新技术10项，建设农业科技示范基地13个。2008年列入科技计划的农业科技项目24个，其中列入国家星火计划2项，省科技计划5项，市科技计划17项。投入科技经费284万元，省投入140万元，同比增长33%；市投入144万元，占三项费用项目款36%。向国家科技部推荐老边区为科技富民强县（区）试点单位；盖州市被省科技厅批准为科技特派团试点市（县），并获得50万元经费支持；4家企业被省科技厅批准为省级科技龙头企业，获得90万元经费支持，同比增长33%。获得市级科技进步二等奖3项，三等奖1项。

在2007年选派38名农民参加大学培训的基础上，2008年又选送了101名农民分别到沈阳农业大学、大连水产学院、辽宁农业职业技术学院参加花卉、药用植物、家禽、养猪、蔬菜、果树、食用菌、海水、淡水等9个专业为期半年的培训。目前，已有115名农民技术员在沈阳农业大学、大连水产学院和辽宁农业职业技术学院学成归来，还有24名正在大连水产学院学习。

本着“相对稳定，动态管理”和“经济效益、社会效益与生态效益相结合”的原则，继续做好农业科技示范基地工程建设。在已经授匾的11个基地的基础上，2008年又新增了工厂化养猪示范基地、果菜新品种示范基地，并对已批准的示范基地逐一检查验收。

【科技合作与交流】 五矿营口中板有限责任公司与中国钢研科技集团公司、中冶京城工程技术有限公司合作，开发先进钢铁流程纯氧（非高炉）炼铁试验项目。该项目瞄准当前炼铁工艺的前沿技术——熔融还原技术，是产学研合作、解决产业发展关键技术的重大举措。银河镁铝合金公司与东北大学合作，研制出了镁合金半固态（SSM）材料，高性能AZ、ZK与AE系列镁合金板材，填补了我国在高性能镁合金薄板加工技术上的空白。

9月24日，营口市组团参加了“2008中国海外学子辽宁（大连）创业周”活动。营口开发区、辽宁（营口）沿海产业基地、营口高新区、青花集团、盼盼集团等21家单位和企业参加了“海创周”活动。9月27日，营口市邀请32位海外学子来营口参加“海外学子（营口）创业行”活动。营口市委、市政府举办了“海外学子投资与创业政策发布会暨国际人才交流洽谈会”。会上，营口开发区、产业基地及各园区就引进海外学子来营口工作、创业等相关优惠政策进行了发布。有50多家单位和企业参加了会议。营口奥达制药有限公司、辽宁银珠化纺集团有限公司等一批企业与海外学子签订了36项合作协议。

【特色产业基地建设】 营口国家镁质材料产业化基地建设以“扩展产业链条，提升产品水平，实现节能降耗，综合治理环境”为重点，通过组织实施重大技术攻关和产业化项目，推进镁产业向深加工、多领域、规模化方向发展。目前，镁质材料基地现有镁质材料企业570多家，其中，规模以上企业163家。镁质材料企业固定资产总值达152.6亿元。镁产品有9大系列200多种，产品除供应全国各大钢厂等企业外，还远销日本、东南亚、欧洲、北美等40多个国家和地区。其中，电熔镁砂占世界市场份额的1/3，不烧砖占1/4，镁肥占1/10，烧成砖占1/20。全年镁质材料基地新上镁质材料深加工项目79项，总投资27.5亿元。虽然镁质材料产业受金融危机影响，总产值仍达到330亿元，同比增长20%；深加工产值达到170亿元，占镁质材料产值的51.5%；国内生产总值达到77.5亿元；出口创汇达到5.2亿美元。

营口汽车保修特色产业基地现有汽车保修检测设备行业企业91家，生产12大类70多个系列产品，产品国内市场占有率超过86%。基地企业生产的四轮定位仪、动平衡仪产品技术水平达到了国际先进水平。营口汽保行业无论是产能还是技术水平，都处于国内领先地位。为打造世界汽保产品制造中心，营口市委、市政府作出了建立营口汽保特色产业园的战略决策。汽保特色产业园位于营口中小企业产业园中的营口科技示范园内，规划总面积1平方千米，分五期建设完成。第一期工程2008年9月开始施工建设，建筑面积10万平米，计划2010年建成。园区建成后将是一个布局合理、功能完善、设施齐备、产业配套，集科研、开发、生产为一体的现代化特色园区。园区入园企业达到30户，销售收入将实现10亿元以上，税收实现5000万元以上。

截至2008年年末，汽保特色产业园已与22家企业签订了入园合同，与大连理工大学、东北大学、吉林大学、辽宁大学、辽宁工程技术大学、北京时代光华管理有限公司等6家高校和管理咨询机构建立了长期、稳定的产学研合作关系。

【知识产权工作】 2008年，全市专利申请量为539件，其中发明专利申请为159件，实用新型专利申请为255件，外观设计专利申请为125件，专利申请总量较上年增长12.1%，发明专利申请较上年增长6%。授权专利278件，较上年增长10.3%。全年各项专利补助费用共计21.5万元，其中发明专利申请补助13.4万元，实用新型专利申请补助2.4万元，外观设计专利申请补助1.5万元，授权发明专利补助3.2万元，PCT国际发明专利申请补助1万元。

按辽宁省知识产权局的统一部署和安排，市、县、区联动，充分利用“知识产权宣传周”的有利时机，宣传知识产权知识，提高公众知识产权意识；在营口电视台“滨城直通车”节目、《营口日报》等新闻媒体专题宣传知识产权方面的法律法规、方针政策，解读百姓比较关注的专利申请及补贴、专利产业化项目申报、青少年发明创造奖励等方面问题。

积极参加省知识产权示范、试点工作，引导专利试点示范企业充分依靠和运用知识产权制度，加强知识产权的创造、管理、保护和利用，大力开发拥有自主知识产权的产品，提高核心竞争力。继2007年9家企业被列为省知识产权试点示范单位后，2008年，营口市又有辽宁大族冠华印刷科技股份有限公司、营口石光石油机械有限公司、营口春港实业有限公司、营口巨成教学科技开发有限公司、辽宁环宇环保技术有限公司、营口渤海天然食品有限公司、营口康如化工有限公司、营口富焓自动化锅炉制造有限公司8家企业，被列为省知识产权试点示范单位。

为了引导和鼓励青少年爱科学、学科学，提高青少年发明创造的积极性，市政府决定实施《青少年发明创造工程》，并于5月16日召开了第二届营口市“青少年发明创造工程”表彰大会，表彰先进集体4个，先进个人24人。

【县域科技】 大石桥市高新技术产品增加值达到60.5亿元，完成全年计划的148.1%。大石桥市荣源镁矿有限公司、营口东邦冶金设备耐材有限公司2家企业通过高新技术企业认定。编制市本级科技计划项目52项，其中工业项目30项，农业22项，计划总投资19.6亿元。推荐申报国家、省市重点科技计划项目22项。按“工业发展年”的指标要求，大石桥市计划完成新产品开发项目70种，共实施重点新产品项目开发90种，占全年计划指标的129%，实现产值22亿元。

盖州市申报国家及省级科技项目38项。其中，申报国家级农业科技成果1项，农业产业化项目3项，申报省级科技项目18项。申报省级高新技术企业2家，申报省高新技术示范企业1家。会同辽宁省畜牧科学研究院共同申报了辽宁省绒山羊科技特派团试点市项目，并已正式立项。搭建产学研平台，联系国内外50多家科研机构与本市企业对接，引进技术30项，取得良好效果。全年申请专利35项，其中发明专利10项。有省级高新技术企业5家，全年实现高新技术产品增加值2.97亿元，全年先后组织了3次不同主题内容的科技培训活动，发放资料50000份，受益群众达3000多人次。积极推荐选送40名农民到沈阳农业大学、大连水产学院、辽宁农业职业技术学院进行为期4个月的培训。

站前区GDP总量达到49亿元，地方财政收入17001万元，财政科技投入30万元，占财政收入的0.18%，高新技术产值完成4.2亿元，占规模以上工业企业总产值的比重为5.2%。全年共申报市级科技计划3项，争取资金43万元。申报自动化富焓锅炉厂为省级知识产权示范企业并获得批准。沃飞斯科技有限公司将拥有核心技术的聚氯脂硬泡复合板实现产业化，并荣获营口市科技进步一等奖。在全区22个具备条件的社区成立社区科普大学，其中有7个社区被营口市科协列为重点考核单位。

西市区全年实现高新技术产品总产值9亿元，完成年计划的100%；高新技术产品增加值3.5亿元，完成年计划3.12亿元的112%；开发新产品35个，同比增长25%，完成年计划的128%。全年共申报省级科技项目2个，市级科技项目5个，共获科研经费60余万元。西市区科技局先后深入企业进行走访达50余次，涉及企业80余家，发放调查问卷120余份，征求企业对科技局工作的意见和建议，归纳为7个方面40余条。共有14家企业完成了高新技术企业的申报和认定。

老边区共申报省级计划项目12项，市级计划项目11项，其中有4个项目被列为市级计划项目，争取资金24万元，申报企业研发平台建设项目1项，中小企业创新基金项目2项，申报国家星火计划项目1项。为企业引进科技项目2项，为镇村引进新品种5个，为柳树生态站成功引进辽宁白鹅新品种、新技术3项，为路南镇申报的“全国新农村建设试点单位”已获得批准。举办了蔬菜和海水养殖培训班，培训120人；利用区电视台举办农业实用技术讲座50讲，开展了肉牛养殖、池塘养鱼、保护地蔬菜栽培及管理等方面的培训，培训1800人次，利用“科技之冬”举办培训班2次，培训121人。在科技活动周期间，开展科技下乡活动，深入到镇、村，为农民赠送科技图书700册，发放科技简报1500份，现场科技咨询答疑96次。先后选送8名青年农民赴沈阳农业大学、辽宁农业职业技术学院进行为期半年的培训，选送5名致富带头人到大连水产学院参加农民技术员培训。截止到2008年年底，全区已有134名农民经纪人获得省科技厅和工商局颁发的农民科技经纪人和农民技术员资格证书。组织有关企业、镇、村参加国家、省、市组织的项目洽谈会，先后参加了“海外学子创业周”“辽宁省民营企业资本对接”“专利产品展销会”“中国东盟高新技术及农业新技术博览会”等活动，组织4个镇、街20多人参加北方地区新技术、新品种展销会，引进新品种5个，展洽会期间先后组织20多家企业与大专院校进行项目洽谈，引进镁质深加工项目，共签订项目合同3项，完成技术合同意向签约额2000多万元。有省级研发中心3家，市级研发中心13家，企业自主成立的有一定规模的研发中心达32家。有9家企业参加了高新技术企业认定，营口奥达制药有限公司成为辽宁省第二批高新技术企业认定企业。

营口经济技术开发区实现高新技术产品增加值20.1亿元，占规模以上企业工业增加值的23.3%。全区财政科技拨款251万元，占地方财政支出的0.22%。专利申请量完成65件，完成年计划100%，其中发明专利15件。列入省级科技计划项目4项。区内企业金达合金铸造有限公司的大型薄壁耐压铝合金壳体特种铸造技术获省科技进步二等奖；营口摩迪液压设备有限公司的永不拔脱液压软管总成获市科技进步二等奖；天盛实业有限公司的“生态农业示范基地建设”等7个区内企业项目列入市级科技计划。全区已建立国家大豆深加工技术研究推广中心基地1家（渤海天然食品），省级企业技术中心3家（阿斯创、东林集团、熊岳印染），市级企业技术中心7家（成龙实业、合金铸造、辽宁亚田化工、辽宁天源泵业制造有限公司、营口新港铰链制造有限公司、旺运红、雅威集团），市级科技孵化器1家（民营高新技术研究院）。引进的日本南瓜试种成功。共有2期8人参加了省科技厅等部门组织开展的辽宁省农民技术员培训；共有40人参加了辽宁省农民科技经纪人培训。邀请辽宁省果树研究所，辽宁省职业技术学院的专家，对熊岳、红旗、芦屯三镇的农民进行了有针对性的技术培训。

（营口市科技局　谢睿）

阜新市

【概述】　2008年，阜新市科技工作方面全年完成招商引资到位资金420万元，固定资产投资1474万元；实现高新技术产品产值26亿元，同比增长21%；新增省级和市级工程技术研发中心9个，新增高新技术企业4户；采取多种有效措施引进新品种110余项，新技术20余项。

【科技项目与经费】　全年争取国家、省各类科技资金项目49项，其中国家科技支撑计划项目2项，国家中小企业公共服务机构补助项目1项，省科技计划项目34项，省中小企业创新基金项目5项，省科技成果转化奖励项目2项，省专利技术转化项目5项，争取科技资金3188万元。

2008年初，省科技厅与阜新市委、市政府协商形成了“依靠科技创新打造阜新液压之都实施方案”，计划用5年左右的时间，培育形成液压产业集群，使之成为阜新经济发展的重要主导产业。阜新市液压骨干企业全年获得上级科技经费1865万元。

【科技成果与转化】　阜新德尔机械制造有限公司、辽宁太克液压机械集团有限公司、阜新驰宇石油机械有限公司和阜新北鑫星液压有限公司通过了省级认定，被批准为省科技创新示范企业。由辽宁田园实业有限公司承担完成的“褐蘑菇工厂化生产技术”项目获得辽宁省科技进步三等奖。

【高新技术与产业化】　全年开发新产品46个。辽宁迪亚电容器有限公司等4家企业被批准为高新技术企业，阜新德尔机械制造有限公司等5家企业全部通过省级高新技术企业复审。截至2008年年末，阜新市高新技术企业总数达到22户。

以阜新德尔机械制造有限公司、辽宁太克液压机械集团有限公司、阜新驰宇石油机械有限公司和阜新北鑫星液压有限公司等为代表的液压企业通过采用先进适宜制造技术，不断推进产业化进程，加大新产品研发力度，企业均呈现产销两旺的良好势头，阜新市液压气动及相关配套产品当年实现产值18亿元。

【农业科技】　全年共引进新品种110余个，新技术20余项；“科技特派行动”全年共选派86名农民学员到沈阳农业大学和辽宁省农业职业技术学院学习；3月17日至23日，阜新首届农业科技博览会在阜新市科技大厦举办。参展企业达到62家，其中高校和科研院所5家，国外中介组织1家，国外企业3家，省外企业25家，外市企业16家，阜新市内企业12家，参会人员超过5000人，培训农民1500余人，接受各类技术咨询1300余人，发放科技资料20000余份，举行洽谈会、推介会、培训班和专业论坛7场。

【社会发展科技】　“阜新市农村地区高血压综合干预防治”课题得到了省科技厅的持续扶持。2008年，课题组免费发放药品4次，价值80余万元，课题覆盖8个乡镇120余个自然村，临床病学调查人数达45925人次，接受免费药物干预的高血压患者达6000名。阜蒙县被列为辽宁省6个农村卫生适宜技术推广示范县之一，参与了“十一五”国家科技支撑计划“农村卫生适宜技术及产品研究与应用”重大项目的攻关任务。

重点开展了以“推广一批节能减排成熟技术、开发一批节能产品、实施一批节能减排科技示范工程”为主题的节能减排科技行动。由阜新金山煤矸石热电有限公司承担的“利用煤矸石发电综合节能技术应用示范”项目，于2007年列入省节能减排科技专项计划。综合节能技术的应用使企业每年消耗煤矸石200多万吨，节约水资源近2000万吨，节电8000万千瓦时，产生了显著的经济效益和社会效益。

【科技合作与交流】 通过实施校企合作工程，推动阜新市的大中型企业与科研机构和高等院校建立了技术合作关系。组织企业参加了“2008中国海外学子辽宁（大连）创业周”和“2008年中国国际专利技术与产品交易会”等活动，组织各县区、行业办及相关企业进行项目预对接，将阜新市目前急需解决的技术难题和需求汇编成册并上网，以实现对接双方的信息互通，吸引域外资金和人才来阜新市创业。

2007年启动的“阜新市与辽宁工程技术大学促进阜新经济转型科技行动”，到2008年已初见成效。辽宁工程技术大学已陆续选派百名教授、200名研究生进企业开展科技服务，将其科研成果和先进技术应用到企业生产实践中，切实提高了阜新市企业的技术、产品及加工工艺，为企业发展注入了活力。截至2008年年末，已有42家企业与辽宁工程技术大学在49个项目上开展了科技合作，合作范围涉及液压、食品和煤炭等多个行业。辽宁工程技术大学共有13个院系、136名教师参加了该项活动。

【科技平台建设】 技术创新体系逐渐形成，阜新北晨液压气动有限责任公司等4家被新批准为省级工程技术研发中心，全年还新批准成立市级研发中心5家，研发中心承担的科技项目大都获得各级科技资金支持。

【知识产权工作】 全面推进专利技术产业化工作，阜新市知识产权局被人事部和国家知识产权局评为全国专利系统先进集体。通过开展“4·26保护知识产权宣传周”、举办“专业技术人才知识产权继续教育培训班”、参加2008年中国国际专利技术与产品交易会等活动，大力宣传知识产权政策、法规及相关知识，努力提高企业与公民的知识产权保护意识。

2008年，全市共申请专利275件，其中发明专利80件，实用新型专利160件，外观设计35件，累计发放省发明专利费用补助资金2万余元。

【招商引资】 完成招商引资到位资金420万元，研发、包装千万元以上项目5项，签约落地项目2项，新开工投资千万元以上项目2项，竣工投产项目1项。全年完成固定资产投资1474万元。

围绕发展液压主导产业，阜新市科技局加强了“科技招商引资”和“招才引智”工作。先后赴北京、天津、山东、山西、浙江、江苏、上海、贵州等地与榆次液压有限公司、贵州力源液压有限公司等一批液压气动企业进行洽谈。12月19日，由辽宁省科技厅、阜新市人民政府和省民建企业家协会共同主办的辽宁（阜新）液压特色产业基地投资环境说明会在省会沈阳隆重举行，会上有一批投资项目达成意向协议。

（阜新市科技局　刘金池 石微微）

辽阳市

【概述】 2008年，辽阳市围绕实施“科技兴市”战略，全面加强科技创新，加快推进科技进步，科技工作取得了显著成效，有力地促进了全市经济的发展和全民科学素质的提高，圆满完成了辽宁省政府考核辽阳市政府的科技工作目标。科技工作在全省14个市中排名第5位。

【科技管理与改革】 辽阳市科技局在科技计划编制的时间、周期、程序、立项、审核等方面采取了新的举措。计划项目实行了网上申报，完善了市科技局业务科初审、专家评审组评审、评审工作领导小组审核，再报市政府审定的计划编制程序，提高了科技计划项目的质量、水准。将科技计划经费投入预算方案纳入了市财政预算项目库。科技计划在正式下达前，先提交市人大审议。编制完成了2008年辽阳市科技计划，编制和下达的时间比往年提前，编制周期缩短，编制程序和项目的实施运行更加完善、规范。也使科技工作在市政府总体工作中的显示度得到了提高；制定了2009年市科技计划安排意见；对2005年以来有偿使用的科技计划项目的实施和资金使用情况进行了调研。

【科技项目与经费】 全市共有132个项目列入国家、省、市计划，共争取国家、省级计划的项目达到83项。其中,列入国家科技计划的4项；列入辽宁省科技计划的39项；列入辽宁省经委企业技术创新计划的38项；列入辽阳市科技计划的共有51项。

在列入国家和省2008年科技计划的项目中，包括辽阳县人民政府的“名优淡水鱼品种繁育及高校养殖技术集成示范与推广”等4个国家科技计划项目；辽宁省辽宁绒山羊育种中心的“辽宁绒山羊新品种选育”等39个辽宁省科技计划项目；新风企业集团有限公司的“柴油机高压共轨系统”等51各科技计划重点项目。

2008年，全市科技投入的增长创历史新高。全市全口径地方财政科技投入总额达6848万元。辽阳市科技计划投入总额达到3355万元。共争取国家科技投入370万元，辽宁省科技投入1735万元；安排市本级科技三项费1250万元。全口径地方财政科技投入占地方财政全口径支出的1.16%。市本级科技投入3598万元，其中，科技三项经费1250万元；县(市)、区的科技投入3250万元。R&D经费支出达到8.2207亿元，规模以上工业企业开发新产品146项，规模以上工业企业实现新产品产值38.52亿元。

《辽阳市“十一五”科技发展规划》和《振兴辽阳老工业基地科技行动方案》确定的15项重大科技项目实施、进展顺利。在先进材料及其加工、先进装备制造方面已解决了一批共性、基础性、关键性技术课题。辽宁新风集团有限公司的“高压共轨”项目，对瑞士CRT提供的原始设计进行了11项改进，降低产品成本40%。辽阳铜业集团有限公司的电磁连铸高性能铜板带材项目，已完成科研攻关和项目产业化。辽宁忠旺集团的大断面复杂断面热挤压铝型材项目，已完成4个系列的主要工艺攻关，机车型材和舰船型材产品已进入市场。辽阳钢管有限公司的大口径UOE直缝焊管产品已大规模出口。

【科技成果与转化】 2008年，共鉴定科技成果23项，其中有13项成果通过了省级以上科学技术成果鉴定，达到国际领先水平1项，国内领先水平4项，国内先进水平8项。完成了2008年辽阳市科学技术奖励项目评审工作，共评审出获奖项目35项，其中，辽宁奥克化学股份有限公司的“单晶硅等半导体材料线切割用切削液OXSI-303”等20项获得一等奖，辽宁博际电气技术有限公司的“500KV干式高压电流互感器”等10项获得二等奖，辽宁博际电气技术有限公司的“330KV干式高压电流互感器”等5项获得三等奖。

自然科学学术成果奖评审委员会共征集了全市自然科学学术成果916项。评出优秀学术成果270项。有72项成果获得辽宁省自然科学学术成果奖，其中二等奖12项，三等奖60项。

辽宁省辽宁绒山羊育种中心的“绒山羊无动物源冻精稀释液及相关技术研究”、中铁十九局集团有限公司的“浅埋偏压、大断面客运专线隧道施工综合技术研究”和辽阳石化分公司的“新型共聚酯的开发”等3项科技成果获得辽宁省科学技术进步奖三等奖。高档拉绒汽车内饰毯和LJ-3000型无基础间歇式沥青混合料搅拌设备等2个项目获得辽宁省科技成果转化项目奖。

2008年，列入国家重点推广计划1项；列入省科技成果转化项目计划2项；列入省专利技术转化项目计划5项。全年认定技术合同103份，技术贸易总额为3988万元，其中，技术交易额为3807万元。

【高新技术与产业化】 全市规模以上高新技术产业增加值达到84.9亿元，绝对值列全省第4位。高新技术企业的高新技术产品产值占全市工业总产值的比重达到30%。

辽阳高新区完成营业收入300亿元，工业总产值253亿元，高新技术产品产值155亿元。辽阳高新区有43个项目列入国家、省、市重点计划。列入国家重点新产品科技计划1项；列入国家火炬计划1项；列入省级计划34项，其中，有1项列入省节能减排计划，有3项列入省科技型中小企业技术创新资金专项计划；有7项目列入辽阳市科技计划，支持资金125万元。

辽宁奥克化学股份有限公司、辽宁益康生物制品有限公司、辽宁联港染料化工有限公司、辽阳金兴汽车内饰件有限公司、辽阳运和软件开发有限公司、辽阳聚进科技有限公司、辽阳聚进科技有限公司7家企业被省科技厅认定为高新技术企业。

科技计划安排重点高新技术项目24项，投入科技经费380万元。着力推进精细化工等4个高新技术产业领域及龙头企业的发展，努力打造和形成辽阳市的精细化工、生物制药、电子信息、新材料等高新技术产业链和产业集群。辽阳石化机械设计制造有限公司的高压高强无缝钢管及管件成为国家核电建设和西气东输重点工程的技术升级关键产品。辽阳瑞兴化工有限公司的高压非催化多品质二硫化碳，引进美国技术进行再创新，生产技术达到国际领先水平。辽宁顺兴重型车用曲轴有限公司的车用节能环保型锻钢曲轴，成为国内功率最大、世界领先的蓝擎WP系列欧III发动机的专用配套产品。

围绕工业经济主导产业的发展，进行产学研联合创新和关键技术研发，推进工业经济结构优化升级。高压共轨1期工程建设、工业铝型材熔铸生产线建设和天然脂肪醇扩建等一批重大项目的产业化建设基本投产建成。

【制造业信息化工作】 2008年，辽阳市被列为辽宁省“制造业信息化试点市”，启动了制造业信息化科技工程示范市建设。市科技局制定了试点工作计划和措施，选定示范企业，进行基础技术系统论证。建立制造业信息化咨询服务和培训体系，开展技术培训和软件工程师培训，共培训了400人次。开展以“甩图纸”“甩账表”为特征的“双甩”制造业信息化示范工程，推广了CAD、CAM、CIMS和ERP等数字技术，高新技术企业CAD应用率和覆盖率达80%。通过建设信息化示范市网站，建立起相应的技术支持系统。

【特色产业基地和孵化器建设】 2008年，省、市科技部门加大了对芳烃技术研究院建设的支持力度，市科技局和高新区管委会加强了“辽阳国家芳烃产业化基地”的国家立项申报工作。芳烃基地建设的总体规划环评，获得了省环保局批准，起步区土地调规和征地方案通过了国家审批，国家开发银行批准基地贷款2亿元。芳烃基地起步区建设开工项目7个，完成建设投资额1.8亿元。有3家省科技创新示范企业及省重大、重点科技计划项目入驻基地。芳烃技术研究院4月开始试运行，通过调研掌握了企业对项目的需求和技术难题，围绕芳烃基地建设确定研发项目，建立了由25位工程院院士、教授、博导和优秀专业人士组成的专家人才网络，与国内部分知名院校、院所建立合作关系。截至2008年，芳烃技术研究院建设已投入市本级科技三项费150万元，获得了300万元的省科技资金支持。

截至2008年，辽阳科技创业服务中心在孵民企科技项目已达185项。当年孵化企业4家，毕业2家，在孵企业新开发科技和成果转化项目11项。组织在孵企业培训3次。引进德国和俄罗斯专家为企业进行技术指导2次。

【农业科技】 围绕农村结构调整和产业化发展主线，实施了“富民强县、科技兴农、惠民工程”。新上投资额500万元以上的农业产业化项目10项；新增农业产业化龙头企业4个；农业机械化率达到59.6%。开发引进了一批农业新品种、新技术，推进了农村产业化龙头企业发展，加快了农业特色产业化基地建设。全面实施农民科技培训工程。选送青年农民到大专院校学习专业技术，举办农民科技经纪人培训班，围绕农村主导产业发展，大力培养农村技术和管理人才。

贯彻执行《中华人民共和国种子法》《辽宁省农作物种子管理条例》，加强了玉米、水稻及蔬菜等作物的品种更新，优质新品种应用率达98%。实施了省水稻新品种审定区域试验，试验品种28个，试验小区112个。

全市农业科技特派员实施科技项目40项，推广新技术128项，引进新品种20个；建立农业合作社15家，科技示范基地3万亩；参与创办龙头企业，提升了企业对农业产业开发的带动作用，取得了显著效益。辽宁省淡水水产科学研究院科技特派团承担了灯塔市池塘主要鱼类新技术开发、集成和产业化示范项目的任务，获得了省科技厅100万元的资金支持，其中，灯塔市获得50万元资金支持。灯塔市成立了专家服务团，下设10个专家服务组，为科技特派工作奠定了组织服务基础。

辽宁博丰集团绿化工程有限公司、辽阳新特现代农业园区与其技术合作单位紧密合作，解决关键技术6项，促使企业自身壮大发展，也带动了周边4万农户的生产发展。辽阳新特现代农业园区与辽宁省农科院食品研究所合作开发留兰香天然植物香料获得成功，在园区胡萝卜种植的基础上又与周边农户合作种植1000亩胡萝卜，当年收获了两茬。

全市农业机械化快速发展，取得了全省农机工作目标综合考核评比第1名。全市水稻完成机械插秧、机械抛秧共33.17万亩。玉米机械播种109.4万亩，占玉米播种总面积的95%；机械收获玉米8.1万亩。灯塔市、辽阳县各4万亩的全程机械化核心区实现了水稻、玉米的种、收等生产全程机械化。灯塔市东荒农场等机械化示范园区建设，带动了农业机械化向各领域的扩展。辽阳县下达河绒山羊精养舍饲和安邦林果机械化作业示范区建成。

【社会发展科技】 2008年，辽阳市大力推进经济增长方式向节能、环保、高效和注重科技创新转变，实行的节能减排措施取得了重大进展和阶段性成果。强力淘汰落后产能，减少污染物排放，环境质量得到改善。全市万元地区生产总值能耗2.19吨标煤，下降7.5%；取水量139.4立方米，下降15%；化学需氧量的排放量1.8万吨，比2005年下降10%；二氧化硫排放量3.92万吨，比2005年下降8.8%；城区空气环境质量优良天数由2007年的315天提高到320天。辽河流域辽阳段治理初见成效。太子河出市的断面水质达到了国家3类标准。

【重大科技活动】 9月24日，组织7个县（市）、区的科技管理部门和30家企业，共50人，参加了“2008中国海外学子辽宁（大连）创业周”活动。共与海外学子签订化工、生物制药、中草药、奶牛繁育等领域的合作意向合同6个。

5月17日，举办了辽阳市2008年科技活动周。本届科技活动周突出惠及民生和改善民生、节能减排和生态文明、科技奥运和绿色奥运、科普传播和科普创作等宣传重点。开展了科技宣传展示、电视知识竞赛、科技下乡等系列群众性活动，在全市营造形成了“爱科学、讲科学、学科学、用科学”的良好社会氛围。

【科技合作与交流】 2008年，辽阳与清华大学、天津大学、大连理工大学、中科院大连化物所等高校和科研院所开展的长期科技合作取得了显著成效。辽宁科隆化工实业有限公司与国家建材研究院，辽阳瑞兴化工股份有限公司与中科院大连化物所、清华大学建立了新的战略联盟。辽宁中鑫自动化仪表有限公司与浙江大学，辽阳康达塑胶树脂厂与中科院长春应化所建立的战略联盟不断加强。全市现已有100多家企事业单位与国内的50家高等院校、科研院所开展了科技对接合作，共实施技术合作项目200个。

编制完成了《辽阳市对俄远东及外贝加尔地区合作开发规划（2008—2015年）——科技合作规划》。协助企业争取省引进技术再创新专项2个，争取项目支持资金250万元。提出了《关于在辽宁中部城市群体开发战略中如何吸引科技人才的几点建议和措施》。市科技局协助外经局认定了《实际利用外资和引进域外资金百分考核办法》，协助市经委、市外专局开展了引进海外研发团队情况调研。辽宁新风企业集团有限公司、辽宁忠旺集团有限公司被列入全省首批24个重点支持的引进海外研发团队企业和项目之中，获资金支持200万元。

清华大学在宏伟区设立了研究生社会实践基地，2008年有3名博士生在基地开展科研攻关课题3项。截至2008年年末，基地共接待了9批74名参加社会实践的清华大学研究生，为全区21家企事业单位开展了52项课题研究，完成技术研究报告57篇。

【技术创新体系建设】 全力加强企业技术创新，推动主导产业发展。从促进创新资源整合和优化资源配置出发，重点推进了技术创新体系建设示范企业创建等项工作。全市确定了辽宁奥克化学股份有限公司、辽宁科隆化工实业有限公司、辽宁忠旺集团有限公司、辽宁新风企业集团有限公司、辽阳瑞兴化工有限公司5家企业为辽阳市技术创新体系建设示范企业。全市有5家企业被省政府认定为省级科技创新示范企业，其示范企业数量在全省中小城市中位居前列。预计到2010年，5个省级科技创新示范企业的年销售收入可达403亿元，实现翻两番的目标，可创利税121亿元。

2008年，辽阳市新创建省级工程技术研究中心8家，其总数已达16家，在总数和新创建数量上，位居全省中小城市前列。

【科技人才队伍建设】 在全市大力实施农民科技培训工程，共举办各类农民培训班910次，培训师资217人，培训农民126000人。

组织农村劳动力技能培训，共培训农村劳动力16000人，其中，农村劳动力职业技能性培训5500人,农村劳动力转移率达到97%；农村示范引导性培训10500人。实施农村劳动力转移“阳光工程”培训，培训带领群众致富的农村实用人才，帮助农民学会致富本领，掌握、提高劳动技能。有20名优秀农村实用技术人才被评为“双带示范”标兵，受到市政府的表彰。

选派42名有实践经验的青年农民到沈阳农业大学、大连水产学院和辽宁农业职业技术学院接受为期半年的技术培训。举办了辽阳市第4期农民科技经纪人培训班，邀请沈阳农业大学、辽宁行政学院、辽宁省科技开发协调中心的教师授课，共培训50人。

建立了75个新型农民科技培训示范村，其中，辽阳县50个（国家部级），灯塔市15个（省级），太子河区10个（省级）。选派了70名科技人员深入到乡镇、村，参与培训进行技术指导，推动农业主导产业的发展。各级农业部门进村办班1050次，现场指导4980次，培训农民3750人，为农民解决生产技术难题160个，传授农业新技术30项，推广新品种、新技术52项。辽阳县在实施农民科技培训工程中，聘请省农业专家对该县选派的100名农业科技人员先进行技术业务培训，然后再将这些科技人员分派到12个培训基地开展农民科技培训工作，收到了实效。

辽阳石化公司重视高技能人才培养工作，设计了9个层级的技能人才结构，构建人才成长、发展梯次，曾获得“国家技能人才培育突出贡献奖”。2008年，辽阳石化公司被列为国家第1批高技能人才培养示范基地。截至2008年年末，辽阳石化公司的技师、高级技师已达242人，比“九五”末期提高了210%，公司拥有全国技术能手5人、全国青年岗位能手6人、集团总公司技术能手18人、集团总公司和辽阳石化公司两级技能专家17人。

【知识产权工作】 全市专利申请总量671件，其中，发明专利171件；有148件专利被国家授权，包括创造发明10件，实用新型119件，外观设计19件。专利分布情况：个人126件；工矿企业21件；大专院校1件；列入省专利技术转化项目计划5项；获得专项资金支持。

召开了专利代理和管理人员会议，举办了“专利申报与保护实战技巧”培训班。建立和完善了知识产权的创造、运用、管理、保护的运行机制，提高了企业知识产权的运用水平。特别是专利示范、试点企业的专利申请量增长了64%；授权专利量增长了73%。4月26日，全市联合开展了“知识产权日”宣传活动。10月17日，市知识产权局举办了由省知识产权局胡嘉禄主讲的“自主创新与知识产权战略”专题报告会。认真贯彻省知识产权局加强专利行政执法精神，成立了辽阳市保护知识产权行动领导小组和专利执法工作领导小组，在全市建立了上下联动和横向协调的专利执法体系，实行集中执法与日常性执法相结合，打击知识产权侵权行为，维护市场竞争秩序。

实施知识产权战略，完成了辽阳县、宏伟区的创建省级知识产权试点县、区工作，推动了“兴业强企工程”的深入开展。召开了“兴业强企工程工作会议”，总结和验收第一批知识产权示范、试点企业工作，实施第2批知识产权示范、试点企业工作。辽阳钢管有限公司被确定为省知识产权示范企业；辽宁科隆化工实业有限公司等8个企业被确定为省知识产权试点企业。这些企业在试点、示范前的产值为116846万元，利税6710万元，高新技术生产领域产值占实现产值的69%，在试点、示范后，企业实现产值167022万元，增长58%，实现利税11961万元。

全市知识产权工作投入，在试点、示范前为68万元，试点、示范后达到141万元，增加了48%。辽阳钢管有限公司跟踪和把握科研开发项目的设计、研发、制造、生产的全过程，推出U成型压力机、定位预焊机、扩径机等8项具有自主知识产权的专利产品。辽阳富桑曲轴有限公司，建立知识产权奖酬制度，鼓励员工进行职务发明，对员工申请并被受理的专利每项奖励2000元，授权批准后再奖励5000元。2008年，全市专利示范、试点企业的专利申请量由试点前的39件，上升到61件，增长64%。授权量从示范、试点前的28件，增加到43件，增长73%。其中，发明专利的授权量由示范、试点前的13件，增加到20件，增长83%。

全市组织20家企业和30项专利产品参加了在大连举办的“2008中国国际专利技术与产品交易

会”。辽阳中盛机械制造有限公司“高性能变压吸附专用蝶阀”和王春飞的“燃气自动定时关闭阀”个人专利等10个专利项目在展会上荣获金奖。辽阳市知识产权局获得“专交会”的“最佳组团奖”。辽阳市知识产权局、宏伟区知识产权局被省人事厅、省知识产权局授予“辽宁省知识产权系统先进集体”荣誉称号，宏伟区知识产权局局长王克被授予“辽宁省知识产权系统先进个人” 荣誉称号。

【科技普及】 市委、市政府指导全市各有关部门按照“大联合、大协作”的工作思路和“三服务一加强”的工作定位，普及科学知识，推广应用科学技术。审议通过了《辽阳市2006—2010年全民科学素质纲要的“四大人群”和“四项工程”实施方案》，并纳入市直机关工作目标考核。组建了市农村科技专家服务团，开展技术推广和技能培训等活动。评选出先进科普基地20个和先进科普带头人23人。白塔区实现了社区科普画廊全覆盖。

辽阳市各学科的市级学会举办大型学术报告会6场，聘请知名专家、学者作“创意产业——振兴老工业基地新引擎”“抗震救灾心理急救及对策”“抗震救灾防护知识”“禽流感和猪蓝耳病防控对策”等学术报告。组织参加了沈阳等9城市“海智计划”合作项目交流会、以色列“农产品质量管理国际标准”培训会、辽宁省“聚焦创新”等学术交流专题报告会和培训活动。

7月30日，辽阳市政协举行了辽阳市第四次政协论坛——科技创新报告会。

8月4日，市科协、市动监局举办了辽阳市第五届科技论坛暨动物疫病控制技术和监督工作讲座。

举办了市“第二届农业灾害预测及减灾对策”论坛，来自气象、农业、水利、医学等11个学科的专家作了学术报告。

8月19日，市科协、市总工会、团市委、市妇联以“防止水污染，保护母亲河”为主题，在全市开展了群众性节能环保联合行动，举办了“节约能源资源，保护生态环境”的科普宣传和展览。

12月24日，举办了“辽阳市第21届科普之冬暨文化、科技、卫生三下乡活动”启动仪式，“科普之冬”活动全面铺开。全市71个涉农部门和省、市属科研单位开展了技术咨询服务活动。本届“科普之冬”活动共开展大型科普活动26次，有50个乡镇、533个村参与；参加“科普之冬”活动的农民达5.32万人次。组织专家服务团18个，科技人员197人次；举办科普大集24次，实用技术培训班1209期，科普讲座53场，培训农民40070人次，农村专业技术人员2088人次，农民科技经纪人353人次；放映科教影片18场次，观众3200人次；送科普图书14950册，挂图198套，光盘140张，科普宣传资料67000份；举办科普展览8场，参观群众6550人次；推广新品种131项，新技术120项，实用技术165项。

在四川大地震发生后，为配合抗震救灾工作，市科协与宏伟区科协共同举办了辽阳市第5届科技论坛暨抗震救灾科普知识讲座，在辽阳市第一高级中学等中小学校进行了抗震救灾科普知识巡回展览。

开展了农村科普基地、农村科普带头人评选活动。辽阳富民菜业有限公司蔬菜生产基地等20个农村科普基地，被评为“辽阳市先进农村科普示范基地”。有23人被评为市农村科普带头人。

在全市建立了辽阳市农村科技专家服务团，聘请25名农业专家为农业科技专家服务团成员。

全市各级老科协开展了建言献策活动。共建言献策563条，被采纳365条，完成调查报告88篇，被吸纳的有80%；撰写论文356篇，获奖37篇。广大老科技工作者还积极创办农业科技示范基地、专业协会，开展技术创新、科技扶贫和送致富“金钥匙”等活动，受到省政府的表彰。

开展了辽阳市第23届青少年科技创新大赛活动。全市评出市级优秀项目21个、科技实践活动12个、科幻绘画246幅、科普征文184篇、电脑创意作品13个。

参加了辽宁省第23届青少年科技创新大赛。辽阳市获大赛优秀项目一等奖2项，二等奖10项、三等奖6项；获优秀实践活动一等奖2项，二等奖3项、三等奖1项；获少年儿童科学幻想绘画一等奖97幅、二等奖52幅、三等奖44幅；辽阳市一高中杨兆宏老师的《铁路风力发电融雪器》和辽阳市12中学薛礼老师的《可预防治疗颈椎病的衣架式笔记本电脑架》分别获省一、二等奖；辽阳市师范附小王鹤蓉同学的科幻画《未来的神手》获国家创新大赛三等奖。杨兆宏老师获“辽宁省十佳科技辅导员”称号，薛礼等5名老师被评为省优秀科技辅导员。

新建立了富虹社区、北铁门社区、忠旺社区、峨眉社区、八棵树社区、龙鼎山社区等6个社区科普学校，辽阳市社区科普大学总校挂牌成立。全市社区科普大学已达到58所， 累计结业学员9920人。白塔区成为全省首个社区科普大学全覆盖的城区，全省社区科普大学经验交流会在辽阳市白塔区召开。

【县域科技】 各县(市)、区大力实施“科教兴县”“科教兴区”战略，加快推进科技进步，增强科技服务功能。宏伟区、白塔区先后通过全国科技进步示范城区考核。灯塔市成功对接省科技厅科技特派团专项计划。辽阳县的《名优淡水鱼品种选育及高效养殖技术集成示范与推广》项目，通过了国家科技部、财政部的专家评审，被列为2008年国家科技富民强县专项行动计划试点县。辽阳县科技特派员示范工程建设工作成效突出，得到了国家、省、市的肯定，科技特派员杨宏宝、石景春、刘作位被评为辽宁省科技特派行动先进个人。宏伟区组织专家编写《辽阳国家芳烃产业化基地发展规划》和《辽阳国家芳烃产业化基地建设实施方案》，对于推动芳烃基地建设发挥了重要作用。

各县（市）、区普遍开展了“科技惠农兴村行动”。辽阳县沙岭镇鹌鹑养殖协会、灯塔市佟二堡东荒农场水稻种植基地被中国科协、财政部评为2008年全国科普惠农兴村先进单位。太子河区省“科普惠农兴村重点区”通过省级验收。弓长岭区参加辽宁省科普工作示范区创建工作，并通过了检查考核验收。

（辽阳市科技局　刘燕　宋庆丰）

铁岭市

【概述】 2008年，铁岭市科技工作围绕科技创新体系建设的任务目标，重点安排科技发展计划，共安排科技项目24项，资金510万元，分别占总项目数和资金数的48.9%和51%。重大重点项目的单个项目支持强度得到提升。共认定市级研发中心10个，每个研发中心从项目切入给予20万元引导扶持，促进企业提高技术创新能力。同时，重点致力于把“沈铁工业走廊”打造成“科技走廊”，在科技计划中专门为“走廊”的先导区、示范区安排了20个项目，安排科技经费390万元，其中着力突出高新技术产业化项目。铁岭市还围绕社会主义新农村建设，重点实施了农业种质工程项目、农业科技产业化项目和科技示范乡镇建设项目，同时注重培育“一乡一业”“一村一品”特色产业，提高了科技对农业发展的引领作用。

【科技项目与经费】 市本级计划安排科技资金1000万元，县（市）区预算安排科技资金2300万元。企业科研经费投入2.4亿元，较上年增长较快。全市R&D投入1.6亿元，占GDP的比重为0.31%。

向上级部门争取立项31项，争取科技资金1220万，其中辽宁省科技厅科技资金1050万元，辽宁省知识产权局资金170万元。

市级科技计划安排科技攻关计划2项，科技产业化计划28项，科技环境与能力建设计划19项。扶持科技成果转化、专利技术转化项目8项，投入扶持资金120万元。

【科技成果与转化】 铁岭郁青种业科技有限责任公司的“高产优质高抗广适性玉米新品种郁青一号的选育与应用”项目和铁岭市农业科学院的“玉米新品种铁单12号选育与应用”项目分别获得2008年度辽宁省科技进步二等奖。

申报辽宁省科技成果转化项目认定76项，其中已转化项目28项，正在转化项目30项，待转化项目18项。铁岭盛鑫油脂有限公司的“玉米精炼油深加工技术”获得省科技成果转化扶持资金30万元。辽宁凯尔重工集团有限公司的“粮食烘干机系列产品”、铁岭市农业科学院的“百万亩优质水稻新品种铁粳7号推广”、铁岭郁青种业科技有限责任公司的“优新玉米品种郁青1号中试与示范”3个项目获得省科技成果转化奖励三等奖。

完成了铁岭市科技进步奖评审工作，共有30项成果获奖，其中辽宁美麟集团有限公司的“膨化柞绢丝丝绒毯”等11项科技成果获得铁岭市科技进步奖一等奖；辽宁远大换热设备制造有限公司的“改良焊接板式换热器”等11项科技成果获得铁岭市科技进步奖二等奖；铁岭昊元石油装备有限公司的“滑套式抽油杆扶正器”等8项科技成果获得铁岭市科技进步奖三等奖。

完成科技成果鉴定30项。

【高新技术及产业化】 全市高新技术产业主要分为4个领域，即光机电一体化技术领域、新材料技术领域、生物工程与医药技术领域、节能与环保技术领域。

2008年，实现高新技术产品产值107.1亿元，增加值22.9亿元，分别比上年增长46%和11%；高新技术产品产值占工业总产值的比重为11.7%；高新技术产品增加值占工业增加值的比重为9%，占GDP的比重为4.3%。

新认定国家级高新技术企业2户，分别为铁岭特阀公司和辽宁鑫丰矿电设备制造有限公司。全年完成市本级研发中心认定10户，总数达到24户。铁岭高新区科技孵化器已入驻企业8户。

【农业科技】 实施“铁岭市科技进步示范乡（镇）特色产业培育工程”。全年选育农作物及畜禽新品种38个，其中主要粮食作物新品种10个，蔬菜作物新品种8个，特种作物品种8个，畜禽新品种12个。建成10个现代农业科技示范基地及科技龙头企业，形成一批特色产业集群和特色产业技术联盟，充分发挥科技进步对县域经济社会发展的支撑和引领的作用，促进了县域经济的快速发展。

开展农民技术员培训。组织200人参加省级培训班，其中有168人通过考试获得国家职业资格证书；组织开展市级农民技术员培训2000人次。

组织新申报国家级农业科技项目1项：优质高产铁豆36号、铁豆37号大豆新品种试验示范。全年共争取国家、省科技项目18项，争取资金700万元。其中争取国家科技资金170万元，省级科技资金530万元。

【科技交流与合作】 接待外宾16人；承办了赴巴西、德国进行科技考察的3个出访团组；帮助佳东花生等公司与日本公司建立了长期合作伙伴关系；组织铁岭市企事业单位共37人参加“海外学子创业周”展览和项目洽谈活动，签约14项。招商引资2000万元。

通过对23家企业进行调研，申报引进再创新项目9个，申报国家科技外交官服务行动国际合作对接项目5项，对俄罗斯合作项目2项。对200家规模以上企业、20家农事企业的域外、国外技术需求、人才需求、引进消化吸收再创新情况进行调查，现在全市拥有引进再创新技术的企业67家，同时也对近3年获得省市国际合作资金支持的企业进行了绩效调查，并建立了电子档案。

辽宁隆达制铁有限公司实现产值15亿元，纳税1600万元，其中与德国合作的引进再创新的龙骨铸件项目，主要解决了风力发电抗低温冲击的高韧性球铁技术瓶颈，该项目2008年产量1万吨，产值3000万元，纳税750万元，于2008年11月份在第三届国际风力发电设备展销会上获得订单1亿元。

铁岭市精英园干燥设备有限公司与印度尼西亚和韩国的技术人员合作解决了尾气回收、除尘、潮气回收的技术难题，实现了节能减排，该公司目前是国内生产1000吨720型燃煤干燥设备的唯一一家企业，该设备比国际上同类产品节能25%，2008年产值1570万元，出口创汇85万美元，通过引进技术再创新，自主开发新技术1项，并拥有2项专利。

【科学普及】 对全市及县（市）区150多个部门、单位进行了科普工作统计；举办“科技活动周”，发放传单10000余份，设立宣传板150余块，现场设立咨询台8处，面向广大群众宣传科技、卫生、环保、节能知识，提升了群众的科技意识和保护生态环境的理念；组织开展“科普之冬”活动，发放1000余册农业常识手册，邀请5位农业专家现场为农民提供技术咨询服务，开展春耕技术知识培训10场次，与农民技术服务站联合举行了“春耕热线”活动，确保春耕期间农民群众遇到疑难技术问题，能够随时咨询并得到及时解决。

【县域科技】 县（市）、区本级投入科技资金共计4323万元，比上年增加195%。其中，开发区投入科技资金1019万元，完成预算指标的5倍。银州区投入科技资金960万元，完成预算指标的4倍。昌图县投入科技资金630万元，完成预算指标的2倍。建立县级企业研发中心62家，认定市级高新技术企业18家。高新技术产品产值实现107亿元，增加值实现22.9亿元。开发区高新技术产品增加值实现10.3亿元；铁岭县高新技术产品增加值实现6.5亿元。全年各县（市）、区共组织120多家（次）企业参加产学研技术联盟活动，实际签约55项。

（铁岭市科技局　顾岩）

朝阳市

【概述】 2008年，全市科技创新工作紧紧围绕市委、市政府的中心工作，完善科技创新体系，整合科技创新资源，加强产学研合作与创新，促进科技成果转化，培育高新技术企业，实施社会主义新农村建设科技支撑行动，各项工作取得了新进展。科技项目建设迈出较大步伐。全年组织实施各类科技计划84项。其中列入省科技计划29项，实施市本级科技计划55项；认定科技成果56项，有3项成果获得省级科技进步奖；高新技术产业保持强劲快速发展态势。规模以上企业实现高新技术产值124.84亿元，占规模以上企业工业总产值的比重达到29.9%，比上年提高2.1个百分点。高新技术产品增加值实现38.45亿元，同比增长66%。高新技术产品增加值占GDP比重达到8%，比“十五”末增长5.12个百分点；完成专利申请220件，其中发明专利96件，年增长分别为39%和60%；引进国内外畜牧、花卉、果品、苗木、杂粮等新品种6大类，216个新品种。

【科技管理与改革】 按照“六定”方案对朝阳市科学技术情报研究所和朝阳市知识产权办公室进行了体制改革，初步形成了适应市场经济发展要求的政府管理科技事业的体制机制；完成了朝阳市电子研究所改制工作，进行了股份制改造，组建了自主开发、自主经营、自负盈亏的民营科技企业。

【科技项目与经费】 以提高产业竞争力和培育新的经济增长点为目标，以机械电子、节能与环保、生物工程、新材料四大领域和地方资源精深加工为重点，围绕农业三大主导产业和优势特色产业，根据朝阳市国民经济和社会发展与科技发展规划的设想及省编制2008年科技计划的要求，通过朝阳科技信息网公开向社会征集2008年科技发展计划项目，共征集到各类项目120余项，经认真组织筛选、评审、论证，编制并组织实施年度市级科技计划55项。其中科技攻关计划29项，科技产业化项目16项，科研环境与能力建设计划10项。共落实市本级“科三费”1200万元。

全年共引进聚光透光太阳能集热器、LED节能光源产品研发、生物炼油制剂等8项高新技术项目，投资总额达1.1亿元，超额完成了市政府下达的1亿元招商引资指标。

【科技成果与转化】 全年共认定科技成果63项，成果转化率达到80%以上；完成了市科技进步奖的评审工作，评出获奖项目54项。其中市科技进步一等奖11项，二等奖22项，三等奖21项。有3项科技成果获省科技进步三等奖；列入省科技成果转化计划项目2项，争取省科技成果转化资金60万元。获省科技成果转化奖三等奖，奖金40万元2项；完成技术合同认定33项，技术合同交易额1.2亿元。

【高新技术与产业化】 围绕产业结构优化升级和“5＋1”产业基地建设，开发高新技术产品90多项，实现高新技术产值124.84亿元，完成销售收入109亿元，实现利税5亿元，同比增长25%以上。其中，凌钢集团195LD，AFD冷轧中宽钢带和焊接钢管无缝化新产品生产技术、实物质量达到国内同类型企业领先和先进水平；攻克解决了高纯度电解金属锰提取、高压共轨柴油机、优质碳结构低合金钢等26项重点行业和重点产业共性和关键问题。

高新区建设取得新进展。2亿元贷款指标已落实；首期约53万平方米的建设用地年底完成征地工作；总投资4000万元的高新区孵化器一期工程即将完工交付使用，其中科技大厦总建筑面积15182平方米，科技成果转化基地一期三栋标准化厂房工程建筑面积4720平方米，目前已有WZH智能环保型全密封免维护蓄电池、抑菌灵生物新药、矿山智能安全帽等15个高科技项目达成了入园意向。

【农业科技】 继续深入实施《朝阳市社会主义新农村建设科技支撑行动方案》，组织开展了现代农业科技、特色产业基地培育、科技惠民等一系列重大科技活动。一是开展了现代农业科技行动。凝练实施了生物菌剂喷涂技术规模化生产生物-有机-无机复混肥、优质肉牛、奶牛饲养及产业化、花卉产业化关键技术创新等40多项技术攻关项目。引进国内外畜牧、花卉、果品、苗木、杂粮等新品种6大类216个新品种。实现农业增收11.9亿元。二是开展了特色产业基地和产业化龙头企业培育行动。杂粮、大枣、花卉、葡萄酒等特色产业基地规模不断壮大，重点扶持了宏达牛业、棒棒饲料等10多家产业化龙头企业。三是开展了科技惠民行动。科技特派员活动全面铺开，聘请省内外专家19名，精选了41名科技特派员，入驻到150个村，与43家企业、合作社、协会及大户签订了合作协议，注册成立新公司18家，实施蔬菜花卉、林果等技术项目41项，建立科技示范基地7个，推广新技术70多项，举办各种培训班300多期，培训农民及技术员15000多人次，安置劳动力1500人，直接参与农户超过7500户，帮助龙头企业、农业大户新创产值4.1亿元；继续实施农民大学生培养计划，选送21名农民进入省内农业高等院校，免费接受技术培训，已累计培训52人。四是开展科技扶贫工作。筹措资金5万元在扶贫村实施了酒葡萄基地建设项目，帮助120户农民实现人均增收500元。

【社会发展科技】 积极推进农村卫生适宜技术推广。建平县“辽宁省农村卫生适宜技术推广应用研究”项目得以深入实施。由凌源市政府、建平县政府承担的国家科技计划课题“区域性防治病毒性肝炎、肝硬化、肝癌的规模化现场流行病学和干预研究”通过国家二级专家答辩；积极推进节能减排科技工作。重点实施的煤矸石建筑体系及产业化系统工程项目成效显著，推广面积达到25万平方米，具有独立知识产权的LLD汽车节能器进入产业化生产阶段；加强科普工作，举办了“科技活动周”“科技下乡”等活动。加大科技宣传工作力度，与市科协、市人才办联合在《朝阳日报》开设了科技专栏，累计刊出稿件140多篇，营造了浓厚的科技创新舆论氛围。

【科技交流与合作】 围绕新能源、新材料、新工艺等领域实施了5项国际科技合作项目。朝阳森塬活性炭有限公司与俄罗斯ESMA公司合作实施的“低成本大容量有机系超级电容器开发与产业化项目”列入省重点产业化项目。北票盛祥建材有限公司与俄罗斯乌拉尔国立技术大学合作的“利用粉煤灰年产10万立方米加气混凝土产品项目”进入产业化生产，此项技术填补了朝阳市建材行业的空白；组织20多家企业参加了“2008中国海外学子辽宁（大连）创业周”等对外科技交流活动，签订科技合作项目10项，合同额1.2亿元；积极促进产学研合作。全市有36家企业与15所省内外高等院校建立了产学研合作关系，实施产学研合作项目25项；通过日本JICA组织与日本带广市合作实施的由农村妇女参与的健康推进项目取得良好效果。

【创新体系建设】 东风朝柴、朝工机械、金达钛业、森塬活性炭4家企业被列为辽宁省创新示范企业，争取省扶持资金500万元。东风朝柴、东风思益被纳入省制造业信息化示范企业。碳化硅—奥氏体锰钢双连续相局部复合衬板研制开发、智能矿用安全帽等4个项目列入省科技型中小企业技术创新专项计划，争取省扶持资金80万元；通过资金支持、政策引导帮助8家企业组建了研发机构，其中朝工机械、金达钛业、百盛锆业等5家企业被批准建设省级研发中心。企业研发中心总数已达到23家。

高新区孵化器大厦和成果转化基地二期重点工程竣工，引进入孵企业17家，为科技型中小企业创新创业搭建了新的服务平台；科技信息服务平台建设取得新进展。以朝阳科技信息网、大型科学仪器设施共享及专业服务协作网和科技基础数据库、科技文献资料库、科技专家库“二网三库”为载体的科技信息共享平台建设得以完善，年内发布各类科技信息2500多条；虚拟科学院、常设技术市场和网上技术市场工作取得了新的成效。有6家高校院所与虚拟科学院建立了新的业务关系，新增30名专家为虚拟科学院的科技顾问，新入库项目达到400多个，总数达到了3万多个。

【知识产权工作】 共申请专利220件，其中发明专利96件，年增长分别为39%和60%，增幅名列辽宁省第三；新增9家省级知识产权产业化试点企事业单位，总数达到了19家。列入省专利产业化项目5项，争取资金160万元，累计已有30多个项目列入并取得省专利产业化的资金支持，创产值26.5亿元，利税4.73亿元；北票市被评为辽宁省知识产权试点县，这是朝阳市县区首次获此殊荣。

【县域科技】 北票市重点抓农业科技服务体制创新。建成了北票市“农业科技110”网站，为农民提供技术、市场等各方面的信息。建成了视频系统，使农民通过视频系统实现了远程诊断与远程治疗。构建了完整的服务体系。建成了由指挥中心、专家团、服务站组成的功能完善的农业科技服务体系。组建了农业、畜牧、蔬菜3个专家团，共计37名专业技术人员。建成13个基层服务站，分布在10个乡镇。累计受理、解决了4300多人次的农民科技求助；抓好农业科技型龙头企业，培育工业高新技术产业。实施省、市、县科技计划15项，对北票市联达种业有限公司、棒棒饲料有限公司、永丰杂粮有限公司等有发展潜力和发展前景的农业企业进行了帮扶和培育。大力支持北票宝信光电设备有限公司搞自主研发及科技创新工作；抓科技成果转化和民营科研机构建设。新增产学研合作项目3项，民营科研机构2家，完成专利申请5件。

凌源市全年实施各类科技项目20个。其中国家级项目3个、省级项目2个；加强产学研合作，有16家企业与沈阳农业大学、中国农业大学、中国电力科学院等13家大专院校和科研院所建立了长期稳定的科技合作关系，签订技术合作协议10项；全面启动科技特派工作。建立了完整的科技特派团、科技特派组和科技特派员三级科技特派服务体系。省科技特派团重点完成了百合新品种引进试验、栽培密度试验、土壤改良与施肥试验、土壤消毒与病虫害综合防治试验、百合高畦栽培试验和国产化技术研究等工作。通过产学研合作，组成以沈阳农业大学何剑斌、陈振武教授为主的科技特派组，派驻辽宁宏达牧业发展有限公司。宏达牧业首创全省农业科技龙头企业获得成功；在科技特派员方面，聘请专家19名，共选派科技特派员41名，进入企业、农村农户开展科技服务；强化科技成果工作，共获得各级科技进步奖8项，完成科技成果鉴定4项，授权专利8项，引进新技术6项，新品种60个；加强科普工作。编辑出版了《北方畜牧养殖实用技术》和《凌源矿产资源开发项目指南》两部科技图书。联合省特派团、蔬菜花卉局、动物卫生监督管理局等单位开展农民培训。选送16名优秀农民学员进入沈阳农业大学和辽宁省农业职业技术学院学习。

朝阳县全年实施省、市、县各类科技计划38项。新建2家省级工程技术中心；推广应用科技成果35项。新增产学研项目8项。截至2008年年末，全县共完成高新技术产品增加值62039.7万元，比去年同期增长55.7%。国家受理专利19项，授权专利6个（其中实用新型3个，外观设计3个）。

建平县围绕“畜牧业、矿产加工业、陶瓷工业和生态建设”4个建设目标实施重点科技项目22项，其中工业项目6项，农业项目12项。在工业方面，形成了以铁矿加工业为主，膨润土加工、硅石加工业为辅的县域经济主导产业；在农业方面建成了肉羊产业化、马铃薯产业化、杂粮产业化、甜菜产业化基地和具有较大规模的龙头企业。在应用并转化科技成果方面，有“沙棘高产高效经济林营造技术集成研究”和“生物有机无机复混肥喷涂技术研究”两个项目通过了省级成果鉴定，与6家科研院所签订了技术合作协议。

喀左县帮助16家规模以上企业建立了研发机构，引导粉末冶金，宇德海绵铁、红山化工等7家重点企业与东北大学、中科院金属研究所，大连轻工学院等15家高校和科研院所建立了长期、稳定的合作技术联盟；全面落实新农村建设科技支撑方案，促进农村科技全面进步。围绕蔬菜、酒葡萄、花生、养鹅等产业引进20个名、优、特新品种，培养农业龙头企业3家，打造有一定知名度和市场占有率的创新知名品牌3个。

双塔区共组织实施省、市、区各类科技计划项目11项，其中省级计划项目2项，市级计划项目2项，区级计划项目7项。高新技术产业化方面，扶持航空长峰朝阳电源有限公司和朝阳金达钛业有限责任公司完成了工程技术研究中心建设；农业科技方面，实施农业计划项目4项，培育省级农业科技龙头企业1家。现代化农业园区建设取得初步成果，年入驻农业深加工企业10户。农业科技示范基地建设水准进一步提高。新建“林下经济研究所”1家；产学研合作方面，签订各类产学研合作项目9项，金达钛业、希望合金、力宝重工等企业还与东北大学、吉林大学、辽宁工业大学建立了产学研技术合作联盟；科技推广及培训方面，举办各类科技知识、实用技术培训班5次，组织科技下乡10次，发放科技光盘及有关科技资料2000余份。培养培训双科带头人、农民经纪人及各类实用人才1200多人次。包扶科技示范户100户，推广农业新品种、新技术90项。

龙城区全年组织实施省、市科技计划5项。实现高新技术产品增加值3.29亿元，同比增长41%。帮助16户企业与高校、科研院所建立了产学研合作关系，帮助1家企业组建了工程技术研究中心；引进转化了“苦参药材试种及深加工”“酿酒葡萄试种及深加工”“芦笋新品种及优质高产栽培技术研究”等农业科技成果10多项。

（朝阳市科技局　倪书国）

盘锦市

【概述】 2008年，盘锦市实施了一批技术创新项目，促进了高新技术产业快速发展。全年实现高新技术产值290亿元，实现高新技术产品增加值90.46亿元，同比增长50%。全力促进科技招商工作，精心筛选15项招商项目进行包装，目前已完成5项开工建设项目，完成投资额1.1亿元。完成域外投资签约项目2项，全年签约额可达5000万元。盘锦市市级企业技术研发中心已达23家。同时积极组织企业申报省级工程技术研究中心，目前拥有辽宁盘锦辽河油田凯特石油设备工程技术研究中心等省级工程技术研究中心9家。实施“科技兴农”工程，促进农业产业规模和技术水平不断提高。支持4个科技示范村建设，并在此基础上建立4个科技示范乡，发展“一村一品，一乡一业”特色农业。全年完成科技成果鉴定项目57项，有11项成果获得辽宁省科技奖励。

【科技项目与经费】 申报省级以上科技项目30项，争取科技经费1500万元；进一步引导企业增加自主创新投入比例，政府引导资金与企业自投资金比例达到了1：35，为自主创新提供了资金保证。

市本级项目113项，科技经费1400万元，比上年增加10%。项目完成后，可实现产值13.14亿元，利税2.28亿元。

县（区）级项目92项，科技经费805万元。

科技投入在全市经济社会发展中发挥了强有力的支撑和引领作用。

【科技成果与转化】 申报成果转化认定项目23项，其中申请省级认定10项，市级认定13项，经初审、专家评审，16个项目通过认定。

2008年，盘锦市共有5个项目获得省科技成果转化计划支持。其中，盘锦亨通生物制品有限责任公司与大连交通大学合作开发的“生物柴油生产装置自动化控制系统”、盘锦施壮肥业有限公司与辽宁省轻工设计院合作开发的“沼气综合利用项目的研制与开发”2个项目列入省内成果转化计划。3个优秀成果转化项目获得省科技成果转化奖，其中，由辽河油田钻采工艺研究院与沈阳大学合作完成的“辽河油田综合防砂工艺技术”项目获二等奖，由辽宁天意实业股份有限公司与郑州机械研究所合作完成的“交流变频顶部驱动钻井装置”和由盘锦北方农业技术开发有限公司完成的“百万亩水稻新品种雨田1号、锦丰1号推广”两个项目获三等奖。

全年共完成科技成果鉴定项目57项，其中省级鉴定21项，市级鉴定36项。成果水平达到国际先进的5项，国内领先的30项。

由盘锦市申报、省科技厅推荐，由中国石油辽河油田分公司主要完成的“稠油污水循环利用技术与应用”项目荣获2008年国家科学技术进步奖二等奖。

2008年，盘锦市获省级奖励成果的数量和质量都取得了突破。全市共有11个项目获得科技进步奖励。其中，一等奖2项，二等奖4项，三等奖5项。

盘锦市科学技术进步奖共奖励了54个项目，其中“盘锦市水稻生产综合技术开发”等15个项目获得一等奖；“特种泵举升工艺技术”等24个项目获得二等奖；“油田注气锅炉用汽化型煤”等15个项目获得三等奖。

【高新技术与产业化】 2008年盘锦市采取有力措施大力推进高新技术项目建设，着力打造特色产业基地。全年实现高新技术产值290亿元，高新技术产品增加值90亿元，同比增长50%。高新技术企业创新能力得到明显提升，掌握了一批关键技术，创造了一批名牌产品，引进、培养了一批高素质人才。

实施了20项高新技术项目，其中华锦集团、辽河宝石石油装备有限公司实施的“20万吨/年轻烃芳构化”“连续管作业机”等重大高新技术项目在省科技厅的重点支持下进展顺利，解决了关键技术难题。宝石公司现已解决了连续管作业机注入头（关键部件）设计和液压系统方案设计两项关键技术，完成了连续管作业机的总装试车，2009年将进入产业化生产。“20万吨/年轻烃芳构化”项目的技术开发和产业化同步进行，华锦集团技术中心与大连理工大学完成了催化剂性能调整和第二代DLP抗结焦纳米分子筛催化剂的研制工作；同时对反应器的热量平衡、热点调控等技术进行优化。“20万吨/年轻烃芳构化”项目已经按计划完成了基础设计和施工图设计。

高新技术产业重点企业迅猛发展，产业拉动作用明显，产品市场份额不断提高，销售收入大幅度增加。辽宁华孚环境工程有限公司、盘锦辽河油田派普钻具制造有限公司等4家重点企业被省科技厅批准为省技术创新示范企业（中小），将连续3年得到省科技厅重点科技计划支持。2008年，这4家企业销售收入年增长率达到25%以上，较好地发挥了示范带动作用。派普公司实现产值2.5亿元，比2007年翻了2番。2009年上半年的订单已排满，产品出口到美国、俄罗斯、法国、印度尼西亚等十几个国家，成为辽宁省科技创新示范企业的典范。

产业特色鲜明，呈跨越式发展态势。2008年，盘锦市装备制造行业增加值达到26亿元，同比增长160%，占高新技术增加值30.84%；新材料行业增加值达到62.7亿元，同比增长22%，占高新技术增加值67.63%。装备制造业和新材料产业已成为盘锦市高新技术支柱产业。

【农业科技】 大力开展农业科技攻关与成果推广。研究水稻高产优质多抗新品种（组合）选育技术，通过常规、两系、花培法选育，2008年完成参加省区试预试品种9个；经品比试验，选拔出8个品系申报2009年省区试预备试验；2008年度参加省生产试验品种一个，盐粳158全部完成试验程序，已经报送省级品种审定；水稻新品种盐粳188、盐粳158参加北方中晚熟组区试。

石油装备制造业是盘锦市近年来依托石油产业成长起来的新兴产业，被市政府确定为盘锦市五大接续产业之一，同时盘锦河蟹养殖业经过科技的引导已成为盘锦市农业的支柱产业和农民增收的主导产业。这两个产业的发展得到了省领导及省科技厅的高度重视，2008年辽宁（盘锦）科技成果对接洽谈会专门安排了盘锦石油装备公共技术平台建设专题研讨会和盘锦河蟹育种、养殖专题研讨会。

研究中国对虾恢复性健康养殖技术，建立5400亩中国对虾健康养殖示范基地，采取公司+农户的经营模式，研究、推广中国对虾健康模式养殖技术和综合防治病毒害技术。2008年4月末开始投苗，平均亩投苗1800尾，虾苗养成成活率67%。共生产商品对虾19.4万千克，平均亩产30只/千克对虾36千克，最高亩产30只/千克对虾57千克；平均规格35克/只，其中最大规格50克/只，所占比重为40%。实现销售收入1740万元，每公斤商品对虾售价突破89元，实现利润870万元。

进行文蛤良种选育及高效养殖技术开发，利用1000立方米水体进行文蛤大规模人工育苗。进行现存文蛤群体调查和分子生物学检测、鉴定分析，初步建立优良性状的DNA分子标记。采集烟台地区、丹东、蛤蜊岗、秦皇岛地区的亲贝，建立了第二批基础群体，进行家系的选育，并对2007年隔离养殖的选育群体，按照选育指标进行初步选择。2008年共培育出文蛤稚贝2亿枚，8月下旬，陆续筛选出规格大于600微米稚贝1.8亿枚，投放至200亩室外土池，进行土池隔离养殖，现已进入幼贝培育阶段，长势良好。

开展河蟹营养免疫与高效环保饲料配方技术中试与优化，在盘山县选择胡家镇和古城子镇两个点，分别用蛋白含量30%和28%的营养免疫饲料配方与市场上销售的蛋白含量33%的合成饲料进行对比试验。投喂蛋白含量30%饲料的河蟹，规格达到100克以上的占85%，饲料系数2.0，成蟹亩产34千克；投喂蛋白含量28%饲料的河蟹，规格达到100克以上的占76%，饲料系数2.3，成蟹亩产30.5千克。投喂对照组所用的饲料的河蟹，收获时规格达到100克以上的占31%，饲料系数是3.2，成蟹亩产16千克。营养免疫饲料配方增产效果明显。为了在苗种选育、养殖模式、河蟹饲料等方面加强研究，开展大规格河蟹养殖，努力打造品牌优势，提升盘锦河蟹产业养殖水平和经济效益，2008年，省科技厅设立了专项资金，拨款100万元，对盘锦市大规格河蟹养殖产业进行支持。

利用1万亩稻田，研究有机水稻无水层节水高效栽培技术，每亩节水400立方米，共节水400万立方米，节约灌溉支出费用40万元；利用2万亩稻田进行测土配肥施肥试验，节约费用20万元。每亩增产有机水稻30公斤，可加工有机大米20千克，增收140元，共增收有机大米20万千克，增收140万元。

研究开发保护地“六位一体”生态种养殖模式，利用建大棚堆后墙取土1.5亩深沟放养鱼虾蟹，利用棚前平场种植水稻，利用大棚后坡种植玉米，利用周边小埝埂种植大豆、露地蔬菜。利用1000栋大棚生产无公害蔬菜2200万千克，实现产值4000万元，河蟹306.2万元，水稻68万元，鱼虾17.5万元，旱玉米、大豆20.5万元，新增效益412.2万元，比常规种植方式效益增加13.7%，平均每栋大棚增加收入4122元。

开展畜禽良种繁育及安全高效养殖技术研究，研究优质品种选育、种鹅繁育、养殖及育肥鹅肝技术，研究推广稻田养鸭新技术，研究示范优质种猪繁育、生猪安全高效规模化养殖及疫病防控技术。

深入开展农民技术员培养工程，在农村种养殖科技示范户中选拔了一批有一定实践经验的农民进入省内农业高等院校，接受以需求为导向、半年制、非学历的技术培训，培养了一批懂技术、善经营、留得住、用得上的新型农民。2008年，盘锦市共选派74名学员分别参加了蔬菜、花卉、海（淡）水养殖、养猪、家禽、食用菌栽培等专业的学习。到目前为止已选送138名农业科技示范户参加农民技术员培训，现已有121名学员顺利结业并通过考试和技能鉴定，获得国家农业部、劳动和社会保障部颁发的职业资格证书、辽宁省农业技术员证书和农民科技经纪人证书，另有17人在读。

大力开展科技特派行动。一方面，积极协调、配合省级科技特派团开展工作。一年来，协调、组织省科技特派团深入胡家、坝墙子等乡镇开展技术服务。科技特派团为盘锦市稻田种养殖模式研究、示范、产业化开发及科技型龙头企业的发展提供了完善的技术服务，并于2008年10月通过了阶段性验收。另一方面，开展形式多样的市级科技特派行动。进一步强化科技与经济紧密结合，推动建立产学研联盟。

为顺利实施盘锦市农业科技特派行动，市科技局会同市委组织部、市人事局、市农经委和市财政局等单位研究制定并实施了《关于开展盘锦市农村科技特派行动试点工作的意见》，为盘锦市农业科技特派行动的顺利开展提供了政策保障。第一，选择盘山县古城子镇、盘山县坝墙子镇、大洼县清水镇和大洼县荣兴农场等4个乡镇，深入开展科技特派试点乡镇行动，并针对各乡镇产业特色，聘请涉农大专院校、科研院所的专家组成科技特派团派驻各乡镇，研发和推广新品种、新技术，为乡镇农业产业发展提供技术支撑。第二，开展科技特派组活动。支持盘锦每日集团有限公司、盘锦光合水产有限公司、盘锦鼎翔米业有限公司、盘锦柏氏米业有限公司、盘锦展鹏实业有限公司等5家农业科技龙头企业与大专院校和科研院所合作，促成沈阳农业大学、中国水产科学研究院黄海水产研究所、大连水产学院等院校和院所的科技特派组深入企业，与企业共同研究开发新产品、新技术。第三，开展农业科技特派员活动。聘请省内外及盘锦市农业技术专家和科研、推广部门的技术人员150余人成为盘锦市的农业科技特派员，有针对性地为农民开展实用技术培训和难题咨询服务，深入田间地头开展技术服务和现场答疑，解决农民种养殖技术难题，深受农民欢迎。

盘锦市科技特派行动取得了较好的成效，并得到省科技特派协调小组的认可和表彰，辽宁省农科院科技特派组、中国水产科学研究院黄海水产研究所科技特派组两个市级科技特派组和曲克明、王洪田、白国福等8名科技特派员分别获得辽宁省农村科技特派行动先进集体和先进个人荣誉称号。

【科技合作与交流】 积极实施开放型科技发展战略，以大力发展高新技术产业、推动盘锦经济结构战略性调整为主线，以开展重大战略决策咨询、组织专家帮助企业提升技术创新能力和水平、继续开拓科技合作与交流渠道为重点，努力搭建产学研合作平台，推动全市科技合作工作的广泛开展，促进了盘锦市科技创新体系的建设，为盘锦市主导产业的技术升级、新兴产业的形成、技术瓶颈的突破提供了强大支撑。

2008年10月29日，由辽宁省科学技术厅、盘锦市人民政府主办、盘锦市科技局承办，召开了“2008年辽宁（盘锦）科技成果对接洽谈会”，为企业与高校、科研院所搭建了一个展示、交流、合作的平台，实现了“以对接集聚技术要素，靠对接推进科技创新，借对接展示城市形象”的预期目的。

市科技局积极做好会前项目的征集工作，携带100多项重点技术难题，深入全国高校、科研单位开展前期对接活动，并采用传真、电子邮件等形式及时收集高等院校、科研单位的科技成果，结合盘锦市企业技术需求实际，筛选出适合盘锦市经济发展、促进企业技术创新的600余个项目汇编成册、上网发布，增强了企业项目对接的针对性。

本届洽谈会共邀请到浙江大学、北京化工大学、华东理工大学、中科院沈阳分院等40余家高等院校和科研院所的150多名专家汇聚盘锦，盘锦市500余家企业的1000余名代表就这些项目与专家进行了洽谈、对接。

洽谈会期间共签订正式合同50项，合同总额1.56亿元，实现了科技与经济有效结合。辽宁华锦化工（集团）有限责任公司与大连理工大学合作的“脲酶抑制剂N-正丁基硫代磷酰三胺（NBPT）生产工艺开发”项目、辽宁兴海制药有限公司与清华大学合作的“磷酸亚铁锂生产技术”项目、盘锦光合水产有限公司与大连水产学院合作的“盘锦滩涂贝类种质改良及健康养殖技术开发”项目等作为代表项目参加了签约仪式。校企双方围绕盘锦市的经济社会发展需求，启动实施一批高水平的合作项目，促进了盘锦市的经济结构调整、支柱产业建设、高新技术产业培育和传统产业技术改造提升，同时建立起了多层次、多模式、全方位的合作关系。

组成由市知识产权局局长张义林为团长、副局长许香秋为副团长的盘锦市代表团，组织企业49家、企业代表79人参加了于9月3日至5日在大连举行的2008年中国国际专利技术产品交易会，共有9个摊位66项专利技术项目参展。本次“专交会”上，盘锦市共签订技术协议6项，其中，盘锦辽河油田华联实业集团有限公司与大连经济技术开发发展公司签订了“重防腐纳米陶瓷涂料”技术转让实施许可协议。盘锦瑞达石油技术有限公司“稠油热采井高温多参数组合测试仪”等3家企业，4项专利技术荣获“专交会”金奖。

【科技创新体系建设】 继续支持市级中小企业技术研发中心建设，并在科技计划中予以经费支持。在促进华孚研究院、兴海药业技术研发中心等企业技术研发机构做大做强基础上，2008年完成了盘锦兴达石化设备有限公司等5家企业新建研发中心工作。从研发投入机制、人才激励机制、产学研联合工程、创新能力建设等方面对研发中心加强管理。截至2008年，盘锦市市级企业技术研发中心已达23家。同时积极组织企业申报省级工程技术研究中心，目前拥有辽宁盘锦辽河油田凯特石油设备工程技术研究中心等省级工程技术研究中心9家。与省科技厅共同扶持组建“盘锦石油装备技术研究院”，提高了石油装备制造科技孵化服务能力及公共技术服务能力。

企业技术创新体系不断完善，技术创新能力不断提高。经省科技厅批准，正在筹建辽宁杰事杰新材料工程技术研究中心、辽宁兴海制药工程技术研究中心等4家省级工程技术研究中心。辽宁石油装备研究院有限公司的筹建得到省科技厅重点支持。辽宁陆海石油装备研究院有限公司将成为石油装备制造业技术创新的核心，高速发展的引擎。截至2008年，盘锦市的企业工程技术研究中心体系建设已覆盖了装备制造、电子信息、生物医药、新材料等所有高新技术领域。企业工程技术研究中心已初具规模，具备了较强科研能力，增强了企业发展后劲。

石油装备制造业基地是盘锦市在省内独具特色的产业基地，现已完成基础设施固定资产投资5.5亿元，开发面积1.96平方千米，入驻石油装备及石油高新技术企业69家，2008年，石油装备制造业基地实现工业总产值60亿元，同比增长68%，具有了较大产业规模，具备了较高的技术水平。

【知识产权工作】 2008年，全市专利申请量为533件，其中发明专利74件。专利授权量为966件。试点示范企业专利拥有量已达285件，增长率达到了56%。其中试点前发明专利为14件，2008年增长了1倍以上，发明专利拥有量达到36件。其中，试点单位盘锦金盘科技有限公司现有职工16人，专利拥有量达到36件，其中发明专利5件，实用新型31件，公司人均拥有专利2.2件。盘锦纵横声光电子有限公司专利申请量达18件，其中发明专利4件，实用新型14件，公司每年的专利申请量达到3～5件。20家企业试点示范单位专利技术转化平均达到70%以上。

共推荐7项专利技术申报省专利技术转化项目，有5项被确定为省专利技术转化项目，共计拨款155万元。确定11项专利技术为市专利技术产业化项目，共计拨款106万元。

从2008年1月中旬开始，联合市工商局、市文化局、市技术监督局、市信息产业局、市药监局和林业局等十余个部门，对2007年全市知识产权工作进行了全方位的统计调查工作，获得了相关材料和数据。于2008年4月初完成了《2007年盘锦市知识产权保护情况》白皮书，为全市知识产权战略的制定提供了有效依据。

为迎接第九个世界知识产权日，制定了《关于开展“2008年保护知识产权宣传周”活动的实施方案》，在盘锦科技信息网上发布。4月21日至26日，举行了主题为“保护知识产权，促进创新发展”的保护知识产权宣传周活动。

组织开展了知识产权试点示范工作。以促进科技创新及经济发展为宗旨，以企事业单位为主体，以拥有自主知识产权、提高核心竞争力为目标，进一步加强知识产权的创造、管理、保护和运用。20家试点示范企业中，其中8家为示范企业，12家为试点企业，通过宣传培训，引导企业构建自主知识产权规章制度，设立企业知识产权机构，配备兼职人员，使试点示范企业率先实现了“有制度、有机构、有人员、有专利、有经费”，取得了明显成效。

试点示范企业创新投入情况。据统计，试点示范前，20家企业的研究开发经费为260万元，占原销售收入1.7%，知识产权工作费用150万元。试点示范后，试点示范企业研究开发经费为2080万元（产值2.4亿元），占销售收入的10%以上，2008年知识产权工作费用达到600万元。

2008年，盘锦市知识产权局被省知识产权局评为辽宁省“兴业强企”试点示范工作先进集体和知识产权工作先进单位。

【县域科技】 兴隆台区新增省级高新技术企业2家，目前全区省级以上高新技术企业有23家，其中国家级高新技术企业1家，全区实现高新技术产品产值26亿元，同比增长30%，高新技术企业已成为推进全区高新技术产业发展的主力军。初步建立了以企业为主体、市场为导向，产学研相结合的技术创新体系，形成自主创新的基本体制架构。目前，全区已建立省级企业技术中心3家、中小企业研发中心13个。2008年，共组织实施省、市、区科技项目82项，共获“科三费”支持2020万元。其中省级项目18项，获得科技经费资助720万元。市级项目33项，获得科技经费资助440万元。区本级项目31项，拨付“科三费”资金860万元。这些科技项目的实施有效地促进了兴隆台区科技、经济、社会的协调发展。

兴隆台区科技局高度重视知识产权工作，把知识产权工作摆在科技持续创新能力和经济核心竞争力的战略地位来认识和推进，2008年，申报了国家知识产权强县（区）工程和省知识产权试点县（市）区，并获得批准。2008年全区共申报专利580件，已授权327件，其中发明专利授权12件，现拥有市级知识产权示范企业7家，试点企业6家。

双台子区的7个项目被列入市级科技计划项目，获市科技资金105万元。在“科技活动周”活动中积极组织科技人员向群众发放宣传单、手册，加强科技宣传力度，营造科技进步与创新的良好氛围。开展社区科普达标创建活动。深入到街道社区及周边农村，宣传科技周活动的意义。开展送科技图书进村活动。向农民群众送农业实用技术图书。5月17日，在市科技局的帮助和支持下，请来沈阳农业大学花卉专家，到高家村给村民进行技术培训。

盘山县按照“集中目标、突出重点”的要求，对科技项目实行动态管理，坚持与项目承担单位共同制定实施方案、共同组织实施。申报了盘锦泽阳化工有限公司的“5000吨/年环氧氯丙烷技术”、盘锦展鹏实业有限公司的“蓿根花卉优良品种繁育基地建设”、盘锦柏氏米业加工有限公司的“稻壳综合利用米糠精深加工”等项目，被列为省级重点科技计划项目，共获得省级科技资金60万元。申报了市级第一、二批科技计划项目30项，争取市级科技资金254万元。

盘山县科技特派专项行动以辽宁省农业科学院和辽宁省淡水水产科学研究院为依托，县里配以科技特派员，针对稻、蟹、鱼高产、高效生态农业综合集成技术研究和推广，集成大垄双行水稻种植技术、测水配方施生态肥技术、测水调控技术、生态防病技术、饵料科学投饲技术等于一体，形成了稻、鱼、蟹生态种养殖新技术模式——“盘山模式”。在确保水稻质量和产量的前提下，提高了稻田成蟹养殖规格和品质，实现了“一水两用，一地双收”。在2007年项目实验的基础上，2008年探索科技特派团（员）选派、服务和管理的新机制，新增两个试验点。盘山县作为国家科技富民强县专项行动计划试点县，首批参加了辽宁省农民技术员培养工程。经过三期培训学习，全县95名学员全部顺利结业。通过考试和技能鉴定，获得国家农业部、劳动和社会保障部颁发的职业资格证书、辽宁省农业技术员证书和农民科技经纪人证书，考试合格率均达到100%。

大洼县科技局重点抓科技项目申报工作。对其所申报的26个有代表性的市级重点科技项目的进展、资金配套等情况进行集中调研。2008年，大洼县在国家、省、市科技部门共立项38项，争取科技资金461万元。

【科技普及】 举办了内容丰富、形式多样的“科技活动周”“科技下乡”“4·26国际知识产权宣传周”等活动。《盘锦科技参考》进行全面改版，全年编辑出版6期，发行3000册。印发《科技动态》12期，编制《2007年盘锦市科技进步年度报告》《盘锦市知识产权保护状况》，全面总结了全市科技工作进展及知识产权保护状况。在《盘锦日报》《辽宁日报》等媒体上发表有关宣传文章60余篇，盘锦电视台全年播出科技新闻、专题等科技节目20期。科技创新工作成为全市各主要新闻媒体的宣传重点。

【招商引资】 市科技局全力促进科技招商工作，精心筛选15项招商项目进行包装，广泛联络重点企业、商业名流，组织人员赴杭州、上海、北京等地进行域外招商宣传活动。已完成盘锦辽河油田远达油污泥处理利用有限公司的“油污泥资源化处置技术开发”、辽宁华孚环境工程有限公司的“曙一区污水软化、过滤深度处理工程”等5项开工建设项目，完成投资额1.1亿元。完成域外投资签约项目2项，签约额达5000万元。一是由鞍山个体出资与盘锦北方化工燃料有限公司投资的“水溶性聚合物微球在污水处理和贵金属回收中的应用”项目，二是由沈阳四同源燃料油有限公司出资与盘锦华也石油化工有限公司合作开发的“5万吨/年润滑油高压加氢生产”项目。完成了盘锦金盘科技有限责任公司的“长冲程智能抽油机”、华锦集团与西班牙Dynasol公司合作建设的“12万吨/年丁苯橡胶工程”、辽宁兴海药业有限公司的“苯磺酸氨氯地平”等6个新增储备项目。

（盘锦市科技局　陈小杰）

葫芦岛市

【概述】 全市规模以上工业企业科技活动经费支出总额48755.3万元，其中R&D活动经费支出总额18950.6万元。全市科技专业技术人员总数106500人，每万人拥有专业技术人员376人。

2008年，全市科技工作以推动创新型葫芦岛建设为主线，重点围绕推进技术创新体系建设、支持高新技术产业发展、服务社会主义新农村建设开展工作。

针对省科技厅的工作思路和重点，调整并确定了葫芦岛市的科技工作重点：紧紧围绕全市经济发展战略、主要指标和重点，以培育重点创新企业、实施重大重点项目和建设特色产业基地为重点，实施一批延伸葫芦岛市优势产业链的重大、重点科技项目；培育一批拥有核心技术和自主知识产权、整体技术水平居同行业领先地位、其产品对经济发展具有重大影响的大中型骨干企业和成长性好、发展速度快的科技型中小企业；重点实现船舶机械、有色金属、精细化工深加工产业集群，建立特色产业基地；围绕水果、水产两大产业发展，通过特色产业基地培育，壮大科技龙头企业、培训农民等方式为新农村建设服务。

【科技项目与经费】 全市财政科技投入总额为4000万元，占地方财政支出比重为0.52%，比上年增长0.15个百分点。市本级财政科技投入总额2215万元，占财政决算支出比例为0.79%。政府科技专项资金2235万元，其中省级1330万元，市级730万元，县级175万元。

列入各类科技计划85项，其中国家级1项，省级33项，市级51项（工业14项，农业16项，社会发展4项，信息化4项，专利2项，科技基础平台建设3项，软科学3项，指导性计划5项）。市级项目完成后，可实现工业增加值50918万元，农业增加值84541万元，利税43496万元，节创汇551万美元。

渤海船舶重工有限责任公司、辽宁万来轮胎有限公司、兴城粉末冶金有限公司、辽宁世星药化有限公司、葫芦岛市钢管工业有限公司5家企业被认定为辽宁省科技创新示范企业。这5家企业实施省级重大科技项目5项，获省资金支持500万元。除渤海船舶重工有限责任公司外，另外4家中小型创新示范企业的资产总额达到143416万元，投入研发经费25531万元，从事研究与开发的科技人员达到285人，创新能力和经济效益都有了明显的提高。

6月底，有两项国家“863”计划项目通过验收。其中一项为锦西天然气化工有限公司承担的“高效缓释复混肥料研制与开发”项目，另一项为葫芦岛市新品种科技开发有限公司承担的“高油玉米116新品种大面积开发”项目，该项目填补了辽宁省高油玉米品种的空白。9月，辽宁省重点科技计划项目——锦化机百万吨级PTA装置干燥机通过省级验收。该项目也是我国“十一五”重大技术装备类16个重点攻关项目之一，其关键设备干燥机的研制成功，填补了大型PTA装置关键设备国产化的空白。

【科技成果与转化】 列入省年度科技成果转化专项2项，分别是通达泵业有限公司的“液下双吸前置泵开发”、辽宁新电汽车空调系统有限公司的“混合型CO2汽车空调系统开发”，共获得资金60万元。全市共取得科技成果38项，其中达到国际先进水平2项，国内领先水平21项，国内先进水平14项，省内领先水平1项。认定省级科技成果19项。

获得省级科技进步奖4项，其中锦化化工（集团）氯碱股份有限公司等单位完成的“氯醇法生产环氧丙烷尾气回收工艺技术”获二等奖；中国农业科学院果树研究所完成的“苹果新品种选育及无公害生产关键技术研究与推广”、渤海船舶重工有限责任公司等单位完成的“多色宽幅钢板表面缺陷在线检测技术研究”和葫芦岛龙源采油机电设备有限公司完成的“螺杆泵采油配套产品的研制与应用”获三等奖。

申报省科技成果转化奖励项目8项，有3项获得三等奖，分别是中国农业科学院果树研究所的“苹果新品种选育及无公害生产关键技术研究与推广”、葫芦岛龙源采油机电设备有限公司的“利用专利技术重重产镦锻式防脱实心抽油杆”、锦西化工机械（集团）有限责任公司的“甲醇合成塔”。葫芦岛市科技局被省科技厅授予“科技成果转化促进奖”。

有40项成果获市级科技奖励，获奖科技人员达343人，其中，连山区政府和龙港区政府被授予科学技术功勋奖。在38项科学技术进步奖中，一等奖13项，二等奖19项，三等奖6项，奖金总额38.7万元。

企业科技成果转化和推广得到进一步加强，经济效益显著提高。辽宁辽兴石油机械有限公司几年来先后研制了9项专利产品，都已在油田中使用，给企业及社会创造了巨大的经济效益。特别是管路连接装置这项专利技术，在辽河油田已使用5年，每年销量2000套，产值600万元。葫芦岛市火力速旋汽配有限公司发明的专利产品“缸质薄壁镀铬气缸套”，是高附加值、高效益、高科技产品，填补了国内空白，被国家列为“九五”期间35种C类进口零件必须国产化的首位攻关项目。该产品年产值在500万元左右，实现净利润100万元，利税20万元。在农业方面，由兴城市金种子有限公司完成的“金种子19‘玉米杂交’种子选育与推广”项目获得市科技进步一等奖，该项成果共推广21万亩，创造了0.16亿元的社会效益，对辽西地区乃至华北地区玉米和饲料产业的发展起到了巨大的推动作用。龙港区科协老专家闫笑贵六下海南选育成功的新品种“吨斤谷”，2008年推广2000多亩，在品质、产量、抗性上表现非常突出，深受农民欢迎。中国农科院果树研究所田勇教授发明的“有机葡萄矮、密、早、快、优设施栽培暨延迟和促早采收技术”，以其独到的栽培技术和绝对晚的采收时间，开创了葡萄反季节采收的先河，大幅度提高了经济效益，已在龙港区推广50亩，2009年将大面积推广。

全年共认定登记技术合同44项，合同交易额为2538万元。比上年增长1倍多；其中技术开发合同10项，交易额为886万元；技术转让合同3项，交易额为767万元；技术咨询合同5项，交易额为42万元；技术服务合同26项，交易额为843万元。这些技术合同可实现经济效益1523万元，社会效益50760万元。

【高新技术与产业化】 全市完成高新技术产品产值121.1亿元，同比下降18.9%；规模以上企业完成高新技术产品增加值21.5亿元，同比增长3.18%，占全市规模以上工业增加值的14.8%。认定市级高新技术企业12家、产品18种。锦西化工机械(集团)有限责任公司被认定为国家高新技术企业。

支持绥中滨海经济区建设，推荐申报省级高新区。在省政府及省直有关部门的大力推动下，绥中滨海经济区已被纳入全省“五点一线”重要扶持区域。按照“海岸中关村、生态新城区”的发展理念，重点打造辽宁（万家）数字技术产业基地。相关各项工作快速推进并取得了显著成效。

【农业科技】 列入省、市科技计划的农业项目21项，其中省级5项，获得经费180万元；市级16项，经费166.72万元，占市级项目经费的41%。本着着重扶持有一定产业规模、有较大牵动作用的科技型龙头企业的原则重点扶持了绥中宏伟禽业有限公司和兴城龙运井盐水水产品养殖有限责任公司两家农业科技示范企业，共获得省计划经费40万元。加大了对农业新品种和新技术引进的支持力度，在市级科技计划中重点扶持了“葫粮2号高粱杂交新品种选育”“富友9号玉米品种引进”“繁育推广吨斤谷”“玉米新品种郑单958、丹玉92的引进与推广”4个良种项目。

全年共培训农民20000人，其中培养农民技术员425人，开展适用技术培训19575人，总投入约78万元。“兴城农村实用技术培训中心”年初通过省科技厅审批正式挂牌。作为全省3个农民培训基地之一，中心举办了3期辽宁省农民技术员果树专业培训班，培训学员192人。还有233名学员被选送到沈阳农业大学和辽宁农业技术职业学院，分别参加了猪禽饲养、蔬菜以及食用菌等6个专业的培训，并全部取得国家及省有关部门颁发的资格证书。

农村科技特派行动向纵深发展。市政府成立了由刘宁绥副市长任组长的“科技特派行动协调小组”，会同全市9个部门成立了涵盖蔬菜、果树、农机、农经、水产、林业、畜牧等专业的13个市级科技特派团，并制定了实施方案。特派团共有108名专家，以为农民提供农业实用技术服务为主，同时注重农村社会事业发展，为提高农民整体素质服务。13个特派团基本覆盖了全市农村工作各个领域和农业生产的各个行业。在组建好市本级科技特派团的同时，根据工作需要，全市6个县（市）区又组织782名专业技术人员共同组建了102个科技特派专家服务组，分层次开展工作。在市本级科技计划中，对科技特派团对接项目予以了支持，包括果树特派团对接的“苹果园革新改造技术引进与推广”项目、农机特派团对接的“保护性耕作技术研制与开发”项目、海洋与渔业特派团对接的“海参土池生态育苗技术研究”等。葫芦岛市有2个科技特派团和6个科技特派员被省科技特派行动协调小组评为“辽宁省科技特派行动先进集体”和“辽宁省科技特派行动先进个人”。

【社会发展科技】 立项支持乌金塘饮用水除钼净化改造工程。该工程设计规模为日处理5万立方米，建设内容主要包括净水车间、回收水池、污泥浓缩池、污泥处理车间以及室内外工艺管线。整体工程于7月24日正式通过验收，除钼效果显著。省、市科技部门共给予该项目300万元资金支持，其中葫芦岛市投入200万元，约占全年“科三费”的30%。

按照《辽宁省节能减排科技支撑行动方案》的具体要求，挖掘节能减排示范项目，重点对渤海水泥（集团）有限公司改造搬迁进行了调研，围绕新建水泥生产线的节能减排问题提出了建议。在人口与健康方面，重点扶持了涉及出生缺陷疾病产前诊断、筛查以及多发病的诊疗等医疗卫生类项目3项。

【科技合作与交流】 组织有关企事业单位参加了“中国国际软件和信息服务交易会”、“东

（北）—东（部）科技创新项目与资本对接会”、“中国国际专利技术与产品交易会”、“中国海外学子辽宁(大连)创业周”以及“中国国际高新技术成果交易会”等大型科技合作与交流活动。

6月18日至22日，组织4家企业的9个软件产品参加“第六届中国国际软件和信息服务交易会”，北联电脑公司和思维科技公司两家企业的软件产品参展，这是六届展会中葫芦岛市软件企业第二次在展会中亮相。参会企业通过此次展会展示了企业风采，提高了知名度，找到了与同行业间的差距，学到了很多好的经验，对企业自身发展起到了良好的推动作用。

9月2日，组织12家企业携带20余项对接项目参加了“东（北）—东（部）科技创新项目与资本对接会”。葫芦岛市企业与上海、江苏和浙江等地的30余家投资机构进行了洽谈对接活动。通过此次会议，在更广阔的层面上加强了葫芦岛市与东三省技术转移联盟、“长三角”经济圈等的交流与合作。

9月3日，组织渤海船舶重工有限责任公司等11家企业，共40余种产品参加“2008年中国国际专利技术与产品交易会”。其中，辽宁辽兴石油机械有限公司的“高压管路连接装置及密封垫圈”、天力工业有限公司的“合成纤维吊装带的生产工艺”和龙源采油机电设备有限公司的“抽油杆空心导向器”获金奖，葫芦岛市知识产权局获得由国家知识产权局、辽宁省人民政府和中国贸促会共同颁发的“最佳组团奖”。

9月24日至26日，组织连山区、龙港区科技局和锦西化机（集团）有限责任公司等12家企业参加了“2008中国海外学子辽宁(大连)创业周”。北港工业区和葫芦岛经济开发区船舶制造配套园区作为“五点一线”沿海经济带开发示范区进行了展示。本届“海创周”期间，葫芦岛市共达成合作意向协议7项。

【科技创新体系建设】 锦化化工（集团）有限责任公司、锦西化机（集团）有限责任公司两家企业的省级技术研究中心通过了验收。“辽宁万来轮胎工程技术研究中心”被辽宁省科学技术厅批准组建。兴城市粉末冶金有限公司与中南大学、辽宁世星药化有限公司与大连理工大学的产学研技术联盟已经建立。“1000T/A三元乙丙再生胶”等3个产学研技术联盟项目被列入省级科技计划。

在市级技术创新公共服务平台建设方面，重点升级与完善了项目申报、评估与跟踪管理系统，建立了无公害果树生产信息网、生产力信息网及软件服务平台，开发了专利网、科学技术奖网上申报系统。其中无公害果树生产信息网基本建成，实现了通过网络、短信、热线等形式，指导果农进行果树的优质化、安全化和标准化生产，实现了无公害果树生产信息的进村入户，解决了果树信息化“最后一公里问题”，为全市果树产业的可持续发展奠定了基础。

审查科技类民办非企业4家，其中医疗类3家、工业类1家。

截至2008年，全市共有各类中介机构20家，其中包括市生产力促进中心、技术市场管理办公室、情报信息中心，还有2家大型就业创业服务中心，2家主要为企业提供社会化、专业化服务的科技中介机构，其余为不同规模的人才中介机构。

【特色产业园区建设】 精细化工园已入驻企业38家，其中总投入超亿元的企业4家，累计完成技工贸总收入12.1亿元，实现财政收入3000万元。锦西化工研究院已经整体搬迁至精细化工园，其化学工业氯碱氯产品质量监督检验中心、石油和化学工业金属阳极及电解装备质检中心、全国氯碱工业信息站和全国聚氯乙烯信息站等，将为入区企业提供共性技术信息服务。

船舶配套产业园已引进5家企业落户。投产项目2个，总产值1.5亿元，利税4500万元；在建项目3个，总投资46亿元；在谈项目2个。这些项目均围绕船舶配套组织生产，企业产品多为创新产品，带动了相应船舶配套企业的发展。渤船重工船舶制造技术中心作为专业技术研发平台已成功实现体制转型，成为名副其实的船舶制造技术公共研发服务平台。该中心除完成本企业的工作任务外，还先后为辽河油田、秦皇岛船厂等提供船舶制造技术服务工程6项，取得了良好的经济效益和社会效益，初步展示了社会化的公共技术服务功能。

入驻钼产业园的葫芦岛钼都矿冶研发中心是由杨家杖子（省级）经济开发区出资建立的集研发、生产、销售于一体的研发生产单位，依托开发区博士后活动基地，以钼矿尾砂为原料，采用清华大学、东北大学与开发区合作研究成功的钼尾矿综合提取有价元素的工艺技术，生产高附加值产品钼酸铵、高纯氧化钼、钼铜合金、白炭黑和微晶玻璃电子材料等。

【知识产权工作】 全年申请专利199项，其中发明专利65项，实用新型专利125项，外观设计专利9项。

专利产业化项目作为市级科技计划支持重点，有2个项目首次纳入市本级计划，获得资金20万元；另有5项列入省级计划，获得资金170万元。在“第五届中国专利技术与产品交易会”上，葫芦岛市有3家公司的专利技术与产品获得金奖。7月18日，全省知识产权局长会议在葫芦岛市召开。

继续开展“兴业强企”工程，将知识产权试点示范工作引向深入。截至2008年，全市共有13户企业进入试点示范行列，其中国家级示范企业1户，省级示范企业3户，省级试点企业9户。同时启动了知识产权试点县（市）区创建活动，龙港区被确定为首批省级创建单位。知识产权保护“双百工程”进一步展开，有5家企业成为省“双百工程”实施单位，其中宏运商厦被省知识产权局评为“双百工程”示范商场。

启动了“葫芦岛市专利补贴网上远程申报系统”，全年为葫芦岛市申请发明专利的企业和个人共计发放专利补助资金15万元。

【科学普及】 全面实施《全民科学素质行动计划纲要》。在全市农村开展“科普惠农兴村计划”，实施“一站、一栏、一员、一校”的“四个一”工程，推动新农村建设。市全民科学素质工作领导小组协调各成员单位做好“四个重点人群”“四项基础工程”方案的制定和实施，组织各县（市）区科协加强科普画廊的规划设计、科学选址、监督施工和日常管理，建设高标准科普画廊，实现科普阵地共用，资源共享。创建了市社区科普大学总校，龙港区、兴城市、连山区和南票区共成立27所社区科普大学分校。

市科技馆开馆200天以上，接待观众近5万人次。天象馆演示50场次，参观人员2000余人次。“六一”儿童节和“全国科普日”免费为全市中小学生开放，参观人数近4000人次。启动了“流动科技馆”进军营、进校园活动。

开展了各种主题科普活动。在第十九届“科普之冬”活动中，全市共开展科技下乡活动980次，其中县（市）区级575次，乡镇街道级405次，组织科技下乡服务团165支；在第八届“科普进万家”活动中，有10个乡镇（街道），10个村（社区），20个家庭，20名个人被市委、市政府授予葫芦岛市科普示范单位、家庭和优秀个人称号。青少年科技活动丰富多彩。举办了发明创造作品、科学幻想绘画、科学研究论文、优秀科技实践活动等青少年科技创新大赛以及纸飞机模型、智力七巧板、国际数棋等各种竞赛活动。

建昌县高效农业生产示范基地被中国科协、财政部评为“全国科普惠农兴村先进单位”，兴城市马世宇同志被授予“全国科普惠农兴村带头人”称号，并获得资金支持；连山区被国家科协评为全国科普示范区，南票区被省科协评为科普示范区。在省人事厅、省科协主办的辽宁省第六届优秀科技工作者评选活动中，葫芦岛市有5人被评为优秀科技工作者。

【县域科技】 全市6个县（市）区GDP总量为300亿元，占全市总量的65.5%，GDP平均增长率为15.2%。本级财政科技投入总额763万元，比上年增长73.7%；其中本级科技专项资金621.6万元，是上年的2.7倍，占本级财政决算支出的平均比例为0.13%，是上年的2.6倍。规模以上工业企业科技活动经费支出总额9008万元，占全市总额的15%；专业技术人员总数41552人，占全市专业技术人员总数的32%；平均每万人拥有专业技术人员101人。科技管理部门实际从事科技管理的人员总数为88人。农作物种植面积335.1万亩，其中良种种植面积298.1万亩，良种覆盖率达89%。

在全市“2007年度科技进步先进县（市）区考核”活动中，有4个县（市）区达标，2个县区未达标；其中龙港区、连山区被评为优秀单位，并被授予市科学技术功勋奖。连山区科技局被评为辽宁省“巾帼文明岗”。

6个县（市）区列入各级科技计划55项，争取科技专项资金643万元；其中省级5项，资金260万元；市级21项，资金213万元；县区本级29项；资金170万元。绥中县继续实施“无公害优质苹果生产示范基地建设”项目。2008年是项目实施的关键期，重点规划了3000亩新品种示范园，培育无病毒优良品种苗木40万株，推广树体改造技术、无公害病虫防治技术、果园生草覆盖技术5000亩。通过先进技术的应用，大幅度提高了果树生产的经济效益，增加了果农的收入。兴城市辽宁万来轮胎有限公司承担的辽宁省科学技术计划项目项目“丁基胶套接翻新轮胎”，其中丁基胶套接翻新轮胎、自动粘贴气门嘴、三元乙丙再生胶的研发、捏炼法生产丁基再生胶的产值可达3.38亿元，占企业销售收入总额的71%，新增利税1944万元，净利增长748万元。

继续实施农民技术员培养工程，全年6个县（市）区共有309名农民参加了农民技术员培训。连山区分两期选送72人到沈阳农业大学、辽宁农业职业技术学院、兴城果树研究所参加7个专业的技术培训。龙港区政府出资2万元，派出20名农村科技带头人参加培训。兴城市参加培训的农民达68人。农民李希林、刘守权分别创办的合作社还被评为辽宁省重点合作社。其中，李希林创办的三道沟果树专业合作社资产已达265万元，种植面积11000亩，成员384户，带动农户15000个，安排剩余劳动力4000人，不仅覆盖了本乡的各个村屯，还扩展到邻近的乡镇。2008年，合作社实现销售收入793万元，盈利280万元，社员人均纯收入1.5万元，是当地其他农户的4倍。

县域企业加快了自主创新步伐。有23家企业被认定为市级高新技术企业，3家被认定为省级高新技术企业。专利申请总数193件，占全市专利总数的97%，其中发明专利52件，占全市发明专利总数的80%；专利授权数169件，发明专利授权数48件。获得市级以上科技奖励6项。辽宁万来轮胎有限公司研发中心被辽宁省科技厅批准组建，兴城粉末冶金有限公司、辽宁世星药化有限公司都建立了省级产学研技术联盟，这3家企业还被辽宁省科技厅批准为“辽宁省中小科技创新示范企业”，将连续3年获得省科技厅100万元的支持。建昌县绿源牧业有限公司是一家以养殖獭兔为主，集种兔繁育、销售、商品兔饲养暨回收为一体的小型农牧业私营企业。该企业十分重视科研和技术创新，自主研制出哺乳母兔、仔兔、育肥兔等系列饲料配方，获得国家专利。新发明的“地洞繁育法”使仔兔成活率达到95%以上，属国内首创，受到养兔专家高度评价。该企业被认定为市高新技术企业，其“成洁”牌绿源兔肉被认定为高新技术产品。

（葫芦岛市科技局　刘雅新）

沈阳市勘察测绘研究院
沈阳市地理信息中心

沈阳市勘察测绘研究院院院长 刘俊林

沈阳市勘察测绘研究院暨沈阳市地理信息中心成立于1952年，具有国家综合甲级工程勘察、国家甲级测绘、国家甲级地质灾害危险性评估等资质，隶属于沈阳市规划和国土资源局，是为城市规划、建设、国土资源管理及社会各界提供基础地理信息和勘测技术服务的城市勘测专业单位。

研究院拥有一支专业人才齐全、技术力量雄厚、技术手段先进的城市勘测队伍，建立健全了完善的质量监控体系，于2000年建立了质量管理体系，并连续10年通过ISO9000系列质量保证体系认证；连续多次被评为国家建设部、辽宁省和沈阳市先进单位；连续4届被辽宁省委省政府授予“文明单位标兵”称号。2007年，“沈阳市高精度三维大地测量基准的建立和似大地水准面的确定”工程荣获省科学技术奖励二等奖。主要承担的业务有：沈阳市基础测绘、城市航测大比例尺数字化地形图的测绘、城市基础地理信息系统数据库的建立与维护、城市控制网的建立与改造、地下管网探测、变形观测、建筑定线与竣工测量、工程地质勘察、地质灾害危险性评估、桩基检测等工作，可为用户提供多种比例尺数字化地形图和真彩色影像图以及工程测量、地籍测绘、勘测定界、实时定位等测绘服务。

2001年经沈阳市机构编制委员会批准，沈阳市地理信息中心在研究院挂牌成立，其主要职责为：负责全市地理空间数据的采集、维护、更新、分发及数据交换；负责数字城市和地理信息系统的空间数据库、数据基础平台的组织、协调、建设。目前，研究院已在全市域范围内建立起三维空间定位基准，GPS连续运行参考站网络（SYCORS）也已投入使用，为“数字沈阳”打造了基础设施平台，可为沈阳市相关信息系统基础平台设施建设提供适用、详实、现势性强的地理信息数据。

严格管理、科技创新、顾客满意、持续发展是沈阳市勘察测绘研究院一贯的追求，目前已形成以“3S”技术为手段，以“4D”产品为主所构成的沈阳市空间数据基础设施框架，逐步实现了城市基础测绘数据产品的生产、管理与服务的产业化运行体系，综合实力在全国同行业中名列前茅。研究院将不断推进观念、技术、管理和机制的创新，加大科技投入，努力为沈阳市的规划建设和国土资源管理做好勘测服务保障工作，与社会各界携手共创未来！

地址：沈阳市和平区南三好街1号　　邮编：110004
电话：024-23949441　　传真：024-23949441

沈阳市副市长杨亚洲来院检查工作

工程测量

1/500数字地形图

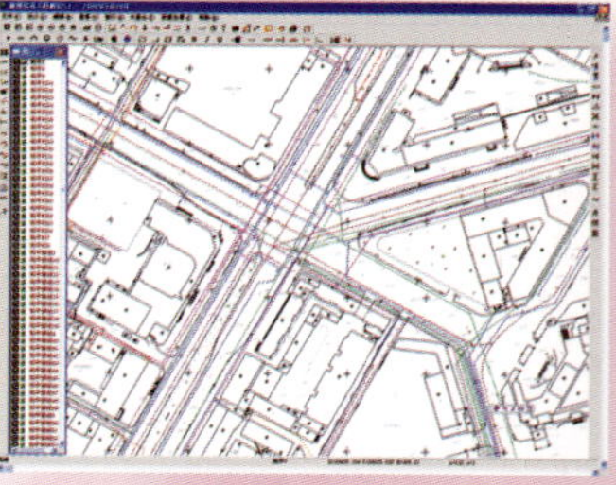

地下管线数字地图

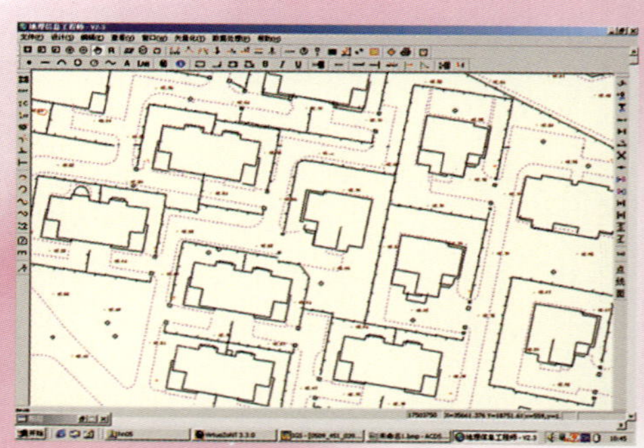

航测内业测图

证　书

授予：沈阳市勘察测绘研究院团支部

沈阳市先进团支部

中国共产主义青年团沈阳市委员会
二〇一〇年九月

2010年被授予“沈阳市先进团支部”荣誉称号

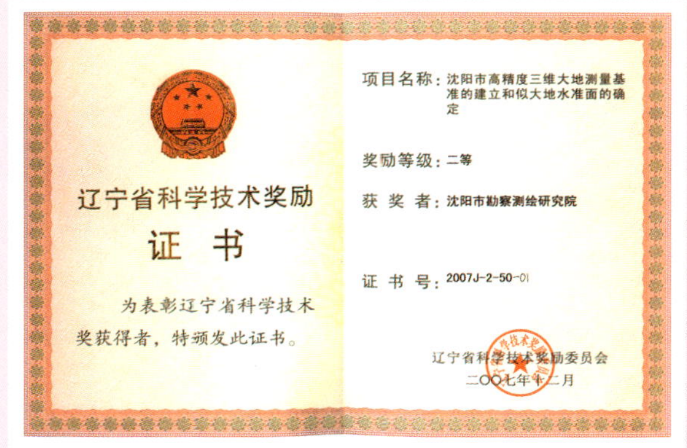

辽宁省科学技术奖励

证　书

为表彰辽宁省科学技术奖获得者，特颁发此证书。

项目名称：沈阳市高精度三维大地测量基准的建立和似大地水准面的确定

奖励等级：二等

获 奖 者：沈阳市勘察测绘研究院

证 书 号：2007J-2-50-01

辽宁省科学技术奖励委员会
二〇〇七年二月

沈阳市高精度三维大地测量基准的建立和似大地水准面的确定获省科学技术二等奖

文明單位标兵

中共辽宁省委员会
辽宁省人民政府

辽宁省人民政府授予“文明单位标兵”称号

授予

模范职工之家

中华全国总工会
二〇一〇年四月

2010年被中华全国总工会授予“模范职工之家”称号

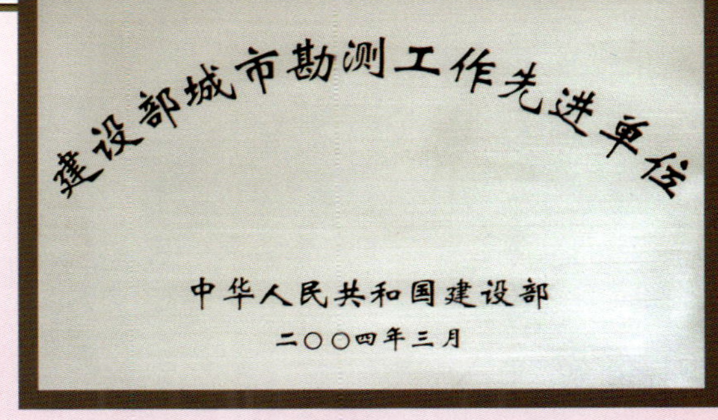

建设部城市勘测工作先进单位

辽宁省淡水水产科学研究院

辽宁省淡水水产科学研究院坐落于文明古城辽阳，其前身是创建于1959年的辽宁省淡水水产研究所，2005年4月建院，为全民科研事业单位，行政隶属于辽宁省海洋与渔业厅。主要从事全省淡水水产科学应用基础理论研究，水产健康养殖技术研究，渔业生态环境监测、规划与治理，渔业科技成果转化、推广、应用，技术咨询与服务，技术培训与职业技能鉴定等。研究院具有硕士学历及高级职称的专业技术人员28人。现设有种质资源室、鱼病学研究室、养殖研究室、营养学研究室和水化室。另设有辽宁省淡水渔业环境监督监测站、辽宁省淡水水产良种场和院试验场。

2008年全院共承担各级各类课题13项，实到项目经费264.5万元。其中，国家科技计划支撑项目1项——“大宗淡水鱼类产业技术体系——沈阳综合试验站建设”；辽宁省科技厅科技特派团专项和科技计划支撑项目3项——“稻蟹鱼生态种养殖生产技术集成与示范”、“池塘主要鱼类新技术开发、集成及产业化示范”及“渔业新品种引进及开发”；辽宁省海洋与渔业厅科技计划支撑项目和引种项目中，接续项目4项——“淡水优质野生经济鱼类人工生态库研究”“松江鲈人工繁殖和养殖技术研究”、“德国镜鲤优良品系选育及池塘高效养殖技术研究”“斑鳜人工繁殖技术研究与开发”，2008年新下项目4项——“斑鳜规模化人工繁殖及养殖技术开发与示范”、“东北七鳃鳗和雷氏七鳃鳗保护生物学研究”、“吸血类水蛭的工厂化高密度养殖技术”及“丁鲹引种及繁养技术开发”；辽阳市科技计划支撑项目1项：“黄颡鱼臌胀病防治技术研究”。

辽宁省淡水渔业环境监督监测站承担全省河流与池塘渔业水质和生物监测工作。2008年，除完成农业部科教司下达的水产养殖业产排污系数测算和农业部渔业生态环境监测中心下达的渔业生态环境监测工作外，还完成了辽宁省水产养殖污染源普查的指导工作。

编辑出版农业（水产）实用技术丛书《水产健康养殖实用技术问答》和《黄颡鱼养殖实用技术问答》，起草辽宁省地方标准《无公害食品——中华绒螯蟹稻田养殖技术规范》，编辑出版《稻田种养实用技术手册》和《北方稻田种养新技术问答》。全年发表科技论文15篇，获辽宁自然科学学术成果二等奖论文1篇、三等奖论文4篇。

办公楼

院试验场

农业部检查组视察院高效养殖示范片

辽宁省海洋与渔业厅厅长赵兴武视察天河良种场

辽宁省科技厅副巡视员张强视察盘山特派团工作

辽宁省淡水水产科学研究院院长刘刚检查草鱼疫苗情况

送科技下乡

网箱指导

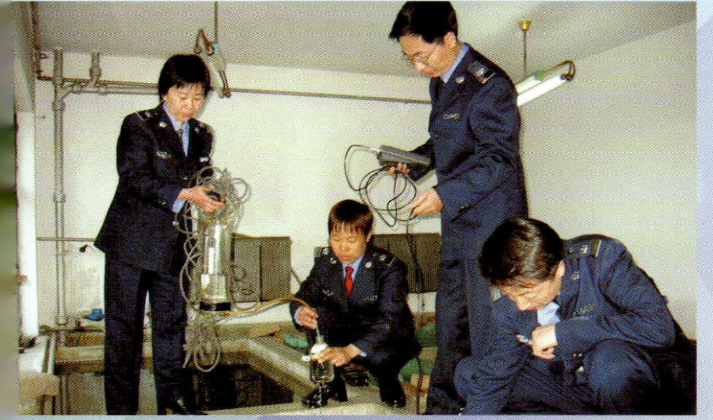

水质监测

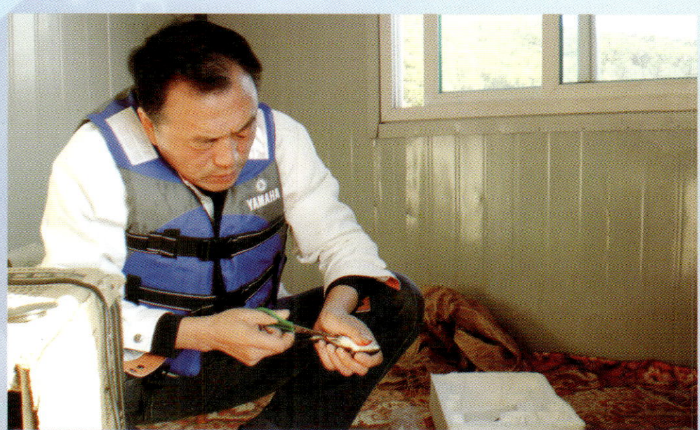

病害检测

沈阳市科技局共享服务专项验收会

聘请汪尔康院士、金钦汉教授、王顺昌副理事长、章诒学总工为顾问

2008中国（东北）国际分析检测仪器学仪器及实验室装备展览会开幕式

辽宁省分析科学研究院

辽宁省分析科学研究院是辽宁省科学技术厅直属的独立公益性全民科研事业单位，前身是辽宁省分析测试研究中心，始建于1978年，2005年2月25日经辽宁省机构编制委员会批准正式更名建立，主要从事分析科学研究、分析测试咨询、科技公益服务及人才培养。

研究院具有博士、硕士学位及高中级专业技术职称的科技人员50余人，学科结构主要集中在化学、物理学、药学、农学、生物学、材料学、计算机学等方面，主要研究方向是分析科学、测试方法及标准研究，技术特点和优势集中体现在化学危害分析与处理技术的检测方法、标准的研究。

累计新投入700余万元用于购置仪器设备，拥有从美国、日本等国引进的气/质联用仪、液/质联用仪、等离子体发射光谱仪等各种大中型仪器设备300余台（套）。

研究院已成为50大类产品（化工产品、金属材料、食品、药品、安全卫生农产品、建筑装饰材料、肥料、油料、生物、环保、文具、化妆品、保健品、纺织品、航空物流等）、1060个参数的多领域、多学科的综合性分析测试及方法研究的科研机构，出具的国家认可实验室的检测报告在世界上140多个国家和地区相互认可。

2008年9月成立的辽宁省测试技术研究中心（以下简称“中心”）是研究院的二级分院，入驻辽宁（本溪）生物医药产业基地。“中心”科技人员结构主要以药物分析、质量控制、食品安全专业人员为主，仪器分析和常规分析专业人员为辅。该“中心”由CRO，CSL，生化与食品检测4个实验室组成，为入驻企业和研发机构提供测试服务及培养医药分析测试人才。

由研究院与沈阳浑南高新区管委会共同在沈阳浑南高新技术开发区组建的沈阳高新区检测分析服务平台旨在将研究院的分析检测服务扩展延伸到沈阳高新技术产业区，建立面向我省“五点一线”，服务沈阳高新技术产业带，辐射东北区域的公共检测服务平台。目前，研究院已与国内多家分析仪器厂商合作，并由厂商免费提供分析仪器，价值人民币115万元。

《沈阳高新区检测分析服务平台建设》（项目编号：2007GH520002）已被国家科技部2007年度国家火炬计划正式立项。

《良好农业规范 北方粳稻种植过程的控制点及符合性要求》（计划编号：20071384-T-469）被国家标准化管理委员会2007年第四批国家标准制定和修订计划立项。该标准的编制是建立在《北方粳米》项目研制成功并大面积推广的基础上的，标志着研究院在标准体系建设的工作上有十足的经验和技术，为今后开展标准体系建设工作奠定了基础。

2008年9月22日，由沈阳市“大仪网”组成的专家组对研究院主持的“浑河水系挥发酚快速全分析方法研究”“沈阳市食品安全快速检测技术及食品化学危害动态规律的研究”“室内及车内空气中总挥发性有机化合物（TVOC）测定方法研究”“液相微萃取前处理技术的研究”4项课题进行验收。验收专家组一致认为，四项课题的研究成果均具有较好的推广前景，能带来较大的社会效益和经济效益，课题全部予以通过。

国家火炬计划重点项目证书

能力验证合格实验室证书

乳品中三聚氰胺检测

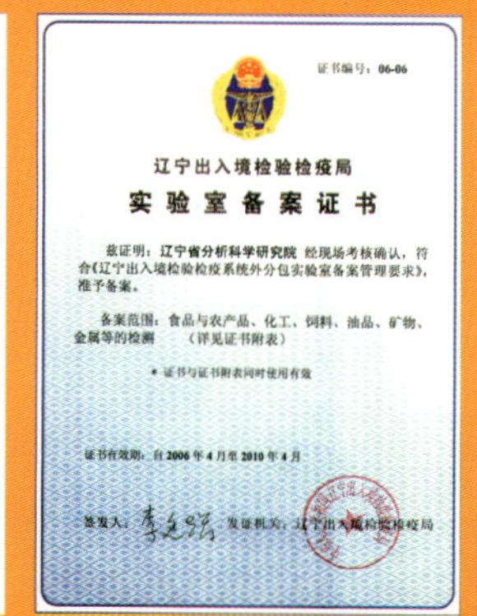
辽宁出入境检验检疫局

实验室备案证书

中国合格评定国家认可委员会

实验室认可证书

(No. CNAS L1804)

资质认定

计量认证证书

辽宁省人民医院

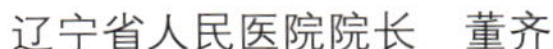
辽宁省人民医院院长　董齐

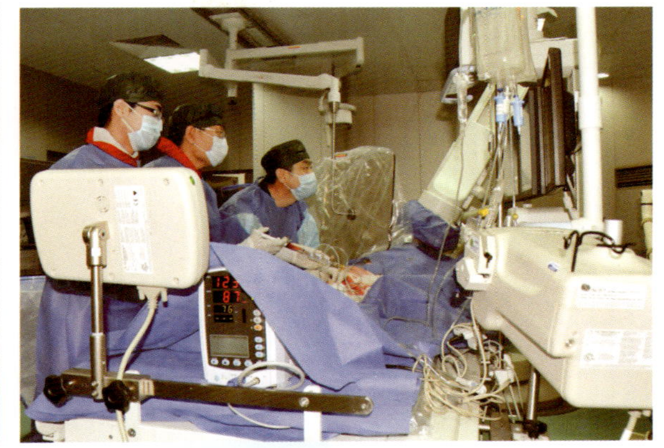
辽宁省人民医院副院长李占全教授在做手术

辽宁省人民医院暨辽宁省心血管病医院，是国家首批进入和首批复审通过的三级甲等综合性医院，荣获全国精神文明建设工作先进单位、全国文化建设先进单位、全国百姓放心示范医院、辽宁省文明标兵单位、沈阳地区十佳医院等荣誉称号。

医院始建于1949年，前身是全国第一所工人医院，即东北工人医院。承担着辽宁省心脑血管病防治指导任务，是辽宁省心血管病介入治疗质量控制中心、心脏病介入治疗中心、辽宁省脊柱脊髓损伤治疗中心、辽宁省急救中心、卫生部心血管病介入诊疗技术培训基地、卫生部国际紧急救援中心网络医院，并成为两院院士就医定点医院。

医院现有二级教授7名，其中，国务院政府特殊津贴获得者26人；李占全成为中国工程院院士有效候选人、辽宁省领军人物；董齐、李占全、王者生当选省优秀专家。

医院坚持大型医院的公益性质，秉承“用技术和责任治疗疾病、用爱心和诚意服务患者”的服务理念，组建了由53家市县（区）医院组成的省人民医院医疗集团，为基层医院免费培养人才，为全省重危、疑难症患者就诊开辟绿色通道。医院是省内医保患者转诊定点医院，与23家商业保险公司签订了定点医疗合同。

重点学科技术：

心血管病治疗中心现有床位213张（包括CCU病床21张），并有2个导管室和设备先进的心功能科。对心血管多发病、常见病，如不稳定心绞痛、急性心肌梗死、慢性心力衰竭、高血压病、高血脂、肥厚性心肌病、心律失常等的诊疗，均达到国内领先和国际先进水平。

心外科在东北地区首先大规模开展了冠心病冠状动脉搭桥手术，并首创了心脏不停跳状态下的冠状搭桥手术，能独立完成升主动脉瘤主动脉置换术，心脏瓣膜病的外科手术经验丰富。

脑血管病治疗中心拥有床位195张，整和了心理、康复、脑功能检查室，实施了组织化诊疗模式，提高了脑血管病危重病人的救治成功率，降低了医疗费用，提高了患者的生存质量。

神经外科收治顽固性三叉神经痛患者已经超过6000例。擅长偏头痛及各种顽固性疼痛的微创外科治疗、立体定向治疗高血压、脑出血，在脑动脉瘤介入及开颅夹闭手术治疗方面积累了丰富经验。

骨外科以关节外科、脊柱外科及创伤骨科为主要技术特色，成功开展了各种骨关节病的关节镜治疗及人工关节置换手术、颈胸腰椎的前后路减压固定手术，在高难度的关节及脊柱手术方面达到了国内先进水平，在创伤骨科的急诊、急救、骨折复位、韧带重建、神经血管及软组织损伤的修复方面达到了省内领先水平。

骨肿瘤科是东北地区唯一一家治疗骨与软组织肿瘤疾病的专科，采用国内外的先进手段规范化治疗骨与软组织肿瘤，已达到国内先进水平。

血管外科采用微导管局部用药治疗急性血栓，多项技术结合治疗布加综合症，无切口导管电凝术治疗下肢静脉曲张，射频闭合术治疗下肢静脉曲张，深静脉环缩术治疗下肢深静脉功能不全，药物、神经阻滞、介入、人工血管搭桥综合治疗脉管炎，内窥镜下交通静脉离断术治疗下肢难治性溃疡，杂交技术治疗多发动脉硬化闭塞症填补省内空白，在东北率先开展的泡沫硬化疗法治疗静脉曲张技术取得成功。

普外科主要有电视腹腔镜下胆囊切除、胆管切开取石、卵巢肿物切除、阑尾切除、肠粘连松解、结肠肿物切除、脾切除、肝脏肿物切除等手术。肝硬化门脉高压症手术治疗、巨大肝癌手术治疗、各种复发和巨大疝手术治疗、重症胰腺炎个体化治疗、乳癌保乳根治术、复杂的多次胆道手术、复杂肠梗阻综合治疗、巨大胸骨后甲状腺手术治疗等，特别是对于60岁以上腹部恶性肿瘤或伴有心脏病、糖尿病的高危病人手术治疗的成功率处于全省先进水平。

内分泌外科在乳腺、甲状腺、甲状旁腺、胰腺等器官疾病的综合诊疗中形成具有发展前途及竞争力的品牌。

内窥镜治疗科在复杂胃肠吻合术后病人内镜检查及经内镜逆行胰胆管造影术、内镜下十二指肠乳头括约肌切开术及逆行胆道内引流术等高难度的微创诊疗技术达到国际先进水平。

辽宁省城乡建设规划设计院

辽宁省城乡建设规划设计院院长　邢铭

辽宁省城乡建设规划设计院成立于1979年5月，是国内成立较早的省级综合性规划设计院，隶属于省住房和城乡建设厅，现有5个分院：规划分院、建筑分院、市政分院、测绘分院、园林分院，并在广州、沈阳、大连、新疆等地设有常设机构；具有5个甲级资质证书：规划、建筑、市政、测绘、工程咨询，兼营工程总承包和工程造价咨询；能够承担各种规模城市（镇）总体规划、分区规划、详细规划和风景区规划，各种规模的工业与民用建筑工程设计、给排水、管道工程、城市供水、污水处理、垃圾处理、热力工程、城市道桥、交通等市政工程设计、大比例尺城市（镇）地形图的测量及航空测量等任务。

现有职工343人，其中，教授级高级工程师34人，高级工程师59人，工程师101人，助理工程师80人，工程技术人员占全院职工人数的80%以上。

建院30多年来，先后完成了数百项城市（镇）规划、建筑工程设计、市政工程设计和地形图测绘（包括航测）。如辽宁沿海经济带规划、辽宁省省域规划、沈大鞍城市带规划、辽西城市群区域规划、沈阳新民、盘锦、朝阳、锦州港、鲅鱼圈港等规划及本溪水洞、鞍山千山、丹东鸭绿江、兴城海港等多个国家、省级风景名胜旅游区的总体规划；沈阳市维康医院、沈阳东北输变电大厦、红十字会医院、铁路局高层住宅、浑南融城花园、大连开发区金湾新城、锦州华新商业城、营口电业大厦、阜新长途客运站、盘锦商业城、朝阳北大街安居工程、辽阳采煤沉陷治理等建筑工程设计；抚顺、本溪、阜新等城市供水工程；盘锦、海城、弓长岭等城市污水治理工程；营口、铁岭等城市垃圾治理工程；本溪、阜新、通辽等城市集中供热工程；大连开发区、营口开发区、新民等城市道路、桥梁工程的市政工程设计；完成了50余项中小城镇的1：500地形图及17项航空测量任务。

近年来，设计院先后在援建四川地震灾区、青海地震灾区以及支援新疆的建设中作出了突出贡献，得到了国家及省政府的表彰。于2007年参与了广东碧桂园房地产开发公司在沈阳道义、花山、于洪、苏家屯和鞍山海城等地房地产开发项目的全部规划、部分建筑和市政前期准备工作。为改善东北地区人居环境，促进城乡建设良性发展，振兴东北老工业基地起到积极的作用。

立足辽宁，面向全国，走向世界，设计院先后承担了内蒙古霍林郭勒煤城总体规划、海南省清澜开发区总体规划、大庆油田生态园工程、深圳新电力蒸汽管网供热工程、云南香格里拉集中供热工程、广州市龙归污水处理系统、广州市竹料污水处理系统、深圳新乡市政工程、西藏那曲辽宁路辽宁桥等任务。与世界银行和亚洲银行合作开展城市基础设施项目工作，同美国伊州大学、兰德设计公司合作承揽了本溪新区战略规划、东北大学新校区方案竞赛等设计项目，同法国、德国合作进行了城市环境设计研究。主持并参与了几十项国家、省级重点科研项目的研究工作，主持了几十项规划评审会，获得部、省、市级优秀设计奖或科技进步奖共计60余项。

多年来，设计院在城镇规划、建筑、市政测绘、工程咨询、工程总承包等方面发挥自身优势，为辽宁省及全国的城镇建设作出了巨大的贡献。目前，设计院把打造大院、强院、做精品设计作为工作目标，在贯彻中央实施振兴东北老工业基地战略中，发挥专业齐全、综合设计能力强的优势，不断拓展新的市场领域，形成新的效益增长点，为全面实现小康社会努力奋斗。

沈阳维康医院

四川省绵阳市安县（花荄）总体规划

沈抚城际连接带沈抚新城总体规划

沈阳市于洪区碧桂园银河城详细规划

沈阳经济区城际连接带辽宁沿海城镇布局图

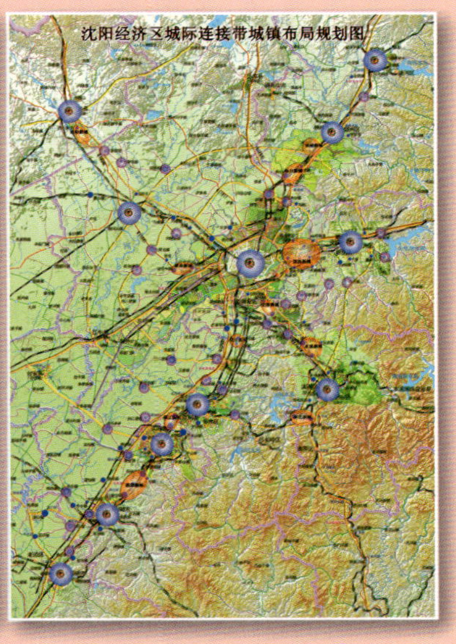

沈阳经济区城际连接带城镇布局规划

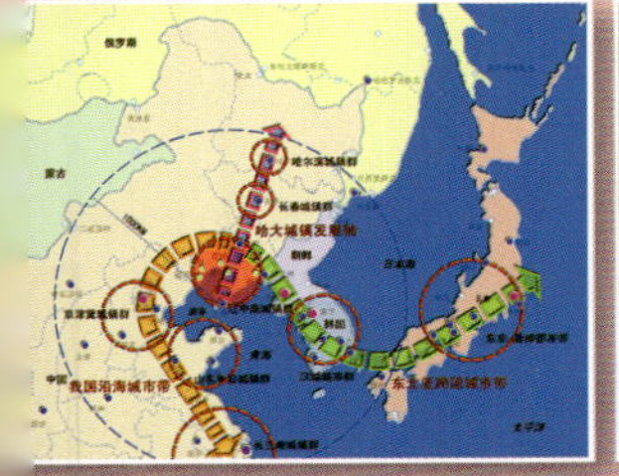

辽宁沿海经济带在东北亚的区位

空间组织规划图

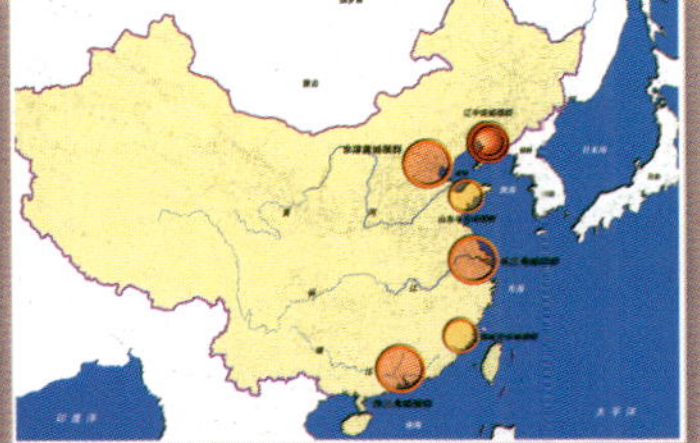

辽宁沿海经济带在中国的区位

产业发展布局规划图

科技立院　人才强院　产业富院　文化兴院

辽宁省建设科学研究院

辽宁省建设科学研究院成立于1958年，隶属于辽宁省住房和城乡建设厅，是集建筑结构、建筑材料、岩土工程、工程质量检测与鉴定、建筑设计等专业于一体的综合性建设科研单位。研究院技术力量雄厚，现有职工180人，其中专业技术人员162人，教授级高级工程师35人、高级工程师49人、工程师31人，享受"政府特殊津贴"专家10人，荣获辽宁省政府"辽宁省青年专业技术拔尖人才"1人、"辽宁省青年专家"2人、入选辽宁省跨世纪专业技术人才"百千万工程"8人，国家级各类注册人员26人。全院占地26000多平方米，拥有3500平方米的综合实验楼，1000平方米的结构试验室，6000平方米的产业化基地厂房车间。研究院现提供技术服务的范围涉及工业与民用建筑设计、桩基础动力与静载测试、工程质量检测鉴定、建筑声学检测、建筑门窗幕墙检测、建筑物室内环境检测、建筑智能化系统检测、建筑材料检测、建筑安全可靠性鉴定、建筑节能技术、防水堵漏技术、预应力技术、新型建材研究与应用等技术咨询服务。并开展桩基础施工、建筑物加固设计与施工、建筑物纠偏与平移、智能建筑设计与施工，等等。

科技是第一生产力，研究院从建院伊始便提出了"以科技促发展"的办院方针，在各领域取得重大科技成果300多项，获省部级以上科技进步奖50多项，专利9项；"十五"期间，研究院紧紧抓住全省科技事业良好发展的机遇，牢固树立科学发展观，在促进科研成果产业化、加强科技创新体系建设、培养科技创新人才、促进国内外科技交流与合作等方面取得了长足的进步，共完成科研鉴定项目30余项，获得省、部科技进步奖10项，完成标准编制项目20项，其中国家标准11项，地方标准9项。多年来，研究院主编或参与编写国家标准和行业标准43部，其中《建筑结构砌体规范》等国家标准10部；《混凝土防冻剂》等行业标准21部；《辽宁省居住建筑节能设计》等地方标准12部，科研水平处于行业的领先地位。1999年底，通过了ISO国际质量体系认证，实现质量管理体系同国际接轨。2004年5月工程质量检测中心又通过了国家实验室认可，同时被辽宁省高级人民法院及省内各市中法确定为司法鉴定单位。设在研究院的学术机构有辽宁省工程质量检测中心、建筑节能检测中心、抗震学术委员会、建材学术委员会、节能技术学术委员会、智能建筑学术委员会、预应力混凝土学术委员会。这些学术团体为我院搭建了一个技术交流，学术研讨的平台，保证了在省内建设科学领域的领先地位。

研究院紧紧依托自身技术优势，不断加大产业化基地建设力度。目前可以生产八大系列30多种外加剂产品、建筑加固胶系列产品、建筑涂料系列产品、防水材料系列产品及苯板粘贴剂系列产品。其中主要产品的性能指标已达到国际先进水平或国内领先水平，具有强劲的市场竞争能力，在全国各地各类建筑工程中广泛应用。

建院以来，在各级党委、政府的正确领导和全院职工的共同努力下，各项工作都取得了长足发展。尤其是近几年来，研究院完成了企业转制工作，企业焕发出新的生机和活力，经济持续快速增长，逐渐探索实践了一条"产学研"一体化自我发展、自我循环的改革与发展之路，在促进科技成果转化、推动行业科技进步中做出了重大贡献，被评为"十五"全国建设科技进步先进集体。

进入21世纪，研究院将一如既往地在科技体制改革的广阔道路上稳步前进，以推动技术进步、促进建设事业发展为宗旨，愿与社会各界建立联系、开展合作、共图发展。

地震鉴定

济宁大学综合楼

新综合楼

建科大厦外保温工程

沈阳铝镁设计研究院

沈阳铝镁设计研究院党委书记　李金鹏

沈阳铝镁设计研究院院长　乐维宁

沈阳铝镁设计研究院（SAMI）成立于1951年2月，是我国最早建立的大型综合性甲级设计研究单位之一，是我国勘察设计综合实力百强单位，拥有对外经营权和工程承包权。经营范围主要有有色冶金、建筑工程、市政公用、建材（水泥）、矿山、电力、化工、机械、轻工、环保等工程的规划、技术咨询、可行性研究、设计与科研、工程总承包与监理。1997年通过GB/T 19001-ISO9001质量保证体系认证，2005年分别通过GB/T 19001-2000质量管理体系、GB/T 24001-2004环境管理体系、GB/T 28001-2001职业健康安全管理体系认证。

研究院现有员工783人，其中工程人员682人，包括国家级工程设计大师2人，教授级高级工程师73人，高级工程师208人。专业配套齐全，技术力量雄厚，现有矿山、氧化铝、电解铝、炭素、镁、钛、氟化盐、水泥、工业硅、铝合金、机械设备、工业窑炉、修理、电力电讯、自动控制、建筑、结构、总图运输、给排水、净化、计算机、采暖通风、热工、环境保护、评价、技术经济、工程经济等36个专业。

沈阳铝镁设计研究院办公大楼

研究院长期致力于氧化铝、电解铝及其配套专业工程设计和工艺技术的研究与开发。在当今世界金属冶炼技术的快速发展及激烈的市场竞争条件下，正跻身同行业前列。沈阳铝镁设计研究院凭借雄厚的技术实力和多项专有技术，在国内外竞争中脱颖而出，承揽了多项国内外大型氧化铝、电解铝工程的设计和工程总承包项目，创造了多项国内行业记录。研究院设计了我国第一家氧化铝厂——山东铝厂、第一家电解铝厂和镁钛厂——抚顺铝厂、第一家炭素厂——吉林炭素厂；并率先将我国的水泥、氧化铝和电解铝技术输出到国外。多年来通过观念转变和技术创新，成果斐然。目前获得国家授权专利400余项，包括近40项国际授权专利；共获得省部级以上科技进步奖200余项及优秀设计奖100余项。2006年创建了具有高技术含量、配套功能齐全的和平铝镁科技企业孵化器，随后着手成立了技术研发中心，不断研发出具有国际先进水平的铝工业新工艺、新技术和新设备。多项技术已达到国际领先水平，主体技术处于国际先进水平。

辽宁省干旱地区造林研究所

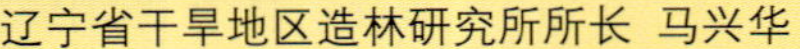

辽宁省干旱地区造林研究所所长　马兴华

俄罗斯沙棘专家与研究所科技人员交流

辽宁省干旱地区造林研究所坐落在朝阳市龙城工业园区，始建于1958年，是全国唯一一所专业从事干旱半干旱地区林业研究的省属研究所。其前身为辽宁省林业局建平水土保持林试验站，历经朝阳地区林科所、建平县林科所，1980年经辽宁省人民政府批准为现建制。

主要科研任务：以林业应用研究为主，同时开展林业技术开发研究和软科学研究。着重解决干旱、半干旱地区林业建设中综合性、关键性的科学技术问题，为现代化林业建设服务。

主要研究领域：主要开展森林培育、森林生态环境与保护、经济林、森林资源管理等方面的研究。经过几十年的发展，已形成了以半干旱地区森林培育、经济林两大优势学科为特色的林业科学研究领域。

主要科技成果：承担各级各类科技项目120余项，取得具重大应用推广价值的科研成果78项，有47项获省（部）、市厅级奖励。其中，主持完成的成果有38项获奖。“《2772》综合技术开发”获辽宁省科技进步一等奖；“大扁杏早期丰产栽培技术开发研究”“辽西地区沙棘薪炭林开发研究”等13项成果获省部级科技进步二、三等奖。参加完成的成果有8项获奖，其中“山杏良种选育”获辽宁省科技进步一等奖；“辽西地区主要造林树种抗旱性研究”等5项成果获辽宁省科技进步二、三等奖。有50多项科技成果得到转化和推广，推广总面积900万亩，取得直接经济效益14亿多元。

科技队伍状况：现有职工45人，其中科技人员38人。本科学历以上科技人员23人，其中硕士研究生2人。科技队伍基础较为扎实、学术水平较高。其中，教授级高级工程师10人，高级工程师5人；省“百千万人才工程”和朝阳市“113人才工程”人选11人；省、市级优秀专家各1人。

组织机构情况：设有经济林、生态林业、林木育种、组培技术、森林经营等5个研究室以及综合科、行政办公室、瓦房店炮台经济林试验基地等管理机构。

截至目前，全所固定资产总额达720万元，自有试验基地1.2万亩，苗圃400亩。在我省的辽西地区、辽南地区建立固定试验基地近万亩，同时在吉林、内蒙古、新疆、甘肃、北京等地建立了科技示范推广基地。

大连炮台经济林示范基地

辽宁省干旱地区造林研究所科研楼

黑果腺肋花楸果实

组织培养育苗

辽宁省固沙造林研究所

辽宁省固沙造林研究所（以下简称“省固沙所”）建于1952年4月，为我国组建最早的防沙治沙用沙科研单位。研究与开发基地位于科尔沁沙地东南缘的彰武县章古台镇（机关设在阜新市内），隶属于辽宁省林业厅，是以荒漠化防治为主的林业科学研究机构。设有林木育种、生态修复、森林培育、林业产业4个专业研究室；科技室、测试中心2个科研管理服务科室；实验林场、苗木中心2个科技推广科室和办公室、人事科、计财科、行政科4个职能科室。在职职工68人，其中专业技术人员52人，具有高级以上技术职称的有25人。

建所58年来，共承担上级下达的课题248项，共取得科研成果79项，获奖52项，出版专著3部，发表论文500多篇。其中“樟子松沙荒造林技术”于1978年获全国科学大会奖、“章古台固沙造林”于1986年获辽宁省政府科技进步一等奖，并作为经典模式载入中国林业史册。总结出的“以灌木固沙为主，机械固沙为辅，前挡后拉，顺风推进，分批治理”的综合治沙方法被列为我国三大治沙法之一。筛选出的主要固沙灌木填补了中国灌木治沙史的空白。开创了用樟子松人工治沙的先例，带动全省樟子松固沙造林60万亩，在我国“三北”地区应用推广达600万亩，章古台地区现已成为全国最大的樟子松种苗集散地。选育出了抗寒耐旱的彰武小钻杨、综合指标高出樟子松20%以上的彰武松和材积生长量比一般樟子松高出1倍以上的沙地樟子松优系。培育出的沙地异砧红松，克服了长白山顶级树种红松在沙地造林难以成活的障碍。引种的大果榛子在章古台地区试栽成功。总结出的科学营造、合理经营的防控樟子松衰退措施，巩固了樟子松作为我国治沙造林第一先锋树种的历史地位。1991年，荣获全国治沙先进单位；1994年，获中华绿色科技金奖；1995年，被授予阜新市爱国主义教育基地；1998年，被评为全国林业科技推广先进单位；1999年，章古台人工防风固沙林被定名为“大漠林海”，成为阜新市八大旅游景点之一；2007年，荣获阜新市“五一”奖状；2008年，荣获三北防护林体系建设30年突出贡献先进单位和中国首届沙产业十大先进单位；2009年，“彰武松良种推广”荣获全国沙产业博览会十大优质产品和实用技术奖，辽宁省第一个生态经济型防护林工程技术研究中心、全国首家樟子松科技推广中心已落户省固沙所；2010年建成的国家林业局章古台沙尘暴地面监测站是辽宁省除省会沈阳之外的唯一野外观测站，被省林业厅等5个部门命名为“辽宁省生态文化教育示范基地”。58年来，省固沙所共荣获国家级荣誉称号11次、省部级荣誉称号7次、市厅级荣誉称号14次。

2007年，省固沙所在全省防沙治沙大会上受到时任副省长胡晓华的盛赞。2008年，在三北防护林体系建设30周年大会上，省固沙所研发的良种、技术、模式得到了国家林业局贾治邦局长的充分肯定。2009年，承接了全国三北防护林体系建设现场会，受到了国家林业局副局长祝列克的高度赞扬和与会同志的充分肯定。曾赴非洲推广固沙造林成果，到目前为止，已有36个国家和地区的300多名领导人、专家、学者来所参观考察。创造了“艰苦奋斗、刻苦钻研、不屈不挠、无私奉献”的大漠精神。现在，省固沙所正以科学发展观为指导，以创新机制为动力，以沙业应用研究为主线，以加快产业发展为重点，以成果转化为目的，努力实现全面协调、可持续发展。

1978年，“樟子松沙荒造林技术”获得全国科学大会奖励

辽宁省固沙造林研究所科研基地办公楼

辽宁省固沙造林研究所沙地樟子松人工林

马里总统考察省固沙所章古台基地

丹东农业科学院

丹东农业科学院党委书记　于深海

丹东农业科学院院长　景希强

丹东农业科学院（其前身为丹东市农业科学研究所）成立于1948年3月，原隶属于辽宁省农业厅，1968年下放到丹东市。丹东农业科学院位于东经124° 08′ 与北纬40° 28′，辽宁省丹东市凤城草河经济管理区，属温带季风气候，年降水量900～1200毫米，所在地土壤属耕型坡积棕壤和棕壤型土，适合种植玉米、大豆等作物，既是我国农作物病虫害重发区，又是为玉米等作物抗病鉴定、抗病育种的理想场所。科学院以玉米研究著称全国，同时还开展水（旱）稻、大豆、蓝莓、烟草、园艺和生物技术等项研究。在海南省三亚市崖城镇和丹东前阳镇建有现代化的玉米与水稻科研基地。

院领导班子（左起：副院长孙义、副院长曲洪斌、院长景希强、党委书记于深海、副院长刘永涛、纪委书记代菁钰）

科学院现有职工277人，其中专业技术人员153人（研究员17人，副研究员29人）。全院占地面积187公顷，建筑面积1.5万平方米，固定资产3000余万元，大中型科研仪器设备百余台（件）。60多年来，研制的大批科研成果在全国得到广泛应用。1982年，玉米自交系“330”获国家发明一等奖；1989年，玉米杂交种丹玉13号获国家科技进步一等奖。

科学院在全国农业科研领域占有重要地位。具有人才、资源、地理等综合优势，是我国重要的玉米育种科技创新平台，先后被国家农业部等部门确立为国家北方农作物抗病鉴定中心、国家玉米原种繁殖基地、国家农作物品种区域试验站、国家玉米改良中心丹东分中心、辽宁丹东大豆区域试验站、辽宁省玉米育种工程技术中心等。“九五”以来相继承担了国家科技部“863”计划、农业部“948”计划、科技支撑计划、农业部跨越计划、国家粮食丰产工程、国家玉米产业技术体系建设等多项重大研究课题。

科学院现有国家级优秀专家1人，省级优秀专家3人，享受国务院特殊津贴专家18人，有68人次被选入省市“112”人才工程。先后有7人次当选全国党代表和全国人大代表，20多人次获得省、市劳动模范和优秀共产党员荣誉称号。

2009年共承担国家、省、市级项目30项，其中承担国家项目12项，省级项目11项，丹东市本级项目7项，年度经费164[illegible]万元。承担了国家科技部丰粮工程“东北平原南部（辽宁）春玉米丰产高效技术集成研究与示范”、国家科技部—农转资金项目“优质玉米新品种丹玉202号、丹玉88号高产高效综合配套技术示范与转化”、国家科技部跨越计划“高产、优质、多抗玉米育种技术研究及新品种培育”、国家农业部“948”项目“十一五国外农作物品种资源收集”等项目30项。

2009年共取得获奖成果6项（次）：“高产、多抗、优质、广适玉米单交种丹科2151”获辽宁省科技进步三等奖；“优良玉米自交系丹9046的选育及创新利用研究”获农业部中华农业科技二等奖；“不同条件下平榛资源的开发与利用”获丹东市科技进步二等奖；“丹旱糯3号、丹旱稻4号旱稻品种开发推广”获辽宁省农业贡献二等奖。丹玉系列玉米新品种2009年推广面积1891万亩；水、旱稻品种推广面积10万亩；大豆、蔬菜等作物合计推广面积30万亩。2009年合计创社会、经济效益17.17亿元人民币。

丹东农业科学院玉米所副所长高洪敏在墨西哥考察

中国农业科学院研究员张世煌访问丹东农业科学院

玉米专家景希强研究员在田间调查

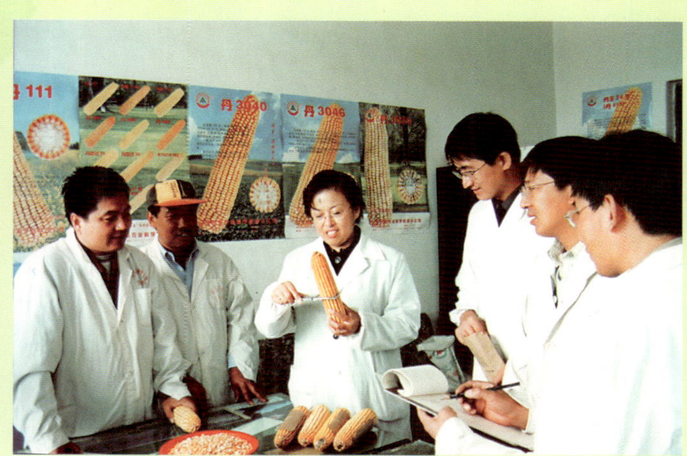
科技人员在对新品种进行试验数据记录分析

1982年，玉米自交系“330”获国家发明一等奖

1989年，玉米杂交种“丹玉13号”获国家科技进步一等奖

辽宁省农业机械化研究所

辽宁省农业机械化研究所所长丛福滋做设施农业技术调研

辽宁省农业机械化研究所成立于1958年4月，隶属于辽宁省农村经济委员会，是我省唯一一家专门从事农业机械化科学技术研究的省级科研单位，编辑出版《农业科技与装备》科技期刊。单位坐落于沈阳市东陵区东陵路90号，东西分别与沈阳农业大学和省农业科学研究院为邻。

现有职工75人，其中中高级专业技术人员41人：研究员（含教授级高级工程师）5人、高级工程师9人、工程师27人。占地总面积25871平方米，建筑物总面积19184平方米，其中办公用建筑面积4147平方米、试验室建筑面积2420平方米。

“十五”以来，完成部、省级各类农业机械化科研项目20余项，起草国家、行业和地方标准4项，获得发明专利2项、实用新型专利5项。在保护性耕作机械化技术、节能减排精量播种技术、玉米超高产栽培机械化技术和根茎类作物生产机械化技术等方面取得一系列重要成果。积极开展国内外技术交流与合作，促进科技进步，与俄罗斯、加拿大、韩国等国家的农机科研部门开展技术交流与合作，与兄弟省农机科研院所、省内相关科研单位和中国农业大学、沈阳农业大学等高校建立了密切的合作关系。《农业科技与装备》杂志的影响力不断扩大，为满足科研人员的需要，调整栏目，增加页数，已由双月刊改为月刊，杂志已成为广大农业科技工作者发表农业科技成果与开展技术交流的重要渠道。

农业机械是发展现代农业的重要物质基础，农业机械化是农业现代化的重要标志。2010年7月，国务院发出了《国务院关于促进农业机械化和农机工业又好又快发展的意见》，为农业机械化事业提供了新的发展机遇。辽宁省农业机械化研究所将继续本着“团结、务实、创新、发展”的方针，抓住机遇、勤奋工作、努力拼搏，争取多出成果、出好成果，为加快辽宁农业现代化的步伐，作出更大的贡献！

丛福滋所长与韩国专家共同研究项目

俄罗斯专家到辽宁省农业机械化研究所讲学

东北地区农业机械化发展论坛

《农业科技与装备》杂志

锦西化工研究院

锦西化工研究院位于葫芦岛市，1958年成立，是原化学工业部直属科研院所，1999年7月转制为科技型企业，现隶属于中国化工集团公司。

研究院是以化工新材料为龙头的、集高新技术开发研究、新产品生产和经营于一体的科技型企业，拥有外贸自营权，具备国家乙级环境影响评价、丙级工程咨询等资格。多年来，锦西化工研究院为国防军工事业及氯碱、聚氯乙烯等行业的技术进步作出了重大贡献。2006年被国防科工委授予“国防科技工业协作配套先进单位”称号。2009年被认定为国家级高新技术企业和辽宁省省级企业技术中心。2010年经省科技厅批准开始进行辽宁省航空有机透明材料重点实验室建设。

研究院主要从事新材料的研发生产以及高新技术服务业，主要包括航空有机透明材料、含硫特种合成橡胶、精细化学品的研发生产及行业共性技术服务。

航空有机透明材料主要包括航空有机玻璃（PMMA）和航空级聚碳酸酯（PC）板材。目前国内航空有机玻璃全部定点在锦西化工研究院生产，主要品种有各种型号的浇铸板、定向拉伸板及研磨抛光板，分别用于各种国产军用飞机、民用飞机及神舟系列飞船等，产品性能与国外同类产品相当，综合技术水平达到世界先进水平。

聚硫橡胶作为一种耐油、耐溶剂、耐碱、耐海水腐蚀、耐紫外光和高能辐射特种橡胶，具有优良的抗冲、低温挠曲性、电绝缘性、气密性、水密性以及对金属、非金属材料的粘接性能，施工方便，广泛应用于航空、航天、建筑、仪表、汽车、铁路、水利和石油化工等领域。

高技术服务业主要包括信息服务、标准化和质量监督检验等行业共性技术服务。设有全国塑料标准化委员会聚氯乙烯树脂产品分会、全国化学标准化技术委员会氯碱分会、化学工业氯碱氯产品质量监督检验中心、石油和化学工业金属阳极及电解设备质量监督检验中心、全国氯碱工业信息中心、全国聚氯乙烯信息站等机构，负责行业标准化、质量监督检验和全国性学术交流等行业活动，编辑出版《氯碱工业》（月刊）和《聚氯乙烯》（月刊）等数种专业性学术期刊。此外，锦西化工研究院还具备乙级环评资质，承担建设项目环境影响评价任务，为地方的经济发展提供了强有力的技术支撑。

锦西化工研究院院长 王志平

研发测试楼

航空有机玻璃

锦西化工研究院鸟瞰图

聚硫橡胶

地址：辽宁省葫芦岛市龙港区高新七路146号
电话：0429-3238248
传真：0429-3238136
网址：www.jrici.com

辽宁省杨树研究所

辽宁省杨树研究所党委书记、所长　王胜东

辽宁省林业厅厅长曹元、副厅长侯喜丰等领导到辽宁省杨树研究所指导工作

辽宁省科技厅副巡视员张强到辽宁省杨树研究所视察

辽宁省杨树研究所专家对林农进行现场指导

辽宁省杨树研究所坐落于辽宁沿海开发经济带的重要地段——营口辖区盖州市红旗大街110号。

辽宁省杨树研究所隶属于辽宁省林业厅，是一个公益性杨树专业研究机构。主要从事杨树遗传育种、栽培生理、栽培生态、病虫害防控的科学技术研究和科技成果转化及科技产业开发等工作。研究所下设综合科、财务科、科技室、遗传改良研究室、生物技术研究室、生理与栽培研究室、森林保护研究室、成果转化研究室等8个职能科室，另有经济技术开发公司、辽宁绿缘林业科技有限公司和辽宁虹霖科技有限公司。

现有在职员工41人，离退休人员52人。其中专业技术人员32人，平均年龄32.6岁，是一批精悍的年轻队伍。迈入21世纪以来，研究所的人才素质、水平和层次均得到大幅度提升。现有教授级高级工程师6人、高级工程师5人、博士研究生2人、硕士研究生7人，省十大科技英才1人、评为省“百千万人才工程”的百层次人才1人，千层次人才4人，省青年学术带头人1人。现主持国家高新技术育种产业化项目、国家“948”农业技术引进项目、国家农转资金项目、国家推广项目及省级农业攻关项目、自然基金项目、成果转化项目等和参加国家、省部级推广“863”计划及“十一五”科技支撑课题共10项。与中国林科院、东北林业大学、北京林业大学、黑龙江林科院、白城林科院、山东林科院等建立了广泛的合作关系，并与多个国家的科技单位开展了技术交流与合作。所内科研设施有生理生化、土壤化验、组织培养、菌种培养、显微分析等7个实验室和自动调温调湿智能温室。现有科研仪器80余台（件），基本满足细胞水平的科研需要。

建所以来共获科技成果奖44项、公开发表学术论文171篇。实有房屋建筑面积2万多平方米，其中商业门市10108平方米，占总建筑面积的一半以上。现有轿车五辆。固定资产总计约4073万元。

品种示范林

精心管理培育的杨树新品种

科技人员进行冻害发生情况调研

科研人员调查、测量杨树生长量

生理测试

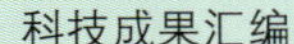

科技成果汇编

优质苗木繁育基地

速生丰产林

辽宁（海城）

菱镁基地办公楼

辽宁（海城）菱镁新材料产业基地（以下简称菱镁基地）位于沈大高速公路东侧海城开发区工业园区内，规划占地面积50平方千米，起步区10平方千米，操作区3平方千米，主要分为菱镁加工区、研发集聚区、物流展贸区、生活服务区和生态廊道等五大功能区。2010年年初，省政府将菱镁新材料产业上升为省级重点产业发展战略，重点发展以镁合金及其制成品为代表的轻体节能镁质金属材料产业集群，以镁建材、镁化工为代表的低碳、循环经济镁质新型建筑材料产业集群。

菱镁基地计划利用5年左右的时间，建成国内最大的以低碳环保、节能减排、循环经济、精深加工、资源节约型、环境友好型为特色的菱镁新材料产业基地，在“十二五”期末，菱镁新材料产业产值达到1000亿元。

菱镁基地拥有以下几点优势。

一是菱镁基地拥有优越的区位交通优势。菱镁基地位于海城市海西新城省级开发区内，西临沈大高速公路，南依海城新城区，鞍山腾达大道纵贯菱镁基地南北，规划区内拥有两个高速公路出口，距营口鲅鱼圈港和沈阳桃仙机场仅一个小时的车程，哈大高铁客运站、鞍山机场近在咫尺，交通区位优势得天独厚。

二是菱镁基地有坚实的资源产业基础。海城市菱镁保有资源储量达到26.4亿吨，占全省的74.4%，占全国的61.8%，占世界的25%，其中含镁46%以上的高品位矿石占总储量的一半以上，并具有储量大、品位高、埋藏浅、易开采等显著特点。

三是菱镁基地拥有坚强的组织保障。辽宁省政府成立了以副省长滕卫平为组长的菱镁基地建设领导小组，辽宁省科技厅牵头主抓，构建了菱镁基地重大事项决策和重大问题解决的省级工作平台。

四是菱镁基地拥有广阔的产业发展承载空间。对于菱镁基地的用地，全部实行政府拆迁、基础配套、净地出售。菱镁基地内现已建成一次变电所一座、二次变电所二座，一座10万KVA的二次变电所，由海城开发区供暖公司和海城大型热电联厂供热为主，供热能力达到300万平方米，日供水量8万吨的自来水厂一座，10.55千米的5纵3横8条骨干路网，装机容量2万门的程控电话，新建天然门站、气站，年供气量2亿立方米，污水处理厂日处理污水能力8万吨、配套能力30平方千米，绿化面积达到了30万平方米。

五是菱镁基地拥有强大的技术研发支撑。占地面积17万平方米，建筑面积22万平方米，涵盖技术研发、产品检测和标准制定、产品展示三大功能的研发中心正在加速建设中。目前，德国爱尔兰根-纽伦堡大学流体力学研究所、中科院沈阳分院、中科院沈阳金属研究所、贵阳铝镁设计院、东北大学、沈阳工业大学、沈阳化工大学、辽宁科技大学等国内外大专院校和科研院所已落户，正在筹建镁合金检测中心、镁合金成型技术研究中心、铸轧镁板中试基地以及镁建材、镁耐材、镁化工实验室和检测中心等科技服务平台。

辽宁（海城）菱镁新材料产业基地标准化厂房

六是菱镁基地拥有宽松优惠的政策扶持。为支持菱镁基地发展，海城市委、市政府对符合菱镁基地产业政策、落户菱镁基地3平方千米操作区内的投资项目、科研机构和科研人员，研究制定了相关优惠扶持政策，在土地、财税、科技、人才等多个方面，海城市政府最大限度的让利给投资者，最大限度地支持企业的发展，最大限度地支持科研机构和科研人员落户。

七是菱镁基地拥有优质高效的政府服务跟进。对于落户菱镁基地的企业，在办理相关手续和缴纳相关费用上，海城市政府实行“三个一”特别绿色通道服务，即项目审批由海城市规委会

菱镁新材料产业基地

国内外客商到菱镁基地参观考察

菱镁基地招商会议

辽宁（海城）菱镁新材料产业基地起步区鸟瞰效果图

辽宁（海城）菱镁新材料产业基地规划图

“一会制”审批，项目随需随批；审批后，由市公共行政服务中心牵头，菱镁基地责任镇区负责，为落户企业“一站式”代办相关手续；对于落户企业需要缴纳的相关费用，由市财政局牵头，实行“一费制”缴纳。

2010年，菱镁基地已有项目70余个，开工建设30个，其中投资43亿元的张家港防火板协会镁建材项目、投资7.1亿元的华宇集团高性能镁质防火装饰板材、投资6亿元的晋德矿业镁合金板材、投资5.5亿元的后英集团薄镁平板、投资2亿元的大德广镁建材、投资1.5亿元的福建厦门雅园菱镁工艺品、投资1.5亿元的精华矿业等众多项目正在加速建设，部分已经投入运营。

抚顺高新技术产业开发区

抚顺千万吨炼油 百万吨乙烯工程奠基仪式

抚顺是东北典型的老工业基地重工业城市，历史积淀沉重。近年来，抚顺市委、市政府认真贯彻落实国家振兴东北老工业基地战略，提出了由资源型城市向资源深加工型城市转变和项目兴市等一系列发展思路与重大举措。为了充分发挥抚顺高新区的石化及精细化工产业优势，树立高新区精细化工的国家级品牌，深入贯彻"国家精细化工产业化基地"的战略思想，2006年8月25日，省政府第62次常务会正式批准筹建省级高新技术产业开发区。2006年12月4日，抚顺市机构编制委员会批准成立抚顺高新技术产业开发区管理委员会，抚顺高新区的筹建工作正式全面展开。2007年，高新区被国家科学技术部认定为国家级精细化工产业化基地；2008年，被辽宁省政府确定为辽宁精细化工新材料生产基地(碳纤维生产基地)。

抚顺高新技术产业开发区位于抚顺市东南端的东洲区，地理位置优越，交通便捷，石油化工原料及产品资源丰富，公用工程及配套设施齐全完备。规划占地42.77平方千米，其中工业发展用地约10平方千米。东起东山，南至丁家子，西与郎士村相连，北至青年路。该区域距沈阳市中心区约65千米，距抚顺市中心区约10千米，距沈阳桃仙国际机场约50千米，距营口港约260千米，距大连港约400千米。

高新区根据国内外化学工业发展趋势和抚顺高新区化工及精细化工园区的区位、资源、市场及技术等条件，本着充分依托抚顺石化公司的资源和市场优势，并考虑其周边资源，注重产业链延伸与优化，逐渐构建有机化工、新材料、精细化工、橡塑蜡深加工四大产业集群，形成有机化工原料基地、精细化工产品基地、合成树脂基地、合成橡胶基地、合成洗涤剂基地、合成新材料基地、特种蜡基地等七大生产基地。

高新区现已形成十条产业链，分别是环氧乙烷、丙烯、碳四、碳五、碳九、芳烃、石蜡、合成树脂、合成洗涤剂、重油综合利用产业链。

按照中国石油天然气股份有限公司的整体规划，"十一五"期间，抚顺石化公司将建成"千万吨级炼油、百万吨级乙烯"生产基地，原油加工能力将达到1150万吨/年，乙烯生产能力达到100万吨/年。其中，新建乙烯装置80万吨/年，其下游主要配套建设汽油加氢34万吨/年、苯抽提40万吨/年、丁二烯14万吨/年、丁烯3万吨/年、LLDPE聚乙烯45万吨/年、HDPE聚乙烯35万吨/年和聚丙烯30万吨/年等。抚顺石化公司可供主要原料。

抚顺国家精细化工产业化基地授牌仪式

抚顺高新区2010年首批项目联合开工奠基仪式

辽宁（万家）数字技术产业基地

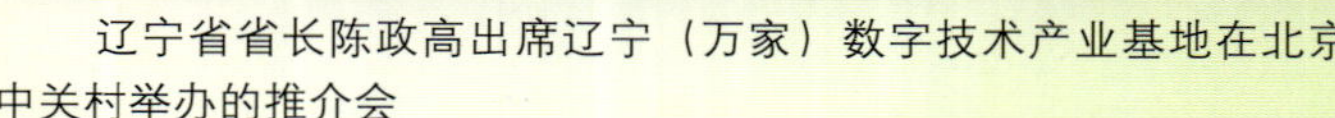
辽宁省省长陈政高出席辽宁（万家）数字技术产业基地在北京中关村举办的推介会

辽宁省副省长滕卫平到辽宁(万家)数字技术产业基地视察指导工作

辽宁（万家）数字技术产业基地（简称万家基地）位于葫芦岛市绥中滨海经济区西部，规划面积15平方千米，是辽宁沿海经济带西端起点。按照辽宁省沿海开发开放战略部署，牢牢抓住辽宁沿海经济带上升为国家战略的历史性契机，万家基地充分发挥自身优势，坚持招商引资、基础设施建设和企业开工“三条线”同步推进，继续发扬苦干、实干的工作精神，实现万家基地超常规、跨越式发展。

按照“海岸中关村、生态新城区”定位，绥中滨海经济区坚持以生态环保为框架，以人文历史为内涵，以高新技术产业为主体，高水平规划、高标准建设。其建设目标为：3年内起步区基础及配套设施基本完成，并引进一批高新技术企业，形成“海岸中关村”雏形；用5年左右时间完成基地二期建设，全区基础设施建设逐步完善，并引进一批知名企业，在全国形成相当影响，产业发达、配套完善、环境优美的“海岸中关村，生态新城区”初具规模；用10～20年时间将滨海经济区建设成一座人口规模达50万人，财政收入达100亿元，GDP达1000亿元的生态宜居新城。

一、基础及配套工程快速推进

截至目前，万家基地15平方千米“七通一平”，已基本完成并投入使用。其中，路网工程总建设长度约38千米，现已全部建成通车，保证了园区内外交通的顺畅；上下水管网的铺设工作已全部完成，已能保证园区饮用水需求；变电站已建成并开始运行，输配电线路铺设已全部完成；燃气站建设已经基本完成，管道铺设已经完成；源站和锅炉房已开始运行；两个污水泵站已经建成，净水厂正在安装设备，污水厂正在进行基础施工；园区管网已铺设完成，开工企业正陆续办理固话与局域网入网业务；亮化工程中，2300盏路灯已全部安装完毕并投入使用；一期路网绿化工程已经完成，正在进行二、三期路网绿化工程。

在配套设施建设上，创业大厦已完成14层主体楼建设，年底前将完成主体工程；农民新村10万平方米回迁楼将在11月15日全面入住；九年一贯制学校已投入使用；商贸市场主体工程已经完工；消防中心主体建设已经完成，预计明年4月前投入使用。另外，为给入驻企业创造良好的生产生活条件，万家基地的商住服务设施也在抓紧推进。投资4亿元，建筑面积10万平方米的合生天戴河项目一期工程正在施工；投资6.4亿元，建筑面积16万平方米的盛邦基业山海同湾项目一期工程，商品住宅区已经开盘，正在紧张施工，商业街马上开工建设；投资5.8亿元的亚胜置业昆仑五星级酒店项目正在做开工前期的准备，年底将完成酒店主体的两层建设，预计明年8月封顶，2012年正式投入使用。

二、招商引资工作成绩喜人

截至目前，万家基地共引进企业154家，总投资245.5亿元，年产值391.6亿元；开工企业83家，总投资97亿元，年产值210.5亿元；注册企业130家，总投资211亿元；投产企业4家，总投资2.8亿元，年产值7.7亿元。

三、产业集群初具规模

按照“海岸中关村，生态新城区”的定位要求，万家基地重点发展以电子信息、生物医药、新能源、新材料等高新技术为主的数字技术产业，突出产业特色，打造产业集聚优势。随着入驻企业不断增多，项目建设快速推进，万家基地产业集群初具规模，“海岸中关村”雏形正在逐步显现。

辽宁省科技厅厅长赵明鹏到辽宁（万家）数字技术产业基地调研

集办公、会议、展示、企业孵化等功能于一体的创业大厦效果图

辽宁（万家）数字技术产业基地鸟瞰图

绥中滨海经济区总体规划平面图

辽宁省畜牧业经济管理站

辽宁省畜牧业经济管理站始建于1975年4月，隶属于辽宁省畜牧兽医局，是农业部认定的国家级重点种公牛站。承担制定辽宁省牛良种繁育体系建设规划，保护辽宁省地方优良品种牛资源，引进、推广和利用优良品种种牛，培育肉牛和奶牛新品种等任务，研究和推广养牛新技术等职责；负责指导全省畜牧产业化、农民专业合作社的建设和发展；负责全省畜牧业经济形势分析和预测。

全站现有人员51人，其中专业技术人员29人。在专业技术人员中，农业技术推广研究员1人，教授研究员级高级畜牧（兽医）师5人，具有高级技术职称的10人，具有中级技术职称的7人。站内设置牛育种研究室、技术推广科、产业化管理科、发展研究室、合作社管理科、综合科和计财科等7个职能部门。

全站共占地11公顷，拥有固定资产1937万元，其中，办公区占地1公顷，种公牛场占地4.5公顷，奶牛场占地2.5公顷，附属设施1公顷，种植饲料用地2公顷。现有种牛舍3500平方米，采精和生产冻精用房1500平方米，胚胎移植实验室300平方米，办公用房1500平方米。基础设施齐全，冻精生产和胚胎移植设备完善，性能优良，工艺先进。

“十一五”期间共参加实施科技部下达的科技支撑计划1项、农业部下达的“948”课题1项；承担省科技厅下达的重点农业攻关计划项目2项、中小企业科技创新计划项目1项、省财政厅下达的农业重大技术推广项目1项。先后获得农牧渔业部丰收计划三等奖1项，省畜牧科技贡献一等奖1项、二等奖1项。其中承担的“辽育白牛肉牛新品种培育”项目取得了重大突破，2009年11月5日，辽育白牛通过国家畜禽遗传资源委员会认定，成为我省第一个肉牛新品种。

辽育白牛外貌整齐，体型大，体质结实，肌肉丰满，肉用牛体型特征明显；性情温顺，耐粗饲，适应广，抗逆性强，肉质较细嫩，肌间脂肪含量适中，优质肉和高档肉切块率高；早熟性和繁殖力良好；群体遗传稳定。经有关专家鉴定，辽育白牛的生产性能达到国际先进水平。辽育白牛具有较高的种用价值，可以替代从国外引进的肉牛品种，后代商品肉牛可以生产大量中、高档牛肉，推广应用前景广阔。目前，在加强辽育白牛选育的同时，初步探讨以“辽育白牛养殖户+育肥场+屠宰企业”联合的生产方式，以实现辽育白牛产业的快速发展，同时带动全省肉牛产业化发展。辽育白牛新品种选育是辽宁畜牧业史上投入资金、参加单位和人员最多、历时最久的科技项目，项目单位及辽宁省三代黄牛改良工作者为此付出了36年的辛勤劳动。辽育白牛的成功培育，不仅丰富了我国牛品种资源，彻底改变了我省肉用种公牛完全依赖进口的局面，还减少了我省对肉牛业发达国家的依赖，对于提高我国肉牛业生产水平，把我省建设成优秀肉用种牛生产基地和中、高档牛肉生产基地，推进养牛业产业化进程，促进肉牛业持续健康发展具有重要意义。

目前，辽宁省畜牧业发展势头良好，畜禽生产和畜牧业总产值继续保持全国先进水平；以辽育白牛育种为重点的辽宁省牛育种工作取得重大突破，辽育白牛选育和产业化开发正在进行。在辽宁省畜牧兽医局的带领下，辽宁省畜牧业经济管理站在指导全省畜牧业专业合作社的建设、指导基层动物卫生组织体系建设、全省牛良种繁育体系建设及技术推广工作方面的作用越来越突出，为推动全省畜牧业经济的发展和牛良种繁育体系建设作出了重大贡献。

专家考察辽育白牛种公牛

现场测试辽育白牛母牛

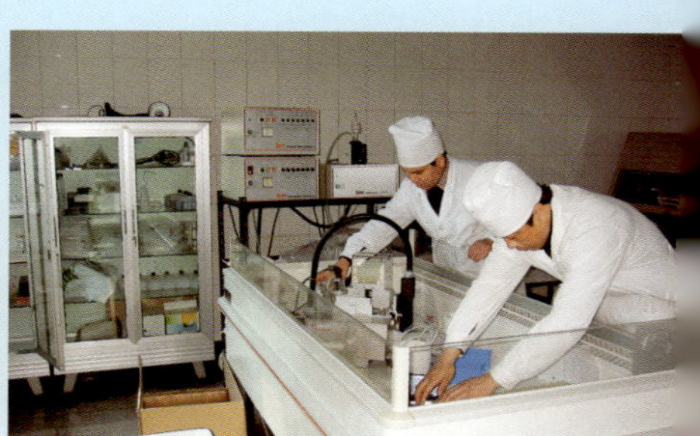
生产冷冻精液

种公牛场（局部）

辽育白牛种公牛

辽育白牛母牛及犊牛

高新区科技

沈阳高新技术产业开发区

【概述】 沈阳高新技术产业开发区（以下简称“沈阳高新区”）是1991年3月经国务院批准建立的首批国家级高新技术产业园区之一，是沈阳市的对外开放先导区和科技兴市示范区。沈阳高新区由三好街、浑南产业区、沈阳出口加工区、沈阳新加坡工业园等区域组成，总开发面积为35平方千米。

2008年，全区实现营业总收入1310亿元，同比增长21%；实现工业总产值1120亿元，同比增长24.3%；实现高新技术产值510亿元，同比增长27.3%；实现地区生产总值398亿元，同比增长22.2%；完成全社会固定资产投资246亿元，同比增长24.2%；实现一般预算收入13亿元，同比增长36.8%；实现地方财政收入45亿元，同比增长31.6%；实现出口创汇9.1亿美元，同比增长11.1%；外资实际到位7.8亿美元，同比增长19.1%。申报各类专利694件，同比增长32%，其中发明专利446件，同比增长17%；引进国内外技术和管理人才1573人，技术团队58个；全区科技投融资达46.5亿元，同比增长16%。

【园区建设】 按照市委、市政府“优化结构年”的部署，沈阳高新区着力构建高端化、高质化、高新化产业结构，突出科技进步的先导作用，优先发展高新技术产业，着力培育电子信息、先进制造、生物医药、节能环保和新材料五大主导产业，以及软件、动漫、IC装备、数字医疗和科技服务5个特色产业。按照“整合、共享、完善、提高”的基本思路，立足于高新区主导产业和特色产业，重点推进动漫、IC装备、医药等专业公共技术服务平台和园区技术研发中心、重点实验室建设。

组建了全国一流的行政审批办事大厅，推出了新办企业审批“一表制”特色服务，建立了高效便捷的项目进区“绿色通道”；构建了公司基础服务、企业信息网络服务、留学人员回国创业全程服务、企业咨询与培训服务、入区企业投融资服务、人力资源开发服务体系、技术成果交易服务、物业保障等较为完整的创新服务功能；推进国家代办股份转让（“新三板”）试点工作，辽宁电能、宝石金卡、全密封变压器等8家高新技术企业启动股改和挂牌准备工作，其中4家企业已完成股改；在人才培养方面，与东软集团联合建设万人IT人才实训基地。高新区已经形成资金、人才、技术、产品等要素资源互补的创新创业良好环境。

【科技产业政策】 先后颁布实施《沈阳国家高新技术产业开发区“十一五”期间自主创新发展纲要》，出台《沈阳高新区科技型中小企业技术创新基金实施细则》和《沈阳高新区科技发展资金管理办法》等文件，设立每年2亿元以上的科技和产业扶持基金，对优势企业和有发展潜力的科技项目给予特殊扶持，对投资规模大、带动力强的项目，采取一事一议的办法，给予更加灵活的政策支持。

【科技项目与经费】 全年组织企业申报国家、省、市科技项目350余项，其中立项110项，获得市级以上科技资金支持1.4亿元；组织园区科技企业申报高新区科技计划项目108个，计划安排项目46个，安排财政扶持资金2450万元。12英寸PECVD等一批IC装备项目纳入国家重大专项，其中“90-65nm等离子体增强化学气相沉积设备研发与产业化”项目获得国家集成电路装备重大专项立项支持，获得国家专项资金资助超过亿元；“整体煤气化联合循环发电（IGCC）”项目被列入国家“863”重大项目，获得支持资金1.7亿元。

科技投融资达46.5亿元，同比增长16%；财政科技投入增幅达27%，科技投入超过2.18亿元。东软集团整体上市新融资18亿元，奥维通信深交所上市融资2.28亿元，辽宁高科纳斯达克上市融资近1亿美元。

设立外资项目93个，合同外资额15亿美元，实际到位外资7亿美元，引进超千万美元大项目13个，储备在谈项目达到180个，重点项目有日本爱发科薄膜太阳能电池项目、中钢OLED、美国第一能源风力发电机项目。引进了世界500强企业——美国GE公司的矿用卡车电动轮和供应商发展中心两个项目、韩国LG · CNS软件项目。

【科技成果与转化】 一批重大科技项目取得新的突破：东软集团开发出CT、核磁共振、生化分析仪、彩超、X射线机等系列数字化医疗设备产品，生产的CT、核磁共振数字化医疗设备占据国内60%市场；成功研制出的PET设备，使我国成为美国之外唯一能够生产此类设备的国家；辽宁成大利用核心技术，成功开发出具有国际领先的高性能狂犬疫苗产品；沈阳新松机器人拥有56项专利技术，其开发和生产的工业机器人和自动化生产线不仅打破了国外产品在我国的长期垄断，而且迫使国外产品大幅度降价；从高新区创业中心孵化毕业企业奥维通信股份有限公司在深交所挂牌上市。时尚科技、诺康医药等一批毕业企业正在成为高新区科技产业发展的生力军；高精数控公司的"中国脑"、芯源公司的"匀胶机"、科仪公司的罗茨干泵、PECVD、新松公司的工业机器人等103项技术产品达到国际先进水平。形成了一批具有自主知识产权和核心竞争力的顶尖产品，已成为支撑和促进地方科技与经济发展的动力源和活力源。

【高新技术与产业化】 高新区内累计注册企业逾6000家，其中世界五百强企业总数达到30家。高新区IT产业、先进装备产业、IC产业、新型材料和节能环保等领域的生产型及科技服务型企业2300余家，其中高新技术企业446家，实现高新技术产品收入334亿元。

形成了电子信息、先进制造、生物医药、新材料、新能源与环保等主导产业框架，包括以东软集团、乐金电子等企业为代表的电子信息产业，以新松机器人、沈阳科仪为代表的先进制造，以辽宁成大、沈阳诺康等为代表的生物制药产业，以通用电气、辽宁高科为代表的新能源环保和以东大冶金、中科三耐为代表的新材料产业。

推进产学研合作。通过加强产学研结合，为企业发展提供技术依托，全力支持高校、科研院所以及区内企业建立产学研战略联盟，设立研发中心、总部和生产基地。截至2008年年末，沈阳高新区拥有计算机软件国家工程研究中心、机器人技术国家工程研究中心、高档数控国家工程研究中心等44家国家及省部级研发机构；中科院金属研究所、沈阳自动化研究所、沈阳计算技术研究所、沈阳应用生态研究所、中科仪5个中科院属科研院所在高新区设立了产业化基地。

推进科技型中小企业进入资本市场。以科技部、证监会批准国家级高新区进入代办股权转让试点的扩容契机，高新区与沈阳市科技局联合开展国家代办股份转让（"新三板"）试点工作，制定了《沈阳高新区非上市股份有限公司进入代办股份转让系统进行股份转让试点办法》《沈阳高新区非上市股份有限公司申请代办股份转让试点资格认定办法》等政策，落实专项经费。辽宁电能、宝石金卡、全密封变压器等8家高新技术企业已启动股改和挂牌准备工作，其中4家企业已完成股改。

【科技合作与交流】 积极推进国际科技合作，与美国、俄罗斯、西班牙、日本等国外知名院所在区内建立国际联合实验室和成果转化中心，引进了一批科技含量高、牵动力强的大项目，如日本爱发科薄膜太阳能电池项目、中钢OLED显示项目、美国第一能源集团（A-Power）沈阳风能装备制造基地等。引进世界500强企业美国德州仪器(TI)公司与沈阳聚德视频技术有限公司联建的"德州仪器－聚德智能视觉工程技术中心"，为企业走向国际舞台搭建桥梁，集聚了一批高科技产业领军人才。同时，以国际展会作为平台促进对外交流与合作。2008年以沈阳IC装备创新产业园为主体参加了在上海举办的"2008中国国际半导体设备、材料、生产和服务展览暨研讨会"，累计接待参观和洽谈者5775人次，意向单位105家，达成意向合同金额14665万元。沈阳高新区已成为辽沈地区对外开放的窗口。

截至2008年年底，沈阳高新区拥有外商投资企业500余家，美国IBM，GE、微软、德州仪器、日本东芝、三菱，韩国乐金电子，荷兰飞利浦等30家世界500强企业先后进入园区开展投资、合作。

【科技平台建设】 截至2008年，沈阳高新区拥有国家和省部级研发机构44个。2008年，沈阳高新区加快构建以企业为主体、市场为导向、产学研相结合的特色产业基地，打造产业集群，重点建设东软数字医疗产业园、IC装备产业园、动漫产业园、清华同方信息产业园、辽宁成大生物产业园、方大LED照明产业园等为代表的一批高新技术产业基地。扶持了东软集团股份有限公司、新松机器人自动化股份有限公司、沈阳高精数控技术有限公司、沈阳科仪公司、辽宁成大、奥维通信股份有限公司等一批科技龙头企业。通过“走出去，请进来”，创新平台建设模式，辽宁省分析科学研究院、沈阳药科大学分别投入百万元设备和技术人才，在高新区内共建中药与天然药物研发孵化平台的药物检测实验室和制剂中心，实现强强联合；引入高端人才和战略合作伙伴，启动“沈阳IC装备精密零部件加工制造公共技术服务平台”建设，为沈阳IC装备产业基地提供服务和支撑。

沈阳科仪公司和沈阳变压器研究所分别被国家发改委授予“真空技术装备国家重点实验室”和“特高压变电技术国家工程实验室”；沈阳亿灵公司的“临床药理评测中心实验室”通过了国家认可委员会（CNAS）检测实验室认可，成为全国第一家取得该项资质的民营企业，园区的创新环境和整体科技实力显著增强。

沈阳高新区作为主体单位，积极推进中科院与沈阳市政府共建“沈阳科技创新园”，通过为新松机器人自动化股份有限公司、沈阳科仪公司、沈阳芯源微电子公司、沈阳中科博微自动化技术有限公司、沈阳高精数控技术有限公司、AMT等中科院系统企业在项目建设、产业基金、环境政策等方面提供支持和服务，促进科技成果转化，加速特色产业基地建设和高科技产业发展；加速推进东软集团的万人软件人才实训基地建设，截至2008年年底，东软实训基地一期建设已经完成并开始启动，第一批为沈阳市400多个困难家庭的大学毕业生进行了免费实训，并择优安排就业。基地全部建成后每年可为沈阳市及周边城市培养软件实用人才万余人，为沈阳高新区培养实用性人才提供了最佳平台。2008年，沈阳高新区共有1个产业集群、3个创新示范园区、2个公共技术平台被列为沈阳市高新技术带支持重点。

动漫产业发展势头强劲，2008年基地立项原创作品40余部，总片长近6万分钟，占辽宁省立项作品总量的90%以上，占全国立项作品总量的1/10；制作完成动漫作品1万分钟，占全国总量的1/12，并有5部作品在央视播出。沈阳动漫产业基地原创动画片的制作已进入全国前5名，沈阳动漫产业基地也相继被国家新闻出版总署和国家广电总局批准为国家动漫产业发展基地、国家动画产业基地。

拥有基础设施齐全、孵化功能完备的创新孵化体系，包括沈阳高新区科技创业服务中心、沈阳昂立信息园、沈阳IC装备孵化园3个国家级孵化器，以及辽宁沈阳海外学子创业园、沈阳软件园、东大自动化创业园、亚泰火炬信息园和火炬创业园等专业孵化器。高新区已形成沿21世纪大厦至东软集团的科技研发孵化带，创建了以综合孵化器为基础、以IC装备制造、软件产业、生物医药、自动化产业、信息通讯、新材料产业6大专业孵化器为核心的孵化器集群，成为行业领军人才的积聚地和技术创新中心。优秀毕业企业奥维通信股份有限公司于深交所上市融资2.28亿元，成为沈阳高新区孵化毕业的首家上市企业。

推进公共技术服务平台建设。先后搭建起动漫技术、IC装备零部件加工及检测、中药与天然药物研发孵化、数字化医疗设备研发检测、中小企业信息服务、科技投融资服务平台等公共技术服务平台，建设形成了立足于高新区，服务于全市科技企业的公共服务平台体系。

【知识产权工作】 着力完善知识产权管理和服务体系，设立知识产权专项扶持资金，开通上门服务的专利“直通车”；积极联系辽宁省、沈阳市知识产权管理部门及有关专家、学者为企业集中授课、培训，普及知识产权知识，加强对知识产权纠纷处理的工作力度。

2008年，沈阳高新区被国家知识产权局批准为国家知识产权试点园区。

（沈阳高新区　赵志江）

大连高新技术产业开发区

【概述】 大连高新技术产业开发区（以下简称“大连高新区”）是1991年3月经国务院批准建立的首批国家级高新技术产业园区之一，也是大连市高新技术产业的基地、自主创新的平台、软件和服务外包的核心区，2008年11月被科技部评为国家先进高新区。

近年来，大连高新区已步入良性循环的可持续发展之路。2008年，实现增加值410.58亿元，同比增长21%；完成固定资产投资139.01亿元，同比增长38.5%；实际使用外资6.02亿美元，同比增长48.6%；完成财政一般预算收入15.9亿元，同比增长43.6%；实现高新技术产业总收入1068.6亿元，占全区总收入的75.9%。全年认定高新技术企业40家。

9月，大连市委、市政府对高新区空间和体制进行了调整，将甘井子区凌水街道（刘家村除外）、旅顺口区龙王塘街道（盐场新村、郭家沟村除外）和大连奶牛场（简称“两街一场”）划归高新区代管，由高新区全面负责党政、经济、社会事务，实行统一规划、统一建设、统一管理。截至2008年年底，大连高新区辖区人口约20万人。

【科技产业政策】 7月8日，高新区颁布了《关于进一步加强软件和服务外包业人才工作的若干规定》，从人才引进、人才培养、人才服务等多个方面对软件和服务外包人才到大连工作给予扶持。

9月24日，大连市政府颁布了《关于吸引海外学子尖端人才归国创业工程若干意见》，从启动资金、创业投资、资金担保、贷款贴息等方面为海外学子高端人才提供扶持。

3—11月，高新区会同市信息产业局研究制定了《大连市关于进一步促进软件和服务外包产业发展的若干规定》（以下简称《规定》）。该《规定》从人才培养与引进、企业发展、信誉体系建设、鼓励投融资等方面对软件和服务外包企业给予支持。

【科技项目与经费】 全年组织企业申报项目377项，获批准立项的各类科技计划项目123项，争取国家和省市科技部门经费8953万元；财政科技创新资金投入3750万元，扶持自主创新项目110个；对来自276家企业的11692名软件高级人才发放奖励资金7254万元；在园区科技产业政策影响和引导下，企业科技经费支出达到68.4亿元，同比增长23.6%，占企业总收入的4.85%，研发支出达到21.93亿元，同比基本持平，占GDP的比重达到5.34%。

【科技成果转化】 普传科技公司“PS7000电机环保节能器”项目被列入国家发改委“十大重点节能工程、循环经济和重点流域工业污染治理工程”；新源动力公司承担国家“863”计划项目“车用燃料电池发动机系统研发”“增强型质子交换膜应用技术研究”“以重整气为燃料的质子交换膜燃料电池发电技术研发”；辽宁欧谷数字公司研发出“骊”“崔健”等自有品牌手机；东信自动化公司的“多通道实时网络数控系统”已取得发明专利，美罗药业股份公司研发出国家一类新药“来氟来米特”及片剂；路明集团公司的“幔态LED显示工程”中标“水立方”；阿依艾软件公司的超大幅动态画面弧形显示系统首次在日本亮相；科迪RGB矩阵进驻2008奥运会鸟巢视频监视系统并入选“2008—2009年度信号处理十大品牌”；奥托股份公司承接了BMW汽车白车身生产线制造。

2008年，大连高新区一系列自主知识产权产品的产业化有力地助推了“大连制造”向“大连创造”的转变。

【重大科技活动】 “2008年中国海外学子辽宁（大连）创业周”特点鲜明、成果丰硕。成功举办了

"两会、三展、四论坛"九大主题活动，30个海外留学人员及华人学术团体、600名海外学子参加了本届"海创周"。其中，316名海外学子携带369个高科技项目，与辽宁省3000余家企业、科研院所、大专院校等单位进行项目对接洽谈，共签订合同202项，合同金额14.5亿元。55家海外学子创业园的150代表参加全国留学人员创业环境展，280家跨国公司、国内大中型企业、大专院校参加国际人才交流会，涉及高端岗位2000多个，达成用人意向620个，其中62%是软件和服务外包产业人才。首次推出国际设计博览会——中国大连设计节，30多名世界著名的设计师、150多家设计企业参加此项活动，活动中展出了"金镶玉"奖牌、"青花瓷"、"玉脂白"、"盘金绣"系列颁奖礼服等北京奥运会经典元素。

【科技合作与交流】 2008年，大连高新区加强了与欧美同学会的合作与交流，欧美同学会首次成为"中国海外学子辽宁（大连）创业周"的主办单位之一。"海创周"在广大海外留学人员中的影响力进一步提升。

加强了同高校的合作与交流，邀请哈尔滨工业大学在国家集成电路人才培养基地设立大连培训中心，与辽宁师范大学、大连交通大学开展大学生校外实训合作，两所高校200多名学生参加了校外实训。

同大连市信息产业局、中国半导体行业协会集成电路设计分会等共同举办了集成电路设计产业研讨会，来自中国半导体行业协会、大连理工大学等单位的60多位专家参加了会议，为高新区集成电路设计产业发展建言献策。

【科技平台建设】 组建省、市工程研究中心、企业技术中心、工程实验室24个，其中省级工程技术研究中心5个，市级工程研究中心4个，市级工程实验室11个，市级企业技术中心企业4个家，博士后工作站和科研基地12个，各类研发机构97个。

在已建成EDA公共技术平台、光电技术平台等4个公共技术平台的基础上，又建成辽宁省首个嵌入式系统公共开发服务平台，同时积极推进软件测试平台建设。

【规划建设】 科学规划旅顺南路软件产业带。实施"一二三四"发展战略，即一个核心功能区——将七贤岭产业化基地建设成为集研发、孵化、产业化、科技服务、社会服务和行政服务于一体的现代服务业核心功能区；两个人才基地——建设凌水湾软件人才基地和龙头（大学新城）软件人才基地；三个综合服务区——在河口、龙王塘、龙头建设包括住宅、服务、休闲和购物、医疗以及学校、社交的软件综合服务区；四个软件园区——打造大连软件园、河口国际软件园、黄泥川大连 · 天地软件园和龙头国际软件园。

全力推进河口国际软件园建设。腾飞软件园一期投入使用，二期工程已经竣工；东软软件园一期正式开园；中科院创新园投入使用；生活配套区和商务配套区建设快速推进；加快黄泥川大连 · 天地软件园建设。动迁回迁工程已完成，基础工程建设进展顺利；凌水湾软件商务综合区建设全面启动。填海护岸工程开工建设，陆域改造工程加快推进；积极推进龙头国际软件园建设。完成4.7平方千米起步区基础设施建设；启动英歌石软件园的规划建设。

【创新服务体系建设】 加快构建多元化的投融资体系。高新区担保公司注册资本已达到1.8亿元，为区内137家企业共171个项目提供的担保融资达到13.8亿元；成立大连海融高新创业投资基金有限公司，注册资本1亿元，基金规模达到5亿元，完成了对百易软件等项目的投资，有6家企业与有关中介机构签署改制上市协议，两家企业在美国OTCBB市场挂牌交易。

实施"新三区联动"战略。大学校区、研发区和产业区互动发展，产学研有机结合，受到科技部领导的好评，大连理工大学技术转移中心被评为国家技术转移示范机构先进单位。

加强知识产权保护体系等信誉体系建设。成立了高新区保护知识产权工作站，努力营造良好的产业环境，授权专利达到3000多项。

加强创业孵化体系建设。建成海外学子、IT、动漫等9个孵化器，新增孵化面积5.2万平方米，总孵化面积超过30万平方米，累计孵化企业686家，在孵企业总收入突破30亿元，大连高新区创业中心被评为国家科技企业孵化器先进单位。

【软件和服务外包产业】 高新区软件和服务外包产

业持续高速发展，截至2008年年底，高新区吸引和聚集软件和服务外包企业570家，从业人员超过6万人；实现收入240.8亿元，同比增长40%；出口创汇7.9亿美元，同比增长41.1%；网络、动漫、工业设计、集成电路设计等特色产业快速发展。

大连高新区软件和服务外包产业规模、企业数量、出口创汇、从业人员等均占大连市的80%以上。大连高新区已成为国内软件产业聚集度和国际化程度最高的园区，是第一批“国家软件产业基地”和“国家软件出口基地”。大连市因此成为第一个“国家软件版权保护示范城市”，第一个“中国服务外包基地城市”，唯一的“软件产业国际化示范城市”，唯一的“国家动漫游戏产业振兴基地”和“国家动画产业基地”双授牌的动漫游戏产业基地，是“国家高技术产业基地——信息产业基地”。

【招商引资与企业并购】 针对国际产业转移的新趋势，高新区始终坚持“三高”标准（投资密度高、科技含量高和回报率高），加大招商引资力度，提高开放型经济水平。先后引进59个世界500强企业投资项目。埃森哲全球研发中心、甲骨文全球支持中心等近20个世界500强企业区域研发、服务中心先后成立。随着安永财务共享中心、安博教育实训基地、软银信息技术服务中心、IBM软件高端人才培训中心等一批高水平项目的进驻，推动了大连市的软件和服务外包逐步由产业链的低端向中高端转移。联合创业集团总部、香港巨能LED、中国运载火箭研究院航天研发中心、互动新媒体网络研发中心等一批国内外高水平项目落户高新区，在推动产业结构优化升级的同时，也增强了高新区的科技创新能力。

积极实施“走出去”战略，建成了我国首个境外软件园——大连（东京）软件园。大力推进企业海外并购，亿达信息技术公司完成了对日本NIC软件公司和日本、大连艾特佳软件公司的并购。

（大连高新区　朱扬军）

鞍山高新技术产业开发区

【概述】 2008年，鞍山高新技术产业开发区（以下简称“鞍山高新区”）经济总量实现迅猛发展，经济运行质量显著提高，社会更加和谐，人民安居乐业。全区广大员工以科学发展观为统领，按照市委、市政府的战略部署，以“围绕一个核心、实现两个融入、推进三大任务”为目标，坚持“一手抓空间，一手抓项目；一手抓发展，一手抓民生”，顽强拼搏，扎实工作，经济和社会各项事业发展开创了新的局面。

全区实现工业总产值554亿元，同比增长40%；高新技术产业产值284亿元，同比增长40%；利税61亿元，同比增长40%；地区生产总值142亿元，同比增长38%；出口创汇5400万美元，同比增长20%；实际利用外资1.2亿美元，同比增长3.72倍；固定资产投资56.8亿元，同比增长27.9%；实际到位内资47亿元，同比增长20%；财政一般预算收入2.3亿元，同比增长49%。

在经济运行质量有效提升的同时，经济运行速度不断提高。经济发展势头持续向好，连续4年主要经济指标保持35%以上增长速度。2008年实现的总收入是高新区成立以来前12年的总和，高于全国高新区平均增幅8个百分点，高于东北高新区平均增幅12.4个百分点，成为全国高新区中近几年来发展速度较快的高新区之一。

科技创新在抵御金融危机中发挥了强有力的支撑作用。受金融危机的影响，迫使企业更注重降低成本，节能降耗意识大大增强，这对于鞍山市高新区高技术节能产品形成了利好。规模工业企业扩张迅猛。新增规模工业企业70家，总计达到188家，占全市的比例达到11%，有力地支撑了第二产业的平稳较快增长。现代服务业成为新的增长点，第三产业增加值增幅比上年提高1.2个百分点，社会消费品零售总额增幅高于全市5个百分点，显现出潜在的动力，促进了全区的投资和消费的合理循环。

【园区建设】 大德高科技企业创业园、中铁钢管公司冷弯型钢等工业项目开工建设加快推进。投入8628万元进行基础设施建设，为入区企业的发展创造良好条件。高标准、高质量地开展园区绿化美化，园区形象有了新的提高，逐渐成为生态型新城区。

【科技项目与经费】 全年完成投产达产、开（复）工建设、强力推进、谋划提出项目362个，总投资463亿元。其中，投产、达产项目48个，总投资23亿元；开（复）工建设项目94个，总投资81亿元；强力推进项目154个；谋划提出项目66个。在投产、达产和开工建设项目中超亿元项目达到了30个。

全年安排企业科技发展资金、企业扶持资金2700万元。26家企业获批市级科技计划项目。

【科技成果】 全年新增专利121项。鞍山高新区成为全省18家“知识产权工作试点县（市、区）”之一。新增省著名商标和省名牌产品6项，省以上著名商标和省名牌产品达到13项。

申报省级制造业信息化单位5家；省政府向全省6家企业颁发“辽宁省质量管理奖”，其中鞍山高新区占2家，分别是聚龙公司和荣信公司；森远等2家企业获辽宁省科技成果奖；宏源等3家企业列入辽宁省百项工程重点项目。

鞍山高新区连续两年获得省“高新技术产业发展促进奖”。

【科技平台建设】 大力推进研发中心建设。以企业为主体，以校企合作、产学研相结合为主要途径，有效提升企业创新能力。宏源公司等3家工程技术研究中心被批准为省级工程技术研究中心，截至2008年年底，鞍山高新区研发中心累计达到36家。

快速推进企业孵化工作。成功引入民营资本建设5万平方米科技孵化器。新增孵化企业23家，孵化毕业企业5家，孵化毕业企业累计达134家。

全力扶持森远、华冶、聚龙等9家企业上市 。

【特色产业基地建设】 鞍山柔性输配电及冶金自动化装备产业基地于2008年5月被国家科技部正式批准为国家火炬计划特色产业基地。荣信电力电子股份有限公司、鞍山市华冶动力设备有限公司等7家企业成为基地内首批骨干企业。

以柔性输配电产业园、冶金工业自动化产业园、光电产业园为依托，大力引进项目，目前已形成了以荣信电力电子股份有限公司、鞍山市华冶动力设备有限公司为龙头的柔性输配电产业集群；以鞍山市宏源自动化工程有限公司、鞍山科大聚龙集团、鞍山海汇自动化有限公司为核心的冶金自动化产业集群；以香港伟志公司、惠州雷士光电科技有限公司为代表的光电产业项目，也将落户高新区，形成光电产业集群。

【招商引资】 招商引资工作呈现出鲜明特点。一是着力培育战略性大项目。培育荣信公司的高压直流输电及高压输配电产业化基地项目成为百亿元项目，培育宏源公司的自动控制产业化基地项目、森远集团的高等级公路养护成套设备联合工程技术研发中心等5个项目成为超十亿元项目。二是注重引进高科技项目。德康公司的高性能永磁铁氧体瓦型磁钢生产线、阿丽贝公司的高密度聚乙烯聚丙烯塑料防腐设备二期等项目，都是科技含量高、市场前景好的行业领先项目。三是实施主题招商，推进项目集群建设。

（鞍山高新区　贾素娟）

锦州高新技术产业开发区

【概述】 2008年，锦州高新技术产业开发区（以下简称“锦州高新区”）实现地区生产总值16.1亿元，工业总产值45亿元，工业增加值12.3亿元，高新技术产品产值40.8亿元；完成固定资产投资14.8亿元，营业总收入78亿元，实现地方财政一般预算收入1.81亿元；全年出口创汇总额为7280万美元，实际利用外资1327万美元。

全年新增规模以上工业企业4户，规模以上工业企业达到40户，预计将新增工业产值1亿元；新认定高新技术企业3家，占全市高新技术企业总数的43%。

【园区建设】 锦州高新区现有凌东、南站两个高新技术产业园区。截至2008年年底，南站规划区10千米污水排水工程全线贯通，彻底解决了工业小区排水急需；南站高新技术产业园区内的年处理污水3.5万吨的污水处理厂正在建设中；凌东高新技术产业园区的“电力走廊”建设在年底前竣工，该输电线路的架设将全面缓解凌东高新技术产业园区的电力紧张问题。园区的基础设施建设已经初步具备了项目落位的基础条件。

【科技项目与经费】 锦州高新区抓住“五点一线”建设和锦州湾开发开放的有利契机，通过加强投资软硬环境建设，完善引资政策，简化招商引资程序，提高服务保障水平，全方位多领域扩大开放，吸引了一批重大项目落户。2008年新落位项目10个，续建项目4个，重点洽谈工业项目13个，地产项目6个。

科技三项费用达到240万元。为切实提高“科三费”的利用效率，在注重向高新技术企业和高新技术项目倾斜的同时，进一步增强对企业技术中心和实验室建设项目的支持，如锦州奥鸿药业有限公司的“洋地黄苷眼用凝胶”项目拨款20万元，锦州凯美能源有限公司的“超级电容器研发中心”拨款10万元等，以此引导企业加大自身的科技投入4200万元。

积极组织企业申报各类科技计划。根据国家和辽宁省2008年科学技术项目申报指南，组织“不对称双电层超级电容器”“生化药物公共技术研发平台”等项目申报各类科技计划15项，争取上级科技部门的资金支持190万元。其中锦州凯美能源有限公司的“不对称双电层超级电容器”项目列入国家重点新产品计划。

爱家家居是广东家居协会重点品牌会员单位发起的项目，该项目一期投资8000万元，主要经营高档家具，是辽西地区唯一一家高档家具的旗舰店，已经成功签约引进了50多个国际、国内知名品牌入驻。ITAT公司的东北服装批发、物流中心项目总投资6000万元人民币。北方奔驰东北物流中心项目是由长春华北汽贸有限公司投资5000万元建设的集整车销售、配件配送、维修保养等为一体的东北物流中心。目前一期工程已经完成，基本具备生产销售条件。该项目建成后，年销售额可超亿元。还有汽车尾气管项目、特种焊条项目、半导体焊珠项目以及锦州林源硅晶研发有限公司项目、锦州华地和锦州联丰商品混凝土项目、锦州恒大电子有限公司项目等一批重点项目正在办理规划和建设等手续。

锦州日鑫硅材料有限公司硅单晶生产项目、锦州进永精密锻造有限公司汽车零部件项目、锦州美联桥汽车零部件有限公司增资项目、米贝（锦州）毛皮加工有限公司高档皮毛加工项目、锦州康泰润滑油添加剂有限公司的脲基脂项目等一批续建项目正在建设中。

【科技平台建设】 为提高企业的创新能力和技术竞争力，鼓励规模以上企业通过自身力量、企业间联合、校企联合等方式建立自己的工程技术中心或实验室，并从科技三项费用中拿出一部分资金予以支持，培育国家、省级工程技术中心或实验室。截至2008年年底，全区已建立了3家省级工程技术中心。充分发挥锦州国家级创业服务中心作用，扩大孵化器面积，提高孵化能力，完善孵化功能。锦州创业服务中心联合奥鸿药业公司建立“生化药物公共技术研发平台”，该项目列入了省级科技计划。建立了“创新资源库”，对区内研发中心或实验室的检验、检测设备以及技术人才等登记造册，实现资源共享，提高现有资源的利用率，降低企业创新成本。

【科学普及】 组织20余家农事企业和3000多名农民参加了“中国（锦州）北方第十二届农展会”。辽宁道光廿五集团满族酿酒有限责任公司、辽宁凯为生物技术有限公司等13家企业参展，签订合作协议10个，协议金额2181万元。

高新区举办了“2008年科技活动周”。以弘扬科学精神、建设社会主义新农村、让青少年理解科学和参与科技创新等方面为重点，以贴近实际、贴近生活、服务群众为目的，进一步充实、完善活动内容，开展了专家讲座、科技下乡、科技成就展等系列活动，增强了社会各界对高新区科技发展的关注度，形成了“关注科学、学习科技、参与创新、服务社会”的良好氛围。

组织企业参加“中国专利产品交易会”，汉拿电机公司、拓新电子公司等4家企业的12个专利项目参展。汉拿公司的“车辆用交流发电机”和“起动机机壳连接定位机构”两个专利项目荣获金奖。

（锦州高新区　刘华山）

营口高新技术产业开发区

【概述】 2008年，营口高新技术产业开发区（以下简称“营口高新区”）实现总产值203.13亿元，同比增长9.7%；实现工业增加值67.46亿元，同比增长9.7%；实现高新技术企业产值10.6亿元，同比增长20.7%；实现总收入213.72亿元，同比增长9.4%；实现出口创汇0.876亿美元，同比增长9.5%；实现国内生产总值69.61亿元，同比增长9.8%；实现财政收入2.2亿元，同比增长9.5%；实现高新技术产品销售收入138亿元，同比增长13.6%。

【园区建设】 加强道路建设，使区内路网不断完善。对北区总长1367米的污水厂路、科龙路翻修投入420万元进行改造，又投资10万元改造了世纪路的排水，疏通了北区的排水管网，使北区污水水位下降了0.6米，基本解决了北区雨季道路积水问题。

实施美化、亮化、净化工程。按照企业的需求，重点进行了北区及服务中心楼体的亮化、美化，新添了园区标识和企业指示标识。目前，已经投入资金500余万元，极大地提升了高新区的整体形象。

【科技项目与经费】 全年实现开工建设1000万元以上项目21个（工业项目19个，非工业项目2个），完成固定资产投资17.1亿元。已开工建设工业项目19个，总投资167460万元，其中固定资产投资128207万元。在19个工业项目中，续建项目2个，总投资46100万元(其中固定资产投资35066万元)；新建项目17个，总投资121360万元（其中固定资产投资93141万元）。17个新建项目中，亿元以上项目3个，总投资80100万元（其中固定资产投资68250万元）；5000万～10000万元项目2个，总投资12000万元（其中固定资产投资4431万元）；1000万～5000万元以上项目12个，总投资29260万元（其中固定资产投资20460万元）。

辽宁船舶工业园有限公司的“船台技术改造”项目，总投资1.5亿元。项目达产后年新增产值8亿元，利润总额6000万元，税金1500万元；营口高新汽保设备公共研发有限公司的“汽车保修检测设备公共研发服务平台”项目，总投资6500万元。项目实施完成后，预计将为行业增加近30亿元的产值；

营口亿峰铜业有限公司的“年产IC卡水表300000台、4000吨铜包铝母排”项目，总投资5500万元，项目达产后预计年新增产值4.3亿元，新增利润3840万元，新增税金2555万元；营口海硕环保滤材有限公司的“年产50万平方米环保滤材”项目，总投资3545万元，项目达产后预计年新增产值6000万元，年新增利润900万元，年新增税金300万元；辽宁三洋电梯有限公司的“电梯整机及配件1000台”项目，总投资2500万元，项目达产后，年新增产值5000万元，利润总额400万元，税金150万元；辽宁富士铜业有限公司的“高速铁路接触网”项目，总投资2000万元，项目达产后，预计年新增产值3.2亿元，利润总额3200万元，税金3200万元。

重点工程进展情况：西炮台湿地公园工程是高新区承担的市政府五大工程项目之一。总投资5013万元。西炮台公园总挖方量144万立方米，平整土地58万平方米，形成人工湖面积36万平方米，计划蓄水量100万立方米，芦苇湿地20万平方米，两个湖心岛面积3万平方米，修建柏油路、拟石路、人行步道总长3.6千米。两项工程现已全部完成。公园内道路畅通，可供游人观海、观湖、观赏湿地植物和湿地候鸟等景观，为广大市民和游客提供了旅游休憩、科普学习的场所。青花大街滨海路西段工程，道路全长1.66千米，沥青砼路面面积4.9万平方米，总投资1400万元。整个工程全部完工，营口市从北向南5条主干道都可以直通西部，直达海边，方便了人流、物流向西部的集聚。

【软环境建设】 2008年，营口高新区认真贯彻落实全市“环境建设年”活动的总体部署，牢固树立“一切为企业着想，全心全意为企业服务”的理念。通过召开企业家座谈会、与经营者个别谈话、发放征求意见函等形式，收集来自区属企业和驻区单位的意见和建议。出台了高新区鼓励创业的政策，首次建立了“种子基金”，增强了对创业的吸引力。

【科技平台建设】 “产学研结合公共创新平台”建设取得明显成效。汽保设备公共研发服务平台开发的“无钢丝绳双柱举升机”和“举升机结构优化”项目，获得5项专利；平衡机研发项目，已开发完成平衡机控制系统等软件程序，进入产品试制阶段，申请5项专利；研发中心开发出新型换顶机、氮气机，申请4项专利；该平台已与营口技师学院达成产、学、研合作意向：由技师学院无偿提供即将开工建设的面积达4300平方米的研发楼，作为技师学院学生的实习基地。中国汽保基地网站（www.qibao361.cn）建设也已进入收尾阶段，即将全部完成。

高新区与大连理工大学合作的“大连理工（营口）研发服务中心”项目已开展对接工作。

（营口高新区　蒋维峰）

阜新高新技术产业开发区

【概述】 2008年，阜新高新技术产业开发区（以下简称“阜新高新区”）紧紧抓住全市“突破阜新”战略实施的有利契机，坚持项目立区理念，强化招商引资工作，促进高新区经济稳健运行，社会事业健康发展。全年实现生产总值2.3亿元，比上年增长40.2%；完成固定资产投资3.2亿元，比上年增长40.9%；实现财政一般预算收入2715万元，比上年增长35.1%；实现外贸出口180万美元，比上年增长40%；直接利用外资747万美元，比上年增长449%。

【园区建设】 2008年，阜新高新区大力加快基础设施建设步伐。共完成道路工程、排水工程总计15.8千米，铺设蒸汽管线6千米，供热管线4.2千米，建成20万平方米换热站1个，铺给水管线5.7千米，安装200千伏安变压器一个；铺设中国移动管线42千米，中国网通管线8千米，总投资3577万元，现已全部竣工并投入使用；完善了机械装备制造产业园和农产品深加工产业园的基础设施，为新入园企业开工建设和项目投产奠定了坚实的基础。

截至2008年年底，阜新高新区进驻各类企业120家，涵盖机械制造、农产品加工、医药、纺织、液压等十几个行业。中国乳品行业的领军企业——伊利集团阜新乳业有限公司、东北地区最大的蝴蝶兰花卉企业——台湾福龙科技生物有限公司、世界500强日本住友林业、产品市场份额占业界半壁江山的阜新驰宇石油机械制造有限公司、引领北方生物饲料技术的阜新科威生物科技有限公司等一批重点项目在区内蓬勃发展。

全区国内生产总值、固定资产投资、工业总产值等主要经济指标的增长速度列居全市县、区前列。

【科技项目与经费】 申报国家各类项目8项，得到批复5项，共获得国家支持资金380万元。完成了2008与2009两个年度的国家星火计划项目（园区专项）申报工作，申报了2个项目。

完成了2008年省科技计划项目申报工作。园区和区内企业共申报7个项目，市科技局向省科技厅推荐6个项目，4个项目获得批复，包括阜新实维天食品有限公司的“年产1400万棒2400吨鲜食玉米深加工”项目、德美客食品有限公司的“传统低温肉制品技术研发及生产”项目、驰宇石油机械有限公司的“水平井压裂工艺管柱”项目和北鑫星液压有限公司的“大排量超高压力液压齿轮泵研发”项目。

【科技成果转化】 2008年，高新区在液压、精细化工、新型电子元器件、装备制造、新型建材等高新技术产业中，通过自主创新、科技成果转化、引进消化吸收再创新等形式，全年新开发高新技术产品46个。

【科技平台建设】 积极协调并促成辽宁工程技术大学、沈阳农业大学和辽宁省农科院等大专院校、科研院所与区内企业开展实质性对接，落实为园区开展全面服务的专家8名，另有9名专家直接被辽宁田园实业有限公司、阜新驰宇石油机械有限公司、阜新北鑫星液压有限公司、辽宁实维天速冻食品有限公司等企业聘为技术顾问。2008年，阜新驰宇石油机械有限公司、阜新北鑫星液压有限公司被辽宁省科技创新领导小组评为“科技创新示范企业”。阜新驰宇石油机械有限公司被认定为国家级高新技术企业，该公司的工程技术研发中心被认定为省级企业技术中心。

【农产品加工基地建设】 阜新高新区农产品加工产业园占地10平方千米(1000万平方米)，是国家无公害农产品标准化生产示范区。产业园内拥有伊利乳业阜新分公司、实维天食品有限公司、珠海华丰食品有限公司、东宁药业有限公司、新德美客肉制品有限公司、科威饲料有限公司等一批农产品加工龙头企业，产品在国内外市场均有一定的竞争力，形成了一定的产业集聚效应。2008年，农产品加工企业实现产值总计5亿元，销售收入总计4.9亿元。

【招商引资】 2008年，阜新高新区围绕“打造产值超百亿元园区”的奋斗目标，突出两条战线，即招商引资工作线和项目落地的平台建设线，使全区的注意力集中在招商引资和项目建设上，集中力量抓好大项目的引进，成功引入了世界500强企业日本住友林业，该项目于当年9月开工建设；与国内500强企业蒙牛乳业签订入区建设协议，该项目将于2009年5月开工；引进了投资5000万元的台湾汉威金属、投资1亿元的福之源纺织等大项目。在东莞和沈阳召开了高新区项目推介会，拓宽了招商引资渠道。建立了覆盖“长三角”、武汉等地区的招商网络体系，先后派出5支小分队赴“长三角”地区与客商接触，与浙江商会及会员单位建立联系，重点在农产品加工、物流、房地产等行业进行招商；与武汉光彩事业投资公司达成了“光彩华顶工业园”的开发意向协议。

共签订项目建设合同16个，其中亿元以上项目3个，5000万元以上项目3个，1000万元以上项目10个。全年新开工千万元以上生产经营型项目18个，计划总投资为57734万元，其中亿元以上项目3个，5000万元以上项目1个。

（阜新高新区　张淼）

辽阳高新技术产业开发区

2007年科技工作

【概述】 辽阳高新技术产业开发区（以下简称“辽阳高新区”）位于辽阳市东南部，1992年5月建区，规划面积4.3平方千米，同年9月被辽宁省人民政府批准为省级高新区。1999年与辽阳市宏伟区合并，实行经济区与行政区合二为一，实现了优势互补，并被赋予了部分市级经济管理权限。合并后区域面积达到70.44平方千米，人口12.24万。

辽阳高新区经过多年的发展，形成了以化工、化纤、塑料“三行业”和有色金属加工业为主体的四大支柱产业，具有鲜明的区域特色。化工行业形成了以环氧乙烷、碳五、碳九等为原料进行深加工的产业集群；化纤行业形成了以聚酯、聚丙烯为原料进行功能性纤维开发生产的产业集群；塑料行业形成了以聚酯、聚丙烯、聚乙烯为原料的包装制品、工程塑料、塑料建材的产业集群；有色金属加工以工业铝型材和民用型材加工为主。

2003—2007年，辽阳高新区累计取得科技成果36项，其中省级科技成果33项，市级科技成果3项，22项成果获省级科技成果转化项目，实现高新技术产业产值126亿元，6项成果被列入国家火炬计划和星火计划，8项成果获辽宁省科技进步奖，1项成果获辽宁省技术发明奖1项，30项成果被列入省重点新产品和重点产业化项目，1项成果被列入辽宁省“十一五”发展规划。

辽阳高新区集国家科技成果推广示范基地、国家级星火技术密集区、省级高新区、清华大学研究生社会实践基地、国家级示范生产力促进中心等各项优势于一身，现已成为全市最大的高新技术辐射源和产业化基地。

【辽阳重要芳烃及化纤原料基地建设】 2006年10月，时任辽宁省委书记李克强同志在辽宁省党的第十次代表大会上明确提出要“把辽阳建成重要的芳烃及化纤原料基地”的战略决策。中共辽阳市委、市政府为认真贯彻落实好这一重要决策，成立了“辽阳芳烃及化纤原料基地建设工作领导小组”，并将领导小组的日常工作机构设在辽阳高新区，确立了《辽阳重要芳烃及化纤原料基地总体规划》，下发了《关于加速推进辽阳芳烃及化纤原料基地建设的实施意见》，明确基地建设战略。

为更好的推进辽阳芳烃基地的建设工作，辽阳高新区管委会相继制定了《芳烃基地征地办法和被征地农民保障办法》，编写《辽阳重要芳烃及化纤原料基地科技创新工作规划》、《辽阳重要芳烃及化纤原料基地发展规划环境影响报告书》、《辽阳国家芳烃产业化基地建设实施方案》和《辽阳国家芳烃产业化基地建设发展规划》。制作芳烃基地三维宣传片；建立“辽阳重要芳烃及化纤原料基地公共技术服务平台”（http://www.lypspt.com），该项目已被列入国家火炬计划环境建设项目；成立辽阳芳烃技术研究院有限责任公司等。

2007年11月，由辽阳市人民政府、中国石油辽阳石化分公司和中国化工报社共同主办，辽阳高新区、德企联、中国石油东北化工销售公司辽阳分公司共同承办的“中国·辽宁·辽阳芳烃产业发展论坛”在辽阳成功举行。论坛以推动辽阳芳烃产业发展，加快芳烃基地建设，提高辽阳高新区知名度和经济外向度为主线，以研究国内外芳烃产业发展趋势，探索其在国内的发展优势，倾力打造世界级芳烃基地为重点，通过开展经贸洽谈、专家演讲、院士报告等系列专题活动，拓展合作领域，扩大对外影响，巩固相互间的友谊，取得丰硕的成果。会上有6个入驻基地投资项目和1个科研开发合作项目签约，签约金额达15.7亿元。

【科技项目与经费】 2007年，辽阳高新区（暨宏伟区）投入科技三项费570万元，达到全区财政预算支出的2%以上。获得市级以上科技拨款1215万元，市级以上计划项目27项。

辽宁忠旺集团有限公司的“交通装备用大断面复杂断面铝合金挤压型材产业化建设”项目。该项目计划总投资14.1亿元，是采用高洁度的自产圆棒，保证型材质量达到国际先进水平，采用水雾气精密淬火制度，降低消耗，提高合格率，提高使用价值。引进了世界最大的125mm双动卧式油压挤压机，可生产特大无缝管和超宽、超长、超薄的特种复杂断面铝型材，属国际先进水平。预计能实现60亿元的产值。

辽宁科隆化工实业有限公司的“5000吨／年热塑性聚酯弹性体”项目。该项目计划投资5900万元，是与中科院化学所共同研究开发的“热塑性聚酯弹性体”项目，工艺先进，产品科技含量高，技术处于国内领先水平。预计实现2亿元产值。

辽宁奥克化学股份有限公司的“年产3万吨聚乙二醇型多晶硅切割液”项目。该项目计划投资2.03个亿，征地8万平方米。采用国际先进的DCS控制系统的外循环乙氧基化工艺和奥克集团先进的窄分布乙氧基化催化聚合及多晶硅切割液复配技术，年需2.6万吨环氧乙烷。该项目预计实现5.3亿元的产值和销售以及1.2亿元的利税贡献。

【高新技术企业发展】 2007年，辽阳高新区有4家企业被认定为省级高新技术企业，1家企业被认定为国家级高新技术企业。截至2007年年底，全区高新技术企业总数达到了25家。

【创新服务体系建设】 新增企业研发中心3家，1家企业研发中心被新批准为省级研发中心，区内企业研发中心总数达到了10家。6家企业被评为辽阳市技术创新体系建设试点企业。新认定高新技术产品103项。完成专利申请100项，其中发明专利25项。科技进步对经济增长贡献份额达到57%。

辽阳高新区生产力促进中心作为国家级示范生产力中心，积极发挥提升企业技术创新能力和市场竞争能力等各项职能作用，聘请行业专家为区内企业开展制造业信息化、生产经营管理、知识产权建设等8次培训，与省生产力促进中心协会联合德国PSI公司、东北大学信息学院等单位为企业开展信息化项目（ERP，MES）培训3次，培训人员600余人次。树立三家企业为区内规范化管理示范企业，为其他企业起到示范和带动作用。

开展了第八期清华大学研究生社会实践活动。接待清华大学博士研究生9人，开展课题研究5项，完成技术总结9篇，为区内4家企事业单位开展服务活动。截至2007年年底，累计接待参加社会实践的清华研究生8批共71人，这些研究生先后共为区内21家企事业单位开展课题研究49项，完成技术总结54篇。高新区连续3年获“清华大学研究生社会实践基地建设贡献奖”。

为提高信息采集和利用的效率，更有针对性地开展科技管理与服务工作，开发了一套“企业科技信息统计分析系统”，建立起企业数据网上申报平台和数据分析系统，将传统的书面报表方式改为通过互联网每季度网上填报。该系统除了采集企业基本信息及经济指标，重点收集企业在自主创新、科研开发、新产品研制、科技成果转化、知识产权建设、科技合作等方面的详细数据信息。

【科技合作与交流】 组织企业参加东北亚高新技术产品博览会、海外学子创业周、省校科技合作、辽宁中部城市群创新成果展、高新技术成果交易会等科技活动。有10家企业分别与中科院、大连理工大学、天津大学、东北大学、沈阳化工学院等科研机构开展项目对接活动，签订科技合作合同7项，合作意向4项，签约金额4113万元。提高了产品的科技含量和市场竞争能力，为科技成果产业化打下良好基础，壮大了企业综合实力。

2008年科技工作

【概述】 2008年，辽阳高新区以芳烃基地建设为主要工作，不断完善基础设施建设，加大招商引资力度，构建科技支撑体系，加快园区发展。同时，为进一步扩大芳烃基地的知名度和影响力，启动了辽阳国家芳烃产业化基地创建工作。

全年实现营业总收入300亿元，同比增长21%；工业总产值253亿元，同比增长28%；高新技术产品产值155亿元，同比增长25%。

全年固定资产投资项目6项，其中，超亿元项目5项，完成固定资产投资额41393万元。累计实施固定资产投资项目6项，其中超亿元项目5项。实现高新技术产业增加值43亿元；新认定高新技术企业3家；国家级技术创新企业1家；新入驻孵化企业4家，毕业企业2家。科技进步对经济增长贡献率达到57.4%。

现有企业研发中心11家，其中6家为省级研发中心，省级研发中心数量占全市的50%。拥有科研人员1170人，自主研发科研成果近百项。

全区自“十五”以来累计开展省级科技成果鉴定32项，获省级科技进步奖13项，市级科学技术进步奖61项。科技成果累计实现工业产值近12亿元。

【科技项目与经费】 申报国家级科技计划2项，其中国家重点新产品计划1项，国家火炬计划1项。申报省级科技计划34项，市级科技计划14项。

共有16个项目获批准。辽宁奥克化学股份有限公司的“年产5000吨乙氧基化特种丙烯酸”项目和“单晶硅等半导体材料线切割用切削液OXSI-303”项目分别列入国家火炬计划和国家重点新产品计划；辽宁忠旺集团有限公司的“7xxx系列工业铝合金型材”等6个项目列入省重大、重点项目；辽阳运和软件开发有限公司的“企业基础一体化管理信息系统”项目列入省中小企业技术创新资金专项计划；辽宁科隆化工实业有限公司的“环保涂料成膜膈剂”等3个项目列入省专利技术转化资金计划。列入市级科技计划7项。全年争取上级科技扶持资金835万元，全年共安排区级科技计划6项，下达科技三项费用590万元。

【科技成果与转化】 进行省级科技成果鉴定2项，获省科技进步三等奖1项，市级科技进步一等奖2项，二等奖1项。

全年共申请专利129项，其中申请发明专利38项，实用新型19项，外观设计72项。截至2008年年底，累计获得国家专利193项。拥有省级专利试点企业2家，当年推荐试点企业2家，推荐示范企业1家。通过开展试点示范创建工作，企业自主研发成果显著，有3个企业的3个项目被列为省专利转化资金项目。

【科技合作与交流】 组织区内企业及个人携12项专利参加了“第六届中国国际专利技术与产品交易会”。辽阳中盛机械制造有限公司的“高性能变压吸附专用蝶阀”和王春飞的“燃气自动定时关闭阀”两项专利在展会上荣获金奖。

组织企业参加了“2008中国辽宁（大连）海外学子创业周活动”。有3家企业的3个项目分别与海外学子签订了合作意向。

重点围绕芳烃基地建设与发展需求，全年共开展校企合作项目5项。与吉林大学合作开发“基于可控梳型聚合物的聚羧酸高效减水剂合成”项目，共同研制以聚氧乙烯单甲醚丙烯酸酯、甲基丙烯酸等合成双亲性梳型聚合物。与沈阳工业大学合作开发“年产1万吨间苯型不饱和聚酯树脂”项目和“纳米碳酸钙填充改性聚丙烯汽车专用料工业化生产技术”项目，共同研制PTA氧化残渣资源回收分离出不饱和聚酯树脂、苯二甲酸等技术、纳米碳酸钙填充改性聚丙烯汽车专用料工业化生产技术。与西安重型机械研究所合作开发“5xxx系铝合金型材”项目，共同研制5xxx系铝合金型材挤压、淬火等技术。与中国石油天然气管道科学研究院开发“核电加氢高压合金钢无缝钢管”项目，共同研制核电加氢高压合金钢无缝钢管材料的设计和工艺。

开展清华大学研究生社会实践活动。有3名清华大学博士研究生分别到2家大型化工企业开展了3项课题攻关。截至2008年年底，辽阳高新区累计接待参加社会实践的清华大学研究生共9批74人，先后共为该区21家企事业单位开展课题研究52项，完成技术总结57篇。

【科技平台建设】 以辽阳高新区内骨干企业和科研院所为依托建立了辽阳芳烃基地公共技术服务平台，致力于整合地区科技资源，实行开放共享，为企业创造良好的技术创新环境，降低研发成本，为辽阳芳烃基地的发展提供强有力的技术支撑。

该平台重点建设一个中心（芳烃产品分析检测中心）、五大实验室（精细合成实验室、农药助剂应用评价实验室、油田化学品应用实验室、表面活性剂应用实验室、高压合成实验室），打造仪器设备共享、科学数据共享、科技文献共享、成果转化服务、网络服务五大平台。此外，平台汇集了区内比较有规模的应用化学、高分子材料等常规实验室，及聚烯烃、聚酯、芳烃、塑料等专业小试、中试实验室。组建了公共技术服务平台的门户网站，作为平台对外交流与服务的窗口。制定了《辽阳芳烃基地公共技术服务平台管理办法》，规范公共技术服务平台的组织管理、经费管理和运行管理。成立了平台成员单位协助组织，由辽阳高新区生产力促进中心负责平台和协作组织的日常运行和管理。以平台协作组织为载体，促进协作单位间信息沟通和技术交流、成果转化，推动各协作单位间实现大型仪器设备共享、开展分析检测等技术服务。

【辽阳国家芳烃产业化基地建设】 按照芳烃基地建设的总体战略和规划部署，组织专家编写了《辽阳国家芳烃产业化基地发展规划》和《辽阳国家芳烃产业化基地建设实施方案》，谋划基地发展框架，细化基地建设步骤，为创建国家特色产业化基地奠定了基础。

5月，辽宁省环保局正式下发《关于辽阳重要芳烃及化纤原料基地发展规划环境影响报告书审查意见的函》（辽环函〔2008〕141号），批准了芳烃基地规划环评；7月，起步区用地实施方案获得省国土厅正式审批（辽政地字〔2008〕231号）。

投资1.8亿元，完成了起步区土地征用和场地平整，建成共计5.2千米的6条道路，起步区道路全部贯通，建成供水、排水、电力、通讯等配套设施，规划建设工业管廊工程。

开工建设深度处理能力为1.5万吨/天的污水处理厂，该项工程已被列入到辽宁省污水处理厂代建计划。基地内6.6万伏变电所列入省电业部门电力设施建设计划，并已开工建设。

辽阳石化分公司积极推进项目建设步伐，在完成550万吨俄油加工的基础上，依托现有350万吨/年常减压装置，启动了350万吨委内瑞拉油炼制改造工程。辽阳顺泰公司投资3亿元年产10万吨气体分离联合装置已完成设备安装，实现当年开工，当年投产。辽宁奥克集团投资3.8亿元年产8万吨环氧乙烷衍生产品、辽阳科隆公司投资3.4亿元年产5000吨聚酯弹性体和5万吨聚羧酸碱水剂项目、辽阳顺兴公司投资4亿元年产3万吨尼龙66盐和1万吨尼龙66工业丝项目均已开工建设。

组织赴“长三角”、“珠三角”和香港等地招商引资成效显著。中国石油辽阳石化分公司与德国赢创公司合作投资18亿元的年产15万吨环氧丙烷项目已签订合作意向；华能集团、南海和顺晶彩聚合材料厂等5家企业投资总额达34.5亿元的项目已正式签约；与世界500强企业中化国际就一期投资20亿元硝基丙烷项目进行了成功洽谈。

【重点高新技术企业选介】 辽宁奥克化学股份有限公司是国家首批创新型企业、国家高新技术企业、全国模范劳动关系和谐企业、中国优秀民营科技企业。2002年，该公司创建了省级技术中心，2004年，建立起省级博士后科研基地，2008年，建立起国家博士后科研工作站，并加入校企合作联盟，与大连理工大学、北京化工大学、天津大学、俄罗斯科学院石化研究所、美国斯坦福大学纳米材料研发中心建立了广泛深入的合作关系。为培养企业急需的人才，每年投入30多万元用于企业各类人才的进修和培训。2008年，奥克公司分别承担国家火炬计划和国家重点新产品计划项目各1项，建成了年产3万吨聚乙二醇型多晶硅切割液工业化装置。“多晶硅切割液”项目累计实现销售收入16.5亿元，利税2.3亿元，该项目产品成功地替代了进口产品，并占有国内80%以上的市场份额。其中，2008年实现销售收入9.5亿元，实现利润9300万元，投入研究开发经费5345万元。目前，该公司已经成为国内环氧乙烷精深加工产业中发展最快、规模最大的龙头企业，并发展成为全球最大的多晶硅切割液制造和供应商。

辽阳中盛机械制造有限公司成立于1996年。作为一家中小型民营企业，该公司是中石油一级网络成员单位，是大型容器及各类阀门的专业生产厂，是制造压力管道元件、压力容器（A1类、A2类、三类）的许可单位。该公司通过与大连理工大学合作，在PTA特种阀门的维修、设计和生产等关键技术方面取得突破，跻身于行业的前沿，并建立了强有力的专家队伍和技术储备。取得国家实用新型专利8项，省级科技成果2项，2项产品通过省级新产品鉴定。已经批量生产出PTA装置专用阀门，经用户在辽化PTA装置上实际考核运行，反映该产品密封可靠，耐腐蚀，寿命长，价格合理，完全满足工况要求，是理想的进口替代品。2008年，该公司实现销售收入838万元。

辽阳运和软件开发有限公司成立于2000年，是首批国家级高新技术企业，辽宁省“双软认定”企业，辽宁省软件行业协会常务理事单位。该公司设有独立的软件研发中心，建立了研发投入核算体系和绩效考核奖励制度。2008年，该公司与辽宁石油化工大学合作创办了大学毕业生实训基地，在大庆、吉林、兰州、南京、乌鲁木齐等城市开设了10个驻外技术服务站，研发、服务、销售等办公管理业务全部实现一体化网络平台运行。该公司累计完成企业管理、生产自动化以及安全监控等方面各类科研项目40余项，目前有6项新产品获得软件产品登记证书；有7项产品获得国家版权局软件著作权证书。《面向流程工业的班组管理一体化信息系统》及其前期研发产品通过了国家版权局计算机软件著作权登记，已经在中国石油的辽阳、锦州、抚顺、独山子、兰州、吉林、大庆、乌鲁木齐、克拉玛依，中国石化的南京扬子石化等大型企业的700多套生产装置上大规模应用，累计节约成本15亿元。2008年，该公司实现销售收入288万元，实现利税51万元。

【重点项目简介】

1.辽宁忠旺集团有限公司“7xxx系列工业铝合金型材”项目

该项目通过进行大型模具的设计和制造技术攻关，优化型材挤压工艺参数，借助拥有125MN大型挤压生产线的优势，生产各种扁宽、薄壁、高精度、截面复杂的实心和空心大中型工业挤压铝型材，产品质量水平已达到代表世界先进水平的AA，EN同类产品标准，具有自主知识产权，满足目前日益增长的车辆、飞机、舰船、集装箱等的生产需要，支撑国防、军工、交通运输等领域的发展。总投资17000万元，现已投资9000万元。该项目已经产业化，累计实现产值51580万元，利税13913万元。

2.辽宁奥克化学股份有限公司“年产3万吨聚乙二醇型多晶硅切割液”项目

该项目以环氧乙烷为原料，采用奥克专有窄分布催化剂催化合成的工艺，生产一种专门针对硬脆性材料切割的切削液，产品指标和应用性能达到国际先进水平。该公司拥有本项目的全部知识产权，已完成科技成果及新产品投产鉴定，并申请国家发明专利。多晶硅切割液是光伏发电产业中必不可少的重要辅助生产材料，能将碳化硅等切割磨料均匀地附着在切割钢丝线上，并通过钢线快速的运动来带动磨料从而实现对多晶硅（单晶硅）的切割成片加工，具有高悬浮、高润滑、高分散和高冷却等特性。该项目已入驻芳烃基地。项目总投资2亿元，现在年产3万吨工业化生产装置正在平稳运行中，累计实现产值30000万，利税4500万元。

3.辽宁科隆化工实业有限公司“聚羧酸减水剂”项目

该项目由该公司自主开发，以环氧乙烷为原料，采用溶液接枝共聚工艺，合成聚羧酸减水剂。减水剂是一种重要的混凝土外加剂，可以改善混凝土的工作性能，提高硬化混凝土的物理力学性能和耐久性能，可满足特殊混凝土工程的需求，配制出高强、超高强、高耐久性和超流态混凝土。本项目产品各项技术指标将达到德国巴斯夫公司产品质量水平，可替代进口和出口国际市场。该技术属于国内首创，为芳烃基地环氧乙烷深加工项目，总投资2亿元，预计达产后年实现工业产值7.5亿元，利税1.2亿元。

4.辽阳汇嘉化纤有限公司“年产10000吨改性PTT复合纤维”项目

该项目由该公司与上海东华纺织大学、天津纺织大学、大连轻工学院合作开发。PTT复合改性纤维是由1,3丙二醇(PDO)和精对苯二甲酸(PTA)或对苯二甲酸二甲酯(DMT)缩聚合成得到的。本项目产品性能接近杜邦T−400的弹性纤维，在部分领域可以替代氨纶。该项目已通过中国纺织工业协会组织的成果鉴定，产品填补国内空白，可替代进口产品。本项目增加就业163人。该项目计划总投资11802万元，预计达产后，将形成年产10000吨的生产规模，实现产值24360万元，利税6000万元。

5.辽阳市宏伟区合成催化剂厂“年产1万吨间苯型不饱和聚酯树脂”项目

该项目为节能减排项目，是为主导产业配套的项目，计划总投资8658万元，预计年销售收入为12000万元，年利税总额为5500万元。

（辽阳高新区　刘丹）

葫芦岛高新技术产业开发区

【概述】 2008年，葫芦岛高新技术产业开发区（以下简称“葫芦岛高新区”）充分发挥区位、资源两大优势，加快发展园区经济，建设科技新城，各项事业发展取得了显著成就。

2008年，葫芦岛高新区实现工业总产值25亿元，技工贸总收入29亿元，高新技术产品产值16亿元，出口创汇2395万美元，实际利用外资497万美元，固定资产投资7亿元，全口径财政收入21931万元，其中国税收入12685万元，地税收入6356亿元，财政收入完成2890万元，财政一般预算收入完成7143万元，规模以上工业企业达到29户，新增4户，实现工业增加值3.2亿元。

【园区建设】 以提升园区基础设施承载能力，满足企业生产需求为重点，全年总投资2.18亿元，组织实施了一系列重点工程，包括：高新区二次变电站和TDI输电工程，总投资4900万元，工程已于9月初全部完工并可投入使用；TDI蒸汽热源厂建设，总投资7350万元，已及时完工，可满足TDI项目需求；完成了全长2700米的园区东一路道路及配套工程，总投资4000万元；完成了高新区主要干路的美化亮化工程，总投资350万元；全面启动了高新区生活服务区建设，一期建设面积28000平方米，已完成投资5200万元；基本完成了锦山机械厂生活区，创业大厦3、4号楼，6.4万吨/日污水处理厂一期工程的各项前期准备工作。

【科技项目与经费】 组织区内企业申报省、市两级科技部门、知识产权部门的科技经费支持项目10项。协助区内企业争取科技经费、专利产业化经费150万元。

【社会发展科技】 2008年，葫芦岛高新区切实提高环境保护和安全生产意识，着力建设绿色园区。完成了高新区控制性详细规划的环境影响评价，为今后高新区的环保工作提供了可以依据的指导性意见。圆满完成第一次全国污染源普查工作，编制完成高新区环境突发事件应急预案。园区恒泰热源厂、西门子二期、宏昌化工、中海石油精细化工等重点项目先后通过了环评验收或完成环境影响预评价。对安全生产工作常抓不懈。建立了区内企业安全生产信息员制度，每季度对企业生产中存在的重大安全生产隐患提出预警信息上报。对区内重点项目的安全预评价严格把关。

【科技平台建设】 搭建创业平台，营造创新创业氛围，加快创新企业的孵化。截至2008年年底，入驻创业中心的在孵企业达88家，孵化成功并实现产业化企业累计已达34家。

进一步推进产学研结合，与兰州大学、兰州分离科学研究所共同建设“葫芦岛化学化工中试中心”。与中科院精细化工研究所达成合作意向，共同搭建精细化工研发平台。

重点建设了中小企业网络办公服务平台和精细化工公共技术研发平台。引进国家级的科研单位，锦西化工研究院整体搬迁进入高新区，提高了高新区的整体科技创新能力。

【科技人才与队伍建设】 围绕高新区的奋斗目标和发展大局，创新工作思想、工作机制、工作内容、工作方法和监督机制，加大领导班子和干部队伍建设力度，全年通过各级党校、行政学院培训县级领导干部4人次，培训后备干部5人次，采取“民主推荐、择优选任”的方式提拔任用副书记1名，副县级调研员2名，主任助理2名，基层党的建设全面加强，纪工委充分发挥了职能作用，高新区内部形成了朝气蓬勃、奋发有为、团结统一、扎实工作的良好环境和氛围，为各项工作的顺利开展打下了坚实的基础。

【服务体系建设】 继国税局、地税局、土地局在高新区分别成立分局，规划、公安设立派驻机构之后，工商局5月份也正式成立了分局，使高新区在为企业提供高效快捷服务时有了充分的保障，使高新区的整体投资环境得到了明显改善。为方便企业，提供高效快捷服务，工商分局采取现场办公，集中办理的方式，为园区130家企业开展了工商年检。税务部门利用现代网络资源，开启“税企绿色通道”。土地分局新征储备土地18.6公顷，完成二次变等4个项目的征地26.9公顷，办理完成22家企业的土地使用证。规划分局完成了14家企业的规划图，9家企业的实测图，7家企业的用地规划许可证，5家企业的建设工程许可证，并调整了高新区控制性详细规划。

【招商引资】 2008年初，葫芦岛高新区从实际出发调整了园区部分职能部门的工作职责，增设了招商二局、招商三局。并有针对性地组织开展和参加了赴香港、广州、佛山、珠海、宁波、台州、山东、北京等地大规模招商活动，取得了较好的效果。

截至2008年年底，葫芦岛高新区入驻企业达到222户，其中综合产业园44户，精细化工园43户，创业园135户。新增入园企业24户，依规清理入区企业36户。已完工投产项目59项，投资总额9.90亿元；已开工建设项目11项，投资总额14.71亿元；已签约并准备开工建设项目10项，投资总额8.44亿元；在谈项目11项，投资总额86.72亿元。2008年新开工项目8项，续建项目3项。

（葫芦岛高新区 和玉博）

高校科技

2008年辽宁省高校科技工作综述

【概述】 2008年，全省高校参加科技活动的单位共54个，包括41所普通高校和13所附属医院。参加科技活动的人员共36947人，比上年增加838人，其中自然科学领域4515人，工程与技术领域15347人，医药科学领域11881人，农业科学领域1648人，其他领域3556人。在参与的科技活动人员中，科学家和工程师35907人，占97.2%。共有17205名在读研究生参与科技项目研究。

【科技项目与经费】 2008年，辽宁省高校承担科技项目13000项，其中国家级项目1940项，企事业单位委托项目5015项，国际合作项目62项。获得科技经费30.2亿元，比2007年增长18.9%。科技经费占教育总经费的比重达到19.5%。企事业委托经费17亿元，占总经费的56.3%。购买科研仪器设备支出3.9亿元。351个科研机构拥有固定资产原值51.7亿元，其中，仪器设备25.7亿元。

2008年，辽宁省高校承担人文社会科学研究项目5738项，其中国家社科基金项目等国家级项目278项。获得科技经费1.4亿元，比上年增长14%，其中政府投入经费9542万元，占总经费的69%。

【科研成果】 2008年，辽宁省高校共鉴定科技成果376项，转让科技成果269项，成交金额1.1亿元。科技成果获奖242项。获得国家三大科技奖励11项，占全省总数（25项）的44.4%，其中主持完成7项，占全省主持完成项目总数（16项）的43.7%；参与完成4项，占全省参与完成项目总数（9项）的44.4%。主办科技类国际学术会议81次。出版科技类著作953部，发表论文27959篇。

2008年，辽宁省高校向有关部门提交人文社科类研究成果182项，其中被采用74项。人文社科类成果获奖92项。主办人文社科类国际、国内学术会议91次。出版人文社科类著作1259部，发表论文12235篇。

【科研平台建设】 新增2个省部（教育部）共建重点实验室，至此，省部共建重点实验室达到8个，教育部重点实验室总数达到14个。一批重点实验室、工程中心列入有关部委和省直有关政府部门建设序列。渤海大学“国家火炬计划锦州硅材料及太阳能光伏产业基地公共检测中心”、辽宁工程技术大学“辽宁兴阜液压研究院有限公司”和大连海事大学“航运发展研究院”等面向区域经济发展的平台启动建设。“沈阳师范大学—中国劳动保障科学研究院东北研究基地”和“沈阳师范大学—国家体育总局体育文化研究基地”等社会科学重点研究基地启动建设。辽宁省委宣传部正式批准在沈阳师范大学成立“辽宁省文化创意产业研究基地”。为配合实施“突破辽西北”战略，经省教育厅同意，将辽宁工程技术大学“矿产资源洁净安全开采及加工利用重点实验室”一分为二，分别成立“采矿工程重点实验室”和“矿物加工与利用重点实验室”。

目前，省教育厅重点实验室总数达到152个，高校重点实验室建设专项经费达2000万元，全部经费以科研立项方式下拨，用于资助高校重点实验室专职科研人员从事科研课题研究。

【科技人才与队伍建设】 2所高校获得教育部“创新团队”称号，总数增加到9个。9所高校33人获得教育部“新世纪优秀人才支持计划”的支持，总数增加到141人。开展了第三批高校创新团队评定工作，新评定创新团队3个，总数达到127个；开展了2008年度新世纪优秀科技人才评审工作，在全省高校评定优秀人才60人，总数达到207人。协调省财政厅下拨2007、2008年度高校科技人才队伍建设专项经费3000万元，其中用于2007年度科技人才专项420万元，2007年度高校创新团队专项980万元；2008年度科技人才专项490万元，2008年度高校创新团队专项870万元；用于高校学术专著出版240万元。

高校创新团队在承担重大科研项目、产出重大科技成果方面的作用日益显著，例如：大连理工大学郭东明教授带领其团队完成的“硬脆材料复杂曲面零件精密制造技术与装备”作为第一完成单位获得了国家技术发明一等奖，实现了辽宁省高校该奖项零的突破；东北大学柴天佑院士担任首席科学家的国家“973”计划项目获滚动资助，经费总额2400万元。同时，柴天佑院士的创新团体也获得教育部的连续资助；大连理工大学雷明凯教授担任首席科学家的“973”计划项目获得批准，项目计划总经费3500万元；大连理工大学张洪武团队申报的GF科技创新团队获得GF科工局批准。

省教育厅与省委宣传部、省委组织部等部门联合组成了辽宁省哲学社会科学教学科研骨干研修工作领导小组，开办了社会科学教学科研骨干研修班。截至2008年年底，已成功举办10期研修班，培训学员总计939人。

辽宁省老教授协会被省民政厅评为全省先进社团。省教育厅批准2个社团的筹建和1个社团的更名工作。加强社团管理，对2008年度省级教育社团进行了年审，并委托沈阳、大连、鞍山、抚顺、辽阳和铁岭市教育局对所在城市的6个教育基金会进行了年度检查初审。

【知识产权工作】 2008年，辽宁省高校知识产权工作继续保持较好的上升趋势。专利申请量达到1753件，比2007年增长37.5%，占全省专利申请总量的8.39%，比2007年提高近两个百分点，为历史最高水平。获得专利授权581件，占全省专利授权总量的5.45%，与前两个年度相比有所下降，但仍实现专利授权连续第二年突破500件。辽宁省高校对知识产权专项资金投入达到1021万元，其中本校投入713万元，吸引校外专项资金308万元。大连理工大学、东北大学、大连医科大学、大连工业大学4所高校年度知识产权投入资金超过100万元。经大连市知识产权局批准，大连市知识产权发展研究中心依托大连海事大学正式组建知识产权研究院。

2008年，全省高校发明专利的授权量仅占高校专利授权量的14.2%。由此可以看出高校知识产权工作还存在着单纯追求数量，忽视质量的倾向，为此建立科学规范的知识产权保护与管理体系已成为一项十分紧迫的任务。

【产学研合作】 2008年，新建产学研联盟103家，总数达到513家。全省90%以上的大中型企业与科研院所和高校建立了技术合作关系。其中大连理工大学以校企合作委员会为依托，创建大连理工大学石化行业联盟，发展会员由59家增至75家。

高校承担企事业委托科技项目5015项，占项目总数的38.6%。获得企事业委托科技经费17亿元，比上年增长13.3%，占高校科技总经费的56.3%。转化科技成果269项，成交金额1.1亿元。

承担企事业委托科技项目和转化科技成果是产学研合作的两种传统方式，这两种方式在促进产学研合作深化和高校技术转移方面发挥着重要的作用，但也存在着一些问题。如2008年高校完成企事业委托科技项目2430项，但高校单项收益在100万元以上的重大项目仅有69项，仅占完成项目总数的2.8%。

根据《省教育厅关于推进高校科技成果产业化和资本化指导意见的通知》（辽政办发〔2007〕93号）的文件精神，与中国工商银行及其辽宁省分行就促进高校科技成果产业化和资本化进行了座谈、论证和实地调研。会同省金融办遴选已形成相当规模的高校参股投资高科技企业已达10家，争取于2012年底前在国内中小企业板、创业板或境外资本市场上市。

一批与高校相关联的企业出现较好的发展势头。辽宁科技大学以研发中心和技术入股的方式与中国中钢集团公司合作，拟在沈阳投资80亿元建设中国第一个有机发光显示器（OLED）产业化基地，此项建设计划已向国家发改委报批；大连交通大学光电材料与器件研究所已经成功研发并着手将高密度ITO靶材技术进行产业化，与原料产业合作生产高密度ITO靶材，按利润率60%保守估计，利润可达0.96亿美元/年。

【科技园建设】 2008年，辽宁省教育厅会同辽宁省科技厅与大连市政府，共同认定大连交通大学科技园为省级大学科技园。至此，辽宁省级以上大学科技园已发展到5家（其中国家级大学科技园3家）。省教育厅还与沈北新区政府就建设沈北大学科技园事宜进行了研究和商讨。

（省教育厅　陈涛）

大连理工大学

【概述】 2008年，大连理工大学紧紧围绕“十一五”发展规划和建设国际知名的高水平研究型大学的要求，以提升学校的科技自主创新实力和服务社会能力为核心工作目标，以“构筑大平台、组织大团队、承担大项目、培育大成果”为工作重点，较好地完成了本年度各项科技工作任务。

【科研项目与经费】 2008年，全口径统计科技总经费7.20亿元。其中纵横向科技总进款5.47亿元，相比2007年增长20.12%。纵向经费为2.0288亿元，相比2007年增长40.11%；横向经费为3.4412亿元，相比2007年增长10.80%。

国家自然科学基金获得批准的经费数已连续5年持续增长，2008年总经费达7064.1万元，获得资助项目172项。其中，面上项目87项，青年基金61项，负责各类重点项目12项，与其他单位联合承担重点项目5项，其它各类项目7项。面上项目获得资助2000万元以上的依托单位资助率排名全国第九位。青年基金获得资助1000万元以上的依托单位资助率排名全国第一位。负责项目获批经费6754.9万元，排名全国第十五位。

承担“863”计划项目资助课题21项，总经费1738万元。其中，牵头课题11项，经费1395万元；参与课题10项，经费343万元。

承担“973”计划项目获得历史性突破，由雷明凯教授担任首席科学家的“核主泵制造的关键技术”项目获得批准，项目计划总经费3500万元；另外还有5项“973”课题，经费1065万元；作为主要完成人参加国际合作项目（ITER）1项，经费275万元。

参与的国家重大专项5项。“水体污染的控制与治理”重大专项中，全燮教授申报的“太子河流域典型工业水污染物控制技术及示范研究”，预算经费1728万元；“极大规模集成电路制造装备及成套工艺”重大专项中，“半导体设备工艺腔室多场耦合分析与优化设计通用平台研究”“IC装备整机建模与仿真设计平台”和哈尔滨工业大学负责的“用于超净环境的硅片传输机械手研发与应用”课题，预算经费分别是1000万元、400万元和400万元。另有3个项目，经费1030万元。

国际科技合作项目进款815万元，与上年同期相比增加了36%。其中，中日政府国际科技合作项目“天然气水合物高效安全开采技术研究”，获科技部重点项目资助，经费100万元。

在理学基础研究方面，为了进一步提高理学学科综合竞争力，继续启动“大连理工大学理学研究基金”专项，资助项目20项，经费94万元。

在交叉学科项目方面，为了进一步促进学科交叉和融合，优化学科布局，继续启动“数学+X”交叉学科建设专项，资助项目16项，经费43万元；设立了“软件+X”交叉学科建设专项，资助项目21项，经费50万元。

【科研成果与转化】 郭东明教授主持完成的“硬脆材料复杂曲面零件精密制造技术与装备”项目获国家技术发明一等奖，是大连理工大学自1978年国家设立科技奖以来首次作为第一完成单位获得的国家级科技奖一等奖。

获得省部级科技奖励一、二等奖9项。其中，教育部科技奖励5项；辽宁省自然科学二等奖2项；中国石油和化学工业协会科学技术发明一、二等奖各1项。

获得辽宁省自然科学学术成果一等奖（论著类）8篇；获得国家和省部级人文社会科学研究项目6项，省教育厅社科项目28项，其他各类社科项目47项。

“核电站海域工程堤防构筑物抗震安全评价研究”项目获2008年度高等学校科学研究优秀成果

奖（科学技术）科技进步一等奖；“复杂防洪调度系统多准则径流预报方法和决策理论问题研究”项目获2008年度高等学校科学研究优秀成果奖（科学技术）自然科学一等奖；“煤基炭膜的可控制备、结构与性能及其应用基础研究”项目获2008年度高等学校科学研究优秀成果奖（科学技术）自然科学一等奖；“含二氮杂萘酮联苯结构新型聚芳醚腈砜（PPENS）及其制备法”项目获中国石油和化学工业协会科学技术奖技术发明一等奖。

SCI，EI，ISTP三大检索收录的论文数排名仍保持在全国高校前20名，其中SCI收录1219篇，较上年增加了146篇，排名第14位；EI收录1599篇，较上年增加了140篇，排名第5位，为历史最高名次；ISTP收录668篇，较上年增加了128篇，排名第19位。论文被引指标排名，国际论文被引1088篇3223次，分别比上年增加301篇和1158次，在全国高校排名第16位，排名上升1位；在2008年度新增的统计奖项“表现不俗的中国论文”评选中，位居全国高校第11位。

履带式起重机系列产品开发合同额为4800万元；LPG船改装成自航半潜船技术开发合同额为630万元；波流平面水池配套系统研制合同额为620万元；农药废水蒸发器、铁屑过滤反应器成套技术装备合同额为460万元；延长石油集团兴化节能及综合利用技术改造项目低温甲醇洗专利技术设计合同额为450万元；6300立方米BOG再液化LNG运输船设计开发合同额为280万元。

【科研平台建设】 “辽宁省电子政务工程研究中心”顺利通过省发改委验收；“辽宁省车辆先进设计制造工程技术研究中心”获得立项建设；“辽宁省先进连接技术重点实验室”、“辽宁省先进光电子技术重点实验室”和“辽宁省太阳能光伏系统重点实验室”等3个辽宁省重点实验室获得立项；“工业生态与环境工程教育部重点实验室”通过验收；“海洋能源利用与节能教育部重点实验室”通过论证，进入建设阶段；“海岸和近海工程国家重点实验室”“工业装备结构分析国家重点实验室”通过评估。

【产学研合作】 开展“长三角”产学研活动：创建大工—常州研究院，形成以常州为中心的服务“长三角”地区的跨区域新模式，创建大工—圣汇特种船舶设计与制造研究院，形成特色技术跨区域新模式。

开展“珠三角”产学研活动：申报广东省产学研项目，推荐科技特派员入驻广东企业，参加第十届中国国际高新技术成果交易会和第二届中国产学研高峰论坛，宣传展示大工科研实力。

组织策划黄河三角洲产学研活动，达成联建化工产业化、油田化学品研发基地意向；组织策划与新疆、内蒙等西部经济区产学研活动，推广大连理工大学校企合作委员会新模式。

加强沈鼓—大工研究院建设，启动校企核级泵专项探索科研基金（总计150万元），推进核泵“973”“863”“国家支撑计划”等项目的启动、申报工作，形成科研集群。

积极参与国家新一代煤化工战略联盟工作，联合其他单位组织申报额度为1亿元的煤化工支撑计划——褐煤热解与气化一体化工艺关键技术研究项目，组织申报科技部创新平台建设项目。

创建大连理工大学石化行业联盟，现已有会员75家。

组织开展涉及省内外25个地市的多层次产学研活动，先后促成履带式起重机四轮一带同型设计、工业二氧化碳回收、LNG特种船舶关键技术研究等涉及行业区域经济发展的一批产业化项目，重点推进了核泵关键技术、风电关键部件设计优化、纯电动汽车相关设计与研发等重点行业、重大产品的科研合作与课题，社会效益显著。

【科技合作与交流】 成立了“大连理工大学—群马大学环境与能源新技术研发中心”；先后与美国SUN公司、日本三洋电机、白俄罗斯国立大学等来访人员进行了交流，并向教育部国际合作司提供了中欧清洁和可再生能源研究院调研报告。

多次组织召开国际大型会议。例如：“科学、技术、工程伦理与和谐社会建设”学术研讨会暨科学技术与工程伦理专业委员会成立大会；第六届国际振动工程学术会议；第五届国际结构控制与监测学术研讨会；2008年亚洲信息安全国际会议；校际间第一届建筑能源与环境国际会议；超洁净燃料催化国际会议；第十二届亚太化工联盟大会；第一届亚洲双边信息技术研讨会（DUT-RU）；2008青年规划师国际设计坊学术交流会；第十届IEEE高性能计算与通讯国际会议（HPCC）；第二届结构工程新进展国际论坛；第十三届国际生物技术大会暨展览会；第四届IEEE无线通信、网络技术及移动计算国际会议和第四届IEEE工程管理、服务管理和知识管理国际会议；第二届UURR国际科学技术·产业交流会。

【科技人才与队伍建设】 张淑芬教授获得了2008年何梁何利基金个人科技创新奖；陈平教授、郭新闻教授获得首届中国石油和化学工业协会青年科技突出贡献奖。

以全燮为负责人的团队获得教育部“长江学者与创新团队发展计划”创新团队称号。

（大连理工大学　方翔 金瑞星）

东北大学

【概述】 东北大学是一所以工科为主的多学科性国家重点大学，是国家首批“211”工程和“985”工程重点建设学校，并实现教育部、辽宁省、沈阳市重点共建。2008年，学校紧密围绕“985”工程二期科技创新平台建设，以基地建设为切入点，实现了基地、平台、人才和项目的有机结合，科技工作取得又好又快发展。

学校有3个一级学科国家重点学科，4个二级学科国家重点学科，1个二级学科国家重点（培育）学科，共涵盖16个二级学科；博士后流动站13个；国家工程（技术）研究中心4个；国家重点实验室1个。

【科研项目与经费】 2008年，学校共承担各级各类科研项目1237项，经费总额达7.72亿元。

获得国家自然科学基金73项，经费达2600万元。单独组织申报“863”计划项目94项，参与申报28项，申报支撑计划25项，其他“十一五”各类专项20项。组织申报军工项目和地方科技项目200余项。2008年度批准项目经费总额3300多万元。

获得国家社科基金1项，教育部社科基金2项，省市各类社科基金40余项，总经费达100多万元。首次获得教育部哲学社会科学研究重大课题攻关项目资助，经费达50万元。

获得国家杰出青年基金B类项目2个；拥有辽宁省教育厅创新团队4个，优秀人才2个。

签订合同及协议817项，合同经费达9.2亿多元。其中，1000万元以上的合同18项，500万～1000万元的合同8项，批准免税合同144项，免税金额合计1.3亿元。

【科研成果】 获得国家、省部级以上奖励29项，其中国家科技进步二等奖3项。

申请专利160件，其中申请发明专利138件，授权71件；申请实用新型22件，授权5件；其他知识产权授权69件。申请鉴定项目28项。

发表论文3567篇，其中在外文刊物上发表1097篇；被SCIE收录论文392篇，同比增长27.7%，列全国高校第37名；被EI收录论文1145篇，同比增长46.6%，列全国高校第12名；被ISTP收录论文763篇，同比增长25.9%，列全国高校第7名；被SCI收录论文180篇，引用371次，列全国高校第52位。

【科研平台建设】 “985”工程二期建设启动以来，新增科技基地37个。

加强与企业的科研基地建设，积极组织教师参加项目洽谈，宣传学校的科技实力，介绍优秀科技成果，先后与8家大中型企业签订全面科技合作及共建协议。

辽宁省数字化装备综合信息处理系统重点实验室和辽宁省制造系统与物流优化重点实验室获得批准；材料各向异性与织构教育部重点实验室通过验收；多金属共生矿生态化冶金教育部重点实验室通过了可行性论证。

【科技合作与交流】 2008年，共主办各类学术会议42次，其中国际会议21次，国内会议21次。实施国际科技合作交流项目200余项，开展学术交流百余人次。其中，国际科技交流与合作项目“一体化过程控制学科创新引智基地”获国家“111”计划资助，经费900万元。截至2008年年末，学校已建有引智基地2个，在同层次高校中位居前列。

【军工质量体系认证】 2008年11月，军工产品质量体系认证委员会正式批准东北大学军工质量体系认证的申请。同时，学校将启动武器装备生产认证、安全生产认证、环保认证以及消防认证等一系列工作。

【重点实验室选介】

1.轧制技术及连轧自动化国家重点实验室

该实验室于1995年通过国家验收，成为我国轧制技术及其自动化领域唯一的国家级重点实验室。实验室在强化钢种开发、中厚板工程和系列实验设备开发等原有优势研究领域的基础上，积极开展超快速冷却、淬火机和新一代钢铁材料研究与开发等行业发展急需的技术研发工作，并取得突破性进展。

2008年，实验室承担的省部级以上项目（课题）23项；新增纵向课题7项，国际合作项目2项，横向课题37项；科研合同额、进款额分别为14513.45万元和11817.45万元；获省部级科技进步一等奖2项、二等奖1项、三等奖3项；发表论文297篇，其中被SCI收录35篇，被EI收录97篇，被ISTP收录11篇；申报国家发明专利17项、实用新型1项，获得授权的国家发明专利7项。

2.材料电磁过程研究教育部重点实验室

该实验室在宝钢—东大EPM联合研究中心的基础上组建，2000年经教育部批准为教育部重点实验室，2002年经辽宁省科技厅批准为辽宁省重点实验室，2003年经科技部批准为省部共建国家重点实验室培育基地。实验室依托东北大学材料科学与工程和冶金工程两大国家一级重点学科，主要研究材料电磁过程，即以电磁场为基本手段，在材料凝固、变形、热处理过程中，利用电磁场的特殊功效，控制材料组织结构，开发传统材料，以获取高效、经济的新方法。

自2000年实验室组建以来，承担各类科研任务147项，发表各类学术论文806篇，其中被SCI收录278篇，被EI收录487篇；出版学术专著7部；获国家科技进步奖一等奖1项，省部级奖励13项；授权国家发明专利25项、实用新型5项。2007年，被国家人事部、教育部授予“全国教育系统先进集体”光荣称号。

3.流程工业综合自动化教育部重点实验室

该实验室于2003年经辽宁省教育厅批准为辽宁省高校重点实验室，同年经教育部批准正式筹建，2005年12月通过教育部的验收。该实验室有中国科学院院士和中国工程院院士2人，拥有2支国家自然科学基金委员会创新研究群体，有长江学者特聘教授和讲座教授5人，国家杰出青年科学基金获得者4人，新世纪优秀人才6人。

近年来，实验室共承担各类科学研究项目344项；获得各级各类科研奖励39项。其中国际奖项1项，国家技术发明二等奖2项，国家科技进步二等奖1项，省部级科技进步和自然科学一等奖6项；申请专利54项，授权21项。

4.材料各向异性与织构教育部重点实验室

该实验室于2005年12月经教育部批准立项建设，2008年6月通过教育部验收。实验室依托于东北大学一级学科国家重点学科材料科学与工程和二级学科国家重点学科材料学，是学校“211”工程“985”工程重点建设的实验室之一。

实验室以材料各向异性与织构的设计、制备、表征及组织与性能控制为主攻学科方向。近年来，共承担各类科研任务332项（经费7202万元），其中国家级项目96项（经费4052万元）；发表学术论文1108篇，其中被SCI收录477篇，被EI收录784篇；出版教材、专著17部；申报发明专利52项，授权22项；获国家和省部级科技成果奖励17项；30余项高新技术在企业得到推广和应用。

已取得的代表性成果有：材料的晶粒取向分布和晶界特征分布理论；基于中子衍射与同步辐射的材料织构、微结构分析方法；多场耦合下金属材料固态转变机理与织构和微结构控制技术；铁磁形状记忆合金取向相关的相变特征与功能特性；强各向异性材料（硅钢、IF钢等）织构控制方法与工业化技术；新型车身板用铝合金强韧化和织构控制技术等。

5.多金属共生矿生态化冶金教育部重点实验室

该实验室依托于东北大学国家一级重点学科冶金工程、矿物工程、环境科学和工业生态学，在

"特殊冶金辽宁省重点实验室"和"硼资源生态化利用技术与硼材料辽宁省重点实验室"的基础上组建而成，并于2008年通过教育部专家立项论证，进入培育及试运行阶段。

实验室共承担各类科研项目280余项；荣获省部级科学技术奖励15项；申请国家发明专利25项；出版学术专著6部；发表学术论文520余篇，其中被SCI、EI和ISTP检索或收录的有140余篇次。

6.国家环境保护生态工业重点实验室

该实验室于2002年11月11日经国家环境保护总局批准，由东北大学联合中国环境科学研究院和清华大学共同建设。实验室由顾问委员会、学术委员会和5个研究所组成。在东北大学设有循环经济研究所、资源节约与物质循环研究所、生态化工艺与链接技术研究所。

实验室共承担各类科学研究项目21项；先后与美国耶鲁大学、日本琦玉大学、日本东京大学、德国Wuppertal研究所等国外知名研究机构建立了广泛的学术交流关系。共主办国际学术会议4次，举办国内学术会议7次，邀请国内外专家学者进行学术讲座18余次。

7.医学影像计算教育部重点实验室

该实验室于2008年2月经教育部批准建设。实验室紧密围绕国际科技发展趋势和国家重大需求，集中力量开展医学影像计算领域的前沿基础研究和应用技术研究，主要研究领域包括：医学影像重建质量优化技术；面向重大疾病早期诊断的医学影像处理技术；医学影像信息检索与挖掘技术；医学影像计算支撑技术等。

（东北大学　武威）

大连海事大学

【概述】 大连海事大学是交通运输部所属的全国重点大学，是被国际海事组织认定的世界上少数几所"享有国际盛誉"的海事院校之一。大连海事大学多年来始终践行"学汇百川，德济四海"的校训，传承"坚定、严谨、勤奋、开拓"的"海大"精神，弘扬以"同舟共济，艰苦卓绝，科学航海，爱国为根"为主体的校园文化，力争把学校建设成世界一流的高等航海学府，建成具有鲜明航运特色的高水平大学。

学校有4个博士后流动站；2个一级学科博士点，16个二级学科博士点（其中含自主设置4个）；9个一级学科硕士点和64个二级学科硕士点（其中含自主设置4个）；有工商管理硕士（MBA）、公共管理硕士（MPA）、法律硕士（J.M）、工程硕士（11个领域）专业学位授予权，以及高校教师在职攻读硕士学位授予权。学校有2个国家重点学科，13个省部级重点学科，2个省重点培育学科；5个国家特色专业建设点，1个国家级人才培养模式创新实验区，9个省级示范专业，1个省级紧缺人才培养基地；2个国家级实验教学示范中心建设单位，5个省级实验教学示范中心。

学校有教授249名，博士生导师（含兼职）150名，聘任二级教授36名，三级教授69名，近年来涌现了大批优秀中青年教师。在海上交通工程、航海信息工程、船舶智能化、船舶动力系统及节能技术、船机修造工程、通信与信息系统、海洋环境保护、海事法规体系等领域，集中了一批专业理论深厚、科研能力较强的知名专家、教授和学术思想活跃、富有创新精神的青年骨干。学校还聘请共享院士5名、"长江学者"3名、讲座教授62名、客座教授336名。学校共设有48个本科专业，在校生25000余人。

【科研项目与经费】 2008年，全校的科研经费到款额为15264.2万元，其中横向项目11886万元，纵向项目2368万元，军工项目1010万元。全年的科技活动经费为24300.4万元。

【科研成果】 获得国家自然科学基金立项18项，国家社科基金立项2项，科技部“973”重大研究前期专项2项，霍英东基金1项，交通运输部交通应用基金研究项目1项，教育部留学回国基金3项，教育部人文社科一般项目4项，司法部项目2项。

金一丞教授主持的“多本船功能完备的航海模拟系统及其开发平台”项目获得国家科技进步二等奖。

获得辽宁省科技进步二等奖2项，大连市科技进步奖（发明奖）2项，第三届大连市青年科技奖5项，大连市2006—2007年度电子信息技术推广应用项目一等奖4项、二等奖5项，第六届中国国际发明展金奖3项、银奖2项，第十届中国国际高新技术产品交易会优秀产品奖1项，第七届装备制造业博览会展览项目金奖1项。

作为第一作者发表学术论文共计1350篇，其中三大检索文章727篇，被SCI收录78篇，EI收录410篇，ISTP收录239篇。

申请专利114件，其中发明专利75件、实用新型专利39件；授权专利49件，其中发明专利15件、实用新型专利34件。

【科研平台建设】 成立了大连海事大学航运发展研究院。该研究院充分发挥学校航运学科综合优势，以航运发展研究为平台，集聚国内航运界精英专家学者、企业家等智力资源，关注航运发展的热点、难点，不断提高我国航运业的创新能力、服务能力和国际竞争力，以推动我国航运软实力不断提升。

【知识产权工作】 成立了大连市知识产权发展研究中心暨大连海事大学知识产权研究院，为地方政府知识产权决策提供前瞻性的科学论证，为企业提供知识产权政策与法律等方面的咨询服务，为知识产权人才培养搭建平台。

【重点实验室建设】 组建省级重点实验室1个，省级重点人文社会科学重点研究基地1个。截至2008年年末，全校共有省部级以上重点实验室18个，其中包括国家工程研究中心1个，省级工程技术中心2个，省部级重点实验室13个，省级人文社会科学重点研究基地2个。

（大连海事大学 李肇坤）

辽宁大学

【概述】 辽宁大学是一所具有文、史、哲、经、法、外、艺、理、工、管等多学科的综合性大学，是国家“211”工程重点建设的院校之一。

学校有3个校区，即沈阳崇山校区、沈阳蒲河校区和辽阳武圣校区。共设有24个学院，即文学院、历史学院、哲学与公共管理学院、马克思主义学院、经济学院、管理学院、国际关系学院、亚澳商学院、新华国际商学院、法学院、外国语学院、广播影视学院、本山艺术学院、化学院、信息学院、数学院、物理学院、生命学院、环境学院、药学院、轻型产业学院、汉语国际教育学院、成人教育学院/继续教育学院、人文科技学院。

学校共设有62个本科专业，109个学科具有硕士学位授予权，33个二级学科博士授权点，3个博士后流动站；设有世界经济、国民经济学和金融学3个国家重点学科，32个省重点学科；设有国家经济学基础人才培养基地、教育部人文社会科学重点研究基地——比较经济体制研究中心、教育部高校辅导员培训与研修基地以及辽宁省高校辅导员培养基地；有各类实验教学中心（室）41个，实习基地123个，教学科研仪器设备总值12340万元。

学校有专任教师1305人，其中包括教授208人，副教授426人，博士生导师71人，享受国务院政府特殊津贴专家84人。有全日制在校学生26000人，其中包括本科生20000人，研究生5000人，外国留学生1000人。

【科研项目与经费】 获得国家自然科学基金项目7项，省部级项目35项，其他项目56项，获得科研经费总额达502.785万元。

【科研成果】 全年申请专利14项；发表的论文被SCI收录67篇，EI收录32篇，ISTP收录8篇。

“细胞内分子伴侣对于淀粉样蛋白沉积疾病的调控机制”项目获得2008年辽宁省科技进步三等奖。该项目成功地研究构筑了“分子伴侣—淀粉样蛋白聚集”调控机制的模型，并取得了重要的突破，一是内质网中分子伴侣calnexin，Eps1p对于淀粉粥状沉淀变异型蛋白lysozyme，cystatin的质量控制功能；二是细胞质中分子伴侣Hsp70家族对于朊病毒PSI+形成及细胞间传播的调控机制；三是与Hsp70相关的分子伴侣、辅助分子伴侣（因子）对于分子伴侣Hsp70调控酵母朊病毒形成时的调控机制。该项目的主要成果发表在美国的《Mol. Cell. Biol.》（影响因子9.66）、《J. Biol. Chem.》（影响因子6.35）、《Genetics.》（影响因子4.14）、《Protein Science》（影响因子4.11）、《Eukaryot. Cell.》（影响因子3.95）和欧盟的《FEBS Letters.》（影响因子3.84）等国外SCI收录的高影响因子期刊中，并被《Nature》、《Nature Biotechnology》《Nature Reviews Microbiology》、《Annu. Rev. Genet.》和《PNAS》等权威期刊引用110次。该项目对淀粉样蛋白沉积疾病的发病机理、治疗机制的研究具有重要的意义，其研究成果对于临床上抗淀粉样蛋白沉积疾病药物的研发具有重要的推动作用。

【科技人才与队伍建设】 2008年，共引进高水平人才23名，其中具有正高级职称的5名，具有副高级职称的4名；具有博士学位的21名。

【科技交流与合作】 成功举办了2008年度中外大学校长论坛、2008东北亚论坛、沈阳东北亚论坛辽宁大学分会场、第五届沈阳市科学学术年会辽宁大学分会场以及2008年东北三省博士生学术论坛等一系列大型活动。

【重点实验室建设】 截至2008年年末，学校已拥有5个省级重点实验室、6个省级人文社科重点研究基地、2个省级实验教学示范中心、2个中央与地方共建高校特色优势学科实验室。

2008年，辽宁省光电子功能器件与检测技术重点实验室获得批准。该实验室是中央与地方共建特色优势学科的重点建设实验室，是辽宁大学“211”工程重点建设的综合实验室，拥有一批性能优异、技术领先的光电子、激光技术方面的仪器设备。该实验室是在原辽宁大学物理学院激光光谱、光电子技术、微电子技术实验室的基础上发展起来的，实行依托单位领导下的主任负责制，主要从事光电材料与光量子测量、微电子功能器件与集成电路、高温传感器和两相流参数测量方法的基础研究和应用基础研究，同时开展相关的应用技术开发研究。目前，成为辽宁省光电子学领域重要的科学研究和人才培养基地。

（辽宁大学 赵中洲）

大连医科大学

【概述】 大连医科大学是一所以医学为主，文学、理学、管理学、法学等多学科综合发展的高等学府。学校新校区位于旅顺南路海滨观光带的中段，分为南北两区，南区设有主要教学区、生活附属设施区和体育运动设施区等45个单体建筑，北区为二期规划项目。

学校有26个党政管理机构，15个教学教辅机构，6个直属机构，8所附属医院（其中2所为直属附属医院），134个临床教学基地。1个国家重点学科，1个辽宁省重点学科一级学科，15个二级学科，3个博士后科研流动站，1个一级学科博士学位授权点，12个二级学科博士学位授权点(含自主设置4个)，5个一级学科硕士学位授权点，50个二级学科硕士学位授权点。有8个辽宁省重点实验室，6个辽宁省高校重点实验室，1个国家中医管理局三级实验室，1个国家级国际科技合作基地。

学校有教职工及医护人员4500余人，其中具有正高级职称的技术人员620余人，具有副高级职称的技术人员710余人，博士、硕士研究生导师600余人。拥有博士、硕士研究生2700余人，本专科生7300余人，外国留学生1000余人。

学校两所直属、附属医院均为三级甲等医院。附属第一医院为“全国百佳医院”，是辽南地区最大的综合性教学医院和医疗急救中心。附属第二医院各项医疗指标逐年提高，2003年成功兼并中国石化大连医院。两所附属医院在多层螺旋CT冠状动脉成像、心房颤动导管介入消融治疗、中西医结合治疗急腹症方面已经达到国内领先水平，脑血管介入溶栓治疗和器官移植等也跨入国内先进行列。

【科研项目与经费】 2008年，申报各级、各类科研课题524项，中标课题142项，总资助经费达1262.5万元。其中国家自然科学基金项目27项，资助经费648万元；科技部国际科技合作计划（专项经费）项目1项，资助经费165万元；教育部博士学科点专项科研基金2项，资助经费12万元；辽宁省科技厅各类科研项目23项，资助经费144万元；辽宁省教育厅各类项目43项，资助经费109.5万元；大连市科技局各类科研项目31项，资助经费147万元；大连市外国专家局（引智）项目1项，资助经费11万元；大连市IT优秀教师专项资金计划项目4项，资助经费25万元；辽宁省社科规划基金项目4项，资助经费1万元；辽宁省社科联项目2项，大连市社科联项目4项。

【科研成果】 申报各类成果奖21项，其中国家科技进步奖1项，高等学校科学研究优秀成果奖1项，辽宁省政府科技奖10项，中国中西医学会科技奖2项，大连市政府科技奖7项。科技成果鉴定14项。获得国家科技进步二等奖1项(第四完成人,第四完成单位)；中国中西医结合学会科学技术二等奖1项；辽宁省政府科技奖7项，其中一等奖1项，二等奖2项，三等奖4项。完成各类科研项目58项，获得辽宁省社科联课题优秀结项课题一、二、三等奖各1项。

申请专利7项，其中发明专利5项，实用新型专利2项。授权实用新型专利1项。获辽宁省知识产权局发明专利资助补助4项。

发表的论文被SCI收录130篇，EI收录3篇，ISTP收录7篇，其中以大连医科大学为第一作者单位的论文被SCI收录75篇，EI收录3篇，ISTP收录4篇。

获得辽宁省自然科学学术成果奖11项，其中论文一等奖4篇，二等奖6篇；专著三等奖1部。申报辽宁省教育厅学术著作出版资助2部，大连市学术著作出版资助1部。

【科研平台建设】 申报辽宁省重点实验室3个，包括辽宁省中西医结合疑难危重病重点实验室、辽宁省药代动力学与药物转运重点实验室、辽宁省肿瘤转移研究重点实验室，其中，辽宁省药代动力学与药物转运重点实验室获省科技厅批准组建。通过了国家中医药管理局专家考核组对学校国家中医药管理局分子生物学实验室（三级）的换证评估考核工作。

【科技合作与交流】 学校广泛开展国内外科技合作与交流，先后与美国纽约州立大学、澳大利亚科廷科技大学、乌克兰第聂伯国立医科大学等27个国家和地区的75所高等院校和38个科研院所建立了合作关系。

全年共组织学术报告34场。承办了国家自然科学基金委员会“基于化学小分子探针的信号转导过程研究”重大研究计划评审会及“全国抗衰老与老年痴呆学术会”等大型会议。

（大连医科大学 王健）

东北财经大学

【概述】 东北财经大学是以经济学、管理学为主的多学科性教学研究型大学，现有经济学、管理学、法学、文学、理学5个学科门类和全日制普通教育、非全日制普通教育两种办学形式。全日制普通教育系列中，有31个本科专业，65个硕士点（含自主设立21个），38个博士点（含自主设立16个），理论经济学、应用经济学、工商管理、管理科学与工程等4个一级学科博士学位授权点，理论经济学、应用经济学、工商管理等3个一级学科博士后流动站。非全日制普通教育系列中，有MBA，MPA，MPAcc及J.M等4种专业硕士教育形式。其中，MBA学院在2000年国务院学位办组织的全国MBA教学评估中排名第二，MPAcc教育中心是全国16个试点单位之一。此外，学校还有成人教育、网络教育两种非全日制普通本科教育形式。其中，网络教育学院是全国68个试点单位之一和10个首批评估单位之一，继续教育学院是辽宁省优秀教学单位。

学校有4个二级学科为国家重点和重点培育学科，4个一级、21个二级学科为省级重点学科，各级重点学科的数量列全国财经高校前列。经济学科中的产业经济学、财政学（含税收学）、管理学科中的会计学为国家重点学科，数量经济学为国家级重点（培育）学科；统计学、金融学、财政学、企业管理为省级重点学科；会计学、金融学、工商管理为国家级特色专业。学校有教育部人文社会科学重点研究基地1个，辽宁省人文社会科学重点研究基地6个，辽宁省人文社会科学重点实验室2个，校级各类研究院、研究中心、研究所44个。

学校有专（兼）职教师1000余人，全日制在校生2万余人。

【科研管理与改革】 为提升科研实力，加快师资队伍建设，鼓励并支持广大教师尤其是青年教师从事学术研究，多出高质量的科研成果，学校制定并颁布了《东北财经大学校级科研项目管理办法》，目前已开始实施；为进一步完善科研成果评价体系，经过系统全面的研究分析，撰写了《关于完善学校科研成果评价办法的设想》；修订了《东北财经大学科研工作量考核办法及超工作量科研津贴实施细则》。

【科研项目与经费】 2008年，科研项目立项总数达到253项。获得各类科研经费1060万元，其中纵向课题经费708万元，横向课题经费352万元。课题立项数量和经费均有20%以上的增长。其中，获得国家社科基金资助项目7项，获得国家自然科学基金资助项目6项，获得教育部人文社会科学研究项目6项，教育部重点研究基地项目4项。

朱成全教授申报的7项研究计划获得2008年度国家社会科学基金资助；方红星教授获霍英东教育基金会第十一届青年教师基金资助；高良谋教授申报的“辽宁重工业背景下的节能减排研究”获得辽宁省“百千万人才工程”项目资助；于立、王询教授的两项课题获得辽宁省社会发展重大课题立项。

【科研成果】 2008年度取得的科研成果（包括论文、著作和课题）数量比上年增长20%以上。

于立、赵建国、陈磊等14位教师的研究项目获辽宁省第十届哲学社会科学成果奖；吕炜教授、王伟同老师的论文《发展失衡、公共服务与政府责任——基于政府偏好和政府效率视角的分析》在《中国社会科学》发表，并被《新华文摘》转载；东北财经大学经济管理实验教学中心被评为辽宁省“省级实验教学示范中心”。

【科技人才与队伍建设】 新增的金融学和税务学2个教学团队成为国家级教学团队；聘请汪丁丁教授组建了东北财经大学社会与行为跨学科研究中心，

全面启动了行为金融学实验班、会计学专业教学实验班、工商管理教学实验班等人才培养新模式。

马国强教授当选为中国税务学会副会长；郭连成教授当选为中国俄罗斯东欧中亚经济研究会副会长和中国亚太学会副会长；谢彦君教授当选为中国旅游协会旅游教育分会副会长；吕炜教授和方红星教授被评为全国宣传文化系统第三批“四个一批”人才；赵建国教授获霍英东教育基金会第十一届青年教师奖；有2位教师获得辽宁省“高校教学名师”称号。

【科研平台建设】 经省教育厅考核认定，东北财经大学的5个研究基地全部合格。其中，内部控制与风险管理研究中心和应用金融研究中心免于2009年度基地自评，并获得2009年度基地项目重点资助。

【科技合作与交流】 参与主办了“第十二届保险：数学和经济学国际大会”；独立承办了“中国会计学会第七届全国会计信息化年会”；参与承办了“2008中国金融国际年会”和“中国会计学会财务成本分会2008年年会暨成立20周年纪念大会”。

【重点学科建设】 2008年，理论经济学、应用经济学、管理科学与工程、工商管理等4个一级学科以及行政管理、社会保障等2个二级学科被确定为辽宁省重点学科；财政学专业被评为国家级特色专业；中国税收、行政管理学等2门课程被评为国家级精品课程；财务管理课程被评为国家级双语教学示范课程；基础旅游学被评为国家级精品教材。此外，还有11门课程被评为省级精品课程，2门课程被评为省级双语教学示范课程。

（东北财经大学　范立夫）

沈阳药科大学

【概述】 沈阳药科大学是一所具有光荣革命传统的高等学府，经过多年的发展，现已成为多学科、多层次、多形式教育的药学高等学府。设有药学院、制药工程学院、中药学院、生命科学与生物制药学院、工商管理学院、基础学院、高等职业技术学院、成人教育学院、国际药学合作研究中心以及测试中心、计算机中心、现代教育中心、中药资源中心等教学科研机构。

学校经国家批准，有权授予博士、硕士学位，招收港、澳、台地区学员、国内高中保送生及外国留学生。拥有药学博士后流动站1个，一级学科博士学位授权点2个，二级学科博士学位授权点19个，硕士学位授权点26个，硕士专业学位授权点3个，本科专业21个(含专业方向)，高职专业8个，成人本专科专业14个。

本科教育中有国家理科基础科学研究和教学人才培养基地、国家生命科学与技术人才培养基地。药剂学科是国家级重点学科，药学和中药学一级学科为省级重点学科。药剂学、天然药物化学、药物化学、药物分析学、药学概论和分析化学6门课程为国家级精品课程。药学实验教学中心为国家级实验教学示范中心。药剂学教学团队、药理学教学团队和药物分析学教学团队为国家级教学团队。药学专业、制药工程专业和药物制剂专业为国家级一类特色专业。在药物新剂型设计与评价、创新药物的合成与筛选、中药与天然药物药效物质基础和质量标准、药物代谢和药物动力学、药理与毒理学、药物经济学等领域的研究均居国内领先水平。

学校是国家中成药工程技术中心、沈阳国家新药安全性评价研究中心的重要组成单位，建有教育部创新药物研究与设计重点实验室1个，国家中医药管理局批准的中药三级实验室4个、中药二级实验室1个，省市级工程技术研究中心或重点实验室18个。

学校有教授85名，副教授175名，其中中国工程院院士1人，国家“百千万人才工程”中的“百层次”人才3人，国家级教学名师1人，省级教学名师7

人，省级以上各种人才培养工程遴选命名80人次。

学校有在校研究生2056名，其中博士生381人、硕士生1675人；本科生5671人；高等职业技术教育学生1688人；成人教育本专科生7751人。

【科研项目与经费】 2008年，在研课题共计289项，其中纵向课题161项，横向课题128项。主要包括国家自然科学基金课题21项，国家科技部课题11项，国家教育部课题10项，国家中医药管理局课题2项，辽宁省科学技术基金委员会课题24项，辽宁省科学技术厅课题21项，辽宁省教育厅课题37项，还有各类课题163项。全年科研经费达2536.8万元，其中纵向课题经费1262.2万元，横向课题经费1274.6万元。

共组织申报国家、省、市各级计划课题420项，新增各级各类计划课题124项，其中国家科技部项目14项，教育部项目3项，国家自然科学基金项目11项。资助额度达11641.2万元。

与中国医科大学共同承办的“2008年两岸三地药理学与临床药理学学术会议”成为第五届沈阳市科学学术年会重点学术活动项目，获得资金支持。

全年共签订合同43份，协议79份，成交额5386.4万元。

【科研成果与转化】 2008年，申报各级各类科技奖励72项次，获得奖励34项，其中辽宁省科技进步奖二等奖3项，三等奖1项；辽宁省自然科学学术成果奖一等奖4项，二等奖4项，三等奖10项。

全年共组织成果鉴定5项；获得化学药品第1.5类新药证书1个；获得临床批件3个，含化学药品第1.1类临床批件2个；具有自主知识产权的1.1类创新药物——抗哮喘药“川丁特罗”正在开展II期临床研究；抗乙肝药物盐酸艾咪朵尔原料与片剂的国内专利已授权给天津金泰源生物医药科技开发有限公司，合同成交额达4000万元，目前已取得I/II期临床研究批件。

发表论文1578篇，被SCI收录404篇；主编或参编著作44部。

组织申报专利71项，获得发明专利授权18项；获得沈阳市专利优秀奖1项；被评为辽宁省知识产权工作先进集体；被沈阳市知识产权局列为沈阳市首批企事业单位专利大户。

【科研平台建设】 2008年，共组建重点实验室5个，其中辽宁省重点实验室2个，辽宁省发改委工程实验室1个，国家中医药管理局重点研究室1个，沈阳市重点实验室1个。

“国家级综合性新药研究开发技术大平台”获批组建，该综合平台是唯一由地方院校承建的国家综合平台，获得经费8000万元；与上海医药集团（有限）公司联合组建心血管创新药物联合研究实验室； 4个国家中医药管理局中医药科研实验室（三级）通过了换证评估；筹建沈阳药科大学本溪药物研究院。该研究院计划占地面积5000平方米，下设8个研究所，1个高层次人才工作站。

【科技合作与交流】 与威海市政府签订了产学研战略联盟合作协议；与山东达因海洋生物药股份有限公司、威高集团有限公司签订了全面合作协议。

成为抗生素产业技术创新战略联盟和维生素产业技术创新战略联盟的成员单位，将为解决我国抗生素、维生素大规模生产中的关键技术问题，提升我国医药行业的国际竞争力提供强有力的技术支撑。

【科技人才与队伍建设】 举办动物实验人员岗位技术培训班2期，共计358人参加培训并获得动物实验操作许可证；参加沈阳市科学技术协会举办的“首届海峡两岸大学生科学动漫创意设计作品”活动，有2项作品分获二、三等奖，并被评为“先进组织单位”。

（沈阳药科大学　赵临襄 张艳春 刘婷婷）

中国医科大学

【概述】 中国医科大学是我国最早进行西医学学院式教育的医学高校之一。设有27个院、系、部；在教育学、理学、工学、医学和管理学等6个学科门类拥有学位授予权，基础医学、临床医学和生物学3个学科具有一级学科博士学位授予权；设有4个博士后流动站，52个博士学位授权学科(专业)，64个硕士学位授权学科(专业)，5个国家重点学科和1个国家重点（培育）学科，27个省重点学科和2个省重点（培育）学科，13个本科专业和10个高等职业技术专业；建有3所综合性医院和1所专科性医院，开放床位6469张，牙科综合治疗椅105张。

学校建有各类科研平台，其中，国家研究基地2个，教育部重点实验室1个，卫生部重点实验室4个，国家中药局重点实验室3个，辽宁省重点实验室10个，辽宁省高校重点实验室15个，沈阳市重点实验室4个；设有国家治疗抢救中心1个，辽宁省研究、治疗中心13个，校级研究所18个，校级教育、科学研究中心21个。有7个研究中心（所）分别被批准为科技部、辽宁省、沈阳市的研究中心或创新平台。

现有在职教职工（包括附属医院）11225人，其中，中国工程院院士1人，长江特聘学者1人，教授562人，副教授817人，研究生导师924人，其中博士生导师362人。

现有在校学生39831人，其中博士生1028人，硕士生3349人，普通本科生8263人，外国留学生和港澳台学生454人。

【科研项目与经费】 2008年，承担科研项目、学科和实验室建设项目502项，经费6167万元，比2007年增加836.5万元。其中，“十一五”科技支撑计划项目17项，经费245万元；国家公益类行业专项基金项目2项，经费119万元；“863”计划项目2项，经费134万元；“973”计划项目和一级协作项目4项，经费84万元；国家自然科学基金项目62项，经费1587万元；辽宁省高校优秀人才支持计划项目9项，经费180万元；辽宁省高校创新团队支持计划项目29项，经费692万元；5人获得辽宁省高等学校攀登学者计划资助，经费500万元。

【科研成果】 获得各级科技奖励50项。其中，国家科技进步二等奖2项；教育部高等学校科学研究优秀成果（科学技术）二等奖3项（1项为参加）；卫生部中华医学科技二等奖2项（1项为参加），三等奖2项；辽宁省科技进步一等奖4项、二等奖9项、三等奖12项；沈阳市科技进步一等奖2项、二等奖5项、三等奖8项；沈阳市科技振兴奖1项。组织鉴定科技成果29项，其中22项达到国际水平，4项属国内首创。

在国内源期刊发表论文2516篇，在全国高校排名中位居第24位；发表美国科学引文索引（SCI）收录论文238篇，在全国高校排名中位居第77位，比2007年增加118篇，排名前移18个位次。出版科技著作43部，编著21部。

申请发明专利2项，取得授权专利1项。截至2008年年底，共拥有专利12项。

【科研平台建设】 有2个实验室被批准为省重点实验室，获得省重点实验室建设专项经费200万元。有6个省重点实验室通过辽宁省科技厅组织的现场检查；2个实验室通过国家中医药局中医药科研三级实验室专家评审；1个原中医药科研三级实验室通过专家评估。

【重点学科建设】 2008年初，学校和各附属医院拨付奖金和学科发展基金1006万元，表彰在国家重点学科建设工作中作出重要贡献的学科和学科带头人，调动了各学科和广大教师投身学科建设的积极性、主动性和创造性。

学校原有的8个省重点学科顺利通过复评，被重新认定为省重点学科；5个国家重点学科和1个国家重点培育学科被批准认定为辽宁省重点学科；25个新学科参加辽宁省重点学科的增补申报工作，其中14个学科被批准为省重点学科，2个学科被批准为省重点（培育）学科。省重点和重点（培育）学科数量由10个增加到29个，居省属高校首位。

【科技合作与交流】 全年主办国际学术会议5次，其中在国内主办4次。参加国际学术交流723人次，交流论文125篇、特邀报告61篇。国际合作研究派出148人次，接受100人次。举办国家级继续教育学习班37个，培训5691人次；省级继续教育学习班11个，培训648人次。

【科技人才与队伍建设】 当年有6人获得国务院政府特殊津贴，3人获得卫生部有突出贡献中青年专家称号，1人获教育部新世纪优秀人才支持计划,5人获得省高校攀登学者计划支持，29个研究团队获得省高校创新团队项目支持，4人获得省高校优秀人才支持计划项目。

在中华医学会等全国性学术团体中有4人担任主任委员，14人担任副主任委员，50余人担任常委（常务理事），60余人担任委员（理事），有2人成为国务院学位委员会学科评议组成员。

【重要科技活动】 5月9日，国家重点学科——劳动卫生与环境卫生学——举行了揭牌仪式。学校党政领导戴万津、赵群、何钦成，国家CDC地方病中心主任孙殿军教授，省教育厅副厅长周浩波，卫生厅厅长助理王天宇以及市卫生局等单位的领导，全国各大高校公共卫生学院的领导、学校部分中层干部出席了揭牌仪式。

【重点科研项目选介】

1.静脉系统梗阻—高压性疾病（VOH）综合性介入治疗的应用研究

荣获2008年度国家科技进步二等奖。该项目历经近20年的探索，创用多项介入治疗新方法对疾病进行治疗与观察，开展了预防相关并发症和提高中远期疗效方面的研究，取得三大方面的重大创新和突破。①BCS的影像学分型与介入治疗研究。国际上首次开展对高发地区BCS病人的多中心研究，创立了BCS新的分型方案和介入治疗原则与技术操作规范；国际上首创双向定位法——肝后下腔静脉闭塞开通术和经颈静脉和/或经皮经肝肝静脉开通术治疗BCS，明显扩大了BCS介入治疗的适应症，提高了临床疗效；研制出具有自主知识产权，技术性能达到或优于国外同类产品的腔静脉支架并广泛应用于临床。②TIPS的临床应用及其分流道再狭窄的防治研究。国内率先开展经颈静脉肝内门腔分流术（TIPS）及食道胃底静脉硬化栓塞术（SEEV）治疗门静脉高压所致消化道出血的临床应用研究；国际上首次提出以胆汁渗漏为中心的TIPS分流道再狭窄机制的新理论，并创建了TIPS再狭窄的动物模型；研制出国内首枚抗胆汁渗漏的TIPS专用支架。③DVT及其肺动脉栓塞的防治研究。研制出具有自主知识产权，技术性能达到或优于国外同类产品的可回收式支架型腔静脉滤器；国际上首创经颈静脉血栓清除术即“血栓拖拉-抽吸术”治疗急性和亚急性髂股静脉血栓形成。

2.中国HIV感染者病毒生物学特性、免疫应答与疾病进展相关性研究

荣获2008年度国家科技进步二等奖。该项目综合运用流行病学、分子生物学、免疫学和遗传学等技术，对国内艾滋病重点地区的HIV-1病毒生物学特性、机体免疫应答和遗传背景与疾病进展的相关性开展了全面、系统的研究，取得以下几方面重大研究成果：首次发现在国内流行的HIV-1毒株具有罕见突变和新的重组形式；首次分析了国内HIV感染者体内中和抗体保守表位氨基酸变异特征；在国内首次发现多个耐药突变位点与国内现用艾滋病抗病毒药物有关，为进一步优化现有治疗方案提供了重要参考；在国际上首次报道了NK细胞表面CD226分子参与了HIV感染诱导的NK细胞活化；首次定义了新的HIV-1 P15，P17，P24 CTL表位，揭示了中国艾滋病不同疾病进展阶段的天然免疫和获得性免疫特征及其变化；首次发现国内HIV感染长期不进展者存在高NK细胞、低CCR5表达、高DC细胞和CD4+T细胞低凋亡；首次在国内人群中发现HIV/HCV合并感染进一步降低免疫系统功能；在人类基因学研究方面发现了多个等位基因与艾滋病疾病进展相关；首次发现中国人群特有的基因突变与HIV感染后疾病缓慢进展有关。

3.辽宁农村高血压流行趋势及低成本综合干预预防脑卒中研究

荣获2008年度辽宁省科技进步一等奖。该项目共完成45925人流行病学调查。研究显示，辽西农村地区高血压患病率为37.8%，控制率仅为1.1%；脑卒中患病率为2480/10万，高于全国水平。在健康教育基础上采用以双氢克尿噻和尼群地平为基础的低成本方案，随访15个月，治疗组血压较基线（160.87/95.80mmHg）明显下降，达16.07/9.42mmHg；高血压控制率由1%提高到33.1%；人群受益率达86%；脑卒中发病减少55.2%，治疗费用仅30元/人年。副反应监测及群体药代动力学等现代化手段证实，所选药物安全有效。该成果已在多家单位推广应用。发表学术论文52篇，其中被SCI收录17篇。

4.肺癌发生、侵袭转移分子机制及早诊研究

荣获2008年度辽宁省科技进步一等奖。该项目在6项国家自然科学基金及10余项省部级课题资助下，历经17年，建立了能够检测环境致肺癌物质的方法，提出了反映肺癌生物学行为的标记物和耐药标准，探讨了肺癌侵袭、转移的分子机制，丰富了肺癌细胞发生的理论。发表学术论文93篇，其中被SCI收录15篇，被引用325次，单篇他引43次，研究成果多次在国内外学术会议上作典型发言。该项目培养硕士研究生111人，博士研究生51人，其中2人获省优秀毕业生奖，1篇论文获省优秀博士论文奖。该成果已在多家医院的肺癌早期诊断和指导临床治疗中得到推广应用，并取得了广泛的社会效益和经济效益。

5.细胞凋亡相关基因异常表达与胰腺癌生物学行为关系的研究

荣获2008年度辽宁省科技进步一等奖。该项目运用分子生物学技术，以Ki-ras，p53，Gadd45a及PDCD4等癌相关基因为主线，将基础研究与临床问题相结合，从胰腺癌的病因学、早期诊断、恶性浸润机制、临床病理学特点以及辅助化疗策略等方面系统揭示胰腺癌的生物学行为。结果提示：不同人群胰腺癌组织p53蛋白表达或Ki-ras原癌基因突变表型有差异。检测胰液脱落细胞NPTX2和CLDN5基因启动子区CpG岛高甲基化可提高胰腺癌早期诊断率。EGF促进胰腺癌细胞的侵袭与其诱导的NF-kB活化及其下游的MMP-9表达上调相关。细胞凋亡相关基因或蛋白的协同表达可以判断胰腺癌生物学行为。p53抑癌基因突变可能增加胰腺癌细胞对化疗药物的敏感性。

6.高血压易患性的基础与应用研究

荣获2008年度辽宁省科技进步一等奖。该项目对血管收缩/舒张因子、信号转导分子、代谢酶等高血压候选基因和易感染色体区域17q11.1和8p22进行了基因型分析及关联研究，并深入研究了这些基因的表达调控。对辽宁省彰武县高血压高发地区进行了高血压的危险因素和相关血清学指标的流行病学调查，并且实施了代用盐干预和高血压综合干预等高血压防治措施，同时建立了高血压高发区病例——对照人群和高血压家系的遗传资源库。基本确定了辽宁省高血压高发区高血压发生的遗传因素和环境危险因素，研究成果为全面揭示高血压发生发展的分子机制提供了切实的理论依据，对综合防治高血压具有重要的指导意义。

（中国医科大学　翟城）

大连工业大学

【概述】　大连工业大学是我国最早建立的4所轻工业学院之一，是国家在东北地区的唯一布点，是以轻纺为特色的多学科性大学。

学校有38个本科专业，18个高职专科专业；有28个硕士点，在7个工程领域有专业硕士学位授予权。发酵工程实验室和海洋食品科学与技术实验室为辽宁省重点实验室；发酵工程、制浆造纸工程、纺织工程、新材料与材料改性等4个实验室为辽宁省

高校重点实验室；发酵工程、纺织工程、制浆造纸工程、食品科学、设计艺术学5个学科为省级重点学科。在2008年教育部对全国高校80个一级学科的评估中，学校的食品科学与工程学科排名第11位。

现有专任教师848人，其中具有正高级职称者119人，具有副高级职称者293人。

现有在校全日制本专科学生18472人，研究生947人,外国留学生35人。

【科研项目与经费】 2008年，承担各级各类科研项目122项，总经费3627.9万元。其中，国家“973”计划、国家“863”计划、国家自然科学基金等项目4项，省部级和市级科技项目58项，企事业单位委托科技项目60项。此外，还承担中国高等教育学会2008年度重点专项规划课题3项，辽宁省教育科学“十一五”规划2008年度立项课题6项，大中专毕业生就业研究专项课题2项。发酵工程、纺织工程、制浆造纸工程、食品科学、设计艺术学等学科获得辽宁省重点学科建设专项资金50万元。

【科研成果】 由王际辉教授主持的“莫能菌素和鱼油调控共轭亚油酸在奶牛乳腺中的生物合成”等3个项目获得辽宁省科技进步一等奖。当年，还获得大连市科技进步一等奖1项、二等奖1项；辽宁省高等教育学会高等教育研究优秀学术成果一等奖1项，学术成果三等奖1项；辽宁省自然科学学术成果奖（论文类）32篇；大连市自然科学学术成果奖（论文类）22篇。

申请专利351项，取得授权专利274项。

《大连工业大学学报》在2007年成为科技核心期刊的基础上，又于2008年成功入编《中文核心期刊要目总览》，成为中文核心期刊，并荣获第二届中国高校特色期刊奖和2008年度大连期刊创新奖。

【科研平台建设】 “辽宁省海洋食品科学与技术实验室”和“辽宁省纺织行业技术开发中心”被批准为省级技术平台；与企业合作成立的“辽宁大连医诺生物工程技术研究中心”被批准为省级工程中心，“大连凯舟甲壳素类海洋生物资源工程研发有限公司”被批准为市级工程中心。

【学科建设】 食品科学、设计艺术学学科被确定为辽宁省重点学科，至此，学校的省级重点学科的总数为5个。服装设计与工程专业、食品科学与工程专业先后被批准为国家级特色专业建设点。校本部和高职院各新增1个专业，独立学院新增3个专业。

【科技合作与交流】 承办了辽宁省纺织行业产学研合作项目对接会、教育部轻工食品教学指导委员会年会、中国包装教育委员会全体委员会议、前沿无线通信网络技术国际研讨会等有影响的大型学术会议。

【科技人才与队伍建设】 金凤燮、朱蓓薇两位教授当选为辽宁省高等学校攀登学者。目前，全省仅有9所高校的20人入选该奖项。同时，食品学科领军人朱蓓薇教授还获得了何梁何利基金科学与技术创新奖和大连市科学技术功勋奖。

【知识产权工作】 学校被评为大连市知识产权保护先进集体和辽宁省知识产权“兴业强企”工程试点示范工作先进单位。在教育部科技发展中心编著的《中国高校知识产权报告（2008）》统计中，学校有效专利量和专利授权量在全国高校中排名第34位。

【重要科技活动】 9月25日，大连工业大学举办了以“弘扬轻院传统 再创工大辉煌”为主题的建校50周年庆祝大会。教育部有关领导及辽宁省省长陈政高分别发来贺电。中国轻工业联合会会长陈士能，中共辽宁省委常委、大连市委书记张成寅，大连市市长夏德仁等领导和嘉宾出席了大会。

（大连工业大学 迟青山）

大连交通大学

【概述】 大连交通大学是东北地区唯一一所以轨道交通为特色的高等学校。作为国务院博士、硕士、学士三级学位授权单位和人事部、全国博士后管委会批准的博士后科研流动站设站单位，目前学校形成了以本科教育为主体，积极发展研究生教育以及中外合作办学、留学生教育、高等职业技术教育和成人继续教育的层次清晰、结构合理的办学体系。

学校分为沙河口、旅顺两个校区。现有1个教育部批准建设的工程研究中心，1个省级工程中心，1个省级重点实验室，4个省级高校重点实验室，2个市级工程中心。

现有专任教师1038人，其中，教授122人，副教授278人，博士生导师43人。教授、副教授占专任教师的比例为40%以上；具有硕士、博士学位的教师占教师总数的70%以上。

【科研项目与经费】 2008年，主持完成和在研科研项目286项。科研经费总额达1.22亿元。其中纵向科研经费1559.6万元，横向科研经费2650万元。承担国家级项目12项，其中国家自然科学基金项目10项，国家“863”计划项目2项，经费733万元；承担省部级项目15项，经费290万元；承担市级项目101项，经费536.6万元。

【科研成果】 获得国家和省级科技奖励2项，其中由连续挤压工程研究中心宋宝韫教授主持的“铜材连续挤压制造技术及设备”项目荣获国家科技进步奖二等奖；魏伟教授主持的“货运列车空气系统仿真理论与应用”项目荣获辽宁省科技进步二等奖。

获得专利授权14项，其中发明专利7项，实用新型专利7项。

【科研平台建设】 10月，辽宁省教育厅批准大连交通大学建设省级大学科技园。

【产学研合作】 学校结合专业特色和行业发展方向，力求“以服务求支持，以贡献求发展”，坚持走产学研合作之路。与长春轨道客车股份有限公司共建现代轨道交通研究院；与中国北方机车车辆工业集团公司共建中国北车集团——大连交通大学虚拟产品开发技术中心；与齐齐哈尔铁路车辆（集团）有限责任公司共建铁路货车重载、快捷工程技术研究院。另外，还与哈尔滨焊接研究所、大连重工·起重集团等10多家企业建立了合作关系。

【重点科研平台选介】 大连交通大学连续挤压工程研究中心是教育部工程研究中心，成立于1985年，2006年批准建设成为教育部工程技术研究中心。该中心专门从事连续挤压技术研究，是我国唯一从事连续挤压和连续包覆技术的科研机构。先后承担并完成了国家自然科学基金、国家“863”计划项目等重大课题30余项，研制出18项新技术，填补了国内空白，达到国际领先水平。荣获国家科技进步奖3项，省部级科技进步奖8项。中心现有博士生导师3名，教授5名，副教授8名，形成了一支塑性加工、材料学、机械装备、电气自动化等多学科融合的科研团队。目前，已有600多条生产线以“交钥匙工程”方式在世界五大洲30个国家和地区以及国内28个省、直辖市投产运行，创造了可观的经济效益和社会效益。

轨道交通关键材料重点实验室依托于材料科学与工程学院，主要研究方向为轻量化车体材料、制动摩擦材料、高强韧性合金钢、表面工程等。该实验室以轨道交通车辆进口关键零部件的国产化为主要目标，深入研究材料的成分、组织与性能的关系，从微观组织结构层次阐述其宏观服役性能的作用机制，并提出了材料国产化的技术方案。2008

年，辽宁省科技厅批准该实验室为辽宁省轨道交通关键材料重点实验室。近年来，实验室先后承担国家“863”计划项目3项，国家自然科学基金项目7项，承担地方政府和铁路系统科研课题100多项，合同总金额超过1000万元。鉴定成果2项，获得辽宁省自然科学奖二等奖1项，高校科技发明奖二等奖1项；申请专利2项，取得授权专利1项。目前，该实验室研制的多项技术成果已被推广使用，如：高速铁路粉末冶金闸片成为我国唯一通过300千米试验的产品；研制的金属复合管已经在企业生产，将大批量运用于列车的刹车风管道中；研制的多孔银是世界上唯一采用腐蚀方法获得的样品，在催化、电极、抗菌、过滤等领域有广阔的应用前景；研制的多孔钛，可以用于骨植入或电极等场合。

（大连交通大学　侯英玮）

大连水产学院

【概述】　2008年，大连水产学院按照本校《“十一五”科技发展规划纲要》确定的总体发展目标、发展重点和主要任务，着力加大科研工作力度，提升科研开发能力，取得了显著成效。特别是在科研立项和科研经费等方面均创造了建校以来的最高纪录。科研经费总额超过2000万元，其中国家级项目经费达到1354万元，并首次获批国家海洋局海洋公益性行业科研专项重大项目2项，经费1187万元。

【科研项目与经费】　2008年，承担各级各类科研项目130项，总经费达2219.7万元。其中纵向项目94项，经费2037.8万元；横向项目36项，经费181.9万元。主要包括国家海洋局海洋公益性行业科研专项重大项目2项（参加1项），经费1187万元；国家基金项目6项（参加1项，外转1项），经费116万元；农业科技成果转化资金项目1项，经费50万元；教育部留学回国人员启动基金项目2项，经费5万元；农业部项目1项，经费2万元；辽宁省科技计划项目5项，经费325万元；辽宁省基金项目4项，经费17万元；辽宁省社科基金招标项目1项；辽宁省教育厅项目28项，经费101.5万元；辽宁省海洋与渔业厅项目4项，经费19万元；辽宁省人事厅项目1项，经费2万元；大连市项目6项，经费50万元；大连市海洋与渔业局项目1项，经费15万元；国家社科基金项目1项（参加），经费1万元；辽宁省和大连市社科项目12项；获批组建省级科技特派团1个，经费50万元；获批组建大连市科技特派团1个，经费20万元；承接农民技术员培训项目1个，经费70万元。

【科研成果与转化】　“凡纳滨对虾引种、育苗、养殖技术研究与应用”项目获得2008年度国家科技进步奖二等奖。凡纳滨对虾（又称南美白对虾）原产于南美，具有生长快、抗逆性强、耐密养、产量高、周年繁殖等特点。自1993年引入我国后，学校对该品种进行了研究，先后攻克了亲虾培育、人工繁殖、育苗、高效饲料和实用虾养殖等技术难题。目前，该品种已在全国广泛推广，成为发展对虾养殖业的新兴种类，并取得了可观的经济效益和社会效益。

获得辽宁省科技进步奖一等奖1项，二等奖1项，三等奖2项。

【科研平台建设】　拥有部省级重点开放实验室、重点实验室、工程技术研究中心9个。其中，农业部重点开放实验室1个，省级重点实验室3个，省级高校重点实验室4个，省级工程技术研究中心1个。目前，大连水产学院重点实验室、工程中心全部承担有国家级重大项目。

加强对重点实验室及工程中心的管理，重新修订了《大连水产学院重点实验室管理办法（试行）》，建立了实验室考核制度。

投入经费200多万元，对海洋水产增养殖学与生物技术农业部重点开放实验室进行了整体搬迁改造。新实验室建筑面积4000多平方米，活体实验条件达到国内一流水平。2008年底，该实验室顺利通过了农业部第三轮重点实验室评估，成为国家水产领域6个部级重点实验室之一。

【产学研合作】 2008年，继续强化与大连獐子岛渔业集团股份有限公司、盘锦光合水产有限公司、大连太平洋水产有限公司、庄河力源水产有限公司、大连海琳水产有限公司等企业的科技合作，又与大连龙源海洋生物股份有限公司、大连玉璘集团等企业建立了技术服务与合作关系。

与大连獐子岛渔业集团股份有限公司建立合作关系5年来，成功研制了自动投饵和水质监测系统、自动虾夷扇贝播苗机、环保型虾夷扇贝拖网等一批技术与生产设备，解决了生产难题，为企业带来了巨大效益。学校与獐子岛渔业集团共同申报的国家海洋公益专项重大项目获得批准。此外，学校还作为技术支撑单位申报了獐子岛贝类生态养殖工程技术研究中心。

与大连龙源海洋生物股份有限公司合作设立了龙源奖学金，开办了龙源定向委培班。承担了辽宁省科技厅组织的“农民技术员培训工程”项目，举办培训班两期。通过参与省科技厅组织的科技特派团活动，建立和加强了与庄河市、瓦房店市科技局及乡镇企业的联系。2008年，学校派驻瓦房店市炮台乡的农村科技特派团还荣获了“辽宁省科技特派行动先进集体”称号。

【科技人才与队伍建设】 学校高度重视科技人才与队伍的建设，不断引进年轻的博士和硕士教师，大力挖掘青年教师的科研潜力，多次组织博士及骨干教师召开座谈会、项目指导会等，从科研定位、项目申报等方面入手，扶持和引导他们积极开展科研工作。2008年，学校引进人才申报项目总数达143项，占全校申报总数的47%；引进人才中有33人申报了国家基金，占全校申报总人数的93%；获批的4个国家基金项目全部为引进人才所申请。

【中小企业服务中心建设】 学校组建的兴科中小企业服务中心，先后多次组织学校师生参加“科技三下乡”“科技对接会”“国际生物技术大会”“大连市大型科学仪器资源共享平台建设”“渔业实用技术讲座”等活动，推介学校科研成果16项；与大连市海洋与渔业局联合建立的大连市“120”水产技术咨询热线全年提供咨询服务上百个。2008年度被授予全省“优秀中小企业服务中心”荣誉称号。

【重点科研项目选介】 “基于生态系统的海洋牧场关键技术研究与示范”项目为国家海洋局海洋公益性行业科研专项重大项目，这是大连水产学院首次获批国家海洋局项目。该项目由大连水产学院牵头，大连獐子岛渔业集团、国家海洋局锦州海洋环境监测站、北京科技大学4家单位共同承担，项目经费总预算为3009万元，实施周期为4年。该项目是从海珍品生态海洋牧场的关键技术创新及其集成入手，以修复和优化海洋环境、促进重要海洋经济生物资源和海洋生态的修复、实现近海渔业持续健康发展为目标，为我国海珍品海洋牧场建设及海洋渔业生产现代化提供示范与科技支撑。

（大连水产学院　张冬冬　梁殿超　何杰）

辽宁师范大学

【概述】 2008年，辽宁师范大学不断调整研究方向，优化科研创新环境，提高科研工作质量，提升科研创新能力，促进科研成果转化，全面推动学校向国内一流、多学科协调发展、教师教育特色突出的教学研究型综合性大学迈进。

学校设有22个学院，51个本科专业。拥有1个博士后科研流动站，13个博士学位授权点，13个一级学科硕士学位授权点，99个二级学科硕士学位授权点，是全国教育硕士、公共管理硕士、高校教师专业学位和同等学力人员申请硕士学位培养单位。有13个省级重点学科，1个省级重点培育学科，7个省级哲学社会科学重点建设学科，3个省级人文社会科学重点研究基地。设有教育部基础教育课程研究辽宁师范大学中心、教育部省属人文社会科学重点研究基地辽宁师范大学海洋经济与可持续发展研究中心、教育部辽宁师范大学可持续发展教育中心以及辽宁省高等学校师资培训中心、辽宁省中小学骨干教师培训基地等多家研究和培训机构。

学校有专任教师1000人，其中具有正高级职称的教师205人，副高级职称的教师338人；具有博士学位的教师217人，硕士学位的教师435人。有国务院学位委员会评议组成员1人，双聘院士2人。聘任几十位国内外著名学者、专家为名誉教授和客座教授。

学校有全日制在校生14969人，其中博士、硕士研究生3018人，外国留学生140人。

【科研项目与经费】 2008年，承担各级、各类科研项目248项，获批经费1427.9万元。其中，国家科技支撑计划项目1项，获批经费258万元；国家自然科学基金13项，获批经费353万元；国家自然基金国际合作项目1项，获批经费1.5万元；国家社科基金7项，获批经费64万元；全国教育科学规划青年专项1项，获批经费1万元；教育部博士点基金项目2项，获批经费9万元；教育部留学回国博士启动基金4项，获批经费9万元；教育部一般项目7项，基地项目1项，共获批经费51万元；国家体育总局项目2项，获批经费2万元；国家体育总局文化基地研究项目8项，获批经费0.6万元；高校古籍整理项目1项，获批经费2万元；国家司法部项目2项，获批经费3万元；辽宁省教育厅计划项目55项，获批经费90万元；辽宁省教育厅创新团队项目12项，辽宁省教育厅优秀人才项目3项，共获批经费110万元；辽宁省社科规划基金项目27项，获批经费7.5万元；辽宁省教育科学“十一五”规划项目14项；辽宁省教育科学“十一五”规划毕业生就业研究专项2项，获批经费1.5万元；辽宁省科技厅自然基金2项，博士启动基金3项，计划项目2项，共获批经费47万元；辽宁省社科联项目12项；大连市科技局计划项目及基金项目10项，获批经费81万元；大连市社科联项目18项，获批经费1.2万元；各类横向课题38项，获批经费335.6万元。

组织申报大连市“知识产权工作试点单位”并获批准，获批经费15万元。

【科研成果】 获得教育部高等学校技术发明奖二等奖1项；辽宁省政府科学技术奖4项，其中技术发明二等奖2项，自然科学三等奖2项；辽宁省自然科学学术成果（论文）奖70项，其中一等奖7项，二等奖27项，三等奖36项；辽宁省自然科学学术成果（著作）奖2项，其中一等奖1项，三等奖1项；大连市政府科学技术奖3项，其中科技进步奖一等奖1项，二等奖2项；大连市自然科学优秀论文奖48项，其中一等奖8项，二等奖17项，三等奖23项。

发表学术论文1400余篇，被SCI收录137篇，在全国高等学校中排名第97位；出版各类专著、译著、教材100余部，有两部学术专著获得大连市学术专著出版资助，有10部专著获本校学术出版资助；

鉴定项目5项。

申报专利12项，其中发明专利7项，实用新型专利5项。

出版内部刊物《科研信息》2期；发布科研信息170条，浏览量达数万次。

【科研平台建设】 组织申报生物技术等5个专业省级重点实验室，组织历史文化旅游学院等5个单位申报省级人文社科基地；新型材料制备与应用、生物技术与分子药物研发2个重点实验室通过了省级重点实验室验收；马克思主义理论与思想政治教育研究中心、心理发展与教育研究中心2个基地顺利通过了省教育厅基地绩效评估；体育学院申报并获批了国家体育总局体育文化研究基地；生物标本馆被认定为大连市科普基地。

召开了辽宁师范大学首届科研平台建设工作会议。会议总结了近年来辽宁师范大学科研平台建设工作的经验，规划了未来几年科研平台建设的目标，出台了《重点实验室管理办法》《人文社会科学重点研究基地建设管理办法》《创新团队管理办法》等规章制度。

【科技合作与交流】 组织召开了辽宁省高校中小企业服务中心负责人座谈会、辽宁省遗传学会第八次学术会议、辽宁省基础物理专业委员会成立暨学术研讨会等大型会议；联合举办了2008年中国第四届教育与普及学术研讨会；积极参与了大连市第五届社会科学普及周活动；组织城市与环境学院、外语学院等5家单位到辽河油田开展调研活动；定期组织高水平的学术报告会，邀请知名学者进行学术交流。全年共举办学术报告71场，听众逾万人次。

（辽宁师范大学　宫文红）

辽宁石油化工大学

【概述】 辽宁石油化工大学是一所以石油石化为特色，工、理、经、管、文、法、教七大学科协调发展的多科性大学，并被教育部确定为东北地区唯一一所少数民族高层次人才基础培训基地，被辽宁省确定为石油化工紧缺本科人才培养基地，同时具有以同等学力申请硕士学位的授予权和招收选派留学生的资格。2008年，学校还获得“全国绿化模范单位”“辽宁省五一奖状”“辽宁省平安校园”“辽宁省思想政治工作先进单位”“辽宁省高校宣传思想工作先进集体”“辽宁省教科文卫工会工作先进集体”等荣誉称号。

学校占地面积127万多平方米，建筑面积61.5万平方米，馆藏各类图书总量243.4万册（含电子图书139.7万册），教学科研设备总值1.14亿元。建校以来，已培养毕业生6万多名，其中大部分已经成为我国石油石化等多个行业的领导干部和技术骨干。

学校有12个本科学院，3个省级重点学科，2个省级重点资助学科，7个省级重点实验室，3个省级工程技术中心，3个省级高校创新团队，2个联合培养博士点，26个硕士点，9个工程硕士领域，49个本科专业，26个高职专科专业。

学校有专任教师883人，其中具有高级职称的教师占41.4%，具有研究生学位的教师占56.7%，有博士生、硕士生导师160人。教师中有8人享受政府特殊津贴，11人入选国家和省的“百千万”人才工程，58人为国家和省部级科技专家、学科带头人和优秀骨干教师。

学校有全日制在校学生19299人，其中研究生838人，本科生14296人，高职专科生3198人。

【科研项目与经费】 2008年，组织申报各级各类科研项目165项。其中，申报国家级项目29项，国家自然基金国际合作项目1项，教育部归国科研启动基金项目2项，国家社会科学基金项目3项，教育部科技研究重点项目1项；申报辽宁省科技基金项目15项，辽宁省科技厅项目25项；申报辽宁省社科联项目15

项，辽宁省哲学社会科学规划基金项目21项，辽宁省语言学项目2项；申报市级项目6项。全年承担纵向科研项目52项，横向科研项目70项(其中百万元以上科研项目3项)，科研经费3450万元。

【科研成果】 共有6项科研成果通过鉴定。其中省部级鉴定3项，市级鉴定3项。上报辽宁省教育厅结题项目27项，其中自然科学项目26项，人文社科项目1项。

作为第一完成单位研制的“输油管道资源优化配置及安全运行技术开发与应用”项目获得辽宁省科技进步一等奖；“氯醇法生产环氧丙烷尾气回收工艺技术”项目获辽宁省科技进步二等奖；“硫化亚铁的自燃性机理和预防技术研究”项目获辽宁省科技进步三等奖；“硅橡胶高压隔离开关”项目获得辽宁省科技成果转化三等奖。获得抚顺市科技进步奖5项（其中一等奖1项，二等奖3项,三等奖1项）。

申请发明专利11项；取得授权专利12项，其中发明专利7项，实用新型专利5项。

出版著作42部；发表学术论文718篇，其中在核心期刊上发表555篇，在公开出版刊物上发表79篇，参加学术会议发表38篇；被SCIE，EI，ISTP国际检索系统收录论文108篇，其中被SCIE收录论文30篇，居全国高校第212位；被EI收录论文39篇，居全国高校第164位；被ISTP收录论文34篇，居全国高校第166位。被中国科技论文引文数据库（CSTPCD）收录393篇，居全国高校第183位。

公开出版的《石油化工高等学校学报》获第二届中国优秀期刊奖，并连续第10年被评为辽宁省一级期刊。

【科研平台建设】 2008年，组织申报辽宁省重点实验室3个，分别为“油气储运工程实验室”、“石油化工承压设备系统安全工程重点实验室”和“非常规油气资源综合利用重点实验室”。其中“辽宁省非常规油气资源综合利用重点实验室”获得批准。截至2008年底，学校共有重点实验室7个，工程技术中心3个。

【重点学科建设】 2008年，“化学工艺”学科新增为辽宁省高校重点学科，成为学校第3个省级重点学科。

【产学研合作】 与抚顺市政府签订了建设抚顺国家精细化工产业化基地产学研联盟合作协议。

【重点科研项目选介】 “纳米级硫酸钙晶须及胶粘剂系列产品开发”项目是由张洪林课题组承担的国家“863”计划项目，于6月24日在沈阳顺利通过了科技部的验收。

该项目掌握了纳米级硫酸钙晶须常压法合成及表面改性技术，开发了纳米硫酸钙晶须改性原灰、硅酮密封胶、乳胶漆、聚氨酯胶黏剂、防水胶泥等产品及生产工艺，形成了具有自主知识产权的纳米级硫酸钙晶须改性胶黏剂生产工艺技术，产品技术指标完全达到合同规定要求。该项目申请发明专利6项，获授权专利1项，发表论文12篇。其研究成果已在抚顺哥俩好集团成功应用并部分实现产业化，建成了年产2000吨彩色高分子防水胶泥生产线，每年创直接经济效益在1000万元以上。

（辽宁石油化工大学　何俊新）

辽宁中医药大学

【概述】 辽宁中医药大学是辽宁省唯一的一所培养中医、中药、针灸推拿、中西医临床医学和高级护理人才的高等院校。

学校拥有3所直属附属医院（其中2所为全国三级甲等医院），4所非直属附属医院；拥有局级重点专科、专病医疗中心10个，省级重点专科、专病医疗中心14个；建有40所教学医院、实习医院和30家药学实习基地。

学校设有医、理、工、管、文5个学科门类，30个本科专业或专业方向；16个二级学院、2个教学部、2个研究院、1个编辑部；1个国家重点学科、4个国家中医药管理局重点学科、7个省级重点学科；3个博士后科研流动站、2个一级博士学位授权学科、8个二级博士学位授权点、3个一级硕士学位授权学科、18个二级硕士学位授权点；5个国家中医药管理局科研三级实验室、17个国家中医药管理局科研二级实验室、11个省级重点实验室及工程中心；获得4项国家级教学成果奖、1项国家级精品课程、20项省级精品课，3个省级实验教学示范中心。

现有博士生导师55人，硕士生导师306人，享受国务院特殊津贴专家47人，国家级名师1人，省级名师5人，国家级名医19人，省级名医34人，入选国家级“百千万人才工程”2人，省级“百千万人才工程”“百人”层次17人，“千人”层次46人，辽宁省高校学科拔尖人才1人，中青年学科带头人1人，优秀青年骨干教师21人。现有在校生共计10000余人。

【科研项目与经费】 2008年，获得各级各类科研经费1569万元。其中，承担国家科技支撑计划项目3项（其中牵头项目1项），经费421万元；国家自然基金项目5项，经费136万元；国家中医药管理局中医药行业科研专项4项，经费463万元。

【科研成果与转化】 完成各级各类科研项目52项，鉴定科技成果9项，成果登记4项。其中，获得辽宁省科技进步二等奖2项，三等奖3项；沈阳市科技进步二等奖2项，三等奖2项；“中医基础理论术语”获得中国标准创新贡献奖。

申请发明专利7项，获得发明专利授权2项。

“解秘胶囊”“头痛平颗粒”2项成果成功实现转让，获利70万元。

【科研平台建设】 组织申报国家中医药管理局重点研究室3个，通过了国家中医药管理局三级实验室检查工作；组织申报辽宁省重点实验室，有3个实验室被认定为辽宁省重点实验室。

与本溪市委、市政府签订了合作意向协议，将在本溪建立辽宁中医药大学中药研究院、中药安全评价中心。

【科技合作与交流】 与辽宁省中西医结合糖尿病专业委员会共同主办了“国家级医学继续教育项目暨辽宁省中西医结合内分泌代谢疾病第四次学术会议”；成功举办了“国际中医药学术研讨会暨第25届全国中医儿科年会”“全国肛肠病学术交流会”“辽宁中医药大学护理学术论坛”“辽宁省中药学会成立大会暨第一次会员代表大会”“中医理论基础研究关键科学问题高层论坛暨中医基础理论分会主任委员会扩大会议”等高水平、高层次的学术会议。

举办了“2008沈阳国际中医药学术创新高层论坛”。中国科学院院士、上海中医药大学校长陈凯先教授，国家药典委员会副秘书长周福成教授，国家自然基金委员会生命科学部王昌恩处长，日本铃鹿医疗科学大学针灸学部森和教授等国内外知名专家学者出席论坛并作了精彩的学术报告。

【产学研合作】 辽宁中医药大学职业技术学院与辽宁省生物技术协会、沈阳联星生物有限公司签订了校企合作协议，并举行了授牌仪式。根据协议，职业技术学院将作为辽宁省生物技术协会技能人才培训的基地，并成立联星生物技术技能人才培训实验室和“联星班”。

邀请广东康美药业领导到学校考察，并就中药饮片加工生产基地合作建设事宜进行了洽谈。

【科技人才与队伍建设】 石岩教授入选国家级“新世纪百千万人才工程”；基础医学院青年教师单德红获得“霍英东教育基金会第十一届高等院校青年教师奖”（自然科学）三等奖；王德山、翟延君获辽宁省教学名师奖。

【重点学科建设】 通过了国家中医药管理局4个重点学科的评估验收；方剂、中内、针灸、中药、中西医结合基础等5个学科申报了辽宁省高等学校重点学科，有3个学科被批准为辽宁省高等学校重点学科，1个被批准为辽宁省高等学校重点培育学科。组织完成了7个辽宁省高等学校重点学科建设项目的申报工作，争取到省重点学科建设经费66万元。

（辽宁中医药大学　刘艳芬）

沈阳工业大学

【概述】 沈阳工业大学是一所以工为主，涵盖工、理、经、管、文、法、哲7大学科门类的多科性教学研究型大学。

学校由位于沈阳市的中央校区、兴顺校区、国家大学科技园和辽阳市的宏伟校区4个部分组成。设有17个学院、2个教学部和1个工程实践中心；42个本科专业，18个专科专业；拥有学士、硕士、博士三级学位授予权，是工商管理硕士（MBA）专业学位研究生培养单位；49个学科和学科领域具有硕士学位授予权，1个一级学科和10个二级学科具有博士学位授予权；电机与电器专业为国家重点学科，有4个辽宁省重点一级学科、16个辽宁省重点二级学科；建有电气工程、材料科学与工程博士后科研流动站；拥有国家稀土永磁电机工程技术研究中心、辽宁省风力发电技术工程研究中心、高电压强电流与新型电机重点实验室、复杂曲面数控制造技术重点实验室、镁合金及其成型技术重点实验室等省级重点实验室，以及辽宁省高校人文社会科学重点研究基地等一批国家和部省级科研基地。

学校有教师1194人，其中院士2人，教授176人，副教授355人，讲师515人，博士生导师37人，中青年学科带头人25人，具有博士学位的教师占师资队伍总数的21%，具有硕士以上学位的教师占师资队伍总数的69.2%。

学校有普通本科生14573人，高职专科生1291人，各类研究生2306人，成人教育学生10671人，沈阳工业大学工程学院（独立学院）学生3923人。

【科研项目与经费】 全年科研经费总额15165万元，到款6312万元，其中，科研计划项目经费到款2278万元，委托项目经费到款4034万元。

全年申报各级各类计划项目450余项，新实施计划项目160项，其中国家自然科学基金项目8项（包括3项青年基金项目）；全校新增计划项目185项，同比增长近30%；签订企业委托合同245项；连续第二年获得教育部重大项目培育基金项目资助；承担百万元以上项目的负责人达到11个，比去年增加了3人。

【科研成果与转化】 获得省市各级政府奖励16项，其中辽宁省科技进步奖5项，包括：“兆瓦级变速恒频风电机组”获辽宁省科技进步奖一等奖；“大型动力设备宽频带噪声与振动控制新技术”获辽宁省科技进步奖二等奖；“面向东北企业可持续发展的会计政策选择研究”“航空有机玻璃双向拉伸技术及设备”“挤压铸造高速机床主轴轴承保持架用材料及成形工艺”获辽宁省科技进步奖三等奖。获得辽宁省社会哲学科学成果一等奖1项。鉴定成果11项。

申请专利105项，获得授权专利88项。被评为辽宁省知识产权“兴业强企”示范单位；被沈阳市认定为“企事业单位专利大户”，成为沈阳市的重点扶持单位。

发表论文1286篇，其中被三大检索系统收录242篇。

《沈阳工业大学学报》荣获“中国高校优秀科技期刊奖”。

被中国可再生能源学会评选为中国可再生能源学会风能专业委员会总体技术专业组组长单位。

具有完全自主知识产权的“兆瓦级风电机组技术”签订技术转让合同共计5项，进款经费总额达660万元；5kW、75kW、1.5MW等离网和并网型风力发电机组项目转让给武汉国测数字技术有限公司、北京能优技术有限公司等大型企业，转让金额达3900万元。

【科研平台建设】 2008年申报的“先进焊接技术及自动化重点实验室”（依托材料学院）、“嵌入式技术应用重点实验室”（依托信息学院）正式被教育厅批准为辽宁省高校重点实验室；“沈阳稀土永磁应用工程技术服务平台”被认定为沈阳市高新技术产业带公共服务平台创建单位；“稀土永磁电机工程技术研究中心”通过国家科技部验收。

【科技合作与交流】 全年累计接待来自美国、德国、英国、澳大利亚、日本、韩国等国家的29个团体、69人次到学校访问。与韩国世宗大学达成了合作意向，双方将在学生互换、教师交流等方面进行合作；聘请来自美国、英国、新西兰等国家的语言教师7人次；风能技术研究所引进10余名国外风能专家参与项目的研究工作；学校聘请的芬兰风能专家维柯·海瓦瑞恩先生荣获辽宁省优秀外国专家奖。

有12位教师出国参加国际会议；派出7名教师到美国、德国、日本、俄罗斯等国家留学深造，其中公派攻读博士学位3人，公派访问学者4人。

【产学研合作】 与中国石油化工集团公司合作实施“长输管道内检测技术研究——Φ720内检测设备系统的研制”项目；与桐乡三元电机科技有限公司联合开发“无刷直流永磁电动机系列”，资金100万元；与东元总和科技（杭州）有限公司联合开发永磁电机技术、等效电路理论与性能技术，资金100万元；与山西化鑫电气有限公司联合开发泵用永磁电机，资金60万元；在稀土永磁电机产业化过程中为江西喜泰电机有限公司提供技术服务，服务金额60万元；为东北电力科学研究院进行技术服务，服务金额35.5万元；为中油辽河宝石石油装备有限公司特车分厂进行技术服务，服务金额209万元；为中石油集团长城钻探工程有限公司钻井二公司提供长输管道智能检测系统专利技术项目服务，服务金额240万元；与特变电工沈阳变压器集团展开全面战略合作。

【重点科研平台选介】

1.沈阳工业大学国家级大学科技园

该园区建于1996年，2002年被辽宁省政府批准为省级大学科技园，2006年被国家科技部、教育部批准为国家级大学科技园。2008年，园区孵化科技型企业60余家，毕业企业12家，入园企业年产值达6亿元。有3家企业被评为高新技术企业，1家企业上市。

2.辽宁省高校先进焊接技术及自动化重点实验室

该实验室依托于沈阳工业大学材料科学与工程学院，以培养人才和大力推动先进焊接技术向生产力转化为目标，开展人才培养和焊工培训、焊接设备及控制技术开发、表面强化技术研究与应用、新材料新工艺研究及其产业化等方面的工作。实验室研制成功的“等离子MIG焊接设备”已在三峡电站开关断路器的制造过程中应用，该项目已获得辽宁省科技进步二等奖。多年来，实验室获得省部级科技进步二等奖3项，三等奖8项；取得发明专利16项；转让科技成果15项。近五年来，在国内外期刊和国际会议上发表学术论文90篇，被三大检索机构收录63篇；出版专著10部。

3.辽宁省镁合金及其成型技术重点实验室

该实验室承担各级各类科研项目30余项，研究经费总额近千万元。其中，承担国家级项目10余项，包括“十五”攻关项目、重大专项、“863”计划项目、“973”计划项目等。其所属的镁工程中心被国家科技部命名为“国家科技攻关镁合金研究开发中心”。实验室研究开发的“粗镁直接熔炼镁合金短流程工艺”已在宁夏华源冶金实业有限公司实现产业化，每年新增产值5250万元，新增利税1039万元。实验室获得中国有色金属工业科学技术二等奖1项，辽宁省科技进步二等奖1项；出版了国内第一部有关镁合金的专著；学术论文被SCI，EI及ISTP检索机构收录41篇；申请国家发明专利8项，授权2项。

4.特种电机与高压电器重点实验室

该实验室主要研究范围涵盖稀土永磁电机的基础理论和共性关键技术、高压开关设备新型操动理论与智能电器等领域。现有中国工程院院士1人，博士生导师16人。承担国家自然科学基金项目15项，国家“863”计划、国家科技攻关计划项目10项；获得省部级科技进步奖20项；出版学术专著及教材13部；发表学术论文1082篇，其中被SCI与EI检索机构收录189篇；获发明专利授权8项。

5.辽宁省高校嵌入式技术应用重点实验室

该实验室成立于2000年，2006年被批准为沈阳市嵌入式系统重点实验室，2007年获批为辽宁省高校重点实验室，2008年获批为中央与地方优势学科共建特色实验室。实验室现有教授9人，副教授14人，讲师3人，研究人员全部具有博士学位。近3年来，实验室承担国家自然科学基金项目4项，省部级科技基金资助项目6项，年均研究经费100多万元；完成横向重要科研课题20余项，年均科研经费1500多万元；获得省部级科技进步奖3项；出版学术专著及教材3部；发表学术论文507篇，被SCI与EI检索机构收录350篇。

6.辽宁沈阳风力发电装备制造基地有限公司工程技术研究中心

该中心主要研究风电技术所涉及的机械、气动、电气、力学、材料、信息等领域。拥有中国工程院院士1人，国家自然科学基金获得者6人，具有高级职称的专业技术人员35人，博士21人。在研和已完成的国家、省、市计划项目4项；获得科技奖励1项；取得授权专利4项；发表专著1部；发表论文24篇，被三大检索机构收入14篇。

【重点科研项目选介】

1.LXK系列数控螺杆铣床

该产品是采用先进数控技术与包络技术相结合的方式，实现转子螺杆的盘形铣削、指状铣削或旋风铣削加工。该产品现已被认定为国家级重点新产品，并先后获得国家机械工业科技进步一、二等奖各1项，辽宁省科技进步一等奖2项、二等奖1项，沈阳市科技进步一等奖1项。该项目的核心成果获得发明专利授权1项，实用新型专利授权3项。该项目研究成果已推广应用到辽河油田、大庆油田、胜利油田、大港油田、长庆油田及辽宁、黑龙江、天津、山东、山西、陕西、江苏、浙江、广东等省市的20多家高技术机械制造企业，取得了显著的社会经济效益。截至目前，累计新增产值近30亿元，新增利税超过4亿元。

2.潜油螺杆泵采油系统

该项目是目前国际上四大人工举升技术之一，它的最大特点是对高黏度油、高含砂量井适应性强，能够防止砂卡、断杆这类采油设备中常见故障的发生。该项目获得辽宁省科技进步二等奖以及其他奖项4项；获得实用新型专利授权2项，申请发明专利2项。该技术可应用于大型油田，预计年产销量可达2000～2500套，年产值达4亿～5亿元，利税1亿～1.25亿元。

3.高压开关罐体用铝合金及低压成形技术

该项目是针对超高压、大容量输变电装备的关键结构件——大型高压开关罐体整体铸造用铝合金和成形技术开展的研究工作。其目的是解决引进超高压、大容量输变电装备技术急需配套罐体的国产化问题，同时提高我国大型、结构复杂铸件的整体铸造技术水平。该项目获得辽宁省科技进步二等奖，获得发明专利授权3项。该项目的推广应用创造直接经济效益1575.4万元，间接经济效益超过3亿元。

4.粗镁直接熔炼镁合金短流程技术

该项目将“粗镁熔炼精镁”和“精镁熔炼合金”两个工序简化为“粗镁直接熔炼合金”一个工序，并在同一套设备上得以实现，避免了镁锭浇注与重熔之间时间和空间差造成的材料消耗，提高了产品的生产效率，显著地降低了生产成本。同时，通过熔体转移，实现熔体渣液分离；连续浇注使得镁合金的生产连续进行，品质得到了有效、稳定的控制。该项目获得辽宁省科技进步二等奖。该项目若按照10000吨/年的产出规模，投入2000万元，即可节约能耗40%，实现年利税10000万元。

5.交流永磁伺服电动机

该项目涉及电磁、材料、机械、通风冷却、振动、噪声、结构工艺等多个学科，现已成功地解决了国内高性能永磁伺服电动机研发的瓶颈问题，开发出多个系列适合不同行业的交流永磁伺服电动机，性能上可达到或接近发达国家同行业的水平，可完全替代进口，实现出口。该项目获得辽宁省科技进步二等奖；获得发明专利授权3项，申请发明专利2项。目前，部分型号的永磁交流伺服电动机已转让多家企业，得到广泛应用。

（沈阳工业大学　马丽艳）

沈阳航空工业学院

【概述】 沈阳航空工业学院是一所以航空宇航为特色，以工科为主，工、理、文、经、管等协调发展的多学科性大学。

学校是工业和信息化部与地方省级政府共同建设的12所高校之一，是空军依托培养后备军官的全国18所地方院校之一，是辽宁省属重点建设高校，是辽宁省航空航天类紧缺人才培养基地。经过多年的发展，现已基本建设成为“国防科技人才、辽宁老工业基地振兴人才、空军后备军官”三大人才培养基地。

学校有41个本科专业，涵盖工、理、文、经、管5个学科门类，设有计算机学院、航空宇航工程学院、动力与能源工程学院、民航与安全工程学院、机电工程学院、自动化学院、电子信息工程学院、经济管理学院、艺术设计学院、材料科学与工程学院、理学院、外国语学院、空军后备军官学院、北方软件学院、成人继续教育学院等15个学院和人文社科部、体育部等2个部。现有1个一级学科、16个二级学科具有硕士学位授予权，4个领域可授予工程硕士专业学位。

在研计划项目类别27个，包括工业与信息化部4个类别、教育部3个类别、总装备部3个类别；有6个省级重点实验室，2个辽宁省高校重点实验室，1个沈阳市重点实验室，1个校级重点实验室；有3个省级创新团队，2个省级工程技术中心，2个人文社科研究基地，5个独立科研机构，3个研究所。

学校有专任教师800余人，其中具有高级职称的教师420余人，具有博士学位的教师150余人；省级重点学科带头人2人，校级学科学术带头人38人；辽宁省“百千万人才”30余人；拥有博士生导师8人，硕士生导师97人；特聘中国科学院、中国工程院院士8人为学校兼职教授；担任学校兼职教授的还有一批国内外知名学者。

学校面向全国29个省、市、自治区招生，有全日制在校生15000余人。

【科研管理与改革】 加强重点实验室等科研机构内涵建设，成立重点实验室建设领导小组，下设重点实验室管理办公室。办公室负责学校重点实验室日常事务工作，并制定了《沈阳航空工业学院重点实验室建设与管理试行办法》。

【科研项目与经费】 全年在研计划项目317项，其中，新立项目222项（计划项目138项，合同项目84项），承担国家自然科学基金项目7项。全年科研总经费6568.65万元，实际到款5501万元，人文社科经费209.57万元。

学校与日本环境技研公司签订了协议金额为2100万日元（折合人民币约130万元）的国际合作项目；成功申请了欧盟FP7框架项目，获得资金2.5万欧元。

【科研成果】 获得省级以上科技进步奖12项，辽宁省自然科学奖三等奖1项，人文社科学术类成果奖13项；获得“钱伟长中文信息处理”科学技术一等奖1项；获得国防科工委颁发的《国防科研生产许可证》，成为国防科工委国防科研生产成员单位；组织科技成果鉴定6项。

共申请专利53件。取得授权专利18件，其中发明专利2件，实用新型专利6件，外观设计专利8件，其他专利2件。

被国际三大检索系统收录科技论文189篇，其中SCIE收录33篇、EI收录105篇、ISTP收录51篇。有1名教师的博士论文被评为全国优秀博士学位论文。

出版发行《沈阳航空工业学院学报》6期，载文量205篇，被引频次235，影响因子0.198，与2007年的被引频次142、影响因子0.097相比均有明显提高。

【科技合作与交流】 成功举办了“沈阳市供热节能

事业开展的可能性”国际研讨会、“东北亚物流工程与现代物流业发展”国际学术研讨会；承办了辽宁省暨沈阳市“全国科普日”启动仪式、“九天揽月–嫦娥探月工程展”活动、第五届沈阳科学学术年会分会场活动等大型活动；为纪念计算机科学与技术专业创办30周年，举行了为期8周的系列学术讲座；邀请了姜景山、陆埮、戚发轫3位院士到学校做学术报告。

【产学研合作】 与北京航空制造工程研究所、北方重工集团、大陆集团等企事业单位签署了“十一五”全面合作框架协议；与北京航空材料研究院、北京航空航天大学、成都飞机工业集团公司达成合作意向。

【科技人才与队伍建设】 为加强对青年骨干教师的培养，帮助他们开拓视野，增长知识，了解国内外本学科的动态，学校选派30人参加了骨干教师进修、双语教学培训、课程进修等进修培训活动；派出国内外访问学者8人，成功申报国家公派出国留学人员1人；新增辽宁省高等学校优秀人才1人；博士后进站6人。

【重点学科建设】 航空宇航工程制造学科被确定为“十一五”重点建设的国防特色主干学科；安全工程专业被确定为“十一五”重点建设的国防特色重点专业；飞行器制造工程（航空维修工程与技术方向）专业被确定为“十一五”重点建设的国防特色紧缺专业；机械设计及其自动化专业被评为省级示范性专业；工程训练中心被评为“国家级示范中心”，该中心将逐渐成为学校重要的课外科技活动和创新基地。电工电子信息技术实验室、经济与管理实验教学中心被评为“省级示范中心”。

【重点科研项目选介】 “基于知识管理和智能控制的协同翻译平台”项目是国家“863”计划、国家自然科学基金项目。该项目首次提出了以用户模型为核心的知识管理与机器翻译技术融合的新思想，即在创建用户状态模型和用户行为模型的基础上，将翻译人员作为系统的有机组成部分进行一体化设计，从动态优化系统的全过程控制策略，实现人机双向对翻译知识的动态积累、实时转化、同步增益，进而实现翻译全过程的人机合一。该协同翻译平台达到了国际领先水平，并分别荣获我国中文信息处理领域最高科学技术奖——“钱伟长中文信息处理”科学技术一等奖以及辽宁省科技进步一等奖和沈阳市科技进步一等奖等多个奖项。

（沈阳航空学院　刘旭钰）

沈阳建筑大学

【概述】 沈阳建筑大学始建于1948年，原隶属于国家建设部，2000年划归辽宁省，实施“中央与地方共建，以地方管理为主”的办学管理体制。历经六十年的建设与发展，学校现已建设成为以建筑土木为主，集工、管、理、文、农、法等学科，门类齐全的多学科性大学。并于2008年获得“中国人居环境范例奖”。

学校是教育部批准的联合培养博士学位研究生工作单位，现有6个一级硕士学位授权学科，30个二级硕士学科点，涵盖工、管、文、法等学科门类。学校为建筑学硕士、工程硕士专业学位授权单位，在建筑与土木工程等7个工程领域招收工程硕士研究生。

学校设有15个学院，包括六大学科门类的37个专业。建筑学、土木工程、机械设计制造及其自动化和无机非金属材料工程等专业被评为“全国特色专业建设点”；建筑学、城市规划、土木工程、机械设计制造及其自动化、给水排水工程和无机非金属材料工程为辽宁省示范专业；土木工程、建筑学、机械工程等3个学科被评为辽宁省高水平重点学科，材料科学与工程学被评为辽宁省特色优势重点学科；土木工程材料系列课程教学团队、机械设计与制造系列课程教学团队被评为国家级教学团队；土木工程材料课程被评为国家级精品课程；工程管理专业人才培养创新实验区被评为国家级实验区；《沈阳建筑大学学报》（自然科学版）获得国家教育部颁发的全国高校优秀科技期刊一等奖。

学校有教职工1400余人，其中专任教师794人。专任教师中具有副高级以上技术职称的420人，具有硕士以上学位的550人，博士、硕士研究生导师446人，国家“百千万人才”和全国专业教学指导委员会委员9人。

学校有全日制在校生16000人，其中博士、硕士研究生1600人。

【科研项目与经费】 2008年，承担各级各类科研项目424项，获得科研经费6392.6万元。其中国家自然科学基金项目8项，国家科技部“十一五”支撑计划项目3项，科技部国际合作计划项目1项，科技部新产品计划项目1项，省部级科研立项56项，市级科研立项18项，其中沈阳市科技局项目6项，沈阳市社会科学界联合会项目8项，其他厅局项目4项。

学校签订横向科研合作项目106项，进款额为1015万元。

校办产业完成各类工程项目185项，产值3796万元。

【科研成果】 获得辽宁省自然学术成果奖97项；辽宁省科技进步奖一等奖1项、二等4项、三等3项；辽宁省技术发明二等奖1项；沈阳市科技进步二等奖3项、三等4项；辽宁省优秀勘察设计一等奖1项、二等奖3项、三等奖1项。

申请发明专利32项，实用新型专利10项，外观设计专利2项；取得发明授权专利15项，实用新型授权专利3项，外观设计授权专利1项；获得国家专利择优支持项目32项。

发表论文863篇，著作99部，其中被EI收录论文180篇，SCI收录2篇，ISTP收录16篇。

获得2008年度辽宁省和沈阳市科协系统先进集体称号；有2人入选2008年度辽宁省高校优秀人才支持计划；学校主办的“抗震救灾、恢复重建和城镇化论坛”，被沈阳市科协评选为2008年度精品工程，项目管理公司分别获得沈阳市抗震救灾优秀单位和有序监理企业等荣誉称号；在“挑战杯”辽宁省大学生创业计划竞赛中获得一等奖2项、二等奖1项、三等奖5项；在沈阳市科技工作者书画摄影展评选中有9幅作品获奖。

【科研平台建设】 2008年，有2个辽宁省工程技术研究中心和1个省级重点实验室获得批准建立。截至2008年底，学校已有2个省级工程技术研究中心和13个省级重点实验室。

【科技合作与交流】 成功举办第五届沈阳科学学术年会“城镇化与城市发展”分会论坛、中国钢协结构疲劳与稳定协会2008年学术交流会、2008MTS国际土木工程结构试验技术交流会、首届海峡两岸大学生创意作品巡展等大型活动；举办各类讲座130余次。

【重要科技活动】 9月24日，教育部党组副书记、副部长陈希，部党组成员、部长助理林蕙青以及辽宁省副省长鲁昕（后调任教育部副部长）等一行11人，在辽宁省政府副秘书长何庆良、辽宁省教育厅厅长魏小鹏等领导的陪同下视察沈阳建筑大学。

10月5日，沈阳建筑大学隆重举行建校60周年庆祝大会。省人大常委会副主任王专、副省长滕卫平、省政协副主席程亚军等出席了庆祝大会。

（沈阳建筑大学　刘阳）

沈阳理工大学

【概述】 沈阳理工大学是一所以工为主，理、工、经、管、文、法相结合，具有鲜明国防特色的多学科性大学。学校分主校区、科技园、武器装备实习实验基地等部分。共设有15个学院和2个部，分别为机械工程学院、信息科学与工程学院、材料科学与工程学院、装备工程学院、环境与化学工程学院、汽车与交通学院、理学院、经济管理学院、艺术设计学院、外国语学院、国防教育学院、应用技术学院、国际教育学院、继续教育学院、研究生学院和思想政治理论课教学科研部、体育教学部。拥有18个各类研究所、研发中心等研究机构。

学校设有本科专业44个。拥有机械制造及其自动化、机械设计及理论、火炮、自动武器与弹药工程、计算机应用技术和材料加工工程5个省级重点学科；国家级沈阳中俄科技合作基地1个；国家“863”计划重点实验室1个，省部级重点实验室5个，辽宁省高校重点实验室3个，省部级工程中心3个；辽宁省高校创新团队3个；省级国防科普教育基地1个。该基地是中国刀具协会切削先进技术研究会东北分会理事长单位、辽宁省兵工学会理事长单位、辽宁省机械工程学会摩擦学分会理事长单位。

学校有教职工1968人，其中教师1003人。包括：教授117人，副教授258人；具有硕士以上学位的教师574人，占师资队伍总数的57.2%；“双聘”院士11人，兼职博士生导师9人；享受国务院政府特殊津贴的教师26人；辽宁省学科带头人和青年骨干教师28人；有3名教师获辽宁省教学名师奖；20名教师入选辽宁省“百千万人才工程”，其中“百”层次人才9名；省市优秀专家4名。

学校有在校全日制学生16680人，其中本科生15528人，硕士生801人。

【科研项目与经费】 全年科研经费总计5100万元，其中科研到款经费2047万元，校属高新技术产业公司科研到款经费3053万元。

签订国家、省市各类各级项目186项。其中，纵向项目69项，经费1341万元；横向项目117项，经费706万元。包括科技部对俄合作项目1项，支持经费250万元；国家自然科学基金项目4项（独立完成2项，合作完成2项），支持经费81万元；中国人民解放军总装备部“863”计划项目1项；省科技厅项目11项，支持经费91万元；省教育厅项目15项，支持经费23.5万元；沈阳市科技局项目19项，支持经费238万元。以中俄科技合作基地为平台，成功申报3个项目，其中国家、省、市级项目各1项，到款经费275万元。

【科研成果】 获得省部级以上奖励7项，其中：国防科工委科技进步一等奖1项（合作申报），三等奖1项；中国兵器工业集团科技进步二等奖1项，三等奖1项；辽宁省科技进步二等奖1项；辽宁省哲学社会科学成果奖三等奖2项。

申请专利147件，其中发明专利18件，实用新型专利13件，外观设计专利116件。获得专利授权11件，其中发明专利7件。

发表论文722篇，其中被三大检索收录论文87篇；出版著作38部，其中专著6部。

【科研平台建设】 原沈阳理工大学装甲车辆控制工程中心升级为沈阳理工大学盾构机研究中心。

【产学研合作】 以学校兴科中小企业服务中心为平台，加强产学研合作，先后与三一重工、沈阳重装（掘进机项目）、辽河油田兴隆台采油厂、解放军第6409工厂等多家省内外企业建立了长期合作关系。积极为企业开展“四技”服务，共建技术联盟。目前已签订合同117项，到款金额706万元。

【科技合作与交流】 邀请国内外知名专家学者到学校作学术报告30余次。与美国、英国、加拿大、德国、日本、芬兰等国家的20余所大学建立了稳定的合作关系，开展合作科研课题4项。重点发挥中俄沈阳科技合作基地的平台作用，与俄罗斯和白俄罗斯国家科学院所属的9个研究所建立了4个设备、技术先进的合作实验室，先后引进俄罗斯专家4名。与俄罗斯等国家联合培养本科生、硕士生、博士生。

【重点科研项目选介】 “气垫船共振破冰技术与工艺”项目是2008年经国家科技部批准的由中俄沈阳科技合作基地与俄罗斯科学院远东分院，机器学与冶金学研究所合作研究的项目，经费250万元。由于采用传统的空投、炮投炸弹、人工冰上放药爆破等冰上爆破方法，存在费用高、组织协调困难、配套复杂、附带损伤大、破冰效果不确定等问题，不能完全满足未来防凌抢险的需求，气垫船共振破冰技术与工艺，不仅可以节省能源、减少污染、降低能耗，又能够为黄河凌汛御险提供一种科学方法和有效的技术手段。

【兵器博物馆】 2007年5月“沈阳理工大学兵器陈列馆”正式落成并对外开放。2008年3月，更名为“沈阳理工大学兵器博物馆”（简称“兵器博物馆”）。“兵器博物馆”建筑面积约4000平方米，科普、展览、教学面积约3000平方米，由外馆和内馆两大部分组成。外馆为大型兵器展示区，主要展示各种类型的火炮；内馆主要由校史、学科成果展区和兵器陈列展区组成，展示各种军事器材和模型。兵器陈列展区展品共计430种、931件。“兵器博物馆”分陆海空及轻武器展示区、炮弹及导弹展示区、火箭弹及工程兵装备展示区和引信展示区等5个部分。展区利用大量详实的图片、实物及模型，运用多媒体及声、光、电技术展示了现代战争的场景，全面介绍了现代兵器的种类、性能、原理和相关知识。

（沈阳理工大学　张承军）

沈阳农业大学

【概述】 沈阳农业大学是一所教学和科研并举，以农业与生命科学为特色，农、理、工、经、管多学科协调发展的多学科性大学。1979年经国务院批准为全国重点大学；1981年被批准为首批具有博士、硕士学位授予权单位；1985年经原农牧渔业部批准，更名为沈阳农业大学。2000年学校由农业部所属划转为辽宁省与中央共建。

学校有科研机构72个，其中，农业部重点开放实验室2个，教育部与辽宁省教育厅共建重点实验室2个，农业部建立的资源圃、技术创新中心、成果转化基地、原种扩繁基地等20个，辽宁省科技厅认定的重点实验室、工程技术研究中心13个，辽宁省教育厅认定的重点实验室、工程技术研究中心9个，沈阳市科技局认定的重点实验室、科研基地、研究与服务中心7个，沈阳农业大学研究所19个；建有基础和专业实验室39个。现已形成多学科、多层次、多形式的教育科研体系，成为我国农业科技人才培养和科学研究的重要基地。

学校设有47个本科专业，66个硕士学位授予权专业，29个博士学位授予权专业，4个研究生专业学位学科，6个博士后科研流动站；有3个国家级重点学科，3个农业部重点学科，20个辽宁省重点学科（其中5个辽宁省重点一级学科），2个辽宁省重点培育学科；设有农学院、园艺学院、土地与环境学院、植物保护学院、水利学院、经济管理学院、林学院、畜牧兽医学院、食品学院、生物科学技术学院、信息与电气工程学院、工程学院、理学院、科学技术学院、高等职业技术学院和成人教育学院。

学校有教职工1885人，其中教授182人，副教授463人；博士研究生导师95人，硕士研究生导师329人。

学校有在校生24173人，其中博士研究生565

人，硕士研究生2329人，本、专科生16753人。

【科研项目与经费】 2008年，承担各级各类科研项目611项，科研经费总额为8253万元。其中，国家科技攻关计划项目45项，经费1267万元；“863”计划项目5项，经费115万元；国家自然科学基金项目40项，经费1019万元；国家部委其他科技项目43项，经费782万元；辽宁省教育厅科技项目176项，经费621万元；其他省级及沈阳市科技项目240项，经费4397万元；自选课题62项，经费52万元。

【科研成果】 学校主持完成的科技成果共获得15项各级科技奖励。其中，副校长李天来主持的“工厂化农业（园艺）关键技术研究与示范”项目获得国家科技进步二等奖，获得辽宁省科技进步奖8项，辽宁省科技成果转化奖1项，沈阳市科技进步奖3项，沈阳市农村科技推广奖2项；学校协作完成的科技成果共获得6项各级科技奖励。

学校主持完成的科技成果共30项通过鉴定、审定和备案。其中鉴定成果19项，达国际领先水平1项，国际先进水平11项；审定主要农作物新品种4个，通过国家级审定2个；备案非主要农作物新品种7个。当年鉴定成果23项，其中具有国际水平的12项，国内首创8项，国内先进3项。

发表学术论文1221篇，其中，在国外学术刊物发表上40篇；被国际三大检索系统收录的科技论文47篇，其中SCIE收录18篇，EI收录20篇，ISTP收录9篇。出版科技专著5部，大专院校教科书45部，编著15部。

申请专利15项，其中发明专利13项，实用新型专利1项，外观设计专利1项；取得授权专利9项，其中发明专利4项，其他知识产权5项。

【科技合作与交流】 学校不断加强与国际知名大学、科研院所的科技交流与合作，截至2008年底，与40多个国家和地区建立了联系，与11个国家的26所院校结为友好学校。

2008年，共主办4次国内、国际学术会议，交流论文48篇，特邀报告15篇。派遣科研人员进行国内外合作研究64人次，其中国内41人次，国外23人次。接受国内外合作研究51人，其中国内35人，国外16人。

党委书记郭明顺、校长张玉龙、副校长李天来接待了华南农业大学校长陈晓阳等一行9人，双方就学科建设、办学基础设施建设、干部管理、科研开发等内容进行了座谈；党委书记郭明顺、校长张玉龙、副校长李天来等会见了中国农业大学校长柯炳生一行，双方就研究生招生、优秀人才引进、科研管理等问题进行了座谈和交流；校长张玉龙、副校长李天来会见了日本北海学园大学池田均教授等一行3人，双方回顾了过去几年两校的交流情况，并就今后的教学和科技合作计划进行了探讨；校党委书记郭明顺、副校长李天来先后会见了日本筑波大学山口智治等一行3人，保加利亚普罗夫迪夫农业大学农学院院长Bojin Bojinov教授等一行2人，就开展教学、科研合作与交流等问题进行了洽谈。

【产学研合作】 2008年，学校与铁岭市企业进行了产学研对接，园艺学院、畜牧兽医学院、食品学院、生物科学技术学院分别与铁岭5家企业签订了科研合作协议。

【科技人才与队伍建设】 学校以重点学科、重点实验室、博士点为依托，以学术带头人为核心，整合科技人才队伍，培养和引进中青年学术骨干和带头人，不断提高和改善科研条件，重点培养研究型、复合型人才，形成了一支以科技领军人物、科研骨干和学术带头人为核心的科技创新队伍。近年来，学校获得辽宁省教育厅“跨世纪优秀人才支持计划”项目10项；获得辽宁省教育厅创新团队项目18项。农学院的陈温福教授入选教育部“跨世纪优秀人才培养计划”；园艺学院张志宏教授和植保学院陈立杰教授先后入选教育部“新世纪优秀人才支持计划”。

2008年，陈温福教授获得农业部中华农业英才奖；在辽宁“百千万人才工程”入选人员项目资助评审中，林学院陆秀君教授、高等教育研究所张艳教授、经济管理学院张广胜教授获得资助；李天来教授被评选为“第三届沈阳市十大科技英才”，并荣获“沈阳市科技振兴奖”（个人）；王铁良、刘冰被评选为沈阳市科协系统“优秀科协工作者”；孟宪军、迟道才、吕杰被评选为“第八届沈阳市优秀科技工作者”；张广胜被评为“沈阳市十大杰出青年知识分子”；张文忠被评为“沈阳市十大杰出青年”；张艳被九三学社辽宁省委评选为“十大杰出中青年科技人才”。

【重要科技活动】 5月31日，中国农科院环境与可持续发展研究所、辽宁省气象局和沈阳农业大学联合举办了“东北地区气候变化影响与适应学术研讨会”，辽宁省副省长陈海波应邀出席会议并讲话。

7月2日，举行了第二期辽宁省农民技术员培训班结业典礼。在本期培训班中，共有221名学员圆满结业。

8月29日，沈阳农业大学“科普画廊”正式建成使用。该“科普画廊”由沈阳农业大学与沈阳市科协联建，也是沈阳市科协进入高等院校的第一家“科普画廊”。

9月21日，沈阳农业大学教学科研基地在盘锦鼎翔集团挂牌。党委书记郭明顺与辽宁省监狱局政委国长青共同为科研基地揭牌，校长张玉龙与鼎翔集团监事会主席王献国共同在协议书上签字。

9月22—24日，由沈阳农业大学承办的“全国高等院校2008粮油方向科研、教学研讨会暨第五届沈阳市科学学术年会分会”在沈阳召开。来自全国30多所高校和科研单位的专家、教授参加了本次会议。

10月10日，举行了第三期辽宁省农民技术员培训班开学典礼。本期培训班共有280名学员，培训时间为4个月。

10月13日，举行了“青年农民上大学”第五期培训班开学典礼。本期培训班共招收学员345名，培训时间为半年。

（沈阳农业大学　娄颖）

沈阳师范大学

【概述】 沈阳师范大学是一所涵盖哲学、经济学、法学、教育学、文学、理学、工学、管理学等八大门类的多学科性大学。

学校有22个二级学院和12个校属馆、部、中心；有本科专业60个，硕士授权点57个；有国家级重点研究基地2个，省级重点研究基地7个，省级重点学科及共建重点学科9个，省级重点实验室5个，省级创新团队4个，综合性实验室12个；设有各类研究机构33个，产学研合作基地4个。

学校有专任教师1645人，其中中国科学院院士2人，特聘教授14人，教授225人，副教授603人。

学校有全日制本、专科生22299人，硕士研究生1656人，教育硕士891人，留学生320人。

【科研项目与经费】 2008年，承担各级各类科研项目351项，经费1234.75万元。其中国家级项目15项，其他项目336项。承担国家“863”计划项目2项，分别为“新型轻质储氢材料的低成本制备技术”和“燃煤烟气中CO_2，SO_x，NO_x联合脱除及其产物资源化技术”。

【科研成果】 在省级以上学术刊物上发表论文1316篇，其中被SCI，EI，ISTP收录论文140篇；出版各类著作191部；获得国家专利授权3项。

【科研平台建设】 2008年，学校有2个基地被评选为辽宁省教育科学规划首批重点研究基地，分别为基础教育课程改革实践研究基地和辽宁省基础教育信息化研究基地；与中国劳动保障科学研究院合作，成立中国劳动保障科学研究院东北研究基地，该研究基地挂靠在沈阳师范大学管理学院；经省委、省政府领导研究决定，“辽宁省文化创意产业研究基地”落户沈阳师范大学。

【科技合作与交流】 组织举办了“创建国家生态城市　实现可持续发展”论坛和“科学与中国”论坛，中国科学院陆汝钤院士、中国社科院傅崇兰研究员应邀参会并作专题报告。

由中国古生物学会古植物学分会主办、沈阳师范大学和吉林大学协办的“中国古生物学会古植物学分会2008学术年会”在沈阳师范大学召开，来自

30多所高校及科研单位的近百名专家学者应邀参加了会议。

副校长张辉教授作为国家“863”计划项目的特邀咨询专家，出席了科技部高技术研究发展中心召开的“十一五”“863”计划先进能源技术领域课题申请指南征求意见咨询会。

邀请国际著名恐龙学专家、日本福井县立恐龙博物馆副馆长东洋一先生到学校进行学术访问，并聘请东洋一先生为沈阳师范大学客座教授。

召开了主题为“创吉尼斯世界纪录，建百项专利工程”的大学生创造创新工作动员大会，以提升大学生创新创造能力。

【产学研合作】 由化学与生命科学学院孙秋菊教授主持、与沈飞集团合作开发研究的“QY8911树脂体系特性评价数据库的建立及其在复材构件批生产中工艺优化筛选的应用”，成为沈阳市科技局批准的第一批产学研合作项目。该项目总投资100万元，其中科技经费补助30万元。

（沈阳师范大学 李守信）

辽宁工业大学

【概述】 辽宁工业大学是一所以工为主，理、工、经、管、文协调发展的省属全日制多学科性大学。

学校设有机械工程与自动化学院、汽车与交通工程学院、材料与化学工程学院、电气工程学院、电子与信息工程学院、经济管理学院、艺术设计与建筑学院、土木建筑工程学院以及外语系、数理科学系、文化传播系、社会科学部、体育部、计算机中心等14个本科教学院、系、部和研究生学院、国际教育学院、软件学院、成人教育学院；设有43个本科专业和10个专科专业；形成了以本科教育为主，同时开展研究生教育、留学生教育、高等职业教育、继续教育的多层次办学格局。

学校拥有21个硕士学位授权点，6个工程领域具有工程硕士专业学位授予权。“材料物理与化学”为省级重点学科；“控制理论与控制工程”为省级重点培育学科；“材料科学与工程”为辽宁省高等学校重点学科领域研究生培养基地；“思想政治教育”为辽宁省哲学社会科学重点建设学科；“汽车新材料”“汽车工程”2个实验室为辽宁省重点实验室；“汽车材料与工程”“智能控制理论及应用”“现代制造技术”3个实验室为省级高校重点实验室；“车辆工程”“材料科学与工程”2个专业是国家高等学校特色专业建设点和辽宁省示范性专业；“汽车与交通工程学院”是辽宁省汽车制造紧缺人才培养基地；“汽车工程”“电工电子技术”2个实验中心为辽宁省实验教学示范中心；“汽车性能实验室”“材料制备实验室”“汽车新材料实验室”“数控技术综合实验室”“工业控制网络实验室”为中央与地方共建高校特色优势学科实验室。

学校有教职工1144余人，其中教授106人，具有副高级职称的教师390人。有辽宁省教学名师4人，辽宁省专业带头人2人，入选辽宁省“百千万”人才工程“百”“千”层次共9人。

学校有在校学生近15000人。

【科研项目与经费】 2008年，承担各级各类科研项目77项，总经费4100余万元。其中，承担国家自然科学基金面上项目及国家级合作项目3项，省部级项目15项；承担纵向科研项目59项，经费300余万元。

【科研成果】 获辽宁省科技进步奖三等奖1项，辽宁省科技成果转化奖三等奖1项。

在核心科技期刊上发表论文135篇，其中检索论文54篇。出版著作10部。

完成辽宁省科技厅的“矿山人员定位系统”项目，并获得防爆合格证书和矿用产品安全标志证书。

“汽车工程重点实验室”被批准为省级重点实

验室；“汽车零部件产业技术支持服务平台”被辽宁省中小企业厅评为优秀平台。

有2人入选“辽宁省教育厅优秀人才支持计划”。

【科技合作与交流】 多次聘请国内外知名专家、学者到学校讲学。其中包括：邀请英国爱丁堡龙比亚大学张滨生教授到学校开展学术交流活动，并作学术报告；邀请美国东肯塔基大学FENTON教授到学校访问，并进行为期一个月的讲学活动。

【产学研合作】 学校与多家企业合作研究开发项目，为企业创造了良好的经济效益。与北京中铁电气化局合作，开展三轨、感应板测量器材项目的研究与设计；与宁波长振铜业有限公司合作，开发无铅黄铜连铸生产技术项目；完成中国刑事警察学院安防监控系统工程、凯富酒店智能化弱电系统等78个项目；完成医疗保险信息管理系统药房子系统、医疗保险信息管理系统药房子系统、锦天化循环水实时数据库实施、锦州市公安局涉稳信息综合管理系统、锦州市中心医院亚东眼科医院HIS系统等21个软件项目。

（辽宁工业大学　杨艳）

渤海大学

【概述】 渤海大学是一所省属综合性大学，设有21个院系和4个直属教研部。拥有30个硕士学位授权点和教育硕士专业学位授权点、56个本科专业，31个高职高专专业；拥有2个辽宁省人文社会科学重点研究基地，分别为应用语言学研究中心和课程理论与教学实践研究基地；拥有4个省级重点实验室，分别为辽宁省科技厅功能化合物的合成与应用重点实验室、辽宁省教育厅食品质量安全与功能性食品研究室、辽宁省教育厅应用化学实验室、辽宁省教育厅计算机网络智能实验室；拥有1个省级实验教学示范中心——化学实验教学中心；还设有超精细化工研究所、辽西生态环境研究所、辽西经济与社会发展研究中心等37个实力雄厚的研究所。“兴科中小企业服务中心”是辽宁省首批高等学校中小企业服务中心。

学校的师范学科和商贸学科基础雄厚，形成了较强的学科优势。有6个辽宁省重点学科，分别为应用数学、马克思主义基本原理、课程与教学论、语言学及应用语言学、中国古代史、应用化学；有2个辽宁省重点培育学科，分别为马克思主义中国化研究和基础数学；同时还拥有若干个校级重点学科和重点扶持学科。

学校有教职工1373人，其中教授、副教授550人，具有博士学位的教师73人，具有硕士学位的教师462人。

学校有全日制在校研究生、本科生、专科生共3万余人。

【科研项目与经费】 2008年，承担各级各类科研项目206项，科研经费总额达616.7万元。其中，国家自然科学基金项目“多酸基纳米孔无机—有机杂化功能配位聚合物的制备与性质”等3项，经费42万元；国家社科项目1项，经费9万元；教育部社科项目3项，经费19万元；辽宁省科技基金项目“噻二唑衍生物的合成及对喷气燃料抗腐减磨性能的研究”，经费5万元；辽宁省社科基金项目21项，经费3.5万元；辽宁省教育厅项目61项，经费93万元；横向项目11项，经费67万元；辽宁省社科联等其他项目105项，经费89.7万元。学校累计投入配套科研经费288.5万元。

【科研成果】 “我国对外贸易顺差周期波动的实证分析”等52项成果获得了辽宁省自然科学学术成果奖；“当代课程改革：方法的局限与症结”等58项

成果获得锦州市第十二届哲学社会科学优秀成果奖。

“一种合成2-吲哚酮的方法”等5个项目获得专利授权。

共发表论文1250余篇。其中，被SCI收录39篇，EI收录5篇，ISTP收录论文2篇；在《教育研究》《物理学报》《化学学报》等权威核心期刊上发表论文34篇；出版著作、教材45部。

【科技合作与交流】 学校先后与英国、美国、澳大利亚、日本、韩国、加拿大、俄罗斯、德国等国家的高等院校建立了友好关系，接收留学生，互派学者讲学，选派中青年教师和优秀学生到国外进修或攻读学位，同时邀请国内外专家、学者到学校作学术报告25场次。

（渤海大学　赵洪冰）

大连大学

【概述】 大连大学是一所拥有哲、法、经济、教育、文、史、理、工、医、管理等十大学科门类的综合性普通高等学校。

2008年，大连大学确定了“建设教学研究型地方大学”的发展方向，明确了以科研优势推动学科建设的发展理念，根据国内外科技发展态势，紧紧围绕“自主创新，重点突破，支撑发展，引领未来”的科技工作指导方针，全力开展各项科研工作。

学校有24个学院，49个本科专业，35个硕士点；设有附属中山医院、附属新华医院2所三级甲等直属附属医院和2所卫生学校；有7个辽宁省省级重点学科、重点培育学科，3个省高水平重点学科，5个省优势特色重点学科；建有先进设计与智能计算机重点实验室、辽宁省通信网络与信息处理重点实验室等13个部、省级重点实验室、工程中心及人文社科基地。

【科研项目】 2008年，获批纵向课题145项。承担国家级课题41项，其中，国家“863”计划“军口”项目11项，国家自然基金项目25项；省部级课题79项；市级课题25项。

【科研成果】 获得市级以上科技奖励16项。其中省部级奖6项，大连市科技进步一等奖2项。申报辽宁省自然科学优秀成果奖76项，获奖38项；申报大连市自然科学优秀成果奖104项，获奖76项。全年申报数量和获奖数量均占大连市总数量的1/4。

赵德伟教授、迟乃玉教授和周昌军博士获得辽宁省“优秀科技工作者”荣誉称号；主任医师张跃伟获得大连市青年科技奖；魏小鹏教授、张强教授等完成的“生物计算中的若干基础理论和方法研究”获得2008年度中国高等学校科学研究优秀成果奖自然科学一等奖（即原教育部自然科学一等奖）。

作为第一作者单位发表并被三大检索机构收录论文114篇，其中SCI收录31篇，EI收录73篇，ISTP收录10篇；出版各类专著及教材43部；获批大连市政府学术专著资助17部，占全部获批总数的1/3。

【知识产权工作】 多年来，学校依托自身的人才优势、学科优势、科研优势，从“自主创新、教研互长、纵向支撑、横向支持、开发新的知识产权形式”5个层面推进知识产权工作的开展。学校专利申报数量逐年增加，授权数量稳步增长。知识产权结构优于国内平均水平，专利申请受理、授权比例达到80%。截至2008年年底，累计拥有专利59项，被评为辽宁省“兴业强企先进单位”和大连市“知识产权示范单位”。

2008年，学校获得专利授权25项，其中发明专利12项，实用新型专利9项，外观设计专利和软件登记4项。有2项专利成果分别获得大连市技术发明

二、三等奖。

【重点实验室选介】 先进设计与智能计算实验室是在辽宁省高校信息科学与工程重点实验室、辽宁省智能信息处理重点实验室以及辽宁省通信网络与信息处理重点实验室的基础上组建而成的，2008年被教育部批准为省部共建教育部重点实验室。

实验室以计算机技术为支撑，以控制科学、信号与信息处理、管理科学与工程、分子生物学等学科的相互渗透、融合和交叉为手段，着重研究解决工程技术的前沿课题和企业生产中的实际问题。其主要目标是成为在信息科学与工程领域具有先进学术水平的科学研究和技术创新基地、高新技术成果孵化及高层次人才培养基地、高水平的学术活动基地。

实验室由先进设计技术中心、网络管理与通信技术实验室、计算机图形学与动画研究室等6个研究单元组成。现有教授10人，博士31人，入选国家“百千万人才工程”“百人”层次2人、教育部“新世纪优秀人才支持计划”1人。拥有“智能计算与理论”和“通信与信号处理”2个辽宁省高校创新团队，“管理科学与工程”和“计算机应用技术”2个辽宁省重点学科，管理科学与工程、计算机应用技术、控制理论与控制工程、应用数学、机械设计及理论等5个硕士点。

自组建以来，实验室共承担各类科研项目83项，其中国家“863”计划、国家自然科学基金等国家级项目25项，科研经费达3052.50万元。培养博士后4人、博士15人、硕士68人。共发表学术论文166篇，被三大检索收录132篇，其中SCI收录36篇，引用259次。获得发明专利授权4项，软件著作权6项，鉴定成果3项，科研成果转让5项，科研成果被采用6项，创直接经济效益2000多万元。获国家科技进步二等奖2项，教育部自然科学一等奖2项，国防科学技术一等奖1项，辽宁省自然科学一等奖2项，其他省部级奖励10余项。

实验室作为第一完成单位承担的“基于智能计算的产品概念设计与虚拟样机技术研究及应用”项目获得2006年国家科技进步二等奖。该项目针对国内外复杂机械产品创新设计与性能分析中的若干关键技术难题，提出并实现了基于智能计算的产品概念设计与虚拟样机技术，有效地增强了企业的产品自主创新设计能力，解决了复杂机械产品开发过程中需要反复制作物理样机来验证产品性能等技术难题。

【重点学科选介】 外科学包括附属中山医院及新华医院的外科学各学科，其中，中山医院的骨外科、血管外科、急救医学科及新华医院肛肠外科、手足外科、美容整形外科均为大连市一级重点学科。该学科是遵义医学院和大连大学外科学研究生的培养基地，并承担大连理工大学及南方医科大学博士研究生的培养工作，2008年获批为辽宁省重点学科。

该学科依托本校临床学院，拥有辽宁省骨关节病细胞生物工程重点实验室。现有教授15名，副教授24名，主治医师19名，住院医师4名，具有研究生以上学历的教学与科研人员53名（医学博士31名，医学硕士22名），床位512张。近五年来承担国家自然科学基金等纵向科研课题80余项，可支配科研经费累计达千万元；获得辽宁省科技进步一等奖2项，中华医学科技奖二等奖1项，其他奖励30余项；发表学术论文711篇，出版学术专著及国家规划教材8部。

该学科多个研究领域形成领先技术或创新理论,具有鲜明的学科特色。对于坏死股骨头的修复与再造，采用髋周各种带血管蒂骨（膜）瓣转移的方法，在治疗进展期青壮年股骨头缺血性坏死中显示出巨大的开发应用价值，并有可能成为保留股骨头的主要手术治疗方法；对于运动医学损伤，在大量开展关节镜微创治疗的基础上，采用三维运动捕捉步态分析的方法，优化手术方案，指导术后康复，先后成为万达、实德足球俱乐部唯一指定就医单位；微创肝胆外科在国内较早开展内镜微创保胆取石/息肉术、治疗性ERCP技术、胆道内镜技术治疗肝胆管结石及肝移植术后胆管铸型综合征等肝胆微创技术；急救医学科应用中西医结合的方法在外科危重病防治方面取得了突破性进展；美容整形科开展除皱术及相关的面神经解剖学研究，应用显微外科技术及微创手段进行各种组织器官重建，达到形态与功能的统一。

（大连大学　陈辉远）

辽宁医学院

【概述】 辽宁医学院是以医学为主，农牧和人文并存，兼有管理、工科等多门类、多层次、多种形式办学的省属普通高等院校。

学校拥有普通高等教育、继续教育、高等职业技术教育和留学生教育4种办学形式；有研究生、本科生、专科生3个办学层次；有医学、农学、工学、管理学、理学5个学科门类；有临床医学、口腔医学、医学影像学、麻醉学、护理学、药学、公共事业管理、动物科学、动物医学、食品科学与工程等24个本科专业和专业方向；有2个一级硕士学位授予权学科，32个二级硕士学位授予权学科，5个联合培养博士点；有9个省级重点医疗专科项目；有省级重点学科4个，省级重点实验室6个，省级实验教学示范中心3个，研究中心2个，研究所8个。

学校下设17个二级教学单位（基础学院、药学院、护理学院、公共卫生管理学院、畜牧兽医学院、食品科学与工程学院、第一临床学院、第二临床学院、第三临床学院、研究生学院、国际教育学院、高等职业技术学院、医疗学院、继续教育学院、思想政治理论教学科研部、外语教研部、体育教研部），115个教研室，10个教学实验中心；有直属附属医院3所，分别为附属第一医院（辽宁省第三区域性医疗服务中心），附属第二医院（辽西地区口腔疾病诊治中心），附属第三医院（正在建设省工伤医疗康复中心）；有非直属附属医院5所；有各类实践教学基地122个。

学校有专业技术人员936人，其中具有副高级以上职称的教师343人，具有博士研究生以上学历的教师58人。

学校有全日制在校生12540人，其中研究生1414人，本科生7460人，留学生192人，高职专科学生2912人。

【科研管理】 为进一步加强科研管理工作，学校修订并出台了《辽宁医学院科技奖励政策实施办法》和《辽宁医学院研究所管理办法（试行）》等文件。为深入实施国家自然科学基金“百项申报计划”，学校组织专家严格筛查，提高了项目申报的质量。

【科研项目与经费】 2008年，承担各级各类科研项目132项。其中，国家自然科学基金项目3项，省（部）级项目26项，市（局）级项目48项，学校自立项目55项。

全年获得科研经费429.9万元，其中国家自然科学基金经费65万元，其他项目经费364.9万元。

【科研成果】 2008年，学校共获得各类科技奖励16项。其中包括：省科技进步奖三等奖1项；锦州市科技进步奖一等奖2项，二等奖2项，三等奖1项。

获得辽宁省自然科学学术成果奖34项，辽宁省哲学社会科学成果奖三等奖1项。获锦州市哲学社会科学成果奖一等奖2项，二等奖6项，三等奖1项。取得科研成果33项，其中结题成果22项，鉴定成果11项。

发表论文855篇，出版专著教材46部。在发表的论文中， SCI收录6篇， EI收录1篇，化学文摘(CA)数据库收录115篇，BA数据库收录4篇，在国家核心期刊上发表245篇。

【产学研合作】 与奥鸿药业有限责任公司联合建立了“辽宁医学院奥鸿大学生创新基金”。基金委员会组织专家严格筛选项目，最终评选出40个项目予以资助。

【科研平台建设】 2008年，学校新增了“高级中枢神经损伤重点实验室”和“食品工程与安全重点实验室”两个省级重点实验室。

【科技人才与队伍建设】 在第六届辽宁省优秀科技工作者评选中，罗俊生和刘孝刚教授获得“辽宁省优秀科技工作者”荣誉称号。在第五届“挑战杯”

辽宁省大学生创业计划大赛中，学校组织学生完成的7件作品全部获奖，其中一等奖3项，二等奖2项，三等奖2项。辽宁医学院科学技术协会荣获锦州市科学技术协会先进集体称号，1人获辽宁省科协先进个人称号，1人获锦州市科协先进个人称号。

（辽宁医学院 吕鹏飞）

沈阳化工学院

【概述】 沈阳化工学院是一所以工为主，以化工为特色，工、理、经、管、文、法、教、医等8大学科门类相结合的多学科性大学。

学校有44个本科专业，23个硕士学位授权点，4个工程硕士领域，4个合作培养博士专业；拥有省级重点学科5个，省级重点实验室和省级工程技术中心10个，市级工程技术中心2个，省级新技术转移推广中心和省级中小企业服务中心3个；建有沈阳市大学科学园；设有校级科研中心50余个。

学校有教职工1271人，其中专任教师726人。专任教师中，有教授、副教授421人，具有博士、硕士学位的教师503人，专兼职博士生导师10人。聘请名誉教授、兼职教授68人。

学校有在校本科生、研究生、留学生13006人，成人教育学院有学生1464人，独立学院有本科生3000人。

【科研项目与经费】 2008年，纵向课题立项94项，经费额454.6万元；横向课题签订技术合同77份，金额2602.1万元。

【科研成果】 获得省部级科技奖励7项；获得市级科技进步二等奖1项，三等奖1项。

申报专利58件，其中发明专利42件，实用新型专利13件，外观设计专利3件；取得授权专利17件，其中发明专利11件。

发表论文539篇，其中在核心期刊上发表379篇；三大检索系统收录论文105篇，其中被SCI收录39篇，被EI收录51篇，被ISTP收录15篇；出版著作16部。

【主要科研平台选介】

1.辽宁省高效化工混合技术重点实验室

该实验室成功研究开发了新型高效化工混合反应技术装置，并先后在苯硝化和丙烯氯醇化反应上成功地实现工业化；研究开发了静态混合管式反应变温硝化技术的新工艺和装备，并完成了工业化；研究开发了静态混合硝基苯洗涤工艺及装置，以静态混合新工艺代替传统的搅拌混合或喷射混合洗涤工艺，应用于工业生产；研究开发了静态混合管式氯醇化反应器、静态混合管式氯气速溶反应器及丙烯速溶装置，成功地取代了日本产品。该实验室获得国家科技进步二等奖1项，省部级科技进步一等奖5项，省级科技进步二等奖3项；取得国家发明专利7项。

2.辽宁省化工应用技术重点实验室

该实验室以研究开发新型、安全、清洁、高效和节能的化工生产技术为目标，开展对混合、反应、分离、催化及新工艺开发的理论与技术研究，并为研究成果的转化提供技术理论支持。实验室先后承担完成国家科技攻关、国家“863”计划、“973”计划、国家自然科学基金等国家、省部级科研课题90余项，获得国家、辽宁省科技进步奖9项；年均发表国际、国内高水平学术论文200余篇。其科研成果为企业提供了技术支持，使企业年均增加产值5亿多元。

3.辽宁省化工静态反应工程技术研究中心

该研究中心致力于将全新的化工单元操作技术“静态混合”技术引入化工生产，开发各种新型静态混合管道化反应技术。目前，静态混合管式氯醇化反应技术和反应器已应用于锦化化工集团有限责任公司，年新增产值近2亿元，年新增利税3560万元；静态混合苯硝化工艺及装置应用于辽宁庆阳化学工业公司，成功取代了我国普遍采用的多釜串联苯硝化技术，使苯硝化实现了静态混合管道式变温操作，反应物料的停留时间大幅缩短，生产过程安全。实验室获得国家科技进步二等奖1项，国防科技进步一等奖1项，辽宁省科技进步一等奖3项，中国石油和化学工业科技进步一等奖1项；取得发明专利7项。

4.辽宁省高分子材料工程技术研究中心

该研究中心主要研究具有地区优势的高分子材料及技术，已形成了技术共性强、工程化程度高、辐射带动能力强的先进高分子材料及产品行业的研发中心。该中心与数十家省内大型企业建立了长期产学研合作关系。接待日本及保加利亚访问学者7人次，邀请国际学者讲学交流20余人次，出国参加国际会议及讲学6人次。近两年来，承担各级各类研发项目21项；获得各级科技奖励6项；发表论文55篇；获得发明专利7项，转让专利技术2项；6项技术成果被9家企业应用，企业新增产值2亿元以上；解决国家重点工程的关键性技术难题1项。

5.稀土化学及应用重点实验室

该实验室是辽宁省高校重点实验室，主要开展稀土高效发光（荧光）材料、稀土功能材料、稀土元素的催化性能和新型催化剂、稀土矿分离新技术和尾矿资源综合利用、稀土配位超分子化学等5个方面的研究工作。近三年来，完成或承担国家、省、市级科研项目50余项，经费500余万元；获得国家、省、市科技奖励18项；申请发明专利9项，取得授权专利1项；在国内外重要学术刊物上发表论文160余篇，被SCI与EI等收录100余篇。

6.“工业环境－资源协同控制与优化”重点实验室

该实验室依托于“控制理论与控制工程”重点学科，是辽宁省高校重点实验室。其主要研究方向包括大系统优化技术及软件系统研究与实现，集成化城市废水处理系统的协同控制技术，过程系统工程（PSE）研究。实验室充分发挥在过程控制领域和现代控制理论应用方面的研究优势，依靠现代信息技术，采用最优化技术和系统工程的方法，针对工业—环境—资源系统这样多变量、强耦合、非线性复杂大系统，探讨复杂过程建模与大型规划方法，研究工业、环境与资源协同控制与优化问题，解决生产—效益—成本等关键技术和共性技术，为绿色生产、循环经济提供技术支撑，推动我国工业过程ICA(仪表、控制、自动化)水平的迅速提高，提高地区经济竞争力，推动经济增长方式逐步与世界先进水平接轨。

7.高分子材料应用技术重点实验室

该实验室是集研发、教学、生产为一体的科研机构。现有研究人员16人，其中具有高级职称者14人，具有博士以上学位者13人，保加利亚、日籍研究员3人。该研究团队被省教育厅认定为辽宁省高等学校创新团队。近五年来，实验室承担各级各类研发项目166项，其中国家自然科学基金项目3项，“973”计划和“863”计划项目各1项，国家级国际合作项目3项；获得各级科技奖励23项；申请发明专利32项；发表论文195篇。

【重点科研项目选介】

1.静态混合溶媒甲苯洗涤项目

脑复康生产过程中混合溶媒甲苯洗涤以往采用多釜轮换间歇操作，存在生产效率低下，工人劳动强度大，洗涤与分离质量不高，洗水消耗量大及甲醇回收难等缺点，本项目开发了静态混合溶媒甲苯洗涤新技术，依靠新型高效静态混合器的强大混合能力，使混合溶媒甲苯与洗水充分接触与混合，实现混合溶媒甲苯的连续高效洗涤，同时在混合溶媒甲苯与洗涤废水的分离过程中引入高效多层错流斜板沉降技术，在实现混合溶媒甲苯与洗涤废水高效分离的同时，使生产连续化，并提高成品混合溶媒甲苯质量，在避免絮状物进入成品混合溶媒甲苯的同时防止混合溶媒甲苯的流失。静态混合溶媒甲苯洗涤新技术已成功应用于工业化生产，实现了混合溶媒甲苯洗涤与分离的连续化生产，大大提高混合溶媒甲苯处理量与产品质量，使洗涤后混合溶媒甲苯浓度不低于99.5%；混合溶媒甲苯中含水量不高于0.08%；一次洗涤废水中甲醇含量不低于38%。新技术装置占地空间小、洗水耗量低、洗涤效果及操作环境等方面均优于原釜式搅拌洗涤。

2.碳酸镁和纯、超细、高活性氧化镁的生产技术

该技术是利用一步法硼酸生产工艺过程中的废液为原料，获得含硫酸镁的硼镁肥，经过深加工得到高附加值、高技术含量、高性能的功能材料碱式碳酸镁及氧化镁系列产品。该技术不仅提高了资源的综合利用率，还具有节能环保等特点。高纯、超细、高活性氧化镁属于高技术含量、高附加值产品，可应用于电子、化工、橡胶、塑料、涂料、冶金、钢铁、航天、精细陶瓷、磁性材料、医药、食品、化妆品等领域。

(沈阳化工学院　徐桂秋)

沈阳体育学院

【概述】 沈阳体育学院是新中国建立最早的体育院校之一。

学校现有国家体育总局重点实验室1个，各类基础实验室15个，省部级重点研究基地3个；拥有体育学一级学科和体育教育训练学、运动人体科学、体育人文社会学、民族传统体育学4个二级学科的硕士学位授予权，是“体育硕士专业学位”授权单位；设有本科专业11个，跨教育学、管理学和文学3个学科门类；拥有省部级重点学科3个，其中体育学、冰雪项目是国家体育总局重点学科；体育学、田径、篮球、运动解剖学、足球、运动生理学等6门课程被评为辽宁省精品课程；运动人体科学实验室被评为辽宁省实验教学示范中心；社科研究中心作为辽宁省重点研究基地顺利通过了省教育厅的评估；成立了沈阳体育学院冬季项目研究中心和体育教育研究中心。

【科研项目与经费】 2008年，学校承担的重点项目包括：国家社会科学基金项目1项；国家体育总局体育社会科学研究项目2项、科技攻关项目2项，其中“U型场地单板雪上技巧项目备战2010年冬奥会科技攻关的综合性研究”被列为国家体育总局重点支持项目；辽宁省社科基金项目6项、紧急委托项目1项；辽宁省教育厅高等学校科研计划项目13项。

各类科研项目总经费达51.4万元。

【科研成果】 获得辽宁省第十届哲学社会科学成果奖（第二届政府奖）二等奖1项、三等奖4项；辽宁省教育科学“十一五”中期优秀成果奖3项；辽宁省自然科学学术成果奖74项。

发表论文584篇，其中在核心期刊上发表44篇，被ISTP与EI国际索引收录4篇。

《沈阳体育学院学报》在第20届全国体育学院学报研究会年会上被评为“全国体育院校优秀学报”；在教育部举办的第二届“精品·优秀·特色高校科技期刊”评比活动中荣获中国高校特色期刊奖。

【科技合作与交流】 2008年，学校选派114人参加国内外学术会议37个，其中，派出四批教师参加国际学术会议，其中7人具有博士学位；以学术沙龙、博士论坛、科技活动节等为载体，举办了15场高水平的学术讲座。

（沈阳体育学院　张广志）

辽宁科技大学

【概述】 辽宁科技大学始建于1948年，1958年成立本科学院——鞍山钢铁学院，隶属于原冶金工业部，是我国较早组建的冶金高校之一。经国家教育部批准，2002年更名为鞍山科技大学，2006年更名为辽宁科技大学。

辽宁科技大学是一所面向全国招生，以工学为主，涵盖工学、理学、经济学、管理学、文学、法学六大门类的多科性大学。学校坐落于鞍山市，占地166.75万平方米，建筑面积45万平方米，固定资产近10亿元，各类教学科研仪器设备总价值1.2亿元，图书馆藏纸质图书123万册。

学校坚持并弘扬“立足冶金，校企合作，注重实践，培养踏实肯干、适应发展的应用型高级专门人才”的办学特色，重视教学基本建设与教学改革工作，创新人才培养模式，不断强化学生创新精神和实践能力培养，人才培养质量稳步提高。近年来，在全国大学生“挑战杯”课外学术科技作品、数学建模、电子设计、英语等大型竞赛中共获国家级、省部级奖励数百项。本科生就业率稳定在90%左右。教育部对学校本科教学工作水平评估结果为优秀。

学校设有18个系、部，本科专业44个，专科专业20个，硕士点30个，博士点2个，拥有同等学力在职人员申请硕士学位授予权和工程硕士授予权。建有10个省部级重点学科、实验室和工程研究中心，6个省级示范性专业紧缺人才培养基地和实验教学示范中心，24门次省级精品（优秀）课程，35个各类研究所及研发中心等科学研究机构。

近年来，承担各级各类科研项目千余项，科研经费累计3亿余元。其中，国家“863”计划项目5项，国家自然科学基金项目18项；获各级各类科技奖励30余项；发表论文3000余篇，被SCI、EI与ISTP检索收录论文428篇；与加拿大Alberta大学联办的《数值分析与建模》国际学术期刊被SCI（扩大版）全文收录；聘请10余名包括两院院士在内的国内外著名专家、学者为特聘教授；所属大学科技园成为辽宁省首批确定的省级大学科技园，取得了粒径特小纳米材料、模拟移动床色谱分离、有机光电子材料、耐火材料等数十项国内外领先的高新技术成果。

学校有专任教师1025人，其中，教授18人，副教授321人。学校有全日制在校生18000余人。

【科研项目与经费】 2008年，承担各级各类科研项目205项，到款经费5104.22万元。其中，纵向项目71项，到款经费457万元；横向项目134项，到款经费4647.22万元。纵向科研项目中主要包括：国家自然基金项目7项，经费173万元；教育部留学回国人员基金项目2项，经费5万元；国家质量监督检验检疫总局公益性行业科研专项经费项目1项，经费160万元；工业和信息化部电子信息产业发展基金1项，经费100万元；辽宁省科技基金项目4项，经费13万元；辽宁省教育厅高等学校创新团队项目10项，经费108万元；辽宁省教育厅人才计划项目2项，经费20万元；辽宁省教育厅重点实验室项目7项和一般项目10项，经费总计58万元；辽宁省社科规划基金2项，经费1万元；辽宁省社科联项目3项；辽宁省委统战部项目1项；鞍山市计划项目21项，经费66万元。

【科研成果】 获省部级以上奖励6项，其中：国家科技进步三等奖1项，省科技进步奖二等奖2项、三等奖2项，省优秀新产品奖一等奖1项，鞍山市优秀新产品奖一等奖1项。

发表论文514篇，被三大检索收录92篇，其中SCI收录32篇，EI收录39篇，ISTP2收录1篇；在国外期刊上发表论文34篇；出版著作8部。

申请专利16项，其中发明专利10项，实用新型专利6项。获得专利授权15项，其中发明专利5项，实用新型专利5项，外观设计专利5项。

【科技合作与交流】 邀请国内外知名专家、学者到学校讲学、作学术报告20余人次；与美国、英国、加拿大、德国、日本等国家的20余所大学建立了稳定的合作关系，共同开展科研工作；与日本等国家的大学联合培养本科生、硕士生、博士生。

【产学研合作】 以兴科中小企业服务中心为平台，与企业联合签约课题134项，到款经费4647.22万元。主要研究涉及机械制造、能源环保、电子信息、材料等诸多领域。

【科技人才与队伍建设】 组织10余名教师赴日本相关大学进行科研交流与合作，并邀请留学教师就研修成果作学术报告。

【科研平台建设】 新增“机械设计及理论”和“应用化学”两个重点学科；新增省级重点实验室“冶金设备及过程控制实验室”。

（辽宁科技大学　原驰）

沈阳医学院

【概述】 沈阳医学院是教育部批准设立的全日制普通高等医学院校，始建于1949年，1987年升格为本科院校，1992年被国务院学位委员会批准为学士学位授权单位，1997年通过国家教委本科教学工作合格评估，2001年迁入新校区办学，2007年在教育部本科教学工作水平评估中被评定为“优秀”。

学校占地面积44.67万平方米（670亩），建筑面积20.5万平方米，其中教学区10.5万平方米。固定资产6.8亿元，其中教学科研仪器设备总值达7818万元，万元以上仪器设备650台（件）。图书馆藏书78.6万册，中外文期刊2163种，拥有数字化中外文全文数据库9个。建有数字化模拟病房、数码互动实验室等专业实验室。

拥有沈阳医学院奉天医院、沈阳医学院沈洲医院、沈阳二四二医院、铁法煤业集团总医院、沈阳二四五医院、沈阳市骨科医院、瓦房店市中心医院等7所集医疗、教学、科研、预防、康复为一体的大型综合附属医院。其中，奉天医院显微外科为传统优势学科，在全国名列前茅；沈洲医院心血管介入治疗达到省内领先水平。此外，学校还拥有15所教学医院和63个实习基地。

设有基础医学院、公共卫生学院、临床学院、护理学院、医学应用技术学院、临床教学实验中心等13个教学单位。开设临床医学、护理学、医学检验、麻醉学、医学影像学、眼视光学、口腔医学、康复治疗学、营养学、公共事业管理等11个本科专业，14个高职专业。预防医学专业为辽宁省示范专业；基础医学实验教学中心为辽宁省实验教学示范中心；病原生物学、生理学教学团队为辽宁省优秀教学团队；病原生物学、营养与食品卫生学等6门课程为省级精品课程；预防医学、神经病学两门双语课程为辽宁省双语教学示范课程。

自1996年起，与中国医科大学、沈阳药科大学联合培养硕士研究生。2002年、2004年，先后成为中国医科大学和吉林大学硕士研究生培养基地。现有博士生导师、硕士生导师39人，联合招收硕士研究生170人。

先后与美、英、日、荷、澳、加等国家的十余所大学及研究机构建立友好关系，与英国利物浦约翰摩尔大学等4所学校签署了联合办学协议。2004年开始招收外国留学生，现有印度、巴基斯坦等国家的留学生161名。

学校校共有教职工3389人，其中校本部669人。现有专任教师359人，其中教授73人，副教授97人。有“新世纪百千万人才工程”国家级人选1人、省级“百”层次人选9人，享受国务院政府特殊津贴专家15人，省教学名师1人，省高校优秀人才1人，省专业带头人2人，省高校优秀青年骨干教师8人，市优秀专家7人，市领军人才4人，担任省级学会副主任委员以上职务者50人。聘请国内外名誉教授及兼职教授60余人。建有沈阳市政府“特邀院士工作站”，陈洪铎、钟世镇、盛志勇、刘以训、翁心植、王澍寰、顾玉东等7位院士为学校特邀院士工作站名誉教授。

学校有在校生1万余人，生源来自全国16个省、自治区，其中本科生4116人。近5年来，平均年就业率均在92%以上。

【科研项目与经费】 2008年，承担各级各类科研项目41项，经费总额为248.5万元。其中，国家自然科学基金项目2项，省部级科研项目27项，项目数量和经费数额持续增长，比2007年分别增长86.4%和46.6%。设立校级科研课题27项，投入经费17.9万元。

【科研成果】 获得辽宁省科学技术进步二等奖1项，沈阳市科学技术进步奖2项。获得辽宁省自然科学学术成果奖7项。

在各级各类学术期刊上发表论文616篇，其中，被SCI收录论文5篇，CA、BA、EM收录论文30篇。

获得国家实用新型专利1项。

【科研平台建设】 辽宁省教育厅、沈阳市财政下拨专项经费用于建设辽宁省高校重点实验——“环境与人口健康实验室”和沈阳市科普基地——人体科学展览馆。

【科技合作与交流】 成功举办第七届“中日国际环境与健康学术研讨会”；作为第五届沈阳科学学术年会分会场，举办了“重大疾病的超早期预防”专题报告会；配合省、市科协组织开展“中国院士沈阳行”活动，邀请院士工作站的刘以训和钟世镇两位院士进行学术交流；邀请日本中部大学的妹尾久雄教授，中国医科大学的宋金丹教授等国内外知名专家学者来校讲学，营造了学术交流与研究的浓厚氛围。

（沈阳医学院　赵宇丹）

沈阳大学

【概述】 沈阳大学是一所涵盖哲、经、法、教、文、史、理、工、农、管10大学科门类，以本科教育为主体，同时拥有硕士研究生教育、高等职业技术教育、继续教育和留学生教育的多层次、多类型的综合性大学，办学历史可追溯到1906年建立的“奉天实业学堂”和“新民公学堂”。

学校有望花南街—联合路、文萃路、新民三个校区，占地面积66.4万平方米，建筑面积54.7万平方米。教学科研仪器设备总价值11000万元，图书馆藏书达170余万册。

学校设有20个学院，1个教学部，1个独立学院。拥有硕士点10个，本科专业56个，专科专业24个。有国家级双语示范课1门，省级精品课程23门，省优秀教学团队7个，校内外教学实践基地114个，教育部重点实验室1个，省重点实验室3个。还设有科学技术研究中心、人文社会科学研究中心、全国首家清文化研究所和奉天“二战”盟军战俘营研究所。

学校坚持“科学办学、民主办学、开放办学”的理念和“质量立本，特色立足，文化立魂”的教育观念，形成了“为辽沈地区老工业基地振兴服务”的地方特色。学校始终坚持正确的人才培养方向，致力于培养“面向基层‘下得去，干得好’；面向市场‘能创业，创好业’”的应用型人才。2006年，获得“挑战杯”全国大学生课外科技竞赛一等奖；2007年，在教育部本科教学工作水平评估工作中取得了“优秀”的好成绩。2008年，获得了辽宁省“五一”奖状和沈阳市教科系统先进党委等荣誉。

学校注重开放办学，积极开展对外交流与合作，先后与美国、英国、法国等近20个国家和地区的60余所大学建立了交流与合作关系。

学校有专任教师1267人，其中院士1人，教授、副教授741人，具有硕士以上学位的教师735人，其中博士152人。

学校有在校生30000余人，其中全日制本、专科生21792人。

【科研项目与经费】 2008年，承担国家自然科学基金项目2项，经费62万元；“863”计划项目3项，经费112.5万元；“973”计划项目1项，经费10万元；国家科技计划重大水专项1项，经费60万元；教育部项目2项，经费6.5万元；省级项目136项，经费180万元；市级项目34项，经费313万元；与企业合作项目68项，经费1186万元；申报“第五届沈阳科学学术年会”重点项目2项。

【科研成果】 朴芬淑教授主持的“城市污水深度处理关键技术研究”项目获得辽宁省科技进步三等

奖；冯丽芝教授主持的“秸秆菌糠饲料的研制”项目获得辽宁省农业技术推广一等奖；获得沈阳市科技进步奖3项。

被三大检索系统收录论文43篇，在全国高校排名大幅上升。

【科研平台建设】 辽宁省先进材料制备技术实验室被批准为省级重点实验室。

【重点学科建设】 材料学、管理科学与工程、控制理论与控制工程等3个省级重点培育学科通过了辽宁省教育厅、辽宁省财政厅的联合检查，获得辽宁省专项经费支持18万元。

【科技合作与交流】 全年举办学术交流报告会115场，受益师生达21000多人次。承办了沈阳市科协主办的“名人、名家、名师”系列学术报告会；与沈阳市科协共同承办了“第一届污染环境修复基准与标准”国际研讨会；举行了大学生科协成立大会暨揭牌仪式；组织开展了沈阳大学第四届大学生科技节、大学生SRT（科学研究训练）等活动。

【产学研合作】 分别与辽中县、法库县、北票市、新民市、沈阳市环保局、沈阳市铁西区、沈阳市企业家协会签订了产学研合作基地建设协议，签订了20余项研发合同，取得了较好的社会效益和经济效益。

【科技人才与队伍建设】 以孙铁珩院士为带头人的创新团队入选“辽宁省高等学校创新团队”。该团队的研究方向是“污染环境的生态修复与资源化技术”。胡晓钧申报的“基于新型TCAS吸附树脂的微污染水修复机理研究”项目，获得创新团队项目计划支持，经费10万元。

（沈阳大学　窦茹美）

科研院所

中国科学院大连化学物理研究所

【概述】 中国科学院大连化学物理研究所（以下简称“大连化物所”）是一个基础研究与应用研究并重、应用研究和技术转化相结合、以任务带学科为主要特色的综合性研究所。六十多年来，大连化物所通过不断积累和调整，逐步形成了自己的科研特色，确立了“发挥学科综合优势，加强技术集成创新，以可持续发展的能源研究为主导，坚持资源环境优化和生物技术创新协调发展，创建世界一流研究所”的发展战略目标，在我国能源的可持续发展、资源优化利用、国家安全以及国民生命与健康等领域发挥着重要作用。

重点学科领域为：催化化学、工程化学、化学激光和分子反应动力学以及近代分析化学和生物技术。1998年，成为中国科学院知识创新工程首批试点单位之一。2007年，经国家批准筹建洁净能源国家实验室。1956—2008年，取得科研成果600多项，先后获得重大奖励201项，其中，获得国家级奖励82项，中科院、省部级一等奖78项。1950—2008年，发表论文10750余篇。实施知识创新工程以来，发表SCI论文4677篇，70余篇学术论文发表在《Science》、《Nature》、Angew. Chem.、JACS等学术刊物以及相关学科顶级刊物上。出版科技专著48部。

主持出版国内催化领域和色谱领域核心期刊《色谱》《催化学报》以及英文学术期刊《Journal of Natural Gas Chemistry（天然气化学）》，其中，《催化学报》和《Journal of Natural Gas Chemistry（天然气化学）》被SCI-E收录。

【科研项目与经费】 新增“973”项目1项；“863”项目3项；国家自然基金项目38项，其中，面上（青年）项目33项，重点项目4项，杰出青年基金项目1项；科学院重要方向项目（课题）15项；院仪器研制改造项目1项；省市计划获得批准10项；新增博士探索基金课题16项；9台（套）东北先进制造与材料大型仪器区域中心获得资助。全年获得科技经费约5亿元。

【科研成果】 获得各级科技奖励12项，其中省部级以上奖励10项，作为第一完成单位获得的省部级以上奖励6项。“化学反应过渡态的结构和动力学研究”获得国家自然科学二等奖，一项专用技术获得国家技术发明二等奖，“FCC 干气制乙苯气相烷基化与液相烷基转移组合技术研发及产业化”获得国家科学技术进步二等奖，“甲醇制取低碳烯（DMTO）技术”获得辽宁省科技进步一等奖，“微型固态吸附萃取器技术”和“MCM-22/ZSM-35共结晶分子筛的可控性合成”项目分别获得辽宁省技术发明二、三等奖，“生物微胶囊规模化生产制备系统研制”和“激光诱导荧光检测器”获大连市技术发明一等奖。

申请专利295件，授权106件；发表SCI论文535篇，其中影响因子大于5的51篇，本领域高档次文章281篇。2008年12月公布的2007年度中国科技论文统计结果显示，2007年度SCI收录大连化物所论文数居全国研究机构第5位，国际论文被引频次居全国研究机构第5位。

【科研平台建设】 设有研究室11个，其中，国家重点实验室2个——催化基础国家重点实验室和分子反应动力学国家重点实验室；从事重大项目研发的研究室3个——燃料电池研究室、化学激光研究室和航天催化与新材料研究室；从事应用研究的研究室（部）6个——仪器分析化学研究室、精细化工研究室、应用催化研究室、现代化工研究室、低碳催化与工程研究部和生物技术研究部。这些研究室由50多个方向明确、研究工作各具特色的研究团队组成。

建有国家级工程实验室1个——甲醇制烯烃国家工程实验室；国家级工程中心3个——国家催化工程技术研究中心、膜技术国家工程研究中心和燃料电池及氢源技术国家工程中心。

与国外著名大学、公司和研究机构联合设立了中法催化联合实验室、中法可持续能源联合实验室、中德催化纳米技术伙伴小组、中韩燃料电池联合实验室和DICP-BP能源创新实验室等十几个国际合作研究机构。

2008年，甲醇制烯烃国家工程实验室获得国家发改委批准；中国科学院分离分析化学重点实验室和中国科学院化学激光重点实验室获中科院批准；大力推进洁净能源国家实验室的筹建工作，部署设立化石资源优化利用、低碳催化与工程、燃料电池及储能、氢能、太阳能转化与利用、生物能源、节能减排及能源环境工程、能源基础和战略研究等9个研究部和能源技术平台。

【科技合作与交流】 与法国国家科研中心续签了中法催化联合实验室，新签了中法可持续能源联合实验室；与荷兰埃因霍温大学合作的“微孔－介孔材料孔道中过渡金属氧化簇的化学和催化反应”项目成为进入中荷战略科学联盟计划第二阶段的6个项目之一；与美国lummus（路姆斯）公司签订甲醇制烯烃全球合作协议，这标志着自主知识产权的化工技术进军国际市场。2008年，新签国际合作合同11份，合同总额为1227万元。

成功举办了“第十三届国际生物技术大会暨展览会”“第一届中美化学会双边论坛”“大连化物所科学论坛”等13个国际性会议，共有177人到境外进行学术访问和交流，邀请了包括诺贝尔奖得主K. Barry Sharpless和 Werner Arber在内的400余位重要外宾、境外专家和学者进行各类学术活动。

2008年，大连化物所的科技人员分别在104个国际机构中担任理事、大会主席、分会主席、理事学术委员会委员、主编和地区编委等职务，其中李灿院士在第14届国际催化大会上当选为国际催化学会理事会主席，这是国际催化理事会创立半个多世纪以来当选该学会主席的第一位中国科学家。

【科技人才与队伍建设】 自建所以来，大连化物所造就了多位享誉国内外的科学家和一大批高素质研究和技术人才，先后有15位科学家当选为中国科学院和中国工程院院士，2位当选为发展中国家科学院院士，1位当选为欧洲人文和自然科学院院士，13人获得国家杰出青年基金。截至2008年年底，全所共有职工841人，其中研究员84人，副研究员149人；专业技术人员 686人。

2008年，大连化物所录取的110名硕士生中，优秀生源率为83.64%；录取的122名博士生中，优良生源率达93.44%。2009届硕士推荐免试研究生报名人数达到177名，录取率为45.76%，其中排名在学校前10%的学生占63%。由于生源质量不断提高，大连化物所荣获了2008年度辽宁省研究生招生工作先进集体称号。

大连化物所始终坚持引进和培养并进的原则，采取各种措施培养优秀人才和队伍。一是围绕发展目标和战略规划，统筹规划人力资源。制定了人力资源建设规划，事业编制控制数由目前的945人增加到1190人。二是围绕学科规划和科技任务对人才的需求，加大高层次人才引进力度。修订了《高层次科技人才引进与管理办法》，提高了对各类人才的支持力度。制定了《高级伙伴研究员计划实施办法》，吸引海外华人教授或相当职务的优秀科学家与本所研究人员开展实质性合作。2008年，5人入选中国科学院“百人计划”，3人获得中国科学院“百人计划”择优支持，1人获得终期评估优秀评价，4人获得终期评估良好评价；1人通过“项目百人”论证；5人入选所级“百人计划”；167人拟授予硕士、博士学位。中国科学院、国家外国专家局“化石能源洁净转化”创新团队国际合作伙伴计划已通过中国科学院的论证，批准组建。三是采取组合措施，拓宽人才发展通道。研究制定了《大连化学物理研究所副组长聘任与管理办法》，首批聘任了18名副组长，新增14名项目骨干。在推荐各类专家的过程中，增加青年科技人员的比例，其中2人获得大连市政府特殊津贴，4人获得首批沈阳分院优秀青年学者奖，3人荣获中国科学院卢嘉锡青年人才奖。

【产学研合作】 通过与地方共建研究单元、技术转移平台等多种合作形式，促进科技成果转移转化，提升企业综合竞争力。全年共签订“四技”（技术开发、技术服务、技术转让、技术咨询）合同166项。与地方共建实验室3个，包括辽宁省储能技术重点实验室、辽宁省碳水化合物研究重点实验室和辽宁省天然药物重点实验室。荣获科学院2007年度院地合作一等奖。

截至2008年年底，大连化物所投资企业共14个，对外投资1.01亿元，权益总额1.22亿元，销售收入5.31亿元，净利润1490万元，上缴税金4693万元。

【重点科技项目选介】

1. $Cl+H_2$ 非绝热动力学研究

分子体系中非绝热过程是自然界经常发生的化学物理现象，在生命和自然的演化、大气化学以及各种激发态过程中非常重要。然而，在实验和理论上精确研究非绝热动力学过程是一个异常困难的课题。大连化物所在$Cl+H_2$反应的非绝热动力学研究上取得了重要进展，解决了长期以来化学动力学领域一个极具争议性的难题，这一成果在非绝热过程动力学研究中具有重要的学术意义，解决了一个长期以来极具争议性的$Cl+H_2$反应中激发态和基态相对反应性的问题。研究成果发表在10月24日出版的美国《Science》杂志以及在10月27日出版的美国《Chemical & Engineering News》杂志上。

杨学明研究员领导的实验小组利用自行研制的、先进的里德堡态氢原子飞行时间谱—交叉分子束仪器，对氯加氢的反应进行了精确的交叉分子束实验研究，测量了基态和激发态氯原子与氢分子反应的相对微分截面。在低碰撞能下，发现氯原子自旋-轨道激发态的反应性与基态的相当，这一结果说明波恩-奥本海默近似在这一反应中在低碰撞能时是失效的。但当碰撞能增加时，发现氯原子自旋-轨道激发态的反应性与基态的相比变得越来越小，这说明波恩-奥本海默近似在这一反应中在高碰撞能量时是有效的。这一结论被评为2007年度中国十大科技进展之一。

2. 干气制乙苯第三代技术产业化研究

在中国科学院东北振兴科技行动计划重大项目的资助和支持下，由大连化物所牵头研制的“催化裂化干气制乙苯气相烃化和液相反烃化优化组合”第三代技术取得重要进展。10月8日，第三代技术8万吨乙苯/年工业化装置在大庆中蓝石化有限公司一次投产成功，各项技术指标均达到预期效果，生产出了优质乙苯产品。此次投产成功，标志着干气制乙苯技术的推广应用取得了更大的进展，对于提高我国石油资源的综合利用具有重要意义。

3. 纳米催化研究

包信和研究员领导的“界面和纳米催化”研究组在碳纳米管对催化剂的束缚效应和对催化反应性能的调变作用方面又取得了新进展。结果表明，采用湿化学方法将金属铁(Fe)粒子组装在碳纳米管的管腔内，用于催化合成气转化为液体燃料（GTL）反应，其催化活性有了明显的提高。在相同反应条件下，与担载在碳管外壁的铁催化剂相比，管内催化剂催化反应生成高碳烃(五碳以上油品)的产率提高了近一倍。该结果发表在最新一期《美国化学会志》上。美国《化学和工程新闻》在最近一期的“最新消息栏目”（Chemical & Engineering News, Latest News.）中以“Catalyst In A Bottle Works Better”为题予以转摘和报道，并对包信和研究员小组的工作给予了较高评价。

4. 微流控芯片模式生物高通量药物筛选研究

秦建华和林炳承研究员领导的研究组在以微流控芯片为平台的高通量药物筛选方面又取得新进展。该项研究以芯片上纳升级高通量液滴作为微反应器，以经典的模式生物秀丽隐杆线虫为对象，首次建立了基于液滴微流控芯片的模式生物高通量药物筛选系统，并用于以帕金森病为代表的抗神经元退行性变疾病药物的筛选。

该研究成果被选为封面文章发表在最新一期《Lab on a Chip》（当前国际上集中反映微流控芯片实验室学术成果的最重要刊物）杂志上，后又被刊登在国际重要刊物《Chemical Biology》上。美国Michigan大学线虫研究著名学者N. Chronis教授的评论称，这一工作把单一线虫从群体中隔离出来，并逐一输运，这极有可能使人们能够准确记录单个线虫在接受药物刺激后行为的瞬间变化，为模式生物高通量药物筛选提供一个重要平台。

5. Au-Cu纳米合金催化研究

张涛研究组的Au-Cu合金催化剂研究工作在Chem. Commun.（2008,3187-3189）发表后，被NATURE CHINA网站评为最新研究亮点。该研究工作利用有序介孔氧化硅的孔道限制作用和孔壁易于功能化的特点，采用两步法合成了高度分散于SAB-15孔道内、尺寸均一、热稳定性高的Au-Cu合金纳米粒子。Au-Cu合金催化剂在低温CO氧化以及富氢条件下，CO选择氧化反应中表现出很高的催化活性和金铜之间的协同效应。

纳米催化剂是近年来多相催化领域的一个研究热点。实际上大多数负载催化剂的活性组分都是纳米粒子。张涛研究员率领的研究团队多年来一直致力于航天推进剂用高效催化剂的研究，而调变和控制活性组分的组成和尺寸是获得高效催化剂的有效途径之一。在国家杰出青年基金和面上基金的资助下，该团队取得了一系列的进展：利用有序介孔炭载体的孔道限制作用，合成出高热稳定性和高催化活性的纳米铱催化剂（Chem. Mater.2008,20,1881-1888）和纳米碳化钼催化剂（Chem.Commun.2008,2565-2567）；利用有序介孔氧化硅的孔道限制作用合成出高热稳定性和高催化活性的双金属Au-Ag和Au-Cu(Chem. Commun.2008,3187-3189）纳米催化剂。这些对于新合成方法的探索和催化机理的深入理解，将对发展新一代高效廉价的肼分解和其他无毒推进剂分解催化剂提供有益的指导。

（中国科学院大连化学物理研究所　白玉　刘丹竹）

中国科学院金属研究所

【概述】 中国科学院金属研究所（以下简称“金属所”）成立于1953年，是新中国成立后中国科学院创建的首批研究所之一，创建者是我国著名的物理冶金学家李薰先生。经过几代人的不懈努力，金属所已经发展成为我国享誉海内外的材料科学与工程研究的重要基地。

知识创新工程实施以来，金属所以“创新材料技术、攀登科技高峰、培育杰出人才、服务经济国防”为使命，在材料科学与工程领域不断深入开展基础研究、高技术研究和公益性研究。在知识创新工程三期中，金属所进一步明确目标，提出了构建国家结构材料与技术研发平台的目标，凝练出了纳米尺度下超高性能材料的设计与制备、耐苛刻环境超级结构材料、金属材料失效机理与防护技术、材料制备加工技术、基于计算的材料与工艺设计、新型能源材料与生物材料6大学科方向和研究领域。

目前，金属所科研机构设置合理、布局清晰。基础研究方面，拥有沈阳材料科学国家（联合）实验室和金属腐蚀与防护国家重点实验室，其中沈阳材料科学国家（联合）实验室是我国第1个研究类国家实验室；应用研究方面，拥有沈阳先进材料研究发展中心、材料环境腐蚀研究中心以及高性能均质合金国家工程研究中心、国家金属腐蚀控制工程技术研究中心两个国家级工程中心。

【科研成果与转化】 围绕国家重大专项和重点建设工程，积极争取承担科研任务，获得多项课题资助，科研竞争力大幅度提高。全年承担各类项目总数330项，其中，国家“973”项目（课题）13项，国家“863”项目（课题）15项，国家科技支撑计划重大、重点课题3项，国家振兴东北老工业基地专项（第二批）高技术产业化示范工程项目2项，国家基金委重大、重点项目7项，面上项目65项，国家杰出青年基金项目3项，创新研究群体项目1项，中科院“百人计划”项目6项，国际合作项目7项，院地合作项目60项。

金属所分别在层状可加工陶瓷、纳米金属材料、纳米碳材料、金属材料力学行为等领域取得一批原创性成果，继续保持了在国际材料科学领域的一席之地。

金属所在攻克重点行业关键材料技术难题、为重大工程提供材料技术及研发高新产业用新材料、新技术等方面继续发挥着重要的作用。高性能涂层与阴极保护结合的联合防腐技术为杭州湾跨海大桥顺利建成通车作出了重要贡献；成功研制出航空发动机用TiAl合金叶片，其制备加工技术国际领先；可视化热加工技术得到推广应用，解决国家装备制造业多项技术瓶颈问题；具有自主知识产权的Ti2448多功能医用钛合金作为骨科材料进入临床试验阶段。

【科技合作与交流】 国际学术合作与交流活动

向广度和深度延伸，中外联合发表论文数和争取国内、国际合作经费数均创新高。成功申请科技部重点国际合作项目——高速（提速）铁路道岔关键制造技术开发与产业化；与韩国材料科学研究院、丹麦技术大学化学系和日本东北大学结构及可靠性研究所签署双边合作协议；与香港理工大学共建中国科学院与香港地区联合实验室——纳米力学实验室；举办了4次国际研讨会和2次项目交流会，包括中国科学院界面材料研讨会、第四届中国科学院金属研究所材料科学与工程研讨会—材料的高温腐蚀与防护、先进磁性材料国际研讨会、2008IMR-KIMS先进材料研讨会、IMR-BP项目研讨会、中—英材料研讨会等。截至2008年年底，有11名科研人员在24个国际学术组织任职，有12名科研人员在18个国际期刊任职。

受中国金属学会、中国材料研究学会、国际材料物理中心、国家自然科学基金委员会、中国腐蚀与防护学会等委托，编辑出版《金属学报》（中、英文版）、《材料科学与技术》（英文版）、《材料研究学报》（中文版）、《中国腐蚀与防护学报》、《腐蚀科学与防护技术》等6种学术刊物。

【科技人才与队伍建设】 从德国马普学会引进的苏党生博士入选中组部首批“千人计划”；沈阳材料科学国家（联合）实验室被中组部授予首批“海外高层次人才创新创业基地”。截至2008年年底，金属所在职职工823人（其中中国科学院院士6人，中国工程院院士3人；进入知识创新工程521人；正高级专业技术人员110人，副高级专业技术人员214人；科技人员615人）。设有材料科学与工程学科博士后流动站，在站博士后30人。具有材料科学与工程一级学科博士、硕士学位授予权，在学研究生591名，其中博士生353名，硕士生238名。2008年，有1名研究生的论文被评为“2008年全国优秀博士学位论文”，1名研究生荣获“中科院院长特别奖”。

【产学研合作】 金属所积极与企业合作开展新材料及其制备工艺技术的研究与开发，开发出的产品有高温合金母合金、涡轮增压器叶片、钛合金材料及制品、PTC热敏材料及小家电、特种压力容器、电池材料、重腐蚀防护涂料、纳米涂料、腐蚀检测仪器等。

2008年，金属所进一步发挥自身优势，面向行业企业，广泛开展产学研合作，推动科技成果转化和技术进步，获得了中国科学院院地合作先进集体一等奖。截至2008年年底，金属所投资的高科技企业中形成一定规模的有9家，从事科技开发工作的人员约360人，就业人数约2100人，投资企业总销售额约4.9亿元，利润总额约2500万元，税金总额约3300万元。

（中国科学院金属研究所　刘言）

中国科学院沈阳应用生态研究所

【概述】 中国科学院沈阳应用生态研究所（以下简称“沈阳生态所”）成立于1954年，其前身为中国科学院林业土壤研究所，是以林业、土壤、植物、微生物与环境科学为基础的综合性的应用生态学研究机构，主要从事三大领域六个研究方向的工作。三大领域是：森林生态与林业生态工程；农田生态与农业生态工程；污染生态与环境生态工程。六个研究方向是：森林生态系统格局与过程；森林植被恢复与环境效应；农田生态系统物质循环与调控；微生物资源与生物技术；污染生态过程与生态毒理；土壤环境与生态修复。

下设中国科学院陆地生态过程重点实验室、辽宁省陆地生态过程与生态安全重点实验室、辽宁省节水农业重点实验室、辽宁省生态公益林经营管理重点实验室、辽宁省新型肥料研究中心、森林生态与林业生态工程研究中心、土壤生态与农业生态工程研究中心、污染生态与环境工程研究中心；拥有中国科学院长白山森林生态系统定位研究站（国家野外观测站、院开放站、CERN重点站）、中国科学院沈阳生态实验站（国家野外观测站、院开放站、CERN重点站）、中国科学院会同森林生态系统试验站（国家野外观测站、CERN重点站）、中国科学院乌兰敖都荒漠化试验站（国家林业局荒漠化监测中心之一）、清原森林生态实验站、大青沟生态研究站、中国科学院沈阳生态植物园和中国科学院东北生物标本馆与东亚苔藓研究中心，以及中俄自然资源与生态环境联合研究中心；拥有国家绿色食品定点检测中心及绿色食品环境质量监测中心、无公害农产品定点检测机构；拥有同位素比例质谱仪、液质联用仪、气质联用仪、等离子体发射光谱仪、超临界萃取仪、PCR电泳仪等先进仪器设备；具有微(痕)量元素、有机污染物、微观形态分析测试能力，可以进行环境、农业、医药、食品等领域的分析测试和研究工作。

沈阳生态所是辽宁省生态学会、辽宁省植物学会、辽宁省土壤学会、沈阳市植物学会的挂靠单位，编辑出版《应用生态学报》《生态学杂志》等学术刊物；是国务院学位委员会批准的首批博士、硕士学位授予单位，现有生态学、微生物学、土壤学、植物学、森林培育、环境科学二级学科硕士、博士研究生培养点，并设有生物学、农业资源利用一级学科博士后流动站。

长期以来，沈阳生态所瞄准国家重大需求和国际学科前沿，以应用生态学为主攻学科，以实验生态学方法和现代生物技术、信息技术为主要手段，以陆地主要生态系统为研究对象，重点开展生态系统生态过程与格局、退化生态系统恢复与重建、生态系统调控与管理等方面的研究，不断丰富和发展应用生态学理论与技术体系，为保障区域生态安全和可持续发展，实现人与自然的和谐提供了科学基础、决策依据和关键技术，在国家应用生态学科技创新体系中发挥了引领作用。

【科研项目与成果】 2008年，共争取各类科研项目130项，在研项目277项。其中，国家重大水专项“辽河流域水污染综合治理技术集成与工程示范”项目课题2项，国家科技支撑课题3项，国家“973”专题2项，国家“863”探索性项目1项，国家公益性行业专项3项；国家自然科学基金重点项目1项，面上项目23项；参与中国科学院知识创新工程重大项目2项，主持重要方向项目3项，院地合作项目6项，国际合作项目14项；与地方政府合作项目23项。

获国家科技奖3项，省、市科技奖4项。其中“中国苔藓植物研究”获国家自然科学二等奖，“北方防护林经营理论、技术与应用”“长效缓释肥料研制与应用”获国家科技进步二等奖，“土壤重金属污染发生机理与修复原理”获辽宁省自然科学一等奖，“城市适宜树种选择、繁育及应用”获辽宁省科技进步一等奖，“我国东北地区生物源温室气体（N_2O和CH_4）排放规律研究”获辽宁省自然科学三等奖。

申请专利109项，授权专利41项；软件登记2项；发表学术论文500余篇，其中SCI收录论文127篇（I区9篇，II区34篇），EI收录论文20篇，CSCD 277篇；出版专著8部。

【科技合作与交流】 2008年，与23个国家和地区开展国际学术交流与合作，总交流量为127人次，其中派出63人次，接待来访64人次；签署国际合作与交流协议4项；发表国际合作论文30篇；主办重要学术会议3个——“首届污染环境修复基准与标准国际学术研讨会”、“中国科学院污染环境修复基准国际学术研讨会”和“中澳双边污染土壤和水体生态过程与修复研讨会”。

【科技人才与队伍建设】 2008年，共有在学研究生290人，其中博士生135人、硕士生155人；在站博士后30人。

截至2008年年底，共有在职职工390人，流动人员355人，创新岗位人员186人。在职职工中，共有科研人员230人，科技支撑人员38人，包括中国科学院院士1人、中国科学院“百人计划”入选者12人、“国家杰出青年科学基金”获得者2人，正高级专业技术人员46人、副高级专业技术人员79人，项目聘用人员25人；流动人员中，共有客座研究员25人、访问学者10人。

（中国科学院沈阳应用生态研究所　赵曼茹）

中国科学院沈阳自动化研究所

【概述】 中国科学院沈阳自动化研究所(以下简称"自动化所")成立于1958年。经过50年的发展，自动化所已成为具有较强自主创新能力和可持续发展能力、具有一流科学家和科技队伍的国际知名科研机构。

设有5个研究室——机器人学实验室、先进制造技术实验室、工业控制系统研究室、光电信息研究室、自动化装备研究室；2个研究中心——水下机器人研究中心、沈阳现代装备研究设计中心；6个管理部门——综合办公室、科技处、人事教育处、财务处、质量办公室、条件处；2个支撑部门——信息中心和机电产品制造中心。是"机器人技术国家工程研究中心""机器人学国家重点实验室"等5个国家及省部级重点实验室的依托单位。

拥有4个硕士学位授予点，2个博士学位授予点，2个博士后流动站。截至2008年年底，在读硕士研究生157人，博士研究生162人，在站博士后20人。有硕士生导师54人，博士生导师31人，形成了以博导为中心的指导教师梯队，为培养高质量研究生提供了重要保证。

截至2008年年底，在职职工652人，其中进入创新岗位420人；科技人员537人；中国工程院院士2人；正高级专业技术人员71人，副高级专业技术人员128人；国家杰出青年基金获得者1人；客座研究员和访问学者12人。另外还有流动人员400人左右。

【科研项目】 在研项目421项，新立项172项，其中国家"973"项目1项，国家"863"项目17项，国家自然科学基金项目9项，中国科学院知识创新工程重要方向项目1项，国际合作项目2项，包括"创新团队国际合作伙伴计划"1项。

【科研成果】 获国家及省、市科技奖励4项，其中国家技术发明二等奖1项，国家科技进步二等奖1项，辽宁省技术发明一等奖1项，沈阳市科技进步一等奖1项。

申请专利137项，其中申请国际PCT4项，申请国内发明专利89项；授权专利76项，其中发明专利32项；软件登记35项；发表论文400篇，其中中科院高技术口高水平论文4篇，进入EI索引的论文259篇，进入SCI索引的论文22篇；发表专著、编著各1部，参与编撰的专著、编著各1部。由自动化所主办的《机器人》杂志自2008年第1期开始收录到EI Compendex数据库中。

【科技合作与交流】 与美国、英国、德国、加拿大、日本、韩国等17个国家和我国香港地区的有关单位进行学术交流与合作。全年共派出49人次出访，其中短期派出46人次，长期派出3人次。全年共接待6个国家和地区67人次来访。成功举办"第三届中国科学院机器人学与先进制造技术研讨会""纳米操作技术与应用国际学术研讨会暨第三次基金重点项目学术交流会""现代物流共性关键技术与平台研讨会""2020年后的中国先进制造技术研讨会"等多个学术交流会议。

【科技人才与队伍建设】 自动化所始终重视人才队伍建设，制定了长远人才发展战略，建立和完善了新型人事管理规章制度。通过重大项目，培养锻炼领军人才；制定特殊政策，培养年轻人才；设立多种青年人才基金，为青年人才发展提供有力支持；通过多种途径，吸引国内外精英开展合作创新研究。据统计，自动化所进入创新岗位的420人的平均年龄为34.8岁。

6月，"纳米操作方法与应用研究"创新团队国际合作伙伴计划通过论证。创新团队国际合作伙伴计划由中国科学院、国家外国专家局共同提出，是中国科学院知识创新工程三期设立的人才计划，旨在加强引进海外优秀人才与智力，充分发挥海内外优秀人才强强联合的团队作用，提高中国科学院人才队伍的科技创新能力，促进国内交叉学科、新兴学科的发展。

“纳米操作方法与应用研究”团队是自动化所组建的第一个创新团队，成员包括美国密歇根大学席宁教授、阿肯色州立大学童兆宏教授、台湾“国立成功大学”李国斌教授等十余位知名专家。该团队以实现自下而上的纳米制造技术所需的纳米操作方法与应用为研究主线，以纳米操作机器人系统的理论体系与实现方法、基于CNT等纳米材料的纳米器件制造、面向生物医学的纳米操作及纳米生物传感器为主要研究内容，通过引进学科交叉的海内外专家，建设具有国际先进水平和影响力的纳米技术研究平台，推动自动化所在先进制造领域开展前瞻性和基础性的创新研究。

2008年，自动化所有1人被评为第三届沈阳市十大科技英才，2人被评为第八届沈阳市优秀科技工作者，1人被评为第五届沈阳市“四尊”优秀领导干部。

【产学研合作】 2008年，自动化所获得中国科学院颁发的2008年院地合作奖集体二等奖和1项个人一等奖。

自动化所投资的高技术公司继续呈现良好发展态势，投资企业整体实现营业收入同比增长24.13%，利润总额、净利润、上缴税金、研究所所有者权益等与2007年基本持平。

【重要科技活动】 1月，自动化所自主研制的“冰雪面移动机器人”顺利完成南极实验任务，达到了验证机器人技术在南极应用可行性的目的，取得了初步的实验结果。“冰雪面移动机器人”参加南极科考，这是我国机器人首次登陆南极。

3月，自动化所与航天科技集团公司某所和哈尔滨工业大学共同研制的“空间飞行器某地面试验系统”交付验收。该试验系统是某航天机构研制过程中必不可少的关键设备，完全由我国独立研制，具有自主知识产权。该系统结构庞大，技术指标要求高，试验流程复杂，许多技术指标接近当前实现技术的极限。基于多年在机器人技术、自动化技术、传感器技术等方面的积累，自动化所研究团队攻克了多项关键技术，保证了该项目的顺利完成。

7月，沈阳中科博微自动化技术有限公司首批高端FF现场总线模块正式销往美国EIM公司。此次出口美国的FF现场总线通信模块是由中科博微开发完成的新一代控制系统的核心组件。EIM为全球著名、历史悠久的执行机构厂商之一，产品在北美市场的占有率超过30%，是国际公认的执行机构高端产品制造商。EIM公司以前一直采用国际著名自动化公司Emerson的现场总线产品，但由于Emerson上游芯片停产，EIM开始与中科博微洽谈合作。双方经过在技术及产品方面的合作，2008年6月，采用中科博微现场总线核心模块的EIM执行机构产品正式通过国际权威机构现场总线基金会的认证测试，EIM开始批量采购。

8月，“北极ARV”新型水下机器人参加中国第三次北极科学考察，在北纬84.6度的北极冰区成功地开展了一系列试验和冰下观测。这是自动化所研制的水下机器人第二次参加中国北极科考活动并首次在高纬度下开展冰下应用。“北极ARV”是在国家“863”计划的支持下，由自动化所联合多家科研机构，专门针对北极冰下海洋环境检测共同研制开发的新型概念水下机器人。该机器人携带温盐仪、仰视声呐、光通量测量仪和水下摄像机等多种测量设备，具有多种科学观测能力，可获得冰底形态、海冰厚度、温度、盐度、深度和冰下光学参数等多种科学观测数据。“北极ARV”有效地补充了北极冰下现有的监测技术，为我国北极科考提供了一种较大范围内连续、实时冰下观测的技术手段。

在此次科考活动中，“北极ARV”两次下水，通过ARV搭载的测量设备记录了冰下的视频图像，获得了冰底形态，测量了多种科学观测数据。在整个试验过程中，北极ARV实现了冰下水平剖面的自动位置控制、近距离观察和测量，垂直剖面的升沉运动控制和北极冰下海冰物理特征以及水文、光学特性的协同观测。

8月，科技部、国务院国资委和中华全国总工会联合发布了我国首次认定的91家“创新型企业”名单，沈阳新松机器人自动化股份有限公司位列其中。作为创新型企业，新松公司将享受到国家在政策支持、资源配置以及人才培养等多方面的倾斜，并将优先承担国家的“863”“973”等重大科研项目，参与国际合作计划，设立国家重点实验室和工程中心。

10月，由自动化所主持研发的用于工业过程自动化的无线网络WIA-PA（Wireless Networks for Industrial Automation-Process Automation）规范在国际电工委员会（IEC）以96%的得票率获得通过，作为公共可用规范IEC/PAS 62601标准化文件正式发布。我国工业自动化领域长期以来依靠引进国外的先进技术与产品实现集成应用，由于不掌握核心技术，产业安全存在一定风险。我国拥有自主知识产权的WIA-PA技术成为国际标准，标志着在工业无线通信领域，中国已成为技术领先的国家之一。

12月，沈阳IC装备产业园正式被批准为国家高新技术创业服务中心，成为沈阳市第6个国家级孵化器。该产业园是由自动化所投资的沈阳先进制造技术产业有限公司自2003年起规划、建设和运营的孵化园区，目前是国内唯一的IC装备专业孵化器。沈阳IC装备产业园占地5万平方米，规划建筑面积10万平方米，目前投入使用建筑面积2万平方米，入孵企业69家。沈阳IC装备产业园是沈阳IC装备产业集群支撑体系的重要组成部分，园区建有面向IC装备制造的专业化公共检测、洁净环境以及IC装备精密零部件加工制造等3大公共技术服务平台，为整机企业新产品研制、中小企业培育以及促进沈阳IC装备产业发展，提供专业化的公共技术服务与支撑服务。

（中国科学院沈阳自动化研究所　隋铁亮）

中国科学院沈阳计算技术研究所

【概述】 中国科学院沈阳计算技术研究所（以下简称“计算所”）是以计算机科学及相关技术为主要研究方向、以高技术创新和产业化为目标的综合性科研实体，现已形成了具有自身特点的学科优势，拥有雄厚的技术积累，在国内不仅具有较高的学术地位，而且在IT及相关技术领域有着较大影响。在计算机体系结构、操作系统、计算机软件、网络、通信、数控技术的研究、开发、应用方面，突破了许多重大关键技术，多项成果达到国际先进水平。

2008年正逢计算所建所五十周年。50年来，计算所发挥自身的技术和人才优势，适应国家发展和市场需求，瞄准国际先进技术，以独具自身特点的计算机信息技术和产品研发及产业化，形成了高档数控技术和电力信息化技术的研发及其产业化两大支柱，同时带动网络与通信技术、工业控制技术、计算机应用技术的研发及其产业化，承担了国家高技术示范工程、国产数控系统示范工程、中科院数控技术创新联盟等一批大型科研项目，为辽宁的经济建设和社会发展作出了重要贡献。

【科研管理与改革】 建立完善的制度和规范的管理体系，形成高素质管理人才队伍。科研项目组织管理工作严格执行ISO9000及CMMI3的要求，制定了《知识产权管理制度》《科研项目经费管理办法》《薪酬制度和奖励制度等完善的管理制度》等一系列完善的管理制度，保证了科研体系的可持续性发展，提升了核心竞争力。加强信息化工作，建立管理信息平台，促进管理过程的规范性，提升管理工作效率。设立科技质量部，管理科技项目研发及成果转化工作，其中专职科技管理人员8人，兼职科技管理人员12人，管理人员中60%具有硕士以上学历。

2008年底，计算所顺利通过CMMI3级评估，并获得了由美国SEI授予的证书。CMMI是全球公认的衡量产品研发过程成熟度的标准，是IT企业进行过程改进的有效途径。CMMI3级认证为进一步规范研发质量管理体系建设、提高项目管理水平和产品研发能力、提高市场竞争能力奠定了坚实的基础。

【科研成果与转化】 2008年，计算所充分发挥人才技术优势，在积极为国家、省市科技项目提供技术支撑的同时，与各级地方政府及企业深入开展合作，为解决企业技术难题，服务地方经济发展，取得了丰硕的成果。

1．数控技术

计算所高档数控技术目前已处于国内领先水平，拥有知名品牌“蓝天数控”，并设有“高档数控国家工程研究中心”。

2008年，数控技术方向获得国家科技支撑计划“重大型多轴联动复合加工中心系列产品开发”、国家发改委“高档数控国家工程研究中心创新能力建设”、中科院重大项目“基于机械化数学方法的高档数控系统的研制”等多项科技项目的支持。数控产业化项目荣获“国家高技术产业化十年成就奖”。

与国内装备制造企业紧密合作，解决企业技术难点，突破关键技术和产品创新及产业化，提升行业技术水平，拉动地方经济发展；成立中科院数控技术创新联盟，该联盟由沈阳计算所、中科院数学与系统研究院、中科院北京计算技术研究所、中科院沈阳自动化研究所及中科院电工研究所等五家单位组成，目标是培育具有国际市场竞争优势的民族数控品牌，共同推进我国的数控产业发展；与沈阳机床集团合作，研制车铣复合加工中心、五轴联动加工中心和高速龙门五轴加工中心等新产品，成功实施了“国产数控机床应用国产数控系统示范工程”项目二期工程，并获得沈阳市科技振兴奖；与江苏新瑞机床合作研发的FMS63自动生产线，达到国内先进水平，在2008年4月的北京机床展上，获得了展会最高奖项——“春燕奖”；针对客户需求研发的LT-NC310数控系统通过辽宁省科技成果鉴定和辽宁省新产品投产鉴定，并入选中国装备制造业发展年度报告；为沈阳黎明航空发动机（集团）有限责任公司、沈阳机床集团、沈阳冶金机械有限公司等30余家企业开展了重大设备的数控化改造和数字设计技术服务等，帮助其提高了加工效率与精度。

2．电力信息化技术

计算所在电力行业信息化技术应用方面具有超过十年的行业积累和较强的技术优势，承担了国家高技术产业化重大发展专项及中科院东北振兴等项目，完成了20多项电力行业大中型软件及产品开发项目，数百项技术支持服务。研发的“电力行业数据安全交换与综合应用平台”、“D-2000系列电能量计量管理系统”和“DMIS综合信息应用系统”等产品已广泛应用于东北、西北和华北电网，得到用户极高的评价，创造了良好的经济效益。相关技术和产品曾获辽宁省科技进步一、二等奖，国电东北公司科技进步一等奖，辽宁电力有限公司科技进步特等奖等奖项。

3．其他技术方向

与辽宁省监测中心站联合申请国家水体污染控制与治理科技重大专项中的“辽河流域水环境风险评估与控制治理”专项，共建“国家环境保护污染事故应急工程技术中心”，受国家环保部委托编制了《减排业务流程规范》；参与沈阳市超级计算中心建设项目；完成全国工业机械电气系统标准化技术委员会安全控制系统分技术委员会筹建工作；参与地方政府办公信息化建设、自来水和安防监控行业信息化工作等。

【科研平台建设】 与地方政府、企事业单位合作建立7个研发机构，即辽宁省数控控制总线技术工程实验室、中科院沈阳计算技术研究所高档数控国家工程研究中心山东分中心、中科院沈阳计算技术研究所高档数控国家工程研究中心常州分中心、中科院沈阳计算技术研究所宁波技术转移中心、常州数控技术研究所、联合通信实验室（与中国科技大学联合建立）、中认北方实验室；入驻两个创新园区，即中国科学院沈阳科技创新园及中国科学院大连科技创新园。

【科技人才与队伍建设】 截至2008年年底，共有职工350人，其中，企业经营管理人员42人；专业技术人员284人；具有高级职称的专业技术人员69人；博士生6人，硕士生82人；在读博士、硕士研究生200多人；共接收科技人员58人，其中，博士研究生2人，硕士研究生23人，大学本科生33人。

2008年，计算所被批准为国家级博士后科研工作站，为今后从事高档数控、工业控制系统、电力行业技术支撑系统和IP通信技术等业务提供了广阔的人才空间，为相关高校与科研单位提供了良好的交流合作平台。

继续开展中国科学院“东北之春”人才培养计划，举办数控培训班7期，培训学员2000多人，累计培养高级数控人才16730余人次，为解决社会就业，提供高级技术人才提供了有力保障。

与辽宁省工会合作建设辽宁省工会高技能人才培训基地，获得辽宁省配套资金800万元。

（中国科学院沈阳计算技术研究所　宋桃桃）

中国科学院沈阳科学仪器研制中心有限公司

【概述】 中国科学院沈阳科学仪器研制中心有限公司是一家以高真空、超高真空、超洁净真空技术为基础，以研制生产薄膜新材料制备、纳米材料制备、半导体材料制备、真空获得、真空冶金设备以及高档真空部件为主，集研发、生产、销售、服务为一体的现代企业。公司前身是中科院沈阳科学仪器研制中心，为中科院直属事业单位，1958年创建，2001年整体转制为有限责任公司，2004年开始进军半导体装备领域。经过多年的努力，通过开展一系列有显示度的工作，承担各级科技计划项目，公司已逐步发展成为辽沈地区半导体装备骨干企业。

目前，公司以真空应用设备为主导产品，同时开发出激光分子束外延设备、磁控溅射设备、电子束沉积、激光溅射沉积等一大批先进的成膜设备。2008年，公司主导产品的销售收入达到5000万元，占销售总收入的70%左右，被认定为“辽宁省技术创新示范企业”。

公司占地面积7万多平方米，建筑面积3.5万平方米。现有员工322人，具有大学专科以上学历的科技人员共有193人，占员工总数的59.9%，其中研究生29人，本科生99人，专科生65人；具有中级以上的专业技术人员共有111人，占员工总数的34.5%，其中研究员16人；研究开发人员115人，占员工总数的35.7%，其中研究人员78人，技术人员26人，辅助人员11人。

【科研管理与改革】 以管理机制创新为主线，按照战略构想的总体思路，对组织结构、管理体制进行重新设计，形成以组织结构设置和人力资源管理为主要内容的总体改革方案。

一是明确发展新思路。将组织结构调整和人力资源配置与公司的整体战略目标和经济目标结合起来，严格按照规划进行有效配置；贯彻全面预算管理的思想，制定各级负责人在预算范围内的决策权限，明确管理责权，简化和规范审批程序，提高工作效率；通过适度分权落实责任制，使管理层摆脱事务性工作，有足够的精力来谋划长远发展大计；加强人才队伍建设，鼓励员工专精所长，努力营造人尽其才、才尽其用、量才任用、惟才是举的良好环境。

二是调整组织结构。在科研生产组织机构、资源结构方面，为确保科研试制任务的顺利进行，集中力量提高科研试制能力，赢得产品竞争的优势，公司对人员和设备进行重新整合，使布局更为合理，队伍更为精干，力量更为集中，综合研制能力得到明显提高；以完整的市场营销观念来指导科研开发活动，使科研和产品开发实现从技术推动型创新向市场拉动型创新的转变。

三是全面推行岗位管理。在人力资源开发与管理上，积极引入竞争机制和激励机制，实现由粗放型的传统人事劳动管理向精细化的现代人力资源管理的转变。结合实际与发展需求，运用科学手段和方法，对公司现有岗位和需要新增岗位的工作性质、任务、职责、工作关系、工作条件，以及上岗人员的学历、职称、技能、工作经验、工作环境等因素进行系统调查和研究，按照高效精干、因事设岗的原则合理设置岗位，形成类别清晰，利于管理的岗位系列。

四是激活用人机制。推行全员竞聘上岗方案，制定全员岗位竞聘和与之相配套的下岗和离岗学习等一系列工作程序。对专业负责人实行公开选拔制，由专业考评组确认后纳入考评管理体系进行考评，对考评合格者实行任期制聘任，期满对不合格者取消资格；一般岗位的竞聘工作坚持按照事先制定并公布的规则进行。

五是建立全新的薪酬机制。改进现有薪酬管理体系，突出岗位绩效工资的作用，强化业绩取酬和考核评定，将“薪点”和“点值”概念引入到薪酬体系中，岗变薪变，收入能增能减。对中层管理人员和一般员工的考核引入强制排序和末位淘汰制，对考评主体实行多方位、多角度、分层分类考核评价，并与薪酬直接挂钩。

【科研项目与经费】 公司在技术开发上的投入逐年增加，年均增长率达到10%。2008年，科技活动经费达到1400万元，占当年主营业务收入的近20%。2008年，共承担各级科技项目6项，其中国家级1项，省级2项，其他3项。列入国家、省级科技项目投资额800万元，获得国家、省级财政科技资金150万元。

【科研平台建设】 国家真空仪器装置工程技术研究中心于2001年依托沈阳科仪公司组建，是我国真空领域的唯一一家国家级工程技术研究中心；真空技术装备国家工程实验室于2008年5月申请组建，同年9月获得国家发改委批准；辽宁省企业技术中心于2008年9月获准组建。

【科技人才与队伍建设】 2008年，从全国各地高校引进近30名各类专业人才。在积极开展人才引进工作的同时，根据战略规划需求，采取请进来、派出去、定点培养等方式对科技人才进行多渠道、多形式培养。一方面通过邀请国内外专家到公司进行技术讲座和学术交流，选送优秀专业人才到国内外著名培训机构进行专业培训，提高现有科技人才的业务工作能力和技术创新水平；另一方面加大与高校合作力度，选派年轻学员到东北大学、大连理工大学等知名院校学习，培养企业需要的专门人才。

【重点科技项目选介】

1．6英寸等离子体增强化学气相沉积设备

薄膜沉积是芯片制造过程中4种最基本、最重要的工艺之一，化学气相沉积(CVD)技术是薄膜沉积中最常用、最重要的方法,而在各种类型的CVD中，等离子体增强化学气相沉积（PECVD）设备属于目前最为理想的薄膜材料生长设备，占据了大约40%的市场份额。

该项目为引进消化吸收再创新项目。引进美国诺发公司6英寸PECVD设备技术，通过产学研合作，在零部件国产化及自动控制系统软、硬件方面实现了再创新，完成了设备国产化攻关，零部件国产化率高达70%，技术指标达到国际同类产品水平。

2007年6月，完成了第一台样机整机装调，经检测，设备的膜厚均匀性等技术指标完全达到设计标准。2008年，按计划对产品进行了局部改进，完成了整机软、硬件可靠性测试和工艺可靠性测试，使设备实现稳定、可靠运行，达到全部技术指标。目前，已与中国电子科技集团第四十四研究所签订了首台销售合同，并与多家企业在零部件销售方面建立了供销关系。

2．大型平板式太阳能电池镀膜设备

该设备是最为重要的太阳能电池生产设备之一，其技术要求高，研究开发难度大，目前尚未实现国产化，产品全部依赖进口。2008年，公司在积累多年研制太阳能电池设备经验的基础上，启动了生产型大型平板式太阳能电池镀膜设备研制项目。项目完成后，将可以稳定、连续地镀制太阳能光伏电池减反射膜或光电转换膜，可以直接进入太阳能生产线。目前，该项目正在进行工艺测试。

3．IC生产线用干泵及真空阀门项目

在IC生产线中，70%左右的整机设备都需要清洁真空的运行环境，而干泵及真空阀门是创造和维持清洁真空环境的关键子系统。由于技术门槛高，全球90%以上的市场份额被国外大公司所垄断，国内产品在IC生产线应用方面还处于空白。

在该领域公司具有雄厚的技术和人才储备，已申请专利12项（其中授权5项），目前正在积极组织申报国家“极大规模集成电路制造装备及成套工艺”重大专项。该项目产品将填补国内空白，可替代进口，具有广阔的市场前景和重大的社会效益。

（中国科学院沈阳科学仪器研制中心有限公司 孙俏俏）

国家海洋环境监测中心

【概述】 国家海洋环境监测中心（以下简称“监测中心”）成立于1959年4月22日，筹建初期为中国科学院辽宁分院海洋研究所；1965年10月，整体移交给国家海洋局，更名为国家海洋局东北海洋工作站；1979年8月，扩建为国家海洋局海洋环境保护研究所；1990年10月，经国家人事部批准，更名为国家海洋环境监测中心，同时保留国家海洋局海洋环境保护研究所的名称与职能；2007年4月，加挂国家海域使用动态监管中心的牌子。

监测中心拥有海域使用论证资质证书（甲级）、计量认证合格证书、工程勘察证书（甲级）、测绘资质证书（甲级）、建设项目环境影响评价资格证书（乙级）、司法鉴定许可证和国际标准认证证书等证书。固定资产总值1.8亿元，拥有实验室检测及辅助仪器设备、现场监测与测量设备共2300台（套），其中仪器设备总值超过1亿元。实验基础设施已基本达到国际一流水平，有效地提高了监测与检测能力，为海洋环境监测和海域使用动态监视监测业务体系提供了有力的技术支撑和服务。

多年来，监测中心认真地履行国家海洋局赋予的职责，紧密围绕国家海洋管理工作的需要，开展了多方面的科学研究工作，逐渐在海洋环境化学、海洋环境动力、海洋环境生态、海洋环境地质、海洋工程、海域使用技术等学科领域形成了自己的特色，取得了一系列重要的科研成果，为我国海洋环境监测和海域使用动态监管两大业务体系提供了有力的技术支撑，为各级海洋行政主管部门履行政府管理职能作出了积极贡献。

【科研项目与经费】 2008年，承担国家“863”项目8项，国家自然科学基金项目8项，科技部科技基础工作专项1项，“中国近海海洋综合调查与评价专项”（又称“908”专项）24项，海洋公益性行业科研专项4项，国家海洋局青年基金项目17项，参与国家重要专项30余项。共获得支持经费5000多万元。全年横向合同额达3700余万元。

【科研成果与转化】 利用“赤潮卫星遥感业务化监测系统”开展了赤潮卫星遥感和浒苔卫星遥感的监测工作。累计发布赤潮（浒苔）卫星遥感监测通报145期，部分通报被《中国海洋环境质量公报》和《浙江省海洋环境公报》采纳，并在浙江海域得到实际应用。

自行研制的“海洋环境污染要素变化趋势评价方法”和“功能区环境质量评价方法”分别应用于2008年《中国海洋环境质量公报》中的近岸海域贝类体内污染物残留状况趋势评价和海水增养殖区环境状况评价中。

在国内外期刊上共发表学术论文40余篇，编写技术规程、标准若干项。

【科研平台建设】 2008年12月20日，国家海洋局海域管理技术重点实验室正式挂牌成立。实验室设立了4个主要研究方向，分别为海域使用动态监视监测与信息管理技术、海域资源环境评估技术与理论、海洋功能区划与规划、海域管理政策法规。该实验室是国内首个以国家海域管理需求为导向，进行海域管理理论与应用技术研究的重点实验室。它的成立标志着我国海域管理技术研究、应用、交流和人才培养工作有了重要基地，将为我国海域管理工作提供坚实的科学技术支撑，填补了国家海洋局在海域管理研究领域内的空白，对于全面提高海域管理技术能力与水平，有力推动海域管理工作稳步发展具有重大的现实意义。

【科技人才与队伍建设】 监测中心始终坚持用科学人才观指导人才队伍建设，努力营造尊重人才、崇尚科学的氛围，建立有利于优秀人才脱颖而出的机制，人才队伍建设逐步走向良性循环的轨道。2008年，监测中心在编人员276人，其中中国工程院院士1人，正高级人员55人，副高级人员36人，博士生导师5人，硕士生导师14人，已形成一支素质优良、结构合理、整体实力不断增强的海洋环境监测、海域使用动态监视监测专业技术队伍和管理干部队伍。

（国家海洋环境监测中心　王丽丽）

中国气象局沈阳大气环境研究所

【概述】 中国气象局沈阳大气环境研究所成立于1972年，是国家科技部、财政部、中央编制办公室批准成立的社会公益类专业研究机构。其前身是辽宁省气象科学研究所，2002年根据《中国气象局科研机构改革实施方案》(气发〔2001〕25号)重组，成立了沈阳大气环境研究所,并于2004年10月通过科技部验收。重组后的研究所以生态环境气象与大气环境质量为研究方向，围绕学科专业发展方向，设置了5个业务部门：大气环境室、生态环境室、大气成分监测评价室、数值预报室和《气象与环境学报》编辑部。

【科研管理与改革】 根据中国气象局和《辽宁省气象部门事业单位岗位设置管理实施细则》等有关文件精神，结合现有人员的实际情况，按期完成了气象部门事业单位岗位设置管理工作。围绕研究所业务技术体制改革的要求，编制了《中国气象局沈阳大气环境研究所岗位设置实施方案》，明确了各类各级岗位的职责、上岗条件，出台了《事业单位岗位说明书》《中国气象局沈阳大气环境研究所管理人员（职员）和专业技术人员考核办法》等文件并全面组织实施。

【科研项目与经费】 2008年，在研科研项目41项，总经费982.8万元。其中，国家级项目3项，总经费448万元；中国气象局项目8项，总经费98.8万元；辽宁省自然科学基金项目1项，经费6万元；辽宁省气象局项目11项，总经费19万元；中央级公益性科研院所项目5项，总经费150万元；环境安全开放实验室2008年启动项目1项，经费30万元；合作研究项目7项，总经费96万元；横向课题5项，总经费135万元。

【科研重点与计划】 组织编制2009—2011年公益性行业(气象)科研专项规划。该专项规划涉及大气环境质量、生态与农业气象以及数值预报等24项内容。该规划的编制为组织开展气象专业特色领域的关键科技攻关、推进科研成果转化及气象专业的业务发展起到引领和示范作用。

统筹规划科研基础条件建设。围绕研究所的专业特色，从区域乃至全国气象科技资源共享和共建的角度，认真规划科研基础条件建设，充分利用修缮购置专项经费，以气象业务系统的发展统筹协调科研条件建设和大型仪器设备购置。共规划项目6项，包括“城市大气复合型污染监测研究基础条件建设”“东北西部生态脆弱区观测能力建设”“盘锦湿地土壤—植被—大气相互作用观测研究基地建设”“大气环境模拟科研能力建设”“东北粮食生产安全监测预警研究能力建设”“生态与环境监测预警数据支持系统建设”，涉及经费2000余万元。

提出“十一五”工程项目规划。根据研究所的科研业务需求，科学地规划了研究所“十一五”工程项目，包括“干旱加密观测网能力建设”“农业气象预报系统研制”“东北区域中尺度实时资料同化/临近预报数值模式系统建设”“辽西北土地沙化天气成因及治理对策研究”“中尺度数值模式中适应中国的陆面过程研究”“辽宁省干湿沉降监测网及分析实验室建设”“关键大气成分监测评价预警系统研制”“城乡边界层观测网建设与扩散模式研制”等。

【科研成果与转化】 出版专著《东北气候变化与极

端气象事件》；发表论文40余篇，其中作为第一作者发表论文31篇；被SCI/EI收录论文3篇；在核心一级期刊发表14篇，在核心二级期刊发表1篇；发表CSCD论文3篇。

“气候变暖对东北重大气候灾害影响及预测研究”项目已应用于辽宁省的大气成分监测评价业务中，发布了辽宁省的大气成分综合评估报告，酸雨、降尘监测评价报告。

【科研平台建设】 锦州玉米农田生态试验站：围绕玉米干旱问题开展了玉米农田生态碳循环、关键发育期干旱影响、水分胁迫下玉米光合适应、防灾减灾等科学试验，并先后启动了“气候变化对东北地区玉米生产的影响研究”“玉米生长关键期的环境胁迫机制及其对产量的影响评价”等多个项目，获得了一批宝贵的农田试验资料。研究的初步成果已应用到土壤水分监测、干旱影响评估、预报及农业气象情报服务中，增强了农业气象服务的针对性和准确性。2008年，安装了水分控制实验池、农田小气候气象站、大型遮雨棚、农田大型蒸渗仪等实验观测仪器。

盘锦湿地生态站：开展湿地生态气象的长期观测和定期观测。对芦苇和水稻生态系统的不同层次进行了植被—大气相互作用的综合观测；对CO_2和水、热通量、净辐射、土壤温湿度、地下水位等进行自动观测；对物候、光合生理生态特征、叶面积指数、土壤呼吸、土壤机械组成、土壤养分、蒸发散、生物量等进行定期观测；新开展了对NDVI、湿地地下水埋深和芦苇植株茎流的观测。2008年，研究所对盘锦湿地生态站进行了仪器更新换代和附属基础设施维护。标校和更换了涡动相关系统的关键部件LI7500；更换了苇田和水田观测站的太阳能充电控制器和蓄电池，保证了仪器的正常运行；安装了YSI600LS高精度水位仪，进行地下水位和水温测定。开展了辽河三角洲植被生物量对应的土壤本底调查，包括土壤剖面记载、土壤物理性状、土壤化学性质、土壤全N、P、K有机质含量等。

城市大气成分站：组建辽宁中部城市群（沈阳、鞍山、抚顺和本溪）空气质量自动观测系统、能见度自动观测系统、太阳辐射自动观测系统及气溶胶自动观测系统，可对气溶胶（PM_{10}、$PM_{2.5}$、PM_1及黑炭）、能见度，以及SO_2、NO_x、O_3、CO等反应性气体和太阳辐射的实时分布进行自动观测。这些观测数据的采集和积累，将为气候变化及客观评价节能减排的效果提供基础数据，同时可为政府决策提供服务。2008年，研究所投入305万元用于购置各种大气成分观测仪器，包括能见度观测设备、CO自动观测设备、气象自动站、SO_2自动观测仪、NO_x自动观测仪、O_3自动观测仪、动态校准仪器、零气发生器、数据采集处理设备及大气辐射观测系统等。这些仪器应用于沈阳、鞍山、抚顺和本溪4个大气成分观测站上。

【科技人才与队伍建设】 截至2008年年底，研究所共有职工38人，其中研究员5人，副研究员、高级工程师14人，高级专业技术人员占全所职工总数的50%；有博士6人，硕士23人(含在读在职硕士)，约占全所职工总数的76.3%。当年有3名硕士生、2名博士生在所学习。

【重点科技项目选介】

1．生态与农业气象信息平台技术推广

项目类别：科技部农业科技成果转化项目

项目起止时间：2007年1月—2008年12月

该项目完善了数据自动追加及入库的规范化、标准化处理；提供了A文件格式历史气象数据自动转换入库功能；完善了数据访问、常规统计分析、地区树形列表、地图显示分析等控件，增强了系统数据统计、查询、排序及图表输出等功能的灵活性、实用性及可移植性；修改等值线绘制功能，提高了等值线绘制功能的可操作性；完善了气象数据、农业气象数据及再分析数据在GIS平台上的显示及其与生态环境地理信息系统数据的联接；完善了对整个系统的集成、优化，提高系统的集成程度以及系统运行的平稳性，便于推广和移植。

2．东北地区极端降水事件变化特征、成因及影响

项目类别：中国气象局气候变化项目

项目起止时间：2007年1月—2008年5月

该项目利用东北地区93个气象观测站近50年来逐日降水资料的记载，采用诊断分析等方法详细分析了气候变暖背景下东北地区极端降水事件的时空变化特征和规律，探讨了该事件的变化特征、成因及影响，揭示了近50年来该事件的时空演变规律，阐明了该事件变化的大气环流背景，定性论述了该事件对当地生态、环境及农业的可能影响。

3．土壤含水量空间无缝隙监测和预报技术

项目类别：中国气象局新技术推广项目

项目起止时间：2006年6月—2008年5月

此项目由中国气象局沈阳大气环境研究所、辽宁省人工影响天气办公室、中国科学院沈阳应用生态研究所、吉林省气象台、黑龙江省气象科学研究所共同完成。内容包括：①制定野外观测规范，完成野外相关试验，采用小型micro-lysimeter进行试验并利用LI-6400光合作用仪进行野外观测，在不同监测点对逐日土壤水分等进行加密监测；②完善土壤含水量监测预报模型所需参数计算方法，完善农田土壤含水量遥感监测评估技术；③完成东北地区不同农业气候相似区的分区，实现东北地区土壤含水量监测预报模型各个参数的本地化；④进一步优化农田土壤含水量点预报模型，完善基于RS和GIS技术的农田含水量空间无缝隙预报技术；⑤建立基于GIS平台的农田含水量空间无缝隙监测预报系统。

4．东北地区大气中可吸入颗粒物分布及减控对策

项目类别：社会公益研究专项

项目起止时间：2006年1月—2008年12月

该项目基本查清了东北地区可吸入颗粒物的时空分布特征，特别是揭示了沈阳、长春、哈尔滨等城市细颗粒物$PM_{2.5}$和PM_1的浓度分布特征。以沈阳为例，揭示了东北地区城市大气颗粒物数浓度及尺度谱分布特征，并给出数浓度谱分布模式，为研究颗粒物污染的扩散、传输以及完善空气质量预报模式提供了必要的参数。基本探明东北地区可吸入颗粒物重污染成因，其中首次提出冬季均压场控制下区域大雾天气以及春季由蒙古气旋系统影响下的大范围沙尘暴是引发东北地区城市重污染的两大重要天气过程。首次揭示了以沈阳为代表的东北城市大气中$PM_{2.5}$和PM_1中占质量浓度99.8%的化学元素成分组成，并初步揭示其主要来源及影响因素。该项目的研究成果为辽宁省城市空气质量的预测分析以及雾、霾天气的预测预报提供了理论参考，为政府环保管理部门的决策提供了科学依据。

5．基于3S技术的生态与环境灾害监测评估系统

从2008年2月28日开始，研究所利用地面观测资料和卫星遥感资料，共发布《土壤水分监测公报》53期、《农业干旱监测及预报》决策材料26期，并进行了旱情监测预报的动态服务。为提高服务产品的科技含量，利用RS和GIS技术开展精细化的干旱监测预测评价，监测评价单元精细到县（区）级；为提高干旱遥感监测的精度，利用植被冠层分析仪和植被指数照相机开展了与卫星同步的地面观测，建立了基于MODIS数据的作物苗期干旱监测模型，为辽宁省各级地方政府抗旱、减灾、防灾提供了准确详实的依据。

6．我国区域业务数值天气预报模式评估

研究所承担了区域业务数值天气预报模式产品实时传输、检验平台合作开发及典型天气过程的天气学检验等任务。进行了用常规站资料与加密站资料检验模式产品的对比；进行了T639与T213作为背景场与侧边界对模式预报确率影响的比较，得到有意义的结论提供给国家气象中心，为国家级模式改进提供依据；对2008年汛期中尺度模式降水预报分天气系统进行了检验，为模式改进和应用提供依据；对AVN与T213驱动模式的降水预报与主要天气系统预报进行了检验。经过检验，得出天气系统和降水预报准确性、预报偏差的结论。

（中国气象局沈阳大气环境研究所　贾庆宇）

公安部沈阳消防研究所

【概述】 公安部沈阳消防研究所（以下简称“沈消所”）成立于1965年，是专业从事火灾探测报警与联动控制、消防通信指挥、火灾预防与物证鉴定等消防安全技术领域的科研、检测、标准化和工程应

用的社会公益性综合研究机构。

沈消所现有职工204人，其中专业技术人员150人，享受国务院政府津贴8人，享受公安部部级津贴8人，高级职称技术人员34人，中级职称技术人员63人，博士2人，硕士37人。内设7个职能处室和4个研究室，其中4个研究室主要承担电气火灾和静电火灾预防、火灾物证鉴定、消防通信指挥、城市防灾救灾、火灾基础理论、火灾探测报警、消防工程应用、消防科技信息、消防标准化等领域新技术、新动向的研究。

沈消所是国际标准化组织ISO/TC21/SC3国内技术归口单位，是辽宁省公共安全技术防范设施质量检验站、全国消防标准化技术委员会第六分技术委员会、全国消防标准化技术委员会第十四分技术委员会、中国消防协会电气防火专业委员会、中国消防协会消防电子行业分会等机构或组织的挂靠和依托单位。

建所以来，沈消所先后承担了国家“八五”“九五”“十五”攻关项目、“十一五”科技支撑计划项目、“863”项目、“973”项目等数十项国家重点课题及数百项部级科研项目，制定了火灾自动报警系统、城市消防通信指挥系统、城市消防远程监控系统等一系列国家标准和技术规范，并承担了国际标准ISO7240-28《消防联动控制设备》的起草编制工作，获得技术专利20余项，获得国家科技进步奖4项、部级科技进步奖百余项，为规划和引领我国消防电子行业的发展作出了突出的贡献。

【科研计划与项目】 2008年，列入计划的科研和标准项目共66项。其中，国家级科研项目6项，公安部科研项目6项，公安部消防局科研项目12项，公安部科技成果推广项目3项，标准和规范制修订项目33项，中央级公益性科研院所基本科研业务专项6项。

承担了“十一五”科技支撑计划项目“城市火灾防治关键技术研究及应用示范”中课题“建筑火灾探测报警和自动灭火技术的应用研究”，以及课题“火灾原因识别关键技术研究”中的第三专题“建筑典型电气火灾故障分析模式及传播特征的研究”。

【科研成果转化与应用】 开发研制的“第三代消防远程监控系统”已在郑州、大连等地应用。该系统集成视频、语音、数据传输于一体，兼容电话、宽带数据、GPRS、CDMA、无线集群等多种通信方式，实现联网用户的现场图像、语音、数据的同步远程传输，极大提高了消防监控的准确性和系统构建的灵活性；“智能疏散指示系统”已在沈阳、大连等地应用，该系统可根据火灾现场的火势发展状况和蔓延趋势，综合考虑疏散距离、宽度等因素，通过算法，快速生成安全、就近的疏散路线光/声指示，引导火场人员快速地疏散到安全地点，使火灾现场人员疏散更加安全高效、科学合理；“建筑火灾探测报警和自动灭火技术的应用研究”项目中取得的部分成果已开始示范应用；“消防系统优化集成技术”已应用于消防安全评估工作中，为厂房（沈阳机床有限责任公司）、仓库（沈阳佳德物流服务中心）、公共建筑（武汉东方马城国际赛马场）等场所进行了消防安全评估。

【科研平台建设】 火灾现场勘验与物证鉴定公安部重点实验室，是2008年8月经公安部批准正式成立的首批公安部重点实验室。实验室以“科技强警”为发展战略，以火灾基础理论、火灾调查技术、火灾物证鉴定技术为主攻方向，紧密围绕公安机关消防机构火灾调查工作的实际需要，积极探索火灾调查与鉴定的新技术、新方法，着力攻克火灾调查工作中的重大关键技术问题，全力为消防科技和消防部队服务。实验室建筑面积2300平方米，下设管理办公室、现场勘查研究室、理论与信息研究室、痕迹物证物理鉴定研究室、痕迹物证化学鉴定研究室、模拟与仿真研究室、电气防火性能评价研究室等7个部门。实验室拥有金相显微镜、X射线衍射仪、X射线透射仪、红外热像仪、扫描电子显微镜、X射线能谱仪、气质联用仪和实体火灾实验平台等大型、专用设备近30台（套），辅助设备200余台（套），可承担室内外各种场所下电气、遗留火源、易燃液体等多种火源的全尺寸实体火灾模拟实验研究、现场勘验、物证提取及鉴定技术的研究工作。

国家消防工程技术研究中心（沈阳），是国家科技部批准建立的行业先导型技术研究中心和消防工程技术权威机构，是消防通信、火灾探测报警专业高新科技成果工程化研究、开发、转化的基地。在实现消防电子高新技术成果的系统化、工程化、产业化方面发挥了重要作用，解决了国民经济和社会发展中重大、综合、关键的消防工程问题。

国家消防电子产品质量监督检验中心，是1985年6月经原国家标准局批准成立的第一个国家级质检中心，是国家授权的、具有第三方公正地位的消防电子产品质量检测机构。检验中心主要承担消防电子产品的强制性认证检验（3C认证）和型式认可产品发（换）证检验、型式检验、各类监督检验、仲裁检验、委托检验、船用电子产品检验、进出口商品检验和科技成果鉴定检验等业务，同时还承担电子产品电磁兼容和各类低压电器性能检验。近年来，根据公安部的要求，承担了公共场所阻燃制品标识检验和建筑装饰材料见证取样检验，是公安部授权开展阻燃制品标识检验的指定检验机构。

【标准化工作】 沈消所在国际上首次提出了消防联动控制设备的技术要求和试验方法，并被国际ISO组织采纳为国际标准ISO7240-28《Fire detection and alarm systems-Part 28:Fire protection control equipment》（《火灾探测报警系统 第28部分：消防联动控制设备》）。2008年10月23日，国际标准化组织正式发布了该国际标准，这是国际标准化组织首次发布由我国负责起草的消防国际标准。该国际标准的颁布实施，对提高我国的国际标准化地位，增强我国火灾报警产品在国际贸易中的竞争力将发挥重要作用。

2008年1月，沈消所主持制订的国家标准《城市消防远程监控系统技术规范》（GB 50440-2007）正式颁布实施。2008年7月，沈消所主持制定的行业标准《消防控制室通用技术要求》正式颁布实施。这些标准的颁布实施对我国城市消防安全远程监控系统的规范建设和迅速发展提供了科学依据。此外，消防所主持起草的城市消防远程监控系统系列产品技术标准（共6部分）已完成送审稿，内容涵盖了用户信息传输装置、通信服务器、报警受理系统和信息查询系统网络通信协议、系统数据结构等消防远程监控系统的诸多方面。

（公安部沈阳消防研究所　徐放 赵海荣）

建设部沈阳煤气热力研究设计院

【概述】 建设部沈阳煤气热力研究设计院（以下简称“煤气热力研究院”）始建于1963年，是我国最早从事城镇煤气化研究的国家级科研院所。原隶属于建设部，2000年由事业单位改制为科技型企业，隶属于中国房地产开发集团公司。现主要从事以城镇燃气、热力为主的科学研究、工程咨询、工程设计、工程监理、工程总承包等工作，工程项目遍布全国31个省、市、自治区及欧洲、东南亚等地区。

建院初期，以国家科技部下达的“劣质煤制取城市煤气”为主要研究任务，开展城市煤气化研究，建成我国第一座劣质煤加压气化试验研究基地。四十多年来，煤气热力研究院秉承“团结、自强、开拓、拼搏”的企业精神，坚持“以尽善尽美的设计理念，一丝不苟的工作态度，奉献优质产品；以诚信务实的服务宗旨，尽心尽力的工作精神，超越顾客期望”的质量方针，追求“一流技术、一流产品、一流服务，成品合格率100%，每项工程让顾客满意”的质量目标，不断引进国内外新技术，拓展设计服务新渠道，研究范围从煤气化工艺、净化、副产回收到燃气输配和应用，拓展到热力研究新领域，现已发展成为以燃气、热力两个领域为主项的、技术力量雄厚的研究设计院。多年来，煤气热力研究院承担的多项科研项目获得建设部、省、市级科技进步、优秀勘察设计、优秀咨询奖。

煤气热力研究院是沈阳市高新技术企业，是辽宁省城市煤气专业委员会挂靠单位，是国家级刊物《煤气与热力》的主办单位之一。 1999年通过了ISO9001质量管理体系认证。拥有甲级市政公用行业（燃气、热力）工程设计证书；压力管道GA1（1），GA2（2），GB1，GB2，GC1（2），GC2（1）、（4）和压力容器A2级第三类低、中压容器，A3级球形储罐特种设备设计许可证；乙级建筑、石油及化工产品储运和管道输送工程设计证书；甲级工程咨询单位资格证书；甲级工程总承包资格证书；甲级工程监理企业资质证书等多种从业资质证书。

【科研管理与改革】 2008年，针对ISO9000外部质量管理体系审核所存在的问题，加大力度进行整改，实行了内部审核制度。通过两次内部审核，形成评审报告，作出6项评审决定，并将责任落实到具体部门和具体的负责人。

为深入推进科研设计工作的发展，煤气热力研究院在巩固原有的设计市场的同时，继续开辟新的合作领域，加大了与其他单位联合设计、联合投标的力度，具备了LNG液化、储存和气化整套流程的设计能力。

为拓宽经营范围，煤气热力研究院成立了沈阳三全监理公司。该公司现已晋升为甲级资质企业。截至2008年底，三全监理公司注册资金达300万元，监理收入突破500万元。

【科研项目与经费】 “矿井瓦斯气稳定热值供应装置”项目的研究工作已经完成，并进行了整套装置的试验工作，其试验结果满足各方面的工艺要求。“燃气管网实用型风险评估技术的开发”项目，由科技部正式批准立项，获得科研专项经费115万元。

【科研成果】 2008年，煤气热力研究院经济总收入超过2000万元。其承担的“营口市燃气设施改扩建工程可行性研究报告”获辽宁省优秀咨询成果一等奖，“辽源市管道燃气工程可行性研究报告”“中石油天然气管道项目徐州经济开发区、铜山经济开发区天然气利用工程可行性研究报告”获辽宁省优秀咨询成果二等奖，“山西昔阳县瓦斯利用二期工程可行性研究报告”获辽宁省优秀咨询成果三等奖。

【科研平台建设】 2008年5月，成立了煤气热力研究院设计五所，主攻热力工程项目。其中，设计五所承担的“武威市城区热电联产集中供热配套管网工程”项目，合同额达780余万元，创下了研究院单笔合同额的新纪录。

2008年10月，在辽宁省桓仁县雅河乡湾湾川村筹建科研实验基地。基地建设采取政府、煤气热力研究院、村民3方面投资的方式，目前已完成土建和管网方面的建设。

【科技人才与队伍建设】 煤气热力研究院始终高度重视人才队伍建设，形成了一支专业配套齐全、知识结构合理、服务意识强的科研和设计人才队伍。2008年，共引进硕士生4人，应届本科生22人，往届本科生4人；调入本科生3人，工人2人。有3人晋升为教授级高级工程师，1人晋升为高级工程师，12人晋升为工程师，10人晋升为助理工程师。

煤气热力研究院采取内外结合的培训方式，聘请多名专家为全院职工进行相关的知识培训，提高了广大科研设计人员的业务素质和技术水平。2008年，共组织内部职工专业培训15次，外部培训40余人次。

2008年10月，聘请中国工程院李猷嘉院士为特邀院士并设立了院士工作站。

（建设部沈阳煤气热力研究设计院　孙晶）

中国农业科学院果树研究所

【概述】 中国农业科学院果树研究所始建于1958年3月，是我国最早从事果树科学研究与技术研发的国家级科研机构，主要开展苹果、梨、葡萄等北方落叶果树的研究工作，兼顾核果类果树和草莓、树莓等特色果树的研究。以应用基础研究与应用技术研究为主，同时积极面向“三农”、面向市场，开展技术服务、技术培训等工作。

设有果树种质资源与育种、果树栽培与生理、果树病虫害防治、果品贮藏与加工、果品质量安全、果品经济与信息等学科；建有国家果树种质兴城梨、苹果圃，国家苹果育种中心，国家落叶果树脱毒中心，农业部果树种质资源利用重点开放实验室，农业部果品及苗木质量监督检验测试中心，农业部兴城北方落叶果树资源重点野外科学观测试验站，中国农业科学院果树种质资源与育种技术重点开放实验室，中国农业科学院苹果、梨工程技术中心，中国农业科学院兴城农村实用技术培训中心等一批国家与部级研究平台及各类配套齐全的研究分析实验室、温室、网室和试验基地；拥有果树学博士学位授予点和博士后流动站；是中国园艺学会果树专业委员会挂靠单位；编辑出版科技期刊《中国果树》和《果树实用技术与信息》。

建所以来，共承担国家及部省级科研课题400余项，取得科技成果125项。

【科研项目与经费】 2008年，在研项目44项，包括科技部“863”项目、科技支撑项目、科技基础条件平台建设项目、科技基础性工作专项、农业科技成果转化资金项目、农业部“948”项目、跨越计划、保种专项等。获得科研经费826万元。

【科研成果与转化】 2008年，获科技成果奖2项，审定梨新品种1个，获专利1项，发布农业行业标准3项。主持完成的“梨矮化砧木选育及配套栽培技术示范推广”项目获中国农业科学院科技进步一等奖；“苹果新品种选育及无公害生产关键技术研究与推广”项目获辽宁省科技进步三等奖和辽宁省科技成果转化三等奖；梨新品种“华金”通过辽宁省种子管理局组织的专家审定并进行了品种登记；“果蔬气调贮藏试验装置”获实用新型专利；发布农业行业标准《水果中辛硫磷残留量的测定 气相色谱法》、《水果、蔬菜及其制品中单宁含量的测定 分光光度法》和《水果中总膳食纤维的测定 重量法》。

“优质抗逆苹果新品种中试与示范”项目为科技成果转化资金项目。现已建成4个苹果新品种示范基地，加强了“华红”、“华富”和“华金”3个苹果新品种的栽培技术研究和配套，推广高细长纺锤形整形修剪技术以及生草和地面覆草等管理制度，使苹果新技术快速应用到实际生产中。目前，这3个苹果新品种已经在辽宁、河北、新疆、山西以及北京密云、烟台等地区推广，累计推广面积20000余亩；产量15000吨，销售金额达6000万元，扣除成本，果农可获纯利润500万元。其中通过边贸出口200余吨，创汇80余万元。

“优质、专用梨矮化砧新品种中试与示范”项目为科技成果转化资金项目。建立“中矮1号”和“中矮2号”矮化中间砧苗木繁育基地 30 亩，具备年产10万株优良苗木的能力。在辽宁省和北京市建中试基地4个，面积各200亩，进行梨矮化砧栽培中试与示范。建设日光温室、大棚，培养盆栽梨10000盆，建立了完整的矮化梨技术体系，包括露地矮砧栽培技术、设施栽培技术和梨树盆栽技术，并进行大面积推广。培养技术人员200～250名。

2008年9月与廊坊市广阳区林业局签订了“梨新品种引进、筛选及配套技术研究与示范推广”项目合作协议。11月与葫芦岛连山区灵山果业专业合作社签订了合作协议书，与葫芦岛市龙港区北港镇兴农果品产销专业合作社签订了合作协议书，以带动300户农民提高果树科技生产水平，增加产业效益，推动地区性果业发展。

【科技特派行动】 2007年以来，研究所联合绥中县人民政府共同组建了绥中县果树科技特派团，特派团由研究所10名科技人员与地方有关领导和技术人员组成，先后在绥中县李家、西甸子、前所、高岭、明水等地建立示范基地6个，总面积在6000亩左右，技术辐射面积20万亩，为绥中县培训农民技术员60余人，累计培训果农25000人次。同时，特派团还引进果树优良品种11个，建立新品种示范基地1500亩，全面推广新型的果园土壤管理制度、纺锤树形、拉枝技术和病虫害预测及防治技术。

中国农业科学院兴城农村实用技术培训中心作为研究所的挂靠单位，根据《辽宁省农民技术员培养工程实施方案》，共举办两期“辽宁省农民技术员培训班”，邀请授课专家40多人，来自葫芦岛市各乡镇的专业技术人员、工作人员及果树种植大户共113人参加学习。每期培训4个月，采取集中授课与实地实习相结合的方法，为农村培养了一批懂技术、善经营、留得住、用得上的新型农民，使其成为现代农业技术的示范点和传播点。

【科研平台建设】 2008年，农业部果树种质资源利用重点开放实验室获准建立。当年9月，农业部批准依托研究所建设农业部区域性果品及苗木质量安全监督检验中心，项目总预算1336万元。

农业部果品及苗木质量安全监督检验中心于2008年1月通过农业部和中国国家认证可监督管理委员会联合进行的机构认可和计量认证，检测产品增加到88种，检测参数增加到230余种。9月8日，该中心被农业部农产品质量安全中心批准为首批农产品地理标志产品品质鉴定检测机构。

【科技合作与交流】 2008年，研究所先后有5位专家赴国外参观考察。接待泰国、美国、意大利、保加利亚等国外来访的专家学者12人次，加深了对国外果树行业新情况、新动态及前沿技术的了解与掌握，为今后争取国际合作项目奠定了基础。与意大利、德国、保加利亚、阿根廷、加拿大、美国、韩国、俄罗斯等国家的相关科研机构建立了联系，并达成部分科技合作协议。

主办了“全国苹果科研与产业发展学术研讨会”和“第三届全国果树种质资源研究与开发利用学术研讨会”，进一步加强了与省、市果树科研机构的交流与合作。

【科技人才与队伍建设】 研究所加大科技人员培养力度，积极开展学术交流活动，为科技人员创造良好的学习环境，努力培养和造就高层次的农业人才。现有在职职工218人，其中科技人员119人。科技人员中，高级技术专家25人；与博士后合作人员2人，博士生导师2人，硕士生导师11人；在读研究生15人；2008年引进博士生2人、硕士生5人。现已形成了一支以国家、部、院级专家领衔，中青年学术骨干为主体，学科齐全、专业素质较高的科研队伍及研究生队伍。

2008年，研究所博士后工作站与沈阳农业大学土壤与环境学院博士后流动站联合培养博士后研究人员1名，开展苹果精准施肥技术的研究；与沈阳农业大学园艺学院博士后流动站联合培养博士后研究人员2名，开展苹果分子生物学和基因工程技术的研究。

【重点科技项目选介】

1．“多年生和无性繁殖作物种质资源标准化整理、整合及共享试点”项目

该项目为科技部科技基础条件平台建设项目。在对苹果、梨资源进行常规管理与调查的基础上，对国家苹果、梨资源圃进行了繁种更新，新定植苹果10份、梨46份，嫁接繁种40余份；春季引进苹果资源24份、梨资源43份，现保存苹果资源768份、梨资源810份；对苹果、梨资源进行了共性数据整理和特性数据整理，共完成数据1580个。在东北和华北地区收集野生苹果、梨资源20余份；开展了野生苹果、梨资源性状的鉴定评价，筛选优良种质，探讨野生资源利用途径，继续进行抗苹果斑点落叶病与梨黑星病鉴定。完成了梨的主栽品种石细胞含量测定及出汁率、单宁含量、褐化程度等加工适宜性实验，筛选出10个石细胞含量极低且综合性状优良的梨品种；完成梨矮化砧木资源对比试验。按照国家有关规定，实现种质资源的共享，为有关单位提供苹果、梨资源。利用SSR技术构建了780余份苹果、梨资源分子图谱，采用AFLP技术构建了20份梨主栽品种的指纹图谱。

2．“高产优质干鲜果品新品种选育”项目

该项目为国家科技支撑计划项目。进行了苹果红肉基因性状群体调查，利用目前已有的杂交群体金冠×舞美目标性状的分离群体，进行了SSR分析体系的优化和标记筛选。提取各类苹果杂交群体叶片中基因组DNA，纯化后通过调整PCR反应体系建立SSR分析体系，筛选引物，计算多态性百分率以确定合适的引物。目前已筛选出能够进行有效分析的引物2对，探讨了不同的模板浓度、dNTP浓度、Taq酶用量、引物浓度及Mg^{2+}浓度对苹果SSR反应影响。

3．“苹果现代产业技术体系研究与建立”项目

该项目为农业部行业科技计划项目。开展了郁闭苹果园控冠改形技术研究，进一步明确了控冠改形技术对果实品质、营养制造等方面的影响，初步制定了控冠改形技术操作规程，为构建优质、高效的生产体系奠定基础。对苹果新品种“华红”在简化树形、花果管理、土壤管理、病虫害控制等方面开展技术攻关，建立了一套“华红”苹果的现代栽培管理模式。

4．“资源高效利用型设施葡萄安全生产关键技术研究与示范”项目

该项目为科技支撑计划项目。开展葡萄设施栽培技术研究，建立了葡萄设施栽培适用品种的优选评价体系，筛选出葡萄设施栽培适用品种“无核白鸡心”“藤稔”“红旗特早玫瑰”等品种，提出并

创新了葡萄设施栽培高光效树形（单层水平形和单层水平龙干形）和叶幕形（短小直立叶幕、水平叶幕、L形叶幕、V形叶幕和V+1形叶幕），初步确立了葡萄高效破眠剂配方，建立了葡萄设施栽培连年丰产技术体系。初步建立了辽宁产区葡萄优良品种“红地球”“巨峰”等优质、高效安全标准化生产技术规范。在葫芦岛地区建立高产优质葡萄示范基地2个，新技术示范推广面积3000余亩。

5.“绥中优质高效苹果、梨生产技术集成与示范”项目

该项目为辽宁省重大项目。对辽宁省苹果园3种害螨生态系统中的多维生态位进行调查，明确了害螨的种群消长规律，绘制出了果园生态系统和苹果树树体3种害螨种群消长曲线，筛选出8种作用机理不同的杀螨剂。通过对苹果轮纹病调查研究，进一步明确了其发生规律，提出了在6—7月份重点防治、雨后重点防治、8—9月份可以逐步放缓防治的经济、有效的防控措施。研究了轮纹病菌和干腐病菌的DNA提取方法，获得了其DNA多态性和差异条带。

6.“葡萄无病毒优系和抗性砧木及其产业化核心技术引进与推广”项目

该项目为农业部“948”项目。研究建立了ALSV等6种病毒RT-PCR检测方法，并可广泛应用于苹果、梨病毒的检测。调查了苹果资源和梨资源的病毒呈现症状各500余份，采用热处理和茎尖培养技术培育出“华红”“粉红女士”“昂林”等11个苹果品种和“中矮1号”“圆黄”“红香酥”等5个梨品种的无病毒母本树，并对部分品种进行离体保存。设计合成了葡萄病毒兼并引物1组，葡萄病毒引物20组。研究建立了葡萄扇叶病毒、葡萄卷叶病毒3和葡萄卷叶病毒1的RT-PCR检测方法。建立了苹果无病毒苗木快速培育技术体系，在甘肃省建立了苹果无病毒苗木繁育基地。完成了无病毒葡萄优系和无病毒抗根瘤蚜砧木的引进。同时，获得了13种葡萄病毒和1种葡萄原生质体病害的PCR检测引物信息，开展了相关病毒的分子学检测技术试验；获得了10种葡萄病毒的血清学检测试剂，开展了相关葡萄资源的病毒血清学检测；建设了具有国际先进水平的无病毒资源保存网室，以保证无病毒资源的长期安全性。

（中国农业科学院果树研究所　李莹　仇贵生）

中国地质调查局沈阳地质调查中心

【概述】 中国地质调查局沈阳地质调查中心（沈阳地质矿产研究所）成立于1962年，主要职责和任务是：承担国家基础性、公益性地质调查和战略性矿产勘查工作及相关综合研究工作；开展东北地区地质调查研究；承担东北地区公益性地质成果资料信息的接收、保管和服务；承担东北地区科研项目管理和监督工作。沈阳地质调查中心根据不同时期经济社会发展对地质工作的需求、自身业务发展需要和我国东北部地区地理与地质构造特性，积极开展了基础地质、矿床地质、水工环地质调查研究与综合研究工作，逐步形成了具有区域特色的大区地质调查研究机构。

沈阳地质调查中心拥有各种大型检测仪器50余台（套），主要包括X射线衍射仪、X-荧光光谱仪、激光拉曼仪、红外光谱仪、电子探针能谱仪、液相色谱仪、气相色谱仪、气相色谱质谱仪、光栅光谱仪、等离子体质谱仪、全普直读等离子体光谱、原子吸收仪、原子荧光仪、偏反光显微镜、离子色谱仪、元素分析仪、地球物理测试及水文地质探测等仪器设备。同时，拥有海事卫星通讯设备、GPS定位仪、全站仪，等等。

沈阳地质调查中心的图书馆收藏各类地学专业图书、刊物近8万册，积累了有关我国东北地区区域地质和全国贵金属地质调查研究方面的大量资料，并存有1999年以来东北地区国家地质调查成果信息。

沈阳地质矿产研究所主办的地学类科技期刊《地质与资源》为中国科技核心期刊，自1992年创

刊以来，学术质量和编辑质量不断提高，目前已被国内外众多著名检索机构及数据库收录，成为在国内外具有广泛影响的学术刊物。

截至2008年年底，沈阳地质调查中心共有在职职工221人，专业技术人员165人，其中研究员11人，教授级高级工程师42人，具有副高级职称的技术人员24人，博士20人，硕士41人。

【科研成果转化】 完成了“东北地方病严重区供水安全示范工程”2008年的工作任务。在黑龙江省肇州县新福乡、丰乐镇、永乐镇和吉林省乾安县施工的示范井，经过科学设计，精心施工，严格采用优质黏土球分层止水，避免了上层不良水对优良含水层的污染，保证了成井的质量。所有示范井经取样分析测试，水质均满足饮用水标准。该示范工程共施工示范井6眼，完成水文地质钻探1004.34米，总供水量达到每天4057.5立方米，解决了5个村屯约15000人的安全饮用水问题，被当地群众称为“民心工程”“德政工程”，具有显著的社会效益。

【科技合作与交流】 2月18—22日，根据中国地质调查局与俄罗斯联邦矿产资源署地球科学研究所签署的合作备忘录，与俄罗斯联邦赤塔州自然资源局等单位就“在中俄蒙毗邻地区开展地质系列编图研究”等技术问题，共同开展了学术交流与研讨，并就双边地质研究与资源开发等事宜进行了洽谈。沈阳地质调查中心主任马德有和俄罗斯赤塔州自然资源局局长X．C．巴赫拉莫夫就“中俄毗邻地区1：1 000 000比例尺地质系列图件与研究”、筹办“中、俄、蒙毗邻地区第八届地质与成矿对比研讨会”和在俄赤塔州开展矿产资源勘查与开发合作等事宜签署了合作协议。

3月4日，与辽宁工程技术大学在沈阳举行联合共建协议签字仪式。根据协议，双方将在人才培养、地质调查项目、学术交流、资料信息等多个层面开展合作。

【质量管理与监督】 6月22—24日，分别在沈阳市和朝阳市首次接受了质量管理体系认证（QMS）的检查和评定。审核专家组对质量体系覆盖范围内的各部门及辽西区调项目组进行了检查。专家组经检查后评定：沈阳地质调查中心依据国际标准化组织颁布的ISO9001质量管理体系标准要求建立的管理体系适宜，运行有效，其建立的质量方针和质量目标符合地质调查和地质科研工作实际，职责分工明确，分解目标经检查落实到位，质量记录满足相关要求。沈阳地质调查中心获得方圆标志认证ISO9001质量管理体系认证证书和标志的使用权。

【重要科技活动】 3月6—7日，组织召开了“东北地区矿产资源潜力评价典型示范工作研讨会”，以确保矿产资源潜力评价典型示范工作顺利的实施。通过研讨东北黑龙江多宝山地区和辽吉裂谷带的典型示范工作，进一步落实了《东北地区矿产资源潜力评价典型示范工作实施方案》。全国项目组专家、黑龙江省、吉林省和辽宁省地质矿产调查院等项目承担单位的领导和有关负责同志共60余人参加了会议。

3月18—22日，组织召开了“2008年东北地区矿产评价和区域物化探项目设计审查会”。东北地区实施的8个矿产评价项目和4个区域物化探项目参加了审查。中国地质调查局有关领导、评审专家及各项目承担单位相关负责同志约60余人参加了会议。

3月28—30日，东北片区矿产资源潜力评价省级项目“2008年工作方案评审”在沈阳召开。国土资源部地质勘查司、中国地质调查局资源评价部、全国项目办和全国汇总组的领导、专家以及各项目、课题的相关负责同志共60余人参加了会议。

4月22日，举办了以“认识地球、和谐发展”为主题的科普宣传活动。此次活动的开展，使公众充分了解到我国资源与环境的现状，对认识地球、尊重地球、保护地球、善待地球，实现人与自然的和谐发展等方面具有推动作用。同时，在4月22日的《辽宁日报》上开办了“纪念第39个世界地球日、国际地球年”专栏，以“地质与资源、地质与生命、地质与环境、地质与灾害、地质与城市、地质与奥运”为主题，进行专题报道。此外，还制作了专门的网页宣传专栏，通过图文并茂的报道和宣传，向社会公众普及了地学知识。

7月1—2日，由中国地质调查局和中国地质科学院主办、沈阳地质调查中心承办的“东北片区地质科技中长期规划研讨会”在沈阳举行。与会专家就东北地区地质大调查实施以来地质科技工作的开展情况及存在的主要问题、今后地质科技的需求、中长期目标、工作思路、实现途径和条件等内容进行了交流和探讨。

7月28—30日，“东北各省（区）矿产资源潜力评价项目自然重砂编图工作阶段成果检查验收会”在哈尔滨召开。专家组对各省（区）自然重砂编图情况进行了检查和验收。

8月4—5日，“东北各省（区）矿产资源评价成矿地质背景编图培训研讨会”在大连市召开。专家组听取了东北各省（区）成矿地质背景编图工作汇报，进行了工作现状分析点评，指出工作中的成绩与不足。会议还就各省矿产资源评价成矿地质背景编图过程中存在的问题进行了研讨。

12月16日，中央地质勘查基金东北项目监理部在沈阳成立。揭牌仪式上，中央地质勘查基金管理中心与沈阳地质调查中心签署并交换了委托监理合同，并向张允平等10位总监理工程师颁发了聘书。中央地质勘查基金东北项目监理部将按照委托监理合同，对委托监理的基金项目工作进展、施工质量、经费使用和勘查成果实施全程监督管理，对项目实施工程中出现的质量问题和资金使用问题随时予以纠正，确保项目质量和效益。

（中国地质调查局沈阳地质调查中心　张哲）

辽宁省地质矿产研究院

【概述】 辽宁省地质矿产研究院行政上隶属于辽宁省地质矿产勘查局，业务技术工作受国土资源部科技司、中国地质调查局及辽宁省地质勘查局的指导，受国土资源部委托，加挂国土资源部沈阳矿产资源监督检测中心牌子。经过五十多年的发展，研究院已成为一个综合性的实验、科学技术实体。其基本职能是：为国家地质找矿、矿产资源合理开发利用及综合评价、环境监测与监督管理、地球科学研究及其它相关行业提供检验测试方面的服务。承担矿物原材料及其产品的常量、微量、痕量、超痕量成分的检验测试工作；进行金属原材料、化工原材料、建筑材料、环境物质、商品检验、人体组织、土壤及生化样品的检验测试及实验研究工作；开展岩石矿物结构、组分和共生的研究；开展矿床成因研究；开展元素的分布规律赋存状态研究；进行选冶加工试验；承担岩矿鉴定、珠宝玉石鉴定；开展地质勘查找矿、地质灾害评估等。

【科研管理与改革】 2008年，研究院在科技体系建设、人才培养、先进仪器设备引进使用和先进技术消化吸收、地质标样标准研制、农业地质调查测试、难处理矿种选冶、常量与微量无机元素检验检测技术攻关等方面，取得了丰硕成果，在稀有稀土矿石成分分析标准物质研制方面填补了国内空白。

加强组织机构管理，建立有利于技术创新的新机制。研究院采用以事业驱动人，以待遇激励人、以感情吸引人才的方式调动科技人员的积极性；组织构建开放式研发体系，借助外力实施技术创新。在继续加强科技研发自主投入的同时，充分利用国家及省市各项政策，通过与高等院校、科研院所进行产学研技术合作，多渠道引进科研项目；推行用人用工制度改革。在用人方面，实行绩效考核制度，对6个下属技术中心单位的行政一把手进行了公开招聘，一批观念新、能力强的中青年优秀人才走上了领导岗位，优化了干部队伍。在用工方面，实行以需定岗、以岗定员、竞争上岗、优胜劣汰、适岗调整、动态分流。在职工中树立了“就业靠竞争、上岗靠技能”的新型择业观，从而建立了职工能进能出的竞争机制。

【科研项目与成果】 完成科研课题17项，实现年产值2323万元。

地质勘察中心共完成找矿和勘察项目6项，并取得2项探矿权，实现产值1110万元，地质灾害评估产值56万多元。这6个项目分别为：辽宁省沈阳市东陵区祝家铁矿普查、辽宁省凤城市凤凰城北街硫铁矿普查、辽宁省喀左县油页岩普查、辽宁省岫岩县牧牛方解石矿普查、辽宁省本溪市施家方解石矿延续详查、辽宁省岫岩县哈达碑镇玉石村工业联合厂矿山建设地质灾害评估。

测试中心完成了“国土资源部行业标准修订”中的子项目“钽、铋、锆和铍矿石国家标准分析方法”修订工作。共完成测试样品15.4万件，实现年产值1012万多元。

宝玉石检验检测中心共检测鉴定宝玉石及贵金属饰品10万多件，实现产值65万元。

矿产品选冶中心共完成铜、铁、钼、电气石等矿种的10多项选矿试验，全年实现科研产值80万元。其中包括内蒙古阿荣旗太平沟铜钼矿可选性试验、温州青田钼矿尾矿试验研究、中科院物理化学探矿研究所——半干旱草原地景观表生元素机械搬运规律研究、马达加斯加扎卡钒钛磁铁矿试验研究、马达加斯加扎卡锰铁矿可选性试验、山东省烟台市邢象山钼矿选矿工业试验、辽宁省清源县转湘湖铁矿可选性试验、黑龙江省伊春市桦皮沟电气石矿可选性试验、新疆哈密市大有钼矿可选性试验、辽宁省兴城市尚家沟铜钼矿可选性试验等。

【科研平台建设】 研究院以矿产测试为基础，坚持“测试立院、地质强院、矿业富院”的建设思路，努力开展技术创新和人才创新，适时把握地质市场走向，整合研发体系，积极打造与市场相适应的技术创新平台，成立专业地质勘察中心，地质灾害治理中心，地理信息中心，水文环境中心，宝玉石检验检测中心，地质矿产样品、土壤样品和水质（含矿泉水）测试中心及矿产品选冶中心。

【科技人才与队伍建设】 研究院将培训作为一种激励手段，注重对人力资源的综合开发，激发员工的主动性和创造性，为推进创新工作提供了动力。2008年，引进地质、矿业方面的大学生6名；先后两次派出青年技术人员到国家地质实验测试中心、东北大学、吉林大学培训学习；与高等地质院校共同培养的4名技术人员考取了在职研究生；选派5名地质勘察专业青年技术人员到省地质技术学院深造学习。

（辽宁省地质矿产研究院　王渊博）

辽宁省农业机械化研究所

【概述】 辽宁省农业机械化研究所成立于1958年4月，位于沈阳市东陵区东陵路90号，占地面积16621平方米，是专门从事农业机械科学技术研究的省级研究所。主要开展以农、林、牧、副、渔机械化所需的技术、设备、设施为主的综合性农业机械化技术研究，农业机具研究设计，农业机械化标准化技术研究，农业机械试验方法及装备研究，农机化新技术及新成果的示范推广等。编辑出版《农业科技与装备》。

现有在职职工77人，其中研究员5人，高级工程师9人，工程师27人，硕士7人，攻读在职硕士1人，赴美参加“农业机械化节能减排标准及检测技术应用”技术培训1人。

【科研计划与项目】 2008年，研究所科研工作主要围绕保护性耕作机械化技术、玉米丰产高效栽培机械化技术、经济作物生产机械化技术、农业生产节能减排技术和农业机械标准化技术等领域开展。主要科研课题有：国家“十一五”科技支撑项目“垄作区保护性耕作技术研究与示范”和“东北平原南部（辽宁）春玉米丰产高效技术集成研究与示范”，农业部节能减排专项“农业机械化节能减排技术集成研究”，省科技计划项目“玉米收获机械化技术研究与示范”、“大豆丰产高效技术集成研究与示范”和“水稻丰产高效技术集成研究与示范”，国家质监总局质检公益性行业科研专项“保护性耕作机械化技术标准研究”，以及农业行业标准制定项目“节水穴灌播种机质量评价技术规范”等。此外，研究所结合当前农业生产的需要，开展了“大蒜播种机”“花生铺膜播种机”“马铃薯生产机械引进消化吸收”等自选课题及横向联合课题的研究。

【科研成果与转化】 全年共发表论文22篇。“对生玉米排种器及排种方法”和“多功能玉米果穗处理机”两项技术获得发明专利。

出版发行《农业科技与装备》6期，发行6000多册，累计编辑刊登论文260篇。其中，研究型、技术型论文占刊登论文总数的62%，新技术推广型论文占23%，农业工程和农产品加工论文占15%。该杂志作为辽宁省农村经济委员会和研究所的对外服务窗口，在传播农业科技、促进科技成果转化、服务“三农”等方面发挥了积极作用。

为加快科研成果转化速度，研究所积极探索科技产业化发展的新途径，以所试制中心为试点，开发生产出性能好、质量优的多功能系列整地机械，获得多方好评，目前已推广千余台，取得了较好的社会效益和经济效益。该技术已获得实用新型专利。

【科技合作与交流】 研究所积极拓展发展空间，不断加强与国内外同行之间的技术交流与合作。2008年，完成外国专家局引智项目2项；邀请俄罗斯、白俄罗斯等国的专家开展学术交流活动；与中国农业大学、中国农业机械化科学技术研究院、黑龙江省农机鉴定站、河北省农机鉴定站、省农业科学院以及省内部分市农机研究所开展合作，通过资源共享和专业互补，提升了综合研发水平，取得了一系列研究成果。

（辽宁省农业机械化研究所　王丽）

辽宁省能源研究所

【概述】 辽宁省能源研究所始建于1979年，隶属于辽宁省科技厅，2000年整体转制为国有企业，主要从事生物质能利用技术、工业节能技术的研究与产品开发。研究所占地面积10万平方米，建筑面积1万平方米。现有在职职工50人，其中研究员10人，副研究员10人，助理研究员和工程师9人，研究实习员2人。

研究所是中国生物质能技术开发中心理事长单位，是中国蒸汽冷凝水技术研究推广中心、辽宁省生物质能工程技术研究中心和辽宁省生物质能热化学转化技术重点实验室的依托单位，是辽宁省可再生能源学会的挂靠单位。编辑出版中文核心期刊《可再生能源》。

【科研项目】 承担农业部农村能源建设项目1项。“秸秆固化技术示范”项目建成生物质秸秆固化技术示范工程，示范工程根据当地农村地区的可再生能源资源的具体情况，采用简单实用、易于为农民所掌握的技术设备，进行资源的综合利用和技术的有机集成，以解决炊事用能和冬季取暖用能相结合为基本目标，并本着“用能费用为农民所能承受和具有能源、环境双重效益”的原则，形成我省农村可再生能源资源和用能需求的技术合理组合模式。

承担省级科技计划项目3项。“辽宁（本溪）生物医药产业基地生态新村试验示范”项目：采用被动式太阳能建筑的建设方式，以燃用生物质颗粒燃料的炊事、取暖两用炉为居民的供暖方式，住户可以自行调节能源消耗量，以控制室内温度；“内循环流化体生物质气化技术的研究”项目：通过对内循环流化床生物质气化机理、相应气化反应器的运行特性和其应用技术、内循环流化床反应器产出气中焦油的催化裂解和去除技术的研究，探索高效的、环境友好的、以农业废弃物为主要原料的生物质气化技术的新工艺和新方法；“辽宁省科普情况调查分析与对策研究”项目：针对我省的资源状况、可利用率、生物质能利用技术的经济性分析以及未来对生物质能需求的特点，提出我省生物质能发展战略。

【科研成果】 “生物质致密成型技术设备”获得

2008年度辽宁省科技进步二等奖；编写《辽宁省可再生能源科技发展报告》《辽宁省节能减排资源调查及发展对策研究》中的“可再生能源”篇；发表论文20余篇。

【科研平台建设】 辽宁省生物质能热化学转化技术重点实验室于2008年12月25日正式成立，其研究方向涵盖了生物质热化学转化技术的各个重要方面。研究所集中人才、资金、设备等方面的优势力量，组成科技创新团队，进行生物质热化学转化技术的综合实验研究。力争在生物质能利用技术领域获得一批原始创新的研究成果，为大规模利用生物质能奠定扎实的理论基础。

【科技合作与交流】 9月，承办由国家科技部主办的“生物质气化技术及应用国际培训班”，来自9个国家的20名学员接受了培训。

（辽宁省能源研究所　李莹）

辽宁省中医药研究院

【概述】 辽宁省中医药研究院（辽宁中医药大学附属第二医院）创建于1978年，是集中医药科研、医疗、教学于一体的省级科研机构，是国家中医药管理局三级甲等中医院，2005年被国家食品药品监督管理局认定为临床药理基地，2007年被国家中医药管理局确定为全国重点中医院建设单位，2008年获得辽宁省卫生系统“诚信服务杯”标兵单位称号。研究院现有在职职工481人，其中高级专业技术人员67人，具有硕士以上学历者50人。

拥有辽宁省制药工程技术开放实验室、辽宁省新药安全评价技术重点实验室、辽宁省现代中药制剂重点实验室、辽宁省临床验方系统优化重点实验室及中药复方优化重点研究室等5个省级重点实验（研究）室；建有国家中医药管理局中药药理三级实验室、国家中医药管理局中药分析三级实验室、国家中医药管理局中药临床药理三级实验室；拥有SPF级实验动物中心。

先后承担完成了国家科技部“十五”攻关课题、“十一五”科技支撑计划、重大新药创制项目、国家中医药管理局及省、市级课题90余项；通过鉴定的成果30余项；获得省级科技奖励33项；转让新药8项；撰写学术著作30余部；公开发表学术论文400余篇；完成Ⅰ、Ⅱ与Ⅲ期临床研究400余项。

研究院注重国际间的合作与交流，现已与泰国、韩国、日本、俄罗斯、澳大利亚、印度等国的科教单位建立协作关系。

【科研管理与改革】 研究院加强实验室的制度化、规范化和标准化建设，制定并实施了科研工作岗位职责制度、科研管理制度、实验室管理制度、实验仪器的使用及管理制度，完善了实验室仪器设备使用、维修记录规范和标准操作规程，研究原始档案资料设专人专柜管理。这些管理制度、方案、措施的实施提高了医疗和科研人员的业务素质，保证了科研数据的真实性和可靠性。

【科研成果与转化】 获得辽宁省自然科学二等奖2项，三等奖2项。其中，“参龙煎剂对肺纤维化中肺组织MMP-2与TIMP-1表达影响的实验研究”和“银杏内酯B注射液在健康人体的药代动力学”获辽宁省自然科学二等奖，“毛药探针防治青少年近视眼及其后疗法的初探”和“清脑栓救治中风昏迷机理的实验研究”获辽宁省自然科学三等奖。全年申报专利6项。

“固本喘嗽颗粒的研制”“实验动物模型数据库的建立”“射干中ISOFX类成分抗病毒新药开发研究”“冠脉康肠溶膜普通制剂及结肠脉冲(缓)控释制剂开发研究”等4个项目通过省科技厅成果鉴定。

承担的国家科技部“十一五”农村适宜技术推广项目“伏久贴敷疗法防治支气管哮喘”“外敷穴位药物治疗风湿性关节炎”“针刺肩痛穴治疗肩周炎”“小

儿肺炎中医规范化诊疗方案的推广应用”已成功推广到本溪、庄河、西丰、建平、大洼、阜蒙等地。

【科研平台建设】 创建国家中药管理局临床药理三级实验室。该实验室主要从事药代动力学、生物利用度和生物等效性的研究，同时对临床应用药物的体内变化过程进行监测。在此基础上，搭建集临床研究、药学研究、基础研究等为一体的多学科研究平台，开展新项目和新方法的研究。实验室配备了三重四级杆串联质谱仪、高效液相色谱仪、气相色谱仪、紫外—可见分光光度仪等先进仪器，能够满足各种生物样品的检测需要。

国家中药管理局中药分析二级实验室升级为三级实验室。该实验室遵循“创新、跨越、持续发展”的理念，主要从事中药创新体系的研究。建立了具有中医药特色的中药新药药代动力学、中药材及其制剂指纹图谱实验研究、中药有效部分筛选实验研究、中药化学成分相对含量测定实验研究等技术平台，现已在药品制剂、质量控制研究方面建立了一系列相关的技术规范与实验方法。

组建辽宁省中医临床验方重点实验室。该重点实验室人员结构合理，技术力量雄厚，仪器设备先进，具有承担国家级重大科研项目的能力和经验。围绕重点实验室研究方向，成立了“临床验方系统评价研究室”、“临床验方优化实验室”和“临床验方药代评价室”3个创新团队。

成立辽宁省中药新药研究开发中心。该中心建立在本溪生物医药产业基地，实验室面积为1000平方米。该中心的成立可以提升研究院新药候选药物的研究能力及临床前新药的研发能力。

加强国家食品药品监督管理局药物临床试验机构（GCP）建设。进行Ⅰ期病房的适当改造，将原来22张床位扩大到50张；进行Ⅰ期临床试验100余项，Ⅱ、Ⅲ期73项。Ⅰ、Ⅱ、Ⅲ期临床研究已经创造经济效益近千万元。该机构的研究能力、研究水平和研究品种数量均达到国内先进水平。

加强药品非临床研究质量管理规范（GLP）建设。在完成SPF级动物室和功能实验室的硬件建设的基础上，加强软件建设，完成1000余项SOP撰写。

【重点科技项目选介】

1. 中医治疗常见病研究——支气管哮喘（发作期）中医临床治疗方法研究

该项目为科技部“十一五”国家科技支撑计划项目，采用临床疗效较好的“内外同治疗法”，针对支气管哮喘发作期开展临床研究，并与西药组对照，客观规范地评价其疗效和优势。在此基础上，归纳、整合、优化治疗方案，形成具推广性的哮喘发作期中医临床诊疗方法。目标是通过多中心随机对照临床研究，制定哮喘急性发作期中医综合诊疗方案；开展诊疗方案的基层验证推广工作，建立适合基层医生的哮喘发作期诊疗方案；进行评价中医药诊疗哮喘急性发作期疗效的方法学研究。

2. 金龙定喘治疗哮喘方、证、效评价方案研究

该项目为国家中药管理局中医药行业科研专项项目，是基于支气管哮喘缓解期部分患者症状表现不典型，难以建立辨证诊断的现状，采用流行病学调查方法建立支气管哮喘缓解期中医辨证规范；以临床疗效确切的金龙固本系列制剂随证加味实施干预，多中心验证其疗效，优化制定出疗效确切、可操作性和可推广性强的支气管哮喘缓解期中医诊疗方案；建立以终点结局指标评价支气管哮喘缓解期中医药干预疗效的评价方法。

（辽宁省中医药研究院　张艳玲）

辽宁省药物研究院

【概述】 辽宁省药物研究院始建于1958年，隶属于辽宁省食品药品监督管理局，是我省省属从事药物研究、开发的专业科研机构。研究院注册资产1600万元，占地面积14000平方米，科研及附属实验场地7000平方米。现有编制人员70人，其中专业技术人员62人，包括中级以上专业技术人员58人；教授级高级工程师14人；高级工程师27人。

研究院设有天然药物、药物合成、生化药物、药物剂型、药物基础、药理毒理、新产品开发等7个研究室。其中，天然药物研究室、药物合成研究室为省重点研究室。2001年，经省科技厅、省财政厅批准，组建辽宁省制药工程技术开放实验室。

多年来，研究院以创新药物、膜载体药物、现代中药等具有自主知识产权的药物以及现代制药工程技术研发为主体，坚持对引进技术进行消化吸收再创新，应用高新技术改造传统药物工艺和剂型，重点研究现代中药制剂技术、天然药物提取物技术、脂质体纳米粒技术等新技术、新工艺、新剂型。

【科研管理与改革】 2008年，研究院抓住国家大力发展医药科技及产业的大好时机，明确科研方向，加大改革力度，精简管理机构，精干科研队伍，进一步扩大科研开发的领域，进一步提升自主创新能力和可持续发展能力，完善了新药自主创新体系的建设和中期发展规划。

在科研管理上，按照“十一五”国家科技攻关重点项目及我省科技计划项目范围要求，结合学科和产业的发展需求，制订了研究院科研计划；在设备管理上，实施开放式的管理制度，所有实验设施均面向省内外高等院校、科研院所、企事业单位开放；在财务管理上，实行独立核算财务制度，实验室在研课题、国家、省、部委的科技项目、国内外专家引进项目、博士启动资金项目等各种合作研究开发项目的经费专款专用；在人事管理上，实行岗位聘任制，特殊专业人才不受体制限制，可直接从国内外选聘进入专业岗位。同时对中青年科研骨干在综合素质、学历水平、业务能力等方面进行培养；在学科建设上，结合学科的分布特点，选择符合国际药学主流发展方向的学科，进行重点建设。

【科研成果与转化】 多年来，研究院共获得国家、省、部、局级发明奖、科技进步奖50余项，国家SFDA新药证书60个，在国内外学术刊物发表学术论文300余篇。

2008年，在研新药品种20余种，“胶原酶系列生化制剂”获得生产批件；Ⅰ类中药新药“人工熊胆”与丹东药业集团进行Ⅲ期临床总结，待批产；Ⅵ类中药新药“双参苓颗粒”已与企业联合进行Ⅲ期临床试验。

【科研平台建设】 组建辽宁药物研究院本溪分院。响应省政府关于加大力度建设本溪生物医药产业基地的号召，研究院组织相关学科专业技术人员及科研项目进驻基地，以资金投入和技术投入相结合的方式，将现有的实验设施和技术力量向基地转移，并将相对成熟的技术成果移入基地进行孵化，以实现科技成果的产业化。

此外，研究院还更新了科研设备。CO_2超临界设备、超声提取设备、冷冻干燥装置、HA121-50-05型超临界流体萃取装置、岛津2010A高效液相色谱仪（配备蒸发光散射检测器）、岛津UV-2550紫外分光光度计、FTIR-650型傅里叶变换红外光谱仪等一系列专业设备已投入使用。

【重点科技项目选介】

1．普卢利沙星原料及片剂和胶囊剂：化药3.1类，为奎诺酮类抗菌素，获得临床批件。

2．促伤口愈合鹿茸多肽凝胶：生物药，为生物多肽制剂。

3．白藜芦醇合成工艺的研究：目前正在进行临床前的研究工作。

（辽宁省药物研究院　高筆　何芳芳）

辽宁省环境科学研究院

【概述】 辽宁省环境科学研究院成立于1975年，是辽宁省环境保护局直属的公益性事业单位，是辽宁省唯一的省级技术密集型环保科研机构。主要职能和工作任务是针对辽宁省区域环境和环境管理问题，为政府决策提供环境科学依据；为政府实施有效的环境监督和遏制环境污染与生态破坏提供政策、法规、标准、控制目标、控制措施和技术等方面的支持；为防止和解决新的环境问题进行科学研究；向政府和社会提供环保科技服务，满足政府和社会对环境科技的需求。

研究院秉承“务实、奋进、创新、和谐”的理念，在环境科研、环境工程、环境咨询3个业务方向上形成了以污染防治技术研究与开发中心、区域生态与环境规划研究中心、环境遥感研究中心、环境影响评价中心、战略与规划环境影响评价研究中心等5个研究中心和1个博士后工作站为主体，博士后和博士为骨干的梯次科研团队，在技术研究、法规制定、污染控制工程设计、生态工程建设、环境影响评价、区域规划、产品开发等方面取得了丰硕成果，形成了环境规划、生态环境、环境卫星遥感、分析测试、污染防治、环境影响评价、清洁生产审计等多学科、多领域竞相快速良性发展的局面。

截至2008年年底，研究院共完成国家、省、市科研任务280多项，获得各级科技奖励100余项，发表学术论文1100多篇，取得专利11项，完成建设项目环境影响评价、ISO14000认证咨询、清洁生产审计等技术咨询项目900多项。

研究院现有员工138人，其中专业技术人员102人；教授级高级工程师15人，高级工程师32人，工程师48人；博士后5人，博士11人，硕士49人；各类注册执业资格人员69人。全院在岗职工80%具有大学以上学历，其中博士占6%，硕士占26%。

【科研项目与经费】 承担国家“十一五”重大水专项课题3项，其中子课题10余项，获得支持经费1000多万元。根据辽河流域的自然条件、社会经济状况及水生态特征，构建了辽河流域水生态功能分区指标体系框架；结合水生态功能分区技术研究成果，制定了辽河流域水生态功能三级区划方案。

参与辽河治理工程。按照省政府要求，完成多个污水处理厂建设工程可行性研究报告和环境影响评价，部分示范工程已完成施工设计。计划到2009年底，建成99座污水处理厂。

围绕辽宁省重大环境问题开展科研课题33项。

【科研成果】 获得国家、省级科学技术奖励6项，其中“北方地区人工湿地污水处理系统与示范工程研究”获国家环境保护科学技术三等奖，“辽宁省数字环境集成系统研究”和“辽宁省中部城市群大气污染物总量控制技术示范研究”获辽宁省科技进步二等奖，“辽东湾海域环境容量测算及总量控制技术示范研究”、“辽宁省沿海经济带建设与城乡区域经济环境协调发展战略研究”和“辽宁省资源经济环境承载力研究”获辽宁省科技进步三等奖。

完成“北方地区畜禽粪便资源化技术研究与工程示范”“辽河多环芳烃空间分布特征与风险评价”“辽河水环境质量调查与生物评价研究”“沈大高速公路交通运输污染状况与防治对策研究”“辽宁省饮用水水源地环境安全评估与管理体系研究”“环保装备的系统集成优化方法与应用研究”等课题20项。发表论文70多篇；鉴定和验收课题12项；“一种回转盘式膜生物反应器”获得国家专利授权。

【科研平台建设】 2008年，辽宁省环境遥感技术应用重点实验室成立。实验室总面积1500平方米，固定资产总值800万元。现有固定人员8人，其中博士后1人，教授1人，高级工程师2人。实验室围绕环境遥感信息应用技术、环境污染模型及风险场模拟技术、环境3S一体化系统集成与应用技术、辽宁省数字环境技术体系建设等4个研究方向，形成了生态环境调查、规划与管理，流域污染控制，水和大气污染监测，突发环境事件预警等方面独特的技术优势，并通过对环境遥感技术的不断创新与集成，在环境保护方面突破了卫星遥感与其他陆地监控技术相结合的技术难题，构建了我省全方位、立体化的环境监测体系及环境信息系统平台。

辽宁省卫星遥感对地观测信息平台建设进展顺利。“辽宁省数字环境基础系统研究”在VB开发环境下，结合ESRI公司MO、AO以及SuperMap公司开发的综合信息系统，通过系统中各个子系统，实现辽宁省资源和环境数据的互相查询及分析评价，为我省资源开发和环境保护提供决策依据。

【科技合作与交流】 组织科技人员赴日本、美国等国进行城市工业环境治理、水及废水资源化综合管理、空气污染治理、废水处理及再利用、清洁发展机制等领域的环保业务培训。与日本国立研究所、韩国环境技术交流中心、澳大利亚墨尔本大学、斯洛文尼亚布尔雅那大学等开展学术交流和项目合作。

【重点科技项目选介】 北方地区典型支流水体生态修复技术项目：该项目采用净化湖和新型人工强化生态滤床技术，将人工强化曝气和植物自然富氧有机结合，利用自主研发的新型生物滤料和节能曝气技术，确定生态滤床冬季运行指标、强化供养、植物富氧耦合和处理效率，建立适用于农村典型支流的污染底泥修复技术，实现河道内源污染有效控制。目前，其科研成果“一种人工强化滤床污水处理系统”已成功申请发明专利；$6m^3/h$的人工强化滤床中试基地已建成并运行；昌图县条子河生态修复工程已采用该技术，日净化河水$15\times10^4m^3/d$，出水达到《地表水环境质量标准》V类水标准，实现了污水的生态处理和景观效益的有机结合。

（辽宁省环境科学研究院　张昕）

辽宁省体育科学研究所

【概述】 辽宁省体育科学研究所始建于1979年，是一所综合性的体育专业研究机构。其主要研究方向是国民体质监测、运动训练监控和运动员伤病预防、恢复与治疗。研究所长期为辽宁省运动队提供科研保障，通过对运动员运动训练的生理特点、适应规律、运动性疲劳消除、营养膳食、运动训练的强度等方面的监控，掌握各运动项目训练的方法、手段、医疗监护、心理调控及人体生理的变化规律。

研究所现有职工65人，其中专业技术人员45人，包括具有正高级职称的2人，副高级职称的10人，中级职称的15人，初级职称的18人，形成了一个由运动生理、运动生化、运动心理、运动人体科学、药剂学、生物制药、药物分析、医学、临床康复、运动训练等多学科专业人才组成的阶梯型团队。

【科研管理与改革】 研究所参照GLP质量管理规范，制定了一系列实验室内部管理规章制度，包括《辽宁省体育科学研究所实验室工作规程》《辽宁省体育科学研究所实验室安全管理条例》《辽宁省体育科学研究所实验室仪器使用及试剂、实验材料管理办法》等，形成了一套较为完备的内部规章制度体系，保证了重点实验室的科学、高效运行。

研究所十分重视业务学习，重视建立健全内部培养机制，形成了互相交流、共同提高的良好氛围。鼓励科研人员积极参加全国体育学术会议、申报各级课题和发表论文，尽量为科研人员提高专业知识水平和业务能力创造有利条件。此外，研究所还加大了科研设施的投入，购置了各种先进的科研仪器和分析软件，保障了各项相关科研工作的顺利开展。

【奥运期间的科研攻关与服务】 北京奥运期间，研究所为辽宁省参加奥运会的体育健儿提供了有力的科研保障，承担了奥运会女子柔道、女子摔跤、马拉松、铅球、举重、竞走等项目运动员的科研攻关与服务工作。采用派科研人员常驻北京和中短期跟队相结合的方法，制订了有针对性的科研攻关计划，根据训练强度的不同随时进行技能测试和评定，为教练员提供可靠的训练依据，确保了参赛运动员良好的竞技状态和训练质量。

【备战全运会的科研攻关与服务】 研究所科研人员为全运会运动员提供了生理生化监控、降控体重、疾病防治、心理调节、疲劳恢复、营养补给、反兴奋剂等各方面的优质服务。在现有的乒乓球、羽毛球、柔道、摔跤、举重、田径等重点项目基础上，勇于尝试服务其他新项目，寻找新的金牌增长点。

先后为辽宁省体育运动训练中心自行车队、辽宁省运动技术学院女子柔道队、女子摔跤队、女子羽毛球队和沈阳体育学院田径队、速滑队等运动队进行了血常规、尿常规、体成分、血睾酮、皮质醇、肌酸激酶、血红蛋白、尿素氮、血乳酸、脉搏、血压、肺活量、心率、最大摄氧量等生理生化指标的全方位监测。其中监测辽宁省运动技术学院田径队16人次，指标64个；八一速滑队67人次，指标1273个；省自行车队19人次，指标76个；女子举重队和男子举重队9人次，指标36个；游泳队63人次，指标1134个；女子柔道队47人次，指标118个；赛艇队11人次，指标44个；羽毛球队251人次，指标1004个；男子足球队25人次，指标475个；男子摔跤队21人次，指标504个。总计监测529人次，指标5000多个。

为省运动技术学院及沈阳体育学院部分项目的运动员进行比赛状态和流畅因素的心理学指标测试分析，其中在比赛状态方面共调查314人，流畅因素方面共调查467人。这些科学指标在很大程度上帮助了教练员和运动员深入地了解自身的生理和心理状态、技术特点和优势劣势，从而更加有效地为训练提供科学依据。

【科研项目与成果】 2008年，参与各级课题5项。包括科技部课题“中长跑项目科学训练方法研究”，国家体育总局课题“2008奥运女子摔跤辽宁运动员赛前科技攻关和科技服务”，国家体育总局应用基础研究项目“比赛竞技心理预警系统”；省级课题“运动性疲劳的研究”和“辽宁省部分优秀运动员心理特征研究”。全年发表学术论文11篇。

【科技合作与交流】 与沈阳市抗衰老协会协作完成了马来西亚植物药物在运动员中应用的7周药物试验。开展了实验设计、实验对象组织、标记分发药物等工作，进行了4次体成分、台阶试验、握力、纵跳、反应时、血常规、尿素氮、肌酸激酶、皮质醇、血睾酮的测试，检验了药物疗效，合理地利用了研究所仪器资源，扩大了研究所的知名度。

举办了“辽宁省首届运动伤害防护师培训班”。邀请美国和我国台湾省的专家就运动损伤评估、运动伤害防护及各关节贴布包扎术等实用课程进行培训。全省体育系统的队医、教练、科研人员等约150人参加了培训。

（辽宁省体育科学研究所　徐莉舒）

辽宁省计量科学研究院

【概述】 辽宁省计量科学研究院于2000年7月正式组建，前身为辽宁省质量计量检测研究院，隶属于辽宁省质量技术监督局，是集计量检定、校准、检验、科研等于一体的社会公益性科学研究技术机构，是东北国家计量测试中心的技术依托单位。

经国家质量技术监督检验检疫总局和辽宁省质量技术监督局批准，依托研究院建立了国家燃气表质量监督检验中心、辽宁省计量器具产品质量监督检验站、辽宁省眼镜质量监督检验站等检验机构。

研究院现有的社会公用计量标准覆盖了长度、

温度、力学、电学、无线电、光学、理化、声学、时间频率、电离辐射等10大计量专业。主要负责东北大区以及辽宁省的量值传递工作，辽宁省计量器具的型式评价，辽宁省计量器具、眼镜的产品质量检验，并开展计量器具的校准、检验、检测、测试、修理、培训等服务。

全院占地面积34000平方米，建筑面积21000平方米，拥有综合实验楼、精密恒温楼、热工楼、电离辐射楼、仪器收发大厅、学术交流厅等办公大楼。实验场地面积12200平方米，其中恒温室面积4390平方米。

【科研成果】“计量标准设备管理系统”获得辽宁省质量技术监督科技进步奖一等奖，“高阻箱智能检测系统”获得辽宁省质量技术监督科技进步奖二等奖，“成品油计量监督检验车”及“公路管理速度检测系统”获得辽宁省质量技术监督科技进步奖三等奖。

在《计量学报》《中国计量》等刊物上发表了《抑制电磁干扰的电源滤波原理和应用分析》《The Research of the Auto-test System of Liquid-in-Glass Thermometer Based on Image Recognition》《基于LabView8.0的铜电阻温度系统的测量方法研究》等多篇高水平学术论文，参与编写专著《速度式流量计》，起草或参与起草了《校表仪检定规程》《临界流文丘里喷嘴法气体流量标准装置国家计量校准规范》等国家检定规程、校准规范及多部地方检定规程。

【科技人才与队伍建设】 研究院始终坚持“科技兴检，人才强检”战略，以科研项目为龙头，切实加强科技人才队伍建设，不断完善人才引进、培养、使用、激励等各项管理机制，形成具有一批学科带头人与科研技术骨干的科研队伍。

在人才培养方面，有针对性地采取聘请专家讲课、集中观看影视资料、主题演讲、专题讨论、质量管理体系培训等多种形式开展全员培训工作。全年人均参加院外组织的各种技术交流和培训3.5次。此外，研究院还与国内其他先进的省级技术机构保持经常性的交流与合作，选派科研骨干到中国计量科学研究院进修学习，并支持技术骨干参加国际学术会议。

（辽宁省计量科学研究院　王凤伟）

辽宁省科学技术情报研究所

【概述】 辽宁省科学技术情报研究所始建于1959年，是辽宁省科技厅下设的社会公益性科技情报信息研究开发与咨询服务机构。经过49年的建设与发展，已经构建形成了以文献资源为基础，以软科学研究为龙头，以计算机网络为主要载体，集查新检索、科技统计、科技评估、科技宣传、企业信息咨询、科技期刊编辑出版、科技翻译、科技信息资源共享平台建设于一体的科技情报业务体系。

全所现有职工146人，80%以上为各专业门类科技人员，其中具有中级以上技术职称者占科技人员总数的80%以上。

研究所现为中国科技情报学会常务理事单位，曾于2002年被国家人事部、科技部联合授予“全国科技(管理)系统先进集体”荣誉称号。

截至2008年年底，先后承担完成科技部、财政部和省科技厅等各级政府管理部门下达的220余项重大软科学研究项目，参与了辽宁省“八五”“九五”“十五”“十一五”以及中长期科技发展规划的研究与制定工作，其中40多项软科学研究成果获得省部级以上科技奖励。编辑印发138种科技期刊资料，完成查新检索课题30000余项，评估科技项目及成果10000余项，为全省科技进步与经济社会发展作出了重要贡献。

【科技情报研究】 2008年，完成“辽宁省政府科技投入绩效评价实证研究”“辽宁省科技公共服务平台建设规划研究与制定”等10项软科学研究课题；完成《关于我省企业创新政策贯彻落实情况调研报告》等7篇具有较高水平的调研报告，其中《建设辽宁省装备制造工业技术研究院调研报告》获得辽宁省优秀调研报告一等奖；为科技部提供有关辽宁省科技基础条件平台建设等方面的汇报材料5份；承担并完成省委、省政府、省政协、省科技厅委托的调研报告及相关材料12份；配合东北地区风险投资峰会等大型科技会议编辑汇编材料10册，约170余万字。

【科技计划项目网上申报与评审】 根据省科技厅要求，多次调试、修改网上科技计划项目申报程序，对申报单位的相关人员进行培训并提供咨询服务，同时进一步完善专家数据库，使其能够及时优化，选取评审专家。全年共完成10类1945个科技计划项目的申报受理和网上专家评审工作；受理成果登记539项，并将有关数据报送科技部成果数据库。

【科技文献共享服务平台建设】 与全省14个市的科技情报（信息）机构联合建设面向全省的科技文献共享服务平台。该平台收录了维普中文期刊全文数据库、万方商务信息数据库、学位论文数据库、全国学术会议论文数据库等数据库的11类文献信息总计4382万条，是目前省内科技信息量最大的公共信息服务平台，平台入网单位累计达220家。

【查新检索与咨询】 完成检索课题1386个、查新3025项，为各类科技创新主体进行项目立项、成果报奖、引文查证等提供了可靠依据。在为会员单位提供热情周到服务的基础上，深入调查了解用户信息需求，针对不同用户提供个性化的信息咨询服务，同时通过举办信息资源检索与利用培训班，帮助广大用户掌握信息检索的基本知识与方法，产生了良好的社会影响和效益。

【科技统计】 采用现代统计科学手段和数理统计方法，通过对SPSS等统计分析软件的使用，有效地提高了统计分析工作的效率和水平；在继续做好《科技统计年报》工作的基础上，还进行了政府部门属独立研发机构科技信用数据的采集工作，编辑出版了《辽宁省高新技术产业数据》等4份科技统计信息期刊，完成了科技部地方主要科技指标的数据更新工作。

【科技宣传】 紧密跟踪、围绕全省各项重大科技活动和省科技厅的重点科技工作，拍摄留存了重要科技会议及活动视频资料1000多分钟、图片3500余幅，其中大量的声像资料和图片被辽宁电视台和《科技日报》《中国高新技术产业导报》《辽宁日报》《辽宁工作》等多家新闻媒体调取使用，有效地宣传了全省的科技工作；开展全省各项科技会议及活动的宣传工作，独立或参与撰写多篇领导讲话文稿、会议纪要、宣传方案等各类文字材料，总计8万余字，其中策划并撰写了2个整版的报导文章，发表在《科技日报》和《中国高新技术产业导报》上；编辑出版发行了12期《辽宁科技参考》。

【科技期刊编辑出版】 编辑出版《节能》杂志12期，《现代生活用品》杂志12期。

（辽宁省科学技术情报研究所　李大鹏）

辽宁省分析科学研究院

【概述】 辽宁省分析科学研究院是辽宁省科学技术厅直属的公益型科研事业单位，始建于1978年，前身是辽宁省分析测试研究中心， 2005年2月25日经辽宁省机构编制委员会批准正式更名建立，主要从事分析科学研究、分析测试咨询、科技公益服务及人才培养。经过30余年的不断发展，研究院已成为包括化工产品、金属材料、食品、药品、安全卫生、农产品、建筑装饰材料、肥料、油料、生物、环保、文具、化妆品、保健品、纺织品、航空物流等多领域、多学科的综合性分析测试及方法研究的科研机构，出具的国家认可实验室的检测报告在世界上140多个国家和地区相互认可。

研究院拥有博士、硕士及高、中级专业技术人员50余人，学科结构主要集中在化学、物理学、药学、农学、生物学、材料学、计算机学等方面，主要研究方向是分析科学、测试方法及标准研究，其技术特点和优势集中体现在化学危害分析与处理技术的检测方法、标准的研究方面。

研究院下设分析检测部门，化学危害分析与处理技术省级重点实验室（包括化学危害应急技术中心、化学危害应急快速检测研究室、环境与生态化学危害研究室、食品安全检测研究室、社会公共安全研究室），标准化体系建设省级工程技术研究中心，省科学仪器设备协作共用网管理办公室；拥有沈阳高新区检测分析服务平台（在建），辽宁省测试技术研究中心（在建），辽宁大学硕士研究生工作站。

几年来，研究院累计投入700余万元用于购置仪器设备，拥有包括从美国、日本等国家引进的气/质联用仪、液/质联用仪、等离子体发射光谱仪等在内的各种大中型仪器设备300余台（套）。

【科研成果】 2008年9月22日，研究院主持的“浑河水系挥发酚快速全分析方法研究”“沈阳市食品安全快速检测技术及食品化学危害动态规律的研究”“室内及车内空气中总挥发性有机化合物（TVOC）测定方法研究”“液相微萃取前处理技术的研究”等4项课题通过了验收。专家组一致认为，这4项课题的研究成果均具有较好的推广前景，能带来较大的社会效益和经济效益。

【科研平台建设】 筹建辽宁省测试技术研究中心。该中心于2008年9月成立，是研究院的二级分院。选址于辽宁（本溪）生物医药产业基地，为入驻企业和研发机构提供测试服务并培养医药分析测试人才。中心由CRO、CSL、生化与食品检测4个实验室组成，人员结构以药物分析、质量控制、食品安全专业人员为主，仪器分析和常规分析专业人员为辅。目前，中心基础设施正在建设中。

筹建沈阳高新区检测分析服务平台。该平台经国家火炬计划批建，由研究院与沈阳浑南高新区管委会在沈阳浑南高新技术开发区共同组建，旨在将分析检测服务扩展延伸到沈阳高新技术产业区，建立面向我省“五点一线”、服务沈阳高新技术产业带、辐射东北区域的公共检测服务平台。目前，研究院已与国内多家分析仪器厂商达成协议，免费提供仪器的使用权。

【重要科技活动】 4月16—18日，举办“第三届中国（东北）国际分析科学学术报告会暨2008中国（东北）国际分析检测仪器、教学仪器及实验室装备展览会”，来自东北三省相关领域的专家、领导和技术人员上千人参加了会议。会议期间，研究院聘请中国科学院、第三世界科学院汪尔康院士，浙江大学微分析仪器工程中心执行主任、欧洲化学会联合会分析化学学部观察员金钦汉教授，中国分析测试协会副理事长王顺昌，北分瑞利仪器有限公司原总工程师章诒学等专家为顾问。

【社会公益服务】 为政府决策提供技术支持。2月，协助沈阳市食品药品监督管理局对沈阳市16个县区超市、农贸批发市场的水发产品、蔬菜、猪肉等食品的安全现状进行抽查。检测样品总计450个，检测数据近2000个。3月—9月，协助辽宁省动物卫生监督管理局开展畜牧场环境（粪肥、污水等）监察工作。通过对动物代谢物中兽药残留和重金属的检测，来判断指标是否超标，对人体是否可能造成危害。此次监察工作共检测样品1340余个。11月，对苏家屯区和新民市的无公害水产品产地环境现状进行评估。检测范围包括20多个乡镇，共设40个采样点，主要针对水质、土壤、空气进行采样、分析和汇总，内容涉及自然环境、社会环境、工农业污染、农业生态环境保护措施等方面。

配合我省各地区检验检疫部门开展出口食品的检测工作。对出口鸡肉、水产品等进行检测，检测样品达300多个，涉及液相、气相、气质、液质和生物等检测领域，检测额度达100多万元人民币。

保障奥运会期间沈阳分赛区的食品安全。7月17日，为保证数百名火炬手及奥运相关工作人员的食品安全，受沈阳市食品药品监督管理局委托，对宾馆的餐饮食品进行抽样检测。7月31日，为保证朝鲜女子足球队及相关工作人员的食品安全，受沈阳市工商行政管理局委托，对朝鲜女足指定的沈阳某粮油商店的大米进行抽样检测。检测项目包括重金属指标、无机非金属指标、农药残留指标、兽药残留指标、微生物指标、防腐添加剂指标等共计140个，检测结果均达到了国家标准的相关要求。

【资质与认证】

1.中国实验室国家认可委员会认可的实验室（证书编号：No.L1804）；

2.中国实验室国家认可委员会认可的乳品中三聚氰胺检测能力验证合格实验室（证书编号：CNCA-08-23-LN038）；

3.农业部第一批无公害农产品产地环境检测实验室；

4.国家建设部门备案的建筑材料及室内空气环境检测机构；

5.辽宁省质量技术监督局认证的检测实验室（证书编号：2006060144K）；

6.辽宁省出入境检验检疫局认可实验室（证书编号：06-06）；

7.辽宁省科技厅授权的科技成果鉴定单位；

8.辽宁省科技厅与辽宁省财政厅联合组建的“辽宁省化学危害分析与处理技术研究重点实验室”“辽宁省标准化体系建设工程技术研究中心”；

9.辽宁省科学仪器共用网承建单位；

10.辽宁省分析测试协会理事长单位。

（辽宁省分析科学研究院　程冲）

辽宁省微生物科学研究院

【概述】 辽宁省微生物科学研究院始建于1978年，是隶属于辽宁省科技厅的公益类科研机构，为我国专业从事微生物科学研究与应用的科研单位之一，辽宁省微生物学会的挂靠单位，是中国科技核心期刊《微生物学杂志》的主办单位。研究院以农业微生物研究与应用为主要研究方向，重点开展植物病原微生物生物学、生物农药、生物肥料、生物饲料、食用、药用真菌菌种选育与高效栽培、农副产品深加工、生物医药及保健食品等领域的技术研发工作；负责全省微生物资源的收集、整理、保藏、鉴定、监督及安全性评价等工作；防范对农牧业生产产生严重危害的病原微生物扩散工作。

研究院下设技术中心、辽宁省微生物工程研究与应用重点实验室、辽宁省微生物工程研究与应用开放实验室、辽宁省微生物菌种保藏中心、农业微生物研究室、食用菌研究室、食品工程研究室、发酵工程研究中心、微生物发酵工程研究中心等研究机构，拥有国内先进、省内一流的微生物研究实验设施和条件，能够承担多层次、多学科、多领域的微生物应用技术的研究、中试和开发。

先后承担完成国家“863”“973”“1035”工程、星火计划及省、市重点科技攻关项目100余项，取得了丰硕的科研成果，获得多项辽宁省科技奖励和国家授权专利，在省级以上学术期刊发表学术论文400余篇，撰写专著2部。

2008年8月，研究院进行整体搬迁，新址占地面积6766.60平方米，新建科研大楼建筑面积12546平方米。

【科研成果】 “甘薯深加工技术研究”项目获得朝阳市科技进步二等奖；10月20日，研究院技术中心通过中国合格评定国家认可委员会（CNAS）评审；申报专利2项，即“梧宁霉素制备方法及其在防治苹果斑点落叶病中的新用途”和“梧宁霉素在防治水稻稻瘟病中的新用途”。

【科研平台建设】 2008年，研究院投入100万元，对辽宁省微生物菌种保藏中心进行了完善和改建。新建微生物菌种保藏库50平方米、大型真菌标本保藏库50平方米，并购置菌种保藏柜、大型真菌标本展示柜、生物显微镜、全自动菌落计数仪、二氧化碳培养箱、低温生化培养箱等仪器设备。

【科技人才与队伍建设】 充分发挥研究院的人才和资源优势，先后与沈阳农业大学联合成立研究生工作站，与辽宁工程技术大学合作建立实验实习基地，为国家培养微生物应用技术研究领域的专业人才。同时通过专家讲学、进修深造、协作交流等多种形式，不断提高专业技术人员的理论水平和业务能力。

截至2008年年底，全院现有职工70人，其中专业技术人员46人，包括研究员12人，副研究员21人，中、初级技术人员13人，具有高级职称的技术人员占职工总人数的47%。外聘客座研究员10人。当年引进硕士研究生2名，培养在职硕士研究生1名。

【重点科技项目选介】

1．食用菌优良菌种筛选及配套生产技术研究与示范

该项目为辽宁省重大科技计划项目，旨在通过食用菌生产中相关技术的研究、推广、示范，改变当前我省食用菌生产的现状。

主要内容：通过杂交菌种育种技术、细胞融合育种技术、组织分离技术和多孢选育技术，完成食用菌新品种的选育工作并进行新品种的栽培示范；通过对不同原料发酵料的配方、发酵条件以及液体菌种在发酵料上的生长适应性进行研究，建立起比较完善的液体菌种应用于发酵料的生产工艺并进行应用示范；完成食用菌抗污染材料配方及生产工艺的研究，通过巴氏灭菌、物理及化学方法对发酵料进行处理，增强食用菌栽培料的抗污染能力，降低菌袋污染率，达到提高食用菌菌种成活率的目的，并在此基础上进行示范应用；完成食用菌深加工产品的品种配方，进行生产工艺、产品保质期方面的实验研究；通过新品种和配套技术的应用扶持食用菌龙头企业。

预期目标：食用菌新品种的应用，可提高食用菌菌种的产量和抗性，预计生物学转化率可提高5%～10%；液体菌种应用于发酵料的食用菌生产技术中，可大大缩短食用菌的生产周期，为周年栽培食用菌奠定基础；食用菌深加工技术的应用，不仅可以提高食用菌的附加值，还能为订单农业的实施提供保证；食用菌抗污染技术的应用，可使食用菌生产的污染率降低90%。通过这些技术的应用，可解决食用菌生产中出现的各种问题，从而降低生产成本、增加产量、提高质量、减轻劳动强度、增加产品品种，使食用菌生产效益大幅度提高，增加菇农收入，实现食用菌产业的健康发展。此外，通过对龙头企业的帮扶，可带动周边地区的经济发展，这对于调整种植结构，增加农民收入和就业岗位，合理进行农村闲置劳动力的转移，带动食用菌产业有序发展，加快农村脱贫致富具有推动作用。

2．Tetramycin产生菌衍生菌种库构建及基因变化研究

该项目为辽宁省自然科学基金项目，旨在采用基因移码诱变、转基因诱变、原生质体融合及相互结合诱变等先进选育技术对Tetramycin产生菌进行改造，获得大量的衍生菌种；测定衍生菌种Tetramycin的生物活性，按照产生Tetramycin的能力构建衍生菌种库；采用菌体包埋块、VspI 酶切、脉冲电泳等手段对筛选的生产用菌进行基因组变化的研究，为基因工程改造Tetramycin产生菌提供理论和实践基础。

Tetramycin是一种对真菌病原菌有很高抑制作用的环境友好型生物农药，其对苹果腐烂病的防治效果达95%以上，另外对苹果斑点落叶病、水稻稻瘟病、番茄灰霉病等均有明显的防治效果。

通过该项目研究构建的衍生菌种库，将包含有各种基因变化的衍生菌种，不仅可以提高Tetramycin的产率，深刻了解Tetramycin产生菌的生物学特征，而且可以为进一步建立该菌种基因转化体系、克隆生物合成基因簇、调控功能基因等基因操作和彻底解决Tetramycin产量低的问题奠定试验理论基础，并提供操作平台。

3．秸秆生物降解技术的推广应用

该技术是通过对秸秆中纤维素、半纤维素、木质素的比例及降解原理进行分析，对秸秆降解中间产物进一步降解到单糖、小肽等机理进行研究，有针对性地筛选出产酶高效降解菌株，使秸秆降解速度明显提高，同时将对土壤有改良作用及防治植物病害的微生物菌种与其进行合理配伍，使秸秆转化为作物所需要的二氧化碳、热量和有机质，同时产生拮抗作物病原菌的物质。

该技术的使用既能实现农产品的增产增收又能防治植物病害，同时还可以改良土壤。该技术能够有效地将温室内二氧化碳的浓度提高4～8倍，达到

1040～3000ppm，从而使光合作用效率提高50%以上，水分利用率提高130%以上，肥料利用率提高60%以上；能够有效提高土壤有机质含量，改善土壤理化性状，增加土壤透气性；能够有效提高地温4～6℃，实现作物协同生长；能够使农产品上市提前10～15天，收获期延长30～45天，作物产量提高50%～100%。

该技术现已在沈阳、大连、本溪、锦州、阜新、葫芦岛等市进行推广使用，推广面积近万亩。辽宁省现有设施农业600万亩，如果按推广面积300万亩计算，一年可转化秸秆1200万吨，获得生物有机肥150万吨，农民可增加经济效益120亿元。

（辽宁省微生物科学研究院　田浩）

辽宁省计划生育科学研究院

【概述】　辽宁省计划生育科学研究院始建于1978年，是辽宁省唯一的集计划生育、生殖健康、遗传与优生于一体的科研院所。研究院占地面积4236平方米，固定资产总值3000余万元。现有职工88人，其中专业技术人员78人。专业技术人员中，具有高级职称的31人、中级职称的26人，博士研究生1人、硕士研究生15人。2008年招聘硕士研究生3人。

拥有实验研究中心、优生研究室、药物研究室、女性研究室、男性研究室、不孕症研究室、辅助生殖研究室等7个研发部门及细胞遗传、分子遗传、生殖生物、生殖免疫、生殖内分泌、男性生殖、生物化学、病理、临床常规、药物分析、药物研究等11个实验室，拥有先进仪器设备近百台，价值2000多万元。2002年和2005年经省科技厅和省财政厅批准，以研究院为依托分别建立了辽宁省生殖医学开放实验室和辽宁省生殖健康重点实验室。

研究院一直以宫内节育器、药物避孕、医学遗传与优生、不育不孕等生殖医学基础和应用研究为主攻方向，为辽宁省乃至全国生殖医学和计划生育工作做出了重要贡献。多次参加并完成了世界卫生组织项目、国家攻关课题、省部级重点科研课题。在生物降解避孕新方法、生物降解材料研发、家族遗传病致病基因研究和病残儿数据库动态管理等方面实现了新突破，研究成果达到国内领先水平，取得了较好的社会效益。

截至2008年年底，研究院共获得各种奖励10项。其中国家人口计生委科技成果二等奖1项，省科技进步三等奖2项，省科研成果奖4项，省学术成果一等奖1项、二等奖1项、三等奖1项。SCI源刊收录论文1篇，国内核心期刊发表文章17篇。

【科研计划与项目】　2008年，新获批科研项目2项，分别为国家“十一五”科技支撑项目“农村卫生适宜技术及产品研究与应用”和辽宁省重点课题“家族遗传病家系和染色体结构畸变个体遗传资源采集与保存”。

参与国家科技支撑计划项目“生物降解材料长效埋植避孕剂的研究”和“973”计划项目前期研究专项“抗孕激素药物反应与相关基因多态性的研究”。

【科研成果与转化】“男性不育Y染色体无精子基因实验室诊断研究”获辽宁省科技成果奖。完成省自然基金课题“人类染色体畸变个体永生细胞转化与保存”和实验室基金课题“遗传性痉挛截瘫相关基因定位与突变的研究”等2项科研项目。研究发现了部分出生缺陷致病基因的新突变位点，为发展人类生育调控技术打开了新的思路。在避孕节育新技术、新方法及应用研究方面取得了阶段性成果，减轻了社会和家庭的经济负担，为提高人口素质、降低出生缺陷发生率作出了积极的贡献。

【科研平台建设】 辽宁省生殖健康重点实验室是我省第一个开放性的省级生殖健康重点实验室。从事生殖健康领域包括生殖调节、生殖过程、生殖结局相关的应用基础研究、人才培养及新产品、新技术开发和服务，解决省内人口数量的调控、出生缺陷的诊治以及生殖健康的相关问题。实验室占地面积5500平方米，实验设备价值1200多万。现有药物研究、生物材料研究、优生与遗传研究、分子生物学研究等学科。承担的“家族性远端关节弯曲致病基因研究及应用”项目取得系列成果，为我国出生缺陷控制和遗传病预防作出了重要贡献。

【科技合作与交流】 研究院一直积极与国内外计划生育科研院所及相关机构进行学术交流与合作。2008年5月，院长李建新等一行三人应邀访问加拿大英属哥伦比亚大学泌尿外科前列腺健康中心，双方就科研合作项目“胚胎着床分子生物学作用机制的研究”进行洽谈，并初步达成合作意向；访问加拿大多伦多大学西乃山医院鲁能非尔德研究所，双方签署了关于科研领域合作项目的《互相合作理解备忘录》，依据备忘录的精神，双方决定在人类生殖领域方面开展长期、有效的合作。10月，聘请加拿大英属哥伦比亚大学教授董学森博士为研究院生殖生物研究室主任、研究员，同时启动合作项目，就“PSF对子宫内膜上皮细胞、PR的功能及与囊胚的相互作用关系的研究”项目和项目中“大鼠子宫内膜细胞模型建立”的实验进行深入研究。

（辽宁省计划生育科学研究院　金瑛）

辽宁省淡水水产科学研究院

【概述】 辽宁省淡水水产科学研究院创建于1959年，前身是辽宁省淡水水产研究所，2005年4月建院，隶属于省海洋与渔业厅，为全民科研事业单位。主要从事全省淡水水产科学应用基础理论研究，水产健康养殖技术研究，渔业生态环境监测、规划与治理，渔业科技成果转化、推广、应用，技术咨询与服务，技术培训与职业技能鉴定等。

下设种质资源、鱼病学、养殖、营养学、水化等5个专业研究室和办公室、科技处、财务处、行政处等4个管理科室，拥有辽宁省水产良种场、院试验场和辽宁省淡水渔业环境监督监测站。

【科研项目与经费】 2008年，承担各类项目15项，其中国家级项目1项，农业部项目2项，省科技厅项目3项，省海洋与渔业厅项目8项，辽阳市项目1项。实到项目经费264.5万元。

“大宗淡水鱼类产业技术体系——沈阳综合试验站建设”项目为国家级科技计划支撑项目，是国家农业部“现代农业产业技术体系建设”项目内容之一，现已确定了项目的实施内容、实施品种和实施地点，并提交了2008—2012年的项目计划实施任务书。

“渔业生态环境监测”项目为农业部渔业生态环境监测中心2008年下达的项目。完成了鸭绿江、辽河下游和辽宁地区池塘渔业的水质和生物监测工作。结果表明，监测数据总体达到《渔业水质标准》或《地表水环境质量标准》Ⅲ类水平。

“水产养殖业产排污系数测算”项目为农业部科教司2007年下达的接续项目。2008年，在盘锦地区对河蟹扣蟹至成蟹的池塘养殖和围栏养殖的产排污系数进行了监测和分析，计算了河蟹不同养殖模式下，单位养殖产量污染物排放量K值。同时，完成了辽宁省水产养殖污染源普查的指导工作。

“稻蟹鱼生态种养殖生产技术集成与示范”项目为辽宁省科技厅2007年下达的盘山县农村科技特派团专项和科技计划支撑项目。2008年，在223.5亩的稻田养殖示范区内，进行了河蟹稻田适宜放养密度与规格、大规格河蟹养殖模式与方法、河蟹营养需求与饲料配方、水稻大垄双行种植、测土配方施肥、生态防病等试验示范；进一步完善了“水稻大垄双行、边行加密，河蟹早放精养，种养结合，稻蟹双赢”的稻蟹鱼生态种养殖新模式。示范区全年实现水稻平均亩产698千克，增产7.4%，亩产值1465元，亩效益843元，平均增效40%；实现成蟹平均亩产26千克，增产24%，平均规格每只105克，亩产值1144元，亩效益614元，平均增效53%。通过该项目的实施，盘山县全年实现河蟹产量2.2万吨，产值达8.9亿元，仅河蟹一项可实现农业人口人均纯收入1038元。

“池塘主要鱼类新技术开发、集成及产业化示范”项目是辽宁省科技厅2008下达的灯塔市农村科技特派团专项。该项目的实施改进了黄颡鱼人工繁殖和苗种培育的技术方法，明显提高了生产效率；测定了鲇鱼幼鱼的耗氧率和氨氮排泄率，完成了鲇鱼幼鱼对氨氮、亚硝酸和硫酸铜的耐受性试验；进行了草鱼幼鱼对饲料中蛋白和能量的最适需要量研究。

“渔业新品种引进及开发”项目为辽宁省科技厅2008年下达的科技计划支撑项目。进行了鸭绿江沙塘鳢人工繁殖技术、唇䱻人工繁殖技术及葛氏卢塘鳢的生物学特性与繁养殖技术的研究。

“淡水优质野生经济鱼类人工生态库研究”项目为辽宁省海洋与渔业厅2007年下达科技计划支撑项目。2008年，完成了项目所选的水库储水工作，进行了水库初期水质和饵料监测；进行了常规鱼类鲤、鲢、鳙、青鱼、草鱼的放养，适量放养了优质鱼类斑鳜和花䱻夏花。

“松江鲈人工繁殖和养殖技术研究”项目为辽宁省海洋与渔业厅2007年下达科技计划支撑项目。2008年，与丹东市水产科技推广站合作，采集松江鲈标本400尾，天然亲鱼1500尾，进行了松江鲈生物学特性的初步研究。

“德国镜鲤优良品系选育及池塘高效养殖技术研究”项目为辽宁省海洋与渔业厅2007年下达科技计划支撑项目。2008年，进行了德国镜鲤优良品系的筛选，初步确定了两个品系。

“斑鳜人工繁殖技术研究与开发”项目为辽宁省海洋与渔业厅2007年下达的引种项目。2008年，进行了斑鳜亲鱼池塘养殖条件下越冬技术和对不同环境因子的适应性研究。催产斑鳜亲鱼50组，获受精卵约100万粒，斑鳜仔鱼1万多尾。

“丁鱥引种及繁养技术开发”项目为辽宁省海洋与渔业厅2008年下达的引种项目。引进规格为150—200g的鱼种2400尾，池塘养殖状况良好。

“黄颡鱼臌胀病防治技术研究”项目为辽阳市下达的科技计划支撑项目。6～11月，调查了11个发病池塘，测定水样指标16个，从20余条发病鱼体中分离出细菌25株，并进行了感染和攻毒实验，实验结果显示，黄颡鱼臌胀病是由一种细菌性疾病引起的。

【科研成果】 编辑出版农业（水产）实用技术丛书《水产健康养殖实用技术问答》和《黄颡鱼养殖实用技术问答》，起草辽宁省地方标准《无公害食品——中华绒螯蟹稻田养殖技术规范》，编写辽宁省水产地方标准1份。全年发表科技论文15篇，获辽宁自然科学学术成果二等奖论文1篇，三等奖论文4篇，待发表科技论文6篇。

（辽宁省淡水水产科学研究院　张玉杰）

辽宁省海洋水产科学研究院

【概述】 辽宁省海洋水产科学研究院（辽宁省海洋环境监测总站）始建于1950年，前身是辽宁省海洋水产研究所，隶属于辽宁省海洋与渔业厅，是省级海洋与海洋水产专业科研机构，是国内建所时间较早、研究技术力量较强、取得研究成果较多的省级海洋水产科研单位之一。

主要职能：负责辽宁省海洋发展战略、海洋经济发展规划、海洋资源保护与管理和可持续利用、海域使用论证、海洋渔业环境监测及保护等方面的研究；负责开展与水产科学有关的海洋渔业资源、海水增养殖海域生态环境、海水增养殖技术、海水养殖生物育种及病害防治、水产品加工技术等方面的研究；负责我省近岸海域生态环境监测和海洋污染事故的调查鉴定，承担海洋和海岸工程建设项目对海洋环境影响的评估等工作。

研究院具有计量认证资质，可承担海洋水文、海水水质以及近海生态调查等7大类58个项目的检测与分析；具有国家海洋局海域使用论证乙级资质，可承担省、市、县级人民政府审批项目用海的海域使用论证技术服务；具有辽宁省测绘丙级资质，可进行控制测量、海岸滩涂地形测量、海洋工程测量、海底地形测量、水下障碍物探测、水下地形测量、港口与航道测量、海域界线测量等工作；被劳动部确立为辽宁省特有工种职业技能鉴定站，鉴定内容包括水生动物育种繁殖、水生动物养殖、生物饵料培养、水生动物检疫检验和水生动物疫病防治。

下设海水养殖、渔业资源、海洋环境、海洋生态、生物技术育种、海洋规划利用、鱼类、海洋经济、渔用饲料等9个研究科室，拥有海水良种场和引育种中心2个试验场及《水产科学》编辑部。依托研究院设有辽宁省海洋渔业环境监督监测站、辽宁省应用海洋生物技术开放实验室和辽宁省海洋水产分子生物学重点实验室。其中，辽宁省海洋渔业环境监督监测站具有国家乙级渔业污染事故调查鉴定资质，可承担指定区域内和有调查处理权机构委托的、经济损失在1000万元以下的渔业污染事故鉴定工作。

先后承担国家、部、省、市以及有关部门下达的重大科研项目数百项，获得各级科技成果奖励108项次，其中获全国科学大会奖3项，国家科技进步奖6项，国家自然科学奖1项。有1人获“国家级突出贡献专家”称号，4人获“省级优秀专家”称号，16人获国务院颁发的政府特殊津贴。

【科研项目与经费】 2008年，承担国家、省、大连市以及有关部门下达的科研项目45项，包括“863”计划项目、海洋公益性行业科研专项、国家农业科技成果转化项目等国家级项目10项，如“刺参、海胆高产抗逆品种的培育”“刺参病害预警及防治技术研究”“虾夷扇贝资源利用技术研究”“虾夷扇贝海区半人工采苗示范”等；省部级重点科研项目22项，如“辽宁908专项调查”“大型水母灾害的预警预报理论和技术研究”“海参高产养殖模式示范”等；其他部门下达或委托的项目13项。还承担了调查监测项目17项，海事法院、企业等委托的技术服务项目28项。全年获得科研经费1736万元。

【科研成果】 “皱纹盘鲍井盐水工厂化养殖技术研究与开发”获辽宁省科技进步二等奖，“辽宁908专项调查档案管理模式研究”获辽宁省档案局科技成果一等奖；2个项目通过了结题验收；5个项目通过了阶段成果验收；4个项目评价报告书通过了专家评审。

发表论文38篇，其中被SCI收录的第一作者文章3篇，第二作者文章2篇，IBS会议文摘3篇。编辑出版的《水产科学》被评为辽宁省一级期刊。目前，该刊物的影响因子为0.572，网上机构用户近2700个，分布在10个国家和地区，个人读者分布在22个国家和地区。

【科研平台建设】 辽宁省应用海洋生物技术开放实验室：该实验室于2001年经省科技厅和财政厅批准组建，以海洋经济动植物的增养殖生态学、应用遗传学、渔业资源学、渔业环境保护学的理论和技术为研究方向，研究重点为应用基础研究，同时进行应用技术的研究和开发。

辽宁省海洋水产分子生物学重点实验室。该实验室于2005年经省科技厅和财政厅批准组建，主要进行重要海洋生物遗传多样性、分子辅助种质改良、海洋生物病害发生与防治的分子机制的研究。实验室面积500平方米，配备遗传分析仪、实时荧光定量PCR仪、梯度PCR仪、凝胶成像系统、高速控温离心机和各种电泳仪等分子生物学仪器设备50余台（套）。现有固定研究人员11名，客座研究人员9名。该实验室的建设为辽宁省海洋水产领域应用基础研究和培养生物技术人才提供了创新平台。

【科技合作与交流】 研究院先后与美国、法国、挪威、日本、韩国、俄罗斯、澳大利亚等多个国家和我国香港、台湾地区建立了技术合作与交流关系。2008年，选派2名科技人员赴韩国鲸豚研究所参加了为期24天的“西海鲸豚资源调查”项目，随调查船全程参与海上调查，并进行相关学术交流；1人赴日本三重大学进行学术交流和讲座；1人赴韩国参加“第19届中日韩水产研究者协议会”；1人赴日本中央水产所进行为期12天的短期研修；1人赴意大利、德国、法国等地考察欧洲渔业发展现状及管理体系；1人应邀参加了“新时期环境经济政策改革与创新”学术研讨会，并在会上发表重要演讲；1人应邀在“2008水产科技论坛”上作专题报告；邀请中国海洋大学教授作专题学术报告1次；3名研究人员参加了“第13届国际生物技术大会暨展览会”，向大会提交了5篇论文摘要，并被收录至SCI检索的Biotechnology论文摘要集，在同期举行的国际生物技术展览会中，研究院有5项生物技术参加了由大连市科技局组织的本地生物技术展。

【科技人才与队伍建设】 2008年，研究院在职人员134人，其中科技人员120人，占在职职工总数的89.6%。科技人员中，具有高级技术职称的33人，中级技术职称的21人，初级技术职称的36人；博士3人，硕士36人。培养硕士研究生11人。有1人获国务院特殊津贴，1人被授予“大连市2007—2008年度劳动模范”称号，1人被国家环境保护部环境工程评估中心聘为环境保护部环境工程评估中心常聘专家，1人被农业部农产品质量安全中心聘为无公害农产品认证评审委员会委员，2人被国家海洋局聘为国家级海域使用论证专家，1人被聘为中国水产学会水产生物技术专业委员会委员。

（辽宁省海洋水产科学研究院　王军）

辽宁省林业科学研究院

【概述】 辽宁省林业科学研究院始建于1958年，前身为省林业科学研究所，1985年经省政府批准改建为辽宁省林业科学研究院。研究院是省属林业综合性科研机构，主要从事林木引种育种、种苗、造林、森林经营、森林生态、资源保护、微生物、林副特产利用、林业机械等10多个学科的基础理论和应用研究。

现有人员76人，其中科技人员69人。有教授级高级工程师16人，高级工程师10人，工程师17人；博士3人，硕士（含研究生）25人；享受国务院特殊津贴专家6人；全国林业跨世纪学术技术带头人1人；辽宁省优秀专家2人，其中领军人物1人；辽宁省百千万人才工程“百千层次”以上培养对象9人。

【科研项目与经费】 承担各级各类课题16项，科研经费合计380余万元。其中，国家科技支撑项目4项：“北方泥质海岸防护林体系构建技术及试验示范”、“辽西低山丘陵区农林复合可持续经营技术研究”、“辽宁省高产优质多抗落叶松、云杉新品种选育”和“辽东山区次生林恢复与定向培育技术试验示范”；国家“948”项目2项：“北美东部白松优良抗逆品种选育及快繁技术引进”和“抗寒耐盐碱美国白蜡优良种源及盐碱地土壤改良技术引进”；辽宁省科技厅计划项目5项：“辽西北困难立地生态保育及综合开发关键技术研究与示范”“辽宁中部平原半湿润区杨树速生丰产林良种选择和营林技术研究”“暖温带与中温带过渡区森林生态系统定位研究”“沿海经济带及西北风沙区高效防护林体系建设技术研究与示范”“林木遗传资源保护及良种选育”；辽宁省自然科学基金项目2项：“辽西半干旱区水土保持生态林稳定森林结构模式研究”和“辽东山区不同类型生态公益林生态系统土壤生态过程的研究”；沈阳市科技局计划项目2项：“优良绿化观赏树种组培快繁技术研究”和“西伯利亚花楸等珍贵观赏树种在城乡景观功能区建设中的应用与示范”；横向联合项目1项：“辽宁省海岸带植被资源调查及双台子河口滨海湿地植被生物多样性调查”。

【科研成果】 获得各级科技奖励3项，申请国家专利1项。“辽宁林木主要虫害预警技术研究”获辽宁省科技进步二等奖，“美国白蛾周氏啮小蜂生物防治美国白蛾的应用技术研究”和“西伯利亚花楸引种区域试验及配套栽培技术”获辽宁省林业科学技术一等奖。

【科技合作与交流】 12月8—14日，邀请白俄罗斯科学院果树研究所的沙尔凯维奇·玛丽娜博士进行学术交流。玛丽娜博士先后在新宾、沈阳等地考察了西伯利亚花楸引种苗木培育试验地，并与研究院生物技术中心的科技人员就珍优苗木组培等问题进行了技术交流。玛丽娜博士作了关于《白俄罗斯果树研究所经济林研究动态》的学术报告，详细介绍了白俄罗斯自然气候条件、经济状况及观赏树种的研究方向和取得的成果等。此外，双方还就黑茶镳子及蓝靛果忍冬等树种的引种、苗木培育、栽培与管理等问题进行了广泛的交流。

【重点科技项目选介】 辽宁林木主要虫害预警技术研究:该项目适宜在我国北方地区推广。目前，已建立了以省、市森林病虫害防治检疫站为中心的比较完整的监测预报网络体系，在全省范围内建成55个省级测报点，其中44个为国家级中心测报点，监测点1062个；建立了基于GIS的松毛虫灾害空间信息库和日本松干蚧、美国白蛾等主要虫害的属性数据库，该数据库的建立提升了森林虫害档案管理手段，发挥了GIS的优势；应用冬季卫星数据，结合基于GIS建立的空间背景信息库，准确提取了油松边界，有效剔除了其他地物干扰，有机结合3S技术，填补了我国北方乃至全球季节分明地域遥感监测松树林灾害的空白；应用灾害前后两种不同时相的卫星图像，以归一化植被指数（NDVI）为参数，建立了油松灾害监测模型，该模型精度达到85.67%，并且根据植被变化率准确地划分出了灾害程度，有效提升了我省森林保护预警系统的技术手段；研制开发了松毛虫、日本松干蚧、美国白蛾、杨干象等主要虫害的预警系统，其中包括主要虫害信息管理、防治对策计算机辅助设计系统、虫情预报系统等。

（辽宁省林业科学研究院　王嘉）

辽宁省经济林研究所

【概述】 辽宁省经济林研究所成立于1961年11月，位于大连市甘井子区中华西路31号。主要从事核桃、榛子、栗树等经济林树种遗传育种、丰产栽培技术、果品加工利用及园林植物栽培研究等，是辽宁省林业厅直属的全额拨款事业单位。

【科研项目与经费】 2008年，承担各类研究项目8项，包括：辽宁省科技厅科技攻关项目“辽宁主要速生杨、干坚果经济林种苗培育及丰产栽培”的分解项目“核桃育种、丰产栽培及露地无性繁殖技术研究”“榛子丰产栽培及苗木繁殖技术研究”以及“栗新品种选育及低产栗林改造技术研究”；省科技特派团项目“宽甸经济林、食用菌山区特色产业开发技术集成与示范”；省自然科学基金项目“榛树体内类脂组成与其耐寒性关系研究”；所内项目“辽宁地区主栽日本栗品种的RAPD分子鉴别研究”、“栗壳天然食用色素制备工艺及其理化性质的研究”和“文冠果苗木繁育技术研究”。2008年获得研究推广经费376万元。

【科研成果与转化】 “抗寒榛子新品种选育研究”项目获辽宁省科技进步三等奖。“杂交榛子新品种”被列为省重点项目在生产上推广应用。继续开展“杂交榛子新品种苗木繁育及产业化示范工程”和“核桃新品种寒丰、辽宁10号的中试与示范”两个项目的推广工作。

全年发表科技论文25篇，其中在国家级刊物上发表4篇，省级刊物上发表21篇。

【科技人才与队伍建设】 截至2008年年底，研究所共有在职职工47人，其中专业技术人员36人。具有大学本科以上学历的26人，占科技人员总数的72%；教授级高级工程师6人，占科技人员总数的17%；高级工程师16人，占科技人员总数的44%；中级以下专业技术人员14人，占科技人员总数的39%。2008年，引进硕士研究生和本科生各1名。

【重点科技项目选介】

1.杂交榛子新品种选育及丰产栽培技术研究

1980年，研究所在世界范围内首次开展平榛与欧洲榛子的种间杂交育种。经过近30年的良种选育研究工作，培育出大果、抗寒、丰产、优质、适应性强的杂交榛子新品种10余个。榛子种间杂交育种研究成果为我国首创，为我国榛子产业的形成提供了品种资源及技术保证。此外，研究所还提出了榛树的丰产栽培配套技术。新品种、新技术的推广和应用，为辽宁省乃至北方地区经济林产业的跨越式发展奠定了坚实的基础。

2.核桃良种选育及丰产栽培技术研究

研究所早在1959年就开始核桃科研工作，项目重点研究核桃的杂交育种、繁殖及丰产栽培技术。50年来通过引种和杂交育种，陆续培育出二十几个适合在全国核桃产区推广栽培的优良品种和优良无性系。其中，"辽宁1号""辽宁3号""辽宁5号""辽宁7号"等系列良种，具有丰产、优质、抗逆性强、栽培技术易于掌握等突出特性，已经在我国10多个核桃产区广泛栽培，成为主栽品种，并获得国家、省的多种奖励。

3.栗树良种选育及丰产栽培技术研究

1972年，研究所牵头组成栗树选优协作组进行选种工作，陆续推出了"辽丹15号""辽丹24号""辽丹58号""辽丹61号"等一系列新品种。近年来，先后从日本、朝鲜、韩国引进50余个品种，经过品比、区试、中试等研究，选育出"金华""丹泽""士13""国见""利平"等优良品种。经过20多年杂交育种工作，培育出"辽栗10号""辽栗15号"等3个新品种，并筛选出一批杂交优系，在杂交组合选配、杂交育种技术、子代早期鉴定及其无性系建立技术等方面积累了经验。此外，研究所在栗树修剪、施肥及病虫害防治方面均取得明显进展。

（辽宁省经济林研究所　宫永红 陈喜忠）

辽宁省干旱地区造林研究所

【概述】 辽宁省干旱地区造林研究所始建于1958年，是全国唯一的专业从事干旱半干旱地区林业研究的省属研究所。前身为辽宁省林业局建平水土保持林试验站，1980年经辽宁省人民政府批准为现建制。研究所以林业应用研究为主，以半干旱地区森林培育、经济林为优势学科，以森林培育、森林生态环境与保护、森林资源管理等为主要研究领域，同时开展开发研究和软科学研究，着重解决干旱、半干旱地区林业建设中综合性、关键性的科学技术问题，为建设现代化林业提供科技支撑。

研究所内设经济林、生态林业、林木育种、组培技术、森林经营等5个研究室。拥有试验基地约400万平方米，苗圃20万平方米；在辽西、辽南地区建立固定试验基地约467万平方米；在吉林、内蒙古、新疆、甘肃、北京等地建立了科技示范推广基地、基点10余处；目前正在筹建自然保护区研究室、林产品加工与利用研究室、土壤分析实验室和植物分析实验室。

建所以来，研究所紧紧跟踪国内外相关领域的最新研究进展，结合辽宁省尤其是辽西北风沙半干旱地区林业建设中关键性的重大科技问题，在森林生态系统恢复与重建、经济林良种选育及丰产栽培技术等方面展开研究。研究开发出一系列干旱、半干旱地区造林、多功能水土保持林、混交林、能源林营造与集约经营、农用林业模式构建等技术；自主选育出大扁杏、中国沙棘、大枣优良品种10个，引进国外大果无刺沙棘、黑果腺肋花楸、楂叶唐棣等优良品种（品系）40余个；研究提出了不同品种（品系）在不同立地类型的配套丰产培育技术及苗木快繁技术。

先后承担科技部、国家林业局、国家外国专家局、省科技厅等各级各类项目共100余项，取得科研成果72项，70%以上的科研成果已经转化为现实生产力。先后获得省部级科技进步一等奖2项、二等奖7项、三等奖9项；国家林业局技术推广一等奖1项、二等奖2项、三等奖1项，推广总面积80万公顷。在国内外学术刊物上发表论文共计600余篇。

【科研项目与经费】 研究所紧紧围绕辽西北地区林业生产中急需解决的关键技术问题选题立项，2008年共组织申报各级各类科技项目8项，其中国家林业局“948”项目1项，辽宁省科技厅项目5项。规划储备项目3项。获批省科技厅项目2项。与2007年相比，获得的科研经费增加了30%。

研究所以国家农业科技成果转化资金项目“沙棘良种转化与示范”和省科技厅重点项目“辽西北困难立地生态保育及综合技术开发与示范”两项课题为2008年科研工作重点。

“沙棘良种转化与示范”项目：主要进行沙棘良种苗木的引进与繁育，开展沙棘品种的引进、既有沙棘采穗圃的更新改造、沙棘苗木的移栽和沙棘嫩枝的扦插育苗等工作。扦插了芬兰沙棘、欢乐沙棘、植物园礼品沙棘等品系20余个品种，扦插总数量约14万株。结合生产性的嫩枝扦插育苗，进行了不同时期扦插、扦插后不同时期施肥、不同肥种及施肥量、扦插不同密度与扦插成活率和苗木质量关系的研究试验布置。在原有的技术基础上进行了补充完善，总结沙棘微喷条件下嫩枝扦插快速育苗的配套技术，以便更好地为生产服务。

在沙棘良种示范基地建设方面，应用选育出的中国沙棘优良类型，建立生态效益与经济效益兼顾的沙棘林，建设的总体目标为400公顷。基地建设与建平县沙棘林改造项目相结合，应用研究所选育的中黄果沙棘和中红果沙棘品种，逐步扩大生态经济林的建设面积。以建平县林业局在二十家子镇、马场乡建立的中国沙棘生态经济林（约4000亩）为基地，根据不同的立地条件，选育大果沙棘和中国沙棘良种建立沙棘经济林，建设的总体目标为300公顷。以建平县黑水镇科技园区、杨树岭乡既有和新造沙棘良种经济林（1000亩）为基地，在建平县杨树岭乡建立2000亩示范林，选育的品种有向阳沙棘、巨人沙棘、中黄果沙棘、中红果沙棘。

“辽西北困难立地生态保育及综合技术开发与示范”项目：开展了半干旱丘陵区生态保育综合技术措施、土壤改良技术、不同立地类型树种选择、大扁杏和沙棘优新品种引进筛选、农林复合经营系统建设技术、大枣优良品种高产栽培模式等多项研究。

在生态保育综合技术措施研究方面，重点做了抗寒性测定。采用田间鉴定法，将暴露在自然条件下的植物种类作为研究对象，使其经过冬季低温考验后，从外部性状上观察、调查植株的冻害和存活情况，从而判断不同植物的抗寒性；

在土壤改良技术的研究方面，对2007年布置的3个试验处理的土壤的含水率、有机质等指标继续进行测试，积累试验数据；

在不同立地类型树种选择方面，对已选出的适合辽西丘陵区平地、丘陵缓坡地、梯田地、河滩地等不同的立地类型的各个树种进行了进一步的筛选；

在大扁杏和沙棘优新品种引进筛选方面，对选育出的大扁杏优良无性系进行了除草、施肥、灌水等正常管理，对向阳沙棘、巨人沙棘、芬兰沙棘、中黄果沙棘、中红果沙棘等5个品种的生物学特性和新梢生长节律进行了观察。同时，在西山试验区布置了不同品种的对比试验，观测不同品种的适应性、生长表现、果实产量和经济性状；

在农林复合经营系统建设技术研究方面，重点研究了不同栽植方式、不同林龄、不同行向大扁杏与农作物的复合模式，进行了树木遮荫规律测试，选用遮荫指数和遮荫程度两个指标描述不同树木的遮荫作用，并对树冠遮荫的年际变化和日变化做出分析；

在大枣优良品种高产栽培模式的研究方面，对2007年选择的平肥地、梯田地、坡地3种不同大枣栽培模式进行定位观测研究。主要调查不同模式下大枣的生长情况、丰产性状以及间作模式农作物产量等情况。在朝阳县波罗赤布置了大枣灌水覆膜试验、大枣喷林果增产剂试验和大枣喷植物动力素2003试验等3项试验。

【科研成果与转化】 持完成的国家林业局“948”

项目“腺肋花楸属优良种质资源及栽培与利用技术引进”获朝阳市政府科技进步一等奖；“梏叶唐棣引种栽培及优良品种选育的研究”等3项成果获省林业科学技术二等奖。

完成“辽西半干旱区生态经济林基地建设”和“大扁杏良种选育丰产栽培技术研究”2项成果的鉴定工作；完成了省林业厅下达的辽西地区“林地经济”项目技术支撑工作任务；完成了“辽西特色经济林良种资源圃建设”项目，利用大扁杏、文冠果、花楸等特色经济林良种建立良种资源圃150亩；向省林业厅了提交《辽西地区经济林发展存在问题及建议》和《关于建立林木良种补贴政策的调研报告》；与国营阜新市周家店林场、建平县林业局共同编制了《辽西地区油松果材兼用林、油松生态经济林建设》和《文冠果油料林基地建设》实施方案。

【科技合作与交流】 执行辽宁省外国专家局“俄罗斯引智项目”1项；组织召开“中国—以色列科技人员座谈会”，2位以色列专家以及国内30余位省、市、县的相关科技人员参加了座谈会；为北京林业大学开展“文冠果雄性可育性相关CDNA片段的克隆与序列分析”研究提供科研基地；在葫芦岛、内蒙古后旗等地开展大扁杏嫁接及丰产栽培技术培训两次，培训200余人。

【科技人才与队伍建设】 现有职工46人，其中科技人员35人，包括省“百千万人才工程”和朝阳市“113人才工程”人选11人；教授级高级工程师8人，高级工程师7人。2008年，引进硕士研究生2名。通过组织开展各种学术考察与学术讲座活动，有力地促进了科技人员业务素质的提高。

【重点科技项目选介】 腺肋花楸属优良种质资源及栽培与利用技术引进：该项目为国家林业局“948”项目。针对我省经济林发展中高效、高利用价值树种稀少以及栽培技术、果实加工技术缺乏，致使经济林综合效益低的现状，以经济林学、林木遗传育种学、生态经济学为指导，引进腺肋花楸优良种质资源，研究我国适生地区气候生态特点的丰产栽培技术，探索腺肋花楸果实加工利用技术。

主要研究内容：引进了腺肋花楸属所有三大类的具代表性的13个优良品种，其中黑果腺肋花楸7个品种，红果腺肋花楸3个品种，紫果腺肋花楸3个品种，填补了我国没有腺肋花楸树种的空白。同时系统地开展了腺肋花楸物候期、新梢生长节律、果实生长节律、开花结果习性、形态学特征等生物学和生态学特性的调查研究；深入研究了有性繁殖和组织培养、嫩枝扦插、硬枝扦插、嫁接、压条等无性繁殖技术；提出了腺肋花楸立地选择、栽培密度、树体与土壤管理、病虫害防治、果实采收等配套的丰产栽培技术体系；在进行果实成分测试分析的基础上，开展了黑果腺肋花楸果实原汁加工与贮存技术研究，研制了砂糖果汁饮料、混合果汁饮料、果汁发酵酒等产品；开展了较广区域的区域栽培试验，确定了腺肋花楸适生气候和土壤条件；完成了初步的优良品种选育工作。

主要特点：树种新，品种丰富，特性优良，用途广泛；树种抗逆性强，适生范围广；坐果早，产量高，见效快；成本低，效益高，产业链长，市场前景广阔。

该成果已在辽西的朝阳市、辽南的瓦房店市、辽东的抚顺市和丹东市、辽北的铁岭市得到推广应用，栽培面积达到150公顷。同时，已有多家单位将腺肋花楸应用于园林绿化，应用苗木总量达2万余株，另有多家单位进行了引种并参与了区试工作。自2001年实施该项目以来，累计利润额达2180万元，实现苗木销售额300万元，累计果实产量约2330吨，实现栽培产值约2330万元。

（辽宁省干旱地区造林研究所　田福军）

辽宁省固沙造林研究所

【概述】 辽宁省固沙造林研究所始建于1952年，位于科尔沁沙地东南缘的彰武县章古台，是新中国成立最早的四大治沙研究机构之一。 现有在职职工64人，其中专业技术人员48人，具有高级职称者21人。设有荒漠化治理、林木良种选育、森林保护、防护林4个专业研究室及生产、管理等12个科室。总经营面积3.8万亩，下辖5个工区和1个近千亩的苗圃，现有人工固沙林3.5万亩。

建所以来，研究所取得具有推广应用价值的科研成果77项，其中有49项成果获国家、省（市）级奖励；在《林业科学》《中国沙漠》等刊物上发表研究论文450余篇。

总结出“以灌木固沙为主、人工沙障为辅、顺风推进、前挡后拉、分批治理”的一整套综合治沙方法，被誉为中国三大治沙法之一，填补了中国灌木治沙史的空白，其中“豆科灌木固沙”开世界之先河；“樟子松沙荒造林技术”获全国科学大会奖；“章古台固沙造林”获辽宁省科技进步一等奖；樟子松育苗、农田与牧场防护林、沙地果树栽培、固沙林生态系统结构与功能等方面的研究取得了显著成就；近几年选育出的治沙造林新树种彰武松，抗性强，综合生长指标比樟子松快20%以上，发展潜力巨大。

研究所在科研基地章古台建立了2267公顷试验示范林，同时向陕西、新疆、河北、甘肃、山西、吉林、宁夏、青海和内蒙古等14个省（区）推广固沙造林40万公顷。目前已有36个国家或地区的政府官员、专家学者等300余人次来基地参观考察。

1991年，被全国绿化委、林业部、人事部授予“全国治沙先进单位”；1994年，获“中华绿色科技奖”金奖；1995年，被省、市确定为爱国主义教育基地；1998年，被国家林业局评为“全国林业科技推广先进单位”；2008年，在“全国三北防护林体系建设30年总结表彰大会”上获“突出贡献单位”称号；还获得了“中国首届沙产业十大先进单位”、阜新市“五一”奖状和辽宁省林业厅2008年绩效评估先进单位等荣誉。

【科研项目与经费】 2008年，承担各类科研项目14项，获得科研经费217万元。其中国家级项目7项，分别为“半干旱沙区(科尔沁沙地)防沙治沙植物材料筛选与扩繁技术”“樟子松人工林寄主主导性病害群体结构御灾及动态经营管理技术”“优质抗逆速生树种——彰武松的推广”“科尔沁沙地针叶树引种转化与示范”“菌根化生物技术在沙化土地造林上的推广应用”“文冠果生物质能源林培育技术示范”“三北防护林体系建设工程困难立地综合造林配套技术示范推广”。

【科研成果与转化】“彰武松良种繁育技术”“沙区优良沙生灌木造林技术”“三北防护林体系建设工程困难立地综合造林配套技术示范推广”等3个项目通过了国家验收；彰武小钻杨、彰武松、种子园樟子松、樟子松优系“GS1”和“GS2”等5个良种通过了省级认定。“北方主要人工林寄主主导性病害控制技术”专题入选国家科技部项目检查现场。

参与辽西北边界防护林体系建设，实施了“辽蒙阻沙带营建技术研究与示范”项目，建设生态经济型防护林17.6公顷，66.7公顷治沙示范段骨架已经形成；“科尔沁沙地针叶树引种转化与示范”项目开展顺利，嫁接红松、彰武松4.5万株；育苗基地全年共生产苗木540万株，移植苗木151万株，培育容器苗41万株，圃地嫁接红松2万株，销售各种苗木164万株；推进沙地异砧红松果材生态兼用林基地建设，营造以异砧红松和菌根化樟子松为主的良种示范林106.5公顷；人工林经营工作进一步加强，完成幼林修枝抚育300公顷，有害生物防治面积179公顷；继续推进集体林活立木经营工作，完成了辽宁省彰武县、昌图县等地的商品林采伐工作。

【科技合作与交流】 参加了“中国北方十省（区）林业科研院所联谊会暨防沙治沙与生态文明建设学术研讨会”。接待了瑞典SKF集团、辽宁省人大、省农委、阜新市人民政府等20多个单位的领导和专家到研究所考察。

【重点科技项目选介】

1.“半干旱沙区(科尔沁沙地)防沙治沙植物材料筛选与扩繁技术”项目

开展了彰武松耐旱性和耐盐碱性测试。结果显示，彰武松高生长在中度耐旱胁迫时远大于对照樟子松和油松；彰武松抗盐碱性大于油松和樟子松。为建设美国皂角嫁接种源种质保存基因库，引进20个种源共580株；为建设示范林引进16个种源共2500株。测定了两个美国皂角种源和当地皂角的蒸腾速率。选择在科尔沁沙地有较好适应性的桃叶卫矛、叶底珠、驼绒蒿、沙棘、榆叶梅等灌木进行叶片自由水和束缚水含量测定。结果显示，驼绒蒿、叶底珠、沙棘的束缚水含量相对较高，束/自比值较高，抗旱性较强。

2.“樟子松人工林寄主主导性病害群体结构御灾及动态经营管理技术”项目

该项目对采集的樟子松原产地和主要引种地的真菌子实体及根际土样进行分离和培养，开发了菌剂，并进行了试验应用。从东北林业大学引进4种真菌绿木霉菌株，用于防治樟子松病害，并进行了田间试验。开展了林内外空气温度、湿度、风速、土壤温度等要素观测。针对不同龄级、不同强度调整林木冠高比例，试验与示范面积10公顷。开展农林复合经营、林菌复合试验及土壤中耕、切根试验。继续在严重感病林分中对表现优良的个体进行筛选，将优良个体的穗条嫁接到樟子松2年生容器苗上，共繁殖800株，成活率为50%。

3.“辽西北困难立地生态保育及综合开发关键技术研究与示范”项目

该项目开展了沙区气候因子和土壤水分动态定位监测。利用2005—2006年培育的杨树优良品系造林3.33公顷。利用辽宁大学的li-6400光合仪检测彰武小钻杨、“64号”“33号”“98-68-203”“98-70-01”“s088”“北抗”等7个优良品系在不同光强和碳梯度下的光合蒸腾、呼吸速率和叶绿素含量等抗逆性指标值。春季在绿肥改土的地块上栽植了野生榛子、大果榛子等1000余株，为了保温保湿在栽植时进行了覆膜，并对该地块进行了土壤理化性质的测定，改良后的土壤水分物理性质得到了较好的改善，容重变小，孔隙度增大，土壤持水性和渗透性能均有所提高。调查了轮荒地、活化沙地和退化草地植被恢复状况。按照不同立地类型营建多层次沙地人工林模式，面积10.4公顷。在地势复杂、起伏较大的高燥地段营造灌草复合林面积为1.2公顷，在平缓沙地营造用材型防护林面积为6.0公顷，其中包括林农复合模式、针阔块（带）状混交林模式、乔灌块（带）状混交林模式、针针块（带）状混交林模式。对天然更新树种进行了利用，沙丘下部天然树种共计500株左右，与杨树造林树种构成1：1混交林，其中天然树木呈随机分布状态。开展了彰武小钻杨优化和沙地饲料林经营模式的相关研究。

4.“大果榛子杂交育种、沙地栽培及扩繁技术研究”项目

该项目采集了卡姆（泰安）、巴塞罗纳和泰安3个父本，还采集了当地的平榛混合花粉，用于与大果榛子进行回交。将2007年已经选好的授粉母树分为不同杂交组合进行套袋。对授粉母树上的果实进行采集，调查种子的大小、千粒重等性状。将2007年采集的杂交种子按不同品种进行播种，总共生产苗木1000株。进行了大果榛子直立压条繁苗，压条1013株，出圃820株。

（辽宁省固沙造林研究所　徐贵军）

辽宁省盐碱地利用研究所

【概述】 辽宁省盐碱地利用研究所创建于1958年，是全国唯一的以盐碱地改良利用为中心的省属科研机构。多年来，研究所始终以盐碱地资源改良利用、开发建设和生态保护为己任，立足盘锦、服务全省、面向全国，围绕合理改良与利用盐碱地，以达到资源与环境、社会与经济的永续性协调发展，在土壤改良与培肥、水稻（抗盐）育种、生物技术、生态农业、农田水利、园林绿化、高产栽培、植物保护、水产畜牧养殖等方面进行了多学科的试验研究，共取得204项科研成果，并有106项成果获得奖励。其中获国家级奖励4项，省部级奖励51项，市（厅）级奖励51项。有150多项科研成果在生产上得到广泛应用，创造社会经济效益500多亿元。

研究所的科研成果不仅在本地、本省得到推广应用，还推广至北京、天津、河北、河南、山东、江苏、宁夏、甘肃、新疆、内蒙古、黑龙江、吉林等省、自治区和直辖市。先后有13个国家的56名专家到研究所进行考察和经验交流。先后选派14名专家共19人次承担对马里、布基纳法索、乌干达、科特迪瓦等国湿地的考察、规划、勘测、施工等技术援助项目，受到国外专家的好评，为国家争得了荣誉。

【科研项目与经费】 2008年，共开展各类科技项目18项。其中国家级项目2项，分别为“高产优质多抗水稻新品种盐粳188试验示范”和“水稻育种国家支撑计划”；省（部）级项目4项，分别为“优质高产多抗水稻新品种(组合)选育”“辽宁农垦超级稻示范推广”“农业部农垦系统水稻高产攻关”“水稻现代产业技术体系——病害防控技术研究”；市级项目7项，分别为“水稻高产优质多抗新品种(组合)选育”“优质食味大米生产技术及开发”“海南育种基地建设”“耐盐和盐生植物修复改良盐碱地技术研究”“配方施肥及病虫害综合防治技术研究”“优质食味水稻良种标准化繁育基地建设”“水稻新品种盐粳188示范推广”；自选项目5项，分别为“植物组培快繁技术研究”“抗盐玉米育种试验研究”“水稻上茬小麦栽培试验”“罗布麻栽培技术研究”“日光温室及葡萄等水果的繁育及栽培技术研究”。全年共获得科研经费148万元。

【科研成果与转化】 “有机食品水稻生产操作规程”通过成果鉴定；“盘锦市水稻生产综合技术开发”获沈阳市科技进步一等奖，项目累积推广面积120万亩，实现增产10%以上，增效15%以上，平均每亩增效90～110元。该项目的推广在增加农民收入的同时提高了农民的科技素质，改善了水稻品质和土壤的理化性状，促进了区域经济的可持续发展。2008年，研究所的各类科技成果累计推广应用300多万亩，创造社会经济效益2亿多元。

【科技人才与队伍建设】 2008年，研究所强化激励政策，引入竞争机制，使人才能够脱颖而出，并在工作中担起重任。研究所制订了人才培养的长远计划，不仅充分发挥老专家的“传、帮、带”作用，还积极加强国际间的人才与技术交流。

2008年，引进应届硕士研究生4名。截至2008年底，共有职工145人，其中专业技术人员103人，包括高级研究人员26人、中级研究人员38人，有6人享受国务院特殊津贴。目前，研究所已形成了一支以土壤、水利、育种、栽培、植保、盐生植物利用、生物技术、畜牧、水产、园林为主的专业齐全、互相渗透、素质较强、具有团队精神的科技队伍。

（辽宁省盐碱地利用研究所　潘月卓）

辽宁省农业科学院

【概述】 辽宁省农业科学院（以下简称“农科院”）成立于1956年，是辽宁省人民政府直属的专业学科较为齐全、仪器设备较为先进的省级综合性农业科研机构。多年来，农科院以市场需求为导向，以出成果、出人才、出效益为宗旨，以增强农业综合生产能力和推进农业现代化为核心目标，以服务“三农”为重点任务，大力开展应用研究和开发研究，重视应用基础研究和高新技术研究，致力于解决我省在发展农业生产和农村经济实践中存在的带有普遍性、全局性和关键性的科学技术问题，取得了丰硕的科技创新成果，为全省农业和农村经济的发展做出了重要贡献。

全院下设22个研究所（中心），拥有15个国家（国际）研究、检测机构，12个省部级重点实验室，10个工程技术中心。在职职工1587人，其中科技人员992人，包括高级研究人员372人，中级研究人员328人，初级研究人员292人。

【科研项目与成果】 2008年，承担科研项目223项，其中国家级106项，省级94项，市级及横向联合23项。承担科技开发推广项目80项，其中综合开发项目56项，技术推广项目24项。

通过省级鉴定成果10项；审定（备案）品种64个，其中国审品种5个，省审品种8个，备案品种51个。申请国家发明专利2项，实用新型专利2项。

连续第二次获得辽宁省“定点扶贫标兵单位”称号，1人被评选为“扶贫标兵”，5人被评选为“定点扶贫先进工作者”。

获得辽宁省科技进步一等奖3项、二等奖4项、三等奖2项，辽宁省科技成果转化奖三等奖2项，辽宁省农业科技贡献奖一等奖4项、二等奖1项，沈阳市科技振兴奖1项，沈阳市和朝阳市科技进步二等奖各1项，沈阳市农村科技推广二等奖1项、三等奖3项。

【科研成果转化】 “东北平原南部（辽宁）春玉米丰产高效技术集成研究与示范”项目：针对辽宁玉米种植主产区，开展了辽南区增密控倒技术、辽北区增密促早熟技术、辽西区节水保苗高产技术的集成研究与示范。2008年，落实核心区1.6万亩，平均产量791千克/亩；示范区125万亩，平均产量681千克/亩；辐射区1210万亩，平均产量638千克/亩；超高产田113亩，其中35亩达到吨产，并有17亩通过国家科技部专家组现场实测验收。“三区”单产和总产均比生产田显著增加，比项目区前3年平均产量总计增产7.71亿千克，增加经济效益11.25亿元。

“东北风沙半干旱区林粮结合技术集成与示范”项目：培育了2个抗旱作物新品种，建立了1400亩技术集成试验示范区，形成了集成技术体系4套，降水利用效率提高5.5个百分点，主要作物水分利用效率提高0.1千克/（毫米·亩），农田风蚀降低16.5%~28.7%。

农业综合开发科技示范县项目：与阜新、朝阳、辽阳等市及20个县区展开全面共建。常驻农村的科技人员80人，巡回技术指导的科技人员近200人，15人兼任科技副县（区）长职务。项目区域涉及全省13个市，55个县区，引进新品种249个，推广新技术206项次；完成农业新品种、新技术试验示范区面积24.7万亩，示范推广面积717万亩，辐射面积3400万亩，增加效益17.48亿元，受益人口1100万人。累计举办各类培训班320余次，发放技术资料（技术手册、光盘等）51万份，培训技术骨干和农民14万人次。

【重点科技项目及工作】 辽宁省农业科学院稻作研究所承担了“北方杂交粳稻遗传基础与杂种优势关联性研究”项目。该项目是国家基金委课题，从分子水平对北方杂交粳稻遗传基础进行了系统的研究，分析亲本遗传差异与杂种优势的关联性。在杂交粳稻制种高产栽培技术上，针对“辽优5218”“屉优418”等组合大面积制种田，总结出了双亲对应叶龄回归方程，利用这些方程在播种至幼穗分化期进行了全期花期预测。

中国农业科学院果树研究所加强了果树新品种选育工作，培育有自主知识产权的品种；继续开展果树种质资源的收集、鉴评和利用研究；围绕我省果树生产现状，开展主要果树优质果品生产关键技术研究；针对生产实际，开展果品贮藏保鲜及加工技术研究；继续开展育种理论及生物技术在果树资源鉴定等方面应用研究。系统开展蓝莓、树莓等小浆果新品种引进及高效栽培技术研究，引种蓝莓（含野生）资源15个、树莓资源12个，建立蓝莓、树莓种质资源圃各1处，保存蓝莓资源62个，野生蓝莓资源3个，树莓资源37个；摸清了蓝莓组织培养外植体诱导、分化、生根的最佳培养基配方，明确了蓝莓最佳土壤改良配方，研究提出了蓝莓组织培养快繁技术规程，初步建立蓝莓种苗工厂化育苗体系。

中国农业科学院作物研究所主持全国高粱区域试验全部3个组的区域试验和生产试验，有5个品种参加试验，其中3个品种于2008年底完成了试验程序。承担国家北方春大豆区域试验、生产试验，在辽南、辽西、辽宁中部和北部进行了大豆高产优质栽培技术集成研究。

中国农业科学院植物保护研究所开展了稻曲病菌的分离纯化及基因提取与测序研究；调查了不同品种水稻对稻飞虱和条纹叶枯病的发生危害程度有显著差异，进行了稻水象甲抗虫品种与优质稻杂交工作。玉米病害研究方面，鉴定明确了玉米顶腐病致病菌为亚粘团镰孢菌，成功将绿色荧光蛋白基因导入并获得病原镰孢菌菌株。在我国首次采用rDNA ITS序列分析和病菌形态学相结合的技术，针对我国6省区玉米穗粒腐病病原真菌进行了分离，鉴定出相关真菌12属29种，已对部分分离获得的禾谷镰孢菌的产毒素类型及产毒素基因进行了分子生物学检测。

辽宁省蚕业科学研究所完成了三类育种素材的选择培育，其中早熟新品种选育纯种“9418”“印海青”基本定型，完成了现存品种或材料的有效保育，有目的地将彼此差异较大的品种相间排列，有效地防止品种混杂，保持了品种的纯正；完成了“金凤”材料的系统选育及品种比较实验。

中国农业科学院蔬菜研究所对完成选育的12个品种进行了生产试种和推广，在辽宁、山东、河北、吉林、黑龙江等地区累计推广32890亩。

辽宁省风沙地改良利用研究所花生新品种选育及配套栽培技术研究工作进展较快，阜花系列花生田间长势好，株高适中，单株饱果数多，平均亩产250千克左右，比当地主栽品种增产40公斤左右，亩增收160元左右。

【科技合作与交流】 在多个领域开展30余个国际合作项目，引进品种380多个，聘请8名国际合作顾问。接待来访团组14个，48人次；选派出访团组6个，20人次。主办和协办国际学术会议1次，国家级学术会议2次，省级学术会议4次。

【科技人才与队伍建设】 2008年，农科院共有21人获得研究员资格，18人获得副研究员资格，75人获得助理研究员资格，14人获得研究实习员资格。聘任研究员18人，副研究员29人；具有中级职称的技术人员24人，具有初级职称的技术人员14人。24名专家被中国农业科学院聘为专业学位研究生一级导师。14名专家被遴选为沈阳农业大学新一批研究生导师。4名博士后按期出站，3名完成中期考核，2名博士通过入站答辩。与沈阳农业大学联合培养研究生，6名研究生顺利毕业；与中国农科院联合培养研究生，19人达到录取分数要求。公开招聘录用人员35人，其中博士研究生5名，硕士研究生18名，本科生6名，大专生6名。

召开了“辽宁省农业科学院人才队伍建设与科技创新工作会议”“辽宁省农科院科技创新学术交流暨科技创新奖表彰大会”，有效地激发和调动了广大科技人员开展科技创新的积极性，进一步提高了广大管理人员和科技人员的思想认识，明确了人才队伍建设和科技创新工作的目标和思路。

【科技创新成果选介】

1．优质广适型超级稻新品种“辽星1号”选育与推广

该项目荣获2008年辽宁省科学技术进步奖一等奖、沈阳市科技振兴奖。1994—2007年，辽宁省稻作研究所张艳芝等人育成的“优质广适型超级稻辽星1号”是理想株型与优势利用相结合育种的典范，聚合了20多个亲本材料的优良基因，遗传基础

丰富，实现了优质高产、多抗广适、株形理想三方面的有机结合。“辽星1号”具有突出的增产潜力，参加辽宁省区域试验比对照增产13.1%　。农业部、辽宁省农委有关专家对“辽星1号”品种进行现场验收，百亩测产产量为811.1千克/亩，万亩测产产量为730.3千克/亩，达到了超级稻的验收标准。经农业部检测中心测定，“辽星1号”米质的12项指标均达部颁优质米1级标准。该项目2005年通过了辽宁省品种的审定，2007年通过了农业部超级稻的认定，2008年被农业部确定为主推品种，成为辽宁水稻生产的第一主栽品种。该项成果集品种选育、配套技术研究、无公害标准化生产开发于一体，技术熟化快、成果转化率高、推广面积大。2005—2007年，累计推广面积838万亩，共增加稻谷4.5亿千克，新增加效益9.8亿元。

2．玉米主要病菌种群动态及防控关键技术研究

该项目荣获2008年辽宁省科学技术进步奖一等奖。1999—2007年，辽宁省农业科学院植保研究所徐秀德等人在国家、省部级多个项目的资助下，历时8年研究发现了国际玉米新病害2种，辽宁新病害2种，并明确了其流行规律；明确了我国6省区的玉米穗粒腐病菌类群及优势种；在国际上证实了丝黑穗病菌有分化，鉴定出5个小种；建立了玉米6种病害抗性鉴定技术体系；筛选出土传病害防治药剂9种；完成1318份资源抗性鉴定，筛选出抗病自交系207份，部分被利用；育成新自交系145份、抗病新品种38个。发表论文22篇，专著3部。该成果的应用挽回经济损失6.9亿元，新增效益4.5亿元，投入产出比为1：8，经济效益显著。

3．高粱雄性不育系7050A创造与应用

该项目荣获2008年辽宁省科学技术进步奖一等奖。1985—2006年，辽宁省农业科学院作物研究所杨晓光等人选育创造了高粱雄性不育系7050A。该不育系是选育高粱杂交种的母本为A_2(非迈罗细胞质)细胞质，具有以下特点：应用地理远缘材料作亲本，双亲优势互补；将恢复系优良基因融入不育系中；打破常规育种模式，加快了育种进程；一般配合力与特殊配合力高，抗性遗传力强；对丝黑穗病免疫，高抗叶斑病，活秆成熟，抗倒伏、抗蚜虫、抗旱、抗涝；茎秆多汁、含糖量高，品质优良。应用7050A已经组配并审定推广食用、酒用、能源用、饲草用杂交种9个；推广种植1200万亩，增产粮食12亿千克，增加经济效益13.2亿元。7050A的选育成功，有效解决了生产上应用的高粱杂交种不抗丝黑穗病、不抗叶斑病、不抗倒伏等问题。同时，由于A_2细胞质的使用，避免了遗传单一性对生产的潜在威胁。

（辽宁省农业科学院　石龙阁）

辽宁省水土保持研究所

【概述】　辽宁省水土保持研究所成立于1960年，隶属于辽宁省农业科学院，是一个以水土保持技术研究和旱地农业研究为主的综合性科研单位。现有职工109人，其中科技人员62人，包括研究员9人，副研究员17人，助理研究员26人。设有科研业务科室6个，分别为环境工程研究室、旱地作物研究室、蔬菜花卉研究室、果树研究室、试验示范基地管理中心、农业科技推广服务部。

建所以来，共主持、参加国家、省部级研究推广项目160余项，取得科技成果136项，获得各种奖励89项，其中获省科技进步奖27项；选育、引进农业新品种30余个；研究推广各类栽培技术30余项；规划设计并进行综合治理典型小流域10余条；发表科技论文400余篇。

在水土保持技术研究方面，研究所完成的“辽宁省采矿业水土流失及其防治技术研究”等6个项目获辽宁省科技进步二等奖。“太平沟小流域综合治理试验”“辽西北风蚀水蚀区造林种草水土保持效益研究”“郝家流域水土流失防治及防洪拦沙效益研究”等项目的研究为朝阳市争取并实施联合国的

"2772工程"援助项目起到了重要作用。自1999年以来，先后取得了开发建设项目水土保持方案编制甲级资质、水土保持监测甲级资质、水土保持主导工艺丙级设计资质。2006年成立辽宁环美水土保持工程技术中心。到目前为止，已编制大型建设项目水土保持方案52个，完成水土保持规划设计14个。由水利部主管、研究所主办的《水土保持应用技术》自1981年创刊以来已经发行128期，多次荣获水利部等有关部门的表彰。

在旱地农业研究方面，研究选育谷子新品种19个，占全省谷子种植面积的30%以上。"朝谷9号"和"朝谷12号"被国家评为优质米。有2项成果获朝阳市科技进步一等奖。引进并筛选出葡萄新品种10余个。"晚红"葡萄等9个品种通过了省农作物品种审定委员会的认定。"晚红"葡萄获全国农业博览会银奖，"无核白鸡心"获辽宁省优质果金奖，"晚红李引种及其栽培技术的研究"获辽宁省科技进步二等奖。

为加快科技成果转化，先后派出6名副研究员以上科技人员积极参与基地建设工作。2003年9月，辽宁省农业科学院与朝阳市政府签订了科技共建协议，朝阳市人民政府批复，辽宁省水土保持研究所挂牌成立朝阳农业科学院，自此研究所农业科研重点围绕当地农业发展的主要问题开展工作，与地方经济发展联系得更加紧密。

【科研方向及重点】 围绕辽宁省水土保持生态农业发展战略性目标，开展区域农业生态环境修复、荒漠化治理、径流农业、工矿区及城市水土保持技术研究工作，开展水土保持方案编制工作，为水土保持规划及工程设计提供技术支撑；围绕朝阳市及周边半干旱区农业发展方向，开展设施农业、旱作节水农业、林果业、蔬菜等关键技术研究，加快科技成果转化，为社会主义新农村建设提供强有力的科技支撑。

【重点科技项目选介】

1. 冰葡萄优质高效栽培技术研究与产业化开发

该项目执行年限为2008—2010年。面对世界尤其是亚洲国家葡萄酒产销量持续增长的良好机遇，决定开展此项目研究与开发。选择优良冰酒葡萄品种，研究安全优质高效配套栽培技术，建立冰葡萄优质原料供应基地，采用先进的葡萄酒加工设备和工艺，增强产业的拉动力，增加农民收入。

2. 保护地蔬菜高效栽培技术示范推广

该项目执行年限为2008—2009年。针对辽西地区设施蔬菜产业发展需求，引进国内外保护地蔬菜优新品种，推广配套栽培技术。主要推广越夏栽培技术、生物秸秆反应堆栽培技术、菜菌套作立体高效栽培技术等先进实用技术，推广面积8万亩，单位面积产量提高15%～25%，累计新增经济效益1.8亿元。

3. 紫花苜蓿新品种引进及高产栽培技术集成与示范研究

该项目2008年获朝阳市科技进步二等奖。"十一五"期间，紧紧围绕将朝阳市建设成为全省现代畜牧业大市的目标，着力解决天然草地严重退化和人工草地面积小、品种混杂、产量低、栽培技术落后、饲草短缺等问题，引进国内外紫花苜蓿新品种，筛选出适宜朝阳地区种植的紫花苜蓿品种4个，丰富了适宜朝阳地区种植的紫花苜蓿品种，并通过配套技术的应用，显著地提高了产量，改善了品质，提高了利用率，规范了种植及栽培管理、病虫害防治等技术，为生产无公害、绿色畜产品提供了保障。目前，已累计推广种植面积1400公顷，通过紫花苜蓿秋播技术、除草剂应用技术、根瘤菌接种技术、病虫害防治技术、聚水栽培技术、刈割技术等措施的应用，使牧草产量提高23%以上，人工草地每公顷干草产量可达1.3万～1.5万千克，创造经济效益1.46亿元。

4. "朝谷15号"

该品种2008年获辽宁省农业科学院科技创新三等奖。"朝谷15号"是1998—2004年以优质、抗倒伏性强的"铁谷7号"为母本，以高产、穗部经济性状优良的"朝谷9号"为父本进行杂交，从杂交后代中选择优良单株培育而成。该品种幼苗绿色，芽鞘浅紫色，株高120～140厘米，穗纺锤型，码紧，刚毛中长，护颖绿色，穗长23～25厘米。黄谷黄米。生育期115天左右，单穗粒重14.0～18.0克，出谷率80%～85%，千粒重3.0～3.1克，米质粳性，口感好。经农业部农产品质量监督检验测试中心（沈阳）测定，蛋白质含量为10.5%，脂肪含量为2.60%，粗淀粉含量为81.04%。该品种突出特点是穗部经济性状良好，活秧成熟，抗旱性强，茎秆坚韧，抗倒伏，高抗锈病、白发病、黑穗病、谷瘟病。2007年参加辽宁省杂粮备案品种试验，平均亩产369.5千克，居第2位，比对照"朝谷12号"增产7.5%。适宜辽西干旱、半干旱地区及自然条件相似地区。

（辽宁省水土保持研究所　刘月英）

辽宁省蚕业科学研究所

【概述】 辽宁省蚕业科学研究所成立于1947年9月，原名为安东野蚕试验场，1959年3月28日正式建所，现隶属于辽宁省农业科学院。研究所是国际野蚕研究中心、中国柞蚕产学研联盟及辽宁省野蚕研究重点实验室的建设依托单位，长期从事柞蚕新品种选育、柞蚕病虫害防治、柞蚕饲养技术、柞蚕良种繁育技术、柞树树型养成及柞蚕场生态建设等方面的研究，并在这些领域达到国际先进水平；长期担负着国际柞蚕业高级技术人员培训与技术外援工作，已成为现代国际柞蚕产业策划与技术辐射中心。

多年来，研究所承担省部级以上科研项目160余项。在柞蚕产业研究方面，取得科技成果208项，占全国柞蚕科技成果总数的70%，并获得5项国家发明奖、2项国家科技进步奖以及7项省部级一等奖。研究所研究发明的实用品种、卵面消毒、寄生线虫、蚕寄蝇、蚕场敌害防控、树型养成、纸面产卵、小蚕保护育等八大关键技术构成了中国柞蚕生产的核心技术体系。目前，研究所培育的柞蚕新品种的应用面积已占全国柞蚕生产总面积的80%，柞蚕病虫害防治、小蚕保护育、纸面产卵等关键技术在全国的普及率达92%以上，生产的柞蚕种市场占有率达40%～50%，蚕药市场占有率达95%，柞蚕业科技贡献率超过60%，新成果取得直接经济效益70多亿元。

研究所下设8个业务研究室。现有在职职工196人，专业技术人员112人，其中高级专家32人，博士1人，硕士12人。拥有各类实验室4500平方米，生产厂房面积10000平方米，试验蚕场680公顷。

【科研管理与改革】 设立了“辽宁省蚕科所科技发展专项基金”，以调动和激发广大科技人员的工作积极性。该专项基金主要用于奖励获得科技成果匹配奖、争取重大科研项目奖、出版科技专著和行业核心期刊发表学术论文奖、青年科技进步奖、老专家新贡献奖、取得年度重大科研突破奖等奖项的科技人员，以及发放博士生岗位津贴、主持人岗位津贴等。

【科研项目与经费】 2008年，研究所继续以柞蚕“三超”（超短龄品种、超值品种、一化性大型茧品种）新品种选育、主导蚕药更新换代、柞蚕场生态建设研究及柞树多倍体育种探索为工作重点，承担省级以上科研项目14项，获得科研经费支持602万元。

【科研成果与转化】 “柞蚕线虫病防控新技术研究”项目通过省级鉴定，该成果已推广应用640余万亩，累计为农民新增纯经济效益5936.26万元；“柞蚕绒茧蜂病控制技术研究”获得辽宁省科技进步二等奖；“新型除草剂—烯草酮乳油的研制与开发”获得辽宁省农科院科技创新三等奖。

【科研投入】 2008年，为改善科研、生产条件，完善科研设施，研究所投入经费900万元用于基础设施建设、条件建设和科研设备购置。全年完成柞蚕模拟生态实验室、良种繁育场制种室、保种库以及蚕种销售处等12个项目的建设工作；购置科研仪器设备30台（件），约25万元。

【科技合作与交流】 9月，第五届国际野蚕学术会议代表到研究所考察调研。来自中国、日本、印度、泰国、印度尼西亚等国家和地区的110余位专家和学者参加了此次考察调研活动。

10月，在河南省南阳市组织召开了“中国柞蚕产学研联盟一届二次常务理事会”。会议着重探讨了柞蚕放养与生态的关系，形成了《中国柞蚕场资源的可持续利用》学术报告，并率先在行业内澄清了“放养柞蚕必破坏生态”的模糊认识。

11月13日，联合沈阳农业大学生物技术学院、大连理工大学、大连生物技术研究所的专家成立了

"中国柞蚕基础研究协作组"，确定了中国柞蚕基础研究今后的工作重点。未来5年，协作组将在中国柞蚕cDNA文库建设、转基因育种、分子标记辅助育种及柞蚕杆状病菌载体表达系统研究等方面深入开展基础性研究工作。

先后邀请西南大学向仲怀院士、中国蚕学会鲁成秘书长及国家茧丝办王北鹰司长、中国丝绸协会钱有清秘书长等专家领导到研究所考察调研，并进行学术交流。

（辽宁省蚕业科学研究所　石淑萍）

辽宁省稻作研究所

【概述】 辽宁省稻作研究所（以下简称"稻作所"）是专门从事北方粳稻研究和产业开发的省级专业所，是北方杂交粳稻工程技术中心、国家水稻改良分中心、国家水稻加工技术研发分中心、国家水稻原原种繁育基地、辽宁省农业科研重点研究所。下设杂交稻育种研究室、常规稻育种研究室、旱稻育种研究室、分子育种研究室、耕作栽培研究室、品种资源研究室和辽宁省高新技术产品开发中心。现有在职职工86人，其中研究员14人、副研究员13人，博士后1人、博士9人、硕士10人。

【科研项目与经费】 承担各级各类项目35项，到位经费670多万元。其中国家级项目11项，主要有农业部的国家水稻改良中心二期建设（种子工程）、国家水稻原原种基地建设、国家自然科学基金、科技支撑计划、跨越计划、超级稻选育与推广、农业部产业技术体系专项、农业结构调整重大专项、"948"引智项目和科技成果转化资金项目；承担了辽宁省科技攻关、省科技基金、省市农业综合开发、省科技特派员专项和省农业技术推广等项目；还承担了与丹东鸭绿江米业有限公司的横向联合项目（委托育种），联合开展优质水稻新品种选育和稻米产业开发工作。

【科研成果】 承担的农业结构调整重大专项"优质专用超级杂交粳稻新组合选育及高产高效技术研究"通过了农业部组织的项目验收；承担的国家"863"引导项目"北方优质超级稻无公害生产技术与产业化"超计划完成了各项任务指标，顺利通过辽宁省科技厅组织的项目验收；育成高配合力粳型BT不育系"辽99A"并通过了省农村经济委员会组织的专家鉴定；"优质超级稻新品种辽星1号"项目获沈阳市科技振兴奖；由稻作所主持的"优质广适型超级稻辽星1号选育与推广"项目获得辽宁省科技进步一等奖。

有5个常规稻新品种和杂交稻新组合通过国家和辽宁省的品种审定，其中通过国家农作物品种审定委员会审定的组合有2个，分别为"屉优267"和"辽优5238"，通过辽宁省农作物品种审定委员会审定的品种有3个，分别为"辽星18"、"辽星19"和"辽星20"。

"粳型杂交水稻高产制种方法"和"粳型杂交水稻恢复系快速定向选育技术"2个项目获得国家发明专利。

先后在《中国水稻科学》《杂交水稻》《中国稻米》《辽宁农业科学》等学术刊物上发表学术论文37篇。

【科研成果转化】 2008年，稻作所育成的"辽星"系列和"辽优"系列水稻新品种推广应用面积占全省水稻种植面积的70%。尤其是"辽星1号"水稻新品种成为辽宁省第一大主栽品种，为辽宁省粮食增产增收起到了重要的保障作用。

稻作所分别在沈阳、辽阳、鞍山、营口、盘锦、丹东、大连等水稻产区建立了优质水稻新品种核心示范区和展示田共计1.5万亩，示范推广"辽粳""辽星""辽优"系列水稻新品种，并采取统一供种、统一配肥、统一培训的"三统一"方式，带动了多个地区水稻新品种、新技术的示范和推广。

由于2008年春播时持续低温，并且入夏后多雨，导致辽宁省稻水象甲、条纹叶枯等疾病有蔓延扩散的趋势。针对这种情况，稻作所及时安排专家奔赴各水稻主产区，通过技术讲座和现场田间指导等方式，为广大稻农解决实际问题，保障了各项目区计划任务的顺利完成。

【基础设施建设】 稻作所结合国家水稻原原种基地和国家水稻改良中心沈阳分中心二期建设项目，投资200万元完成试验基地实验楼和综合楼共4600平方米的改造工作；投资15万元完成试验基地晒场建设；投资79万元完成试验基地电增容设备改造，新建的630千伏变压器解决了稻作所试验基地电力不足的问题，保证了种子加工和优质米加工两条生产线的用电需求。

利用辽宁省财政专项资金80万元购置了米饭食味计、大米精白度仪、米饭硬度黏度计、米质判别仪和水稻联合割机；利用国家水稻改良分中心二期建设项目资金83万元购置了远程教学培训系统、冷库种子存放架、露点水势系统、自动数粒仪、人工气候箱、万分之一天平、低温冰箱、电增容设备等；利用国家水稻原原种基地建设专项资金12.55万元购置了种子烘干设备一套。

【科技合作与交流】 先后接待了国际水稻研究所、法国农科院、美国路易斯安那州立大学、美国加州大学水稻研究中心、中国农科院、四川省农科院、江苏省种子管理站、丹东农科院等科研单位和学术团体130余人次来访。

4月17—18日，世界粳稻协作网（TRRC）专家指导委员会首届年会在韩国济州国际会展中心举行。副所长华泽田博士作为指导委员会成员和课题组长出席了会议，并被选为委员会主席。TRRC成立于2007年5月，由韩国农业部资助，国际水稻研究所组织，旨在通过世界粳稻种植国的专家协作，促进种质资源、研究方法及有关粳稻研究的多方面的信息交流，解决粳稻发展中的问题，推动世界粳稻发展。

【科技人才与队伍建设】 为促进科研强所战略的实施，提高青年科技人员的自主创新能力和独立工作的能力，支持青年科技人员研究出高水平科研成果，建立了青年人才发展基金，以充分调动青年科技人员从事科研工作的积极性。

2008年，共有6人在职攻读博士学位，7人在职攻读硕士学位。马秀芳博士参加了在菲律宾国际水稻所举办的技术培训，并取得了结业证书。

（辽宁省稻作研究所　李跃东）

辽宁省风沙地改良利用研究所

【概述】 辽宁省风沙地改良利用研究所（以下简称“风沙所”）成立于1963年7月，隶属于辽宁省农业科学院。主要从事风沙地综合治理、旱作农业研究、畜禽品种选育研究与开发工作，是一个综合性的农业科研单位。下设现代生态农业、旱作农业、畜牧兽医、设施园艺4个研究室；建有辽宁省生态农业重点实验室、农业部野外观测试验站；拥有章古台现代生态农业研发基地和国家农业园区旱作农业研发基地，占地面积302万平方米，办公楼7300平方米，实验室1200平方米，种子库2000平方米。现有在职职工96人，其中专业技术人员70人，包括研究员5人，副研究员10人，博士1人，硕士4人。

【科研项目与经费】 承担各类科研项目12个，其中在研项目7个，新上项目5个。承担的省部级以上科技项目主要有：科技部农业科技成果转化资金项目“优质高产花生新品种阜花10号、11号试验和示范”，科技部科技支撑项目“少花蒺藜草的发生规律和紧急处理技术”及“风沙半干旱区果粮复合模式关键技术研究与示范”；农业部项目“农业部章古台风沙地种质资源优化及生态环境修复重点野外科学观测试验站”；辽宁省科技攻关项目“沙地退耕还林还草经营技术模式研究”和“花生新品种选育及配套技术研究”，辽宁省科技厅科技平台建设项目“风沙地生态修复及改良利用实验室”等，辽宁省农业综合开发重点项目“优质高产阜花系列花生综合技术开发”。累计到位经费278.5万元。

【科研成果与转化】 辽西北风沙地生态修复关键技术、模式及其应用研究”获辽宁省科技进步二等奖，大葱新品种“阜葱1号”获阜新市科技进步一等奖，“少花蒺藜草的风险评估与控制技术研究”获阜新市科技进步二等奖。

花生新品种“阜花14号”“阜花15号”，小豆新品种“辽风小豆1号”“辽风小豆2号”通过辽宁省种子管理局新品种备案。“高产优质专用花生新品种选育及配套技术研究”通过辽宁省科技厅组织的专家鉴定。

被农业部确定为“农业部章古台风沙地种质资源优化及生态环境修复重点野外科学观测试验站”。

先后在《甘肃农业大学学报》《华北农学报》《中国草食动物》《作物杂志》《北方园艺》等学术刊物上发表学术论文23篇。

截至2008年年底，花生新品种“阜花9～13号”在阜新、锦州、铁岭、沈阳等地区大面积推广应用，累计种植面积达381万亩，占全省同期种植面积的25.6%，比当地主栽品种平均亩增产38.9千克，增产19.1%，共增产1.48亿千克，新增纯经济效益5.07亿元。

【科研平台建设】 投入经费150万元，对生态农业重点实验室和旱作农业研发基地进行改造和扩建。购入了原子吸收分光光度计、双光束紫外可见分光光度计、低温冷冻离心机、超低温冷柜、H8土壤温度/湿度自动记录仪、光照培养箱等专业设备，新建了作业室、种子库1000平方米。

【科技合作与交流】 2月28日，邀请沈阳农业大学和中国科学院沈阳应用生态研究所的专家，围绕现代生态农业、旱作农业、畜牧兽医3个重点学科发展问题进行研讨，进一步明晰了风沙所的生态科研发展方向。11月，邀请沈阳农业大学、辽宁省农业科学院的专家共同研讨阜新设施园艺的发展问题。

邀请中国农业大学陈阜教授、中国农业科学院任天志研究员、农业部检测中心李淑芬研究员到风沙所生态农业重点实验室进行技术指导；派出科技人员到中国科学院沈阳应用生态研究所、辽宁省农科院分析测试中心、中国检疫科学研究院、沈阳农业大学、辽宁工程技术大学等省内外科研院所及大学实验室进行调研，以掌握实验室仪器设备的使用管理和维护保养技术，为实验室建设、管理，仪器设备的选型、采购等提供第一手资料，保证仪器选购的准确性和先进性；派出3名技术人员到辽宁省农科院分析测试中心进行为期2个月的系统学习，重点学习化验分析技术、设备的使用、维护和日常管理等。

【重点科技项目选介】 辽西北风沙地生态修复关键技术、模式及其应用研究：该项研究核心区域在辽宁省阜新市彰武县北部的章古台地区，以风沙所为技术实施主体，研究确立了创建特定自然环境条件下，人类与动植物长期共同生长繁衍的生态环境的新理念。依据生物相生、生态因子互补、立体空间层次效应、时间交错效应的生态学和经济学原理，在注重单项技术先进、高效、实用的同时，将林业、果业、草业及粮食作物有机复合到一起，研制开发环境治理与经济建设协调发展的生态模式及关键技术，实现退化土地治理的多元化，促进沙区经济可持续发展。

该项目在以下4个方面取得创新成果。一是开展农业气候、土壤环境、植被分布及农业生产特性研究。提出了辽西北风沙易旱冷凉地区的区域概念，界定了区域范围。依据农业生态系统受损程度，建立起农业生产区域类型的评价指标体系，将农业生产区域划分为生态型、生态经济型、经济生态型和经济型4种农业生产区域类型。二是开展模式综合效应研究。采用开拓生态效应带技术，构建10个新型现代农业生态修复模式，采用Topsis法和5类评价指标，建立起不同生态模式的评价体系，系统评价出不同农业生产区域类型内农业生产模式间的综合效应。三是开展了沙区优良抗逆植物种质材料选繁技术研究，筛选出适宜该地区栽培的优良植物品种21个，其中，杨树3个，大扁杏3个，牧草9个，粮油作物6个。四是开展了植被恢复和作物高产优质等复合系统持续发展关键技术和经营管理技术研究，制定出8个实用技术规程，为该地区及同类地区高效治理提供了技术支撑。

该项成果为本地区及同类地区生态环境修复、治理和利用提供了有效的、可持续的发展模式，对提高本地区农业综合效益、增加农民收入意义重大。项目执行期间，累计推广应用200余万亩，新增经济效益4.9亿元。该项成果不仅在辽宁省西北部的5市10个县（区）推广应用，还可辐射到邻近的内蒙古东部、吉林西部、河北北部半干旱区，实现风沙地高效、长期综合治理的目的。

（辽宁省风沙地改良利用研究所　代洪娟）

辽宁省杨树研究所

【概述】 辽宁省杨树研究所始建于1956年，隶属于辽宁省林业厅，是公益性杨树专业研究机构，主要从事杨树遗传育种、栽培生理、栽培生态、病虫害防控的科学技术研究、科技成果转化及科技产业开发等工作。

建所50多年来，先后承担了国家、省（部、委）、省林业厅等科研、推广项目70余项，取得科技成果50余项，培育、推广杨树良种30余个，出版科普图书3部，发表论文150余篇，对辽宁平原绿化、生态建设、速生丰产林工程建设作出了突出贡献。

【科研项目】 2008年，承担各级各类科研课题7项。包括主持国家“948”课题“杨树强化杂交育种技术及自动控制关键设备的引进”，国家农转资金课题“抗寒速生杨树新品种辽育3号区域试验与示范”，国家推广课题“速生耐盐碱杨树的推广”，省重点攻关课题“杨树、沙棘新品种选育及锈菌生物防治应用研究”和省自然科学基金课题“杨与榆远缘杂交障碍克服机理及AELP标记研究”；参与国家“十一五”重点科技支撑课题“高产优质欧美杨速生材新品种选育”和国家“863”协作课题“欧美杨纸浆林高效集约栽培技术研究与示范”。

【科研成果转化】 “土培加温人工杂交育种技术”应用到南方型美洲黑杨、欧美杨、乡土青杨等树种的栽培繁育中，均取得了成功，获得杂种苗2500多株；在播种技术方面，采用穴盘裸播法有效地控制了种子的出苗率和成活率，进一步提高了育种效率和质量；在耐盐碱品种选育方面，对胡杨杂种苗部分无性系进行了室内浇盐试验，试验结果表明，“辽育3号”杨乘胡杨具有一定的耐盐碱性，或可成为耐盐碱新品种；在杨树栽培研究方面，制定了杨树冻害发生原因和机理研究的总体方案，开展了因子监测、低温胁迫、生理干旱及抗性施肥等试验，已获得部分试验数据；单倍体育种、细胞筛选、细胞杂交研究获得了部分试验数据，取得了一定进展。

【科研平台建设】 筹划建设杨树种质资源基因库。针对原有优树林分和濒危种源面临绝种以及我国北方地区缺少可人工栽培、杂交育种的树种资源的情况，根据杨树的生物学和生态学习性，制订了杨树种质资源基因库的总体规划建设方案和阶段实施计划，计划用三年时间在辽东、辽西两个区域内建立500亩基因库。其中，辽西的300亩基因库以引进北方型美洲黑杨、欧洲黑杨、乡土青杨派树种——小青杨和小叶杨为主；辽东的200亩基因库以乡土青杨树种——青杨、香杨、马氏杨、大青杨和山杨为主。目前已初步完成了基因资源的收集与繁育工作。第一期辽西150亩基因库已收集美洲黑杨种源50个、欧洲黑杨种源50个，利用“948”课题引进种源9个；辽东100亩基因库已繁育野生乡土杨树种4个、种源12个。

全年投入20余万元，加强实验室基础设施建设。添置了荧光显微镜、数显火焰光度计、电导率仪、温湿度记录仪、野外自动气象记录仪等仪器设施。

【科技人才与队伍建设】 为提高科技人员的业务水平和科技创新能力，研究所制定了《辽宁省杨树研究所2008—2010职工队伍建设培训规划》和《科研课题组研讨制度》，通过聘请老师授课和召开交流研讨会等多种形式，夯实科技人员的专业理论基础，提高科技人员的创造性思维能力；充分利用在研课题对广大科技人员进行有步骤、有针对性的岗位实践锻炼，促进知识向能力的转化，做到融会贯通；依据绩效考核制度和工作计划，针对各部门工作完成的进度和质量，做到每一项工作有布置、有检查、有评估、有奖惩。通过这种管理方式，引导职工刻苦学习、爱岗敬业、钻研业务，营造人人学先进、赶先进、争先进的浓厚氛围。

2008年，研究所引进全日制硕士研究生3名。截至2008年年底，全所共有职工40人，其中专业技术人员32人，工勤人员8人。专业技术人员中，有教授级高级工程师6人、高级工程师5人，博士研究生2人、硕士研究生7人，省十大科技英才1人，省百千万人才工程的百层次人才1人、千层次人才4人，省青年学术带头人1人。

（辽宁省杨树研究所　张妍）

沈阳仪表科学研究院

【概述】 沈阳仪表科学研究院始建于1961年5月5日，原名为沈阳仪器仪表工艺研究所，原隶属于机械工业部。1999年7月1日改制为企业，现隶属于中国机械工业集团公司。自2003年以来，先后重组了杭州照相机械研究所、秦皇岛视听机械研究所、沈阳真空技术研究所，被中国机械工业集团公司确定为“核心业务企业”。

经过近半个世纪的发展，研究院共完成科研项目1644项，获得国家、部、省、市等各项奖励322项，其中国家级发明奖和国家科技进步奖11项，省部级科技进步奖80项，专利和专有技术117项，形成了传感器、变送器、智能仪器仪表、光机电一体化产品、仪表成套系统及相关技术；波纹管、膨胀节、特种民用或军用波纹管组件、强化换热技术、弹性元件工艺装备及相关技术；高压水系统清洗设备及其自动化清洗系统、管道仪器、传感器工艺装备、划片机等专用设备及相关技术；光学薄膜产品、滤光片、反光镜、非球面透镜、数码镜头和其他光学元器件及相关技术等一批在国内具有领先优势、市场潜力大的高技术产品，建成了国内最具实力的硅基传感器产业化基地、高压组合电器补偿器及其配套产品产业化基地和光学干涉滤光片产业化基地。

研究院专有技术主要有：光学薄膜膜系设计技术、成膜工艺及辅助镀膜技术、膜层控厚技术、精密旋压变薄技术、薄壁焊接工艺技术、各类金属波纹管成形技术及工艺装备的设计制造技术、波纹管设计技术、强化传热技术、防腐技术和在线检测技术、高性能传感器设计技术、稳定性工艺技术、封装技术、可靠性技术、测试技术等；高压水射流清洗及系统成套技术、PIG清管成套技术、半导体专用设备设计制造技术、非标专用设备及系统成套设备的设计制造技术；MEMS技术、温度补偿技术、测试技术、特种封装技术；智能化仪表设计技术、通讯技术、自动化控制技术、现场总线技术、磁敏器件制造工艺技术、磁性薄膜制造工艺技术、磁敏器件应用技术；各种幻灯变焦镜头、扫描仪镜头、CCD镜头、投影仪镜头及各种球面、非球面塑料镜头技术；电影摄影机、电影摄影辅助器材、各种放映摄影镜头和光机电一体化电子技术等。

研究院是全国仪器仪表元器件和仪表工艺的归口单位。设有国家级工程中心1个，国家级质检中心3个、部级质检中心1个，标准化技术委员会4个；设有中国仪器仪表学会仪表元件分会、仪表工艺分会，中国仪器仪表行业协会传感器分会。

研究院已通过了ISO9001质量体系认证和

GJB9001A军工质量体系认证。建立了全国性营销网络，产品广泛应用于航空、航天、电力、石化、冶金、供热、供电、煤炭、轻工、建筑、制药等行业，部分产品已远销国外。研究院作为重点协作配套单位，研制生产多项军工产品，成功应用于“高新工程”“神舟五号”“神舟六号”载人航天及“嫦娥一号”卫星等重点工程。

研究院是辽宁省“守合同重信用”单位、辽宁省高新技术企业、辽宁省企业技术中心、国家博士后工作站、沈阳市火炬型科研院所；先后获得国家信息产业部军用电子元器件合格分承包方资格证书、国防科工委武器装备科研生产许可证、三级保密资格证书等证书；先后荣获国防科工委协作配套先进单位、中国机械工业集团公司先进单位等荣誉称号；获得“中国航天五十年”表彰，并被授予沈阳市“五一奖状”；其主要产品“汇博”成为沈阳市名牌产品，“汇博”成为辽宁省著名商标。

【科研管理与改革】 在原有制度的基础上，实行内部技术研究所模式。选拔院级、部门级高层次人才和技术骨干，成立专业设计团队、专题项目组，发放专项津贴，设立专项课题，实现生产和研发的分离，使技术人员拥有更为充裕的时间进行研发活动。此外，还针对科技成果转化制定了专项政策，依据效益给予经济奖励。

首次将标准制（修）订项目按科研项目管理，严格按计划执行；组织标准制（修）订人员培训班，提高标准编制水平，培养了一批懂技术的标准化人才；召开了“一院三所”标准化工作会议，提高员工对标准化工作重要性的认识。全年共申报国家标准8项，获批4项。

【科研项目与成果】 2008年，获批项目16项，累计实现新增立项国拨经费1200多万元，到位国拨经费1400多万元。

获得各类奖励7项，其中“生物医学滤光片系列产品开发”“高压金属波纹管制造工艺及设备开发”获辽宁省科技进步三等奖；“特种精密金属波纹管寿命及批产工艺稳定性”“压力传感器型谱系列”2个项目分获中国机械工业集团科学技术奖一等奖、三等奖；“800kV组合电器用温度补偿器”获中国机械工业科学技术奖二等奖；“精密半导体自动划片装备研制”获中国仪器仪表学会科技成果奖、沈阳市科技进步二等奖。

累计申报专利12项，其中发明专利3项；授权专利10项，其中发明专利2项；制（修）订标准42项，其中国家标准17项，行业标准25项。

【科研成果转化】 研究院开发出具有自主知识产权的“SOI压力传感器和相关仪表的产业化技术”，并建立了产业化基地。该技术成果可以为地方发展重化工业提供关键器件，实现地方配套，促进东北老工业基地的技术发展和产品升级，同时，也打破了国外对我国高温压力传感器核心技术的封锁，增强了我国传感器技术的核心竞争能力，实现了SOI耐高温压力传感器的国产化。截至2008年年底，SOI耐高温压力敏感芯片实现产能5万片/年，SOI耐高温压力敏感器件以及相关仪表实现产能2万只（台）/年，产值达到1000万元，市场占有率达到30%，并已取得发明专利，制定了产品行业标准。

研究院针对国内三大高压开关厂典型用户需求，利用其专有技术（设计技术和实现免焊密封的专用工艺装备制造技术），自主开发完成了GIS系统高压组合电器用金属波纹管补偿器的研制和产业化工作。其中采用800kV超高压组合电器温度补偿器产品的输变电线路是国内最高输电等级的输变电线路，也是世界上第一条商业运行800kV输变电线路。该项目填补了国内800kV输变电系统用温度补偿器的空白，达到国际先进水平，并已取得多项专利，制定了行业标准，国家标准也正在制定中。该项目研制成功后，广泛应用于“三峡工程”“荆江工程”等国内大型新建输变电工程和其他电站的改造中，并出口日本三菱公司，同时为东芝、阿海珐、西门子等公司提供配套服务。此外，研究院还先后与沈阳高压开关有限责任公司、西安西开高压电器股份有限公司、泰安高压开关厂等企业建立了稳定的合作关系。

【科技合作与交流】 在传感器领域，参加了韩国首尔“AIMEX 2008展会”、德国纽伦堡“SENSOR+TEST 2008展会”以及国内各类传感器、仪表和自动控制系统技术展会；与南京沃天、南京高华、上海飞恩、西安中星、浙大中控、重庆艾维、安徽皖科、武汉航空仪表、太原航空仪表等用户单位长期保持产品供货和技术合作关系。

在光学领域，参加了德国“生化分析展”、德国杜塞尔多夫“MEDICA 2008国际医疗展览会”等9项国内外展会；与来自加拿大、美国、意大利、日本、新西兰、印度、韩国等国家的大型企业以及国内雷杜、迈瑞等公司进行技术交流与产品合作；为进一步推进“数字放映机用反光镜项目”的开发进程，邀请日本USHIO公司的技术人员到研究院考察和交流。

【科技人才与队伍建设】 截至2008年年末，研究院共有职工1050人，其中干部471人，工人579人；在职专业技术人员466人，其中机械行业“百千万工程”知名学者1人；享受政府特殊津贴专家4人；高级专业技术人员127人（其中教授级高级工程师30人,高级工程师93人，高级会计师4人）；中级专业技术人员135人，初级以下专业技术人员204人。

2008年，3人晋升为教授级高级工程师，8人晋升为工程师。培养相关专业研究生10人、博士生1人，聘请行业技术专家12人，通过各类学术交流活动培养行业技术人员60余人。

（沈阳仪表科学研究院　常胜利）

沈阳有色金属研究院

【概述】 沈阳有色金属研究院始建于1949年10月，是中国有色矿业集团有限公司直属的从事有色金属矿产资源开发和综合利用研究开发的科研单位，主营业务是金属矿与非金属矿选矿工艺研究和选矿药剂开发、有色金属冶金工艺研究和金属材料开发。设有选矿研究所、冶金研究所、分析检测中心等研究开发机构和贵金属厂、金属材料厂等产业实体，以及博士后科研工作站、辽宁省矿物材料工程技术研究中心和中国有色集团镍铁中间试验基地等科技创新平台，在工艺矿物学研究、复杂有色多金属矿选矿、有色金属矿选矿降砷、有色金属湿法冶金、二次资源综合利用研究和有色金属合金材料、选矿药剂开发等领域形成了较强的科研优势。

研究院位于沈阳经济技术开发区，占地面积约6万平方米。1997年11月获得科研院所类自营进出口权，2001年9月通过ISO9001质量管理体系认证，2006年12月被认定为沈阳市高新技术企业。

截至2008年年底，全院在职职工121人，其中专业技术人员75人（其中高级专业技术人员33人，中级专业技术人员28人；博士1人，硕士10人，本科生29人，专科生25人），占全院职工总数的62%。2008年资产总额2612万元，固定资产净值1363万元，综合收入2925.48万元。

【科研管理与改革】 2008年，研究院不断完善绩效考核体系，针对2007年绩效考核制度在运行中存在的问题，对考核内容和方式进行完善和改进，并出台了《沈阳有色金属研究院科技成果奖励办法》，为规范和激励科技人员创新的积极性起到了重要作用。

【科研项目与经费】 2008年，承担各项科研课题28项（其中国家科技部项目2项，国家发改委项目1项），同比增长33%。其中横向课题21项，纵向课题4项，自选课题3项，实现科研收入507.96万元，同期增加237.96万元，同比增长88.13%。

独立申报的国家科技部项目“镍红土矿电炉还原生产镍铁节能技术”，项目计划已正式下达，获得专项拨款116万元；在与东北大学、北京科技大学、中色非洲矿业有限公司、谦比西铜冶炼有限公司等单位联合申报的国家“十一五”科技支撑计划项目“难处理有色金属资源开发关键技术与设备研究”中，承担了子课题“复杂难开发铜钴资源采选冶关键技术研究”中的选矿药剂、工艺矿物学及冶金的部分研究工作，参与了子课题“深采有色金属矿山资源增储与高效利用关键技术研究”项目中的工艺矿物学研究及选矿工艺研究工作；与中色镍业、中南大学联合申报的国家发改委重大产业关键技术开发项目“低品位红土型镍矿高效利用关键技术开发”，对缅甸红土型镍矿生产工艺优化和节能减排具有重要意义；申报了2009年科技部专项科研计划“镍红土矿硫酸化焙烧—浸出新工艺的研究”。

【科研成果】“提高桓仁金来矿业钼矿选矿指标的试验研究与开发” 项目获得2008年度中国有色金属工业科技进步三等奖。该项目首次采用烷基黄原酸甲酸酯作捕收剂浮选结晶较差的辉钼矿，在精选作业中添加六偏磷酸钠，解决了尾矿沉降难题，用硫氨酯尾液替代氰化钠抑制黄铁矿，减轻了环境污染。

“一种废铅蓄电池直接低温熔炼的方法”获得发明专利授权。该发明是一种采用火法炼铅工艺从废蓄电池中回收金属铅的废铅蓄电池直接低温熔炼的方法，具有熔炼温度低、铅挥发量小、烟尘率低、铅直收率高、能耗低和不产生SO_2污染等优点。

【科研平台建设】 中国有色集团镍铁中试基地于2008年10月建成，10月15日正式点火试车。该基地进行的中试项目填补了我国在红土型镍矿冶炼工艺试验领域的空白。该基地的建成也将为缅甸达贡山项目建设提供设计依据，为新技术的开发、生产水平的提高和人才的管理与培养提供条件。为保障镍铁中试项目顺利进行，中国有色集团投入60多万元，配备了直读光谱仪，提高了分析检测能力。

为了完善选矿药剂产业结构和产业链的发展，研究院在沈阳经济技术开发区化工园购地56亩，建设“高效选矿药剂实验研究示范基地”。目前已经完成项目建设所有的前期审批手续，主体生产厂房已经封顶。

【科技人才与队伍建设】 研究院高度重视人才在企业发展中的作用，坚持以人为本理念，利用技术开发平台和激励政策开展技术人才的引进、培养、使用和交流，营造有利于人才成长的良好环境。在薪酬等待遇上打破常规，与市场接轨；在项目研发上充分发挥人才的优势，积极扶持，大胆使用，推动了研究院科技工作的快速发展。

2008年6月，国家人力资源和社会保障部批准在研究院设立了博士后科研工作站。全年共招聘新员工6人；结合镍铁中试基地缅甸达贡山镍铁项目的需求，引进专业技术人员及操作工30余人；引进博士后2人，并确定了“红土镍矿深度还原—分选试验研究”和“羧酸类氧化矿捕收剂的低温浮选改性研究”2个博士后研究项目。

（沈阳有色金属研究院　王本英）

沈阳铁路局科学技术研究所

【概述】 沈阳铁路局科学技术研究所成立于1958年，是铁路局属科研开发机构。多年来以铁路的重载、提速、安全、扩能、服务、信息等方面的技术研究为主攻方向，开展科研攻关、推广开发工作。主要承担铁道部、沈阳铁路局批准的科研课题和技术攻关项目；组织局内外科技成果的引进、吸收、消化、推广与应用，开拓科研、生产、应用渠道，促进科技成果转化为生产力；交流科技信息，开展国内外的科技交流与合作；举办各种形式的学术讲座、培训和展览，开展科普宣传。

下设开发研究室、工务研究室、机辆研究室、检测研究室、自动化研究室、站场研究室、运输研究室、安全设备研究室、焊接研究室、机械研究室、电子研究室、综合研究室等12个研究室和1个试验工厂。拥有万能试验机、疲劳试验机，以及与铁路线路、桥梁试验有关的静、动态检测设备及电子仪器表等先进仪器设备。

现有职工137人，其中技术人员111人。技术人员中，具有正高级职称的3人，副高级职称的46人，中级职称的47人，初级职称的15人；获得茅以升铁道工程师奖的4人；享受政府特殊津贴的专家3人；铁道部专业技术带头人1人；沈阳铁路局专业技术带头人3人；铁道部青年科技拔尖人才6人；沈阳铁路局青年科技拔尖人才5人。

【科研项目】 2008年，新立项课题20项。其中承担铁道部重点科研计划项目3项，分别为“隧道限界检测设备动态标定技术研究”“既有隧道渗漏水综合治理技术”“移动式气压焊在高速铁路的应用及工艺装备的研制”；合作参加铁道部重点科研计划项目2项，分别为“铁路站段绿色生态塘污水处理技术”和“铁路行业节能、节水检测考核指标体系及技术措施研究”；承担沈阳铁路局重点科研计划项目15项，分别为“提高能力型减速顶”“铁路散装颗粒货物表面固化技术的研究”“客运列车甩挂日班计划软件”等。

【科研成果与转化】 2008年，通过科研成果鉴定和评审项目12项。其中，“SNF-1型机车视频安全监视装置”通过铁道部产品评审，“SSF型隧道救援作业送风系统”“机务设备管理信息系统”“TSDC-1型提速道岔电热除雪装置”等9项通过沈阳铁路局技术鉴定，“秦沈线冻害区弹条扣应力检测”和“重载列车合理操纵的研究”通过沈阳铁路局技术评审。“电力机车登顶整备作业安全监控系统”被辽宁省总工会评为辽宁省十大科技创新成果。自主研发的“液压救援设备”在鞍钢和广州、济南、北京、西安铁路局推广应用。

【相关工作任务完成情况】 2008年，研究所承担并完成了沈阳铁路局重点项目——沈南焊轨基地改造工程中的辊道线、横移基础和设备安装调试任务；完成了沈阳铁路局全局减速顶、可控停车器设备的大修任务；完成了叶柏寿等地区4处井群监控设备的大修任务；完成了苏家屯机务段等3处机车微机加油设备的大修任务；完成了京通、沈山线9座桥梁54孔的加固任务；完成了沈阳铁路局大虎山站、北京铁路局黄村站等7个车站的道岔电热除雪装置施工等工程；完成大郑线长轨移动气压焊焊轨40千米；利用隧道限界车对沈阳铁路局东部铁路通道、南昌铁路局管内铁路隧道、宜宾地方铁路隧道进行检测，累计检测隧道172.7延长千米；赴巴西和伊朗对YHJ系列移动式钢轨气压焊设备用户进行售后服务，调整了新钢种的工艺参数，培训了相关操作人员。

【科技人才与队伍建设】 研究所积极安排青年科研人员到生产现场学习锻炼，促进了青年科研人员对生产过程的了解，有效地解决了新毕业生不了解现场、与现场脱节的问题。多次举办学术交流会和专业技术讲座，聘请有关专家就铁路新技术进行详细介绍，提高了科技人员的知识水平和技术水平。

（沈阳铁路局科学技术研究所　潘晓蕃）

技术创新示范企业选介

北方重工沈阳重型机械集团有限责任公司

【概述】 2008年，北方重工沈阳重型机械集团有限责任公司在技术创新的推动下，经济规模日亦扩大，经营指标快速增长，全年工业总产值达到51.7亿元，销售收入41.3亿元，利税1亿元。

【新产品研发】 2008年，公司通过自主创新，开发并研制了一批具有自主知识产权的新产品，新产品销售收入占到全年销售收入的80%。其中，年产40万吨废钢破碎成套技术、废钢破碎机、大型脱硫立磨、φ3180毫米复合式盾构机、日产3500吨立式辊磨机、3500毫米宽厚板精轧机、1780毫米不锈钢连续退火酸洗平整机组、1000兆瓦机组用MP265B辊盘式磨煤机、1600大型液压旋回破碎机等产品，填补了国内空白，产品技术指标达到国际先进水平。

【科技投入】 2008年，公司通过自筹资金、银行贷款、国家拨款等多种渠道筹措资金，继续加大技术开发经费的投入，全年支出技术开发经费21894万元，技术开发经费占销售收入的比例达到了5.3%。2006—2008年科研投入总额达48126万元。

【科技人才与队伍建设】 公司始终将人才战略作为企业发展的第一战略。多年来，通过激励政策与环境建设，培育出了一支素质高、技能好、业务精的创新人才队伍。2008年，新引进博士研究生1名、硕士研究生35名。

公司特别注重对35岁以下青年专业技术人员的培养，为其提供包括专业技术、项目管理及科技英语等多门类、全方位的专业培训，使其在各个专业领域中迅速成长为优秀的专业技术带头人。与大连理工大学联合组建了硕士研究生培养基地，近两年共培养硕士研究生45人；选派7名技术带头人、骨干参加北京矿业大学主办的第二届盾构/TBM工程硕士研究生课程进修班；选派50名青年专业技术人员出国培训。

【科技项目与成果】 “Φ5750单护盾全断面掘进机开发研制”“滚切剪先进设计技术开发与产业化”项目被列入辽宁省科技计划项目；“大型全断面掘进机（盾构机）”项目被列入辽宁省企业技术创新计划重点项目；“盾构机刀盘刀具选型及布置关键技术攻关”项目被列入沈阳市科技计划项目；“薄壁废钢破碎成套技术开发及成套设备研制”项目被列入沈阳市重点技术创新计划项目。

“50×3000毫米滚切式双边剪”获得中国机械工业科学技术二等奖、辽宁省科技进步一等奖；“MQY5064溢流型球磨机”获得辽宁省科技进步三等奖；“滚切剪先进设计技术开发与产业化”项目获得辽宁省科技成果转化三等奖；“年产1.5万立方米麦秸中密度板成套设备”“MQY5585溢流型球磨机”获得沈阳市科技进步一等奖；“MLK2650矿渣立磨”“大型汽轮发电机护环核心技术攻关及产品研制”获得沈阳市科学技术研究成果奖；“中厚板精整剪切设备开发与研制”获得沈阳市十大创新成果奖；“沈重牌中厚板轧制生产线精整区设备”获得辽宁省名牌产品称号，“沈重牌盾构机”获得沈阳市名牌产品称号。

【产学研合作】 公司坚持以提高企业创新能力为重点，通过共建研究平台的方式，开展多层次、多领域、长期稳定的产学研合作与交流。依托高校技术优势，先后与浙江大学、大连理工大学、燕山大学、吉林大学、东北大学等高校合作，开展秸秆中密度板成套设备、盾构机、31.5兆牛锻造液压机、滚切式双边剪、大型球磨机、矿渣立磨、废钢破碎机等项目的研发，取得了丰硕成果。几年来，公司完成产学研合作项目近百项，解决了公司在国家重大技术装备开发设计制造等核心技术方面的难题，加快了新产品的研发速度，提高了产品的技术水平。

【知识产权工作】 2008年，公司共申请“用于盾构机始发的加压平衡装置”“刀具破岩机理与耐磨试验机”“土压平衡盾构机背装式刀盘泡沫喷射装置”“带式刨花与纤维均匀化装置”等14项国家专利，其中发明专利12项，实用新型专利2项；起草了《带式烧结机》《旋回破碎机》《MP型辊盘式磨煤机》《矿渣水泥立磨》《热钢坯剪断机基本参数》《热锯机基本参数》《型钢辊式矫直机基本参数》等7项行业标准。截至2008年年底，公司共拥有专利19项，起草、修订国家和行业标准40余项。

【重点科技项目选介】 QJRN－112泥水平衡盾构机：该成套设备于2008年12月通过中国机械工业联合会主持的新产品鉴定，满足了我国隧道施工领域对大型泥水平衡盾构的需求，填补了国内空白，替代了进口，打破了国外的技术垄断。整机技术性能指标达到国际同类产品先进水平，部分指标达到国际领先水平。该设备能够产生显著的经济效益和社会效益，市场前景广阔，并已成功运用在广深港铁路客运专线狮子洋隧道施工中，具有“地中对接、洞内解体”长距离隧道施工功能。该成套设备具有自主知识产权。

MLK2650矿渣立磨：该产品于2008年9月通过沈阳市科技局主持的科技成果鉴定，获得沈阳市科学技术研究成果奖，是我国自主研制并投入运行的首台可实现既能粉磨矿渣又能粉磨水泥熟料的立磨。其主要性能达到了同类磨机技术的国际先进水平，并处于国内领先地位，国内外市场前景广阔。该产品保证了矿渣在水泥行业中的应用，既提高了水泥行业的经济效益，又解决了钢铁行业排放矿渣对环境造成的污染问题，具有显著的社会效益。该产品具有自主知识产权。

（北方重工沈阳重型机械集团有限责任公司　孔丹）

辽河油田公司

【概述】 辽河油田公司坚持以技术创新提升公司核心竞争力，以高科技引领公司实现经济效益协调稳定发展，以新体制新机制确保“科技大油田”的实现。2008年，公司首次获得国家科技进步奖励，首次承担国家科技重大专项，首次建立了公司“技术结构模板”，首次组织召开第一届科技大会，发明专利申报比例进一步提高，稠油开采先导试验基地阶段建设目标基本实现，各项工作进展顺利，有效提升了公司的技术创新能力和水平。

【科技管理与改革】 在中石油系统首次引入技术特性测评法、特尔斐法两大国际先进理念，构建出了公司的“技术结构模板”，完成了公司的技术路线图研究。该研究首次具体量化了公司的技术现状，明确了公司共有45个技术领域704项专项技术，得出了“公司总体技术水平处于国内一般偏上水平”的自我评价结论，构建了公司中长期科技发展的整体布局，同时以“主营业务驱动”和“效益驱动”为原则，确定了今后需要重点发展的关键技术并进行了优先排序，提高了顶层设计和项目框架设计的可靠性。

制定并颁发了《辽河油田公司关于激励科技创新的暂行规定》（又称《科技激励16条》）。该规定中，设立了科学技术进步奖、技术发明奖、优秀项目工作奖等奖项，最高奖励额度达到30万元；建立了专利一奖两酬机制，加大了发明专利的奖励力度及专利实施的提成比例，提高了科技人员自主创新的积极性和主动性；增设了科技成果转化奖酬制度，推进了科技成果向现实生产力转化进程；提高了科研补贴的比例，最高每月达到3000元。同时配套完善了科技项目管理、成果管理、知识产权管理以及简化科技项目外协手续等管理办法，促进了公司科技管理水平的进一步提高。

组织召开了公司第一届科技大会，筹措资金1400余万元，表彰并重奖了22名杰出科技工作者、121名先进科技工作者、16个先进科技单位、26个先进科技集体、20项优秀重大项目、47项优秀重点项目。

【科技项目与经费】 组织安排各类科技项目82项，经费14344万元。在油气主营业务方面，安排科技项目14项，补助经费3000万元（其中，科研攻关项目8项，经费2000万元；重点推广项目6项，经费1000万元）；转发中国石油天然气集团公司及勘探生产分公司项目8项，经费2190万元。在非油产业方面，安排科技项目57项，经费8784万元；转发中国石油天然气集团公司科技项目3项，经费370万元。

【科技成果】 获得省部级以上科技奖励19项，其中国家科技进步二等奖1项，辽宁省自然科学奖1项，辽宁省科技进步奖11项（一等奖2项，二等奖4项，三等奖5项），中国石油天然气集团公司科技进步奖6项（特等奖1项，一等奖1项，二等奖1项，三等奖3项）；获得盘锦市科技进步奖15项；获得公司科技进步奖117项（一等奖13项，二等奖36项，三等奖68项）。

【国家科技重大专项】 “渤海湾盆地辽河坳陷中深层稠油开发技术示范工程”是国家科技重大专项“大型油气田及煤层气开发”中22项示范工程之一，是公司首次承担的国家级科技项目。该项目国家预计投入资金5.35亿元，将建设蒸汽驱、SAGD、薄互层水平井开发等3个示范区。目前，该项目的立项工作已经完成，启动资金已经下达。

【知识产权工作】 申报国家专利135项，其中发明专利48项，同比提高了近10个百分点；获得专利授权126项，其中发明专利8项。各项专利技术已应用100余项13000多井次，增油2万吨，创产值近2亿元。高压物性测试系统、稠油热采高温产出液油水处理试验等5个标志性装置/系统已经正式投入使用，申报稠油专利24项，授权18项（其中发明专利1项），此外，还在2008年世界重油大会上发表论文7篇。

【重点科技项目选介】 高干度注汽技术：利用恒能量加热技术，通过开展参数设计与优选、高干度注汽方案、高干度运行不结垢研究及室内试验，初步设计出高温高压恒能量加热器，实现了在锅炉不结垢的情况下，锅炉出口饱和蒸汽干度由75%提高到95%的重大突破，有效提高了中深层稠油入井蒸汽的质量，避免了汽水分离带来的一系列问题。

水平注汽井井下温度压力长期直读监测技术：实现了水平段2点压力和4点温度长期直读监测，其中2点压力与2点温度一一对应，为评价水平井注汽效果提供了手段和依据，满足了水平井双管注汽特殊工艺的测试要求，填补了注汽过程中全阶段监测水平段温度压力分布剖面的空白。

水平井水力喷射定位分段压裂技术：自主研发了人造金刚石水力喷射喷咀、配套压裂工具、压力设计方法以及相应的施工工艺，取得了在任意水平井完井方式下分压2段以上、单段加砂量30立方米以上的重大突破，实现了任意完井方式下水平段的压裂改造。

连续油管作业机研制技术：攻克了核心部件注入头系统、液压控制系统、电子控制系统的设计制造技术，形成了自主研制和生产能力，加工制造了样机两台，打破了美国等发达国家的技术垄断，获得了自主知识产权，提升了装备制造业的自主创新能力。

自动化修井作业技术：成功研制出适用于自动化操作的油管（抽油杆）吊卡、卡座和液压钳，开发设计出油管和抽油杆的甩管装置、液压承载行走装置，申请专利12项，其中发明专利6项，实现了一套全新的修井作业方法。现场应用5井次，成功率100%。

蒸汽驱配套技术：优化了分层蒸汽驱配注量与配汽喷嘴设计软件，完善了偏心式分层蒸汽驱技术，在齐40块、锦45块规模应用127井次，施工成功率100%，分层配汽合格率达到90.7%；设计了上置固定阀无接箍抽油泵和锥型吸入尾管的工具组合，优化了汽驱井有杆泵过油层深抽技术，消除了砂埋拔出阻力，解决了砂埋管柱导致油井大修的问题；完成了分层防砂堵水（采油）一体化管柱配套工具的设计及样机的加工，形成了汽驱油井防砂控水措施的有效补充，有效解决了出砂边底水长井段汽驱油藏的动用程度；研发了耐温性好的聚丙烯酰胺共聚体系和特种水泥高温调剖剂，确定了以无机凝胶为主体的调剖方案，进一步完善了蒸汽驱高温调剖技术。蒸汽驱配套技术的完善，使齐40汽驱区块日产油一年连上5个百吨台阶。

SAGD配套技术：研制了具有自主知识产权的大型多功能高温高压三维比例物理模型，创新了蒸汽吞吐、蒸汽驱、蒸汽驱辅助重力泄油联动相似理论，实现了中深层稠油多种热力采油开发方式的物理综合模拟；创新了油藏跟踪及动态调控技术，建立了全新的“高干度、大排量、换热、均衡、控压、防窜”14字油藏动态调控方法，有效解决了闪蒸、连通不充分、动用不均、排液量低、出砂、汽窜等问题；完善了非标大泵泵筒、柱塞、阀球（座）等抽油泵部件，实现了无接箍的泵体结构，柱塞长度由1800mm缩短至1300mm，实现了防气、防砂、耐高温、防井斜等多种功能，现场应用15井次，平均泵效达到71.1%。SAGD配套技术的研制成功，有效推进了SAGD的规模化进程，使目前SAGD开发井组达到了21个。

水平井配套技术：研制出具有自主知识产权的水平段小直径软密封阻隔器，实现了水平井段接近真正意义上的分段注汽，现场实施18井次，增油9582吨。开发设计出水平段均匀布酸管柱，筛选出了主体酸、前置液、解堵液和后置液组成的酸化体系配方，取得了水平井段油层处理技术的新突破，单井日增油幅度达到5吨。配套研制了双管井口、Y441双管封隔器、Y341分支封隔器及导向器，使多分支水平井采油技术进一步完善。水平井配套技术的研究，有效提高了水平井规模实施的效果，使目前水平井原油生产能力达到80.2万吨，取得了显著效果。

三次采油配套技术：开展了化学驱分层注入工艺、化学驱油井偏磨诊断及优化设计软件、三次采油过程中破乳剂/水处理剂、注聚驱试井解释方法、锦16块化学驱动态监测资料管理系统基础平台等5个方面的研究，确定了Y221+Y445封隔器组合的分层注入工艺，建立了化学驱动态监测资料管理与应用平台，形成了采出液聚合物浓度和表面活性剂浓度监测方法，为化学驱试验的全面展开提供了技术支持。

火驱采油技术：通过完善井下火驱封隔器和分层火驱工具，改进火驱油层预热、添加剂助燃自燃点火工艺，形成了火驱采油动态监测、控制分析、蒸汽吞吐引效、反转注气引效、调整注采参数等辅助技术系列，使杜66块平均日产油由原来的7吨提高到50吨，空气油比达到每吨1696立方米。

砂岩型铀矿床无试剂地浸采矿技术：开展优化铀矿井PVC套管完井工艺技术，解决了下PVC套管遇阻、矿层渗漏窜层和矿层过流面积小等关键技术难题，开发出综合解堵剂，解决了矿层化学堵塞问题。先后获得7项国家专利（发明专利5项），形成了具有自主知识产权的“无试剂”地浸采矿技术系列，在15个井组进行工业性试验，创经济效益5200万元。

海上开发技术：自主研发出海上一体化多功能生产管柱、海上钢丝作业工具销钉快速更换器，形成了7″套管井不动管柱分采技术，实现了井不动管柱分层防砂、分层控制和钢丝作业；研制成功了全金属双螺杆泵采油样机，自吸功能强，耐温最高达240℃，最大流量达100m^3/d；攻克了海上油井底部分采完井技术，形成了分层防砂、分层控制、分层测试3项技术成果，满足了95/8″、7″套管井分采技术需求；开发出陆基基地主控系统和油(气)井平台测控系统，建立了海上油（气）井全集成数字化采油网络控制平台，实现了平台式独立测量与远程指令控制动作的完成。目前海上已形成了近30项技术储备，为下步建成规模产能奠定了基础。

低渗储量动用技术：针对茨46－70块注不进水的难题，研究应用了小型压裂、酸化、缩膨相集成的渗透率恢复技术，使区块日产量由5吨增加到13吨，为下步类似区块的有效动用奠定了基础；针对奈曼油田渗透性差、采油速度低的问题，研发出了系列封隔器及配套工具，形成了一次性多层压裂工艺技术，满足了大井段多层改造的技术需求，年度实施17井次，累计增油2030吨；针对欢北综合条件较差的问题，开展了注空气低温氧化试验，给出了欢北原油与空气低温氧化反应的活化能、拟前指数、反应级数等氧化动力学参数，提出了注空气开发的可行性。

成藏模式技术：在西部凹陷地区，首次建立了全区沉积层序格架，提出了潜山内幕多层次油层分布的成藏模式（平面上不少于烃源岩可能波及的最大范围，纵向上不小于烃源岩埋藏的最大深度）和岩性砂体三元成藏模式（环境元、外元、内元），指导了兴隆台、中央凸起等潜山带和坡洼过渡带地层岩性油气藏的勘探；在滩海地区，建立了反向正断层遮挡为主油气成藏模式（笔架岭油气田）和同向正断层输导为主油气成藏模式（海南一月东），提出建议井位3口，海古1井，已获中国石油天然气股份有限公司意向性批准。

水平井均匀注汽技术：配套研发了双管注汽交叉流道和智能等干度分配装置，配套完善了注汽井口装置、无节箍油管，进一步实现了成熟配套，现场累计规模应用148井次，增油7.5万吨。

网状纤维复合防砂技术：进一步优化了纤维长度和加入比例，形成了系列化纤维网状砂产品，完成了高温条件下纤维胶结砂的研制，扩大了技术应用范围，现场推广应用9井次，增产原油4747吨，增产天然气31.4万方，施工成功率100%，具备了进一步规模实施的条件。

可掺液式机械堵水工艺技术：针对封隔器坐封困难、密封性低、堵水跨距小等问题，改进了摩擦块内的弹簧结构，优化了Y211封隔器的卡瓦结构、材质、热处理方式和胶筒成份，加大了Y111和Y211封隔器之间114mm油管长度，年度实施40井次，增油1.5万吨，显示出较好的规模实施前景。

超稠油疏导引流技术：针对超稠油开发过程中注不进、采不出的问题，研发出屏蔽暂堵剂、新型解堵剂和高效的表面活性剂，通过3种药剂的集成应用，实现了油层“先疏导后引流”的处理方案，现场实施15井次，增油3946吨，成为下步规模实施的储备技术之一。

整体调驱技术：先后在龙11块、包1块、茨13块、茨34块等区块的86口水井规模应用了聚合物微球乳液地层匹配深部调驱、低浓度大剂量交联聚合物溶液深部调驱等整体调驱技术，控制油井186口，注采比由0.64升至0.80，增油8110吨。

大口径高强钢管道施工技术：配合西气东输管道二线的标段，研发成功了RMD半自动根焊焊接工艺及辅助施工机具，形成了大口径高强钢管道施工工艺技术，填补了辽河油田在X80管线钢上缺少完善的焊接工艺技术的空白，为油建施工系统外部产值份额的增加做出了积极的技术贡献。

特石输油管线改造技术：打破传统设计规范，重新认识了超稠油输送规律，掌握了超稠油长输工艺运行参数和规律特点，在特石管线上设计应用了变频提速与双螺杆泵导程技术，使管线输送能力由100万吨/年提高到200万吨/年，相当于新建了一条同等输送能力的特石管线，节约投资1亿元。

热采锅炉系列化研制技术：突破了锅炉本体优化设计、对流段密排式光管设计、辐射段/过渡段优化以及保温技术设计等4项关键技术难题，成功地开发出YZG11.2-21-D和YZG23-17.2-D燃油（气）注汽锅炉，申报国家专利4项，年度生产锅炉15台，创产值6550万元，利润750万元。

TML双体起重船设计制造技术：TML双体起重船是技术含量极高的海洋石油工程专用船舶，起重能力达2万吨，能够举起海上作业平台等大型离岸石油设施。经过一年多的调研、设计和施工，目前基本掌握了全部的设计制造技术，全船结构制造部分已接近尾声，机电部分进入出图阶段。

（辽河油田公司　杨宗霖）

辽宁省电力有限公司

【概述】 2008年，辽宁省电力有限公司按照国家电网公司（以下简称“国网公司”）提出的“建设一流人才队伍、实施大科研、创造大成果、培育大产业、实现大推广”（又称“一流四大”）科技发展战略的要求，滚动修订了科技、信息发展规划，明确了“十一五”后期的发展方向，完成了公司“十一五”科技、信息发展规划中期评估工作，分析总结了规划执行情况和存在的主要问题，并结合发展实际，提出了相应的重点技术领域、重点项目和信息化项目需求。

【科技攻关项目】 2008年，受国际金融危机影响，辽宁省电力市场急剧萎缩，经济效益显著下降。在新形势下，为促进资源节约型、环境友好型电网的建设，为配合国网公司的六大重点工程（即500千伏丹庄送电线新建工程；500千伏庄金送电线Ⅱ入庄河站工程；渤海至南关岭、渤海至金家500千伏线路Ⅱ入瓦房店变电站送电线路工程；500千伏瓦房店变电所新建工程；500千伏雁水变电站扩建工程；20千伏配电技术应用工程），公司进行了220千伏装配式变电站、66千伏模块化变电站、66千伏同塔六回路、高强钢铁塔典型设计、SVQC和66千伏数字化变电站等项目的研究和应用，并在低压无功补偿设备、非晶合金配电变压器、小电流接地装置和TGIS组合电器方面加大了建设和改造力度。

【标准化工作】 根据国网公司年度标准化工作计划，公司组织制定了《高压静止无功补偿装置技术监督规定》，并于2008年3月13日发布实施，同时，还组织制定了《小电流接地系统单相接地故障选线装置技术规范》《SVQC10型变电站无功补偿与电压优化成套装置技术规范》《低弧垂耐热钢芯铝合金导线技术标准》等3项国网公司技术标准。

根据公司年度标准化工作计划，制定并实施了《辽宁省电力有限公司技术标准管理办法》，此外，还制定实施了《辽宁电网建设与改造技术导则》1项技术标准、《电能计量中心管理标准》等6项管理标准、《电能计量中心岗位工作标准》等18项工作标准。

【科技成果】 2008年，公司获得国家科技进步二等奖1项，省级科技进步奖一等奖2项、二等奖1项，国网公司科技进步三等奖2项。其中，与东北电力大学合作完成的“大规模电力系统暂态稳定定量评价理论与应用”获国家科技进步二等奖；沈阳供电公司与东北大学合作完成的“面向节能的复杂配电网的监测控制与故障诊断关键技术与应用”获辽宁省技术发明一等奖；沈阳供电公司与东北电力大学合作完成的“大型变压器铁心及夹件绝缘状态在线监测技术的研究与应用”获吉林省科技进步一等奖；公司与中国电力科学研究院合作完成的“基于网络的集中式小波故障测距系统技术研究”获辽宁省科技进步二等奖；锦州供电公司与辽宁电能发展有限公司合作完成的“SVQC型变电站无功与电压优化技术创新及应用”获国网公司科技进步三等奖；锦州供电公司与辽宁电能发展有限公司合作完成的“JDBH-10型小接地电流系统消弧、过压、感电保护装置”获国网公司科技进步三等奖。

【信息化建设与信息安全】 按照国网公司“SG186”工程的统一部署，公司在信息内外网隔离、一体化平台、奥运保电信息安全等方面进行了重点投入与建设。启动了企业资源计划系统（ERP）项目、营销管理系统、生产管理系统建设；完成了安全监督系统（一期）、协同办公系统、农电系统、可靠性系统、综合计划管理、电力交易（一期）、纪检系统、审计系统、移动存储管理系统、远程教育培训系统、国际合作、经济法律共12个系统的推广应用；开展了统一规划建设综合数据网和计算机资源清查工作，实施了服务器资源整合，开展了目录服务、统一身份认证和企业门户建设；实现了信息资源优化配置，为满足公司核心业务应用奠定了基础。

为了满足奥运会信息安全要求，与沈阳供电公司共同完成了信息外网建设、安全隔离装置部署、内外网邮件系统改造、信息系统安全等级保护建设、安全移动存储介质实施等五大工程建设。通过视频会议系统圆满完成了奥运保电社会联动应急演练工作，实现了奥运期间信息系统安全稳定运行的目标。

【重点科技项目选介】 碳纤维复合芯导线的研制与应用：该项目为国网公司项目，经过不断的改进和各种形式的试验，各项指标均达到或超过国际标准。2008年5月，该导线在沈阳供电公司66千伏文桃线正式挂网运行，成为我国第一条完全采用国产化技术的碳纤维复合芯导线，标志着我国在该项技术领域达到国际先进水平。目前，该项目已通过辽宁省科技厅的科技成果鉴定以及辽宁省经贸委的产品鉴定，已具备在更高电压等级应用的条件。

数字化变电站关键技术研究：该项目首次提出基于信息共享的数字化变电站系统方案，解决了现有“点对点”结构数字化变电站存在的问题。2008年9月，鞍山66千伏小坨数字化变电站正式投入运行。目前，该项目已通过了中国电机工程学会的科技成果鉴定，为继续建设220千伏数字化变电站提供了技术基础。

MCR动态无功补偿成套装置研制：针对城市电网电缆线路逐渐增多，容性电流越来越大等特点，辽宁电能发展有限公司和沈阳供电公司共同研制开发了MCR动态无功补偿成套装置，现已在沈阳张官220千伏变电站一次投运成功，调节电压效果良好。

大型变压器操作波感应耐压现场试验装置：该装置由阜新供电公司自主研制，具有结构简单、功能齐全、自动化程度较高等特点。通过采用感应升压、自动点火和测控系统集成化等技术，使该装置能够检测和试验变压器绝缘缺陷，有效地解决了大型变压器现场试验的技术难题。

66千伏输配电系统串联补偿装置：针对66千伏海哈线存在的实际问题，阜新供电公司对串联补偿装置进行研究，以实现电压的调节、降损以及提高线路的输送能力，有效地解决了66千伏超长线路输电引起的电能质量问题。

（辽宁省电力有限公司　李锡臣）

鞍山钢铁集团公司

【概述】 2008年，鞍山钢铁集团公司坚持以科学发展观为指导，以创建国家首批创新型企业为契机，紧紧围绕“到2010年，进入世界500强，成为具有国际竞争力的大型钢铁企业集团”的发展目标，按照“四个转变”的发展战略（即在长大方式上，以投资新建为主向新建与兼并并重转变；在产业布局上，从内陆发展向靠近市场、沿海、跨国转变；在核心技术上，以自主创新为主，由跟跑世界向领跑世界转变；在经营方式上，从单一产品输出向技术输出、管理输出的转变），努力克服国际金融危机的不利影响，全力实施科技引领战略，健全完善技术创新体系，加大科技投入力度，完善科技奖励政策，公司各项科技工作取得了突破性的进展。

【新产品研发】 公司逐步完善了研发管理体制，构建了集团公司、二级公司、厂（矿）三级科研项目管理模式。形成了5个“083项目（公司高技术项目）”、6个国家课题、19个集团公司重大科技项目、23个直属单位项目、259个二级公司自管项目分层次推进和长短期相结合的格局。2008年，重点新产品研发取得了新进展。X80厚规格经济型钢板通过新产品鉴定，已向国家重点工程西气东输二线供货；出口印度极限规格X70管线钢成功进行试生产；采用TRIP780钢生产的汽车部件通过马自达6车型使用认可。

【科技合作与交流】 成功举办了“2008年洁净钢生产技术国际研讨会”。本次研讨会的特点是主题热、专家多、层次高、成果新，吸引了来自日本、韩国、德国、美国等9个国家260余名冶金行业专家及科研人员参会。中国工程院院长徐匡迪和中国工程院院士殷瑞钰在会上作了专题报告。此次研讨会的召开为促进全球洁净钢生产技术的发展搭建了良好的国际交流平台。

参加了“第四届国际网络炼钢大赛”。由13名参赛队员组成的5组参赛队从来自26个国家和地区的478个参赛组中脱颖而出，全部进入前10名。

积极搭建国际合作平台，加强与国外知名企业的技术合作，与澳大利亚FMG公司、韩国STX公司等国际性矿业及造船企业集团开展了“低品位、难选矿的技术研究”等合作项目，并建立了双边定期交流机制。

参加大型国际学术会议7个，发表科技论文18篇。

【产学研合作】 2008年，公司加强和改进科技合作项目管理模式，不断拓展科技合作领域，积极探索更加有效的合作方式，建立了比较集中、稳定的高层次的科技合作关系，增强了公司的科技创新能力，形成了以公司科研单位为骨干、以生产主体单位为依托、以高等院校和科研院所为协作伙伴的产学研一体化运行模式。先后与北京科技大学、东北大学、辽宁科技大学、中国科学院金属研究所、中国铁道科学研究院、中国钢研科技集团公司、澳大利亚FMG公司及韩国STX集团公司等20余个著名高等院校、科研院所及高技术企业开展广泛的产学研合作，合作项目共计34项。

公司与中国钢研科技集团公司、辽宁科技大学等单位签订了战略合作协议；与中国钢研科技集团有限公司开展了“高品质特厚板生产技术及品种开发研究”等7项合作项目，双方共建的涂镀国家工程实验室获国家发改委批准；与北京科技大学开展了“超高强冷轧双相钢DP980，DP1180工艺研究及产品开发”等5项合作项目，重点进行海洋平台用齿条钢板、冷轧硅钢、高等级汽车板等高性能高附加值产品的开发；与东北大学、中国矿业大学等院校合作，针对矿山开采效率偏低的生产技术现状，系统研究改进采矿方法、优化设备配置、研究地压管理与岩移危害控制技术，消除安全隐患、改善主要技术经济指标，实现开采效益最大化，共同开展了“深部地下开采研究”等22个合作项目。

【科技成果】 获得冶金科学技术进步奖3项。其中，“鞍钢连铸连轧工艺氧化铁皮控制技术”获冶金科学技术进步奖一等奖；“鞍钢TMCP船体及海洋平台用钢系列产品及其生产技术”获冶金科学技术进步奖二等奖；“燃用高炉煤气CCPP工程300兆瓦机组余热锅炉模块安装”获冶金科学技术进步奖三等奖。

获得辽宁省科学技术进步奖7项。其中，“三峡电站右岸机组转轮下环的研制”等4个项目获辽宁省科技进步奖二等奖；“冷轧厂新建清洗机组设计与研究”等3个项目获辽宁省科技进步奖三等奖。

获得鞍山市科技进步奖13项。其中特等奖1项，一等奖2项，二等奖4项，三等奖6项。

“鞍钢船体结构及海洋平台用系列钢板”项目获得首届中国钢铁工业产品开发市场开拓奖；“鞍钢1780mm大型宽带钢冷轧生产线工艺装备技术国内自主集成与创新”获得辽宁省科技成果转化奖一等奖。

“船体结构用钢板”入选中国世界名牌产品培育目录；“镀锌钢板”和“管线钢板”申报中国名牌；鞍钢矿渣开发公司生产的“矿渣微粉”获得“辽宁名牌产品”称号；鞍钢房地产开发集团有限公司生产的“砼力”预拌混凝土、“海建”钢制管式散热器等3个产品获得鞍山名牌产品称号；鞍钢钢绳有限责任公司、鞍钢建设集团有限公司永发实业分公司荣获2008年辽宁省用户满意企业称号；“矿用钢丝绳”“PP-R冷热水管材管件”荣获2008年辽宁省用户满意产品称号；鞍钢建设集团有限公司的“鞍钢高炉煤气综合利用发电工程”、鞍钢实业集团有限公司金属结构公司的“鞍钢三十万立方米煤气柜”荣获2008年辽宁省用户满意工程称号。

【知识产权工作】 “知识产权信息管理计算机平台（ANSTEEL-IPRS系统）”成功上线运行，管理体系进一步规范，实现了从研发到市场、从产品到项目的全面覆盖。该平台能够实现知识产权业务网上申请、审查和审批处理，实现数据档案计算机自动统计、分析报表和归档保管，实现管理信息发布、宣传培训和辅助办公集中处理等多项功能，最终实现无纸化办公。

“一种连续变凸度工作辊及利用其进行板型控制方法”和“铁矿石阴离子反浮选药剂的组合使用方法”2项发明专利荣获第十届中国专利奖优秀奖。提出3项国际专利PCT申请，总申请数达到7项。

【创新型企业建设】 2008年，公司不断加强研发支撑体系建设，推进创新战略，完善创新制度，开展品牌塑造，丰富创新文化，全员劳动生产率和人均增加值稳步提高，研发经费占销售收入的比例远高于全国大中型工业企业的平均水平。7月28日，公司被正式命名为全国首批“创新型企业”。

创建“创新型企业”工作的开展，使公司对技术创新的依存度不断提高，创新能力明显增强，研发人数和发明专利授权数逐年增加，新产品平均研发周期明显缩短，新产品转化为常规专用材速度显著加快，全员劳动生产率不断提高，为公司加快实现发展战略目标奠定了坚实的基础。

【质量管理工作】 通过开展以“建精品基地，创世界品牌”为目标的质量管理小组活动，改进了产品质量，降低了能源消耗，提高了全员素质，经济效益显著提升。其中，有2个全面质量管理（QC）小组被授予全国优秀质量管理小组，11个QC小组被授予冶金行业优秀质量管理小组，19个QC小组被授予辽宁省优秀质量管理小组，1个班组被授予全国质量信得过班组，6个班组被授予辽宁省质量信得过班组。组织策划了“质量月”活动：举办六西格玛高阶管理质量讲座；开展了质量管理论文征集活动；举办了“股份杯”质量演讲比赛，选拔2名选手参加了全国质量演讲比赛，分别获一等奖、三等奖。

（鞍山钢铁集团公司　任子平　陈新　李维兵　潘玲）

沈阳鼓风机集团股份有限公司

【概述】 沈阳鼓风机集团股份有限公司是国有大型一类企业，其前身沈阳鼓风机厂始建于1934年。1952年国家投资170万元进行扩建改造，成为全国第一个风机专业制造厂，2003年整体转制为沈阳鼓风机集团有限公司。2004年5月，公司凭借品牌和管理优势对沈阳水泵股份有限公司、沈阳气体压缩机股份有限公司进行了战略重组和重大技术改造，组建新的沈阳鼓风机集团股份有限公司（简称“沈鼓集团”）。新沈鼓集团位于辽宁省沈阳市经济技术开发区，总投资20亿元，占地面积80万平方米，员工总数5900余人，资产总额72亿元。

公司主要从事离心压缩机、轴流压缩机等8个系列300个规格的风机类产品，高压给水泵、强制循环泵、核电站用泵等51个系列579个品种的泵类产品和45个系列400个规格的往复式压缩机产品的研发、设计、制造和经营，产品广泛应用于石油、化工、冶金、空分、天然气输送、制药、制酸、国防、环保等领域，是目前国内生产规模最大、技术力量雄厚、工艺装备精良、产品质量优良、竞争力较强、经营效能较高的国有大型一类装备制造业企业。目前，公司的设计和制造技术水平居于国内同行业领先地位，并接近国际同行业先进水平。

【新技术与新产品研发】 公司始终坚持“产品向宽领域扩展、单元技术向高精尖进军”的科技发展战略，每年以销售收入5%的资金投入用于科技研发。2008年，公司完成了多项重大新产品的国产化开发研制工作，其中1000MW核电机组核二级泵、天然气长输管线压缩机和2D125大型往复式新氢压缩机等重大技术装备对国民经济的发展以及能源安全的保障都具有重要的意义。

1000MW核电机组核二级泵样机：研制出余热排出泵、安全壳喷淋泵、低压安注泵、电动辅助给水泵等4台核二级泵样机。该样机的水力设计先进、总体设计结构紧凑、安全可靠、具有较高的抗汽蚀能力和水力效率，整体密封设计在各种工况下无泄漏，经抗震分析可以满足安全、可靠运行的要求，机组的研制完全符合法国RCC−M核电站安全级设备设计制造标准。

天然气长输管线压缩机：与美国GE新比隆公司合作，成功地生产出为“西气东输”项目一期定远站配套的天然气长输管线压缩机。2008年12月5日，机组完成了厂内机械运转试验和性能试验。试验结果表明，最高振幅仅为13μm，整机多变效率高，各项技术指标均达到了国际同类产品的先进水平。

2D125大型往复式新氢压缩机：与德国博尔齐格公司签订了BX50−125系列基础件技术引进合同，并完成了对引进技术的消化吸收再创新工作，为中石化金陵石化分公司260万吨/年蜡油加氢处理装置成功设计了2D125−29/25.5−118−BX新氢压缩机。2008年9月底，整台机组完成了全部零件的加工制造及装配，试车一次合格，达到国家规定标准，得到了用户和专家的一致认可。

【科技人才与队伍建设】 公司始终将人才战略作为企业发展的第一战略，通过激励政策与环境建设，建设起了一支素质高、技能好、业务精的创新人才队伍。2008年，公司与西安交通大学、大连理工大学、东北大学合作建立研究生班，委托培养工程硕士、工商管理硕士。截至2008年年底，公司在岗员工总数为5991人，其中，拥有大专以上学历工程技术人员1180人，占总数的19.7%。技术人员中有教授级高级工程师27人，享受政府特殊津贴41人，高级工程师324人，工程师398人。

【产学研合作】 公司积极与高校和科研院所合作，先后在大连理工大学、西安交通大学、东北大学和浙江大学设立了4个国家级技术分中心；建立了辽宁省首批企业博士后科研工作站和由闻邦椿、程耿东等院士参与的"特邀院士工作站"；与大连理工大学联合创建了"沈鼓—大工"研究院，形成了"一院两站四中心"的产学研合作体系。以此合作体系为依托，攻克了150余项重大技术难题，其中包括百万吨乙烯装置用离心压缩机组、1000MW核电机组核二级泵、大型空分装置用离心压缩机组等重大装备国产化攻关项目。

【科技项目与成果】 有多项重点研究课题被列入国家级、省部级科技计划。其中，核二、三级泵及常规岛用泵研发平台被国家发改委列为国家技术中心创新能力建设项目；大型煤化工装置用离心压缩机被列为国家火炬计划项目；大型转子可靠性灵敏度设计被列为国家"863"计划项目。

有多项科技项目获得各级科技奖励。其中，30万吨合成氨成套技术与关键设备开发研制及应用获国家科技进步二等奖；大型空分装置用离心压缩机组研制获中国机械工业联合会科技进步二等奖、辽宁省科技进步二等奖；动态可靠性设计技术在重大机械装备的应用研究获中国机械工业联合会科技进步二等奖；2MCL1007+2MCL458+2MCL458+BCL455原料气离心压缩机组获中国机械工业联合会科技进步二等奖、辽宁省科技进步三等奖、沈阳市优秀新产品二等奖；BCL707+BCL707+BCL707连续重整装置用氢气增压离心压缩机组获中国机械工业联合会科技进步三等奖、辽宁省科技进步二等奖、沈阳市优秀新产品一等奖，并且被科学技术部评为2008年国家重点新产品；大型煤化工装置用离心压缩机组开发及成果转化获辽宁省科技成果转化一等奖。

【新标准制定】 制定了《高压锅炉给水泵技术条件》《斜流通风机技术条件》《工业通风机法兰》《电站锅炉离心式通风机》《工业锅炉用离心引风机》等5项行业标准。

【知识产权工作】 共申请"2Cr13热处理工艺""离心压缩机二元开槽焊叶轮流道焊接变形的控制方法""一种降低凝结水泵关闭点扬程的方法""循环气压缩机模型级及其设计方法"等4项发明专利；获得"核电站用大型立式重要厂用水泵""一种氧气压缩机用的银片镶嵌密封""一种单轴悬臂压缩机的进口导叶调节器"等12项实用新型专利的授权。

（沈阳鼓风机集团股份有限公司　高万程）

沈阳远大企业集团

【概述】 沈阳远大企业集团（简称"远大"）始建于1993年，由沈阳远大铝业集团、沈阳博林特电梯集团、沈阳远大机电集团三大集团公司组成，是以建筑幕墙、电梯制造、机电装备、风力发电、集成门窗和环境工程为主导产业的大型国际化企业集团。远大分别在沈阳、上海、成都、佛山建立了4个大型生产制造基地。先后开拓了以美国、日本为中心的高端市场，以新加坡为中心的东南亚市场，以英国、德国为中心的欧洲市场，以阿联酋为中心的中东市场，以阿尔及利亚为中心的北非市场，以莫斯科为中心的俄联邦市场，销售服务网络已经遍及世界六大洲130多个国家和地区。远大是国家创新型试点企业，拥有省级企业技术中心和省级企业博士后科研基地，旗下的沈阳远大铝业工程有限公司和沈阳博林特电梯有限公司均是国家高新技术企业。

2008年，远大现代化工业园全面投入使用。该工业园位于沈阳西部工业走廊，总占地面积1.9平方千米，是世界最大的幕墙生产制造基地和最大的电梯制造基地。

2008年，面对全球金融危机，远大旗下的建筑幕墙、电梯制造、机电装备、风力发电等各项核心产业均实现了逆势增长，创下了180亿元的销售额。建筑幕墙产品的产销量仍保持世界第一，博林特电梯的出口量在民族电梯企业中位居第一。

2008年，远大获得沈阳市总工会颁发的“十大民企科技创新奖”和“十大科技成果奖”，并被授予沈阳市“五一劳动奖状”。

【科技合作与交流】 沈阳博林特电梯集团与瑞典Emotron公司合作，引进电梯用变频器技术以及高端电梯用变频器生产组装、测试技术，以掌握国外先进的电子生产、测试工艺技术，最终实现独立自主的生产电梯用变频器。

沈阳远大铝业工程有限公司与日本清水集团合作完成的日本COCOON工程获得2008年世界安玻利斯摩天大楼奖（EMPORIS Skyscraper Award）；与德国Ift Rosenheim GmbH幕墙门窗研究检测机构联合进行幕墙隔声性能等各项性能的研究与分析；与德国充气膜供应商Vector Foiltec合作研究充气膜应用等技术。

沈阳远大环境工程有限公司与比利时Aquafin公司、奥地利AEE公司合作开展环境污染治理工艺和技术研究。

【科技成果】 沈阳远大铝业工程有限公司拥有5项专利技术的“ETFE膜气枕成套装置技术在国家游泳中心的应用”项目获得辽宁省科技进步一等奖、辽宁省科技成果转化三等奖。

沈阳远大机电装备有限公司1.5MW双馈风电机组获得第七届中国装备制造业博览会特别奖。

沈阳博林特电梯集团的机房内置式电梯和电梯用无齿轮永磁同步曳引机通过科技成果鉴定；别墅电梯用Romeo系列无齿轮永磁同步曳引机通过了CSA认证。（CSA是加拿大最大的安全认证机构，也是世界上最著名的安全认证机构之一。CSA已为遍布全球的数千家厂商提供了认证服务，每年均有上亿个附有CSA标志的产品在北美市场销售。）

2008年，远大共申请专利20项，其中发明专利5项，实用新型专利15项。授权专利34项，其中发明专利1项，实用新型专利33项。

【科技成果产业化】 2008年，远大成功签订了金额高达17亿元人民币的阿布扎比Central Market Redevelopment工程的建筑幕墙订单，这是迄今世界建筑幕墙市场上单笔金额最高的工程项目。在此项工程中，充分使用了由远大自主研发、具有自主知识产权的光电幕墙，证明中国幕墙建造技术已经代表了世界尖端水平。

成功中标2010年英国伦敦奥运会配套工程——希斯罗机场工程。该项目是中国民族电梯品牌首次签约国际机场电梯项目，也是中国民族电梯品牌首次在奥运配套设施工程中应用。

与德国—法兰克福AIRRAIL中心签订了99台电梯使用合同，成为中国电梯民族品牌在德国高端市场签约的最大项目。该项目种类包括：无机房电梯、全玻璃式观光电梯、汽车电梯、自动扶梯等。

自主研发、具有自主知识产权的1.5MW风力发电机组在康平风场正式实现并网发电，并已经开始投入批量生产，实现了中国风电行业民族品牌的突破。

2008年3月，沈阳博林特电梯集团与世界五百强企业北美蒂森克虏伯集团举行签约仪式。这次签约标志着博林特集团自主研发的新一代曳引机Romeo顺利进入美国高端市场，也意味着博林特与蒂森全球合作的开始。曳引机Romeo是经过蒂森一系列严格的测试及认证后，正式成为其最新家用梯Volant的主要曳引部件。同时，蒂森上海全球采购中心确定博林特集团为其全球供应商之一。

（沈阳远大企业集团　包旭东）

大连重工·起重集团有限公司

【概述】 大连重工·起重集团有限公司是由我国重机行业两大重点骨干企业——大连重工集团和大连大起集团有限责任公司于2001年12月重组而成。经过几年的快速发展，公司实现了由生存型企业向科学发展型企业的转变，走在了东北老工业基地振兴的前列，成为重机行业排头兵企业和国家装备制造业重点骨干企业，并于2008年在国内重机行业率先进入中国企业五百强。

公司先后荣获全国“五一劳动奖状”“全国国有企业创建‘四好’领导班子先进集体”“全国文明单位”“中国最具影响力企业”“中国工业先锋（全国示范单位）”“国家创新型试点企业”“辽宁省技术创新示范企业”等称号。

公司总资产212.6亿元，拥有国家认定的企业技术中心，建有一个总部、五大制造基地；拥有得天独厚的临海临港优势，建有2个5000吨级自用码头和22.9万平方米的大型临海产品露天总装场地，具有超大型装备加工、总装和发运能力。

公司产品主要服务于冶金、港口、能源、航空航天等国民经济基础产业，拥有散料装卸机械、冶金机械、起重机械、港口机械四大类传统主导产品和风力发电、大型船用曲轴、TBM/盾构机、核电产品、齿轮箱、高端铸件等六大新拓展成长型产品，产品远销全球46个国家和地区。公司主要经济指标在国内同行业持续领先，销售收入、上缴利税、全员劳动生产率等综合指标在国内重机行业连续15年排名第一。2008年实现商品产值150.3亿元，销售收入123.8亿元，利润11.6亿元，出口创汇2.1亿美元。

【科技投入】 近年来，公司不断加大科技投入力度，改善技术中心的软硬件条件，科技研发经费投入占产品销售收入的比例逐年稳定增加。2006—2008年，分别达到了5.05%、5.07%与5.08%。2008年，科技研发投入达到6亿余元，其中380余万元用于产学研合作研发。

【科技人才与队伍建设】 结合新产品开发、主导产品技术优化升级、新产业领域拓展、科技研发等企业技术研发、生产的需要，采取“外引内培”和激励机制并举方针，大力推进人才培养和技术创新团队建设。

人才引进方面，结合新拓展的项目需要，吸引和鼓励国内外各类人才聚集。结合隧道掘进机项目引进日本专家1名，结合曲轴项目引进韩国专家3名。2008年，公司引进的韩国曲轴专家吴龙植获得“2008年国家友谊奖”和“2008年辽宁友谊奖”，德国焦炉机械专家盖哈德·匹滋克获得“2008年大连星海友谊奖”。

人才培养方面，建立“充电”式培养的长效机制，通过导师制、名师带高徒、岗位轮换、技术研修、与高校联办工程硕士学位班等多种形式，实施对尖子人才的提高型培训，对急需人才的专业型培训，对青年业务骨干的发展型培训，努力打造一支一流的人才队伍。

截至2008年年底，公司员工总数为5577人，其中具有高级职称的技术人员329人，具有中级职称的技术人员519人；工程技术人员1373人，占员工总数的25%；拥有大专以上学历的科技人员1981人，拥有硕士以上学历的科技人员100人。

【产学研合作】 多年来，公司与国内著名高校、院所建立了科技合作关系，联合开展技术攻关和科研实验活动，逐步建立起以企业为主体、市场为导向、产学研相结合的技术创新体系和运行机制。根据产品和技术发展需求，从产品钢结构力学分析计算、金属材料化学成分分析和微观检测以及钢水冶炼浇铸工艺优化、产品生产制造工艺研究等技术领域，年均选定10余项关键技术难题，投入研发经费，共同开展科研攻关。

2008年，公司与5家高校、院所等联合开展科技攻关12项。与清华大学联合开展“板坯连铸二次冷却动态配水系统”研发；与大连理工大学联合开展了“3兆瓦风力发电偏航、变桨驱动器”研发；与中科院金属研究所合作研制出70万千瓦水轮机上冠、下环、叶片全套不锈钢铸件。

【科技成果】 (25+25) ~ (32+32) 吨柔性超长电磁挂梁桥式起重机系列产品样机通过了国家起重运输机械质量监督检验中心检验，符合相关标准，填补了国内空白，总体技术性能指标达到国际先进水平，获机械工业科技进步二等奖；

1500毫米带钢热连轧成套设备技术先进，设备可靠，在国内处于领先地位，具有自主知识产权，获机械工业科技进步二等奖；

7.63米大容积环保型焦炉机械成套设备位移位置识别等技术处于国际先进水平，高压水力清扫炉门炉框技术等达到国内领先水平，获辽宁省科技成果转化二等奖，并被中国企业联合会、中国企业家协会审定为第十一批中国企业新纪录；

70万千瓦水轮机转轮上冠、下环、叶片不锈钢铸件整套产品达到了国外同类产品先进水平，可替代进口，节约大量进口成本，2008年4月通过辽宁省科技厅组织的技术鉴定，产品获大连市科技进步一等奖，并被审定为第十三批中国企业新纪录；

自主设计、制造、安装调试的拥有自主知识产权的5.5米捣固焦炉机械设备采用先进的捣固焦技术，首创国内最大规格捣固焦炉机械的设计制造新纪录，填补了国内空白，被审定为第十三批中国企业新纪录；

40.5兆伏安密闭电石炉产品达到国际先进水平，填补了国内空白，是目前国内容量最大的密闭电石炉，创下了最大容量密闭电石炉成套工程国内自主设计制造的第十三批中国企业新纪录。

DQLK3500/5000 47型斗轮堆取料机技术获辽宁省七届优秀新产品二等奖和大连市技术发明一等奖；新型三梁两端环三车翻车机卸车系统开发技术获大连市专利技术转化金奖；采用行星传动实时监控系统的系列铸造起重机产品整机获大连市技术发明三等奖。

参与或主要负责编制、修订了《臂式斗轮堆取料机技术条件》《回转式翻车机》《电动平车技术条件》《铁水车型式、基本参数与尺寸》《轧钢车间加热炉齿条式推钢机 基本参数》等15项国家标准；负责修订的《JB/T 7688.6-2008 淬火起重机》和《JB/T 7688.7-2008 料耙起重机》两项行业标准经国家发改委批准发布。

申报专利60项。截至2008年年底，累计拥有授权专利181项。

【重大技术装备产品】 出产1.5兆瓦风电机组增速机1000套，并率先在国内开展3兆瓦风电增速机、轮毂、偏航、变桨、控制系统等重要部件国产化研发；出产半组合式船用曲轴23支，产品包括50型、60型、70型，并完成90型曲拐精加工；签订了天津地铁盾构机总包项目和兰渝铁路西秦岭隧道工程隧道掘进机项目合同；开发了1100吨回转式海上平台起重机等22项储备型新产品；开展了3兆瓦风电增速机研发等55项科研课题攻关；完成了5.5米捣固焦炉机械电气标准化等36项产品及零部件的“通用化、系列化、组合化”设计；成功为国内各大用户设计制造了10套7.63米焦炉机械成套设备，产出并投产9套7米焦炉机械成套设备、7套5.5米捣固焦炉机械；自主研制的百万千瓦级核环吊二代加技术已实现国产化，现已出产4台，签订合同12台，是国内唯一一家能够独立设计制造此类设备的企业；2万吨多吊点桥式起重机在烟台来福士船厂正式竣工启用，这是目前世界上起重量最大、跨度最大、起升高度最大的起重设备。

（大连重工·起重集团有限公司　邵龙成 姜明东）

中国华录集团有限公司

【概述】 中国华录集团有限公司隶属于国务院国有资产监督管理委员会，是其138家重点企业之一。近年来，公司在强化投资决策、技术研发、管理服务的基础上，重新进行了市场定位和产业布局调整，制定了中长期发展目标，确定了科技发展规划，同时在视听电子产品的研发生产、影音文化产品的制作上取得了优异的业绩，现已成为中国音视频行业的龙头企业，是世界上重要的数字音视频技术研发和整机产品及关键件的生产基地，同时也是音视频内容及服务的最大提供商之一。

公司2000年正式注册成立，注册资金10.02亿元人民币，现有员工4192人。主要经营范围包括视听电子产品（AV）、系统设备的研究与制造及相关软件开发、相关技术服务。

2008年，公司围绕“AV^4”价值相乘总体战略，重点发展以AV关键件为核心的AV终端、AV服务、AV内容三大产业，逐步形成了“高清、移动、网络、互动”四大产业版块，为进一步推进数字音视频产业发展奠定了基础。

【科技发展规划】 发展目标：通过提供超越顾客期望的“AV^4”（AV关键件*AV终端*AV服务*AV内容）产品和服务，将公司打造成具有自主研发能力、以市场为导向、以4C融合为标志、以创新关键件为动力的贯穿AV终端、服务、内容的中国知名企业。实现企业的长期持续发展，追求企业与员工价值的最大化。

基本思路：拓展产业链。从制造为主转向致力于研发、营销，进而追求品牌价值，并逐步向参与技术标准的方向努力；追求比较优势。在市场细分的基础上明确目标市场，追求在目标市场上的竞争优势；存量调整与增量投入相结合。坚持有进有退，有所为有所不为，将有限的资源集中到公司核心产业链上。

产业方向：着力打造集团的“AV^4”产业。

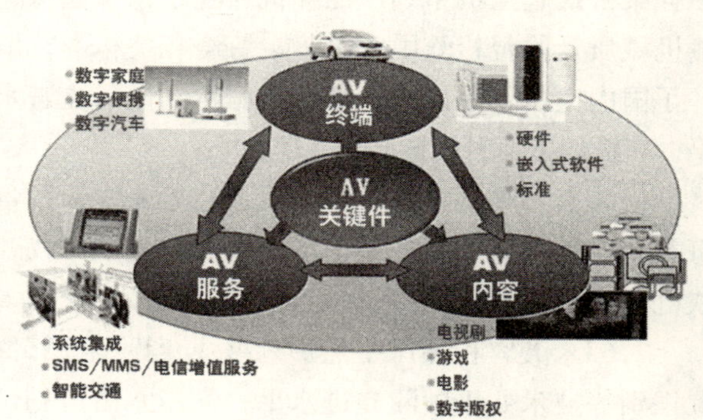

【新技术与新产品研发】 公司十分注重新产品的研发，提出在研发过程中，一方面要加强项目总结，提炼出功能模块，为后续项目和其他项目组所用；另一方面加强概念设计、详细设计阶段的设计评审，这既可以充分利用已有的各种功能模块，又可以杜绝重复设计。新产品研发主要集中在解码、存储、显示三大类产品上，在突出产品技术优势的同时，尽量扩大产品系列，实现改进和自主创新的有机结合，形成产品差异化，体现产品的设计和技术价值。

2008年，公司共开发科技项目158项，其中承担国家、省市有关部门的研发及产业化项目8项，自主立项研发新产品150项。其中重点开发产品系列有以下几种。

基于自主音视频标准的蓝光视盘机系列产品：该系列产品具有压缩效率高、音质好、解码复杂度低和容错能力强等优点，支持立体声、5.1环绕声、6.1环绕声和7.1环绕声，支持从8千赫兹到192千赫兹间的标准采样频率（包括44.1千赫兹和48千赫兹），而且对编码比特率没有明确限制，在具体应用时可根据信道带宽和音质要求等因素来设定。该产品采用了蓝光伺服系统的设计，使蓝光光盘的外形尺寸与CD和DVD完全相同，它们之间的差别仅在于细微之处，用肉眼难以分辨；该产品植入了自主音视频算法（即DRA数字音频编解码算法），使蓝光光盘的主要性能指标达到国际先进水平。

基于蓝光技术的家用多媒体系列产品（刻录，存储，下载）：该系列产品将改变消费者传统的上网习惯，实现电视上网。其主导产品数字媒体中心（Media Center）是公司基于网络视频的家庭终端产品，具有很强的网络功能，能够支持在线观看、视频点播、视频刻录、邮递等，并能够兼容机顶盒、PVR等设备。

基于嵌入式系统的互动产品：该系列产品是针对双核芯片的嵌入式操作系统而进行的以教育为主要内容的开发，采用了双核主机平台、无线互动系统、软件开发包（SDK）以及内容加密等技术。特别是在学习机内容的加密技术上，采用了具有自主知识产权的数字音频编解码（DRA）标准的多通道技术作为开发标准，以满足内容加密的技术要求。

移动电视系列产品：公司主要以车载电视、家用电视和便携电视为基础，进行数字电视的终端部分系列产品的开发和研制。先后承接并完成了沈阳、成都、无锡、常州等6个大型城市的公交移动电视整体转换工程。

光盘视盘机光头伺服方法及其装置：这是公司自主研发的新型的不依赖光栅角度的伺服方法，该方法可信赖程度高，不因时间和环境的变化而使产品的特性发生变化。使用该方法后的光盘，可以使循迹误差信号达到最大化，可以使光栅扭曲对特性的影响降到最小化，从而减少材料的使用，降低生产的成本。其中，蓝光光头的开发属于大容量、高清晰度、光存贮领域的开发，对光学头及视盘机产品的开发及更新换代将产生重大影响。蓝光光头的研制成功将填补国内此类产品的空白，改变此类产品长期依赖进口的现状。

【产学研合作】 公司先后与清华大学、大连海事大学、大连市轻工业学校等多家高等院校开展全方位、多模式的校企合作，充分发挥高校在技术创新、成果转化、人才培养等方面的优势，解决制约公司发展的关键技术难题，提升公司的自主创新能力和核心竞争力。

公司还与大连理工大学签署了校企战略合作协议，在坚持“优势互补、互惠互利、机制创新、共同发展”的原则下，双方共同组建项目团队，共同申报科技项目，共同攻克研发与生产中的技术难题，共同培养专业化人才。

【科技成果产业化】 公司积极参与高清蓝光国际标准的制定。2007年8月31日，公司正式加入了国际蓝光组织（BDA），成为第一家有贡献级会员的中国企业，并为会员企业提供蓝光产品的开发、应用、推广等技术支持。2008年7月，DRA音频标准通过了BDA的技术评估。2009年3月，DRA音频标准作为蓝光光盘格式的可选编解码技术，被写入BD-ROM格式的2.3版本，成为中国拥有的第一个进入国际领域的音频技术标准。

在主导产品方面，公司的首要任务是全力以赴打造蓝光产业链和网络数字多媒体产业链。一是全力推动将拥有中国自主知识产权的DRA音频编码标准和AVS视频编码标准成为国际标准；二是建立中国蓝光编辑中心和复制中心，从高清内容编辑、复制开始推动中国高清产业链的发展；三是建成蓝光高清播放机、家庭媒体播放机从关键件到整机的生产体制。打造我国高清节目源—编辑中心—母盘制作—碟片复制—播放终端的一条龙产业链。围绕“AV^4”价值相乘总体战略，在AV关键件、AV终端、AV服务、AV内容几大产业板块同步协调发展，并取得显著成果。

公司建成从蓝光音视频标准、蓝光影视编辑中心、蓝光光盘复制中心到蓝光影碟机，从关键件到整机的产业链。在AV关键件和关键技术领域，成功研制了蓝光播放机光头、机芯产品及其检调设备、数字音视频编解码算法、中间软件、投影机光学系统、蓝光游戏机机芯等技术；在AV终端产品研发阶段方面，成功研制了蓝光播放机系列、DRA音频标准的蓝光播放机系列、分体/一体式蓝光家庭影院系统、便携式DVD播放机系列、便携式BD播放机系列、车载影音产品系列、蓝光刻录机系列、业务/家庭用投影机系列，高清投影机系列等产品；在AV内容方面，公司借助华录蓝光编辑中心等技术手段大力发展AV内容产业集群。（华录蓝光编辑中心是国内首家蓝光编辑机构，依托公司所拥有的国内首条蓝光光盘复制生产线，制作并发行蓝光光盘格式的中国本土影片。）公司联合中国电影集团，在中国成立了第一家蓝光光盘授权中心，成为中国第一家杜比及DTS授权公司，并建立了包括影视拍摄、影视编辑制作、光盘复制、发行销售在内的整条软件产业链，实现了蓝光技术、影视艺术与硬件的有机结合。

【科技成果】 2008年6月12日，Hualu牌数字硬盘录像机被认定为辽宁省名牌产品；2008年12月15日，在第三届中华电子企业最有价值品牌排行榜中，公司获得“中华电子企业最有价值品牌”的殊荣，品牌价值达到32.88亿元，位居第85位；在第八届中国大企业集团暨第三届企业集团竞争力五百强中，公司排名158位；在第23届电子信息百强企业中，公司位居第27位。

2008年荣获“大连市企业自主创新奖”，“DVD核心关键件的开发与设计”“任天堂游戏机用超薄型吸入式机芯开发”分别获得大连市科技进步奖二等奖、三等奖。

【知识产权工作】 公司高度重视知识产权在企业发展中的重要作用，鼓励技术创新，加大研发成果的保护力度，专利申请和软件著作权登记量逐年递增。2008年，公司共申请专利89项，授权17项，软件著作权30项，并荣获“2008CPCC十大中国著作权人”入围奖。

为调动研发人员自主创新的积极性，加强知识产权保护意识，公司通过系列激励措施对申请专利的研发人员给予奖励，并在评定技术职称时，作为评聘高、中级技术职称的条件，也可根据情况破格晋升高、中级技术职务。

积极开展知识产权培训工作，全年组织大型培训3次，参加受训人数500余人。

（中国华录集团有限公司　廖明慧）

鞍钢重型机械有限责任公司

【概述】 鞍钢重型机械有限责任公司是鞍山和东北地区具有较强竞争实力的装备制造大型企业，是我国冶金系统机械制造行业中规模最大的企业之一，具有七十多年历史，历经鞍钢机修总厂、鞍钢机械制造公司的历史变迁，于2005年4月正式完成改制工作。

公司改制后致力于矿山、烧结、炼铁、炼钢、轧钢等冶金机械成套设备和备件的设计制造以及水电产品的生产加工，并积极探索新的经营模式，逐步实现以机械备品备件加工、专项产品生产、单机和成套设备制造为主导的产品结构，不断做大机械备品备件，做精专项产品，做强冶金成套设备。近年来，公司生产的产品销售到全国各地，部分成套设备和专项产品还远销美国、德国、日本、韩国、印度、印度尼西亚、澳大利亚、新加坡以及中东等国家和地区。目前，公司已成为集设计、生产制造为一体，具有广阔发展前景的机械制造生产基地和企业集团。

公司下设铸钢厂、锻造厂、轧辊厂、金属结构厂、冶金粉材厂、机械加工厂等15个单位，占地面积68.19万平方米，拥有多台现代化大型机加设备，包括16m数控立车、5m×18m数控龙门镗铣床及6m×28m五轴连动大型数控铣床等加工设备。现有资产总额超过22亿元。现有职工4065人，其中具有中高级技术职称的专业工程技术人员520人，有近百人的科研设计人员和技术专家从事成套冶金设备的设计和新产品、新工艺的研制开发。

2008年，公司实现销售收入28亿元，固定资产投入2180万元，上缴税金20105万元。

【科技投入】 公司每年在研发项目上的投入达到2000万元。其中，大型水电产品开发项目被列为国家科技支撑项目并给予6120万元资金支持，截至2008年年末，已经到位4829万元；大型船用曲轴开发项目被列为辽宁省重大项目并给予600万元资金支持。其余资金全部靠企业自筹和贷款。

2008年，公司投资6亿元将铸钢厂进行搬迁改造，用于开发大型水电产品。计划新建7万平方米厂房，新增75吨Consteel电炉一座、120吨LF一座、VOD炉一座、300吨真空浇铸设备一套、弧形连铸生产线一条，新建及搬迁煤气炉窑9座，新增及搬迁起重设备及其他设备70多台套。可生产具有国内领先水平的水轮机上冠、下环及叶片等不锈钢件。铸钢厂搬迁改造达产后，年钢产量将达到40万吨，年产钢锭10万吨；年产铸钢件3万吨、大型上冠、下环、叶片10台（套）；年产钢坯25万吨。车间最大起重能力为300吨，可浇铸最大真空钢锭300吨，最大铸钢件净重300吨，最大同时浇铸钢水量550吨。

公司当年还投资2.8亿元改造锻造厂，用于开发大型船用曲轴。锻造厂现拥有德国进口的8000吨水压机、国产的2500吨水压机以及锻锤等大型设备，已经具备了锻造大型锻件的基础条件。目前，正在探索大型轴类件、筒类件的生产。

【科技人才与队伍建设】 公司坚持实施人才战略，高度重视吸纳、培养和造就科技研发人才。其主要途径有以下两条。一是内部挖潜和培养。自2006年起，开始实施专家培养制度。2008年，有30名技术人员被评为公司专家；公司坚持贡献价值化，大幅度提高优秀人才的薪酬待遇。目前，公司优秀科技人员年薪水平达到了本单位人均收入的2～3倍，重要人才的年薪达到了3倍以上；公司注重加强培训教育，建立健全激励机制，促进优秀人才脱颖而出，同时，在全球范围内“借脑”，聘请国外专家到公司讲学和进行技术服务。公司与辽宁科技大学、大连理工大学、中科院金属研究所等高校和科研院所联合办学，培养各类高级管理和工程技术人才。2008年，公司先后与大连理工大学、中科院金属研究所联合开办了两个工程硕士研究生班，选派了46名优秀青年技术人员参加学习。同时，选派业务骨干到国际一流企业以及一重集团、二重集团、哈尔滨电气集团公司、东方电机厂等国内先进企业考察、学习和培训。二是引进外部人才。截至2008年末，已从国内其他企业引进专业研发人员20多名。

【产学研合作】 公司坚持以提高企业创新能力为核心，依托国内高校、科研院所以及知名企业的技术优势，通过共建研发平台等方式，解决了企业重大技术装备开发设计制造等方面的核心技术难题，弥补了企业自身基础技术领域研发力量不足的问题，加快了企业新产品的研发速度，提高了企业产品的技术水平。截至2008年年末，通过产学研合作，已解决了近百项技术难题。

公司先后与清华大学、东北大学、大连理工大学、北京科技大学、中科院金属研究所、辽宁科技大学等高等院校和研究院所建立了长期稳定的合作关系，并针对公司的主导产品——水电产品、船用曲轴、大型支承辊、大型钢锭等产品的关键技术难点及核心技术进行了多层次、多领域的联合攻关，提高了产品的技术水平及核心竞争力。公司还与阿尔斯通公司、通用电气亚洲水电设备有限公司（GE能源集团）及上海福伊特西门子水电设备有限公司等国际知名企业建立了长期的合作关系。

【科技成果】 “大型水轮机转轮铸件制造技术研究及产业化”课题被列为国家“十一五”科技支撑计划重点项目，并获得6000万元资金支持；“三峡右岸电站转轮下环研制”项目获2008年辽宁省科技进步二等奖，并获2008年鞍山市科技进步特等奖；三峡水轮机转轮铸件下环通过了权威部门的鉴定。专家一致认为：鞍钢重机公司生产的三峡下环达到了国际先进水平，填补了国内空白；公司首次承揽的温州青化钢1800mm炉卷轧机整条生产线设备制造工程，合同总额达14338万元，实现了公司历史上的重大突破。

【重点新产品选介】 近几年来，公司致力于解决国家急需和参与国家重点项目，大力开展技术改造和创新，相继开发出大型船用曲轴、大型轧机支承辊、大型定向结晶钢锭、空心钢锭、大型水轮机上冠、下环、叶片以及抗状撕裂钢板等产品。

大型船用曲轴：曲轴毛坯的锻造是制约曲轴生产的关键工序，其质量的优劣，直接影响曲轴使用寿命。目前，国际大型曲轴材质基本采用S34MnV钢制造，今后的选材趋势是发展高表面张力的铬钼钢。公司在冶炼及浇注该钢种方面具有很强优势，拥有8000吨水压机及相应的锻造模具，为生产大型曲轴毛坯奠定了基础。自2007年以来，公司与中科院金属研究所合作，研究开发大型曲轴毛坯，成功生产出了半连续纤维曲轴毛坯。同时，与大连重工·起重集团有限公司合作共同完成曲轴成品加工。目前，90级以下的曲轴已经全部开发研制成功。截至2008年年末，已经成功生产了50级、70级、90级船用曲轴共7套，实现了大型船用曲轴的国产化。

铸钢支承辊：公司与中科院金属研究所合作研发铸钢支承辊，成功研制出1700热轧铸钢支承辊，成为当时国内浇注的最大铸钢支承辊。2008年，公司生产的铸钢支承辊已经完成热处理及精加工，并通过了各项指标检测。

定向凝固钢坯：目前，国内特厚钢板产量较少，仍存在较大的市场缺口。公司研制的定向凝固钢坯项目投产后，生产厚度达200mm以上的洁净钢宽厚船板经济寿命在10年以上，具有较强的市场竞争力，完全可以代替国外同类产品，扭转我国优质特厚钢板只能依赖进口的局面。目前，该项目已取得了阶段性成果。

空心钢锭：在我国，只有中国第一重型机械集团公司成功研制出空心钢锭并投入生产，第二重型机械集团公司仍处于试验阶段。公司与中科院金属研究所合作研发，在空心钢锭的生产过程中，采用大温差强冷技术即液氮冷却技术进行冷却。通过检验，与一重集团的压缩空气冷却法相比，在实物质量上有了明显的提高。此项技术现已申报国家发明专利。

大型水轮发电机铸件：公司紧紧抓住国家提倡大型关键铸锻件国产化的有利时机，自担风险，自筹资金，成功研制三峡水轮机三大铸件中最具制造难度的下环，并应用在三峡右岸机组上。公司生产的三峡下环是三峡电站右岸机组中唯一的一件国内制造的下环，填补了国内空白。时任国务院副总理曾培炎特别批示："三峡水轮机大型铸件关键技术攻克，打破了国外企业的市场垄断，谨表祝贺。望及时总结经验，提高质量稳定性，形成批量生产能力，更好地服务于国内水电开发建设"。此后，公司又为重庆彭水电站生产了四组单重为84吨和47吨的超低碳不锈钢上冠、下环。

（鞍钢重型机械有限责任公司 高元起）

辽宁华锦化工（集团）有限责任公司

【概述】 辽宁华锦化工（集团）有限责任公司是中国兵器工业集团公司下属跨地区经营的大型石化企业，是中国五百强企业和中国石化百强企业之一。公司总部位于辽宁省盘锦市，拥有辽宁盘锦、辽宁葫芦岛、新疆库车3个生产基地和一个控股上市公司——辽宁华锦通达化工股份有限公司。公司以生产化学肥料和石油化工为主业，年生产能力为：尿素160万吨、合成氨90万吨、乙烯18万吨、聚乙烯15万吨、聚丙烯6万吨、苯乙烯7.5万吨、聚苯乙烯4万吨、ABS 5万吨、甲醇6万吨、碳酸二甲酯1万吨。

【新技术与新工艺研发】 新型脲酶抑制剂XPT生产工艺技术开发：该技术是公司与大专院校联合开发，能够实现无污水、无废物、无有害气体排放的清洁生产绿色新工艺。该技术的应用简化了工艺过程，缩短了反应时间，使产品的熔点和收率等各项指标均达到国外同类产品水平，产品的收率最高可达到95%。目前，该项目正在进行中试，筛选最佳的反应设备结构和工艺流程，为工业化设计提供可靠的基础设计数据。

20万吨/年轻烃芳构化技术开发：500万吨/年油化工程和45万吨乙烯项目投产后，有22万吨含烯烃的轻烃副产品不能直接返回生产装置进行裂解，且直接分离回收投资大。公司利用Nano-forming工艺开发的芳构化技术，将轻烃副产品中的烯烃转化为芳烃，转化后的轻烃副产品经过原料预处理、芳构化、抽提精馏等过程，生产出三苯、化肥和乙烯原料，形成高附加值产品链。目前，该项目正在进行工业化建设，投产后可实现年产值12.6亿元，利润额可增加3397万元。

聚丁二烯（PBL）胶乳新工艺：辽宁华锦集团双兴工程塑料有限公司于2001年引进日本瑞翁公司的PBL胶乳聚合专利技术。该技术分为两步：第一步用30小时生产聚丁二烯种子；第二步以种子为聚合始点，经30小时的聚合，将种子成长为较大的聚丁二烯胶乳颗粒。PBL整体生产周期为33小时。2008年，在引进该技术的基础上，进行消化吸收再创新，采用附聚、集结技术，利用附聚原理将小粒径胶乳粒子附聚在一起结合成大粒径粒子，可实现双峰分布，聚合总体反应时间由原来的33小时缩短至16小时以内，而且胶乳的性能得到显著的提高。目前该项目的中试已经结束，取得了预期的效果，正在准备进行工业化应用。

【科技投入】 2008年，公司投入7300万元资金作为科技研发经费，并通过申报国家级、省级重大科技项目的方式加大研发力度。其中，“高效缓释复混肥研制项目”被列入国家“863”计划引导项目，并获得科技部的资金支持。目前，已有两个项目取得重大突破，为公司创造了可观的经济效益。

【科技人才与队伍建设】 公司积极实施“人才强企”战略，不断完善人才激励机制，切实加强科技人才队伍建设。几年来，公司通过招聘、引进、委培、自行培养等多种方式，培养优秀研发人才和高水平科技带头人。同时，以重点项目为依托，通过产学研合作，培养技术骨干和技术带头人，通过这种方式，既提高了员工的技术水平，又推动了科研项目的顺利进展。

【科技成果】 2008年，公司获辽宁省科技进步奖5项，其中二等奖2项、三等奖3项；获得省级科技成果奖6项，其中一等奖1项，二等奖3项，三等奖2项；获得市级科技进步奖10项，其中一等奖1项，二等奖5项，三等奖4项。“缓释尿素”产品实现产业化，荣获“国家重点新产品”称号，并获得辽宁省优秀新产品一等奖。嵌段共聚聚丙烯冷水管材专用料PPB240已经成为共聚聚丙烯领域的拳头产品，每年销售量在2万吨以上。2008年，申报国家发明专利7项，授权3项；申请实用新型专利3项。

【产学研合作】 公司十分重视研发工作中产学研的结合，不断加强与高等院校、科研院所的合作。多年来，公司先后与清华大学、大连理工大学、中国科学院长春应用化学研究所、中国科学院沈阳应用生态研究所、华东理工大学、天津大学、东北大学、中国石油大学、东北师范大学、长春工业大学、四川大学等众多知名高校和科研院所在精细化工、化学肥料、合成树脂等领域建立了广泛的合作关系，依靠高等院校和科研院所的技术力量，开展各项科研项目的研究工作。

【科研平台建设】 公司下设华锦集团技术中心。该中心是国家级企业技术中心，可承担塑料树脂、精细化工、化学肥料等方面的科研试验任务。该中心硬件设施完善，总面积达1300平方米，实验仪器设备总价值4500万元，其中5万元以上的仪器设备72台（套），中试生产装置4套。截至2008年年底，已累计完成科研课题70余项，新产品年均产值达15亿元以上。

【重点科技项目选介】 ABS缩短反应时间提高接枝率新工艺：本项目主要是在乳液聚合反应中使用了新型的引发体系——氧化还原引发体系。ABS新工艺的开发，使聚合反应时间由原来的7.5小时缩短到3小时，接枝率从32%提高到了40%，抗冲击强度从180J/m提高到240J/m以上。ABS新工艺的应用，使公司粉料生产能力达到3万吨/年，实现年销售收入19240万元，利润额4352万元。

ABS工艺废水处理技术：ABS 生产装置的悬浮SAN聚合装置在生产过程中工艺废水COD值高达6000mg/l，如果废水直接排放不仅对环境造成污染，同时废水中SAN悬浮产物也被排放掉而造成资源的浪费。针对这一生产实际问题，采用ABS工艺废水处理技术，降低了废水中的COD值和污染物排放总量，使COD值降低到1000mg/l，减少了环境污染，达到国家废水排放标准，同时每年还可从废水中回收300吨悬浮的SAN。

（辽宁华锦化工（集团）有限责任公司　范立成）

渤海船舶重工有限责任公司

【概述】 渤海船舶重工有限责任公司是中国船舶重工集团公司骨干企业之一，是我国集造船、修船、大型钢结构加工、冶金设备和大型水电设备制造为一体的大型现代化企业和国家级重大技术装备国产化研制基地。

公司占地面积380余万平方米，拥有50万吨级船坞、20万吨级半坞式船台、6万吨级可逆双台阶注水式干船坞、5000吨级小型浮船坞、大型七跨式室内造船台、钢板预处理流水线、船体分段制作流水线等国内外先进的造船设施和一流设备，能够按照中、挪、英、美、日等国家船级社的规范和各种国际公约建造各类船舶，年造船能力200多万载重吨。

2008年，公司先后被授予“首届中国功勋企业”“全国质量管理先进企业”“国家级‘守合同、重信用’企业”等荣誉称号。

【新技术、新工艺与新产品研发】 三点球铰支承孔机械加工方法：针对空间位置上有多个机加工部位要求的大型机加工件，研发出加工时避免大型工件重复找正的方法。在实际应用中，解决了机加工大型镗铣床使用的瓶颈问题以及高精度大型加工件难加工的问题，大大简化了加工难度、缩短了加工周期。该方法于2008年获得专利授权。

船舶艉轴管镗孔工装架设工艺：该工艺能够防止镗杆下挠变形，确保镗杆工作的直线度，同时使被加工工件表面的圆度、圆柱度、表面粗糙度得到提高。在实际应用中，解决了造船现场加工艉轴管的技术难题，实现了艉轴管与艉轴的高精度装配，缩短了施工周期，减轻了工人的劳动强度。该工艺于2008年获得专利授权。

同轴度的测量工装及测量方法：该方法能够实现船舶主机轴线与艏艉基准轴线同轴定位的高精度测量，主轴系定位准确，安装时无需主机调整，工作效率高。该方法于2008年获得专利授权。

大型结构件两侧耳轴同轴度的一体化装焊方法：针对同一结构上间距较大的不同部位有较高同轴度或直线度要求的大型焊接结构件，采用一种装焊、监控及检测方法，使整体形成后不经机加工处理而达到同轴度或直线度的高精度要求。该方法不仅解决了大型焊接结构件具有相对较高精度要求的技术问题，同时降低了加工难度，缩短了生产周期，简化了加工程序，生产成本实现了最小化。该方法于2008年获得专利授权。

三代核电主管道研制：开展了AP1000核电主管道1∶1全尺寸φ960mm复合管的弯制工艺研制，编制了主管道制造流程中各工序工艺规程及加工工艺规程。

船型开发与优化技术、船舶建造技术研究：主要包括388000DWT矿砂船的优化，1500m深海钻井船的开发，35000立方米LPG船的开发，小LPG、小LNG、3000TEU集装箱船的开发，180000DWT双壳散货船的优化，HANDMAX船型的开发，POST PANAMA型散货船的开发，科考船建造技术研究等内容。

数字化、信息化造船技术研究：进行集配处采购管理业务及部分仓库管理业务的软件开发；进行到货物资入库单打印系统的开发；进行物资到货信息网上发布系统的开发；进行计划管理系统的开发。

节能减排技术研究：开展了“动力无线数据采集、监测、计量、报警综合管理系统”的研制工作。该系统能够全面掌握所有动能（包括电能、氧气、乙炔、高压空气等）的各项指标，并能够超标报警、故障报警，随时、定期统计所有气体、电能用量，及时、准确、全面地掌握所有动能供应的动态情况，避免能源浪费。

此外，铁白铜与低碳钢异种材料电弧熔化焊接方法、铁白铜与奥氏体不锈钢电弧熔化焊接方法、厚壁紫铜与低碳钢异种材料不预热焊接方法、厚壁紫铜与奥氏体不锈钢不预热电弧熔化焊接方法等工艺方法技术成熟，能够解决船舶建造中存在的多种焊接问题。这些工艺方法已于2008年申请发明专利。

【科技投入】 2008年，公司通过自筹、国家拨款等多种渠道筹措资金，累计科技投入达36817.44万元。其中企业内部开展科技活动经费支出27443.87万元，包括科技活动消耗原材料费80.41万元，非基建科技活动购买与自制设备支出10064.64万元，其他支出9998.38万元，委外经费支出9373.57万元。

【科技人才与队伍建设】 公司始终将人才工作作为科技体制和科技管理创新的出发点和落脚点，切实加强科技创新人才队伍建设，确保优秀人才引得来，用得好，留得住。公司依托在建及预研重大专项、核心技术研发及合作项目，借助博士后科研工作站，发挥创新平台在人才队伍建设中的重要作用，培养造就技术带头人，积极推进创新团队建设。2008年，公司在读博士4名，在读工程硕士75名，毕业工程硕士14名，专业涉及船舶与海洋工程、机械工程、控制工程、计算机技术、化学工程等领域；在站博士后2人，分别承担了“市场潜在需求民用船型预测、开发和总体优化研究”和“焊接机器人在船舶建造中的应用研究”等项目的研究工作。

【产学研合作】 公司不断探索建立以企业为主体、市场为导向、产学研相结合的科技创新体系和创新平台。早在2003年，公司就通过创新合作方式，在大连理工大学、哈尔滨工业大学建立技术分中心，逐步形成优势互补、风险共担、利益共享、共同发展的产学研联合模式。2008年，分别与大连理工大学、瑞典FKAB公司、大连福凯船舶设计有限公司、上海船舶运输科学研究所等单位合作，共同试验和研发新产品、新工艺，其中包括：35000立方米LPG船基本设计，320000DWT原油船船模试验，32万吨VLCC船船体结构振动与噪声预报研究，58000DWT散货船船模试验与螺旋桨设计，180000DWT双舷侧散货船船体结构设计评估及优化，38.8万吨VLOC船模试验，HANDMAX成品油船船模试验研究与理论计算预报船舶操纵性能，深水钻井船开发，177000DWT散货船水动力性能分析与试验研究，合作开发177000DWT双壳散货船，客滚船船模试验及线型优化研究，大型船舶船型优化与方案设计，159000DWT 1A级冰区加强型原油船船型优化设计。

【科技项目】 “ULOC3600000DWT级船技术开发”“JBP-DSS-CAPESIZE（170000吨级）开发”两个船型开发项目被列入国家国防科技工业局高技术船舶科研计划专项。其中，“ULOC3600000DWT级船技术开发”项目已成功研制出365000DWT超大型矿砂船，该课题已全部完成；“JBP-DSS-CAPESIZE（170000吨级）开发”项目已成功研制出177000DWT双壳散货船，并于2008年10月通过了国家国防科技工业局组织的验收。“超大型矿砂船设计建造技术开发”项目被国家发改委列入高技术船舶计划项目，并于2008年7月通过了中国船舶重工集团公司组织的课题验收。

【知识产权工作】 共申请专利21件，其中发明专利12件，实用新型专利9件；共授权专利44件，其中授权发明专利24件。截至2008年年底，公司累计申请专利211件，其中申请发明专利128件，占61%；累计授权专利111件，其中发明专利36件。

（渤海船舶重工有限责任公司
孙世彤 赵振民 王建国）

重要科技成果选介及科技奖励

重要科技成果选介

一、基础理论

1．土壤重金属污染发生机理及修复原理

中科院沈阳应用生态研究所承担的这个项目在土壤重金属污染发生机理以及重金属污染土壤修复研究领域所取得的研究成果，对于污染土壤修复具有重要的理论指导作用，为土壤环境的污染控制与防治提供了科学依据。该项目在理论上完善了超积累植物的评判标准，提出了“未污染区也有可能存在超积累植物”的理论并得到实验的支持和证实；首次发现砷在弱酸性介质中吸附于水合氧化铁表面时发生了表面沉淀现象及砷在氧化铁表面形成了非晶态砷酸铁；首次提出了“磷的增溶促进了土壤铅的淀积”的关于磷诱导铅钝化的机理；发现世界上第一个砷超积累植物凤尾蕨（Pterisvittata）并被国际顶级学术刊物《NATURE》接受而得以发表；首次发现龙葵（Solanum nigrumL.）、球果蔊菜（Rorippaglobosa）和紫茉莉(MirabilisjalapaL.)为镉超积累植物。

2．复杂非线性系统的动态分析和智能控制理论及应用

东北大学承担的这个项目一直是国际控制科学界的研究热点，项目系统深入地研究了复杂非线性系统的动态特性和智能控制等共性基础理论问题，首次提出了模糊双曲正切模型结构，解决了传统TS模型控制规则的前提描述必须与模型的前提描述完全相同的国际难题；提出了频域前馈和时域反馈控制思想，显著降低了控制器设计的保守性；对几类不同时滞的递归神经网络建立了统一的稳定判据。

本项目发表学术论文480篇，SCI收录108篇、EI收录426篇；被SCI引用324次，引用总数2049次；出版中、英文学术著作9部；不仅取得了国际前沿水平的理论成果，而且理论研究紧密结合工程实践，成功应用在流体输送管道的泄漏检测中，每年为企业创造经济效益过亿元。

二、应用技术

1．优质广适型超级稻“辽星1号”选育与推广

“辽星1号”是辽宁省稻作研究所育成的水稻新品种。2005年通过辽宁省品种审定，2007年通过农业部超级稻认定，2008年被农业部确定为主推品种，已成为辽宁水稻生产第一主栽品种，是理想株型与优势利用相结合育种的典范，聚合了20多个亲本材料的优良基因，遗传基础丰富，实现了优质高产、多抗广适、株形理想的完美统一，具有突出增产潜力，参加辽宁省区试比对照增产13.1% 。国家农业部、省农委有关专家对该品种进行现场验收，百亩测产产量为811.1千克，万亩测产产量为730.3千克,达到了超级稻的验收标准。该品种米质优，经农业部检测中心测定，其米质12项指标均达部颁优质米1级标准。

该项成果集品种选育、配套技术研究、无公害标准化生产开发于一体，技术熟化快、成果转化率高、推广面积大。2005—2007年，累计推广面积838万亩，共增加稻谷4.5亿千克，新增加效益9.8亿元。

2．早熟耐密优质多抗玉米自交系“丹988”选育研究

该品种是丹东农业科学院于1989年以引入美国“P78599”杂交种为基础，经自交、N离子辐射，大群体改良，性状定向转育等技术方法选育而成。突出特点为株矮健壮，早熟耐密，优质多抗，配合力高，结实饱满，芽势较强等。与旅大红骨群、四平头群、Reid等血缘类群测配后，具有较强杂种优势，是“P78599”选系中的突破，种质资源利用价值较大，对我国玉米育种产生深远影响。“丹988”自交系组配12个杂交种，其衍生系组配10个杂交

种，其中4个品种通过国家审定，种植区域遍及黄淮海和东华北地区，经济效益显著。截至2007年，“丹988”组配的杂交种种植面积达8100多万亩，增产粮食44.55亿千克，增创经济效益收益近60亿元。

3．玉米主要病菌种群动态及防控关键技术研究

辽宁省农业科学院植物保护研究所在国家、省部级多个项目资助下，历时8年应用传统技术与现代技术结合手段，对玉米主要病菌种群动态及防控关键技术进行研究，发现了国际玉米新病害2种，辽宁新病害2种及其流行规律；确定了我国6省玉米穗粒腐病菌类群及优势种；在国际上证实了丝黑穗病菌有分化，鉴定出5个小种；建立了玉米6种病害抗性鉴定技术体系。筛选出土传病害防治药剂9种。完成1318份资源抗性鉴定，筛选出抗病自交系207份，部分已被利用，育成新自交系145份、抗病新品种38个；发表论文22篇，专著3部。该成果的应用挽回经济损失6.9亿元，新增效益4.5亿元，投入产出比为1：8，经济效益显著，在同类研究中达到了国际先进水平，部分达到国际领先水平。

4．高粱雄性不育系7050A创造与应用

7050A是辽宁省农业科学院高粱研究所选育的高粱杂交种母本，其特点：应用地理远缘材料作亲本，双亲优势互补；将恢复系优良基因融入不育系中；打破常规育种模式，加快了育种进程；一般配合力与特殊配合力高，抗性遗传力强；对丝黑穗病免疫，高抗叶斑病，活秆成熟，抗倒伏、抗蚜虫、抗旱、抗涝；茎秆多汁、含糖量高，品质优良；是A_2（非迈罗细胞质）细胞质。

7050A已经应用组配并审定推广食用、酒用、能源用、饲草用等9个杂交种。推广种植1200万亩，增产粮食12亿千克，增加经济效益13.2亿元。7050A的选育成功，有效解决了生产上应用高粱杂交种不抗丝黑穗病、不抗叶斑病、不抗倒伏等问题。同时，由于A_2细胞质的使用，避免了遗传单一性对生产的潜在威胁。

5．城市适宜树种选择、繁育及应用

中国科学院沈阳应用生态研究所等单位经过50余年的引种栽培试验和近6年的系统研究，在3个树木园中建立了专类树种收集区，成功引种栽培国内外树木600余种，筛选出50余种优良城市树种，攻克了其繁育技术；全面系统揭示了城市主要树种生理生态特性与规律，进而首次定量确定了城市树种固碳释氧、降温增湿、三维绿量和滞尘量等重要生态功能指标；基于树种适生性定量评价建立了由树种抗性、生态学及景观美学等构成的城市树种综合评价体系；获发明专利19件（授权10件），发表文章50余篇，其研究成果为沈阳争创“园林城市”和“森林城市”作出了重要贡献，并广泛应用于省内外等北方地区，获经济效益2.56亿元，生态效益1.57亿元/年，有力地推动了我国北方城市绿化和生态建设进程。

6．海带综合利用系列产品加工关键技术

由大连水产学院等单位承担的该项目建立了新型高值化海带综合利用系统及系列产品加工关键技术。其最大的创新是新型系列产品全部为国际领先的新型加工工艺技术，整个系统实现零废弃。包括高得率的海带岩藻聚糖硫酸酯工业化生产关键技术；综合利用加工废弃物创新开发生产海带营养富碘口服液的关键技术；综合利用海带创新开发生产富含岩藻聚糖硫酸酯的调味料生产技术；综合利用海带加工废弃物生产海带膳食纤维软糖的生产关键技术。该项目共申请发明专利3项。三年来，推广生产的企业新增产值达18077.3万元，新增利税2493.94万元。在海带加工国际领先的日本还没有类似的综合利用系统。

7．重大机械装备的动态可靠性设计理论及应用研究

该成果是东北大学在完成多项国家、省部级基金的基础上，结合机械系统实际应用情况，从学科前沿学术角度出发，系统地提出了机械结构和零部件的可靠性设计、可靠性优化设计、可靠性灵敏度设计和可靠性稳健设计的理论方法；瞄准国际前沿，提出了多自由度非线性随机振动系统的动态可靠性与动态设计方法；面向产品开发的关键技术，提出多驱动动态分析方法、避免共振的频率可靠性分析方法，给出了共振失效的随机结构系统为串联系统的可靠性模式和系统可靠度的合理定义。该成果完成著作6部，撰写论文246篇，其中被收录SCI检索工具书中24篇，EI检索中172篇，ISTP检索中16篇，被引用次数达到1153次，申请专利6项。

该研究成果在中国第一汽车集团技术中心（长春汽车研究所）、沈阳鼓风机（集团）有限公司、沈阳机床（集团）有限公司、北方重工沈阳矿山机械(集团)公司山普公司、沈阳606研究所等单位得到了利用与推广，取得了巨大的经济效益和社会效益。

8．兆瓦级变速恒频风电机组

该成果是沈阳工业大学在随机瞬变的风载荷下通过风轮变速旋转实现风电能量转换的高科技装备，是“十五”期间“863”计划的重大科技成果。其全面攻克了大型风力发电装备总体设计、变桨距调节和变速恒频发电三大技术难题，具有完全自主知识产权。经专家鉴定，整体技术水平达到了同类产品的国际先进水平。

该成果采用的技术方案为：三叶片、水平轴、上风向机组，通过变桨进行功率调节，机组配备偏航系统自动对风、主动刹车、双馈式发电机及四象限变流器。针对我国多种气候区域及风沙、潮湿、盐雾、台风、雷电、高寒等复杂性气候，对机组进行了各种恶劣气候条件下的适应性设计。该成果在研制过程中解决的关键技术及取得的创新成果：开发出具有自主知识产权的1.0MW与1.5MW等多规格系列化兆瓦级变速恒频风电机组，形成了总体设计、总装流程、系统联调、现场运行、质检验收等指导性的技术规范，编写国家标准1部，获国家专利成果4项；建立了与整机设计配套的分析计算和试验验证体系。包括气动载荷计算、静强度分析、模态分析、旋转机械疲劳、寿命分析等现代分析计算和验证方法；建立了气动、机械、偏航智能保护及安全链强制保护等多重保护措施，提高了系统运行可靠性；机组装配在线监测与故障诊断预警专家系统，实现风电机组实时在线监测、故障特征识别和故障预警，提高了机组的运行可靠性，延长机组的使用寿命；为风电行业零部件配套提供了技术支持和试验平台，大力推进叶片、齿轮箱、发电机、控制器、变流器等主要部件的全面国产化。

该成果在全国范围内获得推广应用。已完成对10余家企业的技术转让和产品升级服务，分布于辽宁、北京、上海、黑龙江、陕西、甘肃、湖北、四川、江苏、浙江等区域，由这些企业生产的风电机组在国内、外十余个风电场成功并网发电，取得明显经济效益；同时减少了温室气体排放，增加了就业机会，社会效益显著。

9．铸造钛合金弹翼骨架工艺研究

沈阳铸造研究所承担的本项目主要解决了大尺寸（约1200mm）、薄筋（框架厚度4～34mm，筋条壁厚2～3mm）、复杂钛合金弹翼骨架铸件的研制问题。针对该类铸件的研制难点，从材料及工艺入手展开了研究，开发了金属氧化物烧结芯复合石墨型工艺。通过该工艺技术，极大地改善了铸型退让性，降低了冷却速度，减小了铸件裂纹产生倾向，并通过补强设计的研究，有效防止了变形，在国内首次成功研制出大尺寸（1200mm）弹翼骨架钛合金铸件，取代了原有的锻坯加工工艺，大大提高了材料利用率、节约了制造成本。应用该工艺技术已实现新增产值约7400万元，并且有力地促进了我省钛合金铸造技术水平的提高和装备制造业的发展，经济效益和社会效益十分显著。

10．50mm×3000mm滚切式双边剪

该设备主要用于对中厚钢板的定宽剪切，能够对厚度50mm、宽度3000mm的钢板进行高精度的双边定宽剪切，并同时对切下的废边进行碎断和收集。该设备具有剪切端面平直光滑、无变形、剪切钢板的几何精度高、剪切速度高等诸多优点。长期以来我国各大钢铁公司基本采用铡刀剪或火焰切割。无法满足国民经济发展对钢材产量和质量的需求。沈阳重型机械集团有限责任公司自主开发、设计制造的该设备填补了我国在这一领域的空白，完全结束了该设备依赖进口的局面，给用户带来了可观的经济效益。该设备的研制成功，为沈重带来了各种规格滚切式双边剪的相继开发生产，为我国众多钢铁公司提供了新型的剪切设备。目前沈重设计、生产的滚切式双边剪正朝着系列化、规模化方向发展，打破了国外公司在该领域内的垄断地位。市场占有率已达70%，产品已远销美国和东南亚地区。

11．CMT复合移动通信系统

CMT是大连环宇移动科技有限公司在国家“863”和省市相关科技计划的大力支持下，由大连环宇移动公司和国家数字交换系统工程技术研究中心合作开发的业界第一个基于IP的新型移动通信系统，核心技术属于原始创新，已获2项国家发明专利授权，整体技术处于国际先进水平。

CMT的研制开发推广历时近10年，累计投入人民币2亿余元，研发量3000人年，开发软件源程序1200万行，设计硬件单板15种。目前已在中国联通、煤矿专网及公安应急通信等市场规模应用，累计销售6.4亿元，利税4690万元。作为东北地区唯一具备自主知识产权的移动通信系统产品，不但可为改善东北产业布局作出重要贡献，还可有力地促进我国移动通信产业的升级换代。

12．油井光纤动态监测技术

中国石油辽河油田分公司针对国内外光纤监测技术现状，结合区块油井“实时、连续、立体、长期”的监测要求，承建了该项目。该项目开展了光纤动态监测系统的监测原理、系统总体结构设计、温压传感器研制、温压解调技术、传感器封装技术及现场监测工艺等研究，并进行室内实验和现场试验完善，最终形成了满足不同类型油井的、不同温度指标的系列化油井光纤动态监测技术成果，该技术取得了5项创新点，申报国家专利4项，填补了国内外动态监测领域空白，总体水平达到国际先进。该技术已在中国石油辽河油田公司累计实施48口井，为开发方案的实施与调整提供了依据，已累计增油2.23×10^4吨，创利润4906万元。随着蒸汽驱、SAGD、水平井的规模推进，该技术具有很大的发展潜力和广阔的应用前景。

13．输油管道资源优化配置及安全运行技术开发与应用

辽宁石油化工大学承担的该项目是针对输油管网运行实际，首次建立了包括混输因素的管道输送资源优化配置模型，提出了“两层嵌套法”求解；研制开发的“输油管道资源优化配置及安全运行决策系统”，能有效地指导管道安全经济运行；在国际上率先建立了原油冷热交替顺序输送模型并开发出相应的运行技术，为我国能源安全战略做出了贡献；研制开发出输油管道不停输机械封堵作业技术确保原油管道安全经济运行。该项目攻克了管道资源优化配置技术难题，是原油管道优化运行领域的一个创新，为原油输送管道经济运行和安全生产做出了重要贡献。2007年5月23日通过辽宁省科技厅组织的科技成果鉴定，鉴定该技术居国际领先水平。

14．甲醇制取低碳烯烃（DMTO）技术

中国科学院大连化学物理研究所与陕西新兴煤化工科技发展有限责任公司、中国石化集团洛阳石油化工工程公司合作，完成万吨级规模流化床工艺甲醇制取低碳烯烃（DMTO）技术工业化试验，通过了专家鉴定。DMTO技术是实现以煤制烯烃新技术路线的关键技术，包括专用分子筛合成及催化剂制备、工业化工艺包、工业化装置开停工和运行控制方案等，是一项处于国际领先水平、具有自主知识产权的创新技术。DMTO技术的工业化已经启动。国家发改委批准的世界首套采用DMTO技术的神华包头60万吨/年煤制烯烃装置正在建设；陕西新兴煤烯烃公司拟建设的20万吨/年甲醇制烯烃项目也在核准中。

15．除草剂环酯草醚的研究开发

沈阳化工研究院与世界领先的大农药公司瑞士先正达公司合作开发的环酯草醚具有高效、广谱的除草活性和低毒、低残留，对环境友好等特点，属于农用除草剂领域。环酯草醚单剂或与其他药剂的混剂用于旱稻和水稻防除多种杂草，是近年来应用推广的新型除草剂。在沈阳化工研究院试验厂已建成生产能力100吨/年的生产装置，投入规模化生产，并取得了理想的结果。该产品质量高；合成工艺收率高，达到了节能、降耗、减排的现代化生产目标；合成过程中的三废处理达到国家一级排放标准。目前为国内外独家生产，原药出口并创汇。其在沈阳化工研究院产业化的成功，受到了国际大公司先正达的高度赞赏，标志着我国的农药研究开发已经达到世界先进水平。

16．莫能菌素和鱼油调控共轭亚油酸在奶牛乳腺中的生物合成

共轭亚油酸(conjugated linoleic acid)被发现具有抗癌、抗心血管疾病作用以来，引起了全世界医药及营养学领域的高度关注，如何提高这些天然生理活性物质在反刍动物体内的合成进而增加在动物产品中的含量（利用动物反应器生产功能性食品）目前已经成为世界营养学界的研究热点。

大连工业大学王际辉教授带领的课题组通过In Vitro与In Situ和饲养实验，在调节微生物瘤胃内合成及乳腺组织中硬脂酰-CoA去饱和酶的去饱和作用两个层面上研究了莫能菌素和鱼油在饲料中的联合添加增加牛乳中CLA和ω3脂肪酸合成的程度，并利用活组织切片(Biopsy)、RT-PCR及双向凝胶电泳(2-DE)技术探讨了饲料调整引起的CLA和ω3脂肪酸在奶牛乳腺中生物合成的机理，其研究成果达到国际领先，并开发出了具有自主知识产权的功能性牛奶，在提高人类健康水平的同时实现了奶牛饲养企业的收益更大化。

本研究首次利用蛋白质组技术来研究饲料调整对奶牛乳腺内脂肪代谢的影响，发现了调控共轭亚油酸反向合成关键酶的因子，并应用到复合制剂的组方之中，同时开发了一种特殊的饲料加工处理方法，把牛奶中共轭亚油酸含量提高到原来的10倍左右，并获得2008年辽宁省科技进步一等奖，发表相关国际论文20余篇，其中12篇被SCI收录。

17．ETFE气枕成套技术及其在国家游泳中心的应用

由沈阳远大铝业工程有限公司主持研发的该项目已成功应用于2008年奥运体育场馆——国家游泳中心“水立方”工程，国家游泳中心采用了基于气泡理论的多面体空间钢膜结构体系，是目前世界面积最大、技术难度最高、构造最复杂的ETFE充气膜结构，属国内外首创。“水立方”融建筑艺术与建筑技术为一体，充分体现了2008年北京奥运会的三大理念：科技奥运，绿色奥运，人文奥运。本课题组在引进消化国外原有技术基础上进行了大胆的自主创新，解决了许多国内外前所未有的课题，填补了多项国内外空白，申报了5项发明专利并在设计施工过程中制定了《国家游泳中心屋面及墙面ETFE装配系统工程技术及施工质量验收标准》。

18．静压管桩基础在东北地区推广应用中的技术问题研究

沈阳建筑大学等承担的这项研究既是建设部课题又是辽宁省地方规范课题。该研究填补了东北地区静压管桩理论与技术研究的空白，研究成果经建设部验收鉴定为国内领先水平。

静压管桩具有其他桩型无可比拟的优点，应用前景广阔，但东北地区引进伊始，面临着设计缺乏依据、施工无章可循的局面，为此课题组立项开展了专项研究，建立了施工终压力与单桩竖向极限承载力的关系；首次提出了静压管桩施工实施终压力与桩顶标高双重控制准则；在东北地区首次进行桩身内力测试，对静压管桩的承载机理进行了深入研究；提出解决冬季施工的技术措施；建立了适合东北地区特点的桩侧摩阻力和桩端阻力特征值表；解决了东北地区推广应用静压管桩基础的技术难题，成果的应用创造了巨大的经济效益和社会效益。该成果已纳入辽宁省地方标准，这必将大大推进静压管桩基础的推广，在东北地区形成一种节能、环保的新桩型，促进了东北地区建设领域的技术进步。

19．热采稠油开发实验技术与应用

中国石油辽河油田分公司的这个项目是针对辽河稠油油藏类型繁多，地质条件复杂，油品性质变化范围大，油藏埋藏深的特点，瞄准改善蒸汽吞吐效果，实现超稠油有效开发和探索热采稠油转换开发方式3个方向开展技术攻关。一是突破国外现有理论前沿，创建了直井与水平井共同吞吐预热降压、蒸汽驱替、蒸汽驱替和重力泄油复合作用及重力泄油新型联动相似理论，为中深层大幅度提高采收率技术提供了科学依据。二是发明和创新了8项具有自主知识产权和世界领先水平的稠油开发实验技术秘密体系，填补了国际、国内这类技术的空白，不仅在辽河油田得到广泛应用，在国内其它稠油油田得到推广应用，经济效益和社会效益十分显著。截止到2006年年底，已累计创效9.11亿元。

20．辽宁农村高血压流行趋势及低成本综合干预预防脑卒中研究

中国医科大学附属盛京医院等单位承担的该研究旨在分析我省农村高血压流行趋势并探索适合我省农村实际情况的高血压低成本干预方案。共完成45925人流行病学调查，研究显示辽西农村地区高血压患病率为37.8%，控制率仅为1.1%；脑卒中患病率为2480/10万，高于全国水平；在健康教育基础上采用以双氢克尿噻和尼群地平为基础的低成本方案，随访15个月，治疗组血压较基线（160.87/95.80mmHg）明显下降，达16.07/9.42mmHg；高血压控制率由1%提高到33.1%；人群受益率达86%；脑卒中发病减少55.2%，治疗费用仅30元/人年；副反应监测及群体药代动力学等现代化手段证实所选药物安全有效。该成果已在多家单位推广。共发表论文52篇，其中收录到SCI中的论文17篇，另有9篇SCI论文被接收，研究成果多次进行学术交流。

21．肿瘤淋巴道转移机制及实验性干预

为研究肿瘤淋巴道转移机制，大连医科大学以小鼠肝癌细胞和淋巴瘤样细胞淋巴道转移为模型，通过体内和体外等多方面实验研究，筛选了肿瘤淋巴道转移相关基因；提出了肿瘤淋巴道转移的新机制：L-选择蛋白与甘露糖受体相互作用、窖蛋白-1（Caveolin-1）/CD147糖基化/ MMP-11/ VEGF-A级联作用以及CXCR4/ SDF-1途径分别介导肿瘤细胞淋巴道粘附、侵袭、肿瘤淋巴管新生以及肿瘤细胞的淋巴结靶向运动过程；基于上述新机制，利用RNA干扰等多种新技术，抑制阻断上述作用和途径，实现了肿瘤淋巴道转移的体外和体内实验性干预。本研究丰富了肿瘤生物学内容，为肿瘤细胞淋巴道转移治疗提供了新手段，为抗肿瘤转移药物设计提供了新思路。

22．肺癌发生、侵袭转移分子机制及早诊研究

此研究属于肿瘤病理学的应用性基础研究。

中国医科大学基础医学院等单位立足肺癌发病

率和死亡率持续升高的严峻现实，在6项国家自然科学基金及10余项省部级课题资助下，历经17载，建立了能够检测环境致肺癌物质的方法，提出了反映肺癌生物学行为的标记物和耐药标准，探讨了肺癌侵袭、转移的分子机制，丰富了肺癌细胞发生的理论。

本研究发表学术论文93篇，其中收录到SCI中的论文15篇，被引用325次，单篇他引43次，研究成果在国内外学术会议上作大会发言，受到国内外同行的好评。研究过程中培养硕士研究生111人，博士研究生51人，其中获省优秀毕业生2人，省优秀博士论文1篇。该成果已在多家医院推广应用于肺癌的早期诊断和指导临床治疗，并取得了很好的社会效益和经济效益。

23．细胞凋亡相关基因异常表达与胰腺癌生物学行为关系的研究

本研究是中国医科大学附属第一医院运用分子生物学技术，以Ki-ras、p53、Gadd45a、PDCD4等癌相关基因为主线，将基础研究与临床问题相结合，从胰腺癌的病因学、早期诊断、恶性浸润机制、临床病理学特点以及辅助化疗策略等方面系统揭示胰腺癌的生物学行为。结论：不同人群胰腺癌组织p53蛋白表达或Ki-ras原癌基因突变表型有差异。检测胰液脱落细胞NPTX2和CLDN5基因启动子区CpG岛高甲基化可提高胰腺癌早期诊断率。EGF促进胰腺癌细胞的侵袭与其诱导的NF-kB活化及其下游的MMP-9表达上调相关。细胞凋亡相关基因或蛋白的协同表达可以判断胰腺癌生物学行为。p53抑癌基因突变可能增加胰腺癌细胞对化疗药物的敏感性。

24．高血压易患性的基础与应用研究

高血压的易患性由遗传因素和环境因素决定的。本研究是中国医科大学基础医学院等单位对血管收缩/舒张因子、信号转导分子、代谢酶等高血压候选基因和易感染色体区域17q11.1和8p22进行的基因型分析及关联研究，并深入研究了这些基因的表达调控。对辽宁省彰武县高血压高发地区进行了高血压的危险因素和相关血清学指标的流行病学调查，并且实施了代用盐干预和高血压综合干预等高血压防治措施，同时建立了高血压高发区病例-对照人群和高血压家系的遗传资源库。该研究使高血压易患性的基础研究得以应用于社会，基本确定了辽宁省高血压高发区高血压发生的遗传因素和环境危险因素，研究成果为全面揭示高血压发生发展的分子机制提供了切实的理论依据，并且对综合防治高血压具有重要的指导意义。

25．胃肠道恶性肿瘤术前影像学分期的临床应用研究

本研究是辽宁省肿瘤医院立足于医学影像学的最新进展，应用SCT、MSCT和MRI对2106例胃肠道恶性肿瘤患者进行影像诊断、分期和疗效评价的综合研究，初步建立了国人胃肠道恶性肿瘤影像学诊断和疗效评价体系，取得了多项创新成果，如在国内首次提出胃肠道恶性肿瘤穿透浆膜的SCT直接、间接征象；首次提出癌肿CT增强扫描特征与其组织分化和周围淋巴结转移的相关性；首次提出胃肠道恶性肿瘤的长径测量宜采用沿病变长轴MSCT多平面重建的曲面重建测量，为结直肠癌新辅助化疗疗效的客观评价提供了依据。该研究成果通过国家核心期刊发表论文30余篇，经多家“三甲”医院应用推广，取得了很好的社会效益。在研究中，共培养硕士研究生8名，进行学术讲座14次。该研究总体达到国际先进、国内领先的水平。

26．流程工业控制网络通信芯片及应用系统开发

通信、网络、电子等信息技术的发展，促进了现场总线和工业以太网等工业控制网络技术的诞生。基于工业控制网络的新一代、网络化仪表控制系统正在取代传统的集散控制系统，成为控制系统的主流产品。

中国科学院沈阳自动化研究所等单位攻克了通信协议及芯片、仪表智能模块、网络通信设备开发等共性关键技术，打破了国外公司对流程工业控制网络核心技术的垄断，采用低功耗设计和优化技术，开发了我国首个符合IEC61158-2和HART标准的两款流程工业控制网络芯片FBC0409和HT1200M，打破了国外技术的垄断，在低功耗、抗干扰、功能及性能等关键指标方面达到国际同类产品的先进水平，适合FF，Profibus和HART应用系统的开发；推出了基于自主芯片的应用开发工具和软件，开发了温度、压力、流量、液位、阀门定位器等5个系列18种仪表智能圆卡，被多家仪表企业采用，开发的FFH1与ProfibusPA仪表通过了国际权威机构的认证；基于自主芯片开发了网络通信控制器、实时网关等流程工业控制网络关键设备，形成了先进的网络化仪表控制系统NCS4000，获得了广泛的应用。

该成果覆盖了流程工业控制网络三种主流协议，形成了从芯片、智能仪表模块到网络通信设备的工业控制网络核心技术体系，支持了流程仪表和先进网络化控制系统产品的开发，整体上达到国际先进水平，解决了我国网络化控制系统空“芯”化的问题，提高了我国控制系统技术在国际市场上的核心竞争力。

FBC0409和HT1200M两款芯片，实现了批量销售；为多家仪表企业定制开发了智能化仪表关键组件；开发的智能仪表和仪表控制系统，已在多项自动化工程中得到示范应用，取得了显著的经济效益，为企业节能减排发挥了重要的作用。

27．面向节能的复杂配电网的监测控制与故障诊断关键技术及应用

东北大学发明的此成果属于自动控制技术、安全检测与监控技术、配电系统安全运行及其交叉技术，主要应用于配电系统监测、分析和控制。针对配电自动化系统中高峰时段电能削峰填谷和信息缺失下的故障诊断等国际公认难题，在灵敏负荷优化控制、故障诊断技术和不确定潮流的动态分析技术等重要方面暂居国际领先水平。该发明主要技术指标超过了国内外现有的同领域其他技术标准，并形成了一套原创性的具有重大应用价值的配电网络控制技术，形成了研发、转化、应用的完整产业链，并已创造可观的经济效益。该发明成本低且实用性好，具有很好的市场前景和推广价值，必将推动电力行业安全监控技术的进步。

28．熔体发泡法制备闭孔泡沫铝材料生产技术

东北大学在国家“863”、辽宁省攻关支持下，经过十余年的试验研究，自主创新，抑制了泡沫体破裂、大空腔和裂纹的产生，解决了技术的难点，形成了一套独家的制造大规格泡沫铝材料生产技术，制造出800mm×2000mm大规格泡沫铝板材，经国家权威部门检测，性能与最先进的日本同类产品相当，达到国际先进水平。使中国成为继日本之后第二个能够生产大规格泡沫铝板材的国家。获得了“熔体直接发泡制造闭孔型泡沫铝的方法”发明专利和四项制造泡沫铝制品的实用新型专利。2006年通过了省科技厅的鉴定，“产品填补了国内空白，技术达到国际先进水平”。产品已被应用于声屏障、列车地板、隧道、游泳馆、轿车保险杠、坦克和防爆车复合装甲等工程与制造方面。

三、科技成果转化奖励

1．中华骏捷轿车项目

成果转化实施单位：沈阳华晨金杯汽车有限公司合作单位：东北大学

项目简介：投资56087万元，开发的一款家用轿车。该车具有外观时尚、性能先进、操纵稳定、质量可靠等优点。创新点：①底盘根据轴荷变化进行调整；②匹配华晨自主开发的1.8T发动机；③在材料经济性和可回收性方面有重大突破。中华骏捷系列产品现已开发出舒适型、豪华型、行政版等7种车型，已经申请多项实用新型专利、外观设计专利和发明专利。在整车安全性、环保、乘坐舒适性、操控性能等方面都进行了较大的改进。在环保方面，三元催化转化器控制装置等先进环保措施，减少了NO_x、CO与HC污染排放物。同时对发动机进行了重新改进和标定，全面达到国家4部委规定的排放标准，并达到了欧Ⅳ排放要求。

2．大型煤化工装置用离心压缩机开发及产业化

成果转化实施单位：沈阳鼓风机（集团）有限公司合作单位：西安交通大学、大连理工大学

项目简介：煤化工装置用离心压缩机采用多工况整体优化设计软件，对压缩机设计方案进行优化设计；进行转子稳定性改进，对压缩机耐高温、高强度和防磨损叶轮材料进行改进；并研制出先进的防喘振系统。使得压缩机性能得到极大提高。该机组的研制成功，为煤炭开发利用工程这一公认的清洁和关键产业带来了巨大的发展空间。2007年，沈鼓集团成功地为国内近百家用户研制了94台该类产品，为企业创造了巨大的经济效益。该项目获得专利8项，其中发明专利3项，实用新型5项。

3．400英尺水深自升式钻井平台设计建造技术

成果转化实施单位：大连船舶重工集团有限公司

合作单位：大连理工大学

项目简介：承接了国内作业水深最深、规模最大、现代化程度最高的400英尺水深自升式钻井平台。该平台是一种用于海上石油勘探、开采的作业装备，能在世界范围400英尺（122米）水深内各种海域环境条件下钻井作业，最低作业环境温度为-20℃，具有百年一遇的风暴自存能力。最大钻井深度9150m，一次固定可钻50口井。依托企业为

主体，产学研相结合的技术路线，解决了平台尺寸方案评估及结构深化设计、主要设备及系统设计、建造和安装工艺、焊接工艺、大型系统/设备安装与调试技术等多项技术难题。取得多项研究成果并全部转化应用于依托平台，已申请21项专利，填补了国内空白，同时形成了批量化、规模化生产，效益显著。在2007年度中国企业新纪录中，成为中国船舶工业唯一上榜的重大创新成果。

4．鞍钢1780mm大型宽带钢冷轧生产线工艺装备技术国内自主集成与创新

成果转化实施单位：鞍山钢铁集团公司

合作单位：中国第一重型机械（集团）有限责任公司、中冶南方工程技术有限公司

项目简介：该项目是我国钢铁冶金领域重大成套装备国产化、高技术设备、核心技术等方面的一次战略性、具有历史意义的跨越。它是国内首次自主研发和集成成功投入运行的大型冷轧生产线，达到了国际领先水平。该项目成功轧制出超设计能力极薄冷轧带钢产品并开发出轿车面板、硅钢原板、高档次镀锌原板、家电板及工艺中低牌号硅钢等高附加值产品，打破了冷轧领域由国外公司垄断的格局，它表明我国掌握和突破了冷轧成套装备制造技术和工艺生产控制两大核心技术并具备了冷轧成套设备制造和相关工艺技术总成的能力。该项目节约投资1/4到1/3，已成功应用于唐山建龙、江阴西城钢铁厂、浙江龙盛薄板厂中。

5．汽车车轮用BG420CL热轧钢带（板）的开发

成果转化实施单位：本溪钢铁（集团）有限责任公司

合作单位：中国钢研科技集团公司

项目简介：本钢研制的BG420CL车轮钢在冶炼上严格控制钢水的化学成分、洁净度、夹杂物形态，连轧采用TMCP（控轧控冷）轧制，即保证钢材具有高的强度和良好的韧性，同时提高了钢材的冲击功，降低了韧脆转变温度，车轮台架弯曲疲劳寿命均在60万次以上，达到国家优质产品的标准。在钢中加入微合金元素铌，结晶器喂稀土丝工艺生产BG420CL车轮钢的采用具有创新性，该工艺对氧化物和硫化物夹杂进行了变性及球化处理，提高了钢材的综合性能，尤其是提高了钢材的耐疲劳性能。本钢开发的BG420CL车轮钢在国内市场占有率达到40%，产品已经开始向我国台湾地区销售，并出口到美国、印度、希腊、南非、东南亚等国家和地区。

（省科技厅成果推广应用处　盛利）

2008年作为第一完成单位获国家奖项目

序号	项目名称	完成人	完成单位	推荐单位	获奖种类 等 级
1	提高C-Mn钢综合性能的微观组织控制与制造技术	刘相华，王国栋，杜林秀，吴迪，许家彦，黎立璋	东北大学	辽宁省	技术发明奖 二等
2	流体输送管网的实时数据采集分析方法和高精度泄漏检测定位技术	张化光，冯健，黎明，宋崇辉，于锡纯，岳恒	东北大学	辽宁省	技术发明奖 二等
3	基于能源节约型低能耗激光增强电弧高效焊接集成技术	刘黎明，刘顺华，宋刚，王来，张兆栋	大连理工大学	中国机械工业联合会	技术发明奖 二等
4	电子海图(航道图)技术及其应用系统的研究	赵德鹏，李源惠，赵丽宁，胡景峰，郝江凌，李邵喜，潘明阳，谷伟，王德强，杨晓波	大连海事大学，大连海大航运科技有限公司	辽宁省	科技进步奖 二等
5	碘过量对甲状腺疾病影响的流行病学和实验研究	滕卫平，单忠艳，滕晓春，李晨阳，关海霞，李玉姝，滕笛，崇巍，杨帆，黄薇	中国医科大学附属第一医院，沈阳市第五人民医院，国家人类基因组南方研究中心	辽宁省	科技进步奖 二等
6	先天性肛门直肠畸形基础与临床研究	王维林，袁正伟，李龙，白玉作，张志波，李正，王练英，王常林，王伟，贾慧敏	中国医科大学附属盛京医院	辽宁省	科技进步奖 二等
7	离心压缩机、鼓风机机壳拼装制造技术	杨建华	沈阳鼓风机（集团）有限公司	全国总工会	科技进步奖 二等
8	大型水轮机关键件双精炼铸造技术及产品	娄延春，陈瑞，姜云飞，李宝东，李旭东，王洪峰，张仲秋，于波，赵芳欣，祝强	沈阳铸造研究所	中国机械工业联合会	科技进步奖 二等
9	多高层建筑多维抗震分析与振动控制－理论及工程应用	李宏男，李云贵，滕军，冼巧玲，霍林生，李钢，李兵，王苏岩，贾影，孙丽	大连理工大学，中国建筑科学研究院，哈尔滨工业大学深圳研究生院，广州大学，沈阳建筑大学	教育部	科技进步奖 二等
10	开孔消浪沉箱结构波浪力计算方法的研究及应用	李玉成，滕斌，孙大鹏，陈雪峰，刘洪杰，孙路，张宁川，刘勇，姜俊杰，马宝联	大连理工大学	大连市	科技进步奖 二等
11	工厂化农业（园艺）关键技术研究与示范	李天来，陈殿奎，申茂向，陈日远，余纪柱，马承伟，张志斌，张福墁，徐志豪，邹志荣	沈阳农业大学，北京市农林科学院，华南农业大学，上海市农业科学院，浙江省农业科学院，中国农业大学，中国农业科学院蔬菜花卉研究所	农业部	科技进步奖 二等

2008年作为参与单位获国家奖项目

序号	项目名称	完成人	完成单位	推荐单位	获奖类种等级
1	不同水动力条件下污染物输移过程及系统耦合模型研究	王超，沈永明，李凌，陆光华，王沛芳	第2完成人沈永明来自大连理工大学	教育部	自然科学奖二等
2	铝资源高效利用与高性能铝材制备的理论与技术	钟掘，肖亚庆，胡岳华，张新明，陈康华，陈启元，刘祥民，李小斌，崔建忠，聂祚仁，李劼，冯其明，李旺兴，黄明辉，赵世庆	中南大学，中国铝业公司，东北大学，北京工业大学	中国有色金属工业协会	科技进步奖一等
3	750kV交流输变电关键技术研究、设备研制及工程应用	刘本粹，张雅林，印永华，禹云长，裴振江，于海年，丁永福，梁旭明，郭爱华，李勇伟，宓传龙，李正，种衍民，万启发，孙永恒	西北电网有限公司，西安电力机械制造公司，特变电工股份有限公司，国网武汉高压研究院，西安高压电器研究所有限责任公司，中国电力科学研究院，保定天威保变电气股份有限公司，中国电力顾问集团西北电力设计院，沈阳变压器研究所有限公司，国网北京电力建设研究院	中国电机工程学会、中国机械工业联合会	科技进步奖一等
4	皱纹盘鲍杂交育种技术及其养殖工艺体系	张国范，赵洪恩，刘晓，张金世，周延军，燕敬平，王琦，黄健，张聿钦	中国科学院海洋研究所，大连市水产研究所，大连獐子岛渔业集团股份有限公司，中国水产科学院黄海水产研究所，山东西霞口水产科技开发股份有限公司，大连新碧龙海产有限公司，寻山集团有限公司	中国科学院	科技进步奖二等
5	中国下一代互联网示范工程CNGI示范网络核心网CNGI-CERNET2/6IX	吴建平，李星，张凌，汪为农，龚俭，马严，李芝棠，张蓓，汪文勇，李卫	清华大学，北京大学，上海交通大学，西安交通大学，东南大学，华南理工大学，东北大学	教育部	科技进步奖二等
6	转基因植物产品检测体系的建立及其在国际贸易中的应用	朱水芳，徐宝梁，曹际娟，章桂明，潘良文，覃文，陈颖，蒋原，陈红运，陈洪俊	中国检验检疫科学研究院，辽宁出入境检验检疫局检验检疫技术中心，深圳出入境检验检疫局动植物检验检疫技术中心，上海出入境检验检疫局动植物与食品检验检疫技术中心，广东出入境检验检疫局，江苏出入境检验检疫局动植物与食品检测中心，天津出入境检验检疫局	国家质量监督检验检疫总局	科技进步奖二等
7	全国主要HIV毒株的基因变异和流行特征研究及数据库建立	邵一鸣，邢辉，洪坤学，冯毅，陈健平，尚红，钟平，张伟，王哲，秦光明	中国疾病预防控制中心性病艾滋病预防控制中心，中国医科大学附属第一医院，上海市疾病预防控制中心，新疆维吾尔自治区疾病预防控制中心，河南省疾病预防控制中心，四川省疾病预防控制中心，广东省疾病预防控制中心	中华医学会	科技进步奖二等
8	慢性肾脏病防治的临床和基础研究	侯凡凡，张训，梅长林，张国华，任昊，黄颂敏，袁伟杰，梁敏，谢迪，刘尚喜	南方医科大学南方医院，中国人民解放军第二军医大学第二附属医院，四川大学华西医院，上海长海医院，中国医科大学附属第一医院，四川省医学科学院，四川省人民医院	广东省	科技进步奖二等
9	朔黄重载铁路建设与运营技术	陈必亭，张喜武，薛继连，罗云光，王兆成，白东升，顾大钊，顾聪，刘放民，张剑	神华集团有限责任公司，朔黄铁路发展有限责任公司，铁道第三勘察设计院，中铁十三局集团有限公司，中铁十九局集团有限公司	北京市	科技进步奖二等

2008年辽宁省自然科学奖获奖项目

一等奖（2项）

序号	项目编号	项 目 名 称	主要完成单位	主要完成人
1	2008Z−1−1	土壤重金属污染发生机理与修复原理	中国科学院沈阳应用生态研究所	周启星，马奇英，孙铁珩，贾永锋，魏树和
2	2008Z−1−2	复杂非线性系统的动态分析和智能控制理论及应用	东北大学	张化光，张庆灵，王占山，王迎春，胡三清

二等奖（4项）

序号	项目编号	项 目 名 称	主要完成单位	主要完成人
3	2008Z−2−1	纳微米炭素材料的选控制备、结构与性能及其应用基础研究	大连理工大学，中国科学院大连化学物理研究所	邱介山，梁长海，孙公权，辛勤，李永峰
4	2008Z−2−2	水库洪水预报调度系统的智能化算法与实践	大连理工大学，海军大连舰艇学院，香港理工大学	程春田，李登峰，K.W.Chau，武新宇，李刚
5	2008Z−2−3	KAI1基因调控胰腺癌转移的相关机制研究	沈阳军区总医院	郭晓钟，徐建华，任丽楠，吴春燕，李宏宇
6	2008Z−2−4	髓母细胞瘤化学治疗新途径的基础研究	大连医科大学	刘佳，李宏，王茜，孙媛，陈晓燕

三等奖（7项）

序号	项目编号	项 目 名 称	主要完成单位	主要完成人
7	2008Z−3−1	量子信息应用的物理基础研究	大连理工大学	衣学喜，宋鹤山，周玲，李崇，于长水
8	2008Z−3−2	小Higgs理论在高能直线对撞机(ILC)实验中的可能物理迹象	辽宁师范大学	岳崇兴，吕翎，陈建兴，孙衍斌
9	2008Z−3−3	细胞内分子伴侣对于淀粉样蛋白沉积疾病的调控机制	辽宁大学	宋有涛，何剑为，张慧丽，万冬梅，霍雅鹏
10	2008Z−3−4	我国东北地区生物源温室气体(N_2O和CH_4）排放规律研究	中国科学院沈阳应用生态研究所	陈欣，陈冠雄，黄国宏，于克伟，侯爱新
11	2008Z−3−5	XML数据管理技术	东北大学	王国仁，王波涛，王斌，赵相国，乔百友
12	2008Z−3−6	图形图像的表示与处理方法研究	大连民族学院	刘勇奎，刘向东，王鹏杰
13	2008Z−3−7	氯通道的生理作用及其意义研究	大连大学	周士胜，弓晓杰，伦永志，嵇志红，孙慎霞

2008年辽宁省技术发明奖获奖项目

一等奖（3项）

序号	项目编号	项 目 名 称	主要完成单位	主要完成人
1	2008F-1-1	流程工业控制网络通信芯片及应用系统开发	中国科学院沈阳自动化研究所，沈阳中科博微自动化技术有限公司	于海斌，杨志家，王宏，吕岩，谢闯，林跃
2	2008F-1-2	面向节能的复杂配电网的监测控制与故障诊断关键技术及应用	东北大学，沈阳供电公司	张化光，杨东升，孙秋野，王占山，赵庆杞，王智良
3	2008F-1-3	熔体直接发泡法制造闭孔型泡沫铝材料生产技术	东北大学	姚广春，左良，罗洪杰，张晓明，孙挺，刘宜汉

二等奖（3项）

序号	项目编号	项 目 名 称	主要完成单位	主要完成人
4	2008F-2-1	高精度热压氮化硅陶瓷球轴承及其制造方法	沈阳建筑大学	吴玉厚，张珂，郭桦，李颂华，陈士忠
5	2008F-2-2	微型固态吸附萃取器技术	中国科学院大连化学物理研究所	关亚风，刘文民，朱道乾，观文娜，王华，田晓静
6	2008F-2-3	中国林蛙肉蛋白可控酶解制备生物活性肽的研究	辽宁师范大学	李庆伟，尚德静

三等奖（7项）

序号	项目编号	项 目 名 称	主要完成单位	主要完成人
7	2008F-3-1	ODFS-334000/500kV单相自耦无载变压器	特变电工沈阳变压器集团有限公司	钟俊涛，孙树波，方明，汤淼，金海洋，陈香辉
8	2008F-3-2	石油开采泥砂清洁处理技术	辽河石油勘探局锦州工程技术处，辽河石油勘探局华油实业公司	宋彦武，周洪山，刘秀平，仝坤，于启海，王琦
9	2008F-3-3	新型高氮CrMnN双相不锈钢无缝管短流程制备技术	中国科学院金属研究所	韩维新，李殿中，张玉妥，杨柯，李依依
10	2008F-3-4	MCM-22/ZSM-35共结晶分子筛的可控性合成	中国科学院大连化学物理研究所	徐龙伢，谢素娟，刘盛林，牛雄雷，王晓，赵雪松
11	2008F-3-5	新型功能材料：蓄光-自发光玻璃	大连路明发光科技股份有限公司	肖志国，张宏伟，夏威，戴嘉凌，刘剑雄，王细凤
12	2008F-3-6	直通式便器冲洗器及无阀门排水便器	大连通力水力设备有限公司	王心超
13	2008F-3-7	采用PMA树脂保存生物断层标本的技术研究与推广	大连鸿峰生物科技有限公司	隋鸿锦

2008年辽宁省科技进步奖获奖项目

一等奖（26项）

序号	项目编号	项 目 名 称	主要完成单位	主要完成人
1	2008J-1-1	优质广适型超级稻新品种辽星1号选育与推广	辽宁省稻作研究所	张艳芝,隋国民,王昌华,韩勇,邹吉承,郑文静,李建国,代贵金,侯守贵,姜秀英,赵海岩
2	2008J-1-2	早熟耐密优质多抗玉米自交系丹988选育研究	丹东农业科学院	刘春增,郭永才,关国志,鲁宝良,景希强,刘日尊,赵文媛,吕春波,曹祖波,刘旭,毕元洪
3	2008J-1-3	玉米主要病菌种群动态及防控关键技术研究	辽宁省农业科学院植物保护研究所	徐秀德,董怀玉,姜钰,王丽娟,朱茂山,付仲鑫,李桂荣,蔡忠杰,吕成军,乔木春,刘澍才
4	2008J-1-4	高粱雄性不育系7050A创造与应用	辽宁省农业科学院高粱研究所	杨晓光,邹剑秋,石玉学,杨镇,卢庆善,朱凯,赵淑坤,宋仁本,张志鹏,卢峰,王艳秋
5	2008J-1-5	城市适宜树种选择、繁育及应用	中国科学院沈阳应用生态研究所,沈阳农业大学,沈阳市园林科学研究院,沈阳市园林绿化监管中心	何兴元,陈玮,田伟,陆庆轩,宋力,刘常富,张粤,孙雨,关正君,李小玉,苏道岩
6	2008J-1-6	海带综合利用系列产品加工关键技术	大连水产学院,中国海洋大学	汪秋宽,陈勇,张泽宇,何云海,谢智芬,李伟,李兆杰,任丹丹,金桥,赵前程,汪涛
7	2008J-1-7	重大机械装备的动态可靠性设计理论及应用研究	东北大学	张义民,宋伟刚,闻邦椿,韩清凯,戴继双,刘春时,宋桂秋,任朝晖,李鹤,马辉,孙伟
8	2008J-1-8	兆瓦级变速恒频风电机组	沈阳工业大学	姚兴佳,潘建,刘光德,邢作霞,王晓东,刘颖明,王士荣,谢洪放,孟强,陈雷,钟明
9	2008J-1-9	400英尺水深自升式钻井平台桩腿建造技术开发	大连船舶重工集团有限公司	孙洪国,李虎清,赵绪杰,盛永军,张恩国,王维玉,窦钧,刘金兆,于训达,曲广杰,孙瑞雪
10	2008J-1-10	铸造钛合金弹翼骨架工艺研究	沈阳铸造研究所	谢华生,赵军,汪志华,苏贵桥,张春辉,王利,刘宏宇,曲玉福,于志强,郭培军,周跃
11	2008J-1-11	50mm×3000mm滚切式双边剪	沈阳重型机械集团有限责任公司	刘义,张德林,李志波,孟熙林,徐冰,耿洪臣,孙彦忱,吴秀杰,吴多智,姜建伟,张玉亭
12	2008J-1-12	CMT复合移动通信系统	大连环宇移动科技有限公司,国家数字交换系统工程技术研究中心	罗兴国,季新生,葛宝忠,杨镇西,王军,俞定玖,郭淑明,马宏,张汝云,彭建华,汤红波
13	2008J-1-13	油井光纤动态监测技术	中国石油天然气股份有限公司辽河油田分公司	李晶,王潜,赵业卫,杨立强,许国民,崔士斌,徐英莉,马丽勤,赵伟,张国禄,吴冠霖

续表

序号	项目编号	项 目 名 称	主要完成单位	主要完成人
14	2008J−1−14	输油管道资源优化配置及安全运行技术开发与应用	辽宁石油化工大学，中国石油管道公司沈阳调度中心	吴明，王平，马波，田艺兵，王洪霞，张长勇，邵英武，刘建锋，黄金萍
15	2008J−1−15	甲醇制取低碳烯烃(DMTO)技术	中国科学院大连化学物理研究所，陕西新兴煤化工科技发展有限责任公司，中国石化集团洛阳石油化工工程公司	刘中民，刘昱，吕志辉，陈俊武，袁知中，齐越，梁龙虎，何长青，张今令，闵小建，许磊
16	2008J−1−16	除草剂环酯草醚的研究开发	沈阳化工研究院	程春生，王瑾，邹本勤，吕文，李涛，王鑫磊，盖永明，李鹏，吴长春，苗润春，龙飞
17	2008J−1−17	莫能菌素和鱼油调控共轭亚油酸在奶牛乳腺中的生物合成	大连工业大学	王际辉，张彧，刘熙，辛丘岩，叶淑红，袁丁，王欢，高世伟
18	2008J−1−18	ETFE气枕成套技术及其在国家游泳中心的应用	沈阳远大铝业工程有限公司	王双军，曾庆伟，刘大治，刘建国，刘建涛，于兰松，于清华，那伟，陈立鹏，邵长征
19	2008J−1−19	静压管桩基础在东北地区推广应用中的技术问题研究	沈阳建筑大学，中冶沈勘工程技术有限公司，大连三川建设集团股份有限公司，沈阳航空工业学院，营口市勘察设计文件审查中心，辽宁建华管桩有限公司	赵俭斌，贾连光，解磊，马剑秋，孙传胤，史永强，王国业，李宁，李伟，孙云飚，程惠秋
20	2008J−1−20	热采稠油开发实验技术与应用	中国石油天然气股份有限公司辽河油田分公司	任芳祥，张方礼，龚姚进，刘其成，刘宝良，张勇，王西江，张鹰，赵庆辉，张英，于涛
21	2008J−1−21	辽宁农村高血压流行趋势及低成本综合干预预防脑卒中研究	中国医科大学附属盛京医院，阜新矿业(集团)有限责任公司总医院，同济大学医学院，辽宁省阜新蒙古族自治县卫生局，辽宁省疾病预防控制中心，辽宁医学院附属第一医院，辽宁中医药大学附属医院	孙英贤，张大义，孙兆青，胡大一，李觉，郑黎强，张心刚，祝荣才，潘国伟，陶贵周，陈民
22	2008J−1−22	肿瘤淋巴道转移机制及实验性干预	大连医科大学	张嘉宁，贾莉，左云飞，周慧敏，初海鹰，魏巍，刘敏，黄榕，李瑞华，汪淑晶，康晓慧
23	2008J−1−23	肺癌发生、侵袭转移分子机制及早诊研究	中国医科大学基础医学院，中国医科大学附属第一医院	王恩华，邱雪杉，李庆昌，贾心善，徐洪涛，方长清，刘君，杨茂伟，唐仁泉，张允洛，梁煊
24	2008J−1−24	细胞凋亡相关基因异常表达与胰腺癌生物学行为关系的研究	中国医科大学附属第一医院	董明，董齐，张浩，岳丽爽，田利国，丁思悦，程红，周建平，路迢迢，马刚，郭克建
25	2008J−1−25	高血压易患性的基础与应用研究	中国医科大学基础医学院，中国医科大学附属第一医院	赵彦艳，时景璞，刘洪，李英慧，吕晶玉，付凌雨，孙志军，李春义，陈芳杰，王海龙，周波
26	2008J−1−26	胃肠道恶性肿瘤术前影像学分期的临床应用研究	辽宁省肿瘤医院	罗娅红，于韬，邱岩，罗汀，林吉，王欣玲，肖培，张欣，王丽，王长德，吴敏

二等奖（82项）

序号	项目编号	项 目 名 称	主要完成单位	主要完成人
27	2008J-2-1	农畜食品中生物安全致病因子关键检测技术研究与应用	辽宁出入境检验检疫局	曹际娟,郑秋月,王芳,张莹,王秋艳,孙哲平,满庆祥,谢琰,蒋丹
28	2008J-2-2	优质高配合力玉米自交系辽3180选育及应用研究	辽宁省农业科学院玉米研究所	李哲,石清琢,王延波,徐亮,胡宝忱,毕文博,尹学义,白石,周建英
29	2008J-2-3	高产优质高抗广适性玉米新品种郁青一号的选育与应用	铁岭郁青种业科技有限责任公司,沈阳农业大学	马爱军,曹敏建,孙宝君,孙光宇,于海秋,张鸿翼,王晓光,万普林,佟文学
30	2008J-2-4	蔬菜重大病害拮抗菌筛选、发酵条件与作用机制及田间应用研究	沈阳农业大学,沈阳市植物保护站	纪明山,魏松红,祁之秋,谷祖敏,潘英,刘大军,张杨,王英姿,郭玉晶
31	2008J-2-5	日光温室节能关键技术研究与应用	沈阳农业大学	王铁良,李天来,白义奎,须晖,佟国红,刘文合,呼应,苏丹丹,金志勇
32	2008J-2-6	水稻无纺布覆盖育苗技术研究与推广	辽宁省农业技术推广总站,盘锦市农业技术推广站,辽阳市农业技术推广站,大连市农业技术推广站,锦州市农业技术推广站	卓亚男,李长山,王洪田,柴书宝,刘福贵,赵德伟,蔡洪祥,孙宝凯,张玉森
33	2008J-2-7	辽宁省农作物现代高效育种技术研究和优异种质创新	辽宁省农业科学院生命科学中心	陶承光,杨立国,肖军,王金艳,杨涛,任志莹,汪由,陈珣,马骏
34	2008J-2-8	沈阳市世行贷款节水灌溉新技术研究与推广	沈阳市利用世行贷款发展节水灌溉项目办公室,沈阳农业大学	赵晓明,王殿武,迟道才,唐辉,刘素君,张玉龙,叶家俊,于灏,聂良斌
35	2008J-2-9	辽西北风沙地区生态修复关键技术、模式及其应用研究	辽宁省风沙地改良利用研究所	何跃,赵立仁,王明海,孟林,姜涛,韩志松,颜景波,于涛,代洪娟
36	2008J-2-10	玉米新品种铁单12号选育与应用	铁岭市农业科学院	王生,王奎森,刘忠山,张伯东,马利,栾化泉,刘丽丽,何文平,李德新
37	2008J-2-11	柞蚕绒茧蜂病控制技术研究	辽宁省蚕业科学研究所,凤城市蚕业管理总站	李喜升,魏成贵,董绪国,张其苏,穆秀奇,赵世文,赫英姿,杨桂英,石淑萍
38	2008J-2-12	辽浑太河灌溉期水平衡测试方法及应用研究	辽宁省供水局,辽宁省水文水资源勘测局	赵忠柱,王才,李福绵,路成宽,郭纯一,张国军,周永德,赵锡钢,杨日柱
39	2008J-2-13	辽宁林木主要虫害预警技术研究	辽宁省林业科学研究院,辽宁省森林病虫害防治检疫站	栾庆书,肖艳,高国平,云丽丽,蔡元才,冯世强,王树海,郑红旗,金若忠
40	2008J-2-14	辽河干流控制性枢纽工程供水系统调控模式与供水风险分析	辽宁省石佛寺水库工程建设管理局,中国水利水电科学研究院,沈阳建筑大学	王福林,谢新民,刘继飞,徐利君,潘俊,徐晓刚,肖桂梅,牛宝昌,滕德伟
41	2008J-2-15	辽宁省重大农业气候灾害预测技术推广应用研究	中国气象局沈阳大气环境研究所,沈阳区域气候中心	李辑,龚强,赵连伟,周德平,张皓宇,马晓刚,汪宏宇,张玉书,陈力强
42	2008J-2-16	美国硬壳蛤的引种、人工育苗及养殖	大连水产学院,庄河市海洋贝类养殖场,盘锦光合水产有限公司	常亚青,刘庆连,宋坚,李晓东,孙茂盛,陈勇,王国栋,刘谞,李晓旭

续表

序号	项目编号	项 目 名 称	主要完成单位	主要完成人
43	2008J-2-17	皱纹盘鲍井盐水工厂化养殖技术研究与开发	大连金州泓源水产育苗场，辽宁师范大学，辽宁省海洋水产科学研究院	侯林,王寿芳,刘卫东,王伟,裴俊廷,姚锋,桑林,林培振,邹向阳
44	2008J-2-18	一体化变截面整体油箱的技术及产品	沈阳铸造研究所	冯志军,李玉胜,李巨文,袁伟波,李立善,高志刚,高海峰,王涛,杨云涛
45	2008J-2-19	BCL707+BCL707+BCL707连续重整装置用氢气增压离心压缩机组	沈阳鼓风机（集团）有限公司	李耀祖,孙玉山,王军,杨树华,王玉旌,韩亮,张鹏,赵兴环,金玉淑
46	2008J-2-20	井架垂直自起升系列钻机研制与生产	中油辽河宝石石油装备有限公司	胡德祥,张治国,赵娜,樊岩松,赵京坤,林珍,尹雪霏,周子遂,李弢
47	2008J-2-21	YGC2000/120顶堆侧取堆取料机	沈阳矿山机械（集团）有限责任公司	佟嘉武,朱宏,张春发,田瑞,周鸣非,林凯,成杰,谷波,王学民
48	2008J-2-22	大型动力设备宽频带噪声与振动控制新技术	沈阳工业大学	陈长征,周勃,费朝阳,路永强,王楠,勾轶,张宇
49	2008J-2-23	集成电路制造先进封装工艺专用匀胶显影设备	沈阳芯源微电子设备有限公司	宗润福,徐春旭,王绍勇,郑春海,张怀东,郑右非,孙东丰,赵乃霞,汪涛
50	2008J-2-24	TH57200×400龙门五面铣镗加工中心	沈阳机床（集团）有限责任公司	张雄,王胜,孙波,刘橙,边江,尚红,严昊明
51	2008J-2-25	三峡电站右岸机组转轮下环的研制	鞍钢重型机械有限责任公司	毕志超,高元起,董晓亮,杜静波,龚汝长,赵长旭,张士平,徐忠波,王庆华
52	2008J-2-26	生物质致密成型技术设备	辽宁省能源研究所	张大雷,林维纪,赵勇,曲静霞,姜洋,闫昌国,张晓健,郭军,高翔
53	2008J-2-27	大型空分装置用离心压缩机组研制	沈阳鼓风机（集团）有限公司	王学军,苏永强,汪创华,王广兰,闻邦椿,程耿东,印明洋,刘长胜,戴继双
54	2008J-2-28	燃煤大气氟排放和污染控制的基础理论与应用技术研究	辽宁工程技术大学	齐庆杰,刘建忠,王继仁,吴宪,韦涌清,贾宝山,周新华,贾进章,王金鑫
55	2008J-2-29	基于网络的集中式小波故障测距系统技术研究	辽宁省电力有限公司,中国电力科学院	葛维春,覃剑,邱金辉,邱宇峰,郑心广,雷林绪,王芝茗,孙爱春,曲祖义
56	2008J-2-30	大型高可靠性切换矩阵	大连捷成实业发展有限公司	程鹏,刘彦呈,高颖,柳忠国,曹智博,刘桂英
57	2008J-2-31	网络化协同制造技术研究与应用	沈阳理工大学,沈阳东基工业集团有限公司，沈阳矿山机械集团有限责任公司，沈阳电机股份有限责任公司，本溪水泵有限责任公司	郝永平,曾鹏飞,邵伟平,贾春德,史春景,秦洁,张建富,刘凤丽,王磊
58	2008J-2-32	东北亚国际航运中心公共信息平台建设	大连海事大学	陈燕,曹妍,李阳,刘晓娟,夏志忠,屈莉莉,李远明,李楠,牟向伟
59	2008J-2-33	装配与检测自动化生产线系统技术研究开发	沈阳新松机器人自动化股份有限公司	曲道奎,邱继红,王玉山,邱晓峰,刘长勇,孙义田,秦勇,郭波,柴微
60	2008J-2-34	辽河坳陷潜山油气成藏理论研究与勘探实践	中国石油辽河油田分公司	谢文彦,孟卫工,张占文,李晓光,蔡国刚,陈永成,郭彦民,刘宝宏,高庆胜

续表

序号	项目编号	项 目 名 称	主要完成单位	主要完成人
61	2008J－2－35	大型水力压裂技术研究与应用	中国石油天然气股份有限公司辽河油田分公司	刘洪涛，孙厚利，吕俊，刘伟，吴志俊，刘建权，张子明，李军，金勇军
62	2008J－2－36	一塔式转炉煤气净化工艺及装置的研究与开发	鞍钢集团设计研究院	马芳，王爱国，王树凡，吴振国，刘士平，秦旭，张新宇，杨昱，李继宏
63	2008J－2－37	北方人工湿地污水处理技术应用研究与示范	沈阳环境科学研究院	陈晓东，常文越，王磊，张帆，王凤林，冯晓斌，刘智，赵光辉，张华
64	2008J－2－38	辽宁省中部城市群大气污染物总量控制技术示范研究	辽宁省环境保护局，辽宁省环境监测中心站，辽宁省环境科学研究院，中国环境科学研究院，中国气象局沈阳大气环境研究所	文毅，韩文程，毕彤，孙绳武，李艳红，杜刚，周昊，李元宜，徐光
65	2008J－2－39	高效微生物絮凝剂的研究与应用	东北大学	胡筱敏，邓述波，李亮，崔丽，姜彬慧，付忠田，杨瑞崧，李忠，董怡华
66	2008J－2－40	辽宁省数字环境集成系统研究	辽宁省环境科学研究院	王秉杰，李宇斌，胡成，王俊岭，阎殿儒，李诺，满瀛，徐少立，厚春华
67	2008J－2－41	鞍钢超低碳贝氏体桥梁用钢Q420qD钢板的研制	鞍钢股份有限公司，北京科技大学	唐复平，贺信莱，侯华兴，尚成嘉，马玉璞，杨颖，王华，隋轶，徐光
68	2008J－2－42	鞍钢高强度镀锌板的研制	鞍钢股份有限公司	李锋，王铁军，林彬，高毅，蔡恒军，吕家舜，文伟，王值，徐伟军
69	2008J－2－43	高Nb管线钢X70热轧板卷的研制	本溪钢铁（集团）有限责任公司，东北大学	邹天来，侯庆平，刘振宇，周晓光，赵迪，徐明，许云波，李德君，焦金华
70	2008J－2－44	大型薄壁耐压铝合金壳体	营口经济技术开发区金达合金铸造有限公司	宋静芝，李晓岩，曾大本，温铭峰，温丽洪，杨福山，柳君，李明福，李晓东
71	2008J－2－45	FV－20石蜡加氢精制催化剂的开发与工业应用	中国石油化工股份有限公司抚顺石油化工研究院，中国石油天然气股份有限公司抚顺石化分公司	罗锡辉，鄢德怀，刘平，宋生斌，徐友明，李国君，袁平飞，赵剑明，何金海
72	2008J－2－46	重型燃气轮机空心叶片精铸用大型复杂形状陶瓷型芯制备技术研究	辽宁省轻工科学研究院	韩绍娟，许壮志，刘玲，程涛，吴康，王琛，朱丽娟，杨秋生，乔木
73	2008J－2－47	氯醇法生产环氧丙烷尾气回收工艺技术	锦化化工集团氯碱股份有限公司，辽宁石油化工大学	宋丽娟，薛之化，桂建舟，李井辉，王继锋，马宏，姜恒，孙向明，吴晓军
74	2008J－2－48	银离子抗菌聚酰胺纤维	辽宁银珠化纺集团有限公司	杜选，邹琳，潘秀英，姜立鹏，孟庆夫，胡翱翔，杨景利，吴明丽，张君龙
75	2008J－2－49	牛初乳活性IgG的分离纯化及新产品开发与产业化	沈阳农业大学，沈阳乳业有限责任公司	岳喜庆，刘长江，徐广义，皮钰珍，何剑斌，武俊瑞，马荣山，林晶，郑艳
76	2008J－2－50	盛京宫殿建筑研究	沈阳建筑大学，沈阳故宫博物院	陈伯超，朴玉顺，张勇，沈欣荣，武斌，李声能，佟悦，徐永战，阎福斌
77	2008J－2－51	小城镇住宅建设技术政策研究	沈阳建筑大学，中国建筑设计研究院	周静海，包红霏，刘笳，朱玲，李海燕，李晓红，王星，魏溯华，张圆
78	2008J－2－52	金属尾矿利用的重大关键技术	沈阳建筑大学，沈阳金圣达精细陶瓷有限公司	刘军，徐长伟，刘智，杜飞，欧洋，陈彦文，王晴，刘润清，曲阳
79	2008J－2－53	建筑基桩及复合地基检测技术研究	辽宁省建设科学研究院（辽宁省工程质量检测中心），辽宁省建筑设计院岩土公司，锦州建岩工程检测技术有限公司，沈阳建筑大学，鞍山市建设工程质量检测中心	王敏权，刘忠昌，赵振东，解磊，王宏旭，松柏，康志永，于涛，佟毅智

续表

序号	项目编号	项 目 名 称	主要完成单位	主要完成人
80	2008J－2－54	FRP加固砌体结构研究与应用	沈阳建筑大学，辽宁省建设科学研究院，沈阳欧亚土木特种工程有限公司	刘明，由世岐，张延年，代许萍，孙艳丽，刘新强，张学军，高希微，郑文歧
81	2008J－2－55	高速公路中修废料在农村公路建设中的应用技术研究	辽宁省交通科学研究院，辽宁省交通高等专科学校，辽宁省交通厅公路管理局	李小花，周谦，杨彦海，武泽锋，范兴华，欧阳伟，南雪峰，李洪斌，刘云全
82	2008J－2－56	东北地区后张预应力混凝土梁式桥梁病害检测技术研究	辽宁大通公路工程有限公司，东北大学，辽宁省交通勘测设计院	翁昌年，张凤鹏，刘四新，周悦波，张冠华，陈宇新，兰静，刘辉林，焦鹏飞
83	2008J－2－57	交通系统网络模型特性及实时通信技术的研究	大连海事大学	任光，张均东，王志平，刘彦呈，余剑翔，林叶锦，贾宝柱，张松涛，孙才勤
84	2008J－2－58	货运列车空气制动系统仿真理论与应用	大连交通大学	魏伟，李文辉，薛齐文，张渊，赵东阳，李洪涛
85	2008J－2－59	煤与瓦斯突出危险性区域预测研究	辽宁工程技术大学，阜新矿业(集团)有限责任公司，辽宁南票煤电有限责任公司，鹤岗矿业(集团)有限责任公司	张宏伟，宋景春，李庆，张振龙，李胜，高雷阜，韩军，曲连志，宋卫华
86	2008J－2－60	欠平衡钻井技术研究	辽河石油勘探局工程技术研究院	施兆国，李春吉，陈思路，姜文波，李勇，欧绍祥，汪良波，黄菊珍，孙延德
87	2008J－2－61	糖尿病微血管病变相关发病机制与临床应用研究	中国医科大学附属第一医院	王秋月，佟建华，姜雅秋，王文科，邱阳，谷剑秋，金大庆，石晶，张秀斌
88	2008J－2－62	慢性脑动静脉畸形动物模型的建立	大连医科大学附属第二医院	尹琳，姜长斌，白灿明，马春野，辛世萌，王洪津，边杰，张本彤，藏军
89	2008J－2－63	受体后胰岛素信号转导系统障碍在2型糖尿病发生发展中的作用	中国医科大学附属第一医院	王涤非，孟馨，刘英涛，彭阳，刘冬梅，曹艳丽，吴桂平，贾秀萍，赵玉萍
90	2008J－2－64	滋养细胞浸润调控失常在妊娠期高血压疾病病因学中的研究	中国医科大学附属盛京医院	乔宠，尚涛，王春晖，关洪波，李晨阳，刘宇，张立波，芮广海，李思扬
91	2008J－2－65	杂交技术治疗多发动脉硬化闭塞症的临床研究	辽宁省人民医院	吴丹明，易巍，周玉斌，王成刚，鲁阳，孙雨莘，贾琪，董齐，林凤芹
92	2008J－2－66	冠状动脉旁路移植术围术期及移植血管基础和临床的研究	沈阳军区总医院	王辉山，汪曾炜，朱洪玉，陶登顺，张南滨，姜辉，宋恒昌，韩宏光
93	2008J－2－67	成釉细胞瘤中端粒酶表达的意义及调控	中国医科大学口腔医学院	钟鸣，王洁，汪立伟，张晓宏，孙喜盈，王宝江，钟声，刘洁，侯春艳
94	2008J－2－68	子宫内膜病变的基础与临床研究	中国医科大学附属盛京医院	马晓欣，赵福杰，姜涛，赵岩，王永来，欧阳玲，王珺，李妍，孟丽荣
95	2008J－2－69	器官移植免疫耐受机制研究	中国医科大学附属第一医院，中国医科大学附属第四医院	梁健，刘永锋，刘利民，姜晓峰，王凤山，于韬，常阳，程颖，李杰清
96	2008J－2－70	社会化区域性癌症疼痛治疗的医疗服务体系建设	辽宁省肿瘤医院	柏和，俞伟平，樊文竹，刘凤，王飞，佟德惠，于德泉，陶秀娟，刘顺寿
97	2008J－2－71	生产性粉尘所致肺疾病发病机制、规律及其防治研究	中国医科大学公共卫生学院	陈杰，段志文，何钦成，王桂林，陈莹，杨永利，王述森，董静，刘红波

续表

序号	项目编号	项 目 名 称	主要完成单位	主要完成人
98	2008J－2－72	先天性巨结肠的基础与临床的系列研究	中国医科大学附属盛京医院	王维林，张树成，白玉作，高红，赵国颖，张志波，黄英，曲日斌，唐丽萍
99	2008J－2－73	大气污染对呼吸系统影响机制的研究	沈阳医学院	肖纯凌，王任群，赵肃，李舒音，朱晓敏，程阳，席淑华，王灿，金焕荣
100	2008J－2－74	阻塞性睡眠呼吸暂停低通气综合征上气道形态功能及手术治疗研究	沈阳军区总医院，辽宁省金秋医院，沈阳医学院沈洲医院	李树华，石洪金，綦继敏，孟大为，段英霞，曲胜，马云鹏，董卫东，王桂茹
101	2008J－2－75	原发心脏肿瘤超声心动图特征及规律性价值	沈阳军区总医院，辽宁省金秋医院，沈阳医学院沈洲医院	侯传举，邓东安，朱鲜阳，韩秀敏，刘剑立，毛文珍，齐岩梅，段开骏，裴福祥
102	2008J－2－76	钙蛋白酶抑素的钙通道活化新作用及其机制的研究	中国医科大学药学院	郝丽英，聂宏光，韩冬云，胡慧媛，赵美眯，孙晓红，赵金生，封瑞，杜偲倩
103	2008J－2－77	牛蒡子生药学的系统研究	辽宁中医药大学	康廷国，窦德强，王冰，贾天柱，翟延君，张建逵，许亮，初正云，尹海波
104	2008J－2－78	国家一类新药加替沙星葡萄糖注射液的开发研究	沈阳药科大学	李三鸣，王淑芬，孟静娟，许真玉，王齐放，孙长山，袁家新，徐璐，韩飞
105	2008J－2－79	以小儿肺炎为示范建立中医辨证规范及疗效评价方法指标体系的研究	辽宁中医药大学，东北大学	王雪峰，梁茂新，张斌，董丹，张明卫，王雪平，王加亮，崔振泽，王哲
106	2008J－2－80	乙胺吡嗪利福异烟片Ⅱ的研究	沈阳军区总医院，沈阳红旗制药有限公司，沈阳药科大学	郭涛，颜鸣，李妍妍，姜维钢，宋洪涛，王卓，何仲贵
107	2008J－2－81	新型软胶囊生产技术的研究与应用	沈阳药科大学	王淑君，王思玲，彭缨，李灵匀，杨静玉，苏晓媛，金日显，李大任，毕平
108	2008J－2－82	辽宁省特色农产品区域布局规划（2006—2010年）研究	辽宁省农业区划办公室	刘焕鑫，张东峰，刘振国，付绍慧，王小博，吕春修，方方，周义，李延山

三等奖（136项）

序号	项目编号	项 目 名 称	主要完成单位	主要完成人
109	2008J－3－1	苹果新品种选育及无公害生产关键技术研究与推广	中国农业科学院果树研究所	程存刚，刘凤之，丛佩华，康国栋，魏长存，仇贵生，聂继云
110	2008J－3－2	葡萄新品种引进筛选与配套优质栽培技术	沈阳农业大学	郭修武，李轶晖，蒋春光，李成祥，严大义，佟海恩，王亚滨
111	2008J－3－3	日光温室甜瓜嫁接无公害高产优质栽培技术研究与示范	沈阳农业大学，辽宁省农业技术推广总站	李天来，齐红岩，齐明芳，赵义平，孙周平，许传强，余朝阁
112	2008J－3－4	保护地节点式精量渗灌技术研究与应用	沈阳农业大学	张玉龙，黄毅，邹洪涛，虞娜，张玉玲，王瑞申，关培辅
113	2008J－3－5	人工接种复合乳酸菌剂发酵大白菜的研究及产业化开发	沈阳农业大学，沈阳榆园食品工业有限公司，沈阳北方厨房食品有限公司	赵春燕，孟宪军，王珏，郑煜焱，孙军德，罗刚，郑艳
114	2008J－3－6	特产果蔬贮藏保鲜关键技术的研究（柏山蜜桃、盖县大李、鲜嫩蒜）	沈阳农业大学，朝阳县财政局农业综合开发办	王淑琴，陈丽，颜廷才，皮钰珍，贾福生，王恩旭，赵春燕

续表

序号	项目编号	项 目 名 称	主要完成单位	主要完成人
115	2008J-3-7	寒富苹果优质高产高效栽培技术	凤城市果树工作站	李茂生,邓贵义,周传生,栾绍武,康殿仲,林树祥,卢秉文
116	2008J-3-8	朝谷系列新品种选育及高产栽培技术推广	辽宁省水土保持研究所	张宝金,赵术伟,陈国秋,张海金,岳增富,蒋春光,刘志
117	2008J-3-9	柞蚕蛹精巢细胞系的建立	辽宁省农业科学院大连生物技术研究所	刘淑珊,王林美,范琦,李文利,李树英,何龙,柏昊
118	2008J-3-10	中晚熟罐藏黄桃新品种“金露”	大连市农业科学研究院，大连魁氏罐头食品有限公司	关海春,潘凤荣,王逢寿,刘桂林,宋治文,刘爱华,冯霄汉
119	2008J-3-11	辽宁省北方粳米技术标准的研究	辽宁省分析科学研究院，辽宁省农业科学院，辽宁省稻作研究所	刘成雁,蔡忠杰,邵国军,张旭明,曹志军,王志嘉,冯春国
120	2008J-3-12	高产、多抗、优质中晚熟玉米新品种沈玉20号选育及应用	沈阳市农业科学院	潘士荣,王大春,薛玉梅,孟媛,施骥,李哲,陈新华
121	2008J-3-13	高产、多抗、优质玉米杂交新品种良玉2号	丹东登海良玉种业有限公司	宋协良,宋雷,宋雨,缪玲敏,李晓磊,杨晓岩,贾宝凤
122	2008J-3-14	优质绿色南果梨标准化生产技术的研究	鞍山千山王绿色果品有限公司，鞍山师范学院	王学密,马岩松,齐宝利,辛广,王克,孙平,王翠艳
123	2008J-3-15	褐蘑菇的工厂化生产技术	辽宁田园实业有限公司	王彦令,黄名显,李忠义,杨家佳,李敬岩,田砚军,王春宝
124	2008J-3-16	碧流河水库汛限水位动态控制方法研究与应用	大连理工大学，大连市防汛抗旱指挥部办公室，大连市碧流河水库管理局	程爱民,王本德,陈义,王国利,马瑞武,孙舸,刘书敏
125	2008J-3-17	抗寒大果杂交榛子新品种选育研究	辽宁省经济林研究所，抚顺市林业科学研究所	解明,郑金利,梁维坚,王道明,潘洪泽,姜中官,吕义
126	2008J-3-18	红松果材兼用林丰产技术推广	辽宁省林业技术推广站，辽宁省森林经营研究所，丹东市林业技术推广站	张放,贾云,姜海燕,杨永军,张利民,方勇,孙龙生
127	2008J-3-19	辽宁省农村防灾减灾乡镇天气预报技术方法研究	辽宁省气象台，沈阳大气环境研究所	王江山,陈艳秋,刘文明,袁子鹏,盛永,陆忠艳,杨森
128	2008J-3-20	大伙房水库输水工程特长隧洞施工控制网测量的研究与应用	辽宁省水利水电勘测设计研究院	崔志强,刘乃军,田野,段宝珩,王飞,杨延有,刘文敬
129	2008J-3-21	半干旱地区高速公路两翼经济型绿化带造林技术研究与应用	辽宁省朝阳县林业局	姚显明,刘宝树,夏志立,姚丽杰,刘青松,许树金,姚乃忱
130	2008J-3-22	大连及黄、渤海域中尺度数值预报系统	大连市气象局	邹耀仁,李燕,黄振,薄兆海,张俊峰,李学立,吴士杰
131	2008J-3-23	绕阳河干流防洪工程冬季筑堤技术研究	辽宁省水利水电科学研究院，辽宁省河务局	宗兆博,孙朝余,谭丽娥,那利,陈文熙,果海威,胡庆华
132	2008J-3-24	辽宁省水质信息系统	辽宁省水文水资源勘测局	栾天新,李明文,李旭春,田英,刘立权,单丽,赵绿珠
133	2008J-3-25	绒山羊无动物源冻精稀释液及相关技术研究	辽宁省辽宁绒山羊育种中心，辽宁省辽宁绒山羊原种场有限公司	刘兴伟,张文军,杨文凯,豆兴堂,赵志刚,李艳,鄂迎春
134	2008J-3-26	盐水水体的轮虫资源及开发利用技术	大连水产学院,盘锦光合水产有限公司	赵文,李晓东,殷旭旺,李永函,刘青,王海雷,刘谞
135	2008J-3-27	漠斑牙鲆人工育苗及养殖技术研究	大连水产学院,大连金瑞水产有限公司	姜志强,王茂林,李君丰,丁树茂,王玉成,阎洪山,孙建富
136	2008J-3-28	34m^{2}超大型振动筛	鞍山重型矿山机器股份有限公司	安殿伟,杨永柱,刘春玉,李秀艳,尔卫江,陈建中,胡筱

续表

序号	项目编号	项 目 名 称	主要完成单位	主要完成人
137	2008J-3-29	DQLK3500/5000 · 47型斗轮堆取料机	大连重工 · 起重集团有限公司，营口港务股份有限公司第三分公司	黄有方，吕明荟，刘智勇，朱绚文，张毅，任重远，马世勇
138	2008J-3-30	MQY5064溢流型球磨机	沈阳重型机械集团有限责任公司	刘万华，高伟贤，刘向左，富荣绵，佟克刚，刘林，王宏伟
139	2008J-3-31	航空有机玻璃双向拉伸技术及设备	沈阳工业大学，锦西化工研究院	段振云，杨晓辉，唐宗军，赵文珍，付景顺，周贤洪，聂海斌
140	2008J-3-32	高压金属波纹管制造工艺及设备开发	沈阳仪表科学研究院	黄乃宁，林国栋，潘继先，何克明，张忠孝，李敏，张秀华
141	2008J-3-33	2MCL1007+2MCL458+2MCL458+BCL455原料气离心压缩机组	沈阳鼓风机（集团）有限公司	李耀祖，薛宇飞，韩亮，陈震，郑向一，白亚贤，刘亚宁
142	2008J-3-34	SSP-H-780000/500三相组合式发电机变压器	特变电工沈阳变压器集团有限公司	钟俊涛，孙树波，安振，汤焱，王晖，赵静，傅铁军
143	2008J-3-35	10万粒/小时全自动药用胶囊生产线	丹东金丸集团有限公司	贾毅，任重，周德发，王镇奎，朱光耀，王振华，何福银
144	2008J-3-36	DKXM005精铣缸体顶面精镗缸孔数控组合机床自动线	大连机床集团有限责任公司	陈永龙，张树礼，薛克寰，吴长江，吴平，李小青，许雯
145	2008J-3-37	64万吨/年乙烯装置用裂解气压缩机组	沈阳鼓风机（集团）有限公司	汪创华，王学军，马新民，印明洋，戴继双，徐忠，单长春
146	2008J-3-38	大口径塑料双壁波纹管生产线	大连三垒机器有限公司，大连高新园区三垒塑料机械工程有限公司	俞建模，金秉铎，刘平，黄喜山，任忠恩，于淑翠，乔秀艳
147	2008J-3-39	螺杆泵采油配套产品的研制与应用	葫芦岛龙源采油机电设备有限公司	杜文刚，杜洋，孙林林，杜亮，杜新，吴洪才，辛修大
148	2008J-3-40	ZFW20-252(L)/T3150-50型气体绝缘金属封闭开关设备	新东北电气（沈阳）高压开关有限公司	张铎，王洪涛，张玉芳，王艳秋，赵莹，郑宇宏，魏俊梅
149	2008J-3-41	SG2032前后桥总成	辽宁曙光汽车集团股份有限公司	孙世明，范柏青，蒋爱伟，张电，顾石，姜维春，臧保华
150	2008J-3-42	集装箱岸边起重机仿真训练系统	大连理工大学，大连特种设备监督检验所	王德伦，高顺德，薛林，姜立学，滕儒民，曹旭阳，焦博
151	2008J-3-43	多功能自走式钻修机	海城市石油机械制造有限公司	王政权，金保库，尹玉明，王超，胡筱，刘春友，王军
152	2008J-3-44	高精度大流量板式过滤装置	辽宁省机械研究院有限公司	薄春辉，孙明文，刘永旭，王海石，甄颖，路永洁，许刚
153	2008J-3-45	并联无功补偿电容器组群爆现象分析和对策	东北电力科学研究院有限公司	杨祥国，张军阳，孙立时，李保福，李胜川，张德惠，李刚
154	2008J-3-46	500kV无间隙金属氧化物避雷器电压分布的研究	东北电力科学研究院有限公司	颜文，钟雅风，丁品南，张军阳，罗斌，张鹏远，孔秀云
155	2008J-3-47	低温水(蒸汽)-直燃单双效溴化锂吸收式冷温水机	大连三洋制冷有限公司	糜华，张红岩，岳永亮，康相玖，黄英，董素霞，栾慎勇
156	2008J-3-48	电站锅炉燃烧最优化系统研究	沈阳工程学院	李智，郭宏，曹福毅，赵殿瑞，程芳真，李景贵，裴振英
157	2008J-3-49	焚烧飞灰熔融资源化技术	沈阳航空工业学院	李润东，王镭，杨天华，赵虹，可欣，李彦龙，魏砾宏
158	2008J-3-50	增容型高-低压变频调速集成装置的研发及成果转化	鞍山市权晟电子电力有限公司	吕志斗，马成家，陈建，刘馨，张国梁，赵岩，贾明革
159	2008J-3-51	调频同步广播发射系统	鞍山吉兆电子有限公司，北京同方吉兆科技有限公司	吕卫，董振刚，索召和，赵丽娟，从金涛，关丽丽，王敬雅

续表

序号	项目编号	项 目 名 称	主要完成单位	主要完成人
160	2008J－3－52	AFC系统自动检票设备——MCC型门式自动检票机	大连现代高技术发展有限公司	张士宸，杨坤，施宁，史纯，武丹丹，郭敏，王伟
161	2008J－3－53	多媒体信息处理的若干关键技术研究与应用	辽宁师范大学	王向阳，杨红颖，刘小丹，王相海，王宏漫，王大鹏，刘德山
162	2008J－3－54	信息安全中基于颜色三维属性加密技术的研究与实现	辽宁警官高等专科学校	米佳，于晓娟，周丰昆，苑军辉，刘淑霞，宋健，常艳
163	2008J－3－55	污水处理过程优化控制技术研究与开发	沈阳化工学院	袁德成，樊立萍，宗学军，孙钦敏，张大男，郭小萍，李凌
164	2008J－3－56	冷轧厂新建清洗机组设计与研究	鞍钢集团设计研究院，鞍钢股份冷轧厂	王义栋，陈宏军，李龙珍，杨忠杰，于政军，张国强，毕玉伟
165	2008J－3－57	东方选矿全流程自动控制信息处理系统	丹东东方测控技术有限公司	刘厚乾，王文田，迟世成，蔡国良，王群，杨学刚，王珏
166	2008J－3－58	生物医学滤光片系列产品开发	沈阳仪表科学研究院，沈阳汇博光学技术股份有限公司	费书国，阴晓俊，赵帅锋，张勇喜，曹轶，翁锐，温东颖
167	2008J－3－59	多色宽幅钢板表面缺陷在线检测技术研究	渤海船舶重工有限责任公司，大连海事大学	李光民，熊木地，徐忠泽，郭静寰，韩仁通，王莹，赵凤国
168	2008J－3－60	滩海东部大型油气田形成条件研究及重点目标评价	中国石油天然气股份有限公司辽河油田分公司	孟卫工，陈振岩，陈韶生，张巨星，张凤莲，邹丙方，郑云生
169	2008J－3－61	洼38块深层特稠油油藏吞吐后期综合增油技术研究与应用	中国石油天然气股份有限公司辽河油田分公司	张庆昌，蔡世龙，韩树柏，汪小平，唐纪云，杨开，曹鹏青
170	2008J－3－62	井间示踪监测技术的研究与应用	中国石油天然气股份有限公司辽河油田分公司	张洪君，朱富林，龙华，赵跃朋，崔加利，王丽华，于夑佳
171	2008J－3－63	城市污水深度处理——电厂回用成套技术及水电联产应用实践	大连春兴水处理科技发展有限公司，大连热电股份有限公司，大连理工大学	张兴文，于长敏，童健，张桂玲，李文霞，吴家珍，王德河
172	2008J－3－64	本钢综合污水处理及回用技术与工程示范	本溪钢铁（集团）有限责任公司，东北大学	韩亚非，张宝军，徐新阳，关绍军，于静，郑天文，孙成强
173	2008J－3－65	低渗透油田精细注水水处理技术	辽宁华孚环境工程有限公司，中国石油辽河油田欢喜岭采油厂	陈勇，谢家才，蒋生健，洪海，吴玉祥，张维申，田凤民
174	2008J－3－66	大伙房水库流域生态安全战略与污染控制对策	抚顺市环境科学研究院，中国科学院生态环境研究中心	李德铭，吴钢，耿晓梅，范骁锋，韩学志，梁红叶，于德永
175	2008J－3－67	460MPa级准Ⅳ级螺纹钢筋开发	本溪北营钢铁(集团)股份有限公司	刘章满，迟秀斌，牟立军，胡建伟，任长坡，蒋艳菊，潘玉峰
176	2008J－3－68	出口无内胎车轮用SW400热轧钢带(板)的研制	本溪钢铁（集团）有限责任公司，东北大学	吴刚，杜林秀，李秉强，荆涛，刘相华，张立龙，李明光
177	2008J－3－69	挤压铸造高速机床主轴轴承保持架用材料及成形工艺	沈阳工业大学，瓦房店轴承集团有限责任公司	李庆丰，王峰，于宝义，曲荣君，袁晓光，邱克强，任英磊
178	2008J－3－70	鞍钢万能法轧制43kg/m～75kg/m钢轨的研制与开发	鞍钢股份有限公司	杜斌，刘鹤，左岩，陈殿武，张金明，王忠强，徐仁山
179	2008J－3－71	冷轧硅钢废盐酸再生工艺技术研制与开发	鞍钢集团设计研究院	王波，马科伟，冷显国，宋荣江，赵英东，高洪，王淑玲
180	2008J－3－72	新型共聚酯的开发	中国石油天然气股份有限公司辽阳石化分公司	陈颖，史君，宋杰，李连斌，邹妍，刘智全，任建平
181	2008J－3－73	应用于医药食品环保等领域的微孔陶瓷的研究	辽宁工业大学	穆柏春，孙彤，周旭，陈宏，郝德忠，由向群，吴宪龙
182	2008J－3－74	电石法氯乙烯绿色生产技术	沈阳化工学院，锦化化工集团氯碱股份有限公司	高淑芝，薛之化，魏立峰，张继明，李井辉，马宏，乔荣丽

续表

序号	项目编号	项 目 名 称	主要完成单位	主要完成人
183	2008J－3－75	220微米硅片精密切割技术	锦州阳光能源有限公司	谭文华，陈立民，孙跃志，罗贵实，史振刚，顾浩楠，张昱博
184	2008J－3－76	硫化亚铁的自燃机理和预防技术研究	辽宁石油化工大学	赵杉林，张振华，李萍，娄世松，石振东，宋毅，李东胜
185	2008J－3－77	稻草的资源化利用	大连工业大学	刘秉钺，平清伟，鲁杰，石海强，李沅，白淑云，孙衍宁
186	2008J－3－78	环保多功能织物高弹整理技术	丹东恒星精细化工有限公司	杨文堂，唐丽，荣星，杨青，陶忠华，樊丽辉，侯国英
187	2008J－3－79	L－阿拉伯糖及其制备技术	辽宁华宜生物有限公司	李萍，陈梁城，王多林，黄毅，郑永德，李君
188	2008J－3－80	高纯度番茄红素绿色生产技术	大连工业大学	张春枝，吴文忠，芦明春，李代，王鹏，徐维峰
189	2008J－3－81	煤矿洗煤废水处理与回用技术研究及示范工程	沈阳建筑大学，沈阳航空工业学院，铁法煤业集团大隆矿	李亚峰，陈立杰，赵士华，蒋白懿，班福忱，杨辉，刘强
190	2008J－3－82	基于多传感器数据融合的结构损伤识别新技术研究	沈阳建筑大学，福州大学，中铁十九局集团第四工程有限公司安南高速公路第一合同段项目部	姜绍飞，刘明，张春明，韩卓，徐秀香，于丰，党永勤
191	2008J－3－83	回弹法检测泵送混凝土抗压强度技术研究	辽宁省建设科学研究院，鞍山市建设工程质量监督站，葫芦岛市工程质量检测中心	由世歧，王元，刘宏生，张大利，王宏旭，松柏，李凯东
192	2008J－3－84	浅埋偏压、大断面客运专线隧道施工综合技术研究	中铁十九局集团有限公司	王必军，刘志春，吴言坤，高禄巍，李庆林，李文江，樊延祥
193	2008J－3－85	城市污水深度处理关键技术研究	沈阳大学，沈阳建筑大学，辽宁中绿环境工程有限公司	朴芬淑，赵玉华，傅金祥，梁鸿颉，赵永赞，隋军，张莉莉
194	2008J－3－86	土体冻胀与融沉特性对铁路路基影响的研究	辽宁工程技术大学	张向东，张树光，邢涛，易富，闫宏敏，石刚，张汀
195	2008J－3－87	钢筋混凝土筒支梁桥转换成连续梁桥加固技术与施工工艺研究	辽宁大通公路工程有限公司，东南大学交通学院，大连理工大学	翁昌年，黄承逵，王文炜，陈宇新，何化南，张冠华，韩丽娜
196	2008J－3－88	胶粉改性沥青的研制及应用	沈阳三鑫集团有限公司	李荫国，卢长虹，陈杰，郭志刚，张海峰，梁旭，于洋
197	2008J－3－89	煤矿覆岩离层充填控制地表沉陷理论与技术体系研究	辽宁工程技术大学	刘文生，杨逾，赵德深，冯国才，韩程辉，邵军，苏仲杰
198	2008J－3－90	基于3S技术的辽宁省土地荒漠化机理及植被重建研究	辽宁工程技术大学	武文波，张凯选，李世平，王崇倡，崔利，刘鹰，刘正纲
199	2008J－3－91	特殊岩性油藏转换开发方式研究	中国石油天然气股份有限公司辽河油田分公司	张方礼，龚姚进，武毅，司勇，周鹰，徐学林，陈元春
200	2008J－3－92	酒精性肝病发病机制与预防的研究	中国医科大学附属第一医院	王炳元，张红，王颖，刘畅，常冰，佟静，张健
201	2008J－3－93	炎症性支架内再狭窄动物模型研制及药物涂层支架对其作用机制研究	大连医科大学附属第一医院	周旭晨，黄榕翀，曾定尹，孙喜琢，张嘉宁，王俊杰，梁滨
202	2008J－3－94	小剂量化疗抗肿瘤作用的基础研究与临床应用	大连医科大学附属第二医院	张阳，张弦，李秀华，韩秀敏，冷松，蒋葵，杨晓燕
203	2008J－3－95	载脂蛋白M基因单核苷酸多态性与脑梗死的相关性研究	鞍山市长大医院	韩秀杰，贾建平，宋彧琳，鄂文瑞，赵丹，田素芬，贾龙飞
204	2008J－3－96	复方丹参在急性脑梗死溶栓治疗中的抗氧化效应	辽宁医学院	闵连秋，孙国忠，袁静，刘素云，王秀春，王迎春，杨丽

续表

序号	项目编号	项 目 名 称	主要完成单位	主要完成人
205	2008J-3-97	听力提高手术在耳鼻咽喉科临床的应用	中国医科大学附属第一医院	姜学钧，惠莲，杨宁，杨会军，于刚，李巍，郝帅
206	2008J-3-98	TRAIL与顺铂联用协同杀伤人骨肉瘤细胞的实验研究	中国医科大学附属第一医院	黄涛，孙鸿炜，李旭，马立东，杨茂伟，顾海伦，赵莹
207	2008J-3-99	锁孔显微手术治疗颅内深部肿瘤的研究	沈阳军区总医院	薛洪利，于春泳，熊剑，王丹玲，赵丽萍，曲虹
208	2008J-3-100	喉癌、下咽癌颈淋巴结转移模式研究在功能保留手术治疗中的应用	辽宁省肿瘤医院	李振东，李树春，樊文竹，于德泉，曾巍，白鑫，贺莉
209	2008J-3-101	超选择性动脉内干细胞移植改善股骨头坏死缺血机制的研究	沈阳军区第463医院	杨晓凤，王红梅，许忆峰，张轶斌，吴雁翔，吕欣，吕乃武
210	2008J-3-102	103钯放射性支架防治胆管损伤后狭窄的机制研究	中国医科大学附属盛京医院	何贵金，郭启勇，戴显伟，纪大伟，鲁扬，姜维国，许书河
211	2008J-3-103	多靶点亚核团毁损手术治疗难治性精神病研究	解放军第463医院	王连仲，尹忠民，江晓莲，闻华，王磊，王金刚，陈实
212	2008J-3-104	重度痔手术治疗方法的改进及应用	中国医科大学附属第四医院，辽宁中医药大学肛肠学院	李春雨，赵玉萍，孙玲玲，马海英，顾宇，李国庆，何伟
213	2008J-3-105	端粒酶逆转录酶基因在胃癌靶向基因治疗中的应用	大连大学	尹家俊，张天奉，王晓波，胡祥，聂哲群，宗成国，王亚东
214	2008J-3-106	肿瘤血管生成与尿路上皮癌生物学行为相关性的研究	中国医科大学附属第一医院	毕建斌，李军，朱育焱，孔垂泽，刘贤奎，都书琪，孙长成
215	2008J-3-107	腺性膀胱炎基础与临床	中国医科大学附属第一医院	佟咸利，宫大鑫，刘屹立，马忠智，卢杰平，王铭，王佐周
216	2008J-3-108	HSF1和HSP70在内外环境因素变化时对机体的保护功能	中国医科大学基础医学院	曹宇，赵祯，张番，秦鑫，白霞，杨宇，赵红艳
217	2008J-3-109	PAX6基因突变导致先天性无虹膜症伴发神经系统结构与功能异常的基础与临床研究	朝阳市中心医院，北京大学干细胞中心，建平县医院	任国成，李建昌，尹长义，隋国臣，张素丽，严寒梅，任玉新
218	2008J-3-110	静磁场对成骨细胞及其牙周组织影响的研究	中国医科大学口腔医学院	仇丽鸿，秦科，包扬，詹福良，朱琳琳，杨谛，李子木
219	2008J-3-111	猴额叶皮质机能及纤维投射的研究	中国医科大学基础医学院	王艳，孙晓菊，杨宇，冯娟，王振华，李晓艳，单洪
220	2008J-3-112	高速公路驾驶员交通伤研究	北票市第二人民医院，中国人民解放军总医院	郑力国，刘俊波，宫传圣，郑力超，房占瑞，孙铭谦，郑力强
221	2008J-3-113	准分子激光治疗近视的临床与基础研究	中国医科大学附属盛京医院	高殿文，李迅，归东梅，聂庆珠，陈立中，高林林，胡明新
222	2008J-3-114	ATP荧光法微生物（细菌总数）快速检测系统	沈阳中科靓马生物工程有限公司，沈阳市疾病预防控制中心	金振华，董雪，王心智，李勇，杜宇国，连英姿，安静
223	2008J-3-115	CT灌注成像在脑肿瘤及脑缺血性病变中的实验及临床研究	中国医科大学附属第一医院	高思佳，徐克，梁传声，刘静红，具海月，张妍芬，王忠辉
224	2008J-3-116	常见皮肤癣菌核糖体基因研究及皮肤癣菌病的快速诊断	大连医科大学附属第一医院，大连理工大学	杨国玲，安利佳，孔祥明，于晓虹，李乔，张振颖，张玮
225	2008J-3-117	新药阿奇霉素细粒剂（微囊化专利技术）的研究与开发	沈阳药科大学	孙长山，魏永梅，王淑芬，张汝华，周辉，冯积敏，王思玲
226	2008J-3-118	祛痰化瘀方保护血管内皮的机制研究	辽宁中医药大学	陈民，关雪峰，谷松，张泽，张哲，芦霜，张军
227	2008J-3-119	国家级二类新药吡嘧司特钾原料及片剂的研制应用	辽宁省医药工业研究院，青岛国风科技药业股份有限公司	刘晓凯，姜作玲，张胜，卢伟伸，陈立江，张吉星，孙立伟

续表

序号	项目编号	项 目 名 称	主要完成单位	主要完成人
228	2008J—3—120	丹参酮微乳制备和逆转肿瘤多药耐药研究	大连医科大学附属二院	范青，张宁，吕慧怡，赵瑾瑶，杨佩满，范广俊，李桂茹
229	2008J—3—121	四逆汤类方药理活性及作用机理的研究	大连市中医医院	刘平，徐雅娟，葛迎春，马天舒，任慧君，王福珉，杨峰
230	2008J—3—122	丙泊酚及丙泊酚注射乳剂的研制	东北制药集团公司沈阳第一制药厂	苏显英，李显林，何英，马大中，杨文锋，尹翠娟，李霄
231	2008J—3—123	中药复方防治早期糖尿病肾病的实验研究	辽宁中医药大学	张兰，谢东生，朱志强，高巍，姚祈，董丽，王镁
232	2008J—3—124	益气活血中药防治PTCA术后再狭窄的临床及实验研究	辽宁中医药大学	张艳，庞敏，卢秉久，路力为，姜永前，张跃鹏，郝芳
233	2008J—3—125	辽宁省资源经济环境承载力研究	辽宁省环境科学研究院	李宇斌，李艳，李川，安乐，常春芝，代秀兰，阴炎
234	2008J—3—126	辽宁省沿海经济带建设与城乡区域经济环境协调发展战略研究	辽宁省环境科学研究院	朱京海，李宇斌，李川，常春芝，宋世伟，刘文，张世功
235	2008J—3—127	辽宁省重要矿产资源政策研究（煤、铁、钼、金）	辽宁省国土资源调查规划局	张应奎，王敬波，李洪兴，张福家，张洪梅，潘锦华，刘宝良
236	2008J—3—128	沈阳市节水型社会建设规划关键技术研究	沈阳市城市水资源管理办公室	王浩，郭飞，詹中凯，秦大庸，马志伟，杨明，林旭
237	2008J—3—129	面向资源型产业的高技术产业化模式与管理研究	大连理工大学	王国红，于谦，唐丽艳，于惊涛，朱方伟，邢蕊，宋丹
238	2008J—3—130	辽东湾海域环境容量测算及总量控制研究	辽宁省环境科学研究院，中国环境科学研究院，中国科学院海洋研究所	朱京海，富国，胡成，裴相斌，尹宝树，张峥，刘峰
239	2008J—3—131	面向东北企业可持续发展的会计政策选择研究	沈阳工业大学	梁杰，刘英男，蒋亚朋，郭涛，段家菊，马丽，王淑德
240	2008J—3—132	辽宁省城镇化对策研究	辽宁省发展和改革委员会农业资源区划研究所	王小博，刘焕鑫，刘芝绅，付忠实，朱海，张虹，王英秋
241	2008J—3—133	干部民主测评民主推荐数据处理系统	中共辽宁省委组织部干部二处	王业卿，赵战鼓，郭澍，邹华，呼延广玮，张明多，沈立强
242	2008J—3—134	省区市党委换届考察工作实施细则的管理系统	沈阳建筑大学，中共辽宁省委组织部	宋晓宇，李春良，蔡哲夫，屈占友，庞宝国，王永会，许景科
243	2008J—3—135	梨新品种“金翠香”杂交选育与示范	辽宁省庄河市兴达街道干沟村	刘庆林
244	2008J—3—136	铁路提速轴承渗碳电炉晶闸管调功关键技术研究与应用	瓦房店轴承集团有限责任公司	李书乾

2008年辽宁省科技成果转化奖获奖项目

一等奖（5项）

项目编号	项目名称	成果转化实施单位	主要合作单位	主要完成人
2008ZH-1-01	中华骏捷轿车	沈阳华晨金杯汽车有限公司	东北大学	刘志刚，谭健，王玉君，梁东明，赫立远，遇鸿鹏，王晓娟，王雷，冯艳爽，韩清凯，孙煜
2008ZH-1-02	大型煤化工装置用离心压缩机开发及产业化	沈阳鼓风机（集团）有限公司	西安交通大学、大连理工大学	苏永强，王学军，戴继双，薛宇飞，徐忠，马新民，张勇，冀春俊，李秀刚，汪创华，闻邦椿
2008ZH-1-03	400英尺水深自升式钻井平台设计建造技术	大连船舶重工集团有限公司	大连理工大学	张恩国，曲广杰，马延德，殷学林，刘文民，黄一，董庆辉，孙洪国，马骏，马来润，孙晓楠
2008ZH-1-04	鞍钢1780mm大型宽带钢冷轧生产线工艺装备技术国内自主集成与创新	鞍山钢铁集团公司	中国第一重型机械（集团）有限责任公司、中冶南方工程技术有限公司	刘玠，姚林，肖白，吴生富，刘军，付伟，蒋金水，乔军，李国辉，俞晓峰，张锐华
2008ZH-1-05	汽车车轮用BG420CL热轧钢带（板）的开发	本溪钢铁（集团）有限责任公司	中国钢研科技集团公司	曲鹏，张永富，吴刚，刘清友，徐明，赵迪，梁雪冬，段富春，史志永

二等奖（12项）

项目编号	项目名称	成果转化实施单位	主要合作单位	主要完成人
2008ZH-2-01	装配与检测自动化生产线	沈阳新松机器人自动化股份有限公司	中国科学院沈阳自动化研究所	曲道奎，邱继红，邱晓峰，王玉山，孙义田，刘长勇，胡炳德，秦俑，郭波
2008ZH-2-02	动力工程用新型特殊钢关键铸件	沈阳铸造技术中试基地	沈阳铸造研究所	于波，赵芳欣，娄延春，李宝东，苗治全，王景成，刘世昌，祝强，姜云飞
2008ZH-2-03	EBZ200H悬臂式（全硬岩）掘进机	三一重型装备有限公司	鲁迅美术学院艺术工程总公司	梁坚毅，李恩龙，李勇，陈锷，刘德林，侯宝革，牛建强，荣清白，胡海泉
2008ZH-2-04	面向移动通信的嵌入式多媒体软件系统	东软集团有限公司	东北大学	陈锡民，芦文龙，李昌忠，陈学生，杨志超，潘明志，张大智，徐文立，陈峰
2008ZH-2-05	7.63米大容积环保型焦炉机械成套设备	大连重工·起重集团有限公司	德国SCHALKE公司、中国冶金建设集团鞍山焦化耐火材料设计研究总院	宋甲晶，薛殿晔，于在福，孙元华，李丽，郭继平，祝月华，张吉国，张长青

续表

项目编号	项目名称	成果转化实施单位	主要合作单位	主要完成人
2008ZH-2-06	VD系列立式加工中心	大连机床集团有限责任公司	大连理工大学	李全普，邝连杰，于俊光，丛明，王贵斌，张菊秋，黄国成，房波，段周波
2008ZH-2-07	移动通信终端产品核心技术	大连环宇移动科技有限公司	国家数字交换系统工程技术研究中心	王军，赖怡川，官福山，侯荣涛，马英兴，柏溢，曾军峰，谢广付，江涛
2008ZH-2-08	QUY250超大型液压履带起重机	抚顺挖掘机制造有限责任公司	东北大学	王克剑，李淑敏，陈宪民，滕达，赵广耀，李峥，林贵瑜，江长生，高文学
2008ZH-2-09	DD6129S系列城市客车	辽宁曙光汽车集团股份有限公司	吉林大学	张冯军，刘凤君，王书娟，张波，刘洪文，宋传学，李全栋，曾万春，郭迎春
2008ZH-2-10	220微米硅片精密切割技术	锦州阳光能源有限公司	大连理工大学	谭文华，罗贵实，陈立民，孙跃志，马军政，朱强，张昱博，顾浩南，刘爱民
2008ZH-2-11	玉米深加工产品生产工艺创新	锦州元成生化科技有限公司	渤海大学	李英奎，邢德凤，王东彪，孙科，何刚，辛丽艳，钟立华，马勇
2008ZH-2-12	辽河油田综合防砂工艺技术	中国石辽河油田钻采工艺研究院	沈阳大学	谢文彦，刘喜林，赵政超，刘德铸，孙守国，孙厚利，张建军，吕民，王滨

三等奖（45项）

项目编号	项目名称	成果转化实施单位	主要合作单位	主要完成人
2008ZH-3-01	滚切剪先进设计技术开发与产业化	沈阳重型机械集团有限责任公司	太原科技大学	张德林，张小平，赵凯军，苏鹏程，刘义，李志波，李革
2008ZH-3-02	超高压直流换流变压器系列产品	特变电工沈阳变压器集团有限公司	哈尔滨理工大学	王健，钟俊涛，冷勇，高敏华，魏新劳，刘丰，王永红
2008ZH-3-03	国家游泳中心ETFE膜气枕结构系统设计与施工成套技术	沈阳远大铝业工程有限公司		王双军，曾庆伟，刘大治，刘建国，刘剑涛，于兰松，于清华
2008ZH-3-04	基于案例推理的磨矿过程智能优化控制系统	沈阳东大自动化有限公司	东北大学	郑秀萍，赵大勇，张杰卿，史大为，张陶红，宋富
2008ZH-3-05	面向制造业企业的知识管理平台	沈阳格微软件有限责任公司	沈阳航空工业学院	张桂平，蔡东风，尹宝生，徐立军，廉鹏，陈建军，季铎
2008ZH-3-06	银杏叶软胶囊	辽宁盛生医药集团有限公司	天津科技大学	路福平，王艳，陈闯，董宇，张志炜，吕辉，孙丹
2008ZH-3-07	绿色肉鸡产业化饲养及系列产品深加工	沈阳华美畜禽有限公司	沈阳农业大学	李兆仁，孟宪军，李冰，郑金勇，邵株梅，王兆恩
2008ZH-3-08	低速大转矩稀土永磁同步电动机	大连钰霖电器有限公司	沈阳工业大学	林忠庆，张炳义，冯桂宏，辛洪平，吕世波，张晶高

续表

项目编号	项目名称	成果转化实施单位	主要合作单位	主要完成人
2008ZH-3-09	高清晰度逐点校正超大LED全彩显示屏及控制系统	大连世纪长城光电科技有限公司	大连交通大学	王大鹏，苗成，王克，胡冰，徐家栋，薛钰芝，刘向
2008ZH-3-10	大型高可靠性切换矩阵产品	大连捷成实业发展有限公司	大连海事大学	程鹏，刘彦呈，王金忠，刘剑，刘桂英，王子华，曹智博
2008ZH-3-11	采用磁选柱工艺加回收废弃铁尾矿	后英集团海城市尾矿加工有限公司	辽宁科技大学	何著胜，沈明钢，赵常清，陈广振，丛春台，曲殿利，邢长胜
2008ZH-3-12	滑石粉无载体树脂母粒	海城市精华微粉厂	沈阳化工学院	王忠宇，梁兵，洪晓东，翟广鹏，郭振，孙秀文，韩宝峰
2008ZH-3-13	高强度包装钢带	鞍山市发蓝钢带有限责任公司	辽宁科技大学	王洪珂，高伟，于晓光，宋华，徐泽宁，钟丽君，蓝文艺
2008ZH-3-14	混合型无功功率发生器（HSVG）	辽宁立德电力电子有限公司	清华大学	张玉良，马振库，韩英铎，闵勇，刘宝衎，闫志杰，张春朋
2008ZH-3-15	FV-20蜡加氢精制催化剂的开发与工业应用	中国石油天然气股份有限公司抚顺石化分公司	中国石油化工股份有限公司抚顺石油化工研究院	鄢德怀，罗锡辉，刘平，宋生斌，徐友明，李国君，袁平飞
2008ZH-3-16	国家特种经济动物新品种清原马鹿良种繁育及推广	清原满族自治县科技开发中心	中国农业科学院特产研究所	李乃博，杨福合，王殿林，郭忠权，江东胜，赵猛，郑兴涛，崔同绍，查志强，车向平，张景萍
2008ZH-3-17	痹症系列药	辽宁好护士药业（集团）有限责任公司	南方医科大学	吴永军，陶钧，吴启富，崔小路，曲洋，罗红，杨平绪
2008ZH-3-18	巨型工程子午线轮胎活络模翻新	本溪钢铁公司南芬轮胎翻新厂	中国轮胎翻新与循环利用协会	朱晖，柯子仁，欧德碧，赵奎礼，朱信华，黄龙枝，张彬
2008ZH-3-19	纳米复合型涂料印花粘合技术	辽宁恒星精细化工（集团）有限公司	辽宁大学	孙继昌，宋溪明，杜存锐，樊丽君，倪成涛，仇凯，吴秋华
2008ZH-3-20	PDM200智能化变配电综合监控系统	丹东华通测控有限公司	大连理工大学	刘海波，曲海东，刘永胜，苑智伟，王孝良，李凤丹，赵伟
2008ZH-3-21	滑菇丹滑15号新品种推广与开发	丹东市林业科学研究所	宽甸北方山奇菌业有限公司、东港市锦江菌业开发公司、鞍山市大平食用菌有限公司等	曹玉谦，陈正芬，张善财，张化有，李平高，张玉嵩，战世凯，张印，李长莉、张巍、白清泉
2008ZH-3-22	海绵钛低氧低氮生产工艺	宝钛华神钛业有限公司	辽宁工业大学	薛庆山，程绍刚，张启俭，胡晓明，孙明时，周可心，孙卫东
2008ZH-3-23	处理氰化钠、氯碱尾气环保综合利用工程	营口三征有机化工股份有限公司	四川天一科技股份有限公司	刘至柔，朱乃昌，王瑞民，张久福，安宝均，雍特先，刘文军
2008ZH-3-24	柞蚕丝染色及后整工艺技术	盖州市暖泉绢纺厂	大连工业大学（纺织轻工学院）	陈凤，李淳，于永玲，唐文英，刘井岩，陈继辉，陈丽敏

续表

项目编号	项目名称	成果转化实施单位	主要合作单位	主要完成人
2008ZH-3-25	液压齿轮泵计算机试验系统	阜新阜太泵业制造有限公司	辽宁工程技术大学	吕振，张立，李娟，刘荣，王文斌
2008ZH-3-26	分级解封封隔器	阜新市石油工具厂	辽宁工程技术大学	朱玉军，刘春雨，霍春山，舒明锁，武文波，于振新
2008ZH-3-27	LJ-3000型无基础间歇式沥青混合料搅拌设备	辽阳筑路机械有限公司		关岐生，程恩福，沈殿明，边士勇，沈殿伟，花静坤，詹克勇
2008ZH-3-28	高档拉绒汽车内饰毯新工艺	辽阳艺蒙织毯实业公司	大连工业大学	褚乃博，郑来久，赵惠宏，李树海，黄刚，曾宪玲，寇骞
2008ZH-3-29	粮食烘干机系列产品	辽宁凯尔重工集团有限公司	东北大学兴科中小企业服务中心	杨明，满鸿翔，代立新，朱启贵，王宏，马强
2008ZH-3-30	百万亩优质水稻新品种铁粳7号推广	铁岭市农业科学院	辽宁铁研种业科技有限公司、抚顺种子管理站、辽阳市种子管理站、吉林省双辽市双丰种业有限责任公司	杨德忠，王俊茹，卢铁钢，孙伟，郭迎伟，阎天成，白胜双，耿巍，冉学忠
2008ZH-3-31	优新玉米品种郁青1号中试与示范	铁岭郁青种业科技有限责任公司	沈阳农业大学	马爱军，曹敏建，张立军，吕杰，张鸿翼，孙宝君，孙光宇
2008ZH-3-32	水泥挤压联合粉磨装备技术	朝阳重机集团有限公司	沈阳工业大学兴科中小企业服务中心	齐胜敏，胡桂林，赵长富，张桂学，王有武，孙忠敏，孙兴伟
2008ZH-3-33	朝新谷系列谷子新品种	朝阳市农业高新技术研究所	北票市、朝阳县、喀左县等农业技术推广中心、锦州市农业科学院、辽宁省水土保护研究所等	孙学斌，李庆海，祁崇祝，李跃荣，郭金胜，田力，李春德，陈海庭，隋景跃，邓洪书，李金生
2008ZH-3-34	交流变频顶部驱动钻井装置	辽宁天意实业股份有限公司	郑州机械研究所	王彬，郝正强，丁广吉，董金龙，李伟，周凯，王长明
2008ZH-3-35	百万亩水稻新品种雨田1号、锦丰1号推广	盘锦北方农业技术开发有限公司	盘锦市种子管理站、沈阳市农业技术推广站、营口市农业技术推广站	许雷，刘国刚，许华勇，刘树立，许华胜，刘喜友，刘恩财，王德林，胡绪彬，柳丹，冯齐山
2008ZH-3-36	甲醇合成塔	锦西化工机械（集团）有限责任公司	沈阳化工学院	聂杰，张世强，郝文生，吴剑华，宿徽，张洪伟，王钰玮
2008ZH-3-37	利用专利技术和镦主锻式防脱实心抽油杆	葫芦岛龙源采同机电设备有限公司	辽河石油勘探局曙光工程技术处工程技术研究所	杜文刚，杜洋，张飘石，孙林林，杜亮，杜新，吴洪才
2008ZH-3-38	苹果新品种选育及无公害生产关键技术推广	中国农业科学院果树研究所	绥中县果蚕局、葫芦岛市连山区果树管理局、兴城市果树工作总站、庄河市果树局	程存刚，刘凤之，丛佩华，康国栋，魏长存，仇贵生，王强，武雅娟，董丽梅，赵立会，张树龙
2008ZH-3-39	高效杀菌剂噻菌唑的创制及应用	沈阳化工研究院	中化化工科学技术研究总院	程春生，张立新，张宗俭，李志念，司乃国，邹本勤

续表

项目编号	项目名称	成果转化实施单位	主要合作单位	主要完成人
2008ZH-3-40	日光温室黄瓜、番茄高产优质栽培关键技术集成与推广	沈阳农业大学	辽宁省农业技术推广总站	李天来，赵义平，齐红岩，孙周平，齐明芳，李长山，须晖，何莉莉，郭泳，胡绪彬，张效良
2008ZH-3-41	高速铝箔纵剪机组	辽宁省机械研究院有限公司	沈阳远大铝业工程	田旭，马文洪，肖洲，张朝广，董杰，边连祥，康磐石
2008ZH-3-42	辽宁省松树菌根化技术	辽宁省林业科学研究院	新宾木奇中心苗圃、辽宁省实验林场等	邢兆凯，栾庆书，金若忠，云丽丽，林永启，周志权，赵瑞兴，叶淑琴，武兰义，杨云博，卢秀丽
2008ZH-3-43	辽宁绒山羊常年长绒型新品系开发	辽宁省辽宁绒山羊原种场有限公司	辽宁省辽宁绒山羊育种中心、岫岩满族自治县万都养殖场、抚顺市天艺绒山羊种羊繁育中心、本溪大正牧业有限公司等	张世伟，宋先忱，王世权，刘兴伟，韩迪，张文军，杨文凯，豆兴堂，刘庆权，于丽贞，高胜春
2008ZH-3-44	李杏优新品种的区试与示范	辽宁省果树科学研究所	阜新市果树技术指导站、葫芦岛连山区果树管理局、朝阳市果树技术推广站、营口市农业技术推广站	刘威生，刘宁，赵锋，郁香荷，张玉萍，孙猛，魏永祥，霍庆贞，张子维，田秀铭，刁齐
2008ZH-3-45	稻蟹生态种养产业化技术集成与推广	辽宁省农业科学院植物保护研究所	盘锦市农业技术推广站、营口市农业技术推广中心、东港市农业技术推广中心	孙富余，于凤泉，李志强，陈晓云，田春晖，王大为，王洪田，于永清，孙福平，刘丹，胡振德

（省科技厅成果推广应用处　马占军）

大事记

2008年度辽宁省科技大事记

1月

6日 由辽宁省科技厅承办的“东北地区暨部分省市科技行政管理系统纪检监察工作座谈会”在沈阳召开。科技部党组成员、纪检组长吴忠泽出席会议并作重要讲话。辽宁省纪委副书记徐兴华出席会议并致辞。辽宁省科技厅党组书记、厅长赵明鹏在会上介绍了辽宁省科技工作以及辽宁省科技厅加强党风廉政建设、推进源头治理工作情况。会议由辽宁省科技厅党组成员、纪检组长阎殿儒主持。

会议期间，辽宁省委常委、纪委书记王唯众，副省长滕卫平会见了吴忠泽一行。

13日 辽宁省省长陈政高一行在大连市委书记张成寅、市长夏德仁等领导陪同下视察大连重工·起重集团有限公司泉水研制基地。

16日 第三届辽宁省科学技术奖励委员会第二次全体委员会议在辽宁友谊宾馆召开。会议听取了辽宁省科学技术奖励评审委员会副主任委员、省科技厅厅长赵明鹏作的《2007年度辽宁省科技奖励评审委员会工作报告》；宣读了《辽宁省科学技术奖励评审办法》；审议了《2008年度辽宁省科技奖励工作方案》。

辽宁省科学技术奖励委员会主任委员、副省长滕卫平作了总结讲话，并对今后的工作提出了明确要求。会议由辽宁省科学技术奖励委员会秘书长、省科技厅副厅长巩黎明主持。

19日 由中华中医药学会中医基础理论分会主办、辽宁中医药大学承办的“中医理论基础研究关键科学问题高层论坛暨中医基础理论分会主任委员会扩大会议”在沈阳召开。会议围绕国家“973中医理论基础专项研究”、《中医基础理论研究指导意见》和《中医基础理论学科发展报告》等议题进行了研讨。

22日 辽宁省科技厅党组成员、副巡视员张强率领由厅机关和直属单位负责同志组成的慰问团，赴对口帮扶的阜新县七家子乡访贫问苦。

23日 国家科技部副部长刘燕华一行到沈阳高新区考察。考察期间，刘燕华听取了高新区的工作汇报，并深入到东软集团、辽宁成大生物股份有限公司等企业，实地了解企业科技创新情况。

2月

2日 辽宁省科技厅系统2007年度总结表彰大会在东北大学汉卿会堂隆重举行。会议全面回顾和总结了2007年度的科技创新工作，对科技厅系统“两先一优”先进集体和个人进行了表彰，部署了2008科技创新工作的目标和任务。省科技厅党组书记、厅长赵明鹏在会上作工作报告。厅党组副书记、副厅长刘晓东主持会议。

总结表彰大会之后举行了以“落实十七大精神 团结创新和谐发展”为主题的迎新春演唱会。副省长滕卫平、省政府副秘书长马述君出席演唱会。省科技厅离退休老同志，厅机关、厅直属单位、部分省属科研院所的干部职工共400余人参加了总结表彰大会和演唱会。

13日 沈阳远大企业集团旗下的沈阳博林特电梯有限公司与德国法兰克福AIRRAIL中心签订了99台的电梯使用项目，成为中国电梯民族品牌在德国高端市场签约的最大项目。

15日 辽宁省委常委、沈阳市委书记曾维到沈阳浑南新区调研。他强调，要认真贯彻落实市委十一届四次全会暨经济工作会议精神，进一步明确以高新技术产业为主攻方向的发展定位，坚持以开放和自主创新为动力，以高新技术产业项目为支撑，做优浑南新区，实现跨越发展。

27日 省人大常委会副主任王专率省人大常委会调研组到省科技厅调研、指导工作。省科技厅厅长赵明鹏向调研组汇报了我省科技创新工作情况。王专对2008年全省科技工作提出了希望和要求。

3月

3日 中共中央政治局常委、国务院副总理李克强在中共辽宁省委书记、省人大常委会主任张文岳和省委副书记、省长陈政高陪同下，看望参加全国两会的辽宁代表团。李克强对大连重工·起重集团通过不断加强自主创新，为我国装备制造业发展所作出的重大贡献给予充分肯定。李克强希望大连重工·起重集团在新的形势下，深入贯彻落实科学发展观，立足现有基础，优化产业结构，瞄准世界科技发展前沿，大力加强企业创新能力建设，努力掌握核心技术和关键技术，拥有更多自主知识产权，提高重大装备成套化、国产化水平，打造具有国际竞争力的世界级装备制造业基地。

3日 辽宁省科技厅召开农村卫生适宜技术及产品研究与应用工作会议。会议围绕肺炎等疾病防治技术问题进行了深入研讨。六个承担相关项目的市、县汇报了项目背景及工作进展情况。省科技厅副厅长巩黎明就下一步工作的开展提出了明确要求。省卫生厅、人口计生委等部门和单位的有关负责同志参加了会议。

5日 辽宁省副省长陈海波到辽宁省农业科学院考察指导工作。陈海波一行先后视察了省农科院花卉研发基地、农业部农产品质量监督检验测试中心（沈阳）和国家玉米原原种扩繁基地种子加工生产线，并听取了省农科院党组书记、院长陶承光作的工作汇报。

7日 国家科技部党组书记、副部长李学勇在北京会见鞍山市政府领导，双方就如何发挥科技在地方经济发展中的作用等问题进行了深入探讨。

11日 沈阳远大企业集团旗下的沈阳博林特电梯有限公司与北美蒂森克虏伯集团举行了隆重的签约仪式。这次签约标志着博林特生产的曳引机顺利进入美国高端市场，成功与世界五百强企业蒂森克虏伯集团展开正式合作。

14日 省科技厅组织召开厅直属机关党建暨党风廉政建设工作会议。会议传达了省直机关第十五次党的工作会议和中共辽宁省第十届纪律检查委员会第三次全体会议精神，回顾和总结了2007年度科技厅党建和党风廉政建设的工作情况，部署了2008年党建和党风廉政建设工作的目标和任务。

厅党组书记、厅长赵明鹏主持会议并作重要讲话。厅党组副书记、副厅长刘晓东，厅党组成员、纪检组长阎殿儒分别在会上作全厅党建工作报告和党风廉政建设工作报告。厅领导班子成员，厅机关全体公务员，厅直属单位领导共80余人参加了会议。

23—24日 第二期辽宁省农民技术员培训班开班典礼分别在辽宁农业职业技术学院（熊岳）和沈阳农业大学报告厅举行。省科技厅党组成员、副巡视员张强出席开学典礼并讲话。

26日 以“创新、现代、绿色、精品”为主题的第十二届中国（锦州）北方农业新品种、新技术展销会在锦州隆重开幕。辽宁省副省长陈海波、中国农业科学院副院长屈冬玉出席开幕式并致辞。

展会历时三天，共组织了种植养殖新品种、新肥料等8大类展销项目，突出展示优质、高效、绿色的农业新品种、新技术和新成果。其间，来自20个省、市、自治区的众多农业高校和科研院所以及各类涉农企事业单位前来参会。参展单位320家，参展品种6300多个。

4月

1日 中共辽宁省委书记、省人大常委会主任张文岳到鞍山高新区调研。调研期间，张文岳先后参观考察了东亚精密不锈钢有限公司、宏源自动化工程有限公司、辽宁森远路桥股份有限公司等企业。

1日 辽宁省副省长陈海波到阜新高新技术产业园区调研。

2日 辽宁省副省长刘国强到鞍山高新区调研。

16—18日 由辽宁省科协主办、辽宁省测试协会承办的第三届中国（东北）国际分析科学学术报告会暨2008中国（东北）国际分析检测仪器、教学仪器及实验室装备展览会在沈阳科学宫举行。

来自东北地区的质检、药检、检验检疫、环保、能源、卫生、农业、化工制药、食品、机械等相关行业领域的300余家高等院校、科研院所及企业的代表参加了会议。

21日 沈阳市知识产权局联合18个知识产权相关部门举办了以“保护知识产权、共享科技奥运”为主题的“2008年沈阳市知识产权宣传周”。辽宁省副省长滕卫平、沈阳市人大常委会副主任徐璐参加了宣传周启动仪式。

22日 辽宁省农村卫生适宜技术推广示范研究项目启动会在沈阳召开，我省民生科技行动正式拉开了实施序幕。辽宁省科技厅副厅长巩黎明出席会议并讲话。

23日 辽宁省科学技术奖励大会在省人民会堂隆重召开。会议表奖了一批2007年度实施并取得显著经济效益与社会效益的重大科技成果转化项目。

省委书记、省人大常委会主任张文岳，省委副书记、省长陈政高出席会议并作重要讲话。省委副书记、省政协主席骆琳主持会议。省委常委、常务副省长许卫国在会上宣读了《辽宁省人民政府关于奖励2007年科技成果转化项目的决定》和《辽宁省科技创新工作领导小组关于认定首批辽宁省技术创新示范企业的决定》，副省长滕卫平宣读了《辽宁省人民政府关于2007年度辽宁省科学技术奖励的决定》。省委常委、宣传部部长焦利，省人大常委会副主任王专，省政协副主席胡晓华等出席会议。

24日 中共中央政治局常委李长春，中共中央政治局委员、国务院副总理张德江，中共中央政治局委员、国务委员刘延东，在北京中国国际展览中心第五届中国数控机床展览会上，参观了大连机床集团展馆。在详细了解大连市机床行业自主创新、市场开发等情况后，李长春激励大连市机床研发和制造企业要紧紧抓住机遇，立足科学发展，着力自主创新，努力把企业做大、做强、做优，承担起振兴民族工业的历史重任。

25日 沈阳远大机电装备有限公司赴德国参加汉诺威工业博览会，成为唯一参加该博览会的中国能源企业。

28日 辽宁省科技厅党组成员、厅长助理那波率调研组到鞍山调研。调研组先后考察了鞍山森远集团、鞍山聚龙集团、鞍山华冶集团等11家科技创新示范企业，并与企业负责人进行了座谈。

28—29日 辽宁省科技厅厅长赵明鹏率调研组到丹东调研。调研组先后考察了丹东市农科院、辽宁曙光汽车集团、辽宁五一八内燃机配件（集团）有限责任公司等企业，并听取了丹东克隆集团有限责任公司、丹东恒星化工有限公司、辽宁欣泰股分有限公司、丹东东方测控技术有限公司等企业的科技创新工作汇报。

5月

3—4日 由中国自然辩证法研究会科学技术与工程伦理专业委员会主办，大连理工大学人文社会科学学院、科技伦理与科技管理研究中心承办的“科学、技术、工程伦理与和谐社会建设”学术研讨会暨科学技术与工程伦理专业委员会成立大会在大连理工大学举行。《哲学研究》常务副主编朱葆伟教授、中国科学院研究生院李伯聪教授和大连理工大学王众托院士分别在会上作了主题报告。

4日 中共中央政治局常委李长春到中国科学院沈阳自动化研究所考察。省委书记张文岳、省长陈政高以及沈阳市委书记曾维、市长李英杰、市人大常委会主任赵长义、中国科学院副院长阴和俊、中国科学院沈阳分院院长王庆礼等有关方面领导陪同考察。

6—7日 辽宁省科技厅厅长赵明鹏就芳烃基地建设和科技创新示范企业创建等工作到辽阳市进行调研。赵明鹏一行先后深入到辽阳瑞兴化工有限公司、辽宁绒山羊育种中心、辽阳芳烃技术研究院和辽宁忠旺集团等科技型企业，实地考察企业技术创新及产品研发情况。

11日 辽宁省委书记、省人大常委会主任张文岳在大连市委书记张成寅等陪同下，到大连重工 · 起重集团有限公司泉水研制基地华锐曲轴公司视察。

11日 中共中央政治局委员、中央书记处书记、中央组织部部长李源潮视察大连高新区。

13日 辽宁省副省长李万才到大连高新区调研，并参观考察了大连重工 · 起重集团有限公司。

14日 辽宁省委书记、省人大常委会主任张文岳到大连重工 · 起重集团进行工作调研。他强调，要依托沿海资源优势与产业基础优势，进一步加大自主创新和科技攻关力度，推进船舶制造核心技术和关键部件的产业化、规模化，不断提高船舶工业竞争力，努力把我省建设成为具有国际竞争力的世界级船舶工业基地，为全省装备制造业实现跨越式发展提供有力支撑。

17日 2008年辽宁省暨沈阳市科技活动周开幕式在沈阳科学宫举行。本届科技活动周突出“科技惠及民生、科技支撑发展”两条主线，围绕科技创新、科技奥运、科技下乡等主题，开展了一系列内容丰富、形式多样的科技活动。

开幕式上，省委常委、省总工会主席王俊莲为新审批的省及沈阳市科普基地授牌。省委宣传部、省科技厅、省科协及沈阳市委、市政府的有关领导出席了开幕式。省科技厅厅长赵明鹏、沈阳市副市长邹大挺分别在开幕式上致辞。来自企业、大专院校、科研院所的科技工作者，中小学生及各界群众1500多人参加了开幕式。

6月

4日 第六届国际振动工程学术会议在大连理工大学召开。此次会议由中国振动工程学会主办，大连理工大学、哈尔滨工业大学和国际结构控制与监测学会（IASCM）联合承办。大连理工大学校长欧进萍院士主持会议并致欢迎辞。来自国内外的110余位知名专家学者参加了会议。

5日 第五届国际结构控制与监测学术研讨会在大连理工大学召开。此次会议由大连理工大学主办，国际控制与监测学会（IASCM）和中国哈尔滨工业大学协办。会议以“结构控制与健康监测在社会可持续发展以及减轻灾害、造福人类中的作用”为主题，就智能材料、传感器、阻尼器和驱动器，结构控制与减灾，结构健康监测与全寿命维修决策及设计理论，国际合作等问题进行了深入的探讨。来自海内外的60余位知名专家学者参加了研讨会。

6日 辽宁省副省长滕卫平到大连高新区考察。滕卫平先后参观了软件产业带展厅、大连华信计算机股份有限公司，并听取了高新区工作汇报。滕卫平要求大连高新区充分利用正式纳入辽宁“五点一线”沿海经济带的机遇，进一步发挥创新要素集中的优势，为辽宁全面振兴提供科技支撑。

7日 全国政协副主席、民建中央第一副主席张榕明率调研组到大连市考察服务外包产业发展情况。张榕明一行先后考察了大连华信计算机技术股份有限公司、大连软件园股份有限公司、IBM全球服务执行中心大连分公司、东软集团大连分公司等企业和院校，并就如何把服务外包业做大做强等问题与大连市相关部门和企业负责人进行了座谈。

7日 辽宁省科技厅厅长赵明鹏到锦州进行工作调研。他重点了解了锦州市科技发展战略以及重大、重点项目实施情况。

14日 辽宁省委书记、省人大常委会主任张文岳在辽宁省委督察室第114期题为《大连高新区多措并举推进开放型特色园区建设》的送阅件上做出重要批示：“软件产业是信息技术发展和信息化建设的核心，也是我省必须大力发展的基础性、战略性产业。在大连推进软件产业带建设、努力打造世界一流的软件和服务外包基地意义重大，政府及有关部门应予以大力支持。”

14日 以全国政协委员、科技部党组成员、《科技日报》社社长张景安为组长的全国政协“技术创新政策落实情况”调研组到鞍山调研。

19日 以“软件，引领数字融合”为主题的第六届中国国际软件和信息服务交易会在大连世界博览广场隆重开幕。国家工业和信息化部副部长杨学山，科技部副部长曹健林，商务部部长助理王超，团中央书记处书记贺军科，中共辽宁省委常委、大连市委书记张成寅，辽宁省副省长刘国强，以及来自全国30多个省市的有关部门负责同志，来自世界各个国家和地区的政府和企业代表2000余人出席开幕式。刘国强、曹健林、杨学山、王超分别致辞。大连市市长夏德仁主持开幕式。

本届软交会由国家商务部、工业和信息化部、教育部、科技部、中国贸促会和辽宁省政府共同主办，大连市政府承办。整个展会展览面积为3万平方米，集中了国内的最新产品和前沿技术，涉及了软件产业领域的新亮点、热点和难点，贯穿了产业链条的各个环节。

19日 广东省科技厅副厅长叶景图率领广东省科技考察团来我省进行科技工作考察交流。辽宁省科技厅党组成员、纪检组长阎殿儒，副巡视员焦明志及有关处室负责同志向考察团介绍了我省科技工作及科技发展的整体情况。叶景图副厅长介绍了广东省开展科技工作的新思维、新举措，特别针对引进社会资本、金融资本促进科技发展等问题做了重点介绍。

21日 由辽宁省遗传学会主办、辽宁师范大学承办的辽宁省遗传学会第八次学术会议在辽宁师范大学召开。本次会议选举产生了新一届辽宁省遗传学会理事会。来自全省各高等院校、科研院所和医疗机构的专家学者80余人参加了会议。

22日 辽宁省省长陈政高到中国科学院大连化学物理研究所考察。省委常委、大连市委书记张成寅，副省长刘国强，大连市市长夏德仁及省直有关部门负责同志陪同考察。

28日 辽宁省省长陈政高到鞍山高新区调研，并实地考察了华冶集团和鞍山市宏源自动化工程有限公司等企业。

7月

3日 由大连理工大学承办的2008年亚洲信息安全国际会议在大连理工大学国际会议中心举行。会议的主题主要包括密码理论与技术、网络安全及信息隐藏技术、访问控制与数据库安全、隐私保护与匿名技术、秘密共享、网格计算与安全、信任管理以及入侵检测等，旨在为该领域的研究人员提供一个交流新思想、新方法、新技术的学术平台，并及时反应和交流信息技术在经济社会各领域广泛应用的最新学术成果。

7日 中共中央政治局委员、全国人大常委会副委员长、中华全国总工会主席王兆国视察大连旅顺南路软件产业带。

8日 中国华录集团有限公司DRA(数字音频编解码)标准通过蓝光光盘协会（BDA）技术评估。这标志着国际音视频标准首次采用中国自主研发的技术，对于推动中国高清碟机产业具有里程碑式的意义。

9—10日 由国家科技部高新司、火炬中心、战略研究院等部门组成的火炬计划实施20周年专题调研组到沈阳高新区进行调研考察。

13日 校际间第一届建筑能源与环境国际会议在大连举行。美国加州大学伯克利分校Nazaroff教授，清华大学长江学者、特聘教授杨旭东作了大会主题报告。来自30多个国家和地区的400余位专家学者参加了会议。

15日 辽宁省省长陈政高到本溪市就生物医药产业发展进行专题调研。他听取了本溪市相关工作汇报，并实地考察了生物与医药产业基地开工项目建设情况。

15日 浙江省科技厅厅长蒋泰维率浙江省各市地科技部门负责人及厅机关有关人员一行29人，来我省进行科技工作考察交流。

16日 辽宁省科技厅召开上半年科技工作总结会。厅党组书记、厅长赵明鹏在会上作重要讲话。厅党组副书记、副厅长刘晓东传达了省委十届六次全会精神。

18日 国家科技部社会发展司马燕合司长在辽宁省科学技术厅巩黎明副厅长的陪同下到沈阳药科大学考察综合性创新药物研发技术平台建设情况。

18—19日 辽宁省基础物理专业委员会成立暨学术研讨会在辽宁师范大学召开。东北大学、大连理工大学等高等院校的30余位基础物理方面的专家、学者参加了此次会议。

21日 由大连理工大学精细化工国家重点实验室、中科院大连化学物理研究所和抚顺石油化工研究院联合承办的超洁净燃料催化国际会议在大连举行。来自国内外的百余位专家学者出席了会议。

24日 香港特首曾荫权到沈阳高新区考察。

8月

4日 辽宁省信息产业厅厅长李兵一行到沈阳浑南新区就信息产业重大项目推进情况进行调研。

4—5日 国家自然科学基金委员会副主任沈岩和生命科学部副主任冯雪莲应邀访问大连医科大学。

5日 辽宁省科技厅副厅长孟庆海到鞍山聚龙集团、森远集团就高新技术企业发展情况进行调研。

6日 为期三天的第十二届亚太化工联盟大会闭幕式暨颁奖仪式在大连世界博览广场举行。亚太化工联盟大会是国际化工学术界顶尖大会之一，这是首次在中国大陆举办，也是我国化工学术界组织的规模最大的一次国际盛会。

7日 克罗地亚总统斯捷潘·梅西奇一行到高新区大连旅顺南路软件产业带参观考察。

11日 辽宁省委书记、省人大常委会主任张文岳在盘锦市委书记陈淑珍，市委副书记、代市长孙国相等陪同下，到盘锦就产业结构调整、“五点一线”和转型项目建设进行工作调研。调研期间，张文岳视察了辽宁华锦化工（集团）有限责任公司正在建设中的华锦“十一五”工程。

12日 中国国民党主席吴伯雄率中国国民党奥运参观团到大连高新区考察。

13日 辽宁省副省长滕卫平及省科技厅、省国土资源厅、省建设厅等部门负责同志，到本溪考察辽宁（本溪）生物与医药产业基地建设情况，并听取关于生物与医药产业基地新增建设用地、招商等情况的工作汇报。

15日 农民技术员培养工程毕业学员代表座谈会在沈阳农业大学召开。辽宁省科技厅党组成员、副巡视员张强在会上讲话。辽宁省科技厅、省委组织部、省农委、人事厅、沈阳农业大学、大连水产学院、辽宁农业职业技术学院的有关领导及负责同志参加了座谈会。

18日 辽宁省副省长滕卫平到辽宁省农业科学院进行工作调研。滕卫平指出，粮食生产是辽宁农业发展的战略问题，要按照省委、省政府的总体部署，在粮食增产潜力、科研体制改革等方面进行深入探索。

20日 国家科技部副部长曹健林在沈阳市副市长邹大挺等陪同下到沈阳调研。调研期间，曹健林一行深入到中国科学院沈阳科学仪器研制中心有限公司等企业，听取了沈阳市IC装备研发及产业发展情况的汇报，并对沈阳IC装备研发及产业发展提出了意见和建议。

27日 辽宁省科技厅召开贯彻落实《建立健全惩治和预防腐败体系2008—2012年工作规划》工作会议。厅党组书记、厅长赵明鹏在会上做重要讲话。厅党组成员、纪检组长阎殿儒同志传达了全省贯彻落实《工作规划》电视电话会议精神。厅党组副书记、副厅长刘晓东主持会议。

29日 中国有色集团沈阳有色金属研究院博士后科研工作站挂牌成立。辽宁省副省长刘国强，人力资源和社会保障部专业技术人员管理司司长、全国博士后管委会办公室主任侯福兴，副司长孙建立，科技部政策法规与体制改革司副司长李新男，辽宁省人力资源与社会保障厅厅长赵国红，中国有色集团总经理罗涛，党委副书记许树森，副总经理孙加林等出席了揭牌仪式。

30日 中共中央政治局委员、国务委员刘延东在辽宁省委书记张文岳、省长陈政高、大连市委书记张成寅、市长夏德仁等省市领导的陪同下，视察大连高新区以及大连重工·起重集团有限公司泉水基地。

9月

1—5日 由国家商务部、国家发展和改革委员会、中国贸促会和辽宁省政府主办，沈阳市政府和辽宁省贸促会等单位承办的第七届中国国际装备制造业博览会在沈阳（国际）会展中心举行。

本届“制博会”以“高新技术与装备制造”为主题，展览面积达6万平方米，共设展位2774个，专业展区4个，参展企业554家，其中境外及外商投资企业123家，主要来自英国、美国、法国、日本等18个国家和地区。据不完全统计，本届“制博会”参观者达到13.2万人次；省内参展企业产品交易额为43.25亿元，其中现场直接销售达到2.1亿元。

2日 中共中央政治局委员、国务委员刘延东，全国人大常委会副委员长、中国科学院院长路甬祥到中国科学院沈阳自动化研究所视察。辽宁省省长陈政高、沈阳市市长李英杰等陪同视察。

2日 中共中央政治局委员、国务委员刘延东在辽宁省委书记张文岳、省长陈政高陪同下到沈阳高新区视察。在视察东软集团时，刘延东强调，高校和科研机构要准确把握在国家创新体系中的战略定位，推动行业技术进步和区域经济发展，充分发挥科技创新对经济社会发展的支撑作用；要促进科研机构与大学、企业之间人才培养和科技资源的共享，加快科技成果的转化；要深化科研院所管理体制改革，提高科研机构内部创新活动的协调集成能力。

2日 中共中央政治局委员、国务委员刘延东在教育部、辽宁省、沈阳市有关领导的陪同下到东北大学视察。刘延东一行还参观了东大软件园东软集团数字医疗公司。

2日 全国人大常委会副委员长、中国科学院院长路甬祥到中国科学院金属研究所考察。

2日 中共中央政治局委员、中央书记处书记、中宣部部长刘云山视察大连高新区动漫走廊。

4日 2008年中国国际专利技术与产品交易会在大连世界博览广场隆重开幕。这是我国专利技术领域规格最高、影响最大的国际化品牌展会。国家知识产权局局长田力普、辽宁省副省长滕卫平出席开幕式。来自11个国家和地区的15个国际展团和国内众多省市展团踊跃参展，4100项海内外专利技术成果精彩亮相，两万平方米的展览区成为“专利海洋”。

6日 辽宁省中药学会成立大会暨第一次会员代表大会隆重召开。会议通过了《辽宁省中药学会章程》等议案，选举产生了112名辽宁省中药学会第一届理事会理事，29名常务理事。省中药学会的成立，标志着我省中医药科技事业的发展迈上了新的台阶。

8日 国家发改委副主任杜鹰率国家联合调研组到大连重工·起重集团有限公司泉水研制基地考察，并听取了大连市装备制造业“两区一带”布局建设及发展情况的汇报。

8日 由美国种子贸易协会和美国驻京沈使领馆农业官员组成的"美国种子贸易协会代表团"一行10人访问了辽宁省农业科学院。双方就作物新品种选育和植物品种保护等议题进行了深入的研究和探讨。代表团成员还参观了省农科院玉米和高粱试验地。

10日 东北三省一区科技厅（局）长联席会议在沈阳召开。来自辽宁、黑龙江、吉林3省和内蒙古自治区科技厅及沈阳、哈尔滨、长春、大连、呼和浩特5市科技局的领导和有关负责同志出席会议。会议围绕"加强三省一区区域科技合作，充分发挥科技在东北老工业基地振兴中的支撑和引领作用"等主题进行了研讨和交流。河北省科技厅应邀参加了会议。

10日 辽宁省人大常委会副主任王琼率全国人大代表专题调研组一行9人，到大连重工·起重集团有限公司泉水研制基地考察。公司党委书记朱德康向专题调研组汇报了公司生产经营管理及创新发展情况，并陪同考察了三大事业部和曲轴公司生产现场。

12—14日 由大连理工大学承办的"第一届亚洲双边信息技术研讨会（DUT-RU）"在伯川图书馆举行。会议主要研讨了现代信息技术的若干前沿学术和应用问题。日本立命馆大学情报理工学部部长大久保英嗣（Okubo Eiji）教授等29位相关领域专家学者出席了会议。

16—19日 "2008青年规划师国际设计坊"学术交流会在大连理工大学举行。交流会由国际城市与区域规划师协会和中国城市规划学会主办，大连市人民政府承办，大连理工大学建筑与艺术学院与大连城市规划设计研究院协办。来自17个国家的24位青年规划师参加了本次活动。

17日 由鞍山钢铁集团公司和中国金属学会联合主办的2008年洁净钢生产技术国际研讨会在鞍山召开。会议广泛交流了洁净钢生产的新技术和新方法，探讨、解决了在生产过程中遇到的新问题。中国工程院院长徐匡迪，中国工程院副院长殷瑞钰，中国工程院副院长干勇，中国钢铁工业协会会长、中国金属学会轧钢分会理事长、鞍山钢铁集团公司总经理张晓刚，中国金属学会副理事长、秘书长洪及鄙等出席会议。

19–20日 由科技部、辽宁省人民政府、沈阳市人民政府联合主办的"2008中国风险投资论坛——振兴东北投资高峰会"在沈阳举行。此次峰会以"优化投资环境，推动东北振兴"为主题，突出了科技与金融结合的特色，旨在推进东北及沈阳地区风险投资与自主创新体系建设，激发企业家创新热情，推动东北老工业基地振兴。科技部副部长杜占元，科技日报社社长、科技部党组成员张景安，辽宁省委常委、沈阳市委书记曾维，辽宁省副省长滕卫平，前美国总统顾问约翰·拉特里奇等出席开幕式。

22日 由辽宁省科学技术情报研究所承办的三北地区科技情报（信息）工作研讨会在沈阳召开。会议围绕科技情报（信息）工作为各级政府决策提供科学依据，面向地方经济社会发展以及广大公众的科技信息资源保障体系建设等热点问题进行了深入研讨。中国科技信息研究所所长贺德方，沈阳市副市长邹大挺，辽宁省科技厅党组副书记、副厅长刘晓东等出席会议并讲话。来自三北地区以及湖南、湖北等省科技情报（信息）机构的领导和专家40多人参加了会议。

24日 由国家科技部、教育部、人社部、国务院侨办、中国科学院、共青团中央、欧美同学会·中国留学人员联谊会和辽宁省人民政府共同主办，大连市人民政府和辽宁省科技厅等相关部门承办的2008中国海外学子辽宁（大连）创业周在大连世界博览广场隆重开幕。全国政协副主席王志珍，以及国家科技部副部长杜占元、辽宁省副省长滕卫平、大连市市长夏德仁等各有关方面领导出席了开幕式。

本届"海创周"以"吸引海外学子归国创业，助推辽宁沿海经济带快速发展"为主题，紧紧围绕辽宁沿海经济带开发开放战略开展了一系列活动。来自美国、俄罗斯、丹麦等国家的715名海外学子携带了电子信息、生物医药、先进制造等领域的369个高科技项目，与辽宁省3000余家企业、科研院所、大专院校进行了对接洽谈，共签订意向合同202项，合同金额14.5亿元。

24日 国家科技部副部长杜占元到中国科学院大连化学物理研究所考察。辽宁省科技厅厅长赵明鹏、科技部高新司副司长张志宏等陪同考察。

25日 辽宁省政协副主席、省委统战部部长高鹏到阜新高新区调研。

25—27日 由大连理工大学承办的第十届IEEE高性能计算与通讯国际会议（HPCC）在大连举

行。HPCC会议是由IEEE发起的国际重要会议，这是首次在中国举行。本次会议邀请国内外120余位专家和学者，共同讨论了高性能计算与通讯领域的相关问题。

26日 辽宁（本溪）首届生物与医药高新技术交易会暨海外学子本溪创业行活动在本溪市经济技术开发区隆重开幕。国家科技部副部长刘燕华、辽宁省副省长滕卫平、国家科技部生物中心主任王宏广、辽宁省科技厅厅长赵明鹏、国家科技部火炬中心副主任段俊虎、辽宁省科技厅副厅长巩黎明等出席开幕式。本溪市委书记李波致欢迎词。众多国内外医药企业、医药商会、科研院所的知名企业家和海外学子应邀参加了开幕式。

10月

7日 全省高新技术认定管理工作培训会议在沈阳召开。会议系统解读了《高新技术企业认定管理办法》，针对我省高新技术企业认定管理工作流程以及认定工作中的共性问题做了讲解和说明。辽宁省科技厅、财政厅、国税局等相关部门负责同志参加了会议。来自各市科技局、各高新区管委会及部分高新技术企业的500多名相关工作人员接受了培训。

10日 第三期辽宁省农民技术员培训班开学典礼在沈阳农业大学隆重举行。本期培训班共招收学员621名。前两期培训班已培养农民技术员1056名，其中有825名学员取得了农业部、劳动和社会保障部颁发的职业资格证书，有597名学员取得了省工商局、科技厅联合颁发的农民科技经纪人资格证书。

10日 第二届结构工程新进展国际论坛在大连理工大学举行。国际结构控制与监测学会主席、美国工程院院士、加州理工大学教授W.D.Iwan博士，广州大学周福霖院士，大连理工大学校长欧进萍院士等分别在会上作主题报告。主题报告涵盖了大跨空间结构、钢结构、混凝土结构、输电塔线体系结构、结构振动控制、结构健康监测、结构抗震分析与计算等热点领域。来自海内外知名专家学者170余人参加了论坛。

12—14日 第四届IEEE无线通信、网络技术及移动计算国际会议和第四届IEEE工程管理、服务管理和知识管理国际会议在大连举行。会议由大连理工大学、美国IEEE Communication Society、IEEE Antannas and Propagation Society、武汉大学和美国Scientific Research Publishinng共同承办。两个会议分别收到论文2800篇、3000篇，录用1363篇、1400篇。

13日 由中国科学院、中国工程院、教育部、科技部和国家发改委主办，中科院大连化学物理研究所、大连理工大学、华东理工大学和大连市人民政府承办的第十三届国际生物技术大会暨展览会在大连开幕。此次会议是目前世界范围内规模最大、学术水平最高、社会影响最强的生物技术大会。会议内容涉及生物技术基础研究、应用技术开发、产业发展及政府相关政策等。中国工程院院士、中国工程院副院长旭日干，中国科学院院士、IBS—2008国际学术委员会主席杨胜利，国际纯粹与应用化学联合会（IUPAC）生物技术专业委员会主席弗朗西斯科·尼克达等出席了大会。来自世界80多个国家和地区的生物技术领域的专家学者及会议代表3000余人参加大会。

14日 辽宁省科技厅召开“省科技厅系统深入学习实践科学发展观活动动员大会”。省科技厅党组书记、厅长赵明鹏作了动员讲话。由沈阳市政协副主席张秀华、省纪委监察专员姜澍等6名同志组成的省委指导检查组全体成员出席会议。

20日 第三届全国数控技能奥林匹克大赛全国决赛在大连举行。中共中央政治局委员、国务院副总理张德江对大赛作重要批示。人力资源和社会保障部部长尹蔚民、副部长张小建以及辽宁省、大连市领导出席有关活动。

21日 辽宁省科技厅召开“科技型中小企业创新工作座谈会”。会议针对推进辽宁省科技型中小企业发展等问题进行专题研讨，并征求意见和建议。厅党组副书记、副厅长刘晓东出席会议并讲话，各市科技局负责人参加了会议。

29日 由辽宁省科学技术厅、盘锦市人民政府主办的辽宁（盘锦）科技成果对接洽谈会在盘锦隆重举行。会议举办了项目对接洽谈、重点项目推介、科技项目招商、科技成果展览、重点产业专题研讨等一系列活动。来自浙江大学、北京化工大学、华东理工大学、中科院沈阳分院等40余家高等院校和科研院所的150多位专家、学者，与盘锦市500余家企业进行了洽谈、对接。洽谈会期间，共签订正式合同50项，合同总额1.56亿元，实现了科技与经济的有效结合。

30日—11月1日 由科技部政策法规司与辽宁省科技厅主办，吉林省科技厅、黑龙江省科技厅、内蒙古自治区科技厅协办的"东北老工业基地创新型企业建设研讨班"在沈阳举行。科技部党组成员、纪检组长吴忠泽作了"走中国特色自主创新道路，建设创新型国家"的主题报告。科技部政策法规司、火炬中心和辽宁省科技厅的领导分别介绍了科技部、辽宁省推进创新型企业建设的工作思路和举措以及国内外高新技术产业聚集与创新集群情况。来自三省一区创新型企业、科研院所及企业研发机构的代表共计150多人参加了研讨和培训。

31日 韩国IT服务企业LG CNS公司投资的LG CNS（沈阳）软件开发中心项目在沈阳举行签约仪式。这标志着LG CNS（沈阳）开发中心正式成立并落户浑南新区。这是世界五百强企业在沈阳设立的第一家软件开发中心。辽宁省委常委、沈阳市委书记曾维出席签约仪式并会见LG CNS株式会社社长辛在哲及LG电子株式会社社长禹南均一行。

11月

6日 辽宁省信息产业厅副厅长丁辉到沈阳高新区就电子信息产业发展情况进行调研。调研组先后到IC装备产业园、昂立信息园进行了实地考察。

11日 辽宁副省长滕卫平到阜新高新区考察液压产业发展及园区建设情况。

11日 "第二届UURR国际科学技术·产业交流会"在大连理工大学举行。会上，大连理工大学与岩手大学、大连四达铸造有限公司签订了技术转移合同；与岩手大学、大连泰康科技有限公司签订了共同研究合同；大连理工大学化工学院与岩手大学工学部签订了学生交流协定。

14日 中共辽宁省委宣传部常务副部长常卫国应邀到省科技厅作深入学习实践科学发展观活动专题报告。

17日 沈阳远大企业集团旗下的沈阳博林特电梯有限公司与英国伦敦希思罗机场成功签订电梯项目合约。该项目是2012年伦敦奥运会重要的配套工程，是中国民族电梯企业首次与国际机场签约，是中国民族电梯品牌首次被奥运配套设施工程选用。

19日 第三届辽宁省科技奖励委员会第三次全体委员会议在辽宁友谊宾馆召开。会议听取并审议了省科技奖励委员会副主任委员、省科技厅厅长赵明鹏做的《2008年度省科技奖励评审委员会工作报告》；审议了《2007年度省科技奖励项目异议处理情况报告》，通过了《2009年度辽宁省科技奖励工作方案》，对《2008年度辽宁省科技奖励认定结论》进行了审定。

会议决议通过了授予"土壤重金属污染发生机理与修复原理"等270项科技成果"2008年度辽宁省科学技术奖"，其中：一等奖31项，二等奖89项，三等奖150项。辽宁省科技奖励委员会主任委员、副省长滕卫平出席会议并讲话。省科技奖励委员会秘书长、省科技厅副厅长孟庆海主持会议。

20日 全省知识产权工作会议在鞍山国际会议中心召开。副省长滕卫平就贯彻实施辽宁省知识产权战略纲要提出明确要求。

28日 辽宁省省委书记、省人大常委会主任张文岳到沈阳建筑大学视察。

28日 辽宁（本溪）生物医药产业基地领导小组第一次全体会议在本溪经济技术开发区举行。辽宁省副省长滕卫平出席会议并讲话。

12月

9日 辽宁省科技厅召开2008年度辽宁省实验动物管理工作会议。会议传达了《辽宁省实验动物质量合格证管理暂行办法》《辽宁省实验动物从业人员培训考核管理办法》等有关文件；讲解了我省实验动物许可证申办程序及注意事项、实验动物质量及环境设施检测程序及注意事项，部署了2009年实验动物许可证年检工作；听取了有关单位对实验动物管理工作的意见和建议。省科技厅副厅长巩黎明在会上分析了实验动物科学的发展趋势以及我省实验动物管理方面存在的问题，并就下一步全省实验动物管理工作做了部署。

13日 中共中央总书记、国家主席胡锦涛在辽宁省委书记张文岳和省长陈政高等陪同下，先后到中国科学院金属研究所、沈阳新松机器人自动化股份有限公司、沈阳远大企业集团、沈阳鼓风机集团有限公司视察。胡锦涛对中国科学院金属研究所、沈阳新松机器人自动化股份有限公司科技创新取得的丰硕成果给予充分肯定和高度评价。在沈阳远大企业集团，胡锦涛说，在当前国际市场萎缩的情况下，远大集团的销售额和出口额还有所增加，这确实难能可贵。他希望远大集团坚持以质取胜的经营思路，在危机中捕捉商机，在逆境中开拓市场，为企业发展赢得更加广阔的空间。在沈阳鼓风机集团有限公司，胡锦涛希望企业继续大力开展自主创新，为做强做大我国装备制造业作出新的更大的贡献。

24日 国家科技部副部长刘燕华一行到本溪考察辽宁（本溪）生物医药产业基地建设情况。

25日 全省科技特派行动总结表彰大会在沈阳隆重举行，会议对全省科技特派工作进行了阶段性总结，对科技特派工作中涌现出的先进集体和个人进行了表彰。会上，沈阳农业大学驻新民市科技特派团等26个单位被授予“辽宁省科技特派行动先进集体”荣誉称号；于凤泉等92人被授予“辽宁省科技特派行动先进个人”荣誉称号。科技部副部长刘燕华、辽宁省副省滕卫平出席会议并讲话，省科技厅厅长赵明鹏代表省科技特派行动协调小组做了工作报告。

29日 沈阳高新区管委会与中电投东北电力有限公司合作开发的沈阳浑南新区热电和IGCC项目举行框架协议签字仪式。

30日 沈阳鼓风机集团有限公司自主研发的百万吨乙烯裂解气压缩机试运转成功。这标志着该公司成为世界上少数几个能制造百万吨乙烯机组的企业。

附　录

辽宁省科技创新工作领导小组成员名录

一、领导小组成员

组　长：陈政高　省委副书记、省长
副组长：骆　琳　省委副书记、省政协主席
许卫国　省委常委、常务副省长
滕卫平　副省长
成　员：姜　宏　省委副秘书长
魏　敏　省政府副秘书长、省政府办公厅主任
马述君　省政府副秘书长
赵战鼓　省委组织部副部长
周连科　省委宣传部副部长
仲跻权　省发改委主任
张耀军　省经委主任
张德祥　省教育厅厅长
赵明鹏　省科技厅厅长
邴志刚　省财政厅厅长
赵国红　省人事厅厅长
焉锦林　省国土资源厅厅长
李　兵　省信息产业厅厅长
吴野松　省中小企业厅厅长
万福民　省农委主任
张贵新　省外经贸厅厅长
左大光　省国资委主任
张玉文　省地税局局长
李铁民　省工商局局长
马祥图　省编委办副主任
方晓林　省统计局局长
上官炜星　省国防科工办主任
胡权林　省知识产权局局长
葛乐夫　省政府金融办主任
吴新联　省国税局局长
于宝国　省总工会常务副主席
孙国相　团省委书记
史桂茹　省妇联主席
商向东　省科协党组书记、常务副主席
王庆礼　中科院沈阳分院院长

二、领导小组办公室成员

周喜鼎　省发改委副主任
宋跃进　省经委副主任
周浩波　省教育厅副厅长
孟庆海　省科技厅副厅长
侯志平　省财政厅副厅长
林国军　省人事厅副厅长
敖凤玲　省农委副主任
马艳竞　省统计局副局长

三、联络员

姓名	单位	职务
司军校	省委办公厅	处长
曹远航	省委组织部	处长
陈泰山	省委宣传部	副处长
王力宏	省政府办公厅	处长
何　睿	省发改委	处长
马仲彬	省经委	副处长
唐国华	省教育厅	处长
夏宝箭	省科技厅	处长
吴作章	省财政厅	处长
王育仁	省人事厅	处长
薛卫疆	省国土资源厅	处长
李　屹	省信息产业厅	处长
张为宏	省中小企业厅	处长
陈国华	省农委	处长
郑伟阳	省外经贸厅	处长
孙守信	省国资委	处长
戴英骞	省地税局	处长
刘为东	省工商局	处长
田　葳	省编委办	处长
杨万波	省统计局	处长
仲继超	省国防工办	副处长
董加林	省知识产权局	处长
刘　波	省政府金融办	处长
王　海	省国税局	处长

于永山	省总工会	部长
冯　多	团省委	部长
李红莉	省妇联	部长
王元立	省科协	部长
王晓斌	中科院沈阳分院	处长

（省科技厅政策法规与体制改革处 邢兰兰）

辽宁两院院士名录

中国科学院院士：

序号	姓名	专业或专长	单　位	当选时间
1	卢佩章	分析化学、色谱学	中科院大连化物所	1980
2	张存浩	反应动力学、燃烧学、化学激光	中科院大化所、国家基金委	1980
3	何国钟	物理化学	中科院大连化物所	1991
4	袁　权	物理化学	中科院大连化物所	1991
5	林励吾	物理化学、催化	中科院大连化物所	1993
6	沙国河	物理化学	中科院大连化物所	1997
7	张玉奎	分析化学	中科院大连化物所	2003
8	李　灿	物理化学	中科院大连化物所	2003
9	师昌绪	金属学、金属物理	中科院金属所、国家自然科学基金委	1980
10	叶恒强	材料科学、金属物理	中科院金属所	1991
11	李依依	冶金与金属材料	中科院金属所、辽宁省科协	1993
12	卢　柯	材料科学	中科院金属所	2003
13	曹楚南	腐蚀与防护科学	中科院防腐蚀所、浙江大学	1991
14	闻邦椿	机械力学	东北大学机械工程学院	1991
15	张嗣瀛	自动控制	东北大学自动控制系	1997
16	钱令希	计算力学、结构力学	大连理工大学（2009年4月20日病故）	1955
17	邱大洪	海洋工程	大连理工大学	1991
18	钟万勰	工程力学、计算力学	大连理工大学工程力学所	1993
19	程耿东	计算力学及结构优化	大连理工大学	1995
20	王立鼎	微细机械加工	大连理工大学	1995
21	林　皋	水利工程	大连理工大学	1997
22	李　天	飞机空气动力学	中国航空第一集团公司沈阳飞机设计研究所	2005

中国工程院院士：

序号	姓名	专业或专长	单　位	当选时间
1	胡壮麒	金属材料	中科院金属所	1995
2	柯　伟	环境断裂与腐蚀	中科院金属所	1997
3	闻立时	复合材料	中科院金属所	1999
4	封锡盛	自动控制	中科院沈阳自动化所	1999
5	王天然	机器人和自动化工程	中科院沈阳自动化所	2003
6	孙铁珩	生态环境	中科院沈阳应用生态所	2001
7	桑凤亭	化学激光	中科院大连化学物理所	2003
8	衣宝廉	燃料电池技术	中科院大连化学物理所	2003
9	陆钟武	冶金炉热工及冶金能源	东北大学	1997
10	柴天佑	多变量自适应控制	东北大学	2003
11	王国栋	压力加工	东北大学	2005
12	欧进萍	结构监测、控制与防灾减灾工程	大连理工大学	2003
13	赵国藩	土木建筑结构	大连理工大学	1997
14	杨锦宗	精细化工	大连理工大学（2008年12月29日病故）	2001
15	王众托	系统科学、计算机	大连理工大学管理学院	2001
16	姚新生	天然药物化学	沈阳药科大学	1996
17	陈洪铎	皮肤病学	中国医科大学附属第一医院	1999
18	唐任远	稀土永磁电机	沈阳工业大学	2001
19	丁德文	应用物理	国家海洋环境监测中心	1994
20	李　明	飞机自动化	中国航空工业总公司沈阳飞机研究所	1995
21	胡永康	化学分子反映	石化总公司抚顺化工院	1997
22	刘　玠	冶金自动化	鞍山钢铁集团公司	1997
23	朱英浩	变压器制造	沈阳变压器厂	1995
24	沈闻孙	船舶设计与制造	大连造船新厂	1997
25	黄其励	热能动力装置	东北电力集团	1997
26	安静娴	化学制药	东北制药总厂	1997
27	杨凤田	飞机设计	中国航空第一集团公司沈阳飞机设计研究所	2007

（省科技厅人事处　郎国鹰）

辽宁省科技厅领导及内设机构负责人名录

厅领导

党组书记、厅长 赵明鹏
党组副书记、副厅长 刘晓东
副厅长 孟庆海
党组成员、纪检组长 阎殿儒
党组成员、副厅长 巩黎明
党组成员、副厅长 赵景海
党组成员、副巡视员 张 强
副巡视员 焦明志
党组成员、厅长助理 那 波

办公室

主任 沈长青

政策法规与体制改革处

处长 夏宝箭

发展计划处

处长 闫灵均

条件财务处

处长 杨 柯

国际合作处

处长 刘延春

成果市场处

处长 穆晓森

高新技术处

处长 母保志

农村科技处

处长 来茂生

社会发展处

处长 王经民

创新平台处

处长 张庆存

人事处

处长 谭凤梧

机关党委

副书记 吴稔秋

监察室

主任 张 钢

老干部处

处长 魏文龙

（省科技厅人事处 郎国鹰）

辽宁省市、县（区）科技局领导名录

沈阳市科学技术局

党组书记、局长 宋锡坤
党组成员、纪检组长 孙 猛
副局长 吴希平
党组成员、副局长 常 亮
党组成员、副局长 郭玉福
党组成员、科技总院副院长 孙晓春
巡视员 李铁夫
副巡视员 李 伟
副巡视员 吕尊方
副巡视员 李朝伟

和平区科技局局长 张智勇
沈河区科技局局长 王立杰
铁西区科技局局长 魏凤英
皇姑区科技局局长 卢 明
大东区科技局局长 章万林
东陵区科技局局长 冯 军
于洪区科技局局长 刘文权
新城子区科技局局长 张晓飞
蒲河新城科技局局长 杨勇山
棋盘山科技局局长 刘兰吉
苏家屯区科技局局长 王建群
新民市科技局局长 杨力争
辽中县科技局局长 王连方
法库县科技局局长 黄振廷
康平县科技局局长 李阳普

大连市科学技术局

局 长 刘晓英
副局长 姜运政
副局长 赵人楠
纪委书记 李洪涛
副局长 姜斯进
副巡视员 张 中
副巡视员 孙守仁

中山区科技局局长 李赫南
西岗区科技局局长 王义杰
沙河口区科技局局长 张志军
甘井子区科技局局长 闫克右
金州区科技局局长 林 凯
旅顺口区科技局局长 汤 敏
瓦房店市科技局局长 李长春
普兰店市科技局局长 管祖臣
庄河市科技局局长 王宏雁
长海县科技局局长 丛晓君

鞍山市科学技术局

局 长 张生灿
副局长 马长青
副局长 鞠幼华
副局长 白 轩
副局长 贾 慧
纪检组长 侯宪诗
副局长 薛 钢
副局长 许利民

海城市科技局局长 金明祥
台安县科技局局长 李树国
岫岩县科技局局长 梁洪维
铁东区科技局局长 陈晓东
铁西区科技局局长 孔繁忠
立山区科技局局长 李柱成
千山区科技局局长 王皎玉

抚顺市科学技术局

党组书记、局长 金雅兰
党组成员、副局长 田 旭
副局长 梁建国

党组成员、副局长 吴庆文

新抚区科技局局长 陈　凤
望花区科技局局长 王朝军
东洲区科技局局长 李　华
顺城区科技局局长 宋威龙
抚顺经济开发区科技局局长 张　韬
抚顺高新区管委会主任 张庆民
抚顺县科技局局长 王　晓
清原县科技局局长 杜　渐
新宾县科技局局长 金　毅

本溪市科学技术局

党组书记、局长 马晓禾
党组副书记、副局长 董　武
副局长 卢　伟
副局长 陶子玉
纪检组长 张丽伟

本溪县科技局局长 于守信
桓仁县科技局局长 王玉凤
平山区科技局局长 王学义
明山区科技局局长 乔玉霞
溪湖区科技局局长 张吉刚
南芬区科技局局长 单德忠

丹东市科学技术局

党组书记、局长 于　波
党组成员、副局长 杨晓姝
党组成员、副局长 曹香安
党组成员、副局长 宋　辉

东港市科技局党组书记、局长 孙凤有
凤城市科技局党组书记、局长 肖福良
宽甸县科技局党组书记、局长 王　友
振安区科技局局长 张传发
振兴区科技局局长 孙　拥
元宝区科技局局长 周立安
高新技术产业开发区管委会主任 唐　亮

锦州市科学技术局

局　长 王秀锦
党组书记 蔡东升
副局长 李雅亮
副局长 朱　宇

黑山县科技局局长 王贺元
纪检组长 赵贵宝
北镇市科技局局长 张秀君
义县科技局局长 刘德杰
凌海市科技局局长 孙　凯
古塔区科技局局长 沈永春
凌河区科技局局长 魏　斌
太和区科技局局长 杨广星
松山新区科技局局长 刘华山

营口市科学技术局

党委书记、局长 马春山
(2008年4月调离)
党委书记、局长 于嘉胜
(2008年4月上任，12月调离)
党委书记、局长 胡　伟
(2008年12月上任)
副局长 王永翥
(2008年10月上任)
副局长 邱　宏
副局长 金大鹏
(2008年9月调离)
副局长 崔成玲
纪检组长 江　锋
机关党委专职副书记 李　宏
调研员 游　勇
副调研员 杨福山

站前区科技局局长 房国臣
西市区科技局局长 孙振胜
大石桥市科技局局长 宋　伟
老边区科技局局长 邱　欣
盖州市科技局局长 陈世一
开发区科技局局长 李明宏

阜新市科学技术局

局　长 田春来
副局长 赵　冰
副局长 陈宝权
副局长 李继平

纪检组长 黄 禹

阜蒙县科技局局长 闫国林
彰武县科技局局长 许俊泽
海州区科技局局长 杨凤德
太平区科技局局长 张 肖
细河区科技局局长 马浩苒
新邱区科技局局长 张铁臣
清河门区科技局局长 周 明
阜新市经济技术开发区科技局局长 王文安
阜新市高新科技园区科技局局长 闵玉梅

辽阳市科学技术局

局 长 吴国纯
党组书记、副局长 朱炳宪
党组成员、副局长 王秀峰
（2008年7月调离）
党组成员、副局长 谢春诚
（2008年6月上任）
党组成员、副局长 孙国涛

辽阳县科技局局长 李文学
灯塔市科技局局长 赵福哲
白塔区科技局局长 王恩信
宏伟区科技局局长 王 科
太子河区科技局局长 王吉广
文圣区科技局局长 高 莹
弓长岭区科技局局长 高春玲

铁岭市科学技术局

党组书记、局长 康冠华
党组副书记、副局长 包黎光
副局长 赵必先
党组成员、副局长 张晓光
知识产权办主任 付清林

开原市科技局局长 曾 罡
铁岭县科技局局长 孙尔博
昌图县科技局局长 李树范
西丰县科技局局长 张青林
调兵山市科技局局长 张乃英
清河区科技局局长 缪广利
银州区科技局局长 刘汉生
开发区科技局局长 李显山
高新区科技局局长 黄振义

朝阳市科学技术局

党委书记、局长 任 杰
副局长 王 信
副局长 王化宝
副局长 崔永志
纪工委书记 华胜利

北票市科技局党组书记、局长 万景生
凌源市科技局党组书记、局长 戴成宝
朝阳县科技局党组书记、局长 王国华
建平县科技局党组书记、局长 霍明光
喀左县科技局党组书记、局长 廉树华
双塔区科技局党组书记、局长 冯英杰
龙城区科技局党组书记、局长 赵建英

盘锦市科学技术局

局 长 张义林
副局长 许香秋
副局长 张承奎
副局长 朱长元
纪检组长 于荣绵

兴隆台区科技局局长 孙晓明
双台子区科技局局长 陈福江
盘山县科技局局长 刘树军
大洼县科技局局长 王守贵

葫芦岛市科学技术局

局 长 李建国
副局长 周 磊
副局长 金纪元
副局长 吴 靖
副局长 段旭芳
副局长 吴传宝
副局长 刘铁军
（2008年5月上任）
纪检组长、副局长 李春鹤

连山区科技局局长 杨林立
龙港区科技局局长 史志勇
南票区科技局局长 李立寰
兴城市科技局局长 朱庆贵
绥中县科技局局长 贾植山
建昌县科技局局长 刘和平

省级以上高新区管委会领导及科技局负责人名录

沈阳高新技术产业开发区

党工委书记、管委会主任　黄　凯
副主任　林海波
副主任　孙　红
副主任　吕　凡
党工委副书记　白风华
副主任、公安分局局长　陈广仁
副主任　郭士全
副主任　银　鹰
副主任　赵连渤
新加坡工业园副主任　李树木
新加坡工业园副主任　杨　琦
出口加工区副主任　郝　毅
工会主席　王宏军
巡视员　蒋贵林
副巡视员　孙维华
副巡视员　乔　伟
副巡视员　常宝志
科技局（创业中心）局长　杨　琦

大连高新技术产业开发区

党工委书记、主任　栾庆伟
党工委副书记、副主任　林　华
党工委副书记、纪工委书记　王玉华
副主任　张　克
副主任　李伟民
副主任　邢战坤
副主任　郭长明
科技创新局局长　闫　斌

鞍山高新技术产业开发区

党工委书记、主任　李德平（2008年4月调离）
党工委书记、主任　梁　勇（2008年4月上任）
党工委副书记、副主任　张海宽
党工委副书记　张　涛（2008年8月上任）
党工委委员、副主任　张　涛（2008年8月调离）
党工委委员、副主任　赵纯凯（2008年3月调离）
党工委委员、副主任　周　禹
党工委委员、副主任　袁世权
党工委委员、副主任　张国林（2008年8月上任）
党工委委员、副主任　汪明亮（2008年8月上任）
党工委委员、副主任　范恩飞（2008年8月上任）
党工委委员、工会主席　张　策（2008年8月调离）
党工委委员、工会主席　董　哲（2008年12月上任）

锦州高新技术产业开发区

党工委书记、管委会主任、人大工委主任　李健生
党工委副书记、常务副主任　邢恩国
党工委副书记、副主任　张志军
党工委副书记、纪工委书记　佘素绵
党工委副书记　梁　秋
党工委委员、副主任　王德海
党工委委员、副主任　冯长伟
党工委委员、副主任　冷满昌
党工委委员、副主任　邸高顶
党工委委员、组织部部长　牛振勇
科技局局长　刘华山

营口高新技术产业开发区

营口市委常委、市委组织部长、高新区党工委书记　李和忠
党工委副书记、主任　朱恒南

党工委副书记、常务副主任　邹晓虎
党工委副书记、纪工委书记　邵继祥
党工委副书记、副主任　陈　哲
党工委委员、副主任　姜东厚
党工委委员、副主任　叶晓东
党工委委员、副主任　常中彦
正局级调研员　白尚安
科技局副局长　蒋维峰

阜新高新技术产业开发区

主　任　刘守祥
副主任　胡庆文
副主任　张立军
副主任　彭福田
副主任　戈　宾

辽阳高新技术产业开发区

党工委书记　马立阳
党工委副书记、主任　赵　强
常务副主任　杨　权
副主任　王晓夫
副主任　从静春
副主任　马志刚
副主任　刘　翼
科技局局长　王　科

葫芦岛高新技术产业开发区

党工委书记、主任　张振勤
党工委副书记、副主任　盛海翔
纪工委书记　李治军
副主任　高　飞
副主任　原中瑞
副主任　纪　敬

中直在辽及省属科研院所负责人名录

中国科学院大连化学物理研究所
　党委书记、所长　张　涛
中国科学院金属研究所
　党委书记　成会明
　所　长　卢　柯
中国科学院沈阳应用生态研究所
　党委书记　姬兰柱
　所　长　韩兴国
中国科学院沈阳自动化研究所
　党委书记　于海斌
　所　长　王越超
中国科学院沈阳计算技术研究所
　党委书记、所长　林　浒
中国科学院沈阳科学仪器研制中心有限公司
　党委书记　张丽杰
　董事长　雷震霖
国家海洋环境监测中心
　党委书记　周永有
　主　任　王玉银
中国气象局沈阳大气环境研究所
　党委书记、所长　周广胜
公安部沈阳消防研究所
　党委书记　宋希伟
建设部沈阳煤气热力研究设计院
　党委书记、院长　王运阁
中国农业科学院果树研究所
　所　长　刘凤之
中国地质调查局沈阳地质调查中心
（沈阳地质矿产研究所）
　党委书记　马德有
　所　长　单海平
辽宁省地质矿产研究院
　党委书记、院长　张耀华
辽宁省农业机械化研究所
　党委书记、所长　从福滋
辽宁省能源研究所

党委书记、所长　林维纪

辽宁省中医药研究院

党委书记　吕晓东

院　长　郭振武

辽宁省药物研究院

党委书记、院长　高　耸

辽宁省环境科学研究院

党委书记　汤　育

院　长　赵　军

辽宁省体育科学研究所

党委书记　刘璐萍

所　长　邓成涛

辽宁省计量科学研究院

党委书记　李立为

院　长　黄　涛

辽宁省科学技术情报研究所

党委书记、所长　李布焰

辽宁省分析科学研究院

党委书记　王永明

院　长　刘成雁

辽宁省微生物科学研究院

党委书记、院长　李　莉

辽宁省计划生育科学研究院

党委书记、院长　李建新

辽宁省淡水水产科学研究院

党委书记、院长　刘　刚

辽宁省海洋水产科学研究院

党委书记、院长　姜连新

辽宁省林业科学研究院

党委书记　林永启

院　长　邢兆凯

辽宁省经济林研究所

党总支书记、所长　胡崇富

辽宁省干旱地区造林研究所

党委书记、所长　马兴华

辽宁省固沙造林研究所

党委书记、所长　王殿金

辽宁省盐碱地利用研究所

党委书记、所长　姜存松

辽宁省农业科学院

党组书记、院长　陶承光

辽宁省水土保持研究所

党委书记、所长　蒋春光

辽宁省蚕业科学研究所

党委书记、所长　姜德富

辽宁省稻作研究所

党总支书记、所长　隋国民

辽宁省风沙地改良利用研究所

党委书记　王明海

所　长　何　跃

辽宁省杨树研究所

党委书记、所长　王胜东

沈阳仪表科学研究院

党委书记　张仕卿

院　长　庞士信

沈阳有色金属研究院

党委书记、院长　尹文新

沈阳铁路局科学技术研究所

党委书记　张维民

所　长　陶　毅

2008年度重点软科学研究课题

1. 沿海经济带政策体系建设研究
2. 企业技术创新体系建设研究
3. 科技创新政策实施与效果分析
4. 新农村建设科技支撑体系研究
5. 产学研合作模式创新研究
6. 科技创新型企业评价分析
7. 节能减排政策体系研究
8. 科技型企业上市融资策略研究
9. 辽宁省冶金行业科技及产业发展战略研究
10. 辽宁省煤炭化工产业发展战略研究
11. 辽宁省镁质材料产业发展战略研究
12. 提高辽宁汽车工业市场竞争力战略研究
13. 辽宁省高新技术产业集群发展战略研究
14. 创新成果转化体系建设研究
15. 老工业基地振兴绩效评价与深化发展研究
16. 县域经济倍增发展战略研究
17. 创新型人才培养研究
18. 现代服务业发展对策研究
19. 建设覆盖公共卫生医疗服务体系建设
20. 和谐辽宁建设重大问题研究
21. 政府、事业单位绩效评估研究
22. 辽宁科技发展历史成就及未来发展对策研究
23. 中小企业创新能力提升研究
24. 辽宁省重大装备产品关键技术需求预测研究
25. 辽宁电动汽车产业发展战略研究
26. 文化建设在推进辽宁老工业基地全面振兴中的地位、作用和发展对策研究

（省科技厅政策法规与体制改革处 邢兰兰）

国家、省级工程技术研究中心名录

序号	中心名称	依托单位	所属领域	所在地	批建时间
1	辽宁省CAD/CAM工程技术研究中心	东北大学	先进装备制造	沈阳市	1998年
2	辽宁省轧制工程技术研究中心	东北大学	先进装备制造	沈阳市	1998年
3	辽宁省硼资源综合开发利用工程技术研究中心	东北大学	新材料	沈阳市	2005年
4	辽宁省设备诊断工程技术研究中心	东北大学	先进装备制造	沈阳市	2005年
5	辽宁省矿物材料工程技术研究中心	东北大学	资源与环境	沈阳市	2006年
6	国家冶金自动化工程技术研究中心	东北大学	先进装备制造	沈阳市	1997年
7	辽宁省嵌入式软件工程技术研究中心	东北大学 沈阳东大信息技术有限公司	电子信息	沈阳市	2005年
8	辽宁冶金辅助材料工程技术中心	沈阳东北大学冶金技术研究所有限公司	新材料	沈阳市	2008年
9	辽宁省工厂化高效农业工程技术研究中心	沈阳农业大学	农　业	沈阳市	2005年
10	辽宁省生物农药工程技术研究中心	沈阳农业大学	农　业	沈阳市	2005年
11	辽宁省农产品加工工程技术研究中心	沈阳农业大学	农　业	沈阳市	2005年
12	辽宁省瘦肉型猪繁育工程技术研究中心	沈阳农业大学	农　业	沈阳市	2006年
13	辽宁省玉米育种工程技术研究分中心	沈阳农业大学	农　业	沈阳市	2006年
14	辽宁省高速切削工程技术研究中心	沈阳理工大学	先进装备制造	沈阳市	1996年
15	辽宁省通信网络工程技术研究中心	沈阳理工大学	电子信息	沈阳市	2005年
16	辽宁省药物制剂工程技术研究中心	沈阳药科大学	生物与医药	沈阳市	2005年
17	辽宁省天然药物现代分离与工业化制备工程技术研究中心	沈阳药科大学	生物与医药	沈阳市	2006年
18	辽宁省中药炮制工程技术研究中心	辽宁中医药大学	生物与医药	沈阳市	2005年
19	辽宁省中药现代化工程技术研究中心	辽宁中医药大学	生物与医药	沈阳市	2000年
20	国家稀土永磁电机工程技术研究中心	沈阳工业大学	先进装备制造	沈阳市	2002年
21	辽宁省异型石材数控加工设备工程技术研究中心	沈阳建筑大学	先进装备制造	沈阳市	2008年
22	辽宁省异型高耸建筑工程设备工程技术研究中心	沈阳建筑大学	先进装备制造	沈阳市	2008年
23	辽宁省化工静态混合反应工程技术研究中心	沈阳化工学院	新材料	沈阳市	2005年
24	辽宁省高分子材料工程技术研究中心	沈阳化工学院	新材料	沈阳市	2008年
25	辽宁省知识工程与人机交互工程技术研究中心	沈阳航空工业学院	电子信息	沈阳市	2006年
26	国家真空仪器装置工程技术研究中心	中国科学院沈阳科学仪器研制中心有限公司	先进装备制造	沈阳市	2000年
27	国家金属腐蚀控制工程技术研究中心	中国科学院金属研究所	新材料	沈阳市	1997年
28	辽宁省高性能热喷涂涂层工程技术研究中心	中国科学院金属研究所	新材料	沈阳市	2006年
29	辽宁省先进制造工程技术研究中心	中国科学院沈阳自动化研究所	先进装备制造	沈阳市	1996年

续表

序号	中心名称	依托单位	所属领域	所在地	批建时间
30	辽宁省肥料工程技术研究中心	中国科学院沈阳应用生态研究所	资源与环境	沈阳市	2006年
31	辽宁省蔬菜良种工程技术研究中心	辽宁省农业科学研究院蔬菜研究所	农 业	沈阳市	2005年
32	辽宁省大豆育种工程技术研究中心	辽宁省农业科学研究院作物研究所	农 业	沈阳市	2005年
33	辽宁省北方杂交粳稻工程技术研究中心	辽宁省稻作研究所	农 业	沈阳市	2005年
34	辽宁省钛合金精密熔铸工程技术研究中心	沈阳铸造研究所	先进装备制造	沈阳市	2005年
35	辽宁省大型装备特殊钢材料及铸造成型工程技术研究中心	沈阳铸造研究所	先进装备制造	沈阳市	2006年
36	辽宁省铝镁合金材料及其先进铸造成形工程技术研究中心	沈阳铸造研究所	先进装备制造	沈阳市	2008年
37	辽宁省农药工程技术研究中心	沈阳化工研究院	新材料	沈阳市	2005年
38	辽宁省有机颜料工程技术研究中心	沈阳化工研究院	新材料	沈阳市	2006年
39	辽宁省高性能陶瓷材料及制品工程技术研究中心	辽宁省轻工科学研究院	新材料	沈阳市	2005年
40	辽宁省危险废物处置工程技术研究中心	沈阳环境科学研究院	资源与环境	沈阳市	2005年
41	辽宁省防洪减灾工程技术研究中心	辽宁省水利水电科学研究院	资源与环境	沈阳市	2005年
42	辽宁省生物疫苗工程技术研究中心	辽宁省生物医学工程研究院有限公司	生物与医药	沈阳市	2005年
43	辽宁省建筑节能工程技术研究中心	辽宁省建设科学研究院	新能源与节能	沈阳市	2006年
44	辽宁省机械研究院有限公司工程技术研究中心	辽宁省机械研究院有限公司	先进装备制造	沈阳市	2007年
45	辽宁省选矿行业自动控制工程技术研究中心	辽宁省电子研究设计院有限公司	电子信息	沈阳市	2008年
46	辽宁省标准化体系建设工程技术研究中心	辽宁省分析科学研究院	其他	沈阳市	2008年
47	辽宁省印刷技术研究所工程技术研究中心	辽宁省印刷技术研究所	先进装备制造	沈阳市	2007年
48	辽宁省非织造布工程技术研究中心	辽宁天维纺织研究建筑设计有限公司	先进装备制造	沈阳市	1997年
49	国家电站燃烧工程技术研究中心	辽宁省燃烧工程技术研究中心	新能源与节能	沈阳市	1997年
50	国家数字化医学影像设备工程技术研究中心	东软集团有限公司	先进装备制造	沈阳市	2000年
51	辽宁省网络与信息安全工程技术研究中心	东软集团有限公司	电子信息	沈阳市	2006年
52	辽宁省抗艾滋病药物工程技术研究中心	东北制药总厂	生物与医药	沈阳市	2005年
53	辽宁省汽车工程技术研究中心	沈阳华晨金杯汽车有限公司	先进装备制造	沈阳市	2005年
54	辽宁省燃气轮机工程技术研究中心	中国一航沈阳黎明航空发动机（集团）有限责任公司	先进装备制造	沈阳市	2005年
55	辽宁省大型风机制造工程技术研究中心	沈阳鼓风机(集团)有限公司	先进装备制造	沈阳市	2005年
56	辽宁省超高压输变电工程技术研究中心	特变电工沈阳变压器集团有限公司	先进装备制造	沈阳市	2005年
57	辽宁省数控机床（沈阳）工程技术研究中心	沈阳机床（集团）有限责任公司	先进装备制造	沈阳市	2005年
58	辽宁省污水处理工程技术研究中心	辽宁北方环境保护有限公司	资源与环境	沈阳市	2005年
59	辽宁省兴齐眼科药物工程技术研究中心	沈阳兴齐制药有限公司	生物与医药	沈阳市	2005年
60	辽宁省三生基因工程药物工程技术研究中心	沈阳三生制药有限责任公司	生物与医药	沈阳市	2005年
61	辽宁省禾丰饲料技术工程技术研究中心	辽宁禾丰牧业股份有限公司	农 业	沈阳市	2005年
62	辽宁省沈重机械集团工程技术研究中心	沈阳重型机械集团有限责任公司	先进装备制造	沈阳市	2006年
63	辽宁省沈泵股份公司工程技术研究中心	沈阳水泵股份有限公司	新能源与节能	沈阳市	2006年
64	辽宁省沈阳中药制药企业工程技术研究中心	沈阳中药制药有限公司	生物与医药	沈阳市	2006年
65	辽宁省沈阳东方钛业工程技术研究中心	沈阳东方钛业有限公司	先进装备制造	沈阳市	2006年

续表

序号	中心名称	依托单位	所属领域	所在地	批建时间
66	辽宁省沈阳中科博微工程技术研究中心	沈阳中科博微自动化有限公司	先进装备制造	沈阳市	2006年
67	辽宁省沈阳聚得视频工程技术研究中心	沈阳聚得视频技术有限公司	电子信息	沈阳市	2006年
68	辽宁省沈阳何氏眼科工程技术研究中心	沈阳何氏眼科医院	生物与医药	沈阳市	2006年
69	辽宁省三一重型装备有限公司工程技术研究中心	三一重型装备有限公司	先进装备制造	沈阳市	2007年
70	辽宁沈阳大陆激光技术有限公司工程技术研究中心	沈阳大陆激光技术有限公司 沈阳航空工业学院	先进装备制造	沈阳市	2007年
71	辽宁和昌华宝汽车电子有限公司工程技术研究中心	辽宁和昌华宝汽车电子有限公司	电子信息	沈阳市	2007年
72	辽宁天久信息科技产业有限公司工程技术研究中心	辽宁天久信息科技产业有限公司	电子信息	沈阳市	2007年
73	辽宁省沈阳金德管业集团工程技术研究中心	金德管业集团有限公司	新 材 料	沈阳市	2007年
74	辽宁沈阳伟嘉牧业技术有限公司工程技术研究中心	沈阳伟嘉牧业技术有限公司	农 业	沈阳市	2007年
75	辽宁沈阳东大迪克化工药业有限公司工程技术研究中心	沈阳东大迪克化工药业有限公司	农 业	沈阳市	2007年
76	辽宁东亚种业有限公司工程技术研究中心	辽宁东亚种业有限公司	农 业	沈阳市	2007年
77	辽宁沈阳新大地现代农业开发有限公司工程技术研究中心	沈阳新大地现代农业开发有限公司	农 业	沈阳市	2007年
78	辽宁省沈阳远大铝业工程有限公司工程技术研究中心	沈阳远大铝业工程有限公司	新能源与节能	沈阳市	2007年
79	辽宁沈阳风力发电装备制造基地有限公司工程技术研究中心	沈阳风力发电装备制造基地有限公司 沈阳工业大学	新能源与节能	沈阳市	2007年
80	辽宁沈阳东昂制药工程技术研究中心	沈阳东昂制药有限公司	生物与医药	沈阳市	2007年
81	辽宁沈阳同方多媒体工程技术研究中心	沈阳同方多媒体科技有限公司	电子信息	沈阳市	2008年
82	辽宁沈阳马氏信息技术工程技术研究中心	沈阳马氏信息技术有限公司	电子信息	沈阳市	2008年
83	辽宁沈阳协合生物制药工程技术研究中心	沈阳协合生物制药股份有限公司	生物与医药	沈阳市	2008年
84	辽宁沈阳世润重工工程技术研究中心	沈阳世润重工有限公司	先进装备制造	沈阳市	2008年
85	辽宁沈阳远大科技工程技术研究中心	沈阳远大科技实业有限公司	先进装备制造	沈阳市	2008年
86	辽宁沈阳市中之杰机电设备制造工程技术研究中心	沈阳市中之杰机电设备制造有限公司	先进装备制造	沈阳市	2008年
87	辽宁省沈阳北方交通重工工程技术研究中心	沈阳北方交通重工集团有限公司	先进装备制造	沈阳市	2008年
88	辽宁沈阳北恒铜业工程技术研究中心	沈阳北恒铜业有限公司	新材料	沈阳市	2008年
89	辽宁省先进船舶工程技术研究中心	大连理工大学	先进装备制造	大连市	2005年
90	辽宁省精细化工工程技术研究中心	大连理工大学	新材料	大连市	1995年
91	辽宁省高性能树脂工程技术研究中心	大连理工大学	新材料	大连市	2005年
92	辽宁省工业生态与环境工程技术研究中心	大连理工大学	资源与环境	大连市	2006年
93	辽宁省车辆先进设计制造工程技术研究中心	大连理工大学	先进装备制造	大连市	2008年
94	辽宁省镀铁工程技术研究中心	大连海事大学	先进装备制造	大连市	1994年
95	辽宁省船舶装备维修工程技术研究中心	大连海事大学	先进装备制造	大连市	2006年
96	辽宁省水产品深加工工程技术研究中心	大连工业大学	农 业	大连市	2005年
97	辽宁省海洋牧场工程技术研究中心	大连水产学院	资源与环境	大连市	2006年
98	辽宁省现代轨道交通工程技术研究中心	大连交通大学	先进装备制造	大连市	2007年
99	国家催化工程技术研究中心	中国科学院大连化学物理研究所	新材料	大连市	1993年
100	辽宁省轨道交通装备电传动及控制工程技术研究中心	中国北车集团公司大连电力牵引研发中心	电子信息	大连市	2008年
101	辽宁省干坚果工程技术研究中心	辽宁省经济林研究所	农 业	大连市	2006年
102	辽宁省智能化装备工业控制嵌入式工程技术研究中心	大连光洋科技工程有限公司	先进装备制造	大连市	2005年

续表

序号	中心名称	依托单位	所属领域	所在地	批建时间
103	辽宁省半导体照明与发光工程技术研究中心	路明科技集团有限公司	新材料	大连市	2005年
104	辽宁省化纤装备工程技术研究中心	大连合成纤维研究所股份有限公司	新材料	大连市	2005年
105	辽宁省数控机床（大连）工程技术研究中心	大连机床集团有限责任公司	先进装备制造	大连市	2005年
106	辽宁省氟材料工程技术研究中心	大连振邦氟涂料股份有限公司	新材料	大连市	2005年
107	辽宁省大森数控工程技术研究中心	大连大森数控技术发展中心有限公司	先进装备制造	大连市	2005年
108	辽宁省环宇移动通信设备工程技术研究中心	大连环宇移动科技有限公司	电子信息	大连市	2005年
109	辽宁省盛辉钛合金及制品工程技术研究中心	大连盛辉钛业有限公司	新材料	大连市	2005年
110	辽宁省珍奥生物技术工程技术研究中心	珍奥集团股份有限公司	生物与医药	大连市	2005年
111	辽宁省础明肉类食品加工工程技术研究中心	大连础明集团有限公司	农　业	大连市	2005年
112	辽宁省玉璘海洋生物技术工程技术研究中心	大连玉璘海洋珍品股份有限公司	生物与医药	大连市	2005年
113	辽宁省大连重工起重集团工程技术研究中心	大连重工 · 起重集团有限公司	先进装备制造	大连市	2006年
114	辽宁省瓦轴集团工程技术研究中心	瓦房店轴承集团有限责任公司	先进装备制造	大连市	2006年
115	辽宁省大连冰山集团工程技术研究中心	大连冰山集团有限公司	先进装备制造	大连市	2006年
116	辽宁省大连太平洋海珍品工程技术研究中心	大连太平洋海珍品有限公司	农　业	大连市	2006年
117	辽宁省大连船舶重工集团有限公司工程技术研究中心	大连船舶重工集团有限公司	先进装备制造	大连市	2007年
118	辽宁大连华信计算机技术有限公司工程技术研究中心	大连华信计算机技术股份有限公司	电子信息	大连市	2007年
119	辽宁大连富生天然药物开发有限公司工程技术研究中心	大连富生天然药物开发有限公司	生物与医药	大连市	2007年
120	辽宁省大连獐子岛渔业集团股份有限公司工程技术研究中心	大连獐子岛渔业集团股份有限公司	农　业	大连市	2007年
121	辽宁大连雪龙产业集团有限公司工程技术研究中心	大连雪龙产业集团有限公司	农　业	大连市	2007年
122	辽宁大连光伏光电工程技术研究中心	大连世纪长城科技发展有限公司	电子信息	大连市	2007年
123	辽宁省（大连）环境工程技术研究中心	大连市环境工程研究中心有限公司	资源与环境	大连市	2008年
124	辽宁大连普传科技工程技术研究中心	大连普传科技股份有限公司	电子信息	大连市	2008年
125	辽宁大连宇宙电子工程技术研究中心	大连宇宙电子有限公司	电子信息	大连市	2008年
126	辽宁大连捷成实业工程技术研究中心	大连捷成实业发展有限公司	电子信息	大连市	2008年
127	辽宁省大连汇新钛设备开发工程技术研究中心	大连汇新钛设备开发有限公司	农　业	大连市	2008年
128	辽宁大连医诺生物工程技术研究中心	大连医诺生物有限公司	生物与医药	大连市	2008年
129	辽宁大连普瑞康生物技术工程技术研究中心	大连普瑞康生物技术有限公司	生物与医药	大连市	2008年
130	辽宁大连依利特分析仪器工程技术研究中心	大连依利特分析仪器有限公司	生物与医药	大连市	2008年
131	辽宁大连北方互感器工程技术研究中心	大连北方互感器集团有限公司	先进装备制造	大连市	2008年
132	辽宁大连理工安全装备工程技术研究中心	大连理工安全装备有限公司	先进装备制造	大连市	2008年
133	辽宁大连裕祥科技工程技术研究中心	大连裕祥科技集团有限公司	新材料	大连市	2008年
134	辽宁大连齐化化工工程技术研究中心	大连齐化化工有限公司	新材料	大连市	2008年
135	辽宁省静电工程技术研究中心	鞍山静电技术研究设计院	资源与环境	鞍山市	1996年
136	辽宁省焦化工程技术研究中心	中冶焦耐工程技术有限公司	资源与环境	鞍山市	2008年
137	辽宁省金融设备工程技术研究中心	辽宁科大聚龙集团投资有限公司	先进装备制造	鞍山市	2005年
138	辽宁省鞍山森远路桥机械工程技术研究中心	鞍山森远路桥养护机械制造有限公司	先进装备制造	鞍山市	2006年
139	辽宁省鞍山荣信电力工程技术研究中心	辽宁荣信电力电子股份有限公司	电子信息	鞍山市	2006年
140	辽宁省鞍山惠丰化工工程技术研究中心	鞍山市惠丰化工有限责任公司	新材料	鞍山市	2006年

续表

序号	中心名称	依托单位	所属领域	所在地	批建时间
141	辽宁清华同方（鞍山）吉兆电子有限公司工程技术研究中心	清华同方（鞍山）吉兆电子有限公司	电子信息	鞍山市	2007年
142	辽宁鞍山宏源自动化工程技术研究中心	鞍山市宏源自动化工程有限公司	电子信息	鞍山市	2008年
143	辽宁鞍山重型矿山机器工程技术研究中心	鞍山重型矿山机器股份有限公司	先进装备制造	鞍山市	2008年
144	辽宁省专用石油化学品工程技术研究中心	辽宁石油化工大学	新能源与节能	抚顺市	2006年
145	辽宁省生物及可替代能源工程技术研究中心	辽宁石油化工大学	新能源与节能	抚顺市	2007年
146	辽宁省合成材料助剂开发工程技术研究中心	抚顺市化工研究设计院	新材料	抚顺市	1994年
147	辽宁省煤矿安全工程技术研究中心	煤炭科学研究总院抚顺分院	资源与环境	抚顺市	2007年
148	辽宁省中石化集团抚顺石油化工研究院工程技术研究中心	中石化集团抚顺石油化工研究院	新材料	抚顺市	2007年
149	辽宁省抚矿集团工程技术研究中心	抚顺矿业集团有限责任公司	新能源与节能	抚顺市	2006年
150	辽宁抚顺挖掘机制造有限公司工程技术研究中心	抚顺挖掘机制造有限公司	先进装备制造	抚顺市	2007年
151	辽宁抚顺独凤轩食品工程技术研究中心	抚顺市独凤轩食品有限公司	农　业	抚顺市	2008年
152	辽宁抚顺高科电瓷电气制造工程技术研究中心	抚顺高科电瓷电气制造有限公司	先进装备制造	抚顺市	2008年
153	辽宁抚顺隆基磁电设备工程技术研究中心	抚顺隆基磁电设备有限公司	先进装备制造	抚顺市	2008年
154	辽宁抚顺机械设备制造工程技术研究中心	抚顺机械设备制造有限公司	先进装备制造	抚顺市	2008年
155	辽宁抚顺佳化聚氨酯工程技术研究中心	抚顺佳化聚氨酯有限公司	新材料	抚顺市	2008年
156	辽宁抚顺电瓷制造工程技术研究中心	抚顺电瓷制造有限公司	先进装备制造	抚顺市	2008年
157	国家中成药工程技术研究中心	辽宁本溪三药有限公司	生物与医药	本溪市	1994年
158	辽宁省好护士药业集团工程技术研究中心	辽宁好护士药业（集团）有限责任公司	生物与医药	本溪市	2006年
159	辽宁省本溪北台钢铁（集团）有限责任公司工程技术研究中心	北台钢铁（集团）有限责任公司	先进装备制造	本溪市	2007年
160	辽宁本溪北方曲轴有限公司工程技术研究中心	辽宁北方曲轴有限公司	先进装备制造	本溪市	2007年
161	辽宁本溪锦程（集团）刀片制造工程技术研究中心	本溪锦程（集团）刀片制造有限公司	先进装备制造	本溪市	2008年
162	辽宁省本溪钢铁（集团）起重机制造工程技术研究中心	本溪钢铁（集团）起重机制造有限公司	先进装备制造	本溪市	2008年
163	辽宁一一三（集团）化工工程技术研究中心	辽宁一一三（集团）化工有限责任公司	新材料	本溪市	2008年
164	辽宁省玉米育种工程技术中心	丹东农业科学院	农　业	丹东市	2005年
165	辽宁省丹东射线仪表工程技术研究中心	辽宁仪表研究所有限责任公司	先进装备制造	丹东市	2006年
166	辽宁省柞蚕丝绸工程技术研究中心	辽宁柞蚕丝绸科学研究院有限责任公司	农　业	丹东市	2008年
167	辽宁省硼精细化工工程技术研究中心	丹东市化工研究所有限责任公司	新材料	丹东市	2008年
168	辽宁省纺织印染化学工程技术研究中心	丹东恒星精细化工公司	新材料	丹东市	1999年
169	辽宁省东方工业在线检测与控制工程技术研究中心	丹东东方测控技术有限公司	先进装备制造	丹东市	2005年
170	辽宁省曙光汽车集团工程技术研究中心	辽宁曙光汽车集团股份有限公司	先进装备制造	丹东市	2006年
171	辽宁省丹东五一八内燃机配件有限公司工程技术研究中心	辽宁五一八内燃机配件有限公司	先进装备制造	丹东市	2007年
172	辽宁丹东东发（集团）有限公司工程技术研究中心	丹东东发（集团）有限公司	先进装备制造	丹东市	2007年
173	辽宁欣泰电力电子工程技术研究中心	辽宁欣泰股份有限公司	先进装备制造	丹东市	2007年
174	辽宁丹东克隆集团有限责任公司工程技术研究中心	丹东克隆集团有限责任公司	先进装备制造	丹东市	2007年
175	辽宁金洋科技发展集团工程技术研究中心	辽宁金洋科技发展集团有限公司	电子信息	丹东市	2008年
176	辽宁凤城大梨树科技工程技术研究中心	凤城市大梨树科技有限公司	农　业	丹东市	2008年

续表

序号	中心名称	依托单位	所属领域	所在地	批建时间
177	辽宁丹东药业工程技术研究中心	丹东药业有限公司	生物与医药	丹东市	2008年
178	辽宁丹东金丸工程技术研究中心	丹东金丸集团有限公司	先进装备制造	丹东市	2008年
179	辽宁丹东优耐特纺织品工程技术研究中心	丹东优耐特纺织品有限公司	新材料	丹东市	2008年
180	辽宁精化科技工程技术研究中心	辽宁精化科技有限公司	新材料	丹东市	2008年
181	辽宁丹东北方环保工程工程技术研究中心	丹东北方环保工程有限公司	资源与环境	丹东市	2008年
182	辽宁省奥鸿药业工程技术研究中心	锦州奥鸿药业有限责任公司	生物与医药	锦州市	2006年
183	辽宁省锦州万得工业（集团）工程技术研究中心	锦州万得工业（集团）公司	先进装备制造	锦州市	2006年
184	辽宁省天合精细化工工程技术研究中心	辽宁天合精细化工股份有限公司	新材料	锦州市	2006年
185	辽宁省锦州矿山机器有限责任公司工程技术研究中心	锦州矿山机器有限责任公司	先进装备制造	锦州市	2007年
186	辽宁锦州航星集团有限公司工程技术研究中心	锦州航星集团有限公司	电子信息	锦州市	2007年
187	辽宁锦州铁合金股份有限公司工程技术研究中心	锦州铁合金股份有限公司	新材料	锦州市	2007年
188	辽宁锦州万得包装机械工程技术研究中心	锦州万得包装机械有限公司	先进装备制造	锦州市	2008年
189	辽宁锦州新世纪石英玻璃工程技术研究中心	锦州新世纪石英玻璃有限公司	新材料	锦州市	2008年
190	辽宁省锦州石化工程技术研究中心	中石油天然气股份有限公司锦州石化分公司	新能源与节能	锦州市	2008年
191	辽宁省生物质能工程技术研究中心	辽宁省能源研究所	新能源与节能	营口市	1999年
192	辽宁省青花耐火材料股份公司工程技术研究中心	营口青花耐火材料股份有限公司	新材料	营口市	2006年
193	辽宁省营口冠华胶印机工程技术研究中心	营口冠华胶印机有限公司	先进装备制造	营口市	2006年
194	辽宁营口大石桥金龙耐火材料有限公司工程技术研究中心	大石桥市金龙耐火材料有限公司	新材料	营口市	2007年
195	辽宁柞蚕丝绢纺工程技术研究中心	盖州市暖泉绢纺厂	农业（纺织）	营口市	2007年
196	辽宁中冶京诚（营口）装备技术工程技术研究中心	中冶京诚（营口）装备技术有限公司	先进装备制造	营口市	2008年
197	辽宁大石桥市荣源镁矿工程技术研究中心	大石桥市荣源镁矿有限公司	新材料	营口市	2008年
198	辽宁省阜新橡胶工程技术研究中心	阜新橡胶（集团）有限公司	新材料	阜新市	2006年
199	辽宁太克液压机械有限公司工程技术研究中心	辽宁太克液压机械有限公司	先进装备制造	阜新市	2007年
200	辽宁阜新市阜瑶牧业工程技术研究中心	阜新市阜瑶牧业有限责任公司	农　业	阜新市	2008年
201	辽宁三沟酒业工程技术研究中心	辽宁三沟酒业有限责任公司	农　业	阜新市	2008年
202	辽宁北辰电力设备工程技术研究中心	辽宁北辰电力设备有限公司	先进装备制造	阜新市	2008年
203	辽宁北辰液压气动工程技术研究中心	辽宁北辰液压气动有限公司	先进装备制造	阜新市	2008年
204	辽宁省绒山羊育种工程技术研究中心	辽宁省辽宁绒山羊育种中心	农　业	辽阳市	2007年
205	辽宁省奥克环氧乙烷开发利用工程技术研究中心	辽宁奥克集团股份有限公司	新材料	辽阳市	2005年
206	辽宁省益康动物疫苗工程技术研究中心	辽宁省益康生物制品有限公司	生物与医药	辽阳市	2005年
207	辽宁省忠旺集团工程技术研究中心	辽宁忠旺集团有限公司	先进装备制造	辽阳市	2006年
208	辽宁新风企业集团有限公司工程技术研究中心	辽宁新风企业集团有限公司	先进装备制造	辽阳市	2007年
209	辽宁辽阳石化分公司研究院工程技术研究中心	辽阳石化分公司研究院	新材料	辽阳市	2007年
210	辽宁辽阳铜业集团铜材厂工程技术研究中心	辽阳铜业集团有限公司	新材料	辽阳市	2007年
211	辽宁辽阳瑞兴化工工程技术研究中心	辽阳瑞兴化工有限公司	新材料	辽阳市	2007年
212	辽宁辽阳钢管工程技术研究中心	辽阳钢管有限公司	先进装备制造	辽阳市	2008年
213	辽宁辽阳金兴汽车内饰件工程技术研究中心	辽阳金兴汽车内饰件有限公司	先进装备制造	辽阳市	2008年
214	辽宁顺兴重型内燃机曲轴工程技术研究中心	辽宁顺兴重型内燃机曲轴有限公司	先进装备制造	辽阳市	2008年

续表

序号	中心名称	依托单位	所属领域	所在地	批建时间
215	辽宁辽阳市富祥曲轴工程技术研究中心	辽阳市富祥曲轴有限公司	先进装备制造	辽阳市	2008年
216	辽宁辽阳科隆化工工程技术研究中心	辽阳科隆化工实业有限公司	新材料	辽阳市	2008年
217	辽宁辽阳康达塑胶树脂工程技术研究中心	辽阳市宏伟区康达塑胶树脂厂	新材料	辽阳市	2008年
218	辽宁辽阳合成催化剂工程技术研究中心	辽阳市宏伟区合成催化剂厂	新材料	辽阳市	2008年
219	辽宁辽阳新鑫国际工程技术研究中心	辽阳新鑫国际集团	资源与环境	辽阳市	2008年
220	辽宁省铁法煤业（集团）有限责任公司工程技术研究中心	辽宁省铁法煤业（集团）有限责任公司	资源与环境	铁岭市	2007年
221	辽宁省铁岭特阀工程技术研究中心	铁岭阀门（集团）特种阀门有限责任公司	先进装备制造	铁岭市	2006年
222	辽宁陆平机器股份有限公司工程技术研究中心	辽宁陆平机器股份有限公司	先进装备制造	铁岭市	2007年
223	辽宁铁岭永发茧产品工程技术研究中心	铁岭市永发茧产品有限公司	农　业	铁岭市	2008年
224	辽宁铁岭铁光仪器仪表工程技术研究中心	铁岭铁光仪器仪表有限责任公司	先进装备制造	铁岭市	2008年
225	辽宁省朝阳特种电源工程技术研究中心	航天长峰朝阳电源有限公司	先进装备制造	朝阳市	2005年
226	辽宁省东风柴油机工程技术研究中心	东风朝阳柴油机有限责任公司	先进装备制造	朝阳市	2006年
227	辽宁省凌源钢铁股份有限公司工程技术研究中心	辽宁省凌源钢铁股份有限公司	新材料	朝阳市	2007年
228	辽宁朝阳浪马轮胎有限责任公司工程技术研究中心	朝阳浪马轮胎有限责任公司	新材料	朝阳市	2007年
229	辽宁朝阳华龙煤矸石综合利用工程技术研究中心	朝阳华龙企业集团有限公司	资源与环境	朝阳市	2007年
230	辽宁省葡萄酿制技术工程技术研究中心	辽宁省水土保持研究所	农　业	朝阳市	2008年
231	辽宁朝阳朝工机械工程技术研究中心	朝阳朝工机械有限公司	先进装备制造	朝阳市	2008年
232	辽宁朝阳金达钛业工程技术研究中心	朝阳金达钛业有限责任公司	新材料	朝阳市	2008年
233	辽宁朝阳百盛锆业工程技术研究中心	朝阳百盛锆业有限公司	新材料	朝阳市	2008年
234	辽宁红山化工工程技术研究中心	辽宁红山化工股份合作公司	新材料	朝阳市	2008年
235	辽宁省华锦化工集团工程技术研究中心	辽宁华锦化工(集团)有限责任公司	新材料	盘锦市	2006年
236	辽宁省中油辽河工程公司工程技术研究中心	中油辽河工程有限公司	资源与环境	盘锦市	2006年
237	辽宁盘锦光合水产有限公司工程技术研究中心	盘锦光合水产有限公司	农　业	盘锦市	2007年
238	辽宁华孚石油高科技股份有限公司工程技术研究中心	辽宁华孚石油高科技股份有限公司	资源与环境	盘锦市	2007年
239	辽宁盘锦辽河油田凯特石油设备工程技术研究中心	盘锦市辽河油田凯特石油设备有限公司	先进装备制造	盘锦市	2007年
240	辽宁盘锦辽河数码科技工程技术研究中心	盘锦辽河数码科技发展有限公司	电子信息	盘锦市	2008年
241	辽宁兴海制药工程技术研究中心	辽宁兴海制药有限公司	生物与医药	盘锦市	2008年
242	辽宁杰事杰新材料工程技术研究中心	辽宁杰事杰新材料有限公司	新材料	盘锦市	2008年
243	辽宁辽河石油勘探局华油实业工程技术研究中心	辽河石油勘探局华油实业公司	资源与环境	盘锦市	2008年
244	辽宁省锦化化工集团工程技术研究中心	锦化化工（集团）有限责任公司	新材料	葫芦岛市	2006年
245	辽宁省锦西化工机械集团工程技术研究中心	锦西化工机械（集团）有限公司	先进装备制造	葫芦岛市	2006年
246	辽宁省锦西天然气化工有限公司工程技术研究中心	锦西天然气化工有限责任公司	新材料	葫芦岛市	2007年
247	辽宁萬来轮胎工程技术研究中心	辽宁萬来轮胎有限公司	新材料	葫芦岛市	2008年

（省科技厅创新平台管理处　张开）

2008年辽宁省高新技术企业名录

序号	企业名称	所在市	序号	企业名称	所在市
1	东北大学设计研究院（有限公司）	沈　阳	32	沈阳荣科科技工程有限公司	沈　阳
2	东北制药总厂	沈　阳	33	沈阳三生制药有限责任公司	沈　阳
3	兰捷尔智能科技有限公司	沈　阳	34	沈阳三洋空调有限公司	沈　阳
4	辽宁东亚种业有限公司	沈　阳	35	沈阳市应用技术实验厂	沈　阳
5	辽宁省机械研究院有限公司	沈　阳	36	沈阳斯沃电器有限公司	沈　阳
6	辽宁省建设科学研究院	沈　阳	37	沈阳太宇机电设备有限公司	沈　阳
7	辽宁省轻工科学研究院	沈　阳	38	沈阳泰德软件产业有限公司	沈　阳
8	辽宁太阳能研究应用有限公司	沈　阳	39	沈阳天安矿山机械科技有限公司	沈　阳
9	辽宁天久信息科技产业有限公司	沈　阳	40	沈阳透平机械股份有限公司	沈　阳
10	辽宁依生生物制药有限公司	沈　阳	41	沈阳伟嘉牧业技术有限公司	沈　阳
11	三一重型装备有限公司	沈　阳	42	沈阳新城石油机械制造有限公司	沈　阳
12	上海振华重工（集团）沈阳电梯有限公司	沈　阳	43	沈阳新纪化学有限公司	沈　阳
13	沈阳北方交通重工有限公司	沈　阳	44	沈阳仪表科学研究院	沈　阳
14	沈阳博瑞达工程有限公司	沈　阳	45	沈阳永通医疗器械有限公司	沈　阳
15	沈阳大陆激光成套设备有限公司	沈　阳	46	沈阳远大铝业工程有限公司	沈　阳
16	沈阳地泰检测设备有限公司	沈　阳	47	沈阳中钞信达金融设备有限公司	沈　阳
17	沈阳东方钛业有限公司	沈　阳	48	沈阳中科腐蚀控制工程技术中心	沈　阳
18	沈阳防锈包装材料有限责任公司	沈　阳	49	沈阳重型机器有限责任公司	沈　阳
19	沈阳感光化工研究院	沈　阳	50	沈阳铸造研究所	沈　阳
20	沈阳高压成套开关股份有限公司	沈　阳	51	沈阳紫江包装有限公司	沈　阳
21	沈阳工业大学通益科技有限公司	沈　阳	52	特变电工沈阳变压器集团有限公司	沈　阳
22	沈阳航天新阳速冻设备制造有限公司	沈　阳	53	中国科学院沈阳计算技术研究所有限公司	沈　阳
23	沈阳化工股份有限公司	沈　阳	54	奥维通信股份有限公司	沈　阳
24	沈阳化工研究院有限公司	沈　阳	55	东软飞利浦医疗设备系统有限责任公司	沈　阳
25	沈阳科创化学品有限公司	沈　阳	56	东软集团股份有限公司	沈　阳
26	沈阳环境科学研究院	沈　阳	57	辽宁北方实验室有限公司	沈　阳
27	沈阳金锋特种刀具有限公司	沈　阳	58	辽宁电力控制技术有限公司	沈　阳
28	沈阳科金特种材料有限公司	沈　阳	59	辽宁电能发展股份有限公司	沈　阳
29	沈阳陆正冷热设备有限公司	沈　阳	60	辽宁禾丰牧业股份有限公司	沈　阳
30	沈阳铝镁设计研究院	沈　阳	61	辽宁金自天正智能控制有限公司	沈　阳
31	沈阳绿洲制药有限责任公司	沈　阳	62	辽宁立科信息工程有限公司	沈　阳

续表

序号	企业名称	所在市	序号	企业名称	所在市
63	辽宁诺康生物制药有限责任公司	沈 阳	102	鞍钢集团自动化公司	鞍 山
64	辽宁盛生医药集团有限公司	沈 阳	103	鞍山锅炉厂有限公司	鞍 山
65	美迪特科技（沈阳）有限公司	沈 阳	104	鞍山海虹工程机械有限公司	鞍 山
66	沈阳奥拓福高压水射流技术有限公司	沈 阳	105	鞍山亨通阀门有限公司	鞍 山
67	沈阳柏年信息技术发展有限公司	沈 阳	106	鞍山浦项特种耐火材料有限公司	鞍 山
68	沈阳宝石金卡信息技术股份有限公司	沈 阳	107	鞍山七彩化学股份有限公司	鞍 山
69	沈阳东北大学冶金技术研究所有限公司	沈 阳	108	鞍山市权晟电子电力有限公司	鞍 山
70	沈阳东北电力调节技术有限公司	沈 阳	109	鞍山重型矿山机器股份有限公司	鞍 山
71	沈阳东软波谱磁共振技术有限公司	沈 阳	110	海城华宇耐火材料有限公司	鞍 山
72	沈阳东软信息技术服务有限公司	沈 阳	111	海城市石油机械制造有限公司	鞍 山
73	沈阳东软医疗系统有限公司	沈 阳	112	海城市中兴高档镁质砖有限公司	鞍 山
74	沈阳东宇药业有限公司	沈 阳	113	海城市中兴镁质合成材料有限公司	鞍 山
75	沈阳高精数控技术有限公司	沈 阳	114	辽宁科大东方巨业高级陶瓷有限公司	鞍 山
76	沈阳格微软件有限责任公司	沈 阳	115	辽宁优格生物科技股份有限公司	鞍 山
77	沈阳航天三菱汽车发动机制造有限公司	沈 阳	116	鞍山奥维德有线电视宽带网开发股份有限公司	鞍 山
78	沈阳亨通光通信有限公司	沈 阳	117	鞍山华深控制系统有限公司	鞍 山
79	沈阳恒光交通设施有限公司	沈 阳	118	鞍山华泰干熄焦工程技术有限公司	鞍 山
80	沈阳红旗制药有限公司	沈 阳	119	鞍山吉兆电子有限公司	鞍 山
81	沈阳宏大纺织机械有限责任公司	沈 阳	120	鞍山美斯检测技术有限公司	鞍 山
82	沈阳聚德视频技术有限公司	沈 阳	121	鞍山塞诺达碳纤维有限公司	鞍 山
83	沈阳蓝光驱动技术有限公司	沈 阳	122	鞍山森远路桥股份有限公司	鞍 山
84	沈阳迈迪生物医学技术有限公司	沈 阳	123	鞍山市宏图防腐工程有限公司	鞍 山
85	沈阳全密封变压器股份有限公司	沈 阳	124	鞍山市宏源自动化工程有限公司	鞍 山
86	沈阳市蓝光自动化技术有限公司	沈 阳	125	鞍山鑫普新材料有限公司	鞍 山
87	沈阳双鼎制药有限公司	沈 阳	126	鞍山银宇电子科技有限公司	鞍 山
88	沈阳泰合冶金测控技术有限公司	沈 阳	127	鞍山制药有限公司	鞍 山
89	沈阳天贺新材料开发有限公司	沈 阳	128	北京科大（鞍山）工业自动化有限公司	鞍 山
90	沈阳新光华晨汽车发动机有限公司	沈 阳	129	辽宁爱母医疗科技有限公司	鞍 山
91	沈阳新杉电子工程有限公司	沈 阳	130	辽宁华冶集团发展有限公司	鞍 山
92	沈阳新松机器人自动化股份有限公司	沈 阳	131	辽宁聚龙金融设备股份有限公司	鞍 山
93	沈阳新松医疗科技股份有限公司	沈 阳	132	辽宁立德电力电子有限公司	鞍 山
94	沈阳药大药业有限责任公司	沈 阳	133	辽宁中新自动控制集团有限公司	鞍 山
95	沈阳亿灵医药科技有限公司	沈 阳	134	荣信电力电子股份有限公司	鞍 山
96	沈阳禹华环保有限公司	沈 阳	135	中钢集团鞍山热能研究院有限公司	鞍 山
97	沈阳中海生物技术开发有限公司	沈 阳	136	中冶北方工程技术有限公司	鞍 山
98	沈阳中科博微自动化技术有限公司	沈 阳	137	中冶焦耐工程技术有限公司	鞍 山
99	沈阳中科三耐新材料股份有限公司	沈 阳	138	抚顺高科电瓷电气制造有限公司	抚 顺
100	中国科学院沈阳科学仪器研制中心有限公司	沈 阳	139	抚顺隆基磁电设备有限公司	抚 顺
101	阿丽贝（鞍山）塑料防腐设备有限公司	鞍 山	140	抚顺市明尧石油机械有限公司	抚 顺

续表

序号	企业名称	所在市	序号	企业名称	所在市
141	抚顺特钢钢管有限公司	抚　顺	167	营口成龙实业有限公司	营　口
142	中国石油天然气第八建设有限公司	抚　顺	168	营口东邦冶金设备耐材有限公司	营　口
143	辽宁本溪三药有限公司	本　溪	169	营口巨成教学科技开发有限公司	营　口
144	辽宁好护士药业（集团）有限责任公司	本　溪	170	营口三征有机化工股份有限公司	营　口
145	丹东奥龙射线仪器有限公司	丹　东	171	营口市北方检测设备有限公司	营　口
146	丹东登海良玉种业有限公司	丹　东	172	营口市向阳催化剂有限责任公司	营　口
147	丹东东方测控技术有限公司	丹　东	173	营口中润能源环保设备工程有限公司	营　口
148	丹东东方机电工程有限公司	丹　东	174	阜新市石油工具厂	阜　新
149	丹东华通测控有限公司	丹　东	175	阜新驰宇石油机械有限公司	阜　新
150	丹东金丸集团有限公司	丹　东	176	辽宁联港染料化工有限公司	辽　阳
151	丹东通博电器(集团)有限公司	丹　东	177	辽宁益康生物制品有限公司	辽　阳
152	丹东欣泰电气股份有限公司	丹　东	178	金兴汽车内饰股份有限公司	辽　阳
153	丹东药业集团有限公司	丹　东	179	辽阳聚进科技有限公司	辽　阳
154	辽宁丹玉种业科技股份有限公司	丹　东	180	辽宁奥克化学股份有限公司	辽　阳
155	辽宁恒星精细化工（集团）有限公司	丹　东	181	辽阳石化机械设计制造有限公司	辽　阳
156	锦州长城耐火材料有限公司	锦　州	182	辽阳运和软件开发有限公司	辽　阳
157	锦州华光玻璃开关管有限公司	锦　州	183	辽宁鑫丰矿电设备制造有限公司	铁　岭
158	锦州锦恒汽车安全系统有限公司	锦　州	184	铁岭阀门(集团)特种阀门有限责任公司	铁　岭
159	辽宁锦兴电力金具科技股份有限公司	锦　州	185	北票棒棒玉米芯开发有限公司	朝　阳
160	锦州奥鸿药业有限责任公司	锦　州	186	朝阳浪马轮胎有限责任公司	朝　阳
161	锦州汉拿电机有限公司	锦　州	187	航天长峰朝阳电源有限公司	朝　阳
162	锦州拓新电力电子有限公司	锦　州	188	辽宁华孚石油高科技股份有限公司	盘　锦
163	大石桥市荣源镁矿有限公司	营　口	189	盘锦北方农业技术开发有限公司	盘　锦
164	辽宁大族冠华印刷科技股份有限公司	营　口	190	盘锦光合水产有限公司	盘　锦
165	辽宁银珠化纺集团有限公司	营　口	191	盘锦辽河油田裕隆实业有限公司	盘　锦
166	营口奥达制药有限公司	营　口	192	锦西化工机械（集团）有限责任公司	葫芦岛

*大连市为计划单列市，独立开展认定工作。

（省科技厅高新技术发展与产业化处 宋兴奎）

2008年新批建重点实验室一览表

序号	省级重点实验室名称	依托单位
1	辽宁省功能化合物的合成与应用重点实验室	渤海大学
2	辽宁省通信网络与信息处理重点实验室	大连大学
3	辽宁省海洋食品科学与技术重点实验室	大连工业大学
4	辽宁省船舶污染监测与检测信息化技术重点实验室	大连海事大学
5	辽宁省轨道交通关键材料重点试验室	大连交通大学
6	辽宁省先进光电子技术重点实验室	大连理工大学
7	辽宁省先进连接技术重点实验室	大连理工大学
8	辽宁省太阳能光伏系统重点实验室	大连理工大学
9	辽宁省药代动力学与药物转运重点实验室	大连医科大学
10	辽宁省数字化装备综合信息处理系统重点实验室	东北大学
11	辽宁省制造系统与物流优化重点实验室	东北大学
12	辽宁省光电子功能器件与检测技术重点实验室	辽宁大学
13	辽宁省大型工矿装备重点实验室	辽宁工程技术大学
14	辽宁省矿山环境与灾害力学重点实验室	辽宁工程技术大学
15	辽宁省汽车工程重点实验室	辽宁工业大学
16	辽宁省冶金设备及过程控制重点实验室	辽宁科技大学
17	辽宁省地震预测预警开放重点实验室	辽宁省地震研究所
18	辽宁省环境遥感技术应用重点实验室	辽宁省环境科学研究院
19	辽宁省高速公路养护技术重点实验室	辽宁省交通科学研究院
20	辽宁省生物质热化学转化技术重点实验室	辽宁省能源研究所
21	辽宁省农产品质量安全检测及控制技术重点实验室	辽宁省农业科学院
22	辽宁省天然食品添加剂重点实验室	辽宁省农业科学院
23	辽宁省中医临床验方系统评价重点实验室	辽宁省中医药研究院
24	辽宁省生物技术与分子药物研发重点实验室	辽宁师范大学
25	辽宁省新型材料制备与应用重点实验室	辽宁师范大学
26	辽宁省非常规油气综合利用重点实验室	辽宁石油化工大学
27	辽宁省太阳能光伏应用技术重点实验室	辽宁太阳能研究应用有限公司
28	辽宁省畜产品质量与安全工程重点实验室	辽宁医学院
29	辽宁省脑与脊髓损伤重点实验室	辽宁医学院
30	辽宁省中药鉴定与品质评价重点实验室	辽宁中医药大学
31	辽宁省中医分子免疫学重点实验室	辽宁中医药大学

续表

序号	省级重点实验室名称	依托单位
32	辽宁省先进材料制备技术重点实验室	沈阳大学
33	辽宁省高效化工混合技术重点实验室	沈阳化工学院
34	辽宁省新农药创制重点实验室	沈阳化工研究院
35	辽宁省建筑节能与室内环境控制重点实验室	沈阳建筑大学
36	辽宁省先进制造技术与装备重点实验室	沈阳理工大学
37	辽宁省农业水土工程重点实验室	沈阳农业大学
38	辽宁省十字花科蔬菜遗传育种重点实验室	沈阳农业大学
39	辽宁省新药药效评价重点实验室	沈阳药科大学
40	辽宁省药物代谢与药物动力学重点实验室	沈阳药科大学
41	辽宁省眼科干细胞组织工程重点实验室	沈阳医学院何氏视觉科学学院
42	辽宁省碳水化合物研究重点实验室	中国科学院大连化学物理研究所
43	辽宁省天然药物重点实验室	中国科学院大连化学物理研究所
44	辽宁省储能技术重点实验室	中国科学院大连化学物理研究所
45	辽宁省生物医用金属材料重点实验室	中国科学院金属研究所
46	辽宁省植物资源保护与利用重点实验室	中国科学院沈阳应用生态研究所
47	辽宁省妇科肿瘤与高危妊娠重点实验室	中国医科大学
48	辽宁省晶状体学重点实验室	中国医科大学

（省科技厅发展计划处 刘佳）

辽宁省生产力促进中心名录

辽宁省

1．辽宁生产力促进中心

沈阳市

1．沈阳市生产力中心
2．铁西区生产力中心
3．皇姑区生产力中心
4．沈河区生产力中心
5．和平区生产力中心
6．沈阳高新技术生产力中心
7．法库市生产力中心
8．铸造行业生产力中心
9．纺织工业非纺织布生产力中心
10．日用五金生产力中心

大连市

1．大连市生产力中心
2．大连高新区生产力中心
3．瓦房店生产力中心
4．甘井子生产力中心
5．瓦房店轴承生产力中心

鞍山市

1．鞍山市生产力中心
2．铁东区生产力中心
3．千山区生产力中心
4．台安县生产力中心
5．海城市生产力中心

抚顺市

1. 抚顺市生产力中心
2. 抚顺县生产力中心
3. 新宾县生产力中心
4. 望花区生产力中心
5. 东洲区生产力中心
6. 抚顺市新技术生产力中心
7. 抚顺市科技桥生产力促进有限公司

本溪市

1. 本溪市生产力中心
2. 明山区生产力中心

丹东市

1. 丹东市生产力中心
2. 宽甸县生产力中心
3. 东港市生产力中心
4. 凤城市生产力中心
5. 元宝区生产力中心
6. 振安区生产力中心
7. 振兴区生产力中心
8. 丹东高新区生产力中心

锦州市

1. 锦州市生产力中心
2. 古塔区生产力中心
3. 北镇县生产力中心
4. 义县生产力中心
5. 凌海生产力中心
6. 太河区生产力中心
7. 黑山县生产力中心

营口市

1. 营口市生产力中心
2. 大石桥生产力中心

阜新市

1. 阜新市生产力中心

辽阳市

1. 辽阳市生产力中心
2. 白塔区生产力中心
3. 高新区生产力中心

铁岭市

1. 铁岭市生产力中心
2. 昌图县生产力中心
3. 西丰县生产力中心
4. 开原市生产力中心
5. 银州区生产力中心
6. 开发区生产力中心
7. 高新区生产力中心
8. 铁岭县生产力中心
9. 调兵山市生产力中心

朝阳市

1. 朝阳市生产力中心
2. 喀左生产力中心

盘锦市

1. 盘锦市生产力中心
2. 兴隆台生产力中心

葫芦岛市

1. 葫芦岛市生产力中心
2. 连山区生产力中心

（辽宁生产力促进中心 周逢良）

辽宁省科协领导、机关内设机构及直属单位负责人名录

协会领导

主　　席　王天然

党组书记　康　捷（专职副主席）

副 主 席　于天忱

于明才（专职副主席）

王元立（专职副主席）

王庆礼

刘长江

孙铁珩

苏永强

金太元（专职副主席）

胡永康

唐任远
黄其励
商向东
程耿东
鲍振东
赫冀成

机关处室

办公室（老干部处）主任　王玉惠
组织宣传部部长　朱玉宏
学会学术部部长　孙　丹
科学技术普及部（纲要办）副部长　杜　楠
国际联络部部长　孙红军
企业科协工作部副部长　冯玉沈
研究室副主任　方春晟
机关党委副书记　刘中敏

直属单位

1．省科学技术馆馆长　张英群
2．省科学技术咨询中心副主任　涂多力
3．省科学技术普及宣传中心主任　丁文忠
4．省青少年科学技术活动中心主任　宫明照

（省科学技术协会　刘传彬）

辽宁省科协所属省级学会理事长、秘书长名录（部分）

理　学				
序号	学会名称	挂靠单位	理事长	秘书长
1	辽宁省数学会	辽宁大学数学系	张庆灵	吕　方
2	辽宁省物理学会	东北大学理学院物理系	鲜于泽	李　林
3	辽宁省力学学会	东北大学理学院力学系	顾元宪	杨成祥
4	辽宁省化学会	辽宁大学化学科学与工程学院	臧树良	宋溪明
5	辽宁省气象学会	辽宁省气象局	宋达人	王　玲
6	辽宁省地质学会	辽宁省国土资源局	张殿双	张清印
7	辽宁省地理学会	辽宁师范大学地理系	韩增林	林宪生
8	辽宁省海洋学会	国家海洋局海洋环境监测中心	王玉银	李月秋
9	辽宁省地震学会	辽宁省地震局	佟晓辉	高　艳
10	辽宁省动物学会	沈阳师范大学化学与生命科学系	李丕鹏	杨宝田
11	辽宁省植物学会	中科院沈阳应用生态研究所	曹　从	曹　伟
12	辽宁省昆虫学会	辽宁省农科院植保所	赵季秋	许国庆
13	辽宁省微生物学会	辽宁省微生物研究所	张忠泽	张翠霞
14	辽宁省生物化学学会	中国医科大学生物技术研究所	张成刚	张岐山
15	辽宁省生物物理学会	中国医科大学生物物理教研室	赵雨杰	何　群
16	辽宁省遗传学会	中国医科大学医学遗传教研室	孙开来	富伟能
17	辽宁省生态学学会	中科院沈阳应用生态研究所	何兴元	金昌杰
18	辽宁省环境科学学会	辽宁省环保局	孔昌俊	代宝文 徐田伟
19	辽宁省野生动物保护协会	辽宁省林业厅	金连成	曲健君
20	辽宁省地球物理学会	中国石油天然气股份有限公司辽河油田分公司	金尚柱	石殿祥

续表

工　学				
序号	学会名称	挂靠单位	理事长	秘书长
1	辽宁省机械工程学会	辽宁省机械行业管理办公室	甄星耀	于盛蓁
2	辽宁省农机学会	辽宁省农机局	李宝筏	刘爱民
3	辽宁省电机工程学会	国电东北公司辽宁省电力有限公司	钟　俊	夏祖芳
4	辽宁省电工技术学会	辽宁省电力装备集团公司	刘　杰	陈铁萍
5	辽宁省水利学会	辽宁省水利厅	邹广岐	邢俊英
6	辽宁省人民防空学会	辽宁省人民防空办公室	果　敢	姚忠毓
7	辽宁省制冷学会	辽宁省制冷工程研究院	孙　莹	王　群
8	辽宁省自动化学会	中科院沈阳自动化研究所	王天然	柳成林
9	辽宁省计量测试学会	辽宁省质量技术监督局	曹君林	刘连军
10	辽宁省标准化协会	辽宁省质量技术监督局	王明元	王明元
11	辽宁省图学学会	大连大学科研处	方昆凡	王吉军
12	辽宁省计算机学会	中科院沈阳计算技术研究所	栾贵兴	朱忠贵
13	辽宁省通信学会	辽宁电信公司	刘恒臣	夏　明
14	辽宁省测绘学会	辽宁省测绘局	岳铁贵	药　蔚
15	辽宁省造船工程学会	大连船舶工业公司（集团）	李占一	鄞加海
16	辽宁省航海学会	大连远洋运输（集团）公司	孟庆林	李　刚
17	辽宁省铁道学会	沈阳铁路局	康维韬	刘志华
18	辽宁省公路学会	辽宁省交通厅	潘国兰	熊　义
19	辽宁省航空宇航学会	沈阳航空学院	王　维	王永谦
20	辽宁省兵工学会	沈阳理工大学	邢贵和	王　健
21	辽宁省金属学会	辽宁省冶金行业管理办公室	赵玉森	曹新全
22	辽宁省有色金属学会	中国有色金属工业沈阳公司	宛吉廷	黄卫东
23	辽宁省腐蚀与防护学会	中科院沈阳金属腐蚀与防护中心	韩恩厚	张　帆
24	辽宁省核学会	中国医科大学第一附属医学院	李亚明	谢怀江
25	辽宁省石油石化学会	中石油辽河油田公司	谢文彦	陈韶生
26	辽宁省可再生能源学会	辽宁省能源研究所	林维纪	蒋崇林
27	辽宁省土木建筑学会	沈阳建筑工程学院	徐铁南	程惠秋
28	辽宁省纺织工程学会	辽宁省经委	詹惠珍	陈庆杰
29	辽宁省印刷技术协会	辽宁省新闻出版局	曾　秀	王　宁
30	辽宁省职业安全健康协会	辽宁省经济贸易委员会	胡才修	吕宏鹄
31	辽宁省烟草学会	辽宁省烟草专卖局	宋相国	那学贵
32	辽宁省振动工程学会	东北大学	刘　杰	任朝晖
33	辽宁省复合材料学会	大连理工大学	赵国藩	王立久
34	辽宁省消防协会	辽宁省公安厅消防局	赵世君	郭树林
35	辽宁省分析测试协会	辽宁省分析测试研究中心	刘成雁	刘成雁
36	辽宁省包装联合会	辽宁省经济贸易委员会	杨冀轩	段洪艳
37	辽宁省互联网学会	辽宁省通讯管理局	孟广业	崔文举
38	辽宁省颗粒学会	辽宁仪表研究所	于至军	洪　艳

续表

39	辽宁省人工智能学会	东北大学信息科学与工程学院	刘建昌	魏 颖
40	辽宁省仪器仪表学会	沈阳德来测控系统有限公司	封锡盛	刘 冰

农 学

序号	学会名称	挂靠单位	理事长	秘书长
1	辽宁省农学会	辽宁省农业厅	万福民	马宏达
2	辽宁省林学会	辽宁省林业科学研究院	邢兆凯	范俊岗
3	辽宁省土壤学会	中科院沈阳应用生态研究所	肖笃宁	孙 毅
4	辽宁省水产学会	辽宁省海洋与渔业厅	李洪臣	尹希万
5	辽宁省畜牧兽医学会	辽宁省畜牧局	韩荣生	刘 全
6	辽宁省水土保持学会	辽宁省水利厅	于晓光	霍进臣
7	辽宁省花卉协会	辽宁省农业厅	杨新华	杜建一
8	辽宁省园艺学会	辽宁省农科院	陶承光	冯 辉

医 学

序号	学会名称	挂靠单位	理事长	秘书长
1	辽宁省医学会	辽宁省卫生厅	门振兴	迟吉茂 戴 凡
2	辽宁省中医药学会	省中医药学会兴华医院 陵东门诊	龙济瀛	丛丹江
3	辽宁省中西医结合学会	辽宁省中医学院第二附属医院	杨关林	张 君
4	辽宁省药学会	沈阳药科大学	吴春福	邵大理
5	辽宁省中华护理学会	辽宁省医学交流中心	于艳秋	车光肖
6	辽宁省生理学会	中国医科大学生理教研室	汤 浩	李夏松
7	辽宁省解剖学会	中国医科大学解剖教研室	方秀斌	佟晓杰
8	辽宁省营养学会	辽宁省卫生监督所	刘忠德	翟永信
9	辽宁省针灸学会	辽宁中医学院	马瑞林	马铁明
10	辽宁省防痨协会	辽宁省疾病预防控制中心	郑殿祥	苏 娅
11	辽宁省心理卫生协会	中国医科大学心理卫生医院	金魁和	刘 盈
12	辽宁省抗癌协会	辽宁省肿瘤医院	王者生	赵 岩
13	辽宁省体育科学学会	辽宁省体育科学研究所	崔大林	刘明革
14	辽宁省康复医学会	辽宁省康复中心	梁东明	刘 昆
15	辽宁省预防医学会	辽宁省预防控制中心	郑殿祥	文道泰
16	辽宁省法医学会	辽宁省公安厅	姜先华	张维东
17	辽宁省性病艾滋病防治协会	辽宁省疾病控制中心	郑殿祥	宋士民
18	辽宁省医学影像学会	中国医科大学附属第二医学院	吴振华	邓丽洁
19	辽宁省按摩协会	沈阳工业学院	张景桂	李光复
20	辽宁省蒙医药学会	省卫生厅	丛丹江	齐宝山
21	辽宁省职工疗养学会	辽宁省总工会	鲁学良	李 铎
22	辽宁省病理生理学会	中国医科大学	张海鹏	于艳秋
23	辽宁省卫生法学会	省卫生厅	窦志勇	谷 力
24	辽宁省心理咨询师协会	沈阳沈信心理学校	程 刚	张国臣
25	辽宁省细胞生物学学会	《中国组织工程研究与临床康复》杂志社	孙步鑫	王莉莎
26	辽宁省亚健康学会	沈阳百草回春商贸有限公司	宁先杰	吴 良

续表

交叉学				
序号	学会名称	挂靠单位	理事长	秘书长
1	辽宁省自然辩证法研究会	沈阳师范大学政经系	张德祥	田鹏颖
2	辽宁省技术经济研究会	辽宁省政府发展研究中心	张龙治	赵永清
3	辽宁省科学技术情报学会	辽宁省科技情报研究所	李布焰	付忠和
4	辽宁省图书馆学会	辽宁省图书馆	王荣国	高　贤
5	辽宁省档案学会	辽宁省档案局	艾鸿举	李　英
6	辽宁省土地学会	辽宁省国土资源厅	焉锦林	李　志
7	辽宁省科技新闻学会	辽宁省科协	郭洗尘	李述亚
8	辽宁省老科技工作者协会	辽宁省科协	林　声	谢心清
9	辽宁省邮电老科技工作者协会	辽宁省科协	李松樵	张秀兰
10	辽宁省质量协会	辽宁省经济委员会	杨承民	杨承民
11	辽宁省会计学会	辽宁省财政厅	邱洪亭	刘琦瑶
12	辽宁省珠算协会	辽宁省财政厅	邱洪亭	王燕生
13	辽宁省生命科学学会	辽宁省科协	李厚文	吴作舟
14	辽宁省农业经济学会	辽宁省农科院	李忠国	尹　进
15	辽宁省发明协会	辽宁省科学技术厅	孙　玺	赵洪生
16	辽宁省中直企事业会计学会	财政部驻辽宁财政监察专员办事处	虞志坚	李　伟
17	辽宁省人才研究会	辽宁省人才中心	王建新	姬养洲
18	辽宁省继续工程教育协会	辽宁省人才中心	王建新	罗　杰
19	辽宁省策划学会	辽宁省科协	赵子祥	江　洪 崔守军
20	辽宁省管理科学研究会	东北大学管理学院	李　凯	张凤都
21	辽宁省民族科普协会	辽宁省科学技术协会	朴在林	文淑东
22	辽宁省生物技术协会	辽宁省经济委员会	陈明山	张德财
23	辽宁省公共营养师协会	辽宁省科协	张　迅	傅殿学

（省科学技术协会　刘传彬）

辽宁省科协科普活动情况一览表

举办活动		省科协	市科协	县(市、区)科协	省级学会
科普讲座	次　数	114	1488	4645	556
	受众人数	151600	662345	2610126	421276
科普展览	次　数	70	606	1688	862
	受众人数	158200	2309552	3633393	360817
播放科普广播、影视节目	分　钟	260	54715	150808	1888
科普场馆	个　数	1	11	908	
	展厅面积/平方米	2000	13700	5550	
标准科普画廊	个　数		341	1605	
	科普展示单元总长度/米		22599	28264	
	全年更新展示内容次数		789	7551	
青少年科技竞赛	次　数	5	92	314	
	参加人数	200000	167075	218565	
青少年科技夏（冬）令营	次　数		32	64	
	参加人数		6662	13350	
科普大篷车	次　数	27	16	542	
	受益人数	109800	28100	256325	
科普网站	个　数	1	9	24	
	浏览人数	120000	407644	1261773	
科普教育基地/个			358	696	
科普活动站/个			618	1707	

（省科学技术协会　刘传彬）

第六届辽宁省优秀科技工作者获奖人员名录

姓　名	性别	地区	所在单位
刘永生	男	沈阳	沈阳飞机设计研究所
李松樵	男	沈阳	辽宁邮电老科技工作者协会
赵庆杞	男	沈阳	辽宁电力有限公司
邱燕霖	男	沈阳	民航东北地区空中交通管理局
于　东	男	沈阳	中科院沈阳计算技术研究所有限公司
戴继双	男	沈阳	沈阳鼓风机集团有限公司
祖熙宇	男	沈阳	辽宁省交通厅公路管理局
武　力	男	沈阳	总参通信工程设计研究院
李孟歆	女	沈阳	沈阳建筑大学
张　雄	男	沈阳	沈阳机床股份有限公司
李孝堂	男	沈阳	沈阳发动机设计研究所
郭　捷	男	沈阳	沈阳发动机设计研究所
张义民	男	沈阳	东北大学
刘成雁	男	沈阳	辽宁省分析科学研究院
王建华	男	沈阳	东北大学理学院
李　凯	男	沈阳	东北大学
于　秀	女	沈阳	沈阳体育学院科研处
毕建行	男	沈阳	辽宁大学数学院
王荣国	男	沈阳	辽宁省图书馆
姚兴佳	男	沈阳	沈阳工业大学
曹继伟	男	沈阳	辽宁省交通勘测设计院
陈殿强	男	沈阳	辽宁有色勘察研究院
李殿中	男	沈阳	中科院金属研究所
刘相华	男	沈阳	东北大学轧制技术及连轧自动化国家重点实验室
陈伯超	男	沈阳	沈阳建筑大学
李恩宝	男	沈阳	辽宁省测绘产品质量监督检验站
周小珊	女	沈阳	中国气象局沈阳大气环境研究所
邢兆凯	男	沈阳	辽宁省林业科学研究院
刘长远	男	沈阳	辽宁省农业科学院植物保护研究所
王保泽	男	沈阳	辽宁省水利水电科学研究院
周德平	女	沈阳	中国气象局沈阳大气环境研究所

续表

姓　名	性别	地区	所在单位
司乃国	男	沈阳	沈阳化工研究院
李天来	男	沈阳	沈阳农业大学
石元亮	男	沈阳	中国科学院沈阳应用生态研究所
王　才	男	沈阳	辽宁省水文水资源勘测局
顾贵波	男	沈阳	辽宁省动物疫病预防控制中心
杨凤山	男	沈阳	辽宁省节约用水发展中心
宋　纯	男	沈阳	辽宁省肿瘤医院
李剑平	男	沈阳	沈阳中心血站
牟　玲	女	沈阳	沈阳市传染病院
薛百忠	男	沈阳	辽宁诺康生物制药有限责任公司
殷　军	女	沈阳	沈阳药科大学
徐　超	男	沈阳	沈阳医学院
郭军巧	女	沈阳	辽宁省疾病预防控制中心
张　艳	女	沈阳	辽宁中医药大学附属医院
张　君	女	沈阳	辽宁中医药大学附属医院
范　玲	女	沈阳	中国医科大学附属盛京医院
徐艳玲	女	沈阳	辽宁中医药大学附属医院
曲文玉	男	沈阳	沈阳市妇婴医院
张桂荣	女	沈阳	沈阳市口腔医院
辛世杰	男	沈阳	中国医科大学附属第一医院
冯婉玉	女	沈阳	中国医科大学附属第一医院
白　羽	女	沈阳	辽宁省职业病防治院
王　毳	女	沈阳	辽宁省疾病预防控制中心
张恩国	男	大连	大连船舶重工集团有限公司
周昌军	男	大连	大连大学先进设计技术中心
陈　燕	女	大连	大连海事大学
宋宝韫	男	大连	大连交通大学连续挤压工程研究中心
孙德壮	男	大连	大连船舶重工集团有限公司
杨学明	男	大连	中科院大连化学物理研究所
全　燮	男	大连	大连理工大学
彭孝军	男	大连	大连理工大学
杜明成	男	大连	大连九成测绘信息有限公司
刘黎明	男	大连	大连理工大学
李宏男	男	大连	大连理工大学
张世良	男	大连	大连市建筑设计研究院有限公司
迟乃玉	男	大连	大连大学生物工程学院
邵淑娟	女	大连	大连医科大学
丁淑贞	女	大连	大连医科大学附属第一医院
赵德伟	男	大连	大连大学附属中山医院

续表

姓　名	性别	地区	所在单位
王　琪	女	大连	大连医科大学
黄国建	男	鞍山	鞍钢股份有限公司技术中心
张万山	男	鞍山	鞍钢股份有限公司
王　亮	女	鞍山	中冶焦耐工程技术有限公司
邢桂菊	女	鞍山	辽宁科技大学材料学院
徐康东	男	鞍山	岫岩县黄花甸镇果树技术推广站
魏丽群	女	鞍山	鞍山市中心医院
张家齐	男	鞍山	鞍钢集团总医院
韩建荒	男	抚顺	中国石油天然气第八建设有限公司
凌凤香	女	抚顺	中石化抚顺石油化工研究院
彭绍忠	男	抚顺	抚顺石油化工研究院
卢广平	男	抚顺	抚顺市环境保护局
张玉春	男	抚顺	东北特钢集团有限责任公司
黄明然	男	抚顺	中国有色集团抚顺红透山矿业有限公司
陈立红	女	本溪	本钢板材股份有限公司技术中心
李鸿斌	男	本溪	本钢板材股份公司热连轧厂
张贵玉	男	本溪	本溪钢铁（集团）有限责任公司
王思利	男	本溪	桓仁满族自治县山区综合开发办公室
赵德伟	男	本溪	本溪市农业技术服务中心
周雪梅	女	本溪	本溪三药有限公司
赵洪波	男	丹东	辽宁曙光汽车集团股份有限公司
贾　毅	男	丹东	丹东金丸集团有限公司
樊丽君	女	丹东	丹东恒星精细化工有限公司
何　晶	女	丹东	丹东农业科学院
王锋有	男	丹东	凤城市农村经济局土肥站
关　松	男	锦州	东北电子技术研究所
王晓明	男	锦州	辽宁工业大学
刘敬党	男	锦州	辽宁省化工地质勘查院
明宪权	男	锦州	中信锦州铁合金股份有限公司
刘孝刚	男	锦州	辽宁医学院
罗俊生	男	锦州	辽宁医学院
王贵生	男	营口	营口市交通局公路管理处
任永志	男	营口	辽宁省能源研究所
李明香	女	营口	营口市气象局
宋　镭	女	营口	营口市中心医院
梁　冰	女	阜新	辽宁工程技术大学
海立鑫	男	阜新	阜矿集团恒大气精煤有限责任公司
张宏伟	男	阜新	辽宁工程技术大学
徐相柱	男	阜新	阜矿集团公司艾友煤矿

续表

姓　名	性别	地区	所在单位
吴景云	男	阜新	省固沙造林研究所
白凤鸣	男	阜新	阜新蒙医药研究所
宋伟东	男	阜新	辽宁工程技术大学测绘学院
翁　刚	男	辽阳	中国石油辽阳石化公司
史　君	女	辽阳	中国石油辽阳石化分公司研究院
刘兆滨	男	辽阳	辽宁奥克化学股份有限公司
宋先忱	男	辽阳	辽宁省畜牧科学研究院
刘澎才	男	辽阳	辽宁省经济作物研究所
徐兆东	男	铁岭	铁岭师范高等专科学校
刘长海	男	铁岭	铁法煤业（集团）有限公司小康矿
孙　芳	女	铁岭	辽宁人天科技公司
夏立仁	男	铁岭	铁岭市银州区龙山乡农业技术推广站
李树普	男	铁岭	铁岭市中心医院
贾贵起	男	朝阳	东风朝阳柴油机有限责任公司
李宪章	男	朝阳	北票市理想机械工程有限公司
杨忠学	男	朝阳	建平县农业技术推广中心
张殿香	女	朝阳	喀左县农业技术推广中心植保站
李　莉	女	朝阳	辽宁省微生物科学研究院
鹿天阁	男	朝阳	建平县林业局
谢加才	男	盘锦	中国石油辽河油田采油工艺处
张胜文	男	盘锦	长城钻探测井分公司
裴　红	男	盘锦	中油辽河工程有限公司
魏　斌	男	盘锦	中油长城稠油技术中心
许　雷	男	盘锦	盘锦北方农业技术开发有限公司
李振宇	男	盘锦	辽宁省盐碱地利用研究所
张成顺	男	葫芦岛	渤船重工有限责任公司船舶研究所
刘向东	男	葫芦岛	渤海船舶职业学院
于　跃	男	葫芦岛	葫芦岛市前所果树农场
张世强	男	葫芦岛	锦西天然气化工有限责任公司
罗忠新	男	葫芦岛	锦西化工机械（集团）有限责任公司

（省科学技术协会　刘传彬）

育鲲轮

大连海事大学

大连海事大学是交通运输部所属的全国“211”工程重点建设大学，是中国著名的高等航海学府，是被国际海事组织认定的世界上少数几所“享有国际盛誉”的海事院校之一。

学校拥有设施和功能齐全的航海类专业教学实验楼群、航海训练与研究中心、水上求生训练馆、教学港池、图书馆、游泳馆、天象馆等；拥有航海模拟实验室、轮机模拟实验室等40余个教学科研实验室，拥有2艘远洋教学实习船。

与长江南京航道局合作建成的“长江数字航道项目”顺利通过交通运输部验收，成为我国建成的首段数字航道

学校设有航海学院、轮机工程学院、信息科学技术学院、交通运输管理学院、交通与物流工程学院、法学院、环境科学与工程学院、人文与社会科学学院、外国语学院、数学系、物理系、体育工作部、专业学位教育学院、继续教育学院、船舶导航系统国家工程研究中心、航运发展研究院等16个教学科研单位。

学校设有48个本科专业，现有在校生25000余人，同时招收攻读学士、硕士、博士学位的外国留学生。拥有2个一级学科博士点、16个二级学科博士点（其中含自主设置4个）、9个一级学科硕士点和64个二级学科硕士点（其中含自主设置4个），4个博士后流动站，拥有工商管理硕士（MBA）、公共管理硕士（MPA）、法律硕士（J.M）、工程硕士（11个领域）专业学位授予权，以及高校教师在职攻读硕士学位授予权。学校现拥有2个国家重点学科，13个省部级重点学科，2个省重点培育学科；1个国家工程研究中心，1个科技部国际合作基地，4个省级工程技术中心，14个省部级重点实验室，4个省级人文社会科学重点研究基地；5个国家特色专业建设点，1个国家级人才培养模式创新实验区，9个省级示范专业，1个省级紧缺人才培养基地；2个国家级实验教学示范中心建设单位，5个省级实验教学示范中心。

航海模拟器获国家科技进步二等奖

大连海事大学专家在清污一线

“十五”以后，学校科研实现了跨越式发展，科研经费总量显著增长。2010年，全校科研经费到款突破2亿元，首次获得国家杰出青年基金项目，国家自然科学基金项目立项突破40项，首次获得科技部国际合作基地，首次承担国家“973”课题，首次承担国家海洋局公益项目，以该校为第一作者单位发表的三大检索论文数超过1500篇，获得省部级以上重点实验室3个，学校为交通运输行业相关单位提供了大量高质量的科技服务，为交通运输行业提供科技服务的能力进一步增强。

2007年国家科技进步二等奖

电子海图（航道图）技术及其应用系统的研究

完成人：赵德鹏、李源惠、赵丽宁、胡景峰、郝江凌、李邵喜、潘明阳、谷伟、王德强、杨晓波。

电子海图（航道图）技术属于航海科学技术领域，它涉及现代航海、海洋（航道）测绘、组合导航、计算机图形图像处理、通讯与网络等多学科领域。该项研究是在符合国际标准的规范下，制定了“中国长江（内河）电子航道图及其应用系统”的系列标准，填补了国内空白；并按照中国长江（内河）电子航道图及其应用系统的系列标准和国际标准规范的要求，建立了数字航道生产、服务与应用一体化支撑体系，研制了完全适应江海联运的船舶导航系统，并与国际接轨。该项目已推广应用，促进了船舶导航制造业、物流等相关行业的发展。该项目2006年获辽宁省科技进步一等奖，2007年获国家科技进步二等奖。

电子海图（航道图）技术获国家科技进步二等奖

沈阳药科大学

辽宁省副省长陈超英在沈阳药科大学校长吴春福的陪同下参观实验室

沈阳药科大学是一所具有光荣革命传统的学校，1931年诞生于江西瑞金，是我国历史最悠久的综合性药科大学。

学校目前已发展成为多学科、多层次、多形式教育的高等药学学府。设有药学院、制药工程学院、中药学院、生命科学与生物制药学院、工商管理学院、基础学院、高等职业技术学院、成人教育学院、国际药学合作研究中心以及测试中心、计算机中心、现代教育中心等。

学校是国家批准有权授予博士学位、硕士学位和招收港、澳、台地区学员及外国留学生、国内高中保送生的院校。有药学博士后流动站1个，一级学科博士学位授权点2个，二级学科博士学位授权点19个，硕士学位授权点26个，本科专业21个（含专业方向），高职专业8个，成人本专科专业14个。本科教育中有国家理科基础科学研究和教学人才培养基地、国家生命科学与技术人才培养基地。

药剂学科是国家级重点学科，药学和中药学一级学科为省级重点学科。药剂学、天然药物化学、药物化学、药物分析学、药学概论和分析化学等6门课程为国家级精品课程，药学实验教学中心为国家级实验教学示范中心，药剂学教学团队、药理学教学团队和药物分析学教学团队为国家级教学团队，药学专业、制药工程专业和药物制剂专业为国家级一类特色专业。

学校有教职工1137名。荟萃了众多专家学者，有教授86名，副教授175名，其中，中国工程院院士1名，国家新世纪百千万人才工程百层次人才3名，国家级教学名师1人，省级教学名师7人，省级以上各种人才培养工程遴选命名80人次。建校近八十年来已为国家培养了3万余名高级药学、制药人才，他们遍布祖国各地，其中很多已成为国内外知名的专家、教授、企业家和优秀领导者。

现有在校研究生2111名（博士391名、硕士1720名）、本科生5689名、高等职业技术教育学生1744名、成人教育本专科生5000余名。

学校学术氛围浓厚，科研工作深入扎实。在药物新剂型设计与评价、创新药物的合成与筛选、中药与天然药物药效物质基础和质量标准、药物代谢和药物动力学、药理与毒理学、药物经济学等领域的研究均居国内领先水平。

学校是国家中成药工程技术中心、沈阳国家新药安全性评价研究中心的重要组成单位，教育部创新药物研究与设计重点实验室1个，有4个国家中医药管理局批准的中药三级实验室、1个中药二级实验室，18个省市级工程技术研究中心或重点实验室。学校于2008年成功申报国家级综合性新药研究开发技术大平台项目，该平台是唯一由地方院校承建的国家综合平台，获得经费8000万元。

近5年来，承担各级各类科研项目310余项，获各级各类科技成果奖120项，申请发明专利300项，获得专利证书50项，获得新药证书42个，发表学术论文8000余篇，其中SCI收录论文1000余篇，出版专著、译著180部，仅2009年发表论文1105篇，SCI收录论文366篇。学校主办的《沈阳药科大学学报》和《中国药物化学杂志》现已成为国家药学类核心期刊。《亚洲社会药学》等3种国际学术期刊于2005年创刊。

学校仪器设备先进，图书馆藏丰富。拥有可供教学科研使用的核磁共振波谱仪、气—质联用仪、高效液相色谱—质谱联用仪等现代高精设备；学校图书馆建筑面积11000平方米，现有藏书70余万册（件），国内外重要期刊2300余种。目前已建立了数字图书馆，通过Internet，使师生随时了解国内外最新的科技信息。

学校积极开展国内外学术交流与合作，先后与国内一些知名大学签订了合作办学协议，实现资源共享；与美国、日本、英国、俄罗斯等30多个国家和地区的高等院校、科研院所建立了校际交流与科研协作关系。

学校坚持“团结、勤奋、求实、创新”的校训精神，立足辽宁、面向全国，建设药学教育领域国内一流、国际知名的教学研究型大学。

威海市政府代表团访问沈阳药科大学

沈阳药科大学本溪药物研究院

国外专利证书

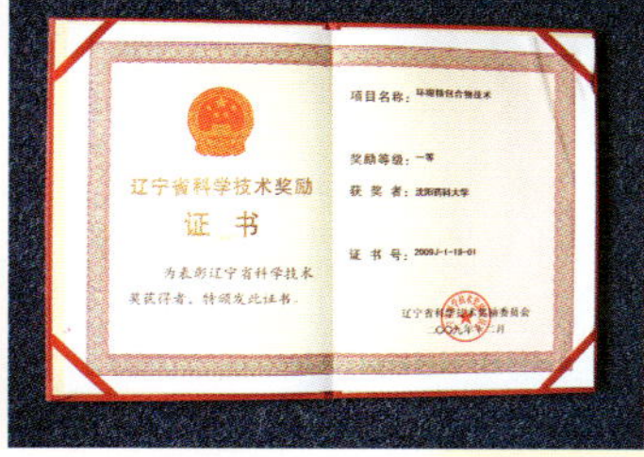

辽宁省科学技术一等奖证书

获奖证书

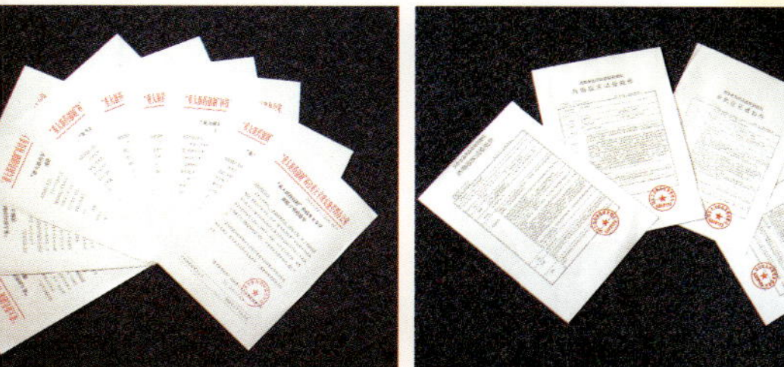

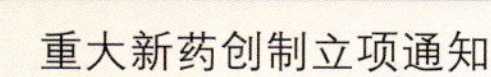

重大新药创制立项通知

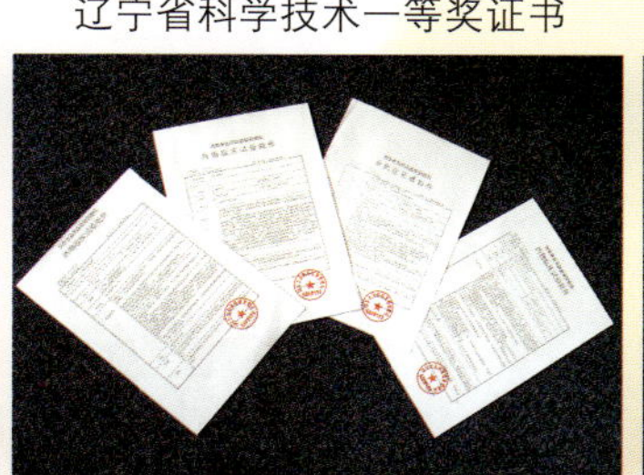

药品临床批件

新药证书

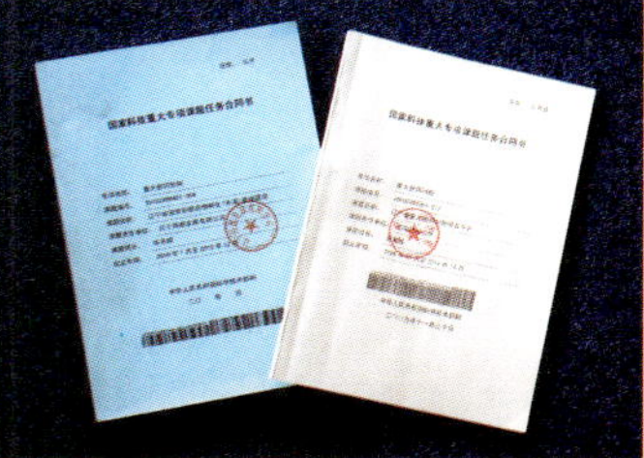

重大新药创制合同书

沈阳航空航天大学

重点实验室

沈阳航空航天大学是一所具有航空航天特色，以工为主，理学、工学、人文科学、社会科学、管理科学等学科协调发展的多学科性高等院校。学校创建于1952年，原隶属于国家航空航天工业部、航空工业总公司，1999年划归辽宁省人民政府管理，是辽宁省唯一一所航空航天院校。

学校总占地约142万平方米，建筑面积57万平方米，固定资产总值12.7亿元，教学科研仪器设备总值1.61亿元。现有特聘院士10人，专任教师近800人，其中具有高级技术职称的教师420余人，具有博士学位的教师166人，硕博比达75%以上。

目前，学校共有12个省、部级重点实验室，4个校级重点实验室。研究方向：以制造工艺技术为主线、同时注重制造技术、信息技术、测试控制技术的集成，这其中包括：

①航空制造工艺技术（钣金工艺技术、激光制造与成形技术、材料检测与分析技术）；

②航空装备制造技术（飞机空调车、飞机液压油泵车、油量测控技术、压力传感器、测速管、汽车仪表）；

③信息技术（模糊识别技术、图像处理技术、知识Robot、翻译软件、知识工程智能搜索引擎）；

④工业设计技术（工业产品外形设计、造型设计、创意设计）；

⑤检测技术（发动机振动与噪声检测、信号与信息处理）；

⑥风洞设计制造技术（高低速风洞设计、制造技术）。

近年来，通过各级领导的大力支持和全校教工的不懈努力，学校重点实验室的建设工作有了喜人的发展，重点实验室已逐步成为学校学科建设、科技产出、人才培养、学术交流、产学研合作和技术产业化的基地。

学校各重点实验室先后承担了国家自然科学基金、“863”计划、国防基础科研、省市攻关等各类科研项目；先后荣获了辽宁省科技进步奖、辽宁省国防科技进步奖、沈阳市科技进步奖等奖项；培育了一个国防创新团队，两个辽宁省创新团队；同时依托沈阳航空产业群的地域优势，与多家航空企业建立良好的产学研合作关系，为其解决技术难题，有效促进了科技成果转化，取得了良好的社会和经济效益。

学校现已规划建设2万平方米的重点实验室大楼，把相关的具有特色的实验室聚集在一起，形成浓厚的科研氛围，达到资源共享的目标。与此同时，各实验室注重内涵建设，形成“科研方向明确，责、权、利统一，开放和竞争”的良好运行机制，成为学校科技创新、学科发展、人才培养的重要平台和实力体现。

面向未来，沈航的重点实验室建设将继续弘扬航空航天精神，在持续稳定地进行基础研究的同时，实现科技与知识创新，发展高科技，实现产业化。在培养高层次人才，不断推出高水平成果，提高学校的学术地位中作出更辉煌的业绩，为振兴东北老工业基地和带动辽宁沿海经济带发展，发挥支撑与引领作用。

重点试验室名称如下。

航空制造工艺数字化国防重点学科实验室

辽宁省数字化工艺仿真与试验技术重点实验室

辽宁省知识工程与人机交互技术研究中心

辽宁省清洁能源（联合）重点实验室

辽宁省激光再制造与激光成型技术研究中心

辽宁省先进复合材料制备技术重点实验室

辽宁省大规模分布式系统重点实验室

辽宁省人工智能与自然语言处理重点实验室

辽宁省飞行器复合材料结构分析与仿真重点实验室

辽宁省航空装备制造与测试技术重点实验室

辽宁省航空轻合金及加工技术重点实验室

沈阳市数字化制造工艺测试技术研究重点实验室

辽宁省先进复合材料制备技术重点实验室 复合材料缠绕机

辽宁省数字化工艺仿真与试验技术重点实验室 三坐标测量机

辽宁省清洁能源（联合）重点实验室

沈阳市数字化制造工艺测试技术研究重点实验室

航空制造工艺数字化国防重点学科实验室 多功能激光数字化制造系统

渤海大学

渤海大学始建于1950年，是由原锦州师范学院与原辽宁商业高等专科学校合并组建的辽宁省省属综合性大学，位于渤海之滨的历史文化名城辽宁省锦州市。

学校占地100万平方米，总建筑面积50余万平方米。设有12个二级学院，有63个本科专业和34个高职专业，有30个硕士学位授权点和3个专业硕士学位授权点，涵盖文、理、工、管、经、法、史、教、哲等9个学科门类，现有硕士研究生、本专科全日制在校生24094人。

学校有专任教师966人，其中教授155人、副教授319人；博士145人，硕士525人。专任教师中，有教育部“优秀人才支持计划”入选者、辽宁省优秀专家、辽宁省“优秀人才支持计划”入选者、辽宁省“百千万人才工程”百人层次入选者、千人层次入选者、省级优秀科技人才、省级教学名师、省级专业带头人、省级优秀教师。

学校有应用化学、语言学及应用语言学等6个省重点学科和基础数学、马克思主义中国化研究等2个省重点培育学科。应用数学入选辽宁省“提升高等学校核心竞争力特色学科建设工程”计划一流学科，理论物理、中国古代史等8个学科入选特色突出学科。有功能化合物的合成与应用实验室、光电功能材料检测与技术实验室等6个省级重点实验室，有辽宁省硅材料工程技术研究中心，有应用语言学研究中心、基础教育课程理论与教学研究实践基地等2个省级人文社科重点研究基地。有国家级、省级特色专业3个，国家级、省级示范专业7个，建设国家级、省级精品课程29门、国家级、省级精品教材5部，获得国家级、省级优秀教学成果奖52项，居省内高校前列。有商务管理等6个省级教学团队，有公共计算机等3个省级实验教学示范中心。渤海大学学报（自然科学版）被收录为中国科技核心期刊，渤海大学学报（社会科学版）被评为全国高校优秀学报。

“十一五”以来，全校教师主持完成及在研科研项目988项，获得各类科研成果奖励513项；发表论文6500余篇，年均被SCI，EI与ISTP等三大检索收录论文287篇；出版专著157部；获得专利25项。现有辽宁省高校创新团队2个，建设了国家“火炬计划”锦州硅材料及太阳能电池产业基地公共检测中心。

学校与美国、德国、英国、日本、韩国、澳大利亚、俄罗斯等国家的32所高等院校、教育机构建立了交流合作关系，接收7个国家的留学生来校学习，互派学者讲学，同时选派中青年教师和优秀学生到国外进修或攻读学位。

校园基础设施完善，图书馆藏书160余万册，仪器设备充分满足教学科研需要。校园环境优美，林木葱茏，是全国绿化模范单位和辽宁省安全文明校园。

渤海大学始终不渝地坚持走内涵发展之路，始终不渝地坚持以质量求发展的办学思想，按照坚持“一个中心”，打赢“两大攻坚”，实施“三项战略”的工作思路，努力建设成为拥有国家一流学科、多学科协调发展、特色突出、国内知名的高水平综合性教学研究型大学。

渤海大学承办辽宁省中小企业服务体系“三送服务”洽谈会

学生部分科研成果展

学校著作成果展

辽宁省省长陈政高视察渤海大学

“辽宁省中小企业公共技术服务平台”揭牌

图书馆

校园一角

辽宁农业职业技术学院

辽宁农业职业技术学院党委书记　里勇

辽宁农业职业技术学院院长　蒋锦标

辽宁农业职业技术学院坐落在营口经济技术开发区。始建于1948年，1999年8月经国家教育部批准由辽宁熊岳农业高等专科学校更为现名。

学院为农业一线培养培训、各类专门人才6万多名，取得国家、省级科研和教学成果100多项。连续十多年获得“省级文明单位”称号；2003年荣获全国高职高专院校人才培养工作首批8所优秀院校之一；2005年荣获全国职业教育先进单位；2008年被列入全国高职示范院校建设行列。先后获国家、省、市的40多项荣誉称号，得到了国家教育部、农业部和辽宁省政府的高度重视和支持。

学院设有农学、园艺、畜牧兽医、生物技术、园林、工程、计算机信息、经济贸易8个系、27个专业，面向全国20余个省、市、区招生，在校生6495人。现有专任教师260人，其中，具有高级以上职称115人，硕士研究生以上学位的教师135人，“双师素质”教师占70%以上。拥有一批资深专家，其中国家级教学名师1名，省级教学名师4名，省级专业带头人5名，省级优秀青年骨干教师7名；国家级优秀教学团队1个，省级优秀教学团队6个。

学院坚持产学研一体化特色办学模式，先后与409家企业建立了校企合作关系。毕业生就业率连续十年保持在90%以上，毕业生以“职业素质好，动手能力强，踏实肯干”的精神，受到社会用人单位普遍欢迎。2009年被评为全国普通高等学校毕业生就业工作先进集体。学院高度重视教育教学研究的引领作用，2001，2005与2009年连续三届荣获国家级教学成果二等奖3项，先后入选国家精品专业1个，国家教改试点专业2个，省级示范专业5个，省级品牌专业5个，省级特色专业1个；国家级精品课程6门，省级精品课程15门，主编“十一五”国家级规划教材11部，国家精品教材1部，全国农业职业教育精品教材1部，省级精品教材7部。

学院先后承担了省级以上科研项目117项，取得省级以上自然科学成果61项，获得各级成果奖励25项，争取科研经费559.81万元。2003年以来，学院相继创新了作物育种研究室、辽宁省高校设施园艺重点实验室、辽宁农职院兴科中小企业服务中心和省级科学技术普及基地4个科技创新平台。以这4个平台为载体，承担了省级科研项目7项，有4个项目实现了成果转化，获得3项国家专利。

学院以普兰店市大潭镇、安波镇和大石桥市旗口镇后会村等8个镇村为新农村建设示范点，为大潭镇设计建造了100亩生猪养殖基地，并提供新品种种猪2头、科技书刊1000本。为后会村提供一台电脑，为困难学生提供5000元助学金，赠科技书刊200本，赠农用喷雾器20台、电子杀虫灯10台，帮助后会村建设了4000多亩无公害水稻生产基地。

学院以科技型企业种子公司和种猪场为依托，加大新品种、新技术推广，取得了良好的经济效益和社会效益。种子公司销售农作物新品种种子454万千克，实现销售收入2219万元，覆盖了辽南盖州、普兰店、瓦房店、庄河、金州等地，为辽南农业发展作出了贡献。种猪场先后两次从加拿大和中国台湾地区引进双臀长白、大白、台系杜洛克原种猪，各项生产指标已达到国内先进水平。近十年来，推广优良品种种猪4198头，实现销售收入425万元。新品种种猪覆盖了辽宁全省及吉林、黑龙江省的大部分地区，已成为东北地区重要的种猪供应基地。

学院重点实施了新农村建设人才培养“四大工程”和“一个计划”。面向社会开展各类科技培训198期，培训农民和农业技术人员22088人次。培训工作取得了可喜的成绩，得到了学员和上级部门的认可。2004年被辽宁省阳光工程办公室确定为“农村劳动力转移培训基地”，2004年被辽宁省教育厅确定为“职教师资培训基地”，2009年被确定为“农业部现代农业技术培训基地”。

2008年9月28日，营口市委书记赵化明（右二）、辽宁省农村经济委员会主任刘长江（右一）出席辽宁农业职业技术学院六十年庆典活动

学院获奖科研成果证书

教师指导学生科研

学院与大石桥市后会村共建社会主义新农村启动仪式

学生在连栋温室内实训

辽宁省教育厅副厅长周浩波（右一）、营口市副市长车竞（右三）到辽宁农业职业技术学院视察

“南果北移”课题鉴定会

学院教师在鲅鱼圈芦屯镇进行大棚葡萄技术指导

学院科研成果在营口第二届农博会上展览

学院教师给新型农民上课

大连医科大学

大连医科大学鸟瞰图

大连医科大学创建于1947年，前身为关东医学院。1949年，关东医学院并入大连大学，更名为大连大学医学院。1950年，撤消大连大学建制，大连医学院独立。1969年，大连医学院举校南迁至贵州省遵义市，建立遵义医学院。1978年，学校在大连医学院原址复办，仍称大连医学院。1994年，学校更名为大连医科大学。学校现已发展成为以医学为主，文学、理学、管理学、法学等多学科发展的医科大学。

大连医科大学占地面积151万平方米，建筑面积38万平方米，新校园位于旅顺南路海滨观光带的中段，划分为南北两区，南区包括学校的主要教学区、生活附属设施区和体育运动设施区等，共有45个单体建筑，北区为学校二期规划项目。

学校固定资产总值17.19亿元，教学科研仪器设备总值1亿多元。学校现有16个党政后勤管理机构，2个群团组织，22个教学科研机构，5个教辅机构，1所中山分院，1所附属卫校，10所附属医院（其中2所为直属附属医院），100余个教学基地。

学校现有博士、硕士研究生3100余人，本专科生7700余人，外国留学生1000余人。学校现有教职工及医护人员4500余人，其中具有正高级职称580余人，副高级职称660余人，博、硕士研究生导师600余人。

学校现有国家重点学科1个，辽宁省重点学科一级学科1个，二级学科15个，3个博士后科研流动站，1个一级学科博士学位授权点，12个二级学科博士学位授权点(含自主设置4个)，5个一级学科硕士学位授权点，50个二级学科硕士学位授权点。现有1个国家级国际科技合作基地，1个部级研究机构，1个部级实验室，9个辽宁省重点实验室，6个辽宁省高校重点实验室。学校设有14个普通本科专业。

学校广泛开展国内外交流与合作，先后与美国纽约州立大学、澳大利亚科廷科技大学、乌克兰第聂伯国立医科大学等30个国家和地区的85所高等院校和38个科研院所建立了合作关系。

学校两所直属附属医院均为三级甲等医院。附属第一医院为“全国百佳医院”，是辽南地区最大的综合性教学医院和医疗急救中心。附属第二医院各项医疗指标逐年提高，2003年成功兼并中国石化大连医院。两所附属医院在多层螺旋CT冠状动脉成像、心房颤动导管介入消融治疗、中西医结合治疗急腹症方面已经达到国内领先水平。脑血管介入溶栓治疗和器官移植等也跨入国内先进行列。

传承历史，开创未来。全校师生正在为建设国内先进、特色鲜明、高水平的教学研究型医科大学而奋斗。

2009年9月13日，2009夏季达沃斯论坛“新领军者年会2009——青年科学家学术报告会”在大连医科大学基础医学院学术报告厅召开

2009年11月11—14日，国际著名华人神经科学家盛祖杭教授访问大连医科大学

沈阳三生制药有限责任公司

沈阳三生制药有限责任公司成立于1993年，注册资本1.7亿元人民币。公司经营范围是：生物工程产品和生化药品的研究、开发、生产和销售以及对售后产品进行技术服务。三生公司是经认定的"高新技术企业""国家高技术研究发展（863）计划成果产业化基地"。

公司于2007年2月在美国纳斯达克证券交易所上市，成为第一家在美国纳斯达克IPO的中国生物科技公司。

公司的生产厂房位于沈阳经济技术开发区，占地面积4.8万平方米，建筑面积1万平方米，年生产能力达到1000万支以上，形成了中国较具生产规模的专业化生物制药基地。公司投资2亿元，新建的1万平方米的符合欧盟GMP标准的新厂房即将竣工投产，生产能力将提高5倍。

目前，公司已经完成4个基因工程产品的研制与开发，并获得了很高的市场占有率。其中"益比奥"（重组人促红素）一直保持销量、销售额市场排名第1位，成为工艺先进、规格齐全、适应症广泛、市场占有率最高的促红素产品。国家一类新药"重组人血小板生成素"，是国家"863"计划项目和"十五"重大科技专项课题，三生公司在全球最先实现产业化，并保持独家生产优势。

公司现有员工600余名，一批既有理论基础又有实践经验的专家学者构成了公司的管理中坚。公司研究所具有雄厚的产品和技术开发的实力，被认定为省级企业技术中心、省级企业工程技术研究中心，已经形成了优良的新产品研究开发体系，先后承担了两个国家火炬计划项目和一个"863"计划项目，多次获得国家、省、市政府的科研奖励。目前，公司拥有4项国家发明专利授权。

公司的市场营销团队由300余名专业人员组成，他们以成熟的营销观念，把品牌营销建立在有形产品和无形服务的基础上，创造品牌价值，形成品牌效益。产品通过大约200家商业公司销往国内1500多家医院、诊所和透析中心。

公司将充分利用国际资本，努力与世界顶尖的医药企业并肩发展，逐步提高企业知名度，树立品牌，产品进入国际市场，成为国际知名的生物制药企业。

公司拥有博士后科研工作站，先后被评为"国家重点高新技术企业"与"药品质量诚信建设示范企业"。

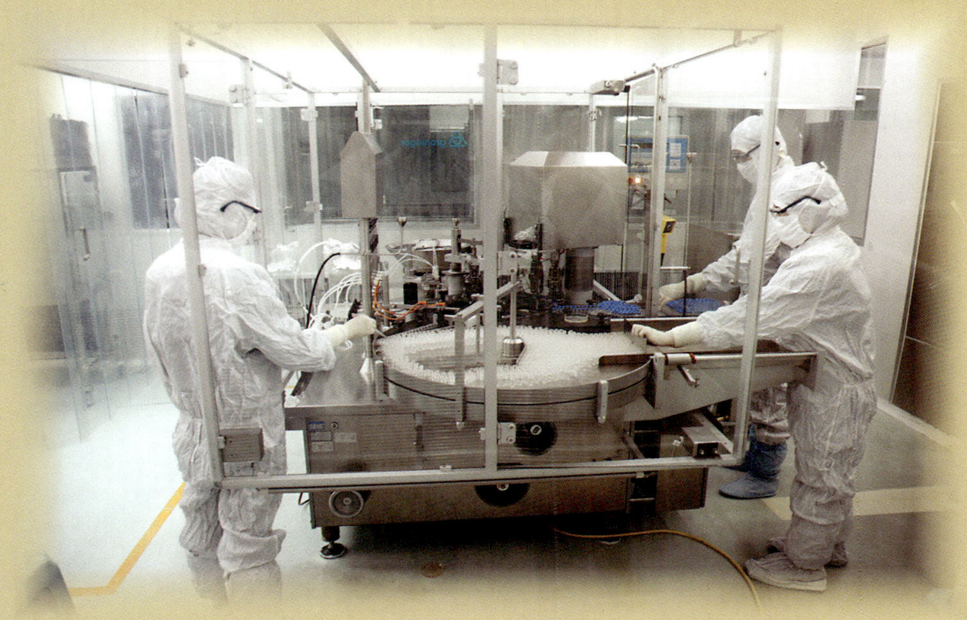

生产车间

沈阳机床（集团）有限责任公司

沈阳机床（集团）有限责任公司是1995年通过对原沈阳第一机床厂、中捷友谊厂、沈阳第三机床厂资产重组而组建的大型国有企业，为新中国的国民经济发展作出了重要贡献，这里诞生了新中国第一台车床、第一台钻床、第一台镗床、第一台自动车床、第一台数控车床。目前，集团主导产品是金属切削机床，已形成8大类、19个系列、300余种规格，产品覆盖全国，并出口80多个国家和地区。

在改革开放的浪潮中，企业始终坚持自主创新，产品水平、经营规模飞速发展。2004年，集团面向国内外实施并购行动，收购云机、昆机、德国希斯，成为跨国经营企业。2009年，销售收入突破120亿元，位居国内第一、世界前五，总资产达160亿元，实现利润总额4亿元，全员劳动生产率达21.5万元/人年；现有从业人员1.8万人；拥有1900人的专职研发队伍。

作为中国机床制造行业中最亮眼的旗帜，沈阳机床在书写宏伟蓝图的过程中得到了党和国家的巨大关怀和重视。胡锦涛总书记“树雄心、立壮志，努力成为世界一流的跨国公司”的殷切期望，温家宝总理“从‘制造’走向‘智造’”的亲切勉励，江泽民同志“坚持自主创新、铸就民族品牌”的巨大鞭策以及省、市领导的多次莅临指导，均给予沈阳机床干部、员工巨大的鼓舞。

多年来，沈阳机床集团逐步构建了“人才队伍建设保障、技术决策机制保障、激励机制保障、外部资助保障”4项协同保障支撑，打造了一支业务能力强的创新队伍，树立了“崇尚技术、鼓励创新”的企业创新文化，为技术创新提供了有效保障，为提升核心竞争力提供了持续、强大的技术支撑。

进入21世纪，沈阳机床集团逐步形成了以沈阳为研发总部，以北京、上海以及德国阿瑟斯勒本为研发分中心，逐步完善了面向企业内部，面向市场和客户，面向未来的3个层次的创新体系。

2008年，我国机床行业唯一一所建立在企业的“高档数控机床企业国家重点实验室”设在沈阳机床；2009年，在科技部牵头组织下，沈阳机床集团成立了“数控机床高速精密化技术创新战略联盟”。集团还拥有国家级技术中心、辽宁省工程技术中心、博士后企业工作站、特邀院士工作站、沈阳装备制造业聚集区公共研发促进中心等技术创新平台。

近几年来，沈阳机床集团通过国际联合开发、引进技术消化吸收再创新等方式，开发了高速立式加工中心、高速卧式加工中心、高速车削中心、高速车铣复合加工中心、龙门铣镗加工中心、五轴联动加工中心、落地铣镗床等10余个系列，近300种不同规格的产品。为汽车、航空航天、电站能源、船舶等重点行业提供的数控机床达到4.5万台，经济效益达80亿元，且部分产品起到了替代进口的作用。

在科研攻关方面，沈阳机床承担了23项“十一五”“高档数控机床与基础制造装备”国家科技重大专项，1项国家“973”计划项目，6项国家“863”计划项目，4项国家科技支撑计划项目，1项“国产数控机床应用国产数控系统示范工程”项目。通过项目攻关，在高档数控机床关键技术研究方面取得了较大进展，已基本掌握了多（五）坐标联动的关键技术，并进入实用化阶段。复合加工技术研究也取得一定进展，多（五）轴联动车铣复合中心、五轴五面加工中心、双主轴车削中心等关键设备均已实现商品化。高速加工技术的研究与应用取得重要进展，完成了8000～10000r/min机械式高速主轴单元和10000～18000r/min高速电主轴单元的开发和加工工艺的研究应用，开发出适合高速机床加工的工具系统，并已转化成国家标准。

沈阳机床数控机床产业园

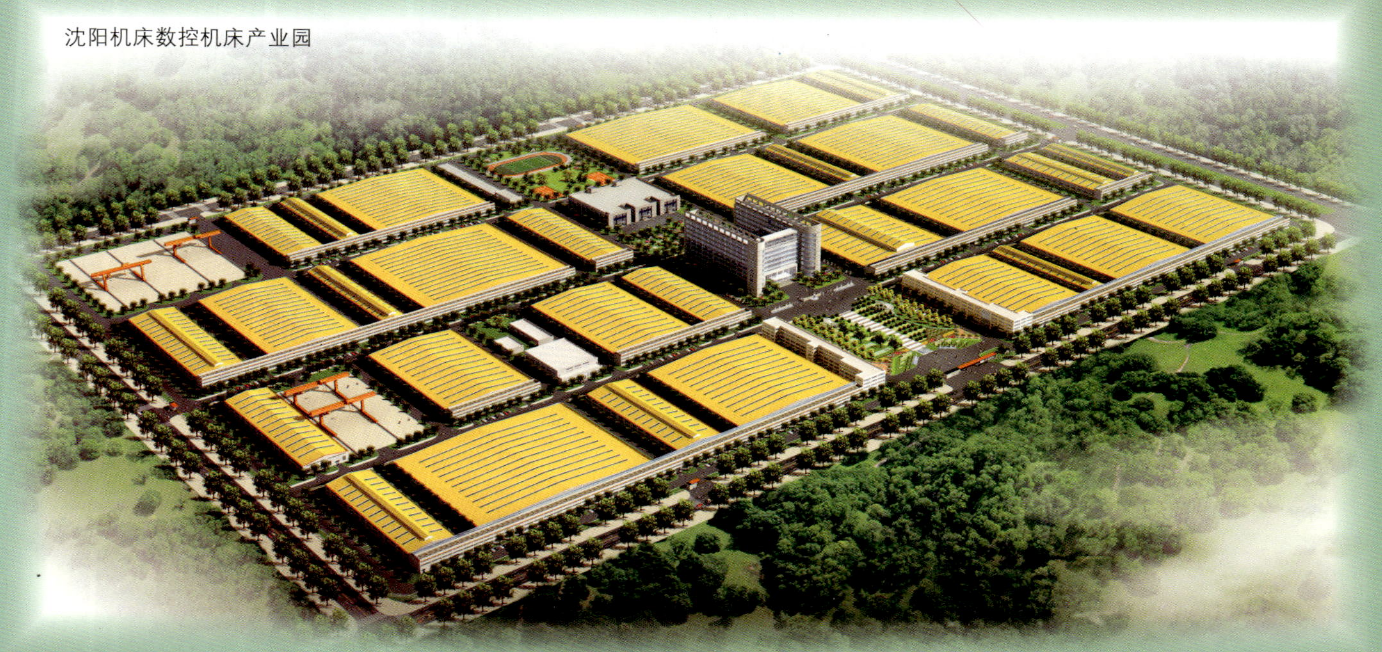

中德先进制造技术学术会议

飞机钛合金材料孔加工装备

生产现场

数控机床装配车间

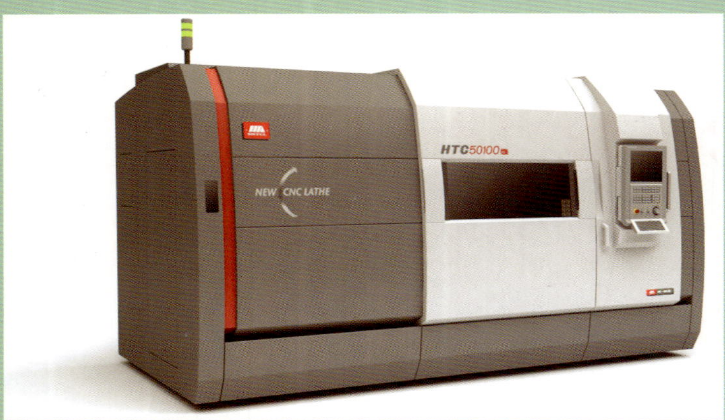

HTC50100n数控车床

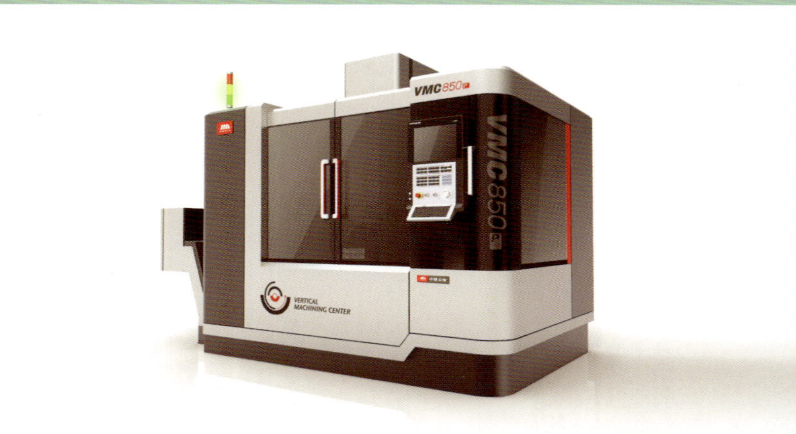

VMC 850立式加工中心

CAK3675数控车床

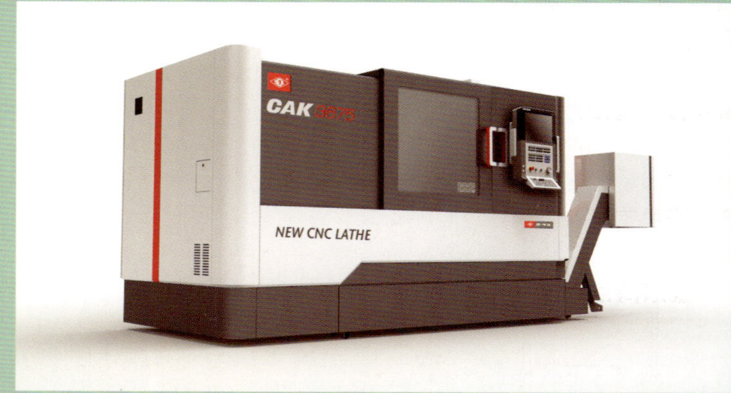

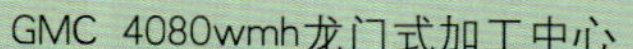
GMC 4080wmh龙门式加工中心

AH110自动卧式铣镗床

GW26—252kV隔离开关

抚顺高岳开关有限公司

抚顺高岳开关有限公司是高压隔离开关的专业生产厂，由日本国株式会社高岳制作所与抚顺电瓷电器制造有限公司合资建立，于1999年末投产。日本高岳派遣具有技术经验丰富、管理能力强的人员担任公司副总经理并常驻中国。完全按照日本技术、工艺流程管理制度，生产户外高压隔离开关。

目前在中国生产的高压隔离开关型号有GW25、GW26、TPS、TPL与TPD2等，日本的产品型号为THB、THR、TPS、TPL、TPD2，电压等级可分为27.5～550kV，电流等级为630～4000A。其生产的隔离开关结构型式是国际上最为成熟和先进的。

日本高岳制作所生产的高压隔离开关已有80多年的历史，具有相当成熟的生产实践和运行经验，并形成该制作所自身关于隔离开关研制开发设计的理论体系，使其生产的高压隔离开关达到了世界一流水平，并在有些工艺材料方面形成了独特的生产技术，是日本国电力制造业骨干企业之一，排序前10名之内，并为上市公司。它的产品广泛的应用于日本国的电力、铁道等相关领域，特别是高压隔离开关的市场占有率已高达85%。值得说明的是，合资后的抚顺高岳开关有限公司的产品自1999年末投放市场以来，普遍受到国内电力企业的好评。

抚顺高岳开关有限公司生产的户外高压隔离开关及电动操动机构产品有如下几个特点。

可靠性——产品导电接触部分采用日本先进的镀银工艺，并在触指上加装增流挠性铜导线，使其通流更加稳定可靠，且在接触部装设钩装置，能够防止外力（如风力、地震、电动力等）在隔离开关时不能意外分、合闸，使导电性能更加稳定。隔离开关主闸刀和接地闸刀之间设有非常可靠的机械联锁装置。

防腐蚀性——产品所有钢制件均采用热镀锌工艺处理，且关键部件（如触指两侧转动部件等）轴、弹簧、销以及标准件选用不锈钢材料，导电部分的铜表面采用高岳制作所专门研制的防腐材料涂制，可防止外部恶劣环境腐蚀。

安装维护简单——向用户提供隔离开关产品时，隔离开关相间连杆与垂直连杆均由抚顺高岳开关有限公司提供。换言之，用户将隔离开关支架制成，抚顺高岳开关有限公司产品可一次性到现场安装调试到位，不需采购水煤管等辅助材料，由于产品可长时间免维护，用户只需按我方交付产品时提供的运行巡察导则对隔离开关外观进行检查即可，可极大地提高工作效率和节约维护资金。

TPL—550kV水平伸缩式隔离开关

TPS—550kV分闸状态

TPS—550kV垂直伸缩式隔离开关

TPL—550kV分闸状态

GW25—126kV隔离开关

辽宁省电力有限公司

辽宁省电力有限公司成立于1999年，隶属于国家电网公司。公司以建设运营辽宁电网为核心业务，承担着为辽宁经济可持续发展提供强大、安全、优质、方便、清洁的电能供应重任，肩负着国有资产保值、增值的责任。下辖地市级供电公司14个，施工企业6个，机械修造企业4个，培训中心2个，职工医院、电力勘测设计院各1个。供电服务区域14.57万平方千米，服务人口4298万。截至2009年年末，拥有资产637.32亿元，员工59630人。2009年售电量1167.21亿千瓦时，在国家电网公司系统排名第5位。

2009年，辽宁省电力有限公司按照国家电网公司和省委、省政府总体部署，坚持“四个服务”宗旨，加快公司发展方式与电网发展方式转变，大力推进以集团化运作为核心、以人财物集约化管理为关键的“四化”工作，企业核心竞争力和可持续发展能力显著提升，有力地保障了辽宁经济社会健康和谐发展。面对国际金融危机冲击、经营形势严峻、电网建设与改造任务繁重等困难和挑战，公司全体员工团结一心，努力拼搏，各项工作取得显著成效：电网保持安全稳定；省内500千伏电网实现统一规划与建设；具有里程碑意义的500千伏中南部双环网输变电工程建成投运；全省农电企业国有产权整体无偿划转，实现了城乡电网的统一管理和运营；人财物集约化管理扎实推进；实施全面预算管理，统一会计科目体系设置；完成营销与财务数据对接；SG186工程通过国网公司验收，ERP系统全面上线。公司工作受到国家电网公司和省委、省政府的充分肯定，荣获“全国文明单位”“全国五一劳动奖状”“辽宁省用户满意企业”等多项荣誉称号。

公司科技工作以“一流四大”科技发展战略为指导，结合辽宁电网实际，紧密围绕建设坚强智能电网和“三集五大”工作主线，根据电网需求，进行提高电网输电能力技术的研究和应用，以降低输电成本；进行状态检修技术、可靠性评估技术的研究与应用，以提高电网可靠性；进行无功分级、分层控制技术研究和应用，以降低网损；进行营销策略和现代化技术研究和应用，以提高服务水平；加大信息资源综合应用技术研究，以提高省公司现代化管理水平。科技创新发展，取得了显著效果。

公司承担的国网公司科技项目“碳纤维复合芯架空导线的研制与应用”、“间隙型软铝导线研制与应用”及“直挂66kV母线光控SVC关键技术研究及示范应用”，完全达到预期目标，经济效益和社会效益显著。

公司大力推进智能电网建设，制定了辽宁电网智能化规划编制推进方案，开展了智能电网试点工程：用电信息采集系统、智能电网调度技术支持系统、电动汽车充放电站项目建设，电力光纤到户。

2009年，公司共荣获省部级以上科技进步奖9项。其中，荣获中国电力科学技术奖三等奖2项，省政府科技进步奖三等奖3项，国网公司科技进步特等奖1项，二等奖2项，三等奖1项。

辽宁省电力有限公司总经理燕福龙代表公司与国网电科院签订科技战略合作框架协议

辽宁省电力有限公司副总经理刘劲松在沈阳市电力光纤到户试点工程开工仪式上讲话

辽宁省电力有限公司总工程师王芝茗在公司与中国电科院就建设坚强智能电网进行科技交流

东鞍山变电站“直挂66kV母线光控SVC”于2009年12月23日正式投入运行

朝阳燕龙2号线，采用间隙型软铝导线，比原线路拆旧建新节省资金2215万元

500kV绥高线，采用碳纤维复合芯导线

新松机器人自动化股份有限公司

自主创新　民族品牌

新松机器人自动化股份有限公司副董事长、总裁　曲道奎

新松机器人自动化股份有限公司是一家以先进制造技术为核心，拥有自主知识产权和核心技术的高科技企业。2000年成立伊始，公司一直引领机器人产业的发展，现已成为中国最大的机器人产业化基地。自主研发的中国第一台工业机器人样机、中国第一台AGV自动导引车、中国第一台焊接机器人、中国第一台洁净（真空）机器人、中国第一台政务机器人、国产机器人批量实现出口等先进技术成果，填补了国内空白，结束了没有机器人出口的历史，在中国机器人发展史上留下了辉煌灿烂的一页。新松人的努力和付出，使得中国的机器人事业迅速崛起，实现与世界先进水平同步发展，新松品牌与世界知名品牌同台竞技。

目前，新松公司已在工业、交通、能源、军工、民生五大产业领域呈现出了强劲的发展态势。产业涉及工业机器人、仓储物流、自动化成套装备、高端装备、轨道交通、激光装备以及能源装备等多个版块。产品远销到欧、美、亚洲的10多个发达国家和地区。公司拥有"机器人国家工程研究中心"、"国家认定企业技术中心"和"国家博士后科研基地"，形成了以院士、博士为核心的科研团队。在公司现有的700余名员工中，70%以上是中高级技术人才，专业涉及自动控制、人工智能、电子技术、网络技术等，是具有国际水准的国家级机器人创新团队。自主研发的机器人产品和成套装备大量取代进口，打破了国外机器人技术的封锁。公司拥有专利百余项，拥有逾千家业内尊贵的客户，完成国家重大科技攻关70余项，起草并制定了多项国家行业标准。

新松公司创新技术与能力得到了国家有关部门高度认可，被评为"国家'863'计划机器人产业化基地""国家高技术研究发展计划成果产业化基地""全国首批91家创新型企业"。公司的工业机器人系列产品也荣获"中国名牌产品"称号，是该行业内唯一入选的企业。

新松公司已形成全国化的战略布局，在北京、上海、杭州、深圳、沈阳设立5家控股子公司，在广州和山东设有机器人工程中心。其中，在杭州即将投建的新松南方研究创新中心及产业化基地将重点发展公司未来新兴战略产业，攻克制约我国高端装备及激光产业发展的关键技术，切实提升我国高端产业的核心竞争力。这也是新松公司南北创新研发基地建设、全球化产业布局的战略举措。新松公司是目前国内规模最大、品牌产品线齐全、最具影响力的先进制造装备产业集团。

2009年10月，公司成功登陆深圳首批创业板，正式开启了以资本为杠杆的国际化运营序幕，迈出了"机器人"进入资本市场做强做大的历史性的一步，为企业进一步开拓国际市场、拓宽融资渠道、吸引人才、提升管理水平提供了一个良好契机。多年的期盼终于成为现实，堪称"中国机器人第一股"。

"发展成为具有国际竞争力的现代化装备产业集团"是新松公司的企业愿景。作为国家机器人产业化基地，新松公司进程中的每一步都始终站在民族产业的高度上；作为民族高科技产业的希望，国家领导人曾多次视察新松公司，高度肯定了企业的发展成就，并寄予殷切期望。崇尚创新的新松公司会与社会各界朋友一起放飞走向世界的梦想，为实现中华民族科技强国而不懈努力。

新松公司产业园

洁净机器人生产车间

自动化装配检测生产线

新松上市仪式现场

辽宁维森信息技术有限公司

辽宁维森信息技术有限公司总经理　李国义

辽宁维森信息技术有限公司是辽西地区最大、省内一流的信息服务高新技术企业，主要从事计算机网络工程、建筑智能化工程、安防工程、防雷工程的设计与施工、软件产品的开发与销售、电子产品的研发与销售，是各行业信息化整体解决方案提供商，是辽宁省安全技术防范设施设计施工一级企业、建筑智能化工程专业承包和电子工程专业承包二级企业、防雷工程设计施工乙级企业、双软认证企业，国家工信部系统集成三级企业、建筑智能化系统设计乙级企业、AAA级信用企业。获省、市级科技进步奖十余项。公司的快速成长，主要依赖于系统解决方案的集成创新、产品创新与生产管理的创新。

基于辽宁工学院13个信息类本科专业，8个信息类硕士点于2000年12月创办的高新技术企业在2009年5月22日更名为“辽宁维森信息技术有限公司”。从2000年起，公司总经理李国义教授领导辽工维森依托辽宁工业大学雄厚的技术基础和文化底蕴，走推广信息化、贴近用户、“做您身边的信息技术专家”的道路，从几个人的课题组发展到现在拥有员工近百人；从建立之初年销售收入几百万元发展到现在的年销售收入5000多万元、辽西最强、省内知名的信息服务公司。

公司现有职工200人，其中管理及工程技术人员135人，本科以上学历的员工占全部员工的80%以上。现在公司主营业务有信息系统集成、软件产品、电子产品、太阳能照明产品等4个方面。

公司主营业务之一：信息系统集成

作为辽西最大的行业信息化整体方案的提供商，公司信息系统集成业务主要集中在教育、政府、金融、公安司法、医疗卫生、电力、酒店、企业、社区等，为这些行业提供优质的计算机网络系统、家居智能化系统、智能楼宇对讲系统、IP网络公共广播系统、远程视频会议系统、大型门禁联网系统、楼宇综合布线系统、智能联网报警系统等的设计、施工和售后服务。服务遍布辽宁、内蒙古等省（区）。

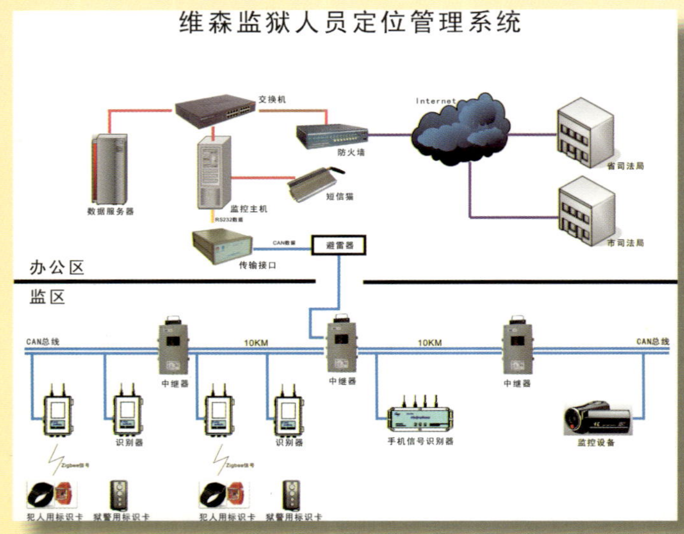

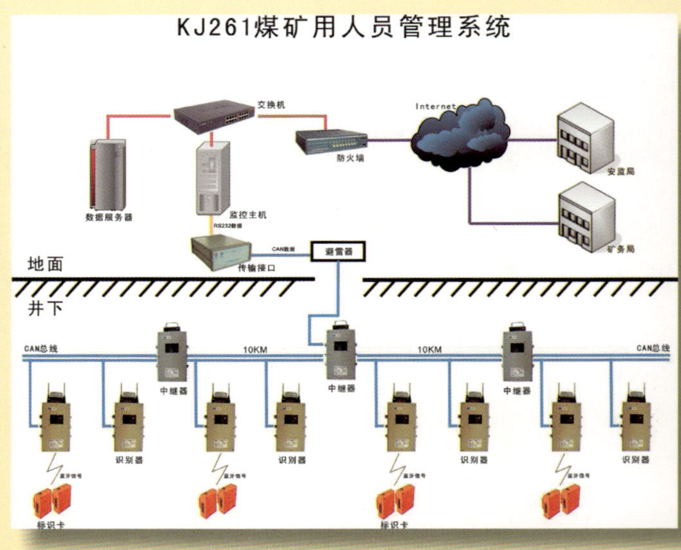

产品研发

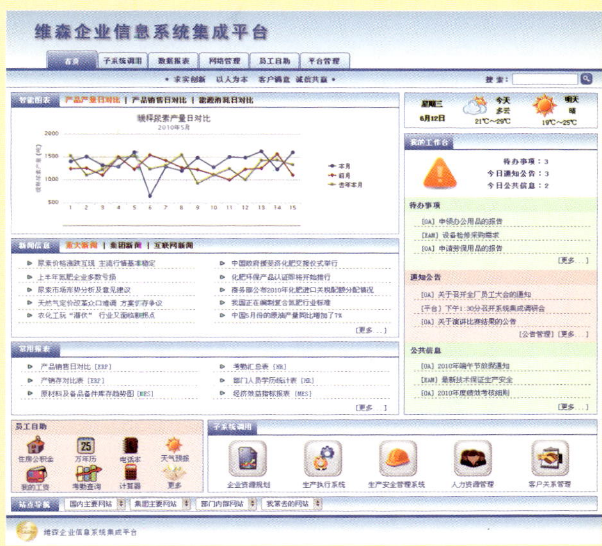

维森企业信息系统集成平台

公司主营业务之二：软件产品

1.支撑新医改的系列软件产品：区域协同医疗、医院信息系统系列产品、健康档案、药店、医保接口等。

2.化工流程行业的相关产品：信息系统集成平台、仿真培训系统、考试管理系统、安全管理系统、考勤管理系统等。

公司主营业务之三：电子产品

电子产品主要包括矿山人员定位系统、现场设备巡检管理系统、电动汽车四轮驱动控制系统、基于北斗2技术的汽车定位报警系统、监狱服刑人员远程智能管理系统、JXD型智能式计费限电系统、超级电容器组在线检测装置等。

其中，矿山人员定位系统是2007年辽宁省科技厅工业攻关计划。该系统在2009年12月获锦州市科技进步一等奖，2010年7月获中国煤炭协会技术开发二等奖，现已在黑龙江、山西等煤矿应用。矿山人员定位系统采用远距离蓝牙通讯技术，其中软、硬件均为自主开发，该产品现已获得1项国家专利，是国内唯一一家实现零漏卡率的人员定位管理系统。

电动汽车控制器

公司主营业务之四：太阳能照明产品

1.WSXN系列太阳能路灯。

2.WSXN-F系列太阳能独立供电系统。

其中，WSXN系列太阳能路灯采用高科技锂电池及先进充放电控制技术，保证电池充放电次数达到2000次以上，比普通太阳能路灯使用寿命延长近10倍。WSXN系列太阳能路灯王产品源于国家“863”计划项目技术应用成果，并已获得国家专利。

产品主要适用于城市道路、乡村道路、小区、广场、公园、旅游景区、工业园区、学校、厂区及企事业单位等场所的亮化工程及照明。

公司坚实的技术基础、不断开发的创新产品、高质量的工程施工和完善的售后服务，赢得了辽宁省“守合同重信用”企业称号，“维森”商标成为辽宁省著名商标，在辽宁省首届“辽宁名片”的评选中，被评为“辽宁经济名片”。 辽工维森正秉承“天行健，君子以自强不息”的理念，内抓管理，完善现代企业制度；外树形象，打造辽工维森品牌，迈着坚实的步伐，不断发展壮大！

锦州国际酒店1800万元的智能化系统工程

以科技为立业之基　以创新为发展之本

辽宁华孚环境工程有限公司

辽宁华孚环境工程有限公司
董事长　李贵海

辽宁华孚环境工程有限公司（原盘锦市华意环境工程有限公司），注册于盘锦市兴隆台工业开发区，隶属辽宁华孚石油高科技股份有限公司，是其下属一级子公司。公司成立于1998年，注册资金3000万元。现有员工400余人，其中大专以上学历人员172人，占职工总数的43%。公司主要从事油气田和石化行业环保领域的技术咨询、工程设计和施工、设备制造、安装调试、药剂生产、托管运行和售后服务等。现已发展成为中国油气田和石化环保治理的骨干企业，并被列入“中国环保百强”。

作为辽宁省技术创新示范企业，公司一贯秉承“以科技为立业之基、以创新为发展之本”的宗旨，在油气田和石化行业环保领域不断地进行技术创新，科技攻关。

为集中科技力量，保证科研工作高质高效，公司于2005年初成立了核心研发机构——工程设计研究院。研究院具有甲级工程设计资质，有专职技术人员60余人，占职工总数的15%。技术人员均具有本科及以上学历，其中博士2人，留学归国硕士3人，教授3人。研究院相关资质齐全、人员配置合理，有强大的研发及工程设计实力。

“互惠互利，交流合作”是公司发展的主要理念。多年来公司注重产学研的横向联合，积极与大专院校、科研院所沟通，致力于相关领域联合运作，在技术上取长补短，共同进步；同时善于引进、消化、吸收国际上的领先技术。

在国内，公司与清华大学、北京航空航天大学、浙江大学、大连理工大学、中国石油勘探开发研究院、中国环境科学院、中国火箭研究院等保持密切联系和协作，经常交换技术成果，并合作攻克技术难题。

国际合作方面，公司每年邀请国际科技人才来公司访问、交流、指导，并且与多个国家有着良好的国际合作关系，时刻关注国际相关领域的技术进展，擅于引进、消化、吸收国外的先进技术。迄今为止，公司与加拿大、俄罗斯、法国、美国、荷兰、阿曼、新加坡等多家国外公司建立了良好的合作关系，并与加拿大爱德摩环保集团成立了合资企业——辽宁华孚－爱德摩环保设备有限公司。

公司的研发机构是“辽宁省工程技术研究中心”“辽宁省企业技术中心”“辽宁企业博士后科研基地”。近三年来，华孚公司通过自主研发、产学研结合、引进消化吸收再创新等多种方式，将公司内部科研力量有效组合，在科技创新工作中取得了丰硕的成果，为公司的可持续发展打下了坚实的基础。

其中，引进国外先进技术项目5项，其中3项（俄罗斯“热可逆凝胶METKA调剖暂堵提高稠油采收率技术”、法国“PCM螺杆泵”、加拿大“溶气气浮技术及装置”）已国产化。

与院校合作项目4项，其中3项（与浙江大学合作开发“油田加热炉燃料结构调整（燃油改燃煤气）技术项目”，与中国环境科学院合作开发“油田水处理药剂开发技术项目”，与中国石油勘探开发研究院合作开发“油田采油综合节水技术研究与示范项目”）已投放市场。

自主研发新产品10余种，其中包含“稠油污水深度处理回用技术”及“低渗透油田精细注水水处理技术”近10种水处理设备；

申请国家专利12项，其中发明专利3项（“油田稠油污水除硅净化方法”“一种对油田污水除硅、净化、软化于一体的方法”“压力溶气气浮系统”）。

公司在科技创新过程中也得到了国家各级政府的大力支持，曾获得多项荣誉奖励，科技创新成果卓著。每年至少承担1项省级科技计划项目。2008年，公司与辽河油田共同开发的“稠油污水循环利用技术与应用”项目获得了国家科技进步二等奖。曾获得省级科技奖励2项（“采油污水成套处理技术及装置”获2006年辽宁省科技成果转化三等奖，“低渗透油田精细注水水处理技术”获2008年辽宁省科学技术奖励三等奖），通过省级科技成果鉴定2项（“油田稠油污水除硅净化方法”“低渗透油田精细注水水处理技术”），获省优秀新产品奖1项（“稠油污水深度处理成套装置”），实施的环保工程“采油增注站超频振动膜系统完善工程”曾被评为2006年国家重点环保实用技术示范工程等。

总公司厂区鸟瞰图

证 书

辽宁华孚环境工程有限公司

你单位采油增注站超频振动膜系统完善工程经评审被确认为二〇〇六年国家重点环境保护实用技术示范工程，特颁此证。

国家环保实用技术示范工程证书

成果证书

辽宁华孚环境工程有限公司

你单位完成的低渗透油田精细注水水处理技术项目，经审查，被确认为省级科学技术研究成果，特发此证。

登记号：20070460

辽宁省科学技术厅

低渗透油田精细注水水处理技术被确认为省级科技成果

成果证书

辽宁华孚环境工程有限公司

你单位完成的油田稠油污水除硅净化方法项目，经审查，被确认为省级科学技术研究成果，特发此证。

辽宁省科学技术厅

油田稠油污水除硅净化方法被确认为省级科技成果

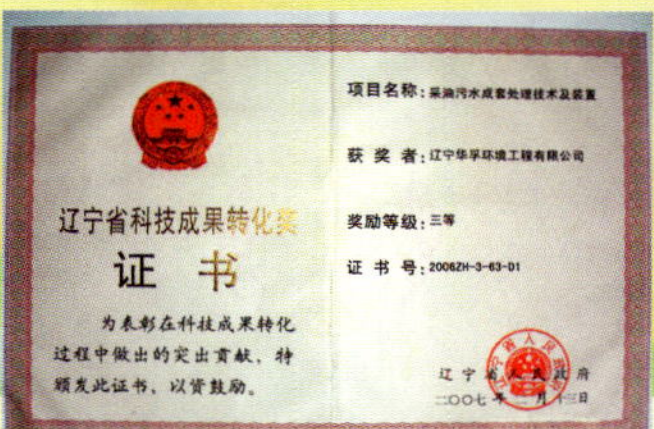
辽宁省科技成果转化奖

证 书

为表彰在科技成果转化过程中做出的突出贡献，特颁发此证书，以资鼓励。

采油污水成套处理技术及装置获辽宁省成果转化三等奖

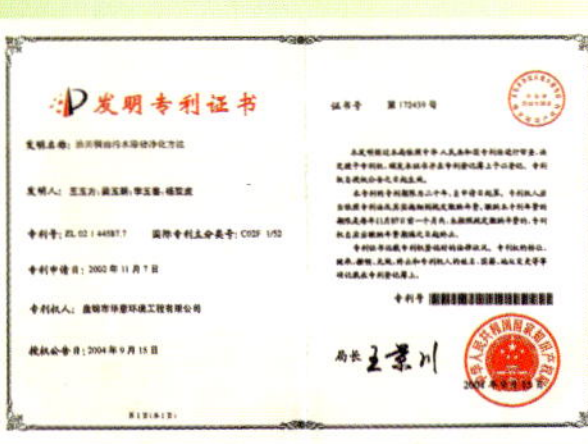
发明专利证书

油田稠油污水除硅净化方法发明专利证书

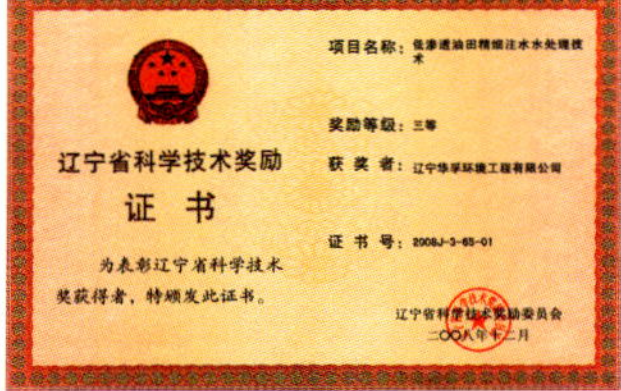
辽宁省科学技术奖励

证 书

为表彰辽宁省科学技术奖获得者，特颁发此证书。

科学技术奖励证书

国家科学技术进步奖

证 书

为表彰国家科学技术进步奖获得者，特颁发此证书。

项目名称：稠油污水循环利用技术与应用

奖励等级：二等

获 奖 者：辽宁华孚环境工程有限公司（原盘锦市华意环境工程公司）

证书号：2008-J-239-2-01-D03

科学技术进步奖证书

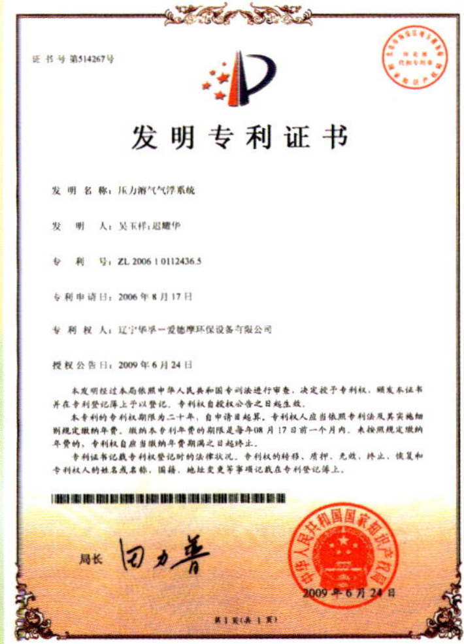
发明专利证书

发明名称：压力溶气气浮系统

压力溶气气浮系统发明专利证书

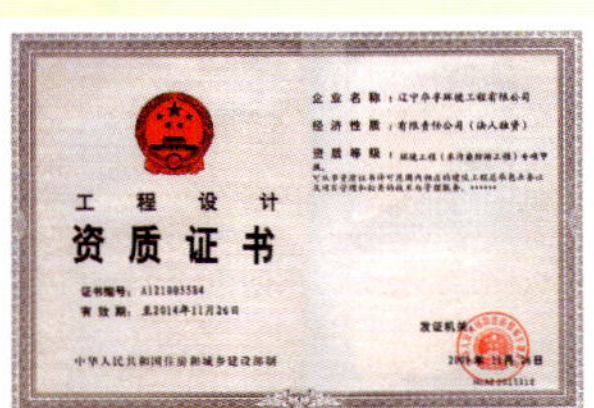
工程设计

资质证书

环境工程设计资质证书

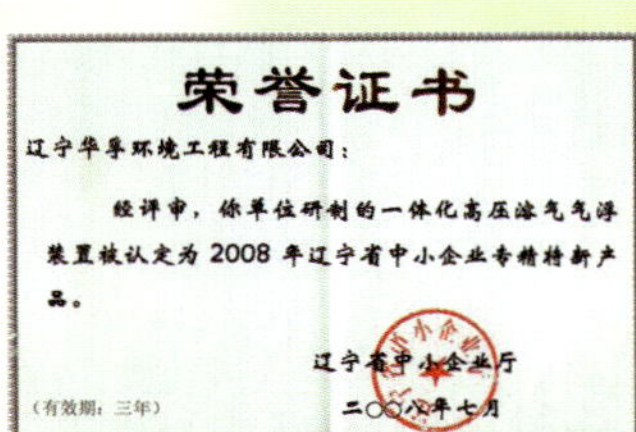
荣誉证书

辽宁华孚环境工程有限公司：

经评审，你单位研制的一体化高压溶气气浮装置被认定为2008年辽宁省中小企业专精特新产品。

辽宁省中小企业厅

二〇〇八年七月

荣誉证书

精细过滤器

一体化高压溶气气浮装置

研发机构——华孚研究院

科技联盟——浙江大学热能工程研究所

北票棒棒玉米芯开发有限公司

北票棒棒玉米芯开发有限公司成立于2003年，注册资本318万元，现有员工300人，各类专业技术人员96人。企业主导产业是以玉米芯为原料加工玉米芯颗粒粉载体系列产品。 2003年被国家科技部认定为国家级星火科技计划项目，企业通过了ISO9001-2008《质量管理体系认证》。2007年被省政府定为省级农业产业化重点龙头企业，2008年定为国家级高新技术企业，企业技术研发部被省经贸委、财政厅、省地税局定为省级企业技术中心。2009年被定为省级农业科技龙头企业、省级扶贫龙头企业。2010年5月18日，中国高新技术企业评价中心对玉米芯颗粒粉载体加工技术、产品进行成果鉴定：其玉米芯加工技术填补了国内空白，其技术、产品处于国内领先地位。

公司拥有自主知识产权，3项国家发明专利、3项实用新型专利。

公司现年加工能力10万吨，主要生产兽药载体、饲料添加剂、机械、电子产品清洁体、磨料、宠物用品等。属于农业物废弃物综合利用，变废为宝。其产品主要特点是：成本低、保质期长、适口性好、吸附性好、无副作用。产品一上市就受到制药厂家、饲料行业、化工行业的重视和农民的欢迎。

公司生产的“北棒”牌玉米芯颗粒粉系列产品在国际、国内市场占有一定份额，一些产品出口到日本、菲律宾、韩国等国家和我国台湾、香港等地区。

公司非常注重企业的经济效益和社会效益。在综合实力增强的同时，公司的玉米芯加工在当地及周边地区已形成了一个产业，在朝阳地区及周边发展了68户农民自建的初级加工厂，带动了10000多农户从事玉米芯的收购、加工、运输。为农民年收入增加2000万元，安置农村闲余劳动力700多人，使很多农户脱贫致富。企业安置下岗职工280多人，同时带动了运输、经纪人等相关产业的发展。

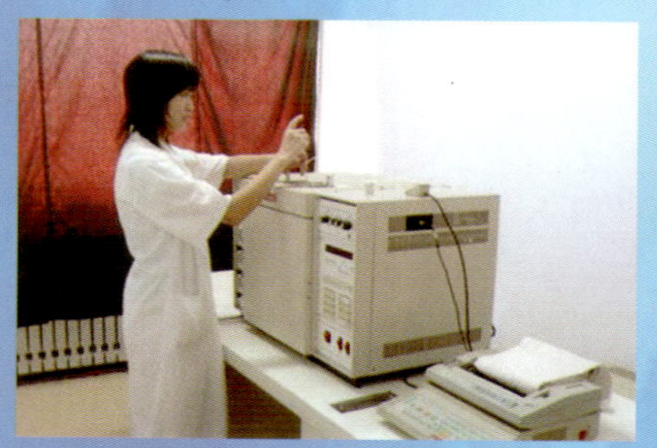

技术中心

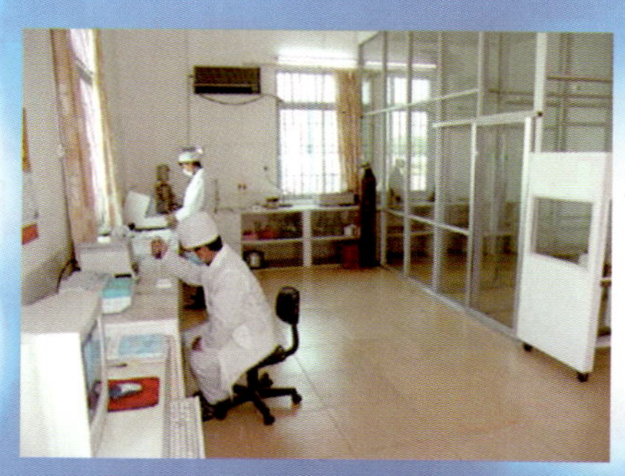

实验室

实验室振动筛

公司大门

辽宁省扶贫龙头企业证书

省级农业龙头企业证书

辽宁省省级企业技术中心

国家级星火计划项目证书

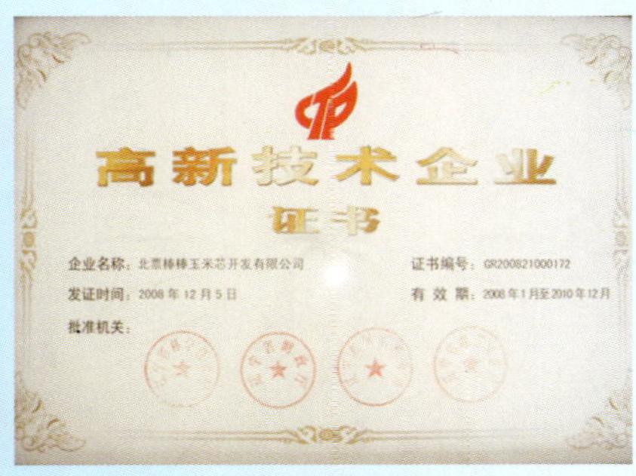

高新技术企业证书

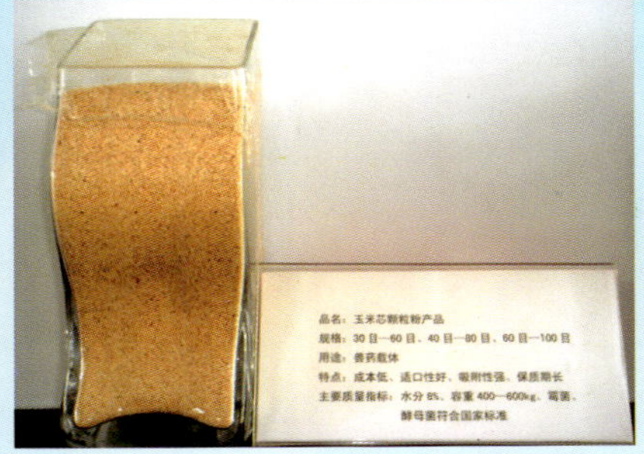

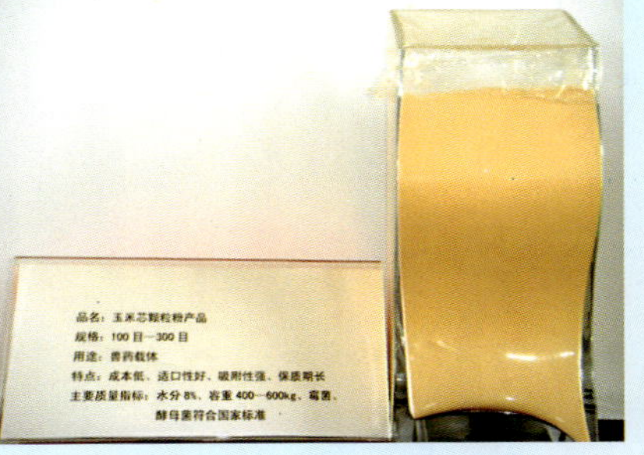

专利产品：玉米芯颗粒粉产品

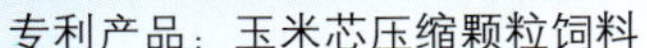

专利产品：玉米芯压缩颗粒饲料

玉米芯原料储存基地

精加工设备

玉米芯颗粒色选机

中国华录集团有限公司

中国华录集团有限公司是国务院国有资产监督管理委员会直接管理的中央企业。集团成立于2000年6月18日，是专业从事音视频产品及相关应用技术研发、制造、销售的大型国有企业，注册资本153955万元，总部设在大连，子公司分布在大连、北京、深圳、郴州等地，建有国家级技术研发中心和北京研究所、深圳研究所等研发机构和国际国内营销网络。

华录集团的前身是1992年6月经国务院批准成立的中国华录电子有限公司，目的是为发展中国录像机产业，建设世界最先进的视听产品关键件生产基地，从事多媒体信息记录、存储、处理及应用，创造和满足人们的时尚生活。华录集团经过不断的产业结构调整和产品结构调整，积极推进双层经营体制、管理创新，加大科研开发力量，经济效益稳步上升，企业的规模不断扩大。至2010年年底，集团公司投资企业有32家，其中：二级控股企业9家、三级控股企业14家、四级控股企业3家，参股的企业有6家。目前已经构建了音视频终端、内容、服务三大产业板块，已形成“国内最完整的高清数字光盘产业链”“国内第一的互动游戏及产业链”“国内领先的智能交通软件领先品牌”。目前，集团定位于打造以信息产业为基础的信息产业和文化产业互相融合的新型企业集团。

围绕公司“AV”价值相乘总体战略，发挥在数字音视频领域中的排头兵作用，通过对外合作和整合资源，积极参与高清蓝光标准的制定，掌握主动权、话语权，积极推进具有自主知识产权的标准成为国际标准。为打破国际技术标准在国际新产业中的壁垒，努力获取争夺新产业中我国技术的发言权。华录作为具有我国完全自主知识产权的数字音频标准起草单位开始了行业标准和国家标准制定工作。2007年8月，华录正式成为中国第一家国际蓝光光盘联盟有贡献级会员；2008年10月，中国华录建设的中国第一家蓝光光盘编辑中心在北京正式运营；2008年12月，全国产化国内第一款华录蓝光高清播放机上市；2009年1月，国内第一条蓝光光盘生产线在大连正式投产；2009年3月，我国DRA数字音频标准正式写入国际蓝光标准BD2.3规格，成为继杜比、DTS后的世界第三大音频标准，成为目前在消费类电子领域中唯一贴有“中国标签”的国际标准。这意味着，DRA技术已经成为蓝光光盘格式的一部分，也是中国自有技术在音视频领域第一次被国际标准采用。这使得我国在数字音视频产业领域首次以自主知识产权技术有实力参与到国际市场产业竞争成为可能，实现了在消费电子产品领域中国技术被国际标准采用的重大突破。

目前，中国华录拥有一支实力较强的科研力量。技术中心现有员工688人，其中博士、硕士研究生163名。拥有国家、省部级技术专家11名。在研究开发条件方面，拥有一批先进的开发仪器和设备，包括高速信号测试设备、射频信号发生和测试设备、软件开发系统、软件编译器、软件仿真器、可靠性实验设备、EMC的测试设备、数字化检测设备、通用的电子仪器仪表、视频分析仪、音频分析仪、矢量分析仪、噪声分析仪等多种测量设备。具备了一套从关键件开发、整机测试评价、中间产品试验等比较完备的开发试验环境。主要试验室有光头机芯检调系统、音箱测试实验室、整机测试实验室、电压功率电流测试、机械及其系统的测试检测平台、计算机控制系统的软硬件及其接口技术的开发实验平台、驱动器伺服系统开发与设计开发与测试系统实验平台。具备了Protel、PowerPCB与CAD等硬件开发环境，ProE与AutoCAD等工业设计和结构设计的开发环境，同时建立嵌入式软件开发环境，拥有多种嵌入式操作系统的开发工具。技术中心同时还建立一条数字音视频的开发评价和质量评价体系，有音视频测试设备，电磁兼容测试设备多套，同时还建立了适合开发用的信赖性评价环境。

中国华录集团成为国际蓝光联盟贡献级会员后，就蓝光光盘产品产业化做了充分的准备，将为会员企业就蓝光产品的开发、应用、推广等提供技术支持。建设从蓝光音视频标准、蓝光影视编辑中心、蓝光光盘复制中心、蓝光影碟机从关键件到整机的产业链。依靠自主创新、集成创新不断研发新技术，提升产品的科技含量，将有限的资源集中到集团核心产业链上，在强大的国家级技术研发中心体系支撑下，中国华录成为了国内第一家，也是目前唯一一家实现软件与硬件相结合的高清企业。目前，中国华录已经打造出国内唯一的产业最完整、规模效益最大的蓝光高清产业链，并形成以蓝光内容产业链和蓝光终端产业链为核心的两大产业板块。

2009年3月18日，中国华录集团、国际蓝光光盘协会、广州广晟数码技术有限公司联合召开“DRA融入BD标准 中国技术走向全球”新闻发布会

在新产品开发方面，集团公司围绕“数字家庭、数字汽车电子、数字便携式多媒体”等三大产品系列，开展了数字音频编解码技术、数字家庭媒体技术、高清视频接收技术、互动式健身游戏平台等技术攻关，推出了一批具有自主知识产权的、高附加值的个性化产品。形成以数字家庭为主，个人数字便携，数字汽车产品为辅的产业发展布局，突出拳头产品，带动系列产品。形成从关键件到整机的AV终端，AV内容业和AV服务业的产业链。

2009年1月19日，中国第一条蓝光光盘生产线正式投产，月产能为50万张。图为蓝光光盘生产设备，这也是华录蓝光产业链的重要一环

在硬件方面，已经完成了从光头、机芯、整机到销售的整条蓝光终端产业链。为了实现华录蓝光播放机整体的价格优势，华录集团在关键件上狠下工夫，加大蓝光机芯的自主开发力度，配合华录生产的蓝光播放机进入国际、国内市场，市场遍布北美、日本、欧洲、国内等地区。同时，还联合中国电影集团成立了第一家蓝光光盘授权中心，成为中国第一家杜比及DTS授权公司。

在内容方面，中国华录建立了包括影视拍摄、影视编辑制作、光盘复制、发行销售在内的整条软件产业链。实现了蓝光技术、影视艺术与硬件的完美结合。目前，中国华录已经拍摄完成的影视剧包括《王贵与安娜》《汉武大帝》《双面胶》《媳妇的美好时代》《建国大业》《苍穹之昴》《红楼梦》《黎明之前》等优秀作品。而华录蓝光编辑中心作为国内首家蓝光编辑机构，依托集团的光存储技术优势及丰富的文化资源，借助于华录集团国内首条蓝光光盘复制生产线，致力于向市场发行蓝光光盘格式的中国本土影片。目前已生产20万余张25GB容量的蓝光光盘，包括《盛世大阅兵》《唐山大地震》《梅兰芳》《迁徙的鸟》《建国大业》等100多部影片。并且计划每个月发行4部新片，以丰富国内蓝光市场。

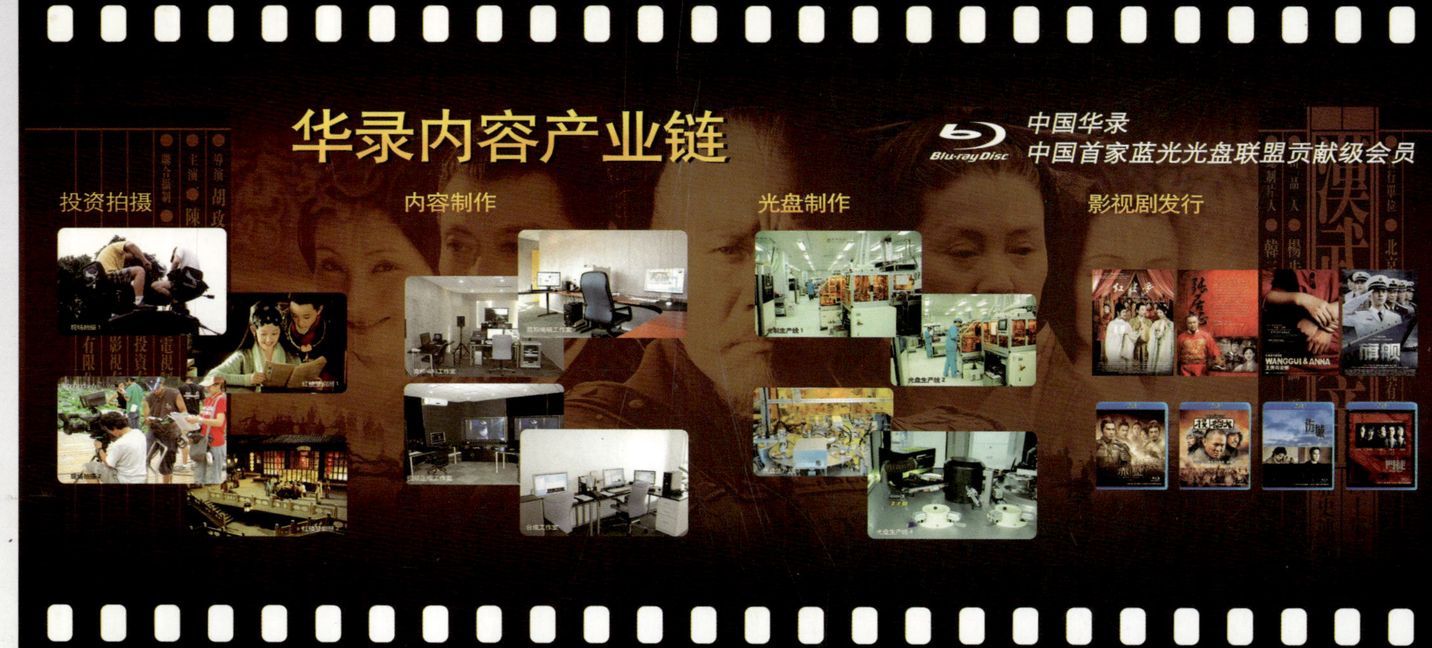

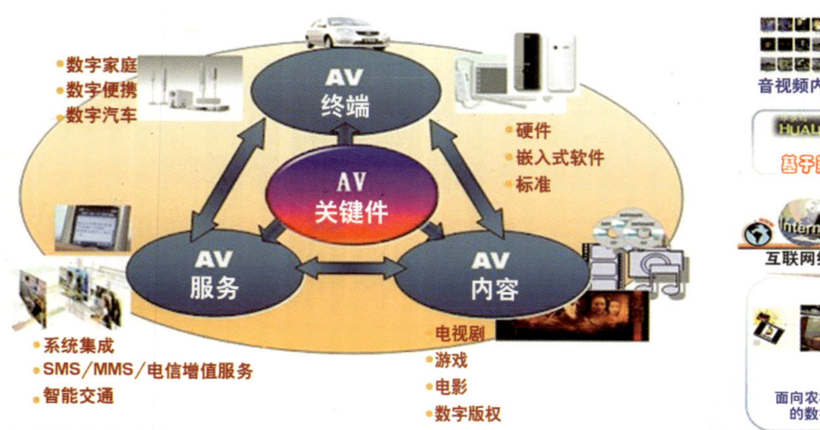

"AV⁴"产业关系图

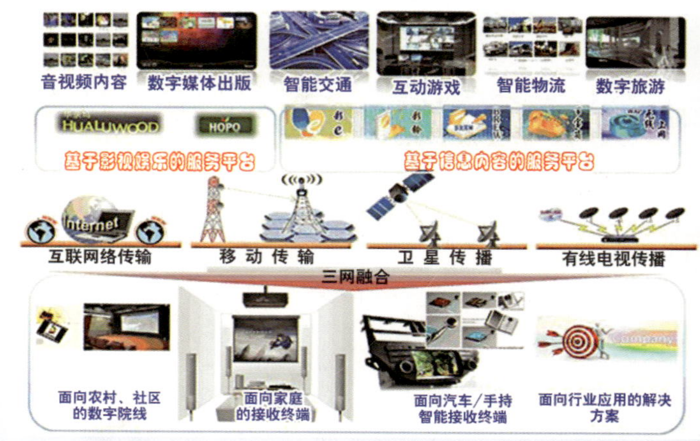

"AV⁴"产业链应图

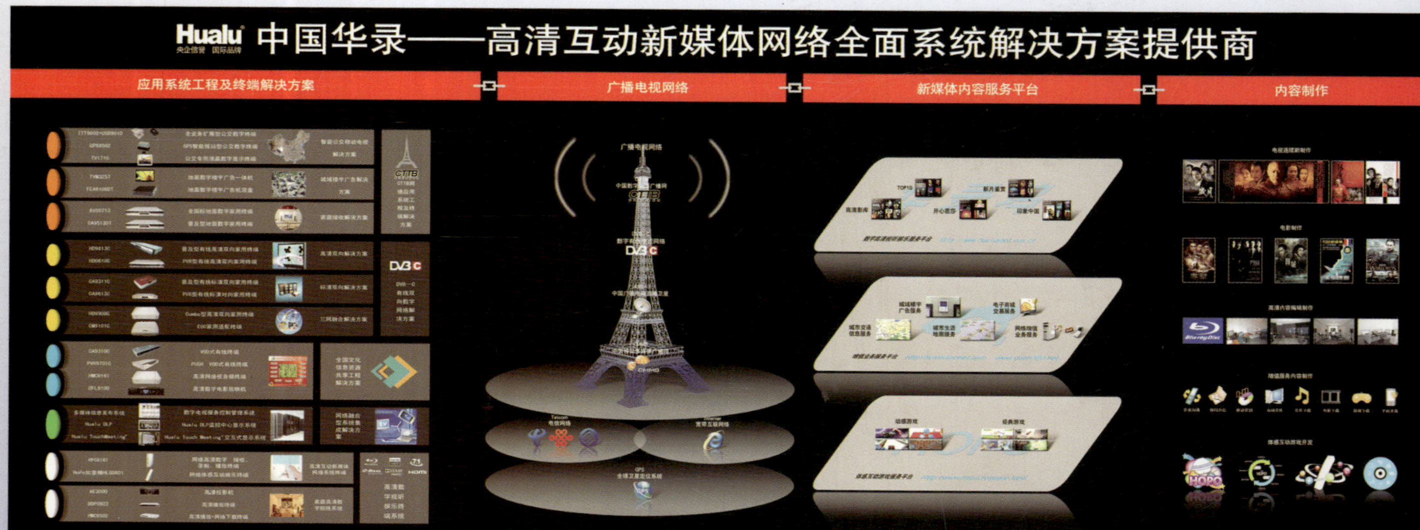